普通高等教育“十五”、“十一五”国家级规划教材
全国高等学校优秀测绘教材
广东省高等学校第四届、第五届优秀教学成果主教科书
广东省高等学校“工程测量”精品课程专项建设核心教材

Highway and Civil Engineering Surveying

交通土木工程测量

（第四版）

主　编　张坤宜
副主编　金向农　邓　晖　汪善根
　　　　李益强　张齐周
主　审　高成发

人民交通出版社

内 容 提 要

本书根据测绘学科体系核心特征，以当代测绘新技术为主导，从现代工程建设的定位技术需求出发，以全新的教学体系和科学的知识结构，介绍现代测绘学科基本理论和技术；有机地结合路线、路面、桥梁、隧道、工业民用建筑等社会工程建设领域，比较全面地叙述现代交通建设、土木建筑等工程测量基本技术原理和方法，是一部满足提高高等学校建设工程类专业教学质量需要的工程测量技术教材。

本书共分十七章，可作为高等学校交通、土木等专业的教学用书，也可供从事交通、土木工程研究、生产的科技人员参考。

图书在版编目(CIP)数据

交通土木工程测量 / 张坤宜主编. —4 版. —北京：人民交通出版社，2013.9

ISBN 978-7-114-10815-0

Ⅰ. ①交… Ⅱ. ①张… Ⅲ. ①道路工程－土木工程－工程测量 Ⅳ. ①U412.2

中国版本图书馆 CIP 数据核字(2013)第 177179 号

普通高等教育"十五"、"十一五"国家级规划教材
全国高等学校优秀测绘教材
广东省高等学校第四届、第五届优秀教学成果主教科书
广东省高等学校"工程测量"精品课程专项建设核心教材

书　　名：**交通土木工程测量**(第四版)
著 作 者：张坤宜
责任编辑：孙　玺　刘永超
出版发行：人民交通出版社
地　　址：(100011)北京市朝阳区安定门外外馆斜街 3 号
网　　址：http://www.ccpress.com.cn
销售电话：(010)59757973
总 经 销：人民交通出版社发行部
经　　销：各地新华书店
印　　刷：北京交通印务实业公司
开　　本：787×1092　1/16
印　　张：25.75
字　　数：632 千
版　　次：2013 年 9 月　第 4 版
印　　次：2013 年 9 月　第 4 版　第 1 次印刷
书　　号：ISBN 978-7-114-10815-0
定　　价：48.00 元

第二版序※

工程测量学是研究工程建设和自然资源开发中，在规划设计、施工兴建和营运管理各阶段进行控制测量、地形测量、施工放样和变形测量的理论和技术的学科。它是测绘科学技术在国民经济和国防建设中的直接应用，由此有不同的工程专业就有相应的工程测量学，例如水利、建筑、桥梁、矿山、交通、海洋、工业、军事等，不同的工程专业对工程测量的要求也有所不同。随着现代测绘新技术的发展，现在的工程测量学的服务范围和服务对象正在不断扩大，而变得更加广泛。这样要编写一本适应于各种工程专业的工程测量学几乎是不可能的，所以也就有了针对各种工程专业的工程测量学。《交通土木工程测量》就是一本紧密联系交通土木工程专业实际的工程测量学教材。这本教材的第一版是20世纪90年代在广东省教育厅立项的"面向新世纪，建设土木测量新课程"教学改革研究项目的研究成果之一。通过教学实践，显示出较好的教学效果，因此于1999年获得全国优秀测绘教材二等奖的殊荣。几年来，由于国家经济建设日新月异，高等教育改革持续进展，测绘科学技术不断进步，《交通土木工程测量》教材也应与时俱进，重新修订。

这本教材的第一版是经过全国高等学校测绘学科教学指导委员会审定通过的"九五"规划教材，现在经过较大修改的修订版又被教育部批准为"十五"国家级规划教材。这从一个重要的方面说明了这本教材的质量和水平。总的来说，首先，这本教材的工程专业应用的特色非常明显，紧紧扣住交通土木工程专业对测量工作的需求组织教材内容，针对性较强。其次，是教材的结构体系有别于已有的工程测量学教材，作了较大的改变，有一定新意。在讲清基本测量定位技术和数据处理方法的基础上，阐述测量控制到地形测图的全过程，最后落脚到交通土木工程测量上。采取这种结构体系，教材内容脉络清晰，便于学生理解和掌握。第三，教材中实时引进了测绘新技术，如全站测量、GPS定位技术以及数字化测图等，使教材具有时代感。尤其是这本教材的修订版，更具有这一特色。

由于这本教材从第一版的审定到评奖，我都参与过，现在教材主编张坤宜教授又将修订版的出版前书稿让我先睹为快，受益匪浅，因此写下此序，作为我的读书心得,并将此教材介绍给读者。衷心希望这本教材能在相关课程的教学中发挥积极作用,并得到读者青睐。序中若有谬误之处,敬请编者和读者批评指正。

中国工程院院士,武汉大学教授

教育部高等学校测绘学科教学指导委员会主任

宁津生

2003.4.28.

于武汉大学

※注:这是中国测绘学家,教育部高等学校测绘学科教学指导委员会主任,宁津生院士为“十五”国家级规划教材《交通土木工程测量》(第二版)所撰写的序言。

第四版前言

近年来，现代测量技术的发展日新月异，应用于工程实践更加广泛深入，高等院校的现代测量技术教学稳步推进，在培养学生掌握基础知识、基本技能和基本方法的同时，更加注重培养学生的工程实践能力，所有这些都对工程测量教材建设提出了更高的要求。为了更好地满足交通、土木相关专业工程测量的教学需要，提高教材的适用性，本书编者对2008年出版的“十一五”国家级规划教材《交通土木工程测量》(第三版)进行了修订。

此次修订工作，是在进一步学习本书第二版序，参考相关院校的使用意见，继承前三版教材优良传统的基础上开展的，主要做了以下三方面的工作：

一是，总结以往教材编写经验，全面优化教材知识结构。本次修订，结合现今测量科学的发展，对全书内容进行了结构重组，并对大部分章节的内容进行了增补重写，如根据工程测量的实际情况，把光学经纬仪、光电经纬仪、全站仪及其技术有机结合起来，强化全站测量的有关内容，同时对原“全站测量”一章做了相应修改，增加全站仪机理内容，使教材内容更加贴近工程实际需要。

二是，补充完善测量新技术内容，力求保持教材内容的先进性。近年来，我国测量技术发展迅速，如“北斗”卫星导航系统、高精度自动全站仪、网络 RTK 测量系统等相继出现。在测量原理上，如曲线定位原理与技术等也取得了一系列新进展，并在工程测量实践中得到应用。本次修订后的教材，比较全面地反映了测量定位技术的新进展，提出并完善曲线定位新技术路线的内容，其他各章都有相应的内容修订，使本书更具先进性，更有时代感。

三是，大量补充教学辅助资源，提高教材的教学适用性。此次修订，编者结合教学实际，在上一版基础上，补充了大量练习题，同时，书后所附光盘备有教学课件、实训参考课件、练习题答案参考、教学实训指导视频资料和模拟生产实习训练指导资料等，可供师生教学参考。

本次修订由张坤宜(广东工业大学)任主编，由金向农(广州大学)、邓晖(华南理工大学)、汪善根(广州大学)、李益强(广东工贸职业技术学院)、张齐周(广东工贸职业技术学院)任副主编，参加修订工作的还有徐兴彬、侯林峰、孙颖、杜向锋、魏福生等。

为了保证教材修订质量，人民交通出版社特邀东南大学高成发教授担任本书主审。主审在肯定本书编写内容的同时，也提出了很多宝贵意见，我们遵循主审意见，对书稿进行了修改与完善。在此，谨向高成发教授致以衷心的感谢。

本次修订得到行业内各有关单位和人士的关怀与帮助，南方测绘仪器公司为修订工作提供了全新的技术装备，广州现代测绘、宏拓、徕卡、索佳等公司也为本书的修订工作给予了大力支持，在此，向他们深表谢意。

本书第一版、第二版是广东省教育厅连续立项的“面向新世纪，建设土木测量新课程”、“土木工程类专业当代测绘科学技术教学系统研究”项目的研究成果，第三版被列为广东省高等学校“工程测量”精品课程核心教材。在此期间，《交通土木工程测量》在全国测绘专业“九五”规划教材基础上，经教育部高等学校测绘学科教学指导委员会审评推荐，教育部批准，连续被评为“普通高等教育‘十五’、‘十一五’国家级规划教材”，宁津生院士更是欣然为本书第二版作序。在第四版出版之际，我们特向教育部高等学校测绘学科教学指导委员会，向宁津生院士致以崇高的敬意，对广东省教育厅、人民交通出版社、武汉大学出版社、华中科技大学出版社为《交通土木工程测量》教材改革研究与建设所付出的巨大努力表示衷心感谢。

因编者水平有限，本版修订及相关随书作品中会有不足之处，诚请专家、读者多提宝贵意见。

主　编

2013 年春于广州

第三版前言

本书第一版是20世纪90年代在广东省教育厅立项的“面向新世纪,建设土木测量新课程”教学改革研究项目的研究成果之一,是经全国高等学校测绘学科教学指导委员会审定通过的全国“九五”测绘规划教材,已获得第四届全国高等学校优秀测绘教材二等奖。2001年9月“面向新世纪,建设土木测量新课程”获广东省高校优秀教学成果二等奖。

本书第二版是2001年广东省教育厅立项的“土木工程类专业当代测绘科学技术教学系统研究”省级重点教改培育项目的研究成果之一,经全国高等学校测绘学科教学指导委员会推荐,并被教育部审定为普通高等教育“十五”国家级规划教材。2005年10月“土木工程类专业当代测绘科学技术教学系统研究”获广东省高校优秀教学成果二等奖。

本书经教育部审定为普通高等教育“十一五”国家级规划教材,遵循教育部“十一五”国家级规划教材建设要求,在全国高校测绘学科教学指导委员会的指导下,本书根据测绘学科体系核心特征,以当代测量技术为主导,从现代工程建设定位技术需求出发,以全新教学体系和科学知识结构介绍现代测绘学科基本理论和技术方法;有机地结合路线、路面、桥梁、楼房、隧道等工程建设领域,比较全面地叙述现代交通、土木工程测量基本技术原理和方法。

本书认真总结原一、二版的经验,认真吸取全国测绘学科的教学经验,遵照宁津生院士在第二版“序言”中关于“教材结构体系新、教学内容针对性强、内容脉络清晰、便于理解掌握、紧密结合工程专业应用、引进测绘新技术”等方面的指导,深入修订,努力促进第三版在“更具时代特色”方面有所进步。

20世纪90年代初,测绘科技发展很快,对经济发展的推动已经明显反映出来,测绘科技成为工程建设领域生产力的重要组成部分;但是有关学校工程专业的测绘技术教学情况依然如故,反差很大;传统测量技术观念的影响造成工程损失也不少。由此编者感触到传统教学的危机和压力,值得教学改革研究的事不少。教学面前,我们能做什么? 适应发展,先从教学内容改革做起,《交通土木工程测量》的撰写及其教学探索就这样开始了。在上述多个成果以及教育部审定为“十一五”

国家级规划教材的历程中，我们感到《交通土木工程测量》离不开各界有关领导、专家及读者的关爱和扶持。

《交通土木工程测量》的历程促进了课程建设，课程建设促进了《交通土木工程测量》的稳步进展。《交通土木工程测量》教学课件及思考与训练等尝试作品是教材建设的配套成果。教学实践中，应用《交通土木工程测量》整套课件有利于扩大工程测量教学知识空间，提高备课、讲课效率，加快知识理解和掌握，有利于能力培养，深受学生欢迎。在第三版出版之际，我们将课程建设的基本成果随书奉献给读者。

全书共分十七章，均进行了内容优化和更新，增强测绘技术特征、信息特征的叙述，吸纳重要测量定位技术新成果，增补部分章节，调整部分章节名称等。修订较多的有第6章第2、3节，第7章第2、3、4节，第9章第8节，第12章第2、3、4节等。其中测量新仪器、测绘新软件、测量新方法的内容更新，重点选用近期有关部门、单位的新成果。金向农、逮云中、李益强、张齐周等同志提供很多支持和帮助，侯林峰同志参加第7章第4节，第12章第2、3、4节部分材料的整理和编写。

由于路线测量定位技术的特殊性，我们会同广州公路工程公司等单位进行研究和试验，结合测量定位原理，给出有关路线曲线定位方程和方法，并且把部分成果编为第14章第4、5、6、7节。我们期待这部分内容在教学实践中发挥作用，同时期望与同行们和从事路线工程勘测设计的朋友们共享教学进步成果。

为了保证教材质量，华中科技大学出版社特邀请合肥工业大学王侬教授出任本书主审。王侬教授，严肃认真、实事求是审评全书，客观评价了本书的创新特色和效果，肯定了在工程建设领域的测绘技术教学优势，肯定了路线测量定位技术内容的独创性，同时提供了很多宝贵意见，对提高质量具有重要的指导意义。我们遵循主审意见，认真修正其中存在的不足之处，努力提高编写质量。在此，谨向王老师致以衷心的感谢。

“十一五”国家级规划教材《交通土木工程测量》（第三版）的完成，得到广东工贸职业技术学院、广东省测绘学会、华中科技大学出版社关心、支持。广州南方测绘、广州现代测绘、广州徕卡、武汉天宝、广州合众思壮、广州迈特等单位，为本书提供很多新仪器、新技术的成果材料。本书出版之际，向全国高等学校测绘学科教学指导委员会、广东工贸职业技术学院、广东省测绘学会、华中科技大学出版社以及提供成果材料的测绘公司、单位表示衷心的感谢；向关心、关爱和支持《交通土木工程测量》的领导、专家、同志、朋友和读者，表示衷心的感谢。

由于水平有限，本书及相关随书作品中会有不足之处，诚请专家、读者多提宝贵意见。

编　者

2008 春于广州

目　录

第一章 绪 论

［学习目标］ 掌握测量学概念、定位核心与特征及其技术过程，理解测量科学技术在工程建设的意义，掌握坐标系统、高程系统的概念和应用，把握本书学习的基本导向。

第一节 测量学与交通土木工程

一、测量学概念

1. 测量学概念

测量学是一门研究测定地面点位置，研究确定并展示地球表面形态与大小的科学。

人类在从事生产活动的过程中必然要涉及测量科学。人类在地球上的存在，总要有个立足之地，总要有个生存、发展的场所，例如土地以及地面上土木构造物就是最基本的场所。这些场所的整治、建造和使用，都离不开点位置的确定，离不开边界点、边界线的确定，离不开这些场所的位置以及面积的测定，测量定位是人类生活与生产活动的基本需要。测量科学适应人类生存、发展需要和工程建设的定位需求而发展起来，在漫长的人类文明史中的生产活动都与测量科学息息相关。

2. 测量学的科学体系核心与学科特征

从测量学的概念，说明定位是测量科学体系的核心。测量科学体系核心具有三大学科特征：定位技术特征、定位信息特征和定位保障特征。

定位技术特征。根据测量学概念，测定地面点位置，即地面点的测量定位。定位是测量的出发点和归宿，地面点测量技术就是定位技术。地面点的测量定位，即空间点的测量定位。空间点的定位是测量科学第一核心技术任务，研究确定地球表面形态与大小，是测量科学第二核心技术任务。

定位信息特征。测定地面点位置，确定地球表面形态与大小，其结果主要以定位信息的形式展示出来，如点位置及其参数，由点云构成的地球表面图、像等。地球表面形态错综复杂信息的有序确定与展示特征是测量科学的核心属性。随着科技的发展，测量定位信息的展示方式也不断发展。

定位保障特征。定位保障来自于测量定位技术和定位信息的实时性、真实性、严密性、准确性。通行的测量定位保障，包括有定位准确性保障、可靠性保障。定位保障具有测量质量保障的意义。定位保障的外延是定位物的质量状态保障及其效益保障，同时具有社会需要的定位法律保障。

在社会生产力和科学技术高度发展的今天,社会各行业对测量科技的迫切需求的集中表现仍然是测量学科的定位技术、定位信息和定位保障。测量"定位"的大视野不仅盘踞了测量科技的全部根基,而且正在迅猛向社会其他相关领域扩展。

20 世纪中期以后出现激光技术、微电子技术、航天技术、计算机技术以及信息通信技术等重大成就,极大地推动测量学科的飞跃和革新。测量学科的主要贡献,激光红外光电测距技术、卫星全天候定位技术、摄影遥感技术、数字测量技术和现代测量平差理论等,为测量定位技术、定位信息采集与展示提供了重要科技条件。测量学的现代学科理论基础和现代先进定位技术的快速发展,深受社会多行业的广泛关注。

3. 测绘学概念

测量科学具有对地球表面进行测绘并以图像等形式实现定位信息展示的特点,故测量学又有"测绘学"之称。现代科技条件下的测绘学,是对地球整体及其表面和外层空间物体与地理分布的信息采集,并赋予处理、管理、更新等过程的科学技术。测绘学获得的数据或图像,成为可以储备、传播、应用的地球空间信息,地球空间信息是测绘学的成果。在现代测绘科学与计算机信息科学整合的条件下,地球空间信息科学由此发展起来。由于测绘学是实现地球空间信息的科学,在这个意义上,测量学又有地球空间信息工程学之称。

围绕我国国土核心利益的测绘需要的测绘学科引领着我国测量科技的发展,在引领地球信息需求潮流中扮演着重要的角色,测绘学科是适合我国实际的测量学科名称。

二、测量学的分支学科

由于测量学所涉及的研究对象、方式、手段各有区别,因而测量学在自身的发展中形成了特色各异的其他分支测量学科。这些分支学科是:大地测量学、摄影测量与遥感学、海洋测量学、地图学和工程测量学。

(1)大地测量学。这是研究和确定地球形状、大小、整体与局部运动和地表面点的几何位置以及它们的变化的理论和技术的科学。

(2)摄影测量与遥感学。这是研究利用电磁波传感器获取目标物的影像数据,从中提取语义和非语义信息,并用图形、图像和数字形式表达的学科。

(3)地图学。这是研究模拟和数字地图基础理论、设计、测绘、复制的技术方法以及应用的学科。

(4)海洋测绘学。这是以海洋水体和海底为研究对象的测量理论与技术的学科。

(5)工程测量学。这是研究工程建设与自然资源开发中,在规划、勘测设计、施工与管理各个阶段,进行的测量理论与技术的学科。

三、测量科学在工程建设领域的地位

历史和现实告诉我们,测量科学体系核心与工程建设的基本定位需求的一致性,是测量定位技术、定位信息发展的基本条件,是测量科技应用不断扩大的基本原因。尤其测量定位技术现代化发展迅速,工程建设对定位保障需求的日益增长,测量科学技术在国民经济建设、社会可持续发展和国防建设中的定位保障地位不断提高。

测量科学在工程建设领域中的定位保障地位的主要反映如下。

(1)测量科学是交通土木工程建设规划的重要依据。众所周知,一座座建成的现代建筑并非空中楼阁,一条条铺设的现代交通路线并非盘绕彩云的飘带。描述并展示地球表面的地形图件及其信息,是现代交通土木工程建设规划的定位保障依据,包括交通基础设施在内的各种建筑物正是在科学规划之后,以及以地球表面为基础而逐步定位形成的产物。

例如,现代城市化建设及交通网络的规划,一条交通线走向的确定,必须利用地形图和有关的地理信息参数才能实现。地形图和有关的地理信息是优化城市建设规划,有效利用土地,提高规划建设效益,促进城市化建设的重要一环。后续的课程内容将会认识到,失去测量科学技术提供的定位保障依据,人们就无法开阔眼界认识地球资源,现代交通土木工程规划建设必将成为空话。

(2)测量科学是交通土木工程勘察设计现代化的重要技术。对一个区域或者一条待定交通线地面的高低平斜、河川的宽窄深浅以及地面附属物的情况,只有经过详细测量并获得大量地面基础信息后才能准确了解,了解了这些信息后,才能进行交通土木工程的设计。交通土木工程领域应关注测量科技发展,尽快应用测量定位新技术,以便尽快提高工程勘测技术水平,实现交通土木工程勘测设计的高效益。现代测量技术已经成为实现交通土木工程勘察设计现代化的重要技术。

(3)测量科学是交通土木工程顺利施工的重要保证。一条设计的交通路线的标定,一座设计的建筑物及其部件实际位置的确定,现代工业构件的精确安装,地下隧道的准确开通,测量技术工作在其中都发挥着重要的定位作用。

(4)测量科学是房产、地产管理的重要手段,是检验工程综合质量和监视重要交通土木工程设施安全运营的重要措施。测量科技作为重要措施的实施,是交通土木工程设施安全运营的定位质量保障的重要体现。

由于现代测量技术具有提高工程建设社会经济效益的独特明显优势,工程建设技术领域应用现代测量科技的速度明显加快,现代测量科技正在以各种方式迅速渗透到工程建设技术领域。工程测量技术是工程建设不可缺少的定位技术。

工程测量技术的测量学科属性明显,在工程建设类行业中属于工程定位与导向的重要技术。“工程测量”是土木工程专业必修的工程基本技术课程。这门技术课程不仅包括测量学科的基本理论和技术原理,而且具有工程测量学的意义。土木工程技术人员应明确测量学科在交通土木工程建设中的重要保障地位,熟练掌握测量基本理论和技术原理,熟练掌握和应用工程测量基本理论和方法。这是进行交通土木工程技术工作的基本条件。

[注解]

1. 信息采集:信息开始是通信领域的术语,如信件、消息、新闻等。现代通信领域的发展进程极大地扩大了信息的含义,即便是一个物体的位置、大小、形状也可以理解为信息。若随之记录下来,这就是信息采集。可以理解,对地球表面上某一物体的测量所得到的有关数据是信息,测量就是这种信息采集的技术手段。

2. 遥感:不与被测物体直接接触,由传感器感知并揭示被测物体的形状、性质等信息,这就是遥感。

3. 传感器:一种利用电磁感应原理测定被测物体的器件或仪器设备。

4. 模拟地图和数字地图,见第十、十二章。

第二节　地球体及其椭球参数

一、地球体的有关概念

测量主要在地球表面上进行，测量技术工作与地球体有着密切关系，必然涉及地球体的有关概念。

1. 垂线

重力（万有引力）的作用线称为铅垂线，简称垂线。一条细绳系一重物（图 1-1），细绳在重物作用下形成下垂的重力方向线就是垂线。图 1-1 中的重物称为垂球。垂线是测量技术工作的一条基准线。

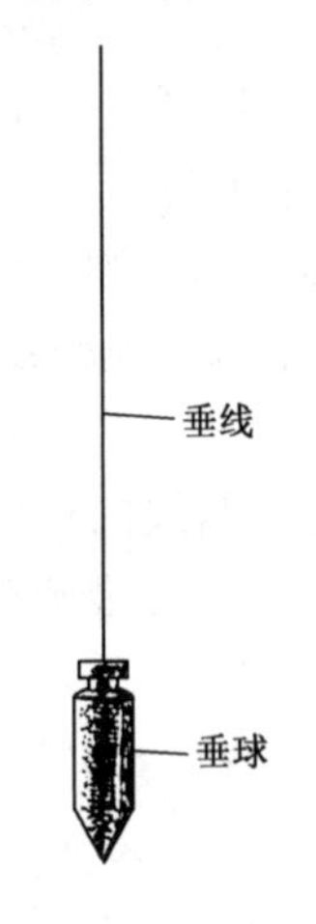

图 1-1　垂线示意图

2. 水准面

某一时刻处于没有风浪的静止海洋水面，称为水准面。水准面是一个理想化的静止曲面，性质有：

①水准面处处与其相应的垂线互相垂直。

②因海水有潮汐，静止曲面所处的高度随时刻不同而不同，因此不同时刻的水准面存在不同的高度。

③同一水准面上各点重力位能相等，故水准面又称为重力等位曲面。

3. 大地水准面

在高度不同的水准面中选择一个高度适中的水准面作为平均海水面，这个没有风浪没有潮汐的平均海水面就称为大地水准面。大地水准面通过验潮站对海水面长期观测得到，我国验潮站设在山东青岛。

4. 大地体

大地水准面包围的曲面形体称为大地体。大地测量学的研究表明，大地体是一个上下略扁的椭球体（图 1-2）。从整个地球表面现状看：

①海洋表面（约占 71%）大于陆地表面（约占 29%）；

②地球表面的高低不平程度与地球半径相比可忽略不计（如珠穆朗玛峰高 8 844.43m 与地球半径 6 371 000m 的比值不足千分之二）。因此，大地水准面所依据的海洋表面在很大程度上可代表地球表面，大地体可以代表地球的表面形体。

5. 参考椭球体

大地水准面具有水准面的第一性质。由于地球内部物质的不均匀性，大地水准面各处重力线方向不规则（图 1-3）。因此，大地水准面是一个起伏变化的不规则曲面。由此可见，大地体表面也是不规则的曲面。

为了正确计算测量成果，准确测定表示地面点的位置，必须用一个近似于大地体的规则曲面体表示大地体，这个规则曲面体就是参考椭球体。参考椭球体可在 xyz 空间坐标系（图 1-2）中以一个简单数学公式表示，即

$$\frac{x^2}{a^2}+\frac{y^2}{a^2}+\frac{z^2}{b^2}=1 \tag{1-1}$$

式中，a、b 为参考椭球体的几何参数，a 是长半径，b 是短半径。参考椭球体扁率 α 满足下式

$$\alpha=\frac{a-b}{a} \tag{1-2}$$

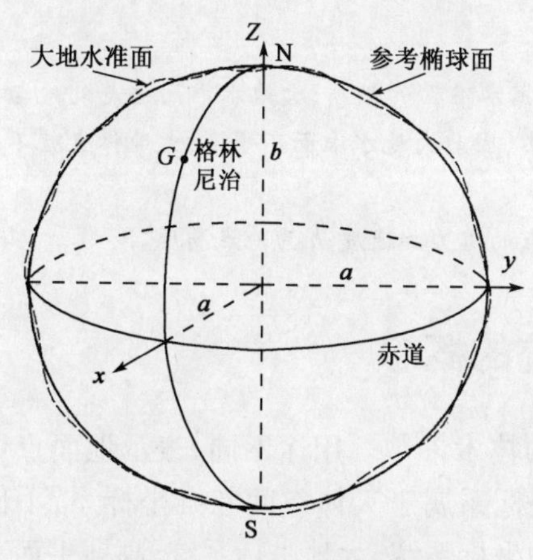

图 1-2 大地体与参考椭球体

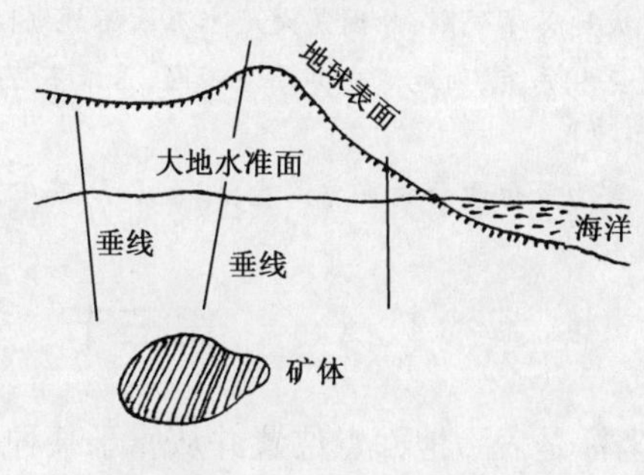

图 1-3 大地水准面

二、参考椭球体的参数

上述参考椭球体，即近似于大地体的规则椭球曲面体，必须与大地体较好地吻合。这种吻合又决定于世界各国实际采用的参考椭球体。各国参考椭球体的采用涉及椭球体的定位等一系列科技问题。其中涉及 xyz 椭球体空间直角坐标系。如图 1-2，利用经过英国格林尼治 G 的起始子午线 ZGS 和 x 轴的位置，确定地球自转轴 SN（z 轴）和 y 轴的位置，由此确立椭球体 xyz 空间直角坐标系。

从图 1-2 可见，为使采用的椭球曲面体与大地体较好地吻合，必须研究确定大地体椭球长半径 a、椭球体扁率 α、短半径 b 等参数，这些参数通称为参考椭球体参数。参考椭球体参数的研究获得是大地测量学科的任务，而且它会随着科技的发展而不断地得到精化。近几十年来，我国采用的参考椭球体参数如下。

（1）1954 年北京坐标系曾经采用前苏联克拉索夫斯基参数，即 $a=6\ 378\ 245\text{m}$，$\alpha=1/298.3$，推算值 $b=6\ 356\ 863.019\text{m}$。

（2）1980 年以后采用国际大地测量协会 IAG-75 参数，即 $a=6\ 378\ 140\text{m}$，$\alpha=1/298.257$，推算值 $b=6\ 356\ 755.288\text{m}$。

1980 年以后，我国采用 IAG-75 参数建立国家新的坐标系，不再采用克拉索夫斯基参数。若实际应用中采用 1954 年北京坐标系时，克拉索夫斯基参数仍有效。在工程应用上，若要求不高时，可以把地球当作圆球体，这时地球参数是平均曲率半径 $R=6\ 371\ 000\text{m}$。

(3)GPS坐标参数。

GPS坐标系是建立国际控制框架的世界空间直角坐标系，称为WGS—84世界大地坐标系。GPS坐标系简称WGS-84（World Geodetic System-84），主要参数有：椭球长半径 $a=6\ 378\ 137\text{m}$，椭球扁率 $\alpha=1/298.257\ 223\ 563$，$b=6\ 356\ 752.314\ 2\text{m}$。

(4)2000国家大地坐标参数。2000国家大地坐标系，以地球质量中心为大地坐标系原点，椭球基本参数接近WGS—84坐标系，主要参数有：椭球长半径 $a=6\ 378\ 137\text{m}$，椭球扁率 $\alpha=1/298.257\ 222\ 101$，$b=6\ 356\ 752.314\ 140\text{m}$。

[注解]

1. 验潮站：记录海水潮位升降变化的观测站。
2. 克拉索夫斯基：前苏联科学家。
3. 大地体不规则：原因是大地水准面不规则[图1-3]。根据水准面的性质，大地水准面也是处处与相应的垂线互相垂直，因地球内部质量不同，垂线不可能都指向地心，因此大地水准面不规则，大地体也就不规则了[图1-2]。
4. 重力等位曲面的重力位能，即 $w=gh$，其中，g 为所在地点的重力加速度；h 为地点高度。

第三节　坐标系统的概念

坐标是表示地面点位置并从属于某种坐标系统的技术参数。用途不同，表示地面点位置的坐标系统各有不同。上一节所述的 xyz 空间直角坐标系属于天体空间三维坐标系，不便为工程建设直接应用。在工程建设中经常应用的有三种坐标系统：大地坐标系统、高斯平面直角坐标系统和独立平面直角坐标系统。

一、大地坐标系统

大地坐标系统是以参考椭球体面为基准面的球面坐标系，通常以大地经度和大地纬度表示，简称经度(L)，纬度(B)。图1-4表示以 O 为中心的大地椭球体，NS 为地球转轴，N 为地球北极，S 为地球南极，$WDCE$ 是地球赤道面。P 是地球上的地面点，经 NpS 的平面称为子午面。p 是地面点 P 在参考椭球体面的投影位置，$NpCS$ 是过 p 点的子午线。图中设 $NGDS$ 为经过英国格林尼治天文台 G 的本初子午线（起始子午线，1884年国际经度会议决议确定），其子午面 NDS 与子午面 NpS 的夹角 L_p 是 P 点的大地经度，Pp 线（法线）与赤道平面的夹角 B_p 是 P 点大地纬度。L_p、B_p 称为 P 点大地坐标。

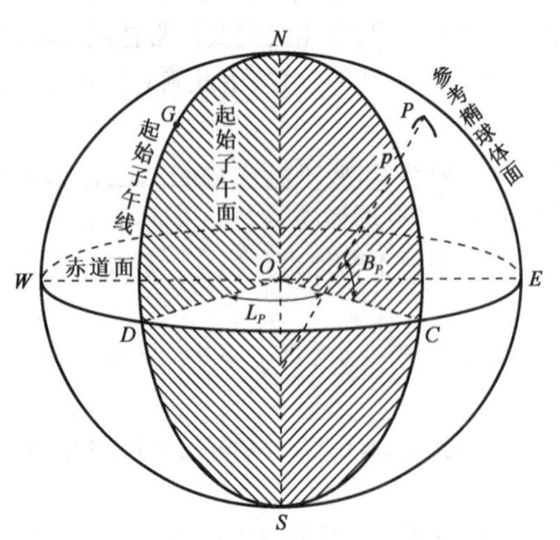

图1-4　大地坐标系示意图

我国地理版图处在本初子午线以东的经度约74°～135°，处在赤道WDCE以北的纬度约是3°～54°，因此在表示点位大地坐标时冠以“东经”“北纬”的名称。例如,P 点的大地坐标 $L_p = 98°31'$,$B_p = 35°27'$,称 P 点的大地坐标为东经 98°31′,北纬 35°27′。

二、高斯平面直角坐标系统

大地坐标表示的是地面点位的球面坐标,工程设计上需要的是点位平面位置。工程建设是在地球曲面上完成,工程设计计算均在平面上进行。可想而知,“平面”与“曲面”必然有矛盾。高斯平面直角坐标系是一种应用比较广泛的坐标系统,可以解决这类“平面”与“曲面”的矛盾问题。

1. 高斯投影的几何意义

高斯投影理论是建立高斯平面直角坐标系的基础,其几何意义可理解为(见图 1-5):

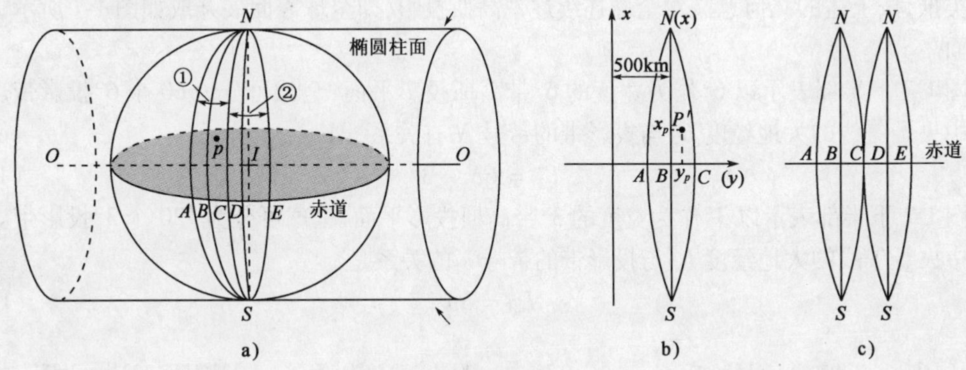

图 1-5 高斯投影几何示意图

(1)沿 N、S 北南两极在参考椭球面均匀标出子午线(经线)和分带。图 1-5a)中 NAS、NBS、NCS 是其中标出的三条子午线,A、B、C 是三条子午线与赤道的交点,弧 AB、BC 的长度相等。子午线 NAS、NCS 构成的带状称为投影带。

(2)假想一个横椭圆柱面套在参考椭球面上,柱中心轴 OO 穿过地球中心 I,且与地球旋转轴 NIS 互相垂直,柱面与参考椭球面相切于子午线 NBS。NBS 称为中央子午线。

(3)假想地球是透明体,中心 I 是一个点光源,光的照射使子午线 NAS、NBS、NCS 及其相应的地球表面投影到横椭圆柱面上。

(4)沿 NS 轴及 OO 方向在箭头所指的直线切开横椭圆柱面并展开成图 1-5b)投影带平面,称为高斯投影带平面,简称高斯平面。

2. 高斯平面的特点

(1)投影后的中央子午线 NBS 是直线,长度不变。

(2)投影后的赤道 ABC 是直线,保持 $ABC \perp NBS$。

(3)离开中央子午线的子午线投影是以二极为终点的弧线,离中央子午线越远,弧线的曲率越大,说明离中央子午线越远投影变形越大。

3. 高斯平面直角坐标系的建立

根据高斯平面投影带的特点,高斯平面直角坐标系按下述规则建立:

①X 轴是中央子午线 NBS 的投影,北方为正方向;

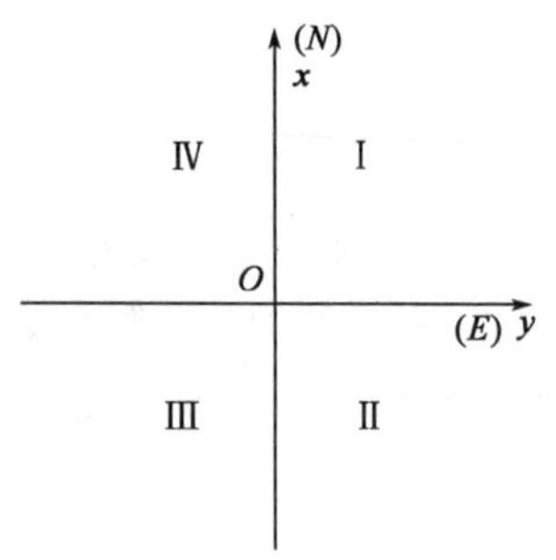

图 1-6　独立平面直角坐标系

②Y 轴是赤道 ABC 的投影,东方为正方向;③原点,即中央子午线与赤道交点用 O 表示;④四象限按顺时针顺序Ⅰ、Ⅱ、Ⅲ、Ⅳ排列,如图 1-6 所示。

4. 投影带的中央子午线与编号

投影带的宽度以投影带边缘子午线之间的经度差 Δl 表示。为避免高斯投影带的变形,投影带宽度 Δl 不能太宽,一般 Δl 宽度取 6°或 3°。高斯投影根据 Δl 逐带连续进行。例如,图 1-5a)中的①带投影完毕,转动椭球体使②带的中央子午线 NDS 与椭圆柱面相密切,并进行投影。①、②带的投影结果见图1-5c)。以此类推,按上述的几何意义对全球连续逐带高斯投影,即全球表面展开成如图 1-7 所示的高斯平面。

图 1-7 上半部表示以 6°作为宽度的 6°带高斯投影平面,全球可分为 60 个 6°投影带。各带的中央子午线的大地经度 L_o 与投影带的带号 N 有关系,即

$$L_o = 6N - 3 \tag{1-3}$$

图 1-7 下半部表示以 3°作为宽度的 3°带高斯投影平面,全球可分为 120 个 3°投影带。各带的中央子午线的大地经度 L_o 与投影带的带号 n 的关系是

$$L_o = 3n \tag{1-4}$$

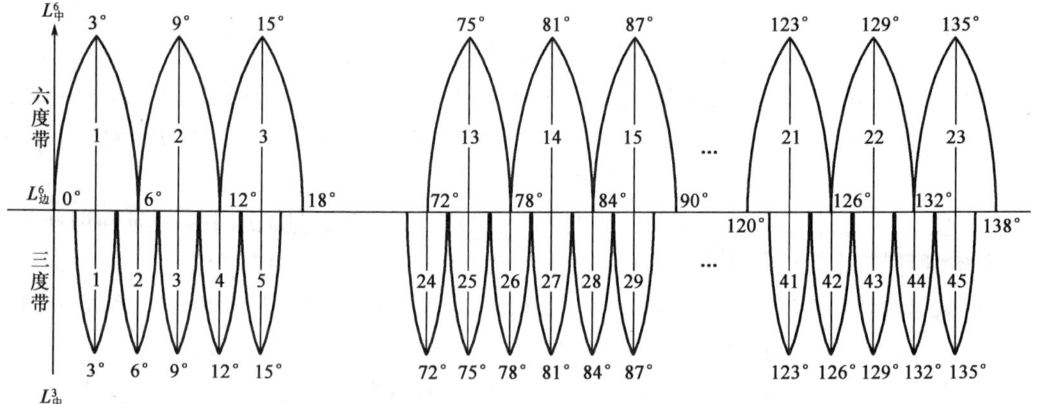

图 1-7　投影带展开图

根据我国在大地坐标系统中的经度位置(74° ~ 135°),从上述两个公式可见,我国用到的 6°带的带号 N 在 13 ~ 23 之间,用到的 3°带的带号 n 在 25 ~ 45 之间。

5. 高斯平面直角坐标表示地面点位置

我国国家测量的大地控制点,均按高斯投影计算其高斯平面直角坐标。如图 1-5a)中,球面点 p,大地坐标 L_p、B_p。在图 1-5b)中 p'点是 p 的高斯投影点,高斯平面直角坐标为 x_p,y_p。它们表示的意义:

①x_p 表示 p 点在高斯平面上至赤道的距离;

②y_p 包括有投影带的带号、附加值500km 和实际坐标 Y 三个参数,即

$$y_p = 带号 N(或 n) + 500\text{km} + Y_P \tag{1-5}$$

例如某地面点坐标 $x = 2\,433\,586.693\text{m}$,$y = 38\,514\,366.157\text{m}$。其中 x 表示该点在高斯平面上至赤道的距离为2 433 586.693m。根据式(1-5),该地面点所在的投影带带号 $n = 38$,是三度带,地面点 y_p 坐标实际值 $Y_p = 14\,366.157\text{m}$(即减去原坐标中带号38 及附加值500),表示该地面点在中央子午线以东14 366.157m;若 y 坐标实际值 Y 带负号,则表示该地面点在中央子午线以西。

根据 y_p 坐标的投影带带号,便可以按式(1-4)推算投影带中央子午线的经度为 $L_o = 114°$。注意:如果投影带带号属于六度带,则按式(1-3)推算。

三、独立平面直角坐标系

独立平面直角坐标系的建立,如图1-6。但是这种坐标系没有高斯平面直角坐标系那样严格的规则,主要表现在:

(1)坐标系 X 轴所在的中央子午线的经度不一定满足式(1-3)和式(1-4),可按不同要求采用其他的经度,具有一定的随意性;

(2)坐标轴 X 轴的正方向不一定指向北极,可根据工作需要自行确定,具有某种实用性;

(3)坐标系原点不一定设在赤道上,一般设在有利于工作的范围内,具有相应的区域性。

四、测量平面坐标系与数学坐标系的异同点

测量平面坐标系,即高斯平面直角坐标系和独立平面直角坐标系。从图1-6可见,上述两坐标系的构形相同,主要区别是坐标轴的取名不同,坐标系的象限排序不同。这些区别不影响数学上各种三角函数公式的应用。如图1-8a)是数学坐标系,α 角以 X 轴为起始方向,按象限排序在第一象限,op 的长度为 s,则 p 点的坐标为

$$x = s \times \cos\alpha \tag{1-6}$$

$$y = s \times \sin\alpha \tag{1-7}$$

图1-8b)是测量平面坐标系,α 角是以 X 轴为起始方向,按象限排序在第一象限,op 长度为 s,则 p 点坐标计算式仍然是式(1-6)和式(1-7)。因此,数学上的三角函数公式适用于测量平面坐标系。

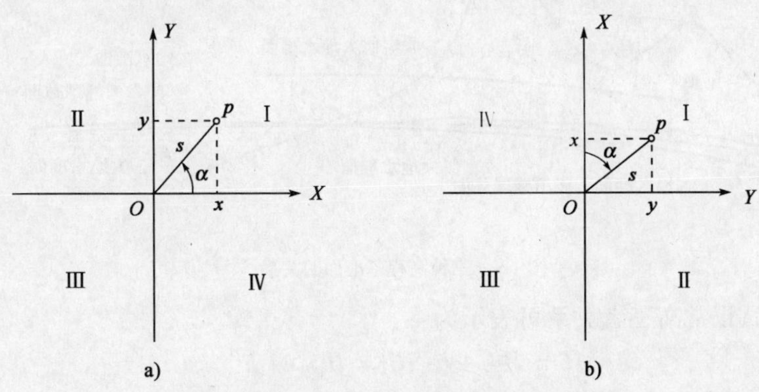

图1-8 两种坐标系的异同

［注解］

1. 起始子午面：或称本初子午线，国际规定的经过格林尼治天文台的子午面，经过此处的经度为0°，1884年国际经度会议决议确定。

2. 高斯：高斯是德国数学家、物理学家、天文学家。高斯平面直角坐标有关的发明人还有德国大地测量学家克吕格等。

3. 中央子午线：与投影带边界子午线的经度差为$\Delta l/2$的子午线。球面按经度差分带，每投影带有三条特征经线，即二条带边界子午线和一条中央子午线，二条带边界子午线的经度差为Δl，中央子午线与带边界子午线的经度差为$\Delta l/2$。

4. 密切：是大地测量空间几何概念，是曲面上拉紧的曲线其法线与曲面相应法线重合的表现形式。

第四节 高程系统的概念

一、高程系统的一般概念

地面点高程，指的是地面点到某一高程基准面的垂直距离。地面点高程是表示地面点位置的重要参数。地面点高程基准面一经认定，地面点的高程系统就确定了。一般地，高程系统有大地高系统、正高系统、正常高系统等。

大地高系统：以参考椭球体面为基准面的高程系统。大地高，表示地面控制点到参考椭球体面的垂直距离，以H表示。正高系统：以大地水准面为基准面的高程系统。正高，表示地面控制点到大地水准面的垂直距离，以$H_{正}$表示。正常高系统：以似大地水准面为基准面的高程系统。正常高，表示地面控制点到似大地水准面的垂直距离，以$H_{正常}$表示。

图1-9表示上述三个基准面的关系，其中大地水准面是在测定平均海水面中得到的高程基准面。测定平均海水面高度得出大地水准面的位置，必须有验潮站，如图1-9的Q点。我国在山东青岛设验潮站长期测定海水面高度得出我国大地水准面的位置。通常可设参考椭球体面、大地水准面、似大地水准面在验潮站Q处重合。但是，由于地球内部的物质不均匀性，参考椭球体面、大地水准面、似大地水准面在其他地点不重合。如图1-9中P处，h_m是大地水准面与参考椭球体面的差距，h'_m是似大地水准面与参考椭球体面的差距，或称为高程异常。

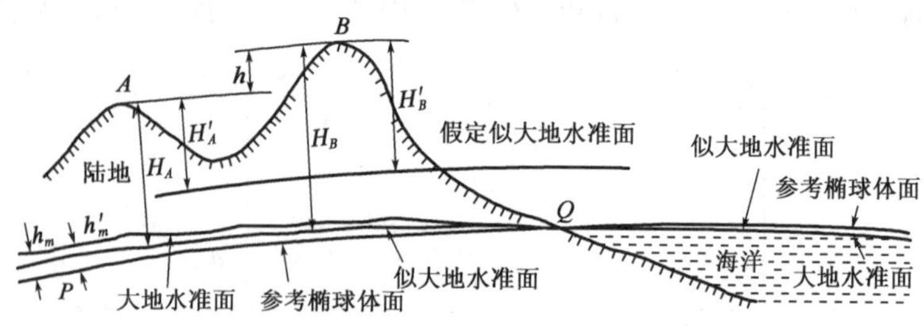

图1-9　三种高程基准面的关系

大地高、正高、正常高三者关系可表示为：

$$H = H_{正} + h_m, H = H_{正常} + h'_m \tag{1-8}$$

一般地，大地水准面与参考椭球体面的差距h_m未知时，将无法把测得的地面点正高化算为大地高。在实际测量技术工作中,选用的似大地水准面是一个与参考椭球体面的差距 h'_m 可以得到的大地水准面。由此可见,差距 h'_m 可以求得,故可以将测得的地面点正常高化算为大地高。我国的国家高程测量采用正常高系统,国家高程点的高程是正常高。

根据图 1-9,大地高、正高、正常高三者关系由差距 h_m、h'_m 参数联系起来。另外,大地高是一个几何量,也可以利用现代 GPS 技术较精确求定,现代测绘技术可以精确求得 h_m、h'_m 参数。因此可以理解,大地高、正高、正常高均可用于工程测量。通常往往由于某种技术原因,在一般工程实际应用中采用正常高或正高,不用大地高。在要求不高时,往往忽略 h_m、h'_m 参数,不再有大地高、正高、正常高的区别。

二、实际应用中的地面点高程的概念

实际应用中的地面点高程,有绝对高程和相对高程。

绝对高程:地面点沿其垂线到似大地水准面的垂直距离。如图 1-9 所示,H_A、H_B 表示 A、B 两点分别到似大地水准面的绝对高程。绝对高程是正常高系统所确定的地面点高程,按国家高程点推算地面点高程是正常高。

相对高程:地面点沿其垂线到假定的似大地水准面的垂直距离。如图 1-9 所示,H'_A、H'_B 表示 A、B 两点分别到假定的似大地水准面的相对高程。这里所述的相对高程是以假定的似大地水准面所确定的地面点高程,就是假定高程系统的地面点高程。

高差:两个地面点的高程之差,用 h 表示,如 A、B 两点高差 h_{AB} 为:

$$h_{AB} = H_B - H_A = H'_B - H'_A \tag{1-9}$$

第五节　地面点定位的概念

一、技术过程

地面点定位,亦即以某种测量技术过程确定地面点的位置。在工程建设中,测量定位技术特征可以有两个重要技术过程。

1. 测绘的技术过程

以测量技术手段测定地面点位置并用图像或图形和数据等形式表示出来,这种技术过程称为测绘。通常这一技术过程把球面地面点位表示为平面的形式。图 1-10a)中的 M、N、P 为地面上的三个点,经测绘技术过程表示为高斯平面上的点位置,如图 1-10b)的 m、n、p。

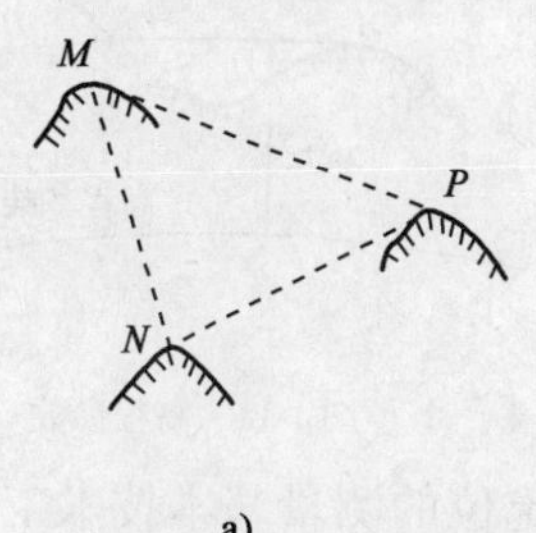

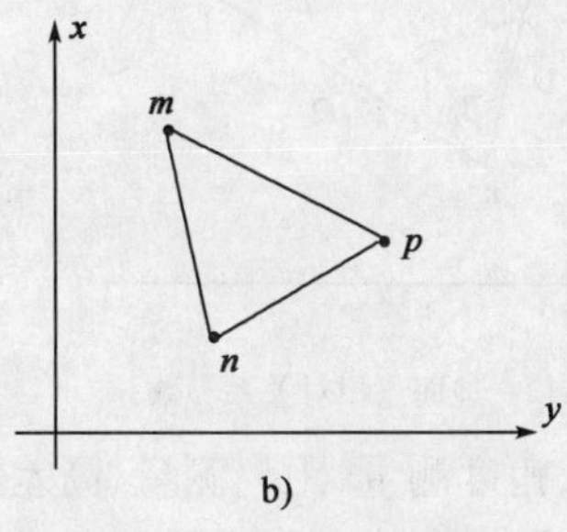

图 1-10　测绘技术过程

2. 测设的技术过程

利用测量技术手段把图纸上拟定的地面点测定到实地上，这种技术过程称为测设，或称为工程放样，简称放样。图 1-11a) 的 a、b、c、d 为图纸上设计的一座建筑物的四个角点，测设技术过程将把它们标定在实地上，即 A、B、C、D，如图 1-11b) 所示。

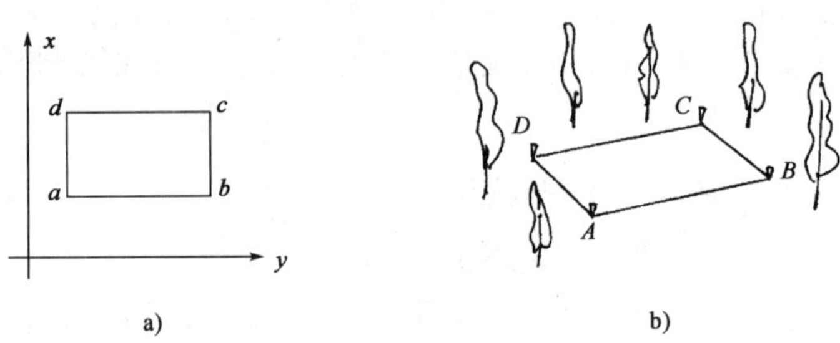

图 1-11　测设技术过程

二、地面点定位元素

1. 定位元素的概念

以坐标(x、y)和高程(H)表示的地面点定位参数，又称为三维定位参数，其中把坐标(x、y) 称为二维定位参数。

从图 1-12 可知，在坐标系中 m、n、p 三个地面点之间具有边长(D_1、D_2、D_3)和构成的角度(β_1、β_2、β_3)。根据初等数学原理可知，只要测量这些地面点之间的边长和角度，便可以确定 m、n、p 三个点之间的相互关系。测量学的理论和实践表明，只要测量了这些地面点之间的边长和角度，就可以为地面点坐标参数 x、y 的求得，提供重要的数据基础。

图 1-13 中可见，地面点的高程 H 也是通过测量点位之间的高差 h 推算得到的。A 点为已知点，高程为 H_A，B 点为未知点，只要测量了 A 至 B 的高差 h，便可以确定 B 点的高程，即

$$H_B = H_A + h \tag{1-10}$$

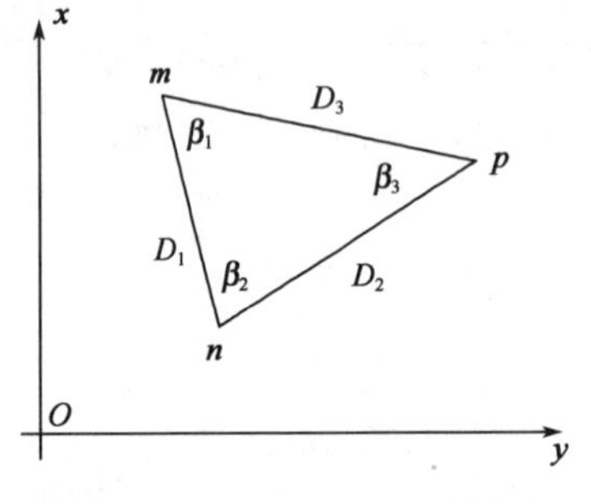

图 1-12　地面点相对关系参数

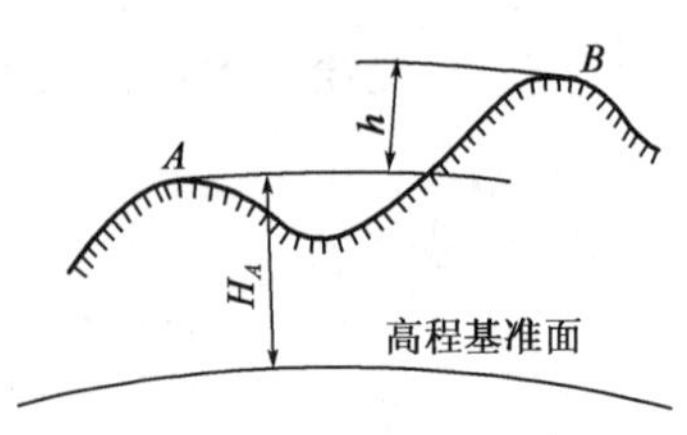

图 1-13　高程参数

由此可见，角度测量、距离测量、高差测量是地面点定位的测量基本技术工作。测量得到的角度(β)、距离(D)、高差(h)是地面点定位基本元素，称为定位元素。由于这些定位元素具

有独立性(即某一元素与其他同类元素之间不存在函数关系)和直接可量性(即可利用测量仪器直接测量其大小),故称之为直接观测量,或称为直接定位元素。一般地,地面点的定位参数 x、y、H 不能直接测量得到,但可以利用地面点的直接定位元素按某种规定的法则推算得到,故又称地面点的定位参数 x、y、H 为间接观测量,或称为间接定位元素。

2. 观测量的单位制

(1)角度测量的单位制,见表1-1。

(2)测量距离、高差、坐标等,都涉及到的长度测量的单位制,见表1-2。

角度测量的单位制 表1-1

60 进位制	弧度制	100 进位制
一圆周 = 360° 1° = 60′ 1′ = 60″	一圆周 = 2π 弧度 $\rho°$ = 57.295 779 51° (即 180/π) ρ' = 3 437.746 771′ (即 180×60/π) ρ'' = 206 264.8″ (即 180×3600/π)	一圆周 = 400g 1g = 100c 1c = 100cc

注:本书后续内容提到的 ρ 均是一个常数,即 ρ'' = 206 265″(s)。

长度测量的单位制 表1-2

国 际 制	市 制	英 制
1km(公里) = 1 000m(米) 1m = 10dm(分米) = 100cm(厘米) = 1 000mm(毫米)	1 市里 1 市尺 1km = 2 市里 1m = 3 市尺	1 英里(mile) 1 英尺(foot) = 12 英寸(in) 1km = 0.621 388 181 mile 1m = 3.2 808 foot

三、地面点定位的工作原则

由上述内容可见,地面点的定位涉及到技术过程和相应的测量技术手段,在本书后续的内容中将会逐步明确与定位技术过程和技术手段相适应的基本技术工作内容。为了保证基本工作内容的实现,定位必须遵循以下工作原则。

1. 等级原则

等级类别:测量技术工作的等级有三种,即

(1)国家测量的技术等级,即一、二、三、四等级。

(2)工程测量的基本等级和扩展级。基本等级是二、三、四、五等级,以此为基础的扩展级是一、二、三级。

(3)工程应用等外级。在后续课程中将会学习有关技术等级的规定。等级的规定有高低之分,技术要求的严密程度必然有差别。等级的规定是工程建设中测量技术工作成果质量的标准,也是严格科学态度与实际测量技术水平的象征,离开甚至违背技术等级要求的不合格测量工作是不能容许的。

2. 整体原则

所谓整体,其一,指的是测量对象是一个个互相联系的个体(或称为工程建设中的某一局部、细部;或是地表面上的碎部)所构成的完整测量基地;其二,指的是测定地面点位置有关参数(如定位元素)不是孤立的,而是从属于工程建设整体对象的参数。如图 1-12 中 β_1、β_2、β_3 各角虽是独立观测的角度值,但角度值 β_1、β_2、β_3 之和应是 180°,180°就是该三角形区域内角和的整体参数。

地面点定位的整体原则是:

①从工程建设的全局出发实施定位的技术过程;

②定位技术过程得到的点位置,必须在数学或物理的关系上按等级原则符合工程建设的整体要求。

3. 控制原则

所谓控制,实际上是等级原则下为工程建设自身提供定位的基准,这是后续课程"控制测量技术"所述的内容。以控制测量技术建立的基准设施是工程建设的基础,是工程建设中地面点定位测量的保证。一般地,只有工程建设自身整个基准设施的控制测量完成之后,才有可能进行工程建设的其他地面点定位技术工作,这就是所谓的"先控制"原则。

4. 检核原则

地面点的定位元素测量工作是以"正确"为前提的。实现正确的地面点定位必须通过比较,即进行检核的环节才可以证明正确与否。检核原则,贯穿于整个定位过程。首先,工程测量工作者必须要有良好的工作习惯,必须以高度的工作责任感完成测量的技术过程,必须严格观测和记载原始数据,必须严格检核测量成果,消除不符合要求的测量成果,消灭错误,消灭虚假,保证测量的成果绝对可靠、绝对准确,满足法规要求。其次,投入应用的仪器设备必须严格检验。实践证明,仪器设备符合要求,测量成果准确可靠是测量工作以及所涉及的土木工程优质的基础,没有经过检核证明正确的测量成果是不可取的。

[注解]

1. 工程的定位基准。指的是点位坐标、高程,点位之间的长度、高差等定位的统一参数标准。

2. 弧度与度分秒的关系。数学上多以弧度为单位,测量多以度分秒为单位。测量计算应用数学公式时必须注意这些关系。例如,数学上 $d(D\cos\alpha) = \cos\alpha dD - D\sin\alpha d\alpha$,测量应用时,该式应为 $d(D\cos\alpha) = \cos\alpha dD - D\sin\alpha \frac{d\alpha}{\rho}$ 原因是,测量应用时 $d\alpha$ 不是弧度,而是秒,此时 $\frac{d\alpha}{\rho} = d\alpha/206\,265''$ 成为弧度才符合数学逻辑。

练 习 题

1. 测量学是一门研究测定____(1),研究确定并展示____(2)的科学。

(1) A. 地面形状　　(2) A. 地物表面形状与大小

B. 地点大小　　B. 地球表面形态与大小

C. 地面点位置　　　　　　　　C. 地球体积大小

2. 测量学的科学体系核心是____。

A. 定位　　　　B. 测量　　　　C. 信息

3. 测量科学体系核心的三大学科特征是(　　)。

A. 定位技术特征、定位信息特征和定位保障特征

B. 定位信息采集与展示特征、地球空间信息工程特征和定位法律保障特征

C. 测量定位特征,确定地球表面形态的展示特征和测量质量保障特征

4. 工程测量学是研究____。

A. 工程基础理论、设计、测绘、复制的技术方法以及应用的学科

B. 工程建设与自然资源开发中各个阶段进行的测量理论与技术的学科

C. 交通土木工程勘察设计现代化的重要技术

5. 从哪些方面理解测绘科学在土木工程建设中的地位?

6. 试述以下概念:垂线、水准面、大地体、大地水准面、参考椭球体。

7. 我国采用的参考椭球体的常用参数是什么?

8. 投影带带号 $N=18$, $n=28$, 问所在投影带中央子午线 L_0 分别是多少?

9. 国内某地点高斯平面直角坐标 $x=2\ 053\ 410.714$m, $y=36\ 431\ 366.157$m,问该高斯平面直角坐标的意义?

10. 已知 A、B 点绝对高程是 $H_A=56.564$m、$H_B=76.327$m,问 A、B 点相对高程的高差是多少?

11. 试述似大地水准面的概念。

12. 测量有哪些技术原则?

13. 为什么测量需要检核?

14. 1.25rad 等于多少度分秒? 58 秒等于多少弧度?

第二章　角 度 测 量

［学习目标］　在学习角度测量基本概念的基础上，明确角度测量仪器结构原理，掌握角度测量仪器应用的基本方法，掌握水平角、竖直角测量基本技术。

第一节　角度测量的概念

角度测量是最基本的测量技术工作，地面点之间的水平角和竖直角是角度测量的对象。

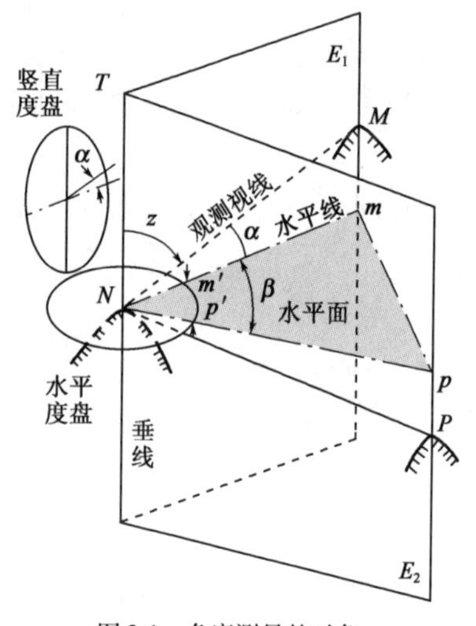

图 2-1　角度测量的对象

一、水平角

水平角是水平面上两条相交直线的夹角，或者说，两个相交竖直面的二面角。

如图 2-1 所示，M、N、P 是三个高度不同的地面点，在 N 点的水平面上设一个水平度盘（图 2-2）。水平度盘的刻度有 360°，按顺时针刻划。在 N 点分别观测 M、P 两点得视线 NM、NP，并投影在 N 点水平度盘的水平面上得 Nm、Np 两条水平线。两条水平线在水平度盘上获得相应的度盘刻度值 m'、p'，是视线 NM、NP 在水平度盘上的水平方向观测值，简称水平方向值。

根据水平角的概念，图 2-1 中 Nm、Np 两条水平线的夹角 $\angle mNp$ 是水平角。水平角角度值 β 为

$$\beta = p' - m' \tag{2-1}$$

两方向之间的水平角是相应两个水平方向值的差值。

二面角。图 2-1 中，视线 NM、NP 分别在 E_1、E_2 竖直面上，投影的两条水平线 Nm、Np 都垂直于竖直面相交线 NT，故 $\angle mNp$ 是二面角。

二、竖直角

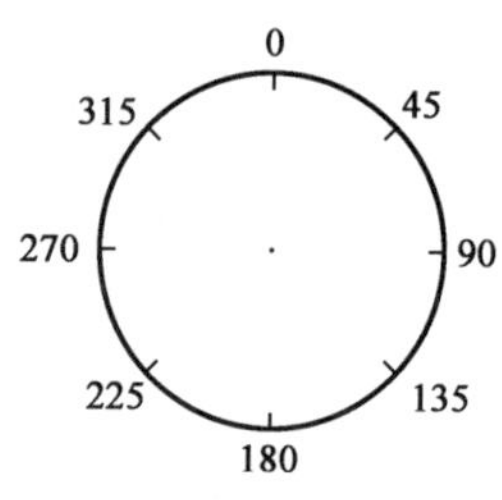

图 2-2　水平度盘

（1）概念：在同一竖直面内观测视线与水平线的夹角，称为竖直角。如图 2-1 所示，竖直面 E_1 内 $\angle MNm$ 是从 N 点观测 M 点的竖直角 α。竖直角有垂直角、高度角之称。竖直面 E_2 内 $\angle PNp$，是 N 点观测 P 点的竖直角。竖直角由竖直度盘获得。

（2）仰角：竖直面内观测视线在水平线之上的竖直角，如

图 2-1 $\angle MNm$。

(3)俯角：竖直面内观测视线在水平线之下的竖直角，如图2-1 $\angle PNp$。

(4)天顶距：地面点的垂线上方向至观测视线的夹角。如图 2-1 中 NT 与 NM 的夹角 $\angle TNM$，NT 与 NP 的夹角 $\angle TNP$，分别是在 N 点观测 M、P 点的天顶距。设在 N 观测 M 的天顶距为 Z，竖直角为 α，因为 $\angle TNm = 90°$，故天顶距 Z 与竖直角 α 的关系为

$$\alpha = 90° - Z \tag{2-2}$$

α 有正有负。式(2-2)中，当 $Z < 90°$时，α 为正，是仰角；当$Z > 90°$时，α 为负，是俯角。

第二节　角度测量仪器

一、角度测量仪器种类

角度测量仪器，主要有光学经纬仪、光电经纬仪和全站仪等。仪器等级有 1″级、2″级、6″级。

光学经纬仪。光学经纬仪属常规精密光学测角仪器(图 2-3、图 2-4)。光学经纬仪装备有光学度盘，以光学读数系统获取角度测量成果。我国光学经纬仪有 DJ07、DJ1(1″级)、DJ2(2″级)、DJ6(6″级)等。D 是 dadi(大地)第一个字母，J 是 jingwei(经纬)第一个字母。

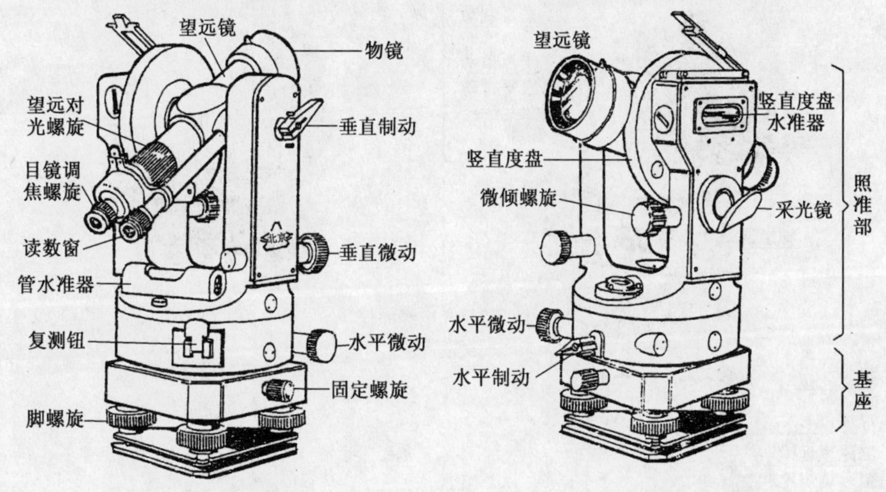

图 2-3　6″级光学经纬仪

光电经纬仪。光电测角是以光电技术进行角度测量，以光电信号形式表达角度结果的现代角度测量技术。光电经纬仪是以光电测角技术为武装的经纬仪，或称为电子经纬仪(图2-5)。光电经纬仪装备有光电度盘和光电读数系统，可直接进行电子数据处理和显示测量结果。光电经纬仪以当代光电技术测量角度，储存、传送角度信息，具有测量方便快捷等优点，是比较自动化的精密角度测量仪器。

全站仪。这是一种由精密光电测角与光电测距集成的现代化测量仪器(图 2-6)。有关光电测距的技术内容在第三章详细叙述。全站仪的精密光电测角属于光电经纬仪的技术内容。全站仪集成了光学经纬仪、光电经纬仪的全部优良功能和优点，是当代重要的角度测量仪器。

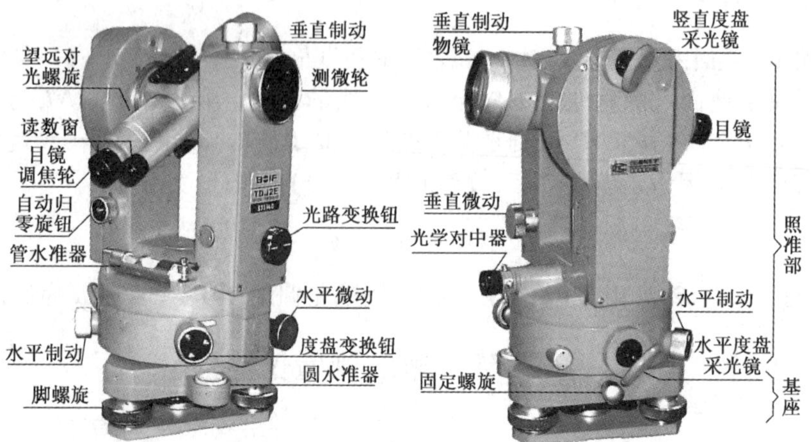

图 2-4　2″级光学经纬仪

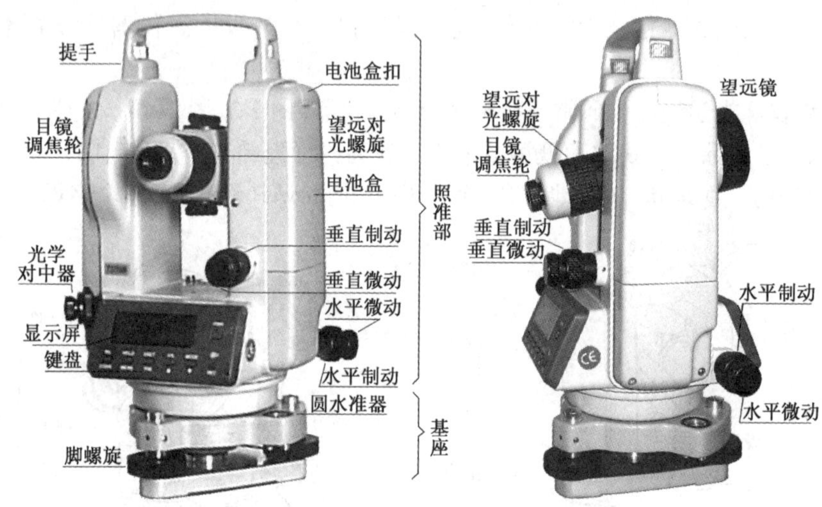

图 2-5　光电经纬仪

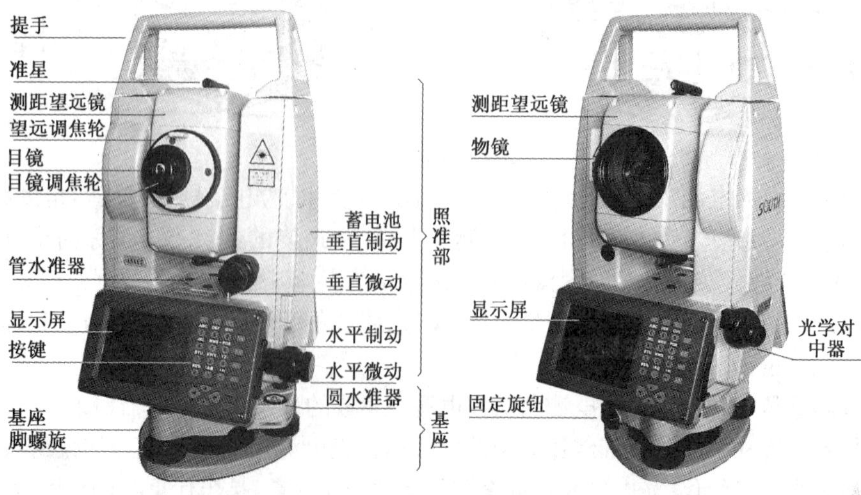

图 2-6　NTS－340 全站仪

二、角度测量仪器的照准部

由图 2-3 ~ 图 2-6 可见，角度测量仪器是集高新技术于一身的精密测量设备。纵观上述角度测量仪器，基本组成部分是照准部、度盘和基座。

照准部是仪器瞄准目标获得角度观测值的重要组成部分。照准部主要有望远镜、操作机构、水准器和横轴、支架、竖轴等(图 2-7)。光电经纬仪和全站仪的照准部设有键盘等。

1. 望远镜

望远镜是照准部看清目标和瞄准目标的重要器件。结构上望远镜与横轴安装在一起。图 2-7 为光学经纬仪望远镜与横轴安装在一起的形式。图 2-8 为光电经纬仪望远镜与横轴(HH)安装在一起的结构形式。

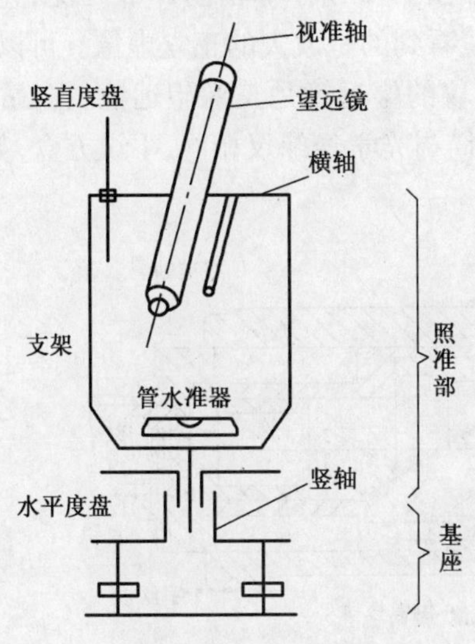

图 2-7 经纬仪基本结构

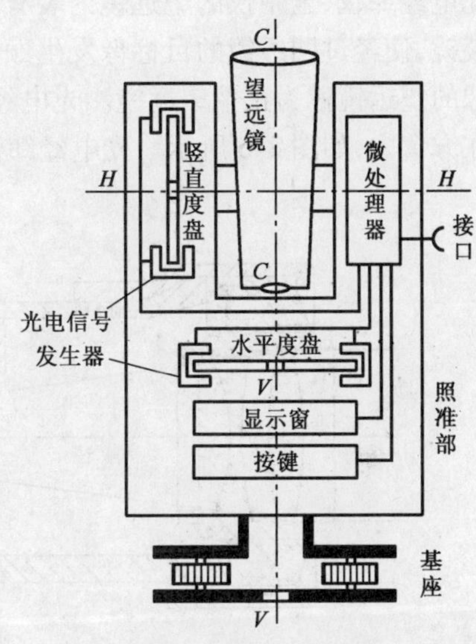

图 2-8 光电经纬仪结构

望远镜结构：如图 2-9 所示，望远镜基本构件有物镜、凹透镜、十字丝板和目镜，并组合在镜筒内。

十字丝板(图 2-10)是望远镜的瞄准标志。板上刻画有双丝、单丝以及上、下短横丝构成的十字丝，纵丝与横丝互相垂直，与垂线互相平行。物镜、目镜是凸透镜组。目镜上带有目镜调焦轮。物镜的光心 o 与十字丝板的中心 o' 连成的直线称为望远镜视准轴(图 2-11)。调焦镜是凹透镜，凹透镜与镜筒上的望远对光螺旋(套在镜筒外壁上，或称望远调焦轮)相连，并受望远对光螺旋的控制前后移动，以便调整物像的成像质量。

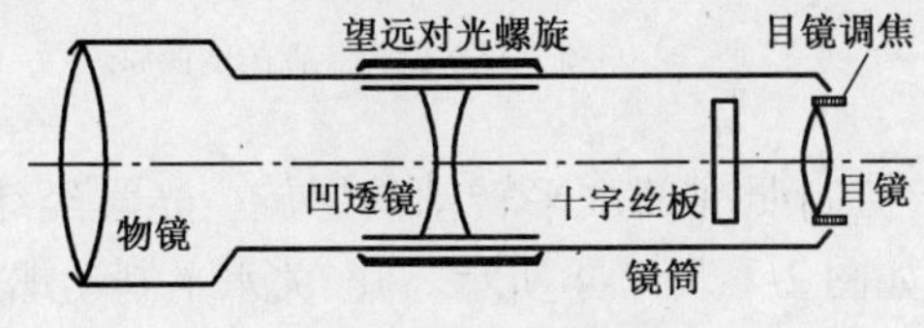

图 2-9 望远镜的构件

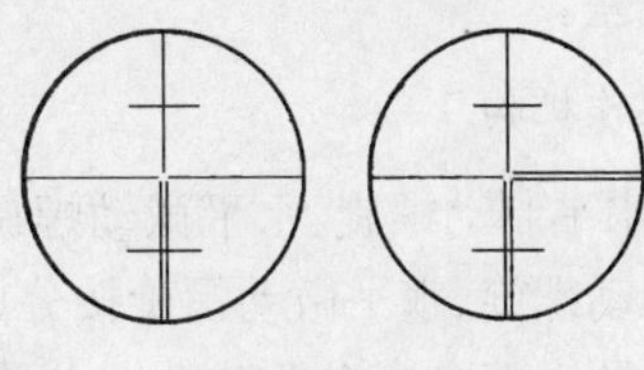

图 2-10 十字丝像

望远镜的成像过程：如图 2-11 所示，物镜前的物像 A 经物镜成为缩小的倒立实像，并经凹透镜的调焦作用落在十字丝板的焦面上，目镜将倒立实像和十字丝像一起放大成虚像 B。此时眼睛在目镜处可看到放大的倒立虚像。只能看到倒立虚像的望远镜称为倒像望远镜。

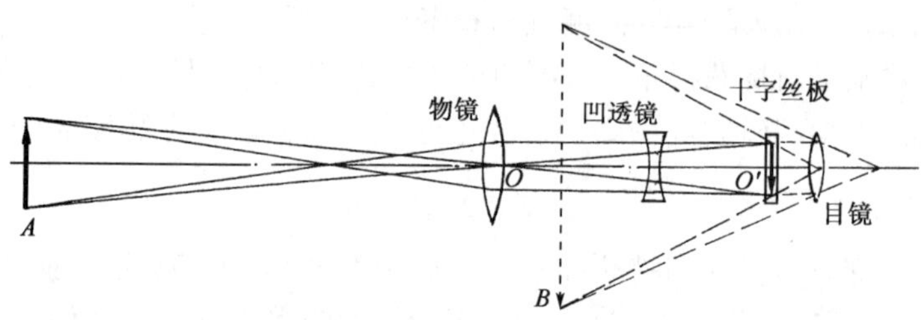

图 2-11　望远镜的成像过程

光电经纬仪、全站仪的望远镜内装有倒像棱镜，如图 2-12 所示。由图 2-13 可见，光路经过倒像棱镜，使经过凹透镜的目标像发生颠倒，则在目镜看到的是放大的正立虚像。可以看到正立虚像的望远镜称为正像望远镜。光电经纬仪、全站仪的望远镜是正像望远镜。全站仪望远镜设在方盒内，如图 2-6 所示。光电经纬仪的望远镜筒与光学经纬仪相同，不设方盒，如图 2-5 所示。

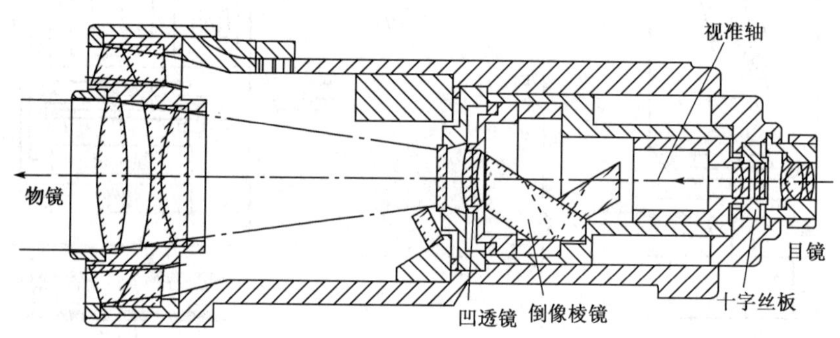

图 2-12　光电经纬仪、全站仪的望远镜

望远镜放大倍率随仪器而异，一般的角度测量仪器望远镜放大倍率在 28 倍左右。

根据望远镜的成像过程，必须做好对光操作：①转动目镜调焦螺旋，调整目镜焦距，即调焦，使眼睛看清楚十字丝像；②转动望远对光螺旋，对凹透镜调焦（内调焦），眼睛看清楚物像 A。③消除视差。视差，即移动眼睛可发现十字丝像与虚像 B 的相对变动现象。存在视差表明物象 A 可能没有落在十字丝板焦面上。正确重复①②操作可消除视差。

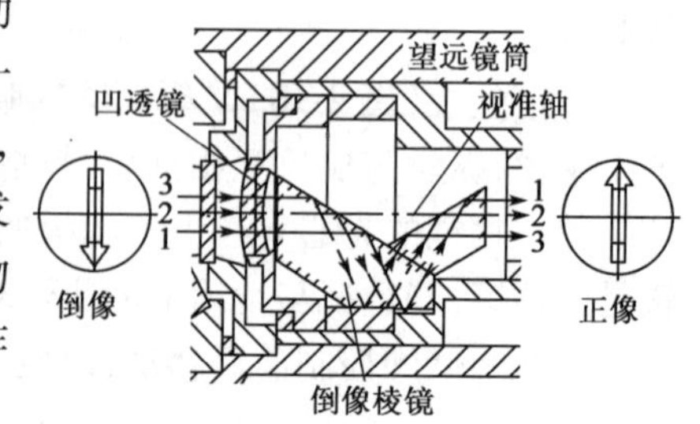

图 2-13　倒像装置的倒像原理

2. 操作机构

（1）水平制动螺旋、水平微动螺旋。这是用于控制照准部水平转动的螺旋。光学经纬仪的水平制动螺旋、水平微动螺旋按分离方式设置，如图 2-3、图 2-4 所示。开、关水平制动螺旋，用于控制照准部自由水平转动。水平微动螺旋是关水平制动螺旋之后，精细水平转动照准部

的螺旋。

光电经纬仪、全站仪的水平制动螺旋、水平微动螺旋按集成同轴方式设置，如图2-5、图2-6所示。其中水平制动螺旋设在内侧，水平微动螺旋设在外侧，操作比较方便。

(2)垂直制动螺旋、垂直微动螺旋。这是用于控制望远镜纵向转动的螺旋。垂直制动螺旋、垂直微动螺旋设置方式和功能与水平制动螺旋、水平微动螺旋相同，如图2-3～图2-6所示。

(3)光学对中器、激光对中器。这是用于指示角度测量仪器对中状态的机构。光学对中器主要由目镜、分划板、直角转向棱镜、物镜等部件构成，见图2-14。直角转向棱镜使水平光路转成垂直光路，故在调整目镜时将观察到地面点与对中标志的影像。激光对中器是对中视准轴装备有激光器的光学对中器，提供可见红色光斑，相当于图2-14中的对中标志。

(4)键盘。光电经纬仪、全站仪外观与光学经纬仪的重要区别是照准部设有键盘。图2-15是图2-6所示全站仪的键盘。键盘设有一个显示窗和若干个按键。按键用于测量指令操作，显示窗显示测量指令和测量结果等信息。关于键盘的应用在以下相关章节逐步介绍。

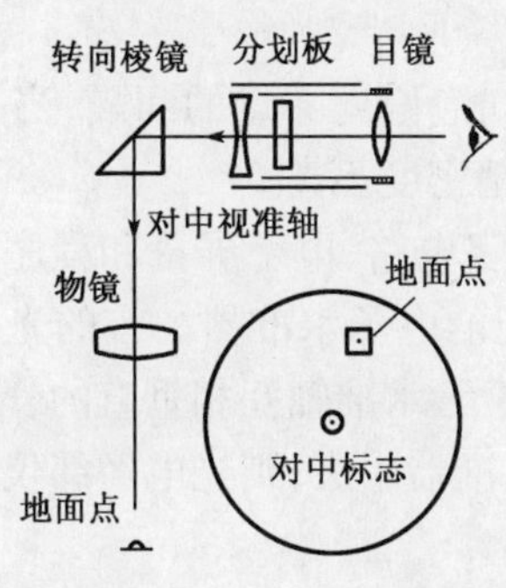

图2-14　光学对中器

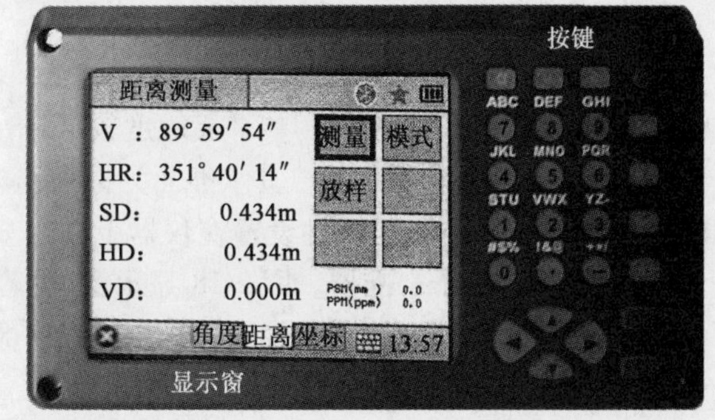

图2-15　NTS－340键盘

3. 水准器

水准器是测量仪器整平的指示装置。该玻璃制品内装酒精(或乙醚)，内液面有一气泡，其表面有指示整平的刻划标志，角度测量仪器配置管水准器、圆水准器，还有电子水准器。

(1)管水准器(图2-16)。呈管状，内液面气泡呈长形，内壁顶端是一个半径 R 约为20～40m的圆弧($L'L'$)，表面刻划间隔2mm，零点中心隐设在刻划线的中间。当气泡心移到零点中心时，称水准气泡居中[图2-16b)]。

水准气泡居中时，过圆弧零点的法线必与垂线平行，这时过零点作直线 LL 与圆弧相切，则 LL 必然垂直于垂线，直线 LL 称为管水准轴。管水准轴是管水准器水平状态的特征轴。

管水准器格值：水准器表面刻划间隔所对应的圆心角 τ，称为管水准器格值，或称分划值。图2-16c)中，间隔2mm的圆弧所对应的圆心角为：

$$\tau = \frac{2\text{mm}}{R}\rho \tag{2-3}$$

式中，$\rho = 206\,265''$。由式(2-3)可知，在间隔为2mm的范围内，R 越大，即 τ 越小，说明水准器整平灵敏度越高。一般的角度测量仪器 τ 为20″～30″。

(2)圆水准器(图2-17)。呈圆状,内液面有圆形气泡,内壁顶端是一个半径 R 约为0.8m的圆球面,表面有一个小圆圈标志,零点标志隐设在小圆圈中心[图2-17a)]。水准气泡居中,过零点作圆球面法线 OO,OO 必与垂线平行,故称 OO 为圆水准轴。圆水准轴是圆水准器表示水平状态的特征轴。

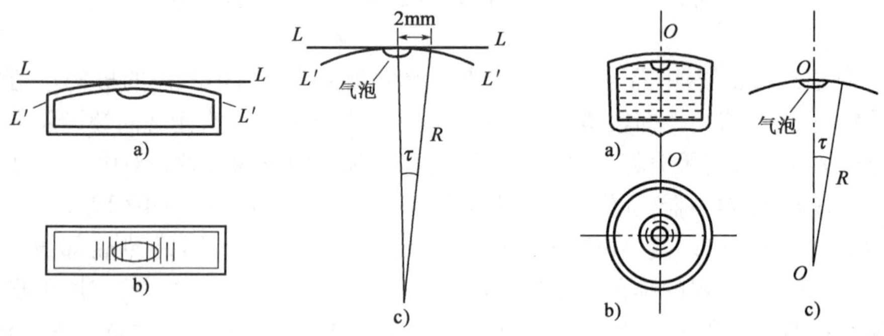

图2-16 管水准器　　图2-17 圆水准器

圆水准器格值:τ仍按式(2-3)计算,式中2mm表示水准气泡偏离零点的间隔,当 R 约为0.8m时,τ约为8′。圆水准器的整平灵敏度较低,指示水平的精密度不高。

(3)电子水准器。是一种以真水准面为标准,应用光电数字电路、电子屏幕和程序设计而构成的水准器。图2-18是一种设置在仪器上并由显示窗展现的电子水准器。有的光电经纬仪、全站仪装备有电子水准器。图2-18显示窗(屏幕)中有两个管水准轴互相垂直的管水准器像,其中的小矩形黑框是管水准气泡。管水准气泡像处于管水准器中央,则光电经纬仪或全站仪处于水平状态。

4. 基本轴系

照准部望远镜视准轴、横轴、竖轴和管(圆)水准轴是角度测量仪器的基本轴。如图2-19,CC,望远镜视准轴;HH,横轴;VV,竖轴;LL,管水准轴,由此形成角度测量仪器的基本轴系。基本轴系结构关系必须满足:$CC \perp HH$;$HH \perp VV$;$LL \perp VV$。此外,十字丝板(图2-10)的纵丝平行于竖轴 VV。有的仪器装有圆水准器,基本轴系结构关系还有圆水准轴 $L'L' \perp LL$。

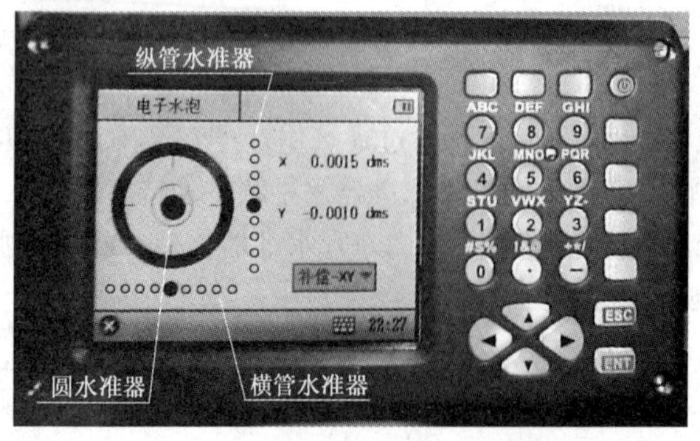

图2-18 全站仪显示窗的电子水准器

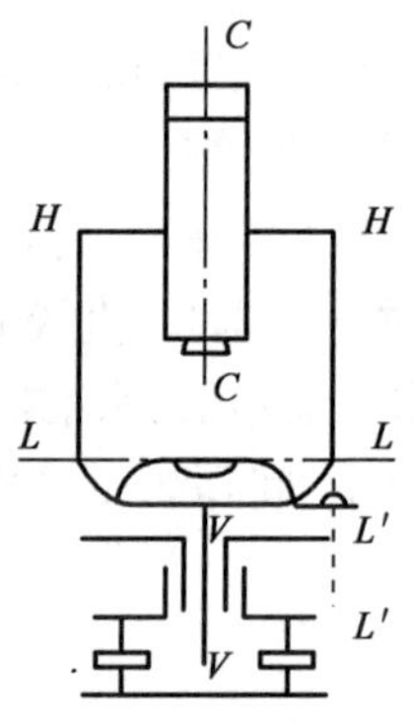

图2-19 基本轴系

三、角度测量仪器的度盘

角度测量仪器设有水平度盘和竖直度盘，都是光学玻璃制成的平面圆盘，直径不大(约90mm)。

1. 度盘安装形式

水平度盘套在竖轴中可以自由转动(图2-7)；竖直度盘固定在横轴的一端与望远镜一起转动(图2-7、图2-20)。

光学经纬仪的度盘是光学度盘，水平度盘全周按顺时针方向注记0°~360°，如图2-2所示。一般的竖直度盘也按顺时针方向注记，如图2-20所示。

2. 竖直度盘指标线自动归零

竖直度盘的0°、180°刻划分别标注在视准轴方向上。图2-20指标线指示的正常状态为：内部指标线与外部竖直度盘水准器结合挂在横轴上，微动微倾螺旋使水准器气泡居中则指标线在垂线正确方向上，当视准轴水平时指标线所指为90°。若水准器气泡不居中，指标线所指不是90°，必须微动微倾螺旋实现正常状态，其操作称为指标线人工归零操作。

自动归零方式，指标线自动实现正常状态。自动归零方式以自动归零装置代替微倾螺旋、竖直度盘管水准器等装置。图2-21是机械自动归零装置原理图。图中，悬挂式(摆式)光学透镜是自动归零的核心部件。光学透镜与指标线⊕构成自动归零的整体装置。图2-21a)的竖直度盘如同图2-20的正常状态，自动归零装置处于正确位置；指标线⊕设在垂线A位置，光学透镜两端吊丝的挂位同高。这时光投射使指标线⊕沿垂线方向经过光学透镜指在90°的位置。

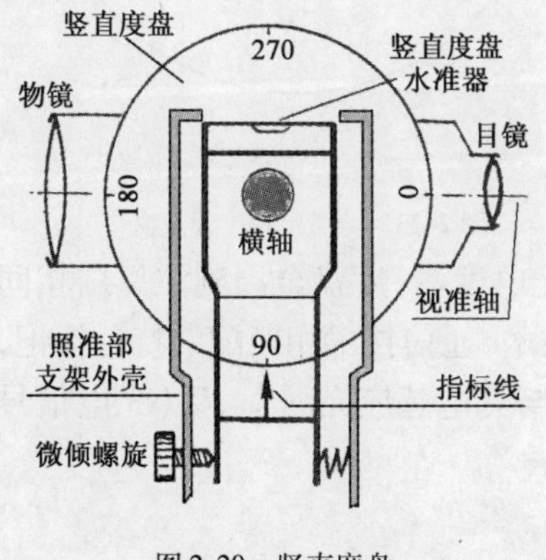

图2-20 竖直度盘

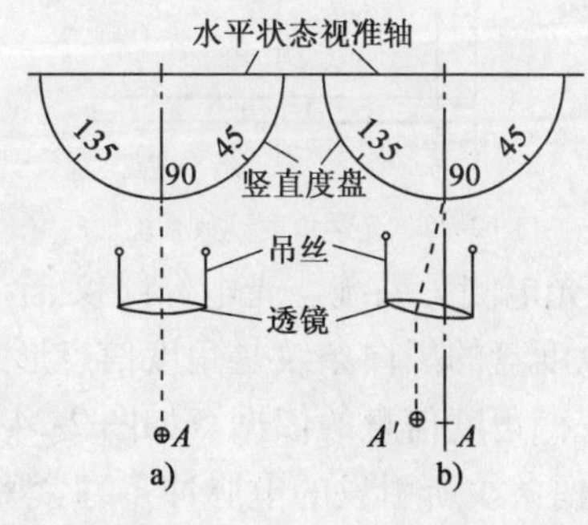

图2-21 自动归零

图2-21b)表示自动归零装置因整平不足的不正确位置：指标线⊕在偏离垂线($\varepsilon < 3'$)的A'处，悬挂式光学透镜两端吊丝挂位不同高，透镜自身重力作用使光学透镜的主焦面倾斜。这时光投射使指标线⊕沿平行垂线方向到达光学透镜。由于到达光线不垂直光学透镜的主焦面，使光线发生折射，从而使指标线⊕指在90°的位置，实现指标线⊕的自动归零，或称为自动补偿。

3. 度盘读数系统

(1)光学读数系统。光学经纬仪的光学读数系统有分微尺光学系统和对径符合光学系统,可以把水平度盘和竖直度盘的刻划影像传送到目镜读数窗中。图 2-22,表示一种 6″级光学经纬仪的分微尺光学系统。图中 A、B 两个光路系统,A 光路用于获取水平度盘角度读数,B 光路用于获取竖直度盘的角度读数。A、B 两个光路最后带着各自的角度信息与光路中的测微读数组合并放大在同一个目镜读数窗中(图 2-23)。根据图 2-23,分微尺读数方法可分为以下三步:①读取分微尺内度分划的度数;②读取分微尺 0 分划至该度分划所在分微尺的分数;③计算以上两数之和为读数窗角度读数。

图 2-23 的水平(Horizontal)度盘(注“H”的读数窗)的角度读数是 215°06.5′(即 215°06′30″),竖直(Vertical)度盘(注“V”的读数窗)的角度读数是 78°52.4′(即 78°52′24″)。

对径符合光学系统,是在水平度盘(或竖直度盘)相差 180°两个位置取得角度观测值的光学角度测量系统,或称为对径符合测角法,有利于提高角度测量精度。2″级光学经纬仪采用对径符合测角法。限于篇幅不扩展介绍,读者可参考其他书籍。

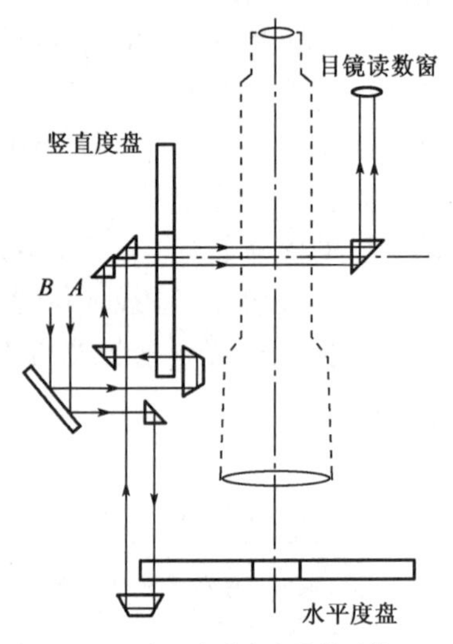

图 2-22　光学角度读数系统

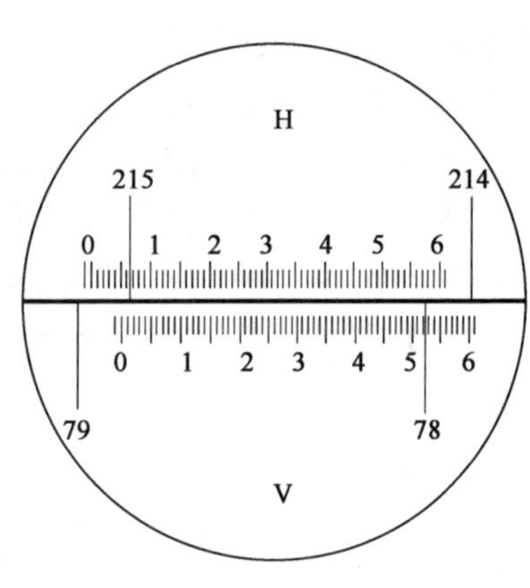

图 2-23　分微尺角度读数窗口

(2)光电测角系统。光电经纬仪、全站仪的度盘是光电度盘,度盘全周刻注黑白相间的条纹。光电度盘的黑白条纹是角度信息形式便于与光电技术、通信技术相匹配的特色标记,是光电测角获得角度信息的依据。如图 2-24,角度 φ 的大小与光电感应光阑 L_S、L_R(光电信号发生器)按黑白条纹所引发的电脉冲多寡紧密相关。

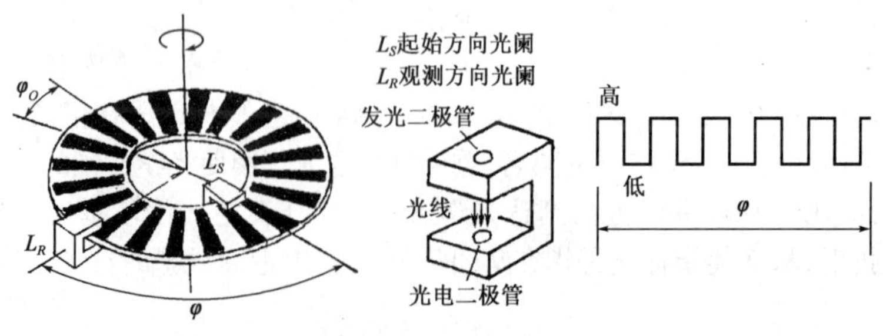

图 2-24　光电度盘测角系统

光电经纬仪、全站仪的光电测角系统结构,如图 2-8 所示,光电信号发生器获取按黑白条纹引发的电脉冲,光电测角系统微处理器对电脉冲进行处理,最终在键盘显示窗显示角度测量的结果。图 2-15 显示窗第一行“V”为竖直度盘观测值,第二行“HR”为水平度盘观测值。为了提高角度测量精度,光电测角系统也采用对径符合测角法。

4. 水平度盘配置机构

光学经纬仪水平度盘配置机构有两种,即度盘变换钮和复测钮。度盘变换钮是一个带有齿轮的转动装置,通过齿轮的连接带动度盘转动,度盘转动的角度值可在读数窗中看到。复测钮是一种控制水平度盘与照准部联系的控制机构,其操作与控制作用可用表 2-1 表示。

复测钮操作与控制作用 表 2-1

复测钮的一般操作	度盘与照准部的联系	转动照准部度盘的动作	读数窗的情况
开	连接	随之转动	度数不变
关	脱离	不随之转动	度数变化

光电经纬仪、全站仪的水平度盘配置机构有多种,主要以键盘的按键功能实现。按键功能有 OSET、HOLD、HSET,此外还有度盘注记顺序按键功能 HR、HL。

OSET,置零:把光电经纬仪、全站仪水平度盘显示设置为零。HOLD,锁定:相当于光学经纬仪的复测钮,可用于光电经纬仪、全站仪水平度盘的配置。HSET,设置:相当于光学经纬仪的度盘变换钮,启动 HSET 功能可根据需要输入角度值实现水平度盘的配置。HR:把水平度盘的记度配置为顺时针注记顺序;HL:把水平度盘的记度配置为逆时针注记顺序。

四、角度测量仪器的基座

基座(图 2-25)主要由轴套、脚螺旋、连接板、固定螺旋等构成,是照准部支承装置。角度测量仪器照准部装在基座轴套以后必须扭紧固定螺旋(锁定旋钮、固定螺旋),一般应用不得松开固定螺旋,见图 2-3 ~ 图 2-6。有的基座装备有光学对中器、圆水准器。

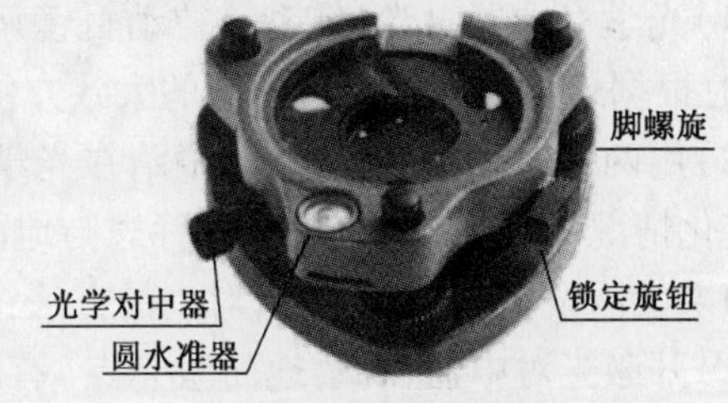

图 2-25 基座

[注解]

1. 光电信号发生器:是获取度盘角度信息的重要器件,发光二极管、光电二极管是其中的主要部件。
2. 发光二极管:是一种半导体发光器件,有一定电流便发出一定的光强度。
3. 光电二极管:是一种半导体光电器件,具有内光电效应功能,对接收到的光信号转化为电信号,在输出电路中反映出来。

第三节 角度测量基本操作

角度测量是利用角度测量仪器在设有固定标志的地面点上对另一地面点上的目标进行方向观测,过程涉及到基本操作方法和角度观测技术。基本操作主要是:角度测量仪器安置;应用测量仪器瞄准目标,即瞄准;从测量仪器获取方向观测值,即读数;配置水平度盘等。

一、仪器的安置

角度测量仪器安置的基本目的是,使仪器中心在地面点中心的垂线上,使仪器水平度盘处于水平状态。仪器安置,又称为对中整平。仪器设有光学对中器(或激光对中器),仪器的安置方法以光学对中器进行“四步骤”操作,具体方法如下:

1. 三脚架对中

三脚架是安放角度测量仪器的支架,将三脚架安置在地面点上,如图2-26。要求:高度适当,架头略平,大致对中,稳固可靠。伸缩三脚架的架腿可调整三脚架高度,三脚架安置时在架头中心处自由落下一小石头,观其落下点位与地面点的偏差在3cm之内,则实现大致对中。三脚架的架腿尖头尽可能插进土中。

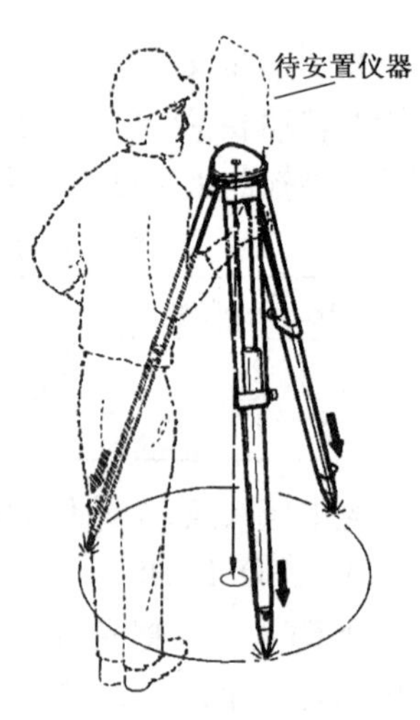

图2-26 三脚架对中

2. 仪器对中

这是精密对中的工作。

1)安置仪器(如全站仪):从仪器箱中取出角度测量仪器放在三脚架架头上(手不放松),位置适中。另一手把中心螺旋(在三脚架架头内)旋进仪器的基座中心孔中,使仪器牢固地与三脚架连接在一起。

2)脚螺旋对中。这是利用基座的脚螺旋进行精密对中的工作。

(1)光学对中器对光(转动或拉动目镜调焦轮),使之看清光学对中器的对中标志和地面点,同时根据地面情况辨明地面点的大致方位。

(2)用两手转动脚螺旋,同时眼睛在光学对中器目镜中观察对中标志与地面点的相对位置的变化情况(图2-14),直到对中标志与地面点重合,则脚螺旋光学对中完毕。

如果仪器设有激光对中器,对中的方法:

(1)开激光对中器,观察地面激光点(有的仪器设有对光螺旋,即转激光对中器调焦螺旋聚焦);

(2)用两手转动脚螺旋,同时观察地面激光点移动情况,直到激光点与地面点重合为止。

3. 三脚架整平

这是一种升降三脚架脚腿达到概略整平目的的操作。具体做法如下。

(1)任选三脚架的两个脚腿,转动照准部使管水准器的管水准轴与所选的两个脚腿地面支点连线平行,升降其中一脚腿使管水准器气泡居中。

(2)转动照准部使管水准轴转动90°,升降第三脚腿使管水准器气泡居中。

三脚架整平是一项重要的手上功夫。注意:升降脚腿时不能移动脚腿地面支点。升降时左手指抓紧脚腿上半段,大拇指按住脚腿下半段顶面(图2-27),并在松开箍套螺旋时以大拇指控制脚腿上下半段的相对位置实现渐进的升降,眼睛观察管水准气泡居中时扭紧箍套螺旋。整平时水准器气泡可偏离零点2~3格。整平工作应重复一二次。

有的仪器设两个互相垂直的管水准器,见图 2-18。三脚架整平操作,只要在(1)操作使管水准轴与所选的两个脚腿地面支点连线平行,在(2)操作不必转动照准部使管水准轴转动 90°。

4. 精确整平

(1)任选基座两个脚螺旋,转动照准部使管水准轴与所选两个脚螺旋中心连线平行,相对转动两个脚螺旋使管水准器气泡居中,如图 2-28a)所示。管水准器气泡在整平中的移动方向与转动脚螺旋左手大拇指运动方向一致。

(2)转动照准部 90°,转动第三脚螺旋使管水准器气泡居中,如图 2-28b)所示。重复(1)、(2)使水准器气泡精确居中。

有的仪器设两个互相垂直的管水准器,如图 2-18。精确整平,只要在(1)操作使管水准轴与所选的两个脚螺旋中心连线平行,在(2)操作不必转动照准部使管水准轴转动 90°。

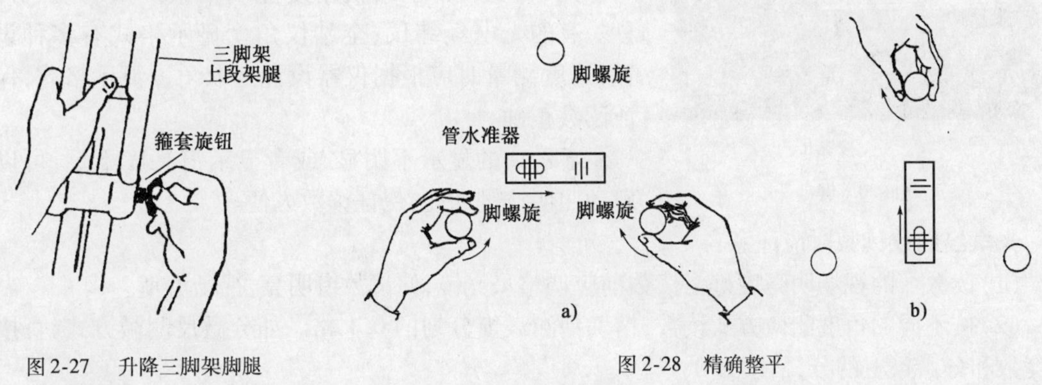

图 2-27 升降三脚架脚腿

图 2-28 精确整平

二、瞄准

瞄准的实质是安置在地面点上角度测量仪器的望远镜视准轴对准另一地面点的中心位置。一般地,测角仪器正像望远镜瞄准的地面点上所设观测目标(图 2-29),目标中心在地面点的垂线上,目标是瞄准的对象。

1. 一般人工瞄准方法

(1)大致瞄准,或称粗略瞄准,即松开水平、垂直制动螺旋(或制动卡),按水平角观测要求转动照准部使望远镜的准星对准目标,旋紧制动螺旋(或制动卡);

(2)正确做好对光工作,先使十字丝像清楚,后使目标像比较清楚;

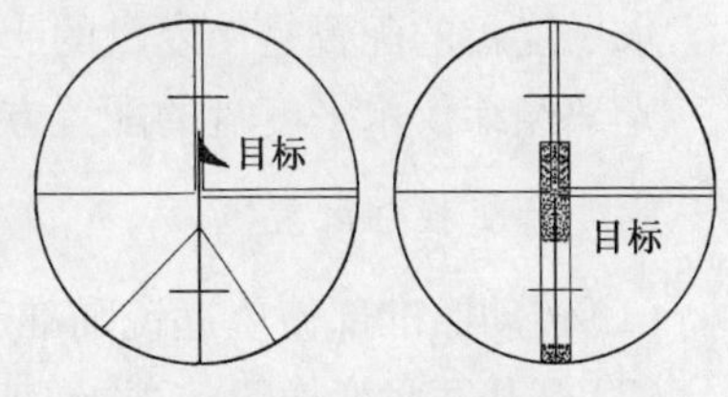

图 2-29 精确瞄准

(3)精确瞄准,即转动水平、垂直微动螺旋,使望远镜的十字丝像中心部位与目标有关部位相符合。精确瞄准应注意微动螺旋的操作,一旦转不动时,不得再继续强行扭转,应重新调整微动螺旋后再操作。

2. 水平角测量的精确瞄准

水平角测量的精确瞄准,通过转动水平微动螺旋,使目标像与十字丝像靠近中心部分的纵丝相符合(图2-29)。如果目标像比较粗,则用十字丝的单纵丝平分目标;如果目标像比十字丝的双纵丝的宽度细,则目标像平分双纵丝。图2-29是目标正像与纵丝相符合的形象。由于测量仪器不同,或者是观测方法不同,或者是观测要求有差异,瞄准的具体方法也有区别,瞄准工作应与具体观测情况相结合。

三、读数

角度测量读数,是在角度测量仪器瞄准目标之后从显示窗、读数窗读水平方向值。

光电经纬仪、全站仪角度测量值可直接从仪器显示窗读取。如图2-30,显示水平方向观测值 HR:156°16′18″,显示竖直度盘观测值 VZ:90°16′00″,是确认仪器瞄准目标后的观测值。仪器显示窗观测值可直接读取记录,也可以通过电子存储器记录。

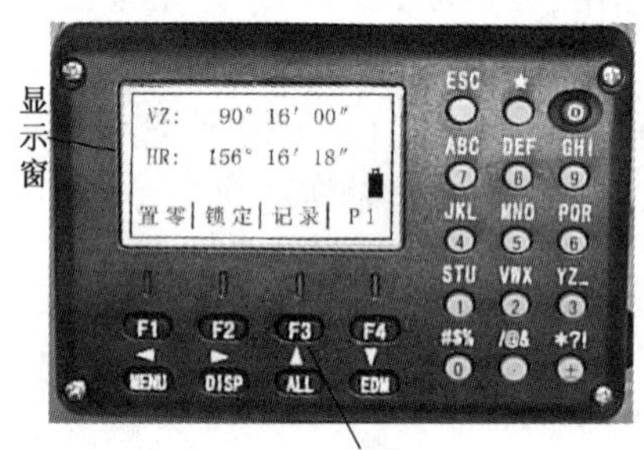

图2-30 键盘

光电经纬仪、全站仪角度显示格式一般为度、分、秒。有的光电经纬仪、全站仪角度显示格式有多种设置,角度测量时应根据仪器设计选取角度显示格式,保证读数正确。

显示窗的显示不明显,或者显示窗亮度不足,可以启动照明按键功能,保证读数方便。

光学经纬仪读数时应注意:

(1)读数窗的视场明亮度好。读数前应调整采光镜,使读数窗明亮,视场清晰。

(2)按不同的角度测微方式读数,精确到测微窗分划的0.1格。如分微尺测微方式,直接读度数和分微尺上的分,估读到0.1′。

(3)读数与记录有呼有应,有错即纠。记录者对读数回报无误再记;纠正记错的原则"只能划改,不能涂改"。划改,即在错的数字上划一斜杆,在错字附近写上正确数字。

(4)最后的读数值应化为度、分、秒的单位。

四、水平度盘的配置

水平度盘的配置是使度盘的起始读数位置在起始方向上满足规定的要求。

光学经纬仪水平度盘的配置方法,有度盘变换钮配置和复测钮配置两种。

1. 度盘变换钮配置

(1)转动照准部使望远镜瞄准起始方向目标;

(2)打开度盘变换钮的盖子(或控制杆),转动变换钮,同时观察读数窗的度盘读数使之满足规定的要求;

(3)关闭度盘变换钮的盖子(或控制杆)。

2. 复测钮配置

复测钮控制着度盘与照准部的关系(见表2-1),复测钮配置度盘的具体方法:

(1)关复测钮,打开水平制动螺旋转动照准部,同时观察读数窗的度盘读数使之满足规定的要求;(可在水平制动后获取规定的粗略度盘读数,再用水平微动螺旋获取满足规定的度盘读数)。

(2)开复测钮,转动照准部照准起始方向,并用水平微动螺旋精确瞄准起始方向;

(3)关复测钮,使水平度盘与照准部处于脱离状态。

光电经纬仪、全站仪水平度盘的配置方法有 OSET、HOLD、HSET 的按键功能。

OSET,置零。这是把光电经纬仪、全站仪水平度盘显示设置为零的按键功能。光电经纬仪、全站仪处于通电工作状态瞄准目标后,按 OSET 键,这时光电经纬仪、全站仪水平度盘显示为 0°00′00″。

HOLD,锁定。应用 HOLD 按键功能相当于光学经纬仪的复测钮功能,具体方法如下:

(1)打开水平制动螺旋转动照准部,同时观察仪器显示窗的角度显示数变化使之满足规定的要求。(可在水平制动后获取规定的粗略显示读数,再用水平微动螺旋获取满足规定的显示读数)。

(2)启用 HOLD 按键功能,仪器显示窗角度显示数不再变化,则水平度盘与照准部处于连接状态。转动照准部照准起始方向,并用水平微动螺旋精确瞄准起始方向。

(3)观察显示窗提示"是""否"按键功能,启用"是"功能,仪器显示窗的角度显示数可变化,则水平度盘与照准部处于脱离状态。

HSET,设置。应用 HSET 按键功能相当于光学经纬仪的度盘变换钮,启动 HSET 可根据需要输入角度值配置水平度盘。

具体方法:

(1)转动照准部照准起始方向,并用水平微动螺旋精确瞄准起始方向。

(2)启用 HSET 按键功能,仪器显示窗提示角度输入,按需要输入角度值实现水平度盘的配置。

[注解]

1. 仪器安置的四步骤:三脚架对中、仪器对中、三脚架整平、精确整平。四步骤应步步为营,稳扎稳打。上步未成,下步不行。上步完成,下步可行。下步不满足要求,上步必然不合格。最后检查对中不合格,应从第二步开始重来。

2. 仪器安全,见附录一。仪器安置必须安全第一:

①确认仪器与三脚架牢固地连接在一起;

②安置仪器之后不得离人;

③明确仪器操作部件功能与操作方法,方可细心使用,不清楚应先查问清楚。

第四节 水平角观测技术方法

一、方向法

方向法,或称测回法,用于测量两个方向或三个方向构成的角度。如图 2-31,O 点是安置好经纬仪的地面固定点,A、B 是设有目标的地面点。

1. 准备工作

(1)选定起始方向。如图 2-31,可选角度有$\angle AOB$和$\angle BOA$,选定测量的角度是$\angle AOB$,即α角,称 OA 是起始方向。选定测量的角度是$\angle BOA$,即β,称 OB 是起始方向。在方向法测角

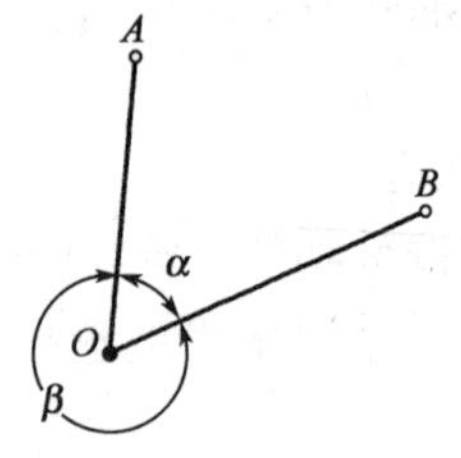

图 2-31　方向法水平角观测

中，又称起始方向为后视方向。

(2)按要求在地面点 O 安置经纬仪和在地面点 A、B 树立目标。

(3)根据观测方向的相应距离做好望远镜的对光。图 2-31 中距离 $OA < OB$，对光时选择 OA、OB 的平均距离上的假定目标作为对光的对象。如果 OA、OB 的距离大于 500m，可以同等距离长度对待。

(4)根据需要进行水平度盘配置。初始观测瞄准起始方向时，度盘读数应比度盘配置值稍大些。

注意：在水平度盘配置之前，有的光电经纬仪和全站仪角度测量的准备工作，必须用手启动仪器的初始化状态，选好度盘注记顺序。如应用苏一光全站仪，电池供电正常，按开机后显示窗口"转动望远镜"的启动提示，使全站仪处于角度测量状态，出现如图 2-34 显示窗口，完成初始化。

2. 观测方法

选定测量的角度是 $\angle AOB(\alpha)$。

1)盘左观测

角度测量仪器的竖直度盘在望远镜瞄准视线左侧的位置状态，称为盘左，如图 2-32。在盘左位置观测的基本方法如下：

(1)按顺时针转动照准部的方向瞄准目标；

(2)在分别瞄准目标后立即读数，记录。如图 2-31，按顺时针转动照准部先瞄准 A 目标后立即读数，接着顺时针转动照准部瞄准 B 后立即读数，记录见表 2-3。全站仪的读数在如图 2-34的显示窗 HR 注记顺序的方向观测值。

2)盘右观测

角度测量仪器的竖直度盘在望远镜瞄准视线右侧的位置状态，称为盘右。完成盘左观测之后在盘右位置观测的基本方法如下：

(1)沿横轴纵转望远镜 180°，转动照准部使仪器处于盘右位置，如图 2-33。

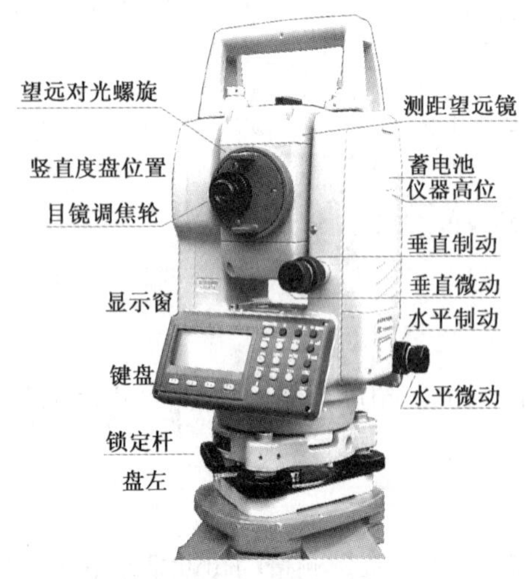

图 2-32　全站仪盘左观测

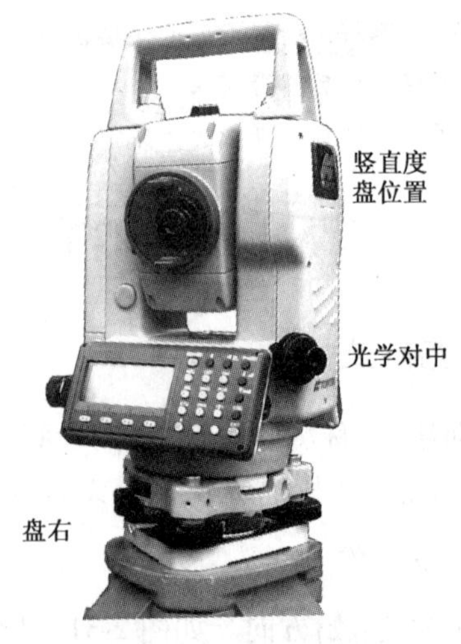

图 2-33　全站仪盘右观测

(2)按逆时针转动照准部的方向瞄准目标；

(3)在分别瞄准目标后立即读数，记录。

如图2-31，按逆时针转动照准部先瞄准 B 目标，后瞄准 A，记录见表2-2。

注意：准备工作中已完成对光，瞄准目标仅按大致瞄准和精确瞄准即可。

方向法观测水平角的记录　　表2-2

测站	盘位	目标	水平度盘水平方向值读数(° ′ ″)	水平角 半测回值(° ′ ″)	水平角 一测回值(° ′ ″)	备注
O	盘左	A	0 01 18	49 48 54	49 48 42	$\Delta\alpha=\alpha_{左}-\alpha_{右}=24''$ $\Delta\alpha_{容}=\pm30''$
		B	49 50 12			
	盘右	B	229 50 18	49 48 30		
		A	180 01 48			

全圆方向法观测记录　　表2-3

测站	测回数	目标	水平度盘读数 盘左观测(° ′ ″)	水平度盘读数 盘右观测(° ′ ″)	2C	盘左、盘右平均值(° ′ ″)	归零后水平方向值(° ′ ″)	各测回平均水平方向值(° ′ ″)
1	2	3	4	5	6	7	8	9
O	1	A	Δ_0 (24) 0 01 00	Δ_0 (6) 180 01 12	−12	(0 01 14) 0 01 06	0 00 00	0 00 00
		B	91 54 06	271 54 00	+06	91 54 03	91 52 49	91 52 47
		C	153 32 48	333 32 48	0	153 32 48	153 31 34	153 31 34
		D	214 06 12	34 06 06	+06	214 06 09	214 04 55	214 04 56
		A	0 01 24	180 01 18	+06	0 01 21		
1	2	A	Δ_0 (24) 90 01 12	Δ_0 (12) 270 01 24	−12	(90 01 27) 90 01 18	0 00 00	
		B	181 54 06	1 54 18	−12	181 54 12	91 52 45	
		C	243 32 54	63 33 06	−12	243 33 00	153 31 33	
		D	304 06 26	124 06 20	+06	304 06 23	214 04 56	
		A	90 01 36	270 01 36	0	90 01 36		

3. 计算与检核

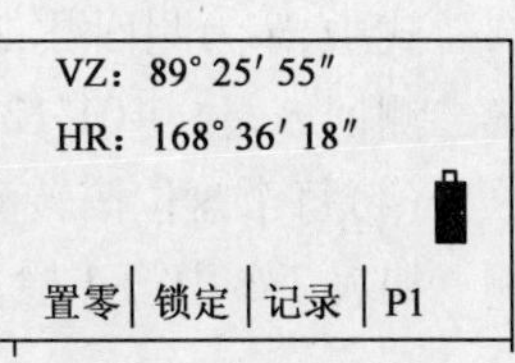

图2-34　角度显示状态

盘左观测称为上半测回，盘右观测称为下半测回，两个半测回构成一个测回，称为一测回观测。计算与检核工作步骤：

(1)计算半测回角度观测值：

盘左：$\alpha_{左}=49°50'12''-0°01'18''=49°48'54''$

盘右：$\alpha_{右}=229°50'18''-180°01'48''=49°48'30''$

(2)检核：首先大数检核，同方向盘左、盘右观测值是否相差180°？是否相等※？

其次计算 $\Delta\alpha = \alpha_{左} - \alpha_{右}$，检核 $\Delta\alpha$，若 $\Delta\alpha > \Delta\alpha_{容}$ 则说明这个测回中的观测值有错误，不符合要求，应重新观测。

(3)检核结果 $\Delta\alpha < \Delta\alpha_{容}$，计算一测回 $\alpha_{平}$：

$$\alpha_{平} = \frac{\alpha_{左} + \alpha_{右}}{2} \tag{2-4}$$

二、全圆方向法

全圆方向法，或称全圆测回法。当测站上观测方向数超过4个(包括4个)时，水平角测量采用全圆方向法。如图2-35，O 是测站，A、B、C、D 是四个与测站 O 距离不等的地面点。

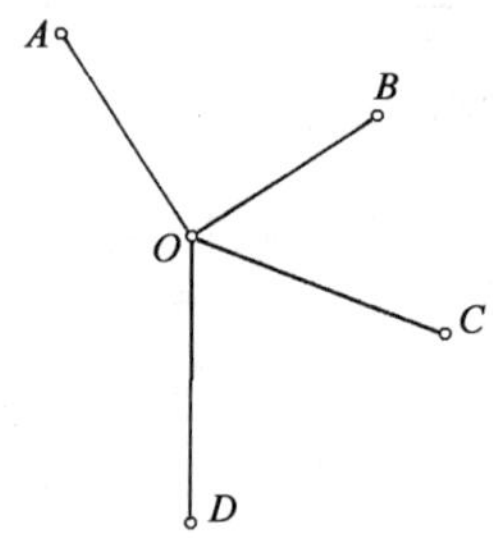

图2-35　全圆方向法

1. 准备工作

(1)按要求安置经纬仪和树立目标。

(2)选定起始方向(或称零方向)，做好对光工作。

在 A、B、C、D 这四个点中选一个与 O 点距离适中，目标比较清楚的点位作为起始方向，如 A 方向。接着做好对光工作，同时检查其他方向的清晰程度。

(3)进行水平度盘配置。

2. 观测步骤

(1)盘左观测：①按顺时针转动照准部的方向依次瞄准目标 A、B、C、D、A；②在分别瞄准每一目标后立即读数和记录。

(2)盘右观测：①沿横轴纵转望远镜180°，转动照准部使仪器处于盘右位置；②按逆时针转动照准部的方向依次瞄准目标 A、D、C、B、A；③在分别瞄准每一目标后立即读数和记录。

3. 技术说明

(1)如同方向法，盘左、盘右观测构成完整一测回观测，表2-3是两个测回观测记录例子。

(2)根据记录表格，一个测回盘左观测按从上到下的顺序记录；盘右观测按从下到上的顺序记录。

(3)水平度盘配置按下式计算各测回的起始读数 δ，即

$$\delta = \frac{180}{n} + \Delta \tag{2-5}$$

式中，n 为测回数；Δ 为测微窗微小的角度值(正值)。如 $n=2$，则第一测回 δ 是0°01′00″，第二测回 δ 是90°01′12″。

(4)每个盘位按转动照准部方向，最后的瞄准回到开始瞄准的方向，这一步骤称为归零观测。如表2-3中第4栏，半测回的第二次观测 A 方向就是归零观测，观测值 L_0(归0)=0°01′24″。

4. 计算与检核

全圆方向法的计算与检核项目有：

(1)归零差的计算与检核。归零差 Δ_0 是半测回中起始方向观测值与归零观测值的差值，如2″级角度测量仪器 $\Delta_0 \leqslant \pm 8''$，6″级角度测量仪器 $\Delta_0 \leqslant \pm 18''$。表2-4盘左观测 $\Delta_0 = 24''$，超限。

角度测量方向观测的技术要求(《工程测量规范》(GB 50026—2007))　　表 2-4

等级	仪器等级	光学测微器两次符合读数之差(″)	半测回归零差(″)	一测回2C 互差的限值(″)	同一方向值各测回互差(″)
四等及以上	1″级	1	6	9	6
	2″级	3	8	13	9
一级及以下	2″级	—	12	18	12
	6″级	—	18	—	24

(2)2 倍照准差 $2C$ 及 $2C$ 互差 $\Delta 2C$ 的计算与检核：

$$2C = L_{盘左} - L_{盘右} \pm 180° \tag{2-6}$$

$$\Delta 2C = 2C_i - 2C_j \tag{2-7}$$

式中，$L_{盘左}$、$L_{盘右}$ 为同一方向的盘左观测值和盘右观测值；i、j 为不同方向的标志。

一般说来，经纬仪的 $2C$ 不能太大，如 2″级角度测量仪器的 $2C \leqslant \pm 30''$。$2C$ 互差 $\Delta 2C$ 有严格的要求，如表 2-5，2″级角度测量仪器的 $\Delta 2C \leqslant \pm 13''$，6″级角度测量仪器的 $\Delta 2C \leqslant \pm 35''$。

方向法观测记录　　表 2-5

测站	测回数	目标	水平度盘读数		2C	盘左、盘右平均值(° ′ ″)	归零后水平方向值(° ′ ″)	各测回平均水平方向值(° ′ ″)
			盘左观测(° ′ ″)	盘右观测(° ′ ″)				
1	2	3	4	5	6	7	8	9
O	1	A	0 01 00	180 01 12	-12	0 01 06	0 00 00	0 00 00
		B	91 54 06	271 54 00	+06	91 54 03	91 52 57	91 52 56
		C	153 32 48	333 32 48	0	153 32 48	153 31 42	153 31 42
O	2	A	90 01 12	270 01 24	−12	90 01 18	0 00 00	
		B	181 54 06	1 54 18	−12	181 54 12	91 52 54	
		C	243 32 54	63 33 06	−12	243 33 00	153 31 42	

(3)方向平均值 L'_i 的计算：

$$L'_i = \frac{L_{盘左} + L_{盘右} \pm 180°}{2} \tag{2-8}$$

(4)零方向平均值的计算：

表 2-3 第 7 栏第一测回 $L_0 = 0°01'06''$，L_0(归 0) $= 0°01'21''$，则 $L'_0 = 0°01'14''$。

$$L'_0 = \frac{L_0 + L_0(归0)}{2} \tag{2-9}$$

(5)归零方向值的计算：

$$L_i = L'_i - L'_0 \tag{2-10}$$

(6)测回差的计算与检核：

不同测回的同方向归零方向值的差值，称为测回较差，简称测回差，用 $\Delta\beta$ 表示。例如，2″

级角度测量仪器 $\Delta\beta \leqslant \pm 9''$；6″级角度测量仪器 $\Delta\beta \leqslant \pm 24''$。

上述的计算与检核中如发现有超限的项目（见表 2-4），则说明该项目不合格，应根据有关规定重新观测。如归零差超限则该半测回重测；又如 Δ2*C* 超限则该方向重测。

5. 三个方向的方向法

当测站上观测方向数只有三个时，每个盘位不必归零观测，如图 2-36，测站 *O* 有三个方向 *A*、*B*、*C*，这种情况的观测方法是方向法，观测记录如表 2-5。

三、对光方向法

一般的全圆方向法角度测量，在一测回测量中只能光学对光（调焦）一次，在测量过程中不允许中途对光，否则观测无效。

由于工程测量的特殊情况，点之间的距离有可能相差悬殊，工程上多有类似图 2-37 的情况，以仪器望远镜按光学对光一次的要求很难看清和瞄准目标。这种情况下，不论是一般的光学经纬仪，还是全站仪，以常规的角度测量方法，测量瞄准误差可能很大，可能危及测量的质量，甚至无法获得测量成果。对光方向法是一种各方向独立对光的方向测量，是解决工程测量上述日常问题的好办法。对光方向法准备工作与全圆方向法基本相同，不同的是测量准备不必进行对光工作。

对光方向法确定起始方向以后，各方向（含起始方向）均独立一次完成盘左、盘右一测回观测的对光方向测量，各取其平均值为各方向的一测回观测值。

盘左观测，如图 2-32，竖直度盘在视准轴的左侧，观测者顺时针转动照准部依次完成粗略瞄准、对光、精确瞄准目标和观测。接着仪器以盘右观测，如图 2-33，竖直度盘在视准轴的右侧，观测者逆时针转动照准部依次完成粗略瞄准、精确瞄准原目标和观测。盘左、盘右完成一测回观测。

如表 2-6 中 *A* 目标观测，盘左观测对光瞄准 *A* 方向，获得观测值 0°01′00.8″，盘右观测（不对光）瞄准 *A* 方向，观测值 180°00′55.4″。一测回观测值是 0°00′58.1″。表 2-6 是测站 *O* 对光观测 4 方向的一测回观测值，观测示意图见图 2-38。

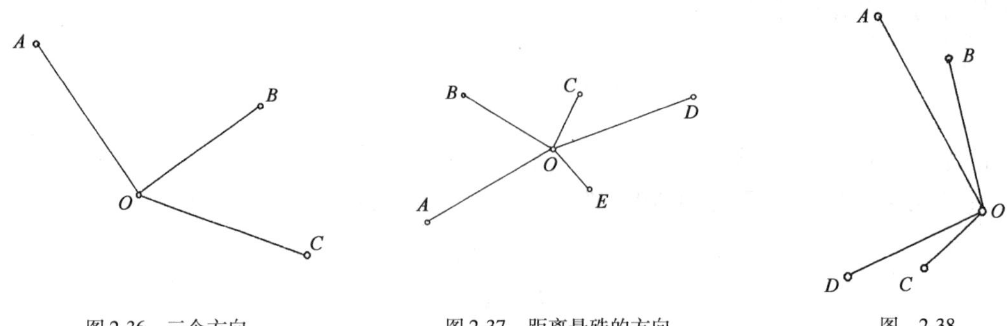

图 2-36　三个方向　　图 2-37　距离悬殊的方向　　图　2-38

对光方向法测量数据的检核与全圆方向法基本相同，不同的是没有半测回归零差的计算与检核，有一测回归零差的计算与检核，在表 2-7“方向平均值”栏完成，$\Delta_0 = 0°00'58.1'' - 0°00'57.0'' = 1.1''$。

第__1__测回(图2-38)　　对光方向测量　　表2-6

目　标	对光方向值		2C*	方向平均值	归零方向值
	盘左	盘右			
	(° ′ ″)	(° ′ ″)	△2C=3.7″	Δ_0=1.1″ (0 00 57.6)	
A	0 01 00.8	180 00 55.4	+5.4	0 00 58.1	0 00 00.0
B	8 09 00.5	188 08 57.6	+2.9	8 08 59.1	8 08 01.5
C	271 42 39.4	91 42 36.1	+3.3	271 42 37.8	271 41 40.2
D	272 08 18.8	92 08 12.2	+6.6	272 08 15.5	272 07 17.9
A	0 01 00.0	180 00 54.1	+5.9	0 00 57.0	

竖直角测量的记录与计算　　表2-7

测站 仪器高	目标 及高度	测回	盘左 观测值 (° ′ ″)	盘右 观测值 (° ′ ″)	指标差 x (″)	竖直角α (° ′ ″)	竖直角平均值 (° ′ ″)
O 1.543m	A 2.675m	1	90 30 17	269 29 49	– 04	– 0 30 14	–0 30 13
		2	90 30 15	269 29 51	– 03	– 0 30 12	
	B 2.435m	1	73 44 08	286 16 10	– 09	16 16 01	16 16 00
		2	73 44 12	286 16 09	– 10	16 15 58	

[注解]

※1. 同方向盘左观测值与盘右观测值相差180°。

※2. 这种情况在表2-3的观测值中随处可见。如果某方向盘左观测值超过180°,此时盘右观测值一定是超过360°,只不过角值是小于盘左观测值的小角。如盘左观测值194°,盘右观测值是194°+180°=374°,374°−360°=14°,则盘右观测值显示14°。这是因为水平度盘对超过360°的角度在度盘上自动减去360°。

第五节　竖直角观测技术方法

一、竖直角观测方法

竖直角观测方法,有中丝法和三丝法。(根据工程实践情况及受篇幅限制,此处只简要介绍中丝法)中丝法,即以十字丝中横丝瞄准目标的观测方法。

1. 准备工作

(1)做好经纬仪与目标安置工作;

(2)根据选定的方向做好对光操作。

2. 观测步骤

1)盘左观测。

(1)瞄准目标。如同一般的瞄准方法,但精确瞄准的部位与水平角测量的情况不同。竖直角测量要求望远镜视场目标像的顶面与十字丝像靠近中间的中横丝相切,见图2-39b);或目标像的顶面平分十字丝像靠近中间部分的双横丝,见图2-39a);或十字丝的单横丝平分目标像的中间位置。

(2)读数。与水平角测量的读数方法相同。

2)盘右观测。

观测步骤如同上述的盘左观测。

注意:人工归零操作。有的角度测量仪器没有设自动归零装置,如图2-3的光学经纬仪。这时的盘左、盘右观测步骤在瞄准目标后必须精平,即转动微倾螺旋,使竖直度盘水准器气泡居中,此时才能读数。

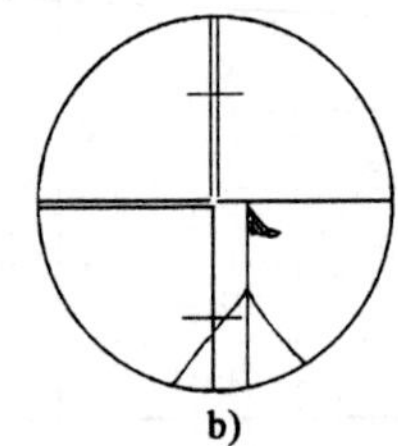

图2-39 瞄准目标

二、竖直角的计算

1. 盘左观测的竖直角

由图2-20可知,望远镜、竖直度盘和横轴三者结合在一起,望远镜绕横轴转动,按顺时针顺序刻划的竖直度盘也一起转动。指标线和竖直度盘水准器连在一起,水准气泡居中指标线在垂线方向上指示望远镜瞄准目标时的度盘读数L(图2-40)。由于某种原因指标线不严格处于垂线方向上,指标线在度盘读数中少了一个角度差x,则望远镜瞄准目标时的准确度盘读数应加上角度差x,即为$L+x$,见图2-40a)。在这里x称为指标差。

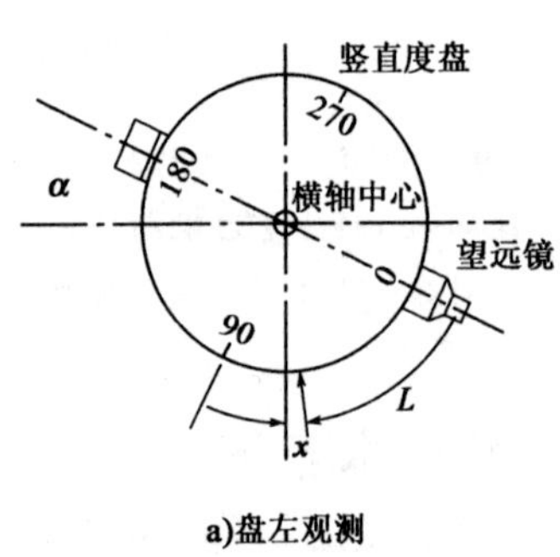

a)盘左观测

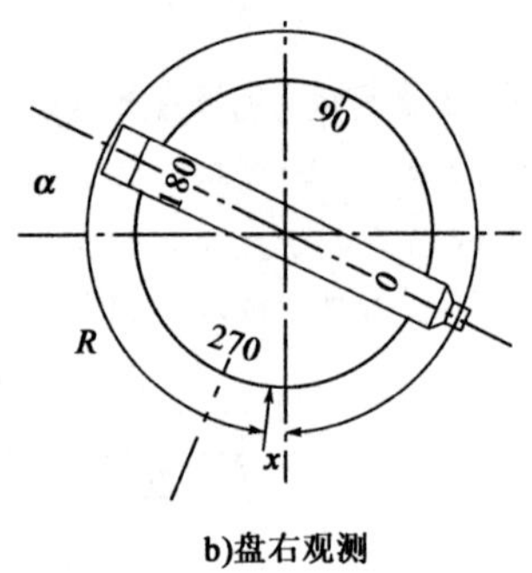

b)盘右观测

图2-40 竖直角测量

根据竖直角的定义,由图2-40a)可知,望远镜瞄准目标时盘左观测的竖直角$\alpha_{左}$为

$$\alpha_{左} = 90° - (L + x) \tag{2-11}$$

2. 盘右观测的竖直角

根据盘左观测的竖直角的分析可知,指标线在度盘读数中少了一个角度差x,盘右观测时望远镜瞄准目标的准确度盘读数应为$R+x$(见图2-40b)),因此,盘右观测的竖直角$\alpha_{右}$为

$$\alpha_{右} = R + x - 270° \tag{2-12}$$

3. 角度计算

根据式(2-11)、式(2-12)得,

$$\alpha_{平} = \frac{\alpha_{左} + \alpha_{右}}{2} \tag{2-13}$$

令 $\alpha_{左}=\alpha_{右}$，则

$$\alpha=\frac{R-L-180^{\circ}}{2} \tag{2-14}$$

利用式(2-11)、式(2-12)相减，可得

$$x=\frac{360^{\circ}-L-R}{2} \tag{2-15}$$

式(2-14)、式(2-15)是利用盘左盘右观测竖直角的计算公式。

4. 计算中的限差

表2-7是测站 O 分别观测目标 A、B 各二测回的观测实例。表中按竖直角测量结果计算各测回指标差 x 和竖直角 α。此外还要计算、检查二项限差。

(1) x 及 Δx 的限差

一般说来，角度测量仪器的指标差 x 不要太大，$x\leqslant1'$。Δx 是不同测回指标差的差值，称为指标差之差，或称指标差较差，即，$\Delta x=x_1-x_2$。观测竖直角对 Δx 有严格的要求，如2″级角度测量仪器 $\Delta x\leqslant15''$，6″级角度测量仪器 $\Delta x\leqslant25''$（低等级）。

(2) 竖直角较差 $\Delta\alpha$ 的限差

竖直角较差 $\Delta\alpha$ 是同一方向各测回竖直角的差值。一般竖直角较差 $\Delta\alpha$ 的限差与 Δx 的限差相同。

三、竖直角简易测量与计算

若要求不高，指标差 $x<\pm1'$，视 x 为零，式(2-11)竖直角观测取盘左观测值 L 即可，这时

$$\alpha=90-L \tag{2-16}$$

比较式(2-2)，此时式(2-16)的 L 就是天顶距Z。

第六节 角度测量误差与预防

角度测量的误差来源主要是仪器误差、观测误差和外界环境条件的影响。

一、仪器误差

主要包括：三轴误差（视准轴误差、横轴误差、竖轴误差）、照准部偏心差和度盘误差等。

1. 视准轴误差

图2-41中，视准轴 OC' 与横轴 HH 不垂直，存在 c 角误差，即视准轴误差。据推证，这种误差对水平方向影响为

$$\Delta c=\frac{c}{\cos\alpha} \tag{2-17}$$

由式(2-17)可见，观测方向竖直角 α 越大，Δc 越大。一般 α 约为 $1^{\circ}\sim10^{\circ}$，$\cos\alpha\approx1$，故可认为

$$\Delta c=c \tag{2-18}$$

据研究，若盘左观测 c 为正值，则盘右观测 c 为负值。因此，在盘左盘右观测取水平方向平均值时，视准轴误差 c 的影响被抵消，亦视准轴误差被抵消。

2. 横轴误差

这种误差表现在横轴不垂直于竖轴 OZ，竖轴在垂线上，横轴处在 $H'H'$ 位置，如图 2-42 所示，横轴 $H'H'$ 与水平状态 HH 的夹角 i 就是横轴误差。据推证，夹角 i 对观测方向水平角的影响为

$$\Delta i = i \times \tan\alpha \tag{2-19}$$

设盘左观测时 i 为正，则盘右观测时因横轴位置处在相反位置，故 i 为负。因此 Δi 的存在与 Δc 有相同性质，在盘左盘右观测取水平方向平均值时，可抵消横轴误差的影响。

3. 竖轴误差

竖轴误差是由于竖轴不平行垂线而形成的误差。如图 2-43 所示，OV 是垂线，OV' 是出现偏差的竖轴，OV 与 OV' 的夹角 δ 就是竖轴误差。据推证，竖轴误差 δ 引起的测角误差可表示为

$$\Delta\delta = \delta\cos\beta\tan\alpha \tag{2-20}$$

式中：α——观测目标的竖直角；

β——观测目标的水平角。

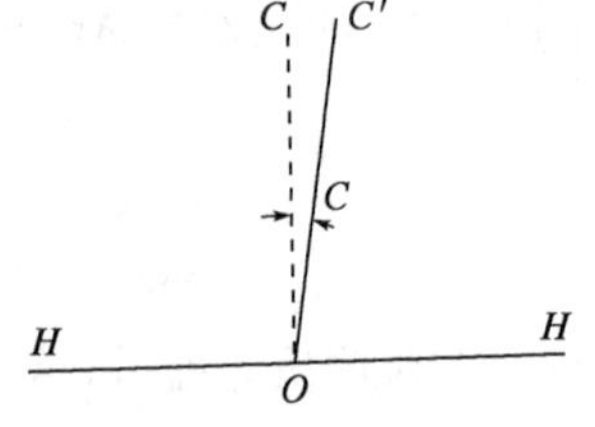

图 2-41 视准轴误差

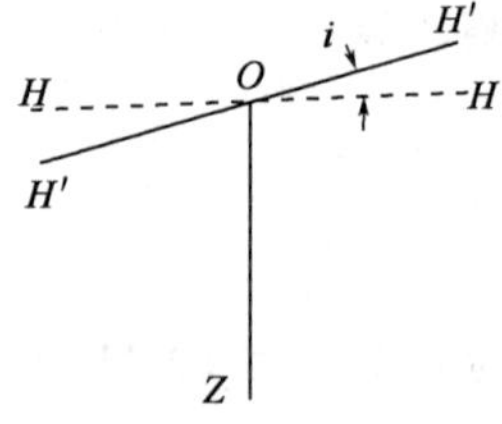

图 2-42 横轴误差

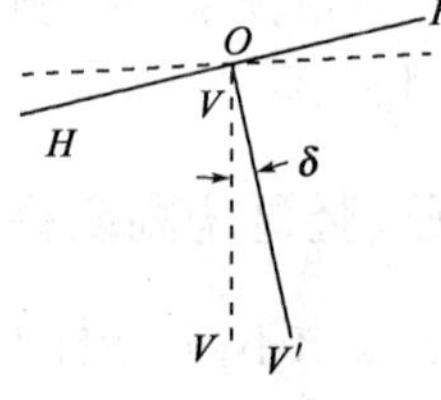

图 2-43 竖轴误差

根据式(2-20)，当竖直角 α 为零时 $\Delta\delta = 0$。必须指出，α 不为零时，由于竖轴误差 δ 的存在，竖轴位置不变，与竖轴保持垂直关系的横轴位置便不可能在盘左盘右观测中发生变化，所以同一方向上 $\Delta\delta$ 是不变量，在盘左盘右观测中符号不变。因此不能指望通过盘左盘右观测抵消 $\Delta\delta$ 的影响。

解决的办法：

(1)在实际工作中，只要严格整平仪器，特别在测回之间发现水准气泡偏离一定的限差时，必须重新整平，以便削弱竖轴误差的影响。

(2)在精密测角中，可以计算 $\Delta\delta$ 值对水平方向值进行改正，以削弱竖轴误差的影响。

4. 仪器构件偏心差

主要是照准部偏心差和度盘偏心差。

(1)照准部偏心差：如图 2-44 所示，照准部旋转中心 O' 和度盘刻划中心 O 不重合的距离 d，称为照准部偏心差。照准部偏心差对各个方向的影响是不一样的。但是对一个方向来说，对盘左盘右观测值的影响在数值上相等，符号相反。图 2-44 的方向，照准部偏心差的影响为 x，盘左观测时的观测值为 $L+x$，盘右观测时

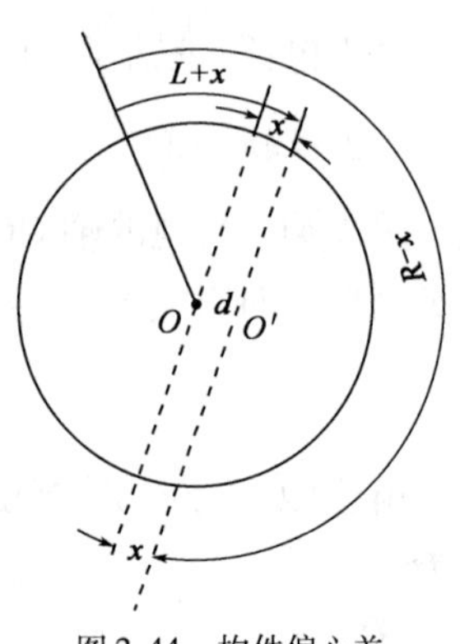

图 2-44 构件偏心差

的观测值为 $R-x$，故取盘左盘右观测值的平均值便可以消除照准部偏心差的影响。

(2)度盘偏心差：度盘的旋转中心 O' 和度盘的刻划中心 O 不重合。度盘偏心差对观测值的影响性质同照准部偏心差，可以盘左盘右观测值取平均值进行消除。

对径符合光学系统读数可消除以上两种误差的影响。

对径读数，即在水平度盘（或竖直度盘）相差 180°的二个位置取得角度观测值的方法。如图 2-44 所示，度盘的旋转中心 O' 和度盘的刻划中心 O 不重合。设偏心时第一读数为 $L+x$，x 是偏心引起的误差。在相差 180°的第二读数为 $L+180-x=R-x$。对径读数是第一、第二读数之和的平均值，由此抵消了偏心差的影响。因此，对径读数获取观测值的方法广泛用于现代角度精密测量仪器中。

5. 度盘分划误差

度盘分划误差包括有长周期误差和短周期误差，现代精密光学经纬仪的度盘分划误差约 1″~2″。在工作上要求多测回观测时，各测回配置不同的度盘位置，其观测结果可以削弱度盘分划误差的影响。

6. 竖直度盘指标差

理论和实践说明，竖直度盘指标差与望远镜视准轴误差同性质，故指标差可通过盘左、盘右观测取平均值的方法消除。

二、观测误差

1. 对中误差

对中误差产生的原因是测站对中不准。

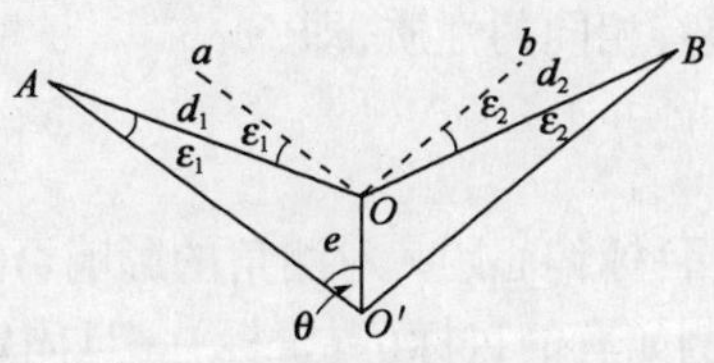

图 2-45　对中误差

如图 2-45，仪器中心 O' 偏离测站地面固定点的中心 O，两中心存在偏心距 e，则 e 便对各方向观测值产生影响。图中 A、B 两地面点，仪器在其本身中心 O' 所测的角度为的 $\angle AO'B$，而实际的角度应为 $\angle AOB$，显然

$$\angle AOB = \angle AO'B + \varepsilon_1 + \varepsilon_2 \tag{2-21}$$

式中：ε_1、ε_2——偏心距 e 对观测值的对中误差影响。

分析：图 2-45 中，Oa、Ob 分别平行 $O'A$、$O'B$，OA、OB 的距离长度分别是 d_1、d_2。设 $\angle AO'O=\theta$，故 $\angle OO'B=\angle AO'B-\theta$。在 $\Delta AO'O$ 和 $\Delta O'BO$ 中，根据正弦定理可知

$$\frac{\sin\varepsilon_1}{e} = \frac{\sin\theta}{d_1} \tag{2-22}$$

一般的 ε_1 很小，$\sin\varepsilon_1=\varepsilon_1/\rho$，故上式可表示为

$$\varepsilon_1 = \frac{e \times \sin\theta}{d_1}\rho \tag{2-23}$$

同理，图 2-45 的 ε_2 可表示为

$$\varepsilon_2 = \frac{e \times \sin(\angle AO'B - \theta)}{d_2}\rho \tag{2-24}$$

式中：$\rho=206\,265$。

为了说明偏心距 e 对观测值的影响，令 $\sin\theta=\sin(\angle AO'B-\theta)=1, d_1=d_2=d$，则这种影响为

$$\varepsilon=\varepsilon_1+\varepsilon_2=\frac{2e}{d}\rho \tag{2-25}$$

由上式可见，ε 与 e 成正比，与 d 成反比。ε 与 e、d 误差关系见表 2-8。从表中可见，对中误差在短边的情况下随偏心距 e 的增长而迅速增大。

对中误差 ε 表　　表 2-8

e \ d	100m	200m	300m	500m
100mm	412″	206″	137″	41″
50mm	206″	103″	69″	21″
10mm	41″	21″	14′	4″
5mm	21″	10″	7″	2″

解决对中误差的办法：

(1)在测角中必须精确做好仪器对中。

(2)如果在测角中由于客观原因仪器必须偏离地面点的中心观测，这种情况下必须测定偏心距 e 及 θ，以便对观测值进行修正，消除对中误差的影响。

2. 目标偏心差

如图 2-46b)，目标是标杆，底端虽然与地面点重合，但标杆树立不垂直，这时标杆顶端的瞄准位置存在偏离地面点中心的偏心距 e。e 的存在对在 O 点观测水平角的误差影响和对中误差有相同的性质，即

$$\varepsilon=\frac{e\sin\beta}{d}\rho \tag{2-26}$$

目标偏心距 e 对测角的影响可参考表 2-8 的情况。目标偏心往往不能通过精确对中来解决，例如有的目标(寻常标)一旦固定在地面上以后，目标偏心就可能客观存在，如图 2-45a)。解决办法：

(1)可适当测定偏心距 e 等参数，计算偏心改正数，消除对中误差影响。

(2)树直标杆，或者尽量瞄准标杆底部。

3. 瞄准误差

瞄准目标，与人眼的分辨率 P 及望远镜的放大倍率 V 有关，瞄准误差一般为

$$m=\frac{P}{V} \tag{2-27}$$

根据式(2-27)，当 $P=10''\sim60''$，$V=25\sim30$ 时，则瞄准误差 $m=0.5''\sim2.4''$。但是由于对光时视差未消除，或者目标构形和清晰度不佳，或者瞄准的部位不合理，实际的瞄准误差可能要大得多。如表 2-4 中 $\Delta 2C$ 或竖直角测量的 $\Delta\alpha$、Δx 的大小可以反映水平角、竖直角测量中瞄准的质量。因此，在观测中，选择较好的目标构形，做好对光和瞄准工作，是减少瞄准误差影响的基本方法。

4. 读数误差

光学经纬仪读数装置的质量、照明度以及读数判断准确性等，是产生读数误差的原因。6″

级经纬仪观测时估读误差最大可达0.2′,即12″。而2″级经纬仪的估读误差最大可达2″~3″。一般说来,增加读数次数可以减少读数误差的影响。

一般的光电经纬仪和全站仪的电子电路稳定,显示误差可以忽略。

三、外界环境的影响

外界环境的影响包括:大气密度、大气透明度的影响;目标相位差、旁折光的影响,温度湿度对仪器的影响等。

大气密度随气温而变化,便造成目标成像不稳定。大气中的尘埃影响大气透明度,便造成目标成像不清楚,甚至看不清目标。观测中应当避免这些不利的大气状况。

太阳光使圆形目标形成明暗各半的影像(图2-47),瞄准时往往以暗区为标志,这样便产生目标相位差Δ的影响。

在地表面、水面及地面构造物表面附近,大气密度的非均匀性表现比较突出,观测视线通过时就不可能是一条直线(图2-48),存在的Δ称为旁折光的影响。解决办法是,观测视线应离开地表及地面构造物表面一定的距离,不应紧贴地表面、水面及地面构造物表面通过。

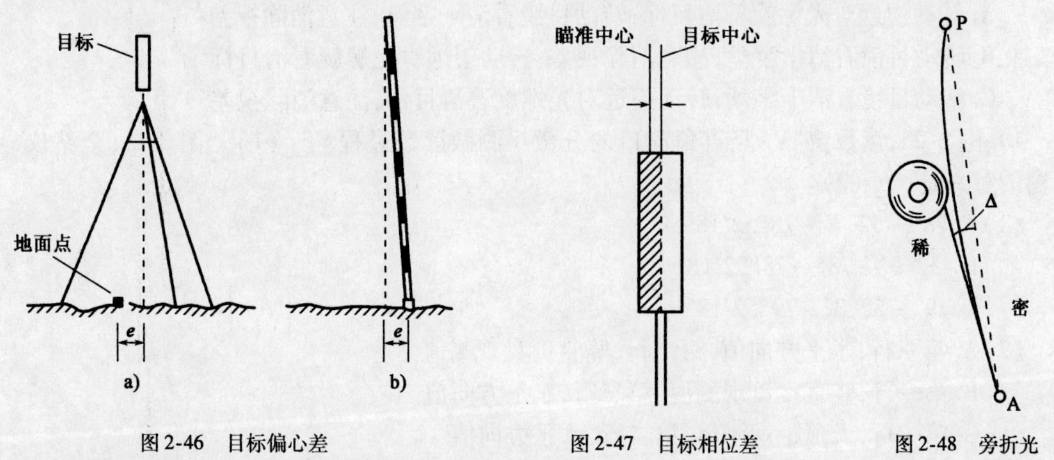

图2-46 目标偏心差 图2-47 目标相位差 图2-48 旁折光

在温度湿度剧烈变化的环境中会引起仪器原始稳定状态发生变化,使角度观测受到影响。在使用的过程中,应当注意仪器的防日晒、防雨淋、防潮湿,使仪器处于可靠状态。

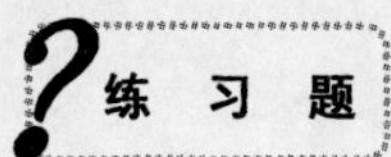

练 习 题

1. 图2-1的水平角是______。

A. $\angle m \times Np$ B. $\angle MNp$ C. $\angle MNP$

2. 图2-1,观测视线 NM 得到的水平方向值 $m' = 59°$,观测视线NP得到的水平方向值 $p' = 103°$,问水平角 $\angle mNp = ?$

3. 图2-1中,NT 至 NP 的天顶距 $Z = 96°$,问观测视线 NP 的竖直角 $\alpha = ?$ α 是仰角还是俯角? NT 至 NM 的天顶距 $Z = 83°$,问观测视线 NM 的竖直角 $\alpha = ?$ α 是仰角还是俯角?

4. 角度测量仪器基本结构由____(1),角度测量仪器的等级是____(2)。

(1) A. 照准部、度盘、辅助部件三大部分构成

B. 度盘、辅助部件、基座三大部分构成

C. 照准部、度盘、基座三大部分构成

(2) A. 一等级、二等级、三等级、四等级

B. 1″ 级、2″级、6″级

C. 1″级、2″级、3″级、4″级

5. 水准器作用是什么？管水准器、圆水准器各有什么作用？

6. 角度测量仪器的正确轴系应满足______。

A. 视准轴⊥横轴、横轴//竖轴、竖轴//圆水准轴

B. 视准轴⊥横轴、横轴⊥竖轴、竖轴//圆水准轴

C. 视准轴//横轴、横轴//竖轴、竖轴⊥圆水准轴

7. 望远镜的目镜调焦轮和望远调焦轮有什么作用？

8. 角度测量仪器度盘安装按“水平度盘与竖轴固定安装，随竖轴转动。竖直度盘套在横轴可自由转动”，正确？

9. 望远镜的一般对光操作是______。

A. 转动望远对光螺旋看清目标；转动目镜看清十字丝；注意消除视差

B. 转动目镜看清十字丝；注意消除视差；转动望远对光螺旋看清目标

C. 转动目镜看清十字丝；转动望远对光螺旋看清目标；注意消除视差

10. 图 2-23，读数窗“V”竖直角窗口的分微尺测微读数过程____(1)。图 2-15，全站仪显示窗的意义是____(2)。

(1) A. 78° ~52.3′ ~78°52′18″

B. 52.3′ ~78° ~78°52′18″

C. 79° ~52.3′ ~79°52′18″

(2) A. 第一行，水平方向值，第二行，竖直度盘观测值

B. 第一行，竖直度盘观测值，第二行，水平方向值

C. 第一行，天顶距观测值，第二行，水平方向值

11. 测站上全站仪对中是使全站仪中心与____ (1)，整平的目的是使全站仪____(2)。

(1) A. 地面点重合　　B. 三脚架中孔一致　　C. 地面点垂线重合

(2) A. 圆水准器气泡居中　　B. 基座水平　　C. 水平度盘水平

12. 角度测量仪器安置的步骤应是______。

A. 仪器对中、三脚架对中、三脚架整平、精确整平

B. 三脚架对中、仪器对中、三脚架整平、精确整平

C. 三脚架整平、仪器对中、三脚架对中、精确整平

13. 一般瞄准方法应是______。

A. 正确对光、粗略瞄准、精确瞄准

B. 粗略瞄准、精确瞄准、正确对光

C. 粗略瞄准、正确对光、精确瞄准

14. 水平角测量的精确瞄准的要求是什么？

15. 如果角度测量仪器照准部有两个管水准轴互相垂直的管水准器，三脚架在第二步整平

时是否要转动照准部90°？为什么？

16. 角度测量仪器水平制动、微动螺旋机构主要作用是什么？

17. 什么是盘左？什么是盘左观测？

18. 如何进行方向法二测回观测水平角的第二测回度盘配置？

19. 以方向法、全圆方向法角度测量一测回，各有哪些检验项目？

20. 试计算表2-9的角度观测值。在$\Delta\alpha_{容} = \pm 30''$时查明哪个测回观测值无效？

表2-9

测回	竖盘位置	目标	水平度盘读数 (° ′ ″)	半测回角度 (° ′ ″)	一测回角度 (° ′ ″)	备注
1	2	3	4	5	6	7
1	左	1	0 12 00			$\Delta\alpha = \alpha_{左} - \alpha_{右} = \Delta\alpha_{容} = \pm 30''$
		3	181 45 00			
	右	3	1 45 06			
		1	180 11 42			
2	左	1	90 11 24			各测回角度平均值 ° ′ ″
		3	271 44 30			
	右	3	91 45 26			
		1	270 11 42			

21. 说明一般竖直角观测方法与自动归零的竖直角观测方法的差别。

22. 式(2-14)与式(2-16)在计算竖直角中有什么不同？

23. 试述以中丝法竖直角的测量方法，计算表2-10的竖直角、指标差。

竖直角测量的记录 表2-10

测站及仪器高	目标高度	测回	盘左观测值 (° ′ ″)	盘右观测值 (° ′ ″)	指标差 (″)	竖直角 (° ′ ″)	竖直角平均值 (° ′ ″)
A	*M*	1	93 30 24	266 29 30			
		2	93 30 20	266 29 26			

24. 说明表2-11所列经纬仪各操作部件的作用。

表2-11

操作部件	作用	操作部件	作用
目镜调焦轮		水平制动螺旋	
望远对光螺旋		水平微动螺旋	
脚螺旋		微倾螺旋	
垂直制动螺旋		水平度盘变换钮	
垂直微动螺旋		光学对中器	

25. 角度测量仪器在盘左、盘右观测中可以消除哪些误差的影响？

26. 如果对中时偏心距$e = 5\text{mm}$，$d = 100\text{m}$，问对中误差$\varepsilon = ?$

27. 角度测量仪器在盘左、盘右观测中可以消除______。

A. 视准轴误差 Δc、横轴误差 Δi、度盘偏心差照、准部偏心差

B. 视准轴误差 Δc、横轴误差 Δi、对中误差 ε、竖轴误差 $\Delta\delta$

C. 视准轴误差、旁折光的影响、对中误差 ε、竖轴误差 $\Delta\delta$

28. 在水平角测量中,如何避免竖轴误差的影响?

29. 什么是光电测角?

30. 什么是光电经纬仪?

31. 与光学经纬仪相比,光电经纬仪具有哪些特点?

32. 光电经纬仪瞄准目标后的读数是______。

A. 记录显示结果

B. 光电读数系统获取瞄准目标的角度信息,由微处理器处理后直接显示

C. 在瞄准之后,启动自动记录按键进行数据记录

第三章　距 离 测 量

[学习目标]　学习光电测距、尺子量距和光学测距，三种距离测量的原理与方法，在掌握现代光电测距技术原理与方法基础上，掌握钢尺量距、光学测距基本方法。

第一节　光电测距原理

距离测量的方法，主要有光电测距、尺子量距和光学测距三种方法。光电测距的主要仪器是光电测距仪。尺子量距的主要工具是皮尺、钢尺和铟瓦线尺。光学测距是一种利用光学原理和尺子相配合的量距方法。本章先介绍光电测距技术。

一、基本原理

1. 概念

光电测距即是以光和电子技术测量距离。光电测距是20世纪科学技术发展的重大成就之一，这一技术主要是利用光的速度测量距离。早期(20世纪40年代)的试验样机以惊人的测量速度和精密度获得测量结果，由此极大地吸引世界科学家和测量学家的注意和研究。由于光的速度就是电磁波的速度，故光电测距又统称为电磁波测距。光电测距技术是现代数字测量的重要技术。

2. 原理

图3-1，设A、B地面上两个点，待测距离为D。A点上安置一台测距仪，称为测站。B点上安置一个反射器(或称反光镜)称为镜站。测距开始，测距仪向B处反射器发射光束，光以近30×10^4km/s的速度射向反射器后便反射为测距仪所接收。在这一过程中，光束经过了两倍的距离，即$2D$；同时，测距仪测出光束从发射到接收期间的时间为t_{2D}。依速度乘以时间得路程原理可知，$2D=c\times t_{2D}$，故A、B两地面点之间的距离为：

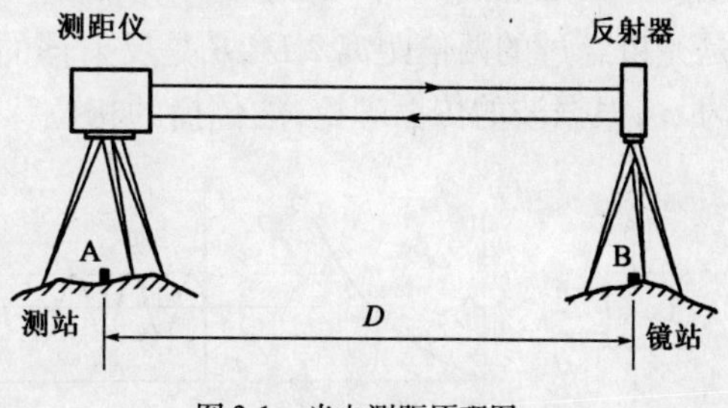

图3-1　光电测距原理图

$$D=\frac{1}{2}ct_{2D} \tag{3-1}$$

式(3-1)是光电测距最基本的原理公式。

3. 实现式(3-1)的基本条件

(1)$c_{真}$ 的测定。真空光速 $c_{真}$ = 299 792 458m/s,是当今公认的精确物理量。根据折射定理可知式(3-1)中的光速 c 为

$$c = \frac{c_{真}}{n} \tag{3-2}$$

式中:n——光在大气中的折射率,可实地测定。

(2)时间 t_{2D} 的测定。

由式(3-1)可见,光电测距技术把距离测量转化为对时间 t 的直接测量,时间的测定是距离测量的关键。根据式(3-1),测距仪测定光在一公里路程的往返时间约十五万分之一秒;由续后的误差理论可知,工程上保证距离误差小于1cm,测定时间的误差必须小于150亿分之一秒。现代光电测距技术准确测定这样短的瞬时时间,技术上有相位法、脉冲法等。

二、相位法测距原理

相位法测距的实质是利用测定光波的相位移 φ 代替测定 t_{2D} 实现距离的测量。

1. 光的调制

光的调制,亦即对光的发射或发射的光进行改造,使光的传输特征按照某种特定信号出现有规律的变化。如图3-2a),一种称为GaAs(砷化镓)发光二极管的光源接受了按正弦变化的激发电流 I,由于光源具有图3-2b)的光强~电流($J \sim I$)特性曲线,光源GaAs便发出强度按交变电流特征变化的光波,见图3-2c)。由此可见,光的发射接受了电流信号的传输特征,亦即发射的光束成为一种光强度有规律明暗变化的调制光波。调制光波是相位法测距的基本条件。

2. 距离 D 与相位移 φ 的关系

(1)光波传播时间 t_{2D} 与相位移 φ 的关系:现将图3-1光束的发射和接收的过程以调制光波的形式展开成图3-3的情形,A 是测距仪的发射点,A' 是测距仪的接收点,两点之间的长度就是光束经过的两倍距离 $2D$,B 是反射器的位置。从图可见,调制光波经过 $2D$ 路程的相位移为 φ,根据波的传播理论,波传播的相位移 φ 与时间 t_{2D} 的关系为:

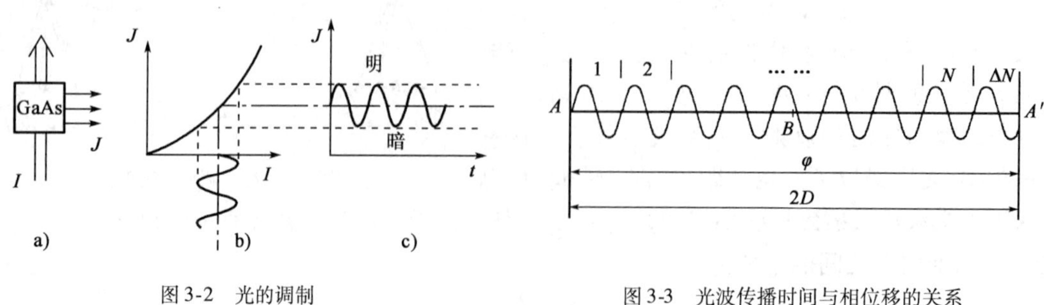

图3-2 光的调制

图3-3 光波传播时间与相位移的关系

$$\varphi = \omega t_{2D} 2\pi f t_{2D} \tag{3-3}$$

式中,ω 为调制光波角频率,为调制光波明暗变化的频率,在数值上等于正弦波电流的频率,故已知的正弦波电流的频率是调制光波的频率,称为调制频率。根据式(3-3)得:

$$t_{2D} = \frac{\varphi}{2\pi f} \tag{3-4}$$

式(3-4)表明光波传播时间 t_{2D} 与相位移 φ 的关系。

(2)距离 D 与相位移 φ 的关系:将式(3-4)代入式(3-1)得:

$$D = \frac{1}{2} \times c \times \frac{\varphi}{2\pi f} \tag{3-5}$$

式(3-5)表示距离 D 与相位移 φ 的关系,这是相位法测距的原理公式。该式表明,在调制频率 f 已知的情况下,只要通过测定相位移 φ ,便可以实现距离 D 的测定。

3. 测尺和尺段

由图 3-3 可见,整个波形的 φ 包含 N 个整波和一个尾波 $\Delta N(\Delta N<1)$,故

$$\varphi = 2\pi(N+\Delta N) \tag{3-6}$$

将式(3-6)代入式(3-5)经整理得

$$D = u \times (N+\Delta N) \tag{3-7}$$

其中

$$u = \frac{c}{2f} \tag{3-8}$$

式中,u 称为测尺, u 的长度值取决于光速 c 和调制频率 f ;N 称为整尺段,ΔN 称为尾尺段。

从式(3-7)可见,相位法测距相当于以一把测尺 u 一尺段一尺段丈量距离,获得 N 个整尺段和一个尾尺段 ΔN,然后按式(3-7)计算距离 D 。

4. 组合测距过程

相位法按式(3-7)测距时 N 是一个不确定数,故把式(3-7)变为

$$D = u \times \Delta N \tag{3-9}$$

相位法按式(3-9)测距时,采用多测尺组合测距技术。如采用 u_1 、u_2 两把测尺,由式(3-8)可知

$$u_1 = \frac{c}{2f_1},\ u_2 = \frac{c}{2f_2} \tag{3-10}$$

在测距仪的设计上 u_1 用于保证测距精确度,称为精测尺; u_2 用于保证测距的长度,称为粗测尺。一般设 $f_1 \approx 15\text{MHz}$,精测尺 $u_1 = 10\text{m}$, $f_2 \approx 150\text{kHz}$,粗测尺 $u_2 = 1\,000\text{m}$。两把测尺组合测距的基本过程:

(1)以 u_1 测量距离得 ΔN_1。例如 $\Delta N_1 = 0.865\,4$,把 ΔN_1 及 u_1 代入式(3-9)得 $D_1 = 8.654\text{m}$。

(2)以 u_2 测量距离得 ΔN_2。例如 $\Delta N_2 = 0.987\,5$,把 ΔN_2 及 u_2 代入式(3-9)得 $D_2 = 987.5\text{m}$。

(3)组合完整的距离值。将 u_1 、u_2 测量距离值组合为完整的距离值,如图 3-4 所示,其中的 7-5 不显示,则组合的距离值是 988.654m。

u_1测量值	8.654
u_2测量值	987.5
组合显示值	988.654

图 3-4 组合测量值

上述组合过程类似于光学经纬仪测角读取度和读取分秒的组合形式,但是光电测距的上述三步过程以电子电路为条件进行全自动交

替测量,同时又在数字电路中完成数据处理,并直接从屏幕上显示测距的成果。

三、相位法测距仪的基本结构

图 3-5 是相位法测距仪的基本结构图。

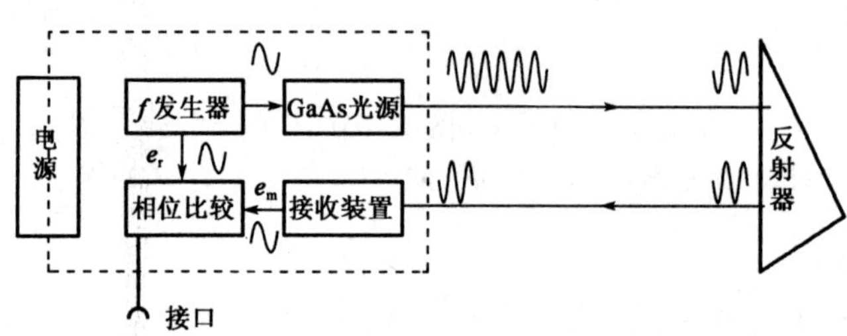

图 3-5 相位法测距仪基本结构

(1)光源:一般采用砷化镓(GaAs)发光二极管,发射红外光束(若采用 He－Ne 激光器,发射红色激光),直接受调制信号(频率为 f)的控制发射调制光波。

(2)接收装置:接收反射回测距仪的调制光波,并利用光敏物质的内光电效应,把接收的光转换为电信号 e_m,该信号 e_m 提供给测相装置。

(3)调制频率 f 发生器:发出调制信号(电流 I)对光源进行调制;同时发出参考信号 e_r 给测相装置。以上电信号 e_m、参考信号 e_r 的频率与电流 I 的频率 f 相同。

(4)测相装置:在测相装置通过对电信号 e_m、参考信号 e_r 进行相位比较测定 N 和 ΔN,在处理方法上利用自动数字测相电子电路技术把相位移 φ 转换成距离 D 直接显示出来。

(5)电源:提供测距仪正常工作的电量,一般有蓄电池和稳压电源组成。

(6)反射器:精密测距的合作目标,能够把测距仪射来的光反射给测距仪接收。

四、脉冲法测距原理及其应用

脉冲法测距是一种以光脉冲激发与接收记取测距时间获得距离的光电测距技术。图 3-6 是一种脉冲法测距仪的原理结构图。

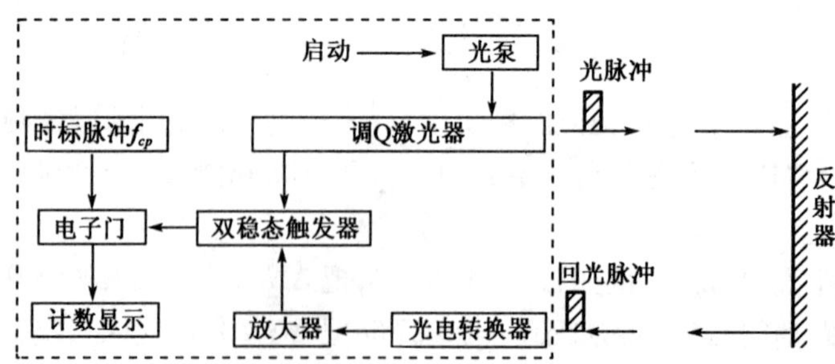

图 3-6 脉冲法测距仪原理结构

图 3-6 中,调 Q 激光器是脉冲法测距仪的发光器件,用来通过调 Q 技术发射光脉冲。光泵的作用在于增强激光脉冲的发射强度。当启动测距仪时,光泵使激光器的激励物质源源不断在激发态大量集结。一定时间后,调 Q 技术装置发生作用,调 Q 激光器的大量激发态原子在极短时间内产生辐射,发射高功率的光脉冲,通过光学系统射向目标(反射器)。同时,调 Q

激光器还输出一个起始记数脉冲，使双稳态触发器转换输出高电位打开电子门。

调 Q 激光器射向目标的光脉冲，从反射器返回测距仪，其回光脉冲经光电转换为电脉冲，电脉冲经放大后进入双稳态触发器，使其高电位转换输出低电位，由此而关闭电子门。

上述电子门打开与关闭的时间就是调 Q 激光器发射高功率的光脉冲往返于距离 D 的时间。图 3-7 中的时标脉冲 f_{cp} 是测距仪的每秒标准时标脉冲，在电子门打开与关闭的时间内，通过电子门记取时标脉冲数 n，则根据脉冲数结果显示的距离 D 为

$$D = \frac{1}{2}ct_{2D} = \frac{1}{2}c\frac{n}{f_{cp}} \tag{3-11}$$

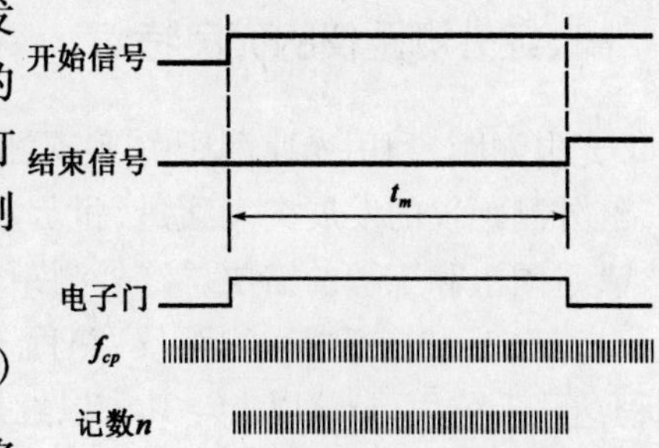

图 3-7　脉冲记数与距离

设光速 $c = 300\,000\text{km/s}$，时标脉冲 $f_{cp} = 15\text{MHz}$。将 c、f_{cp} 代入式(3-11)得 $D = n$ (m)，说明测距原理设计合理，测距仪记取时标脉冲数 n 与测距结果一一对应(图 3-7)，显示脉冲数结果就是距离 D。

脉冲法测距仪的光脉冲峰值功率非常高，测程远。如早期的 DI3000 测距仪(图 3-8)，采用计时脉冲技术，测量精度达到毫米量级，测程 10km 以上，有利于工程高精度长距离测量。

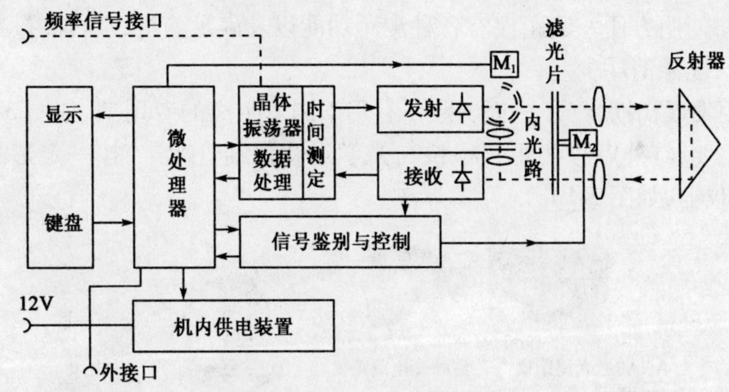

图 3-8　DI3000 测距仪原理图

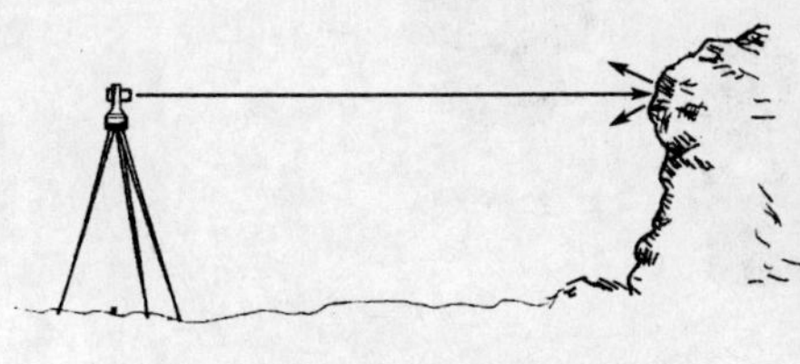
图 3-9　脉冲法测距仪漫反射距离测量

脉冲法测距仪光脉冲，具有激光峰值功率高的优点，在较短的距离中可免反射器实现距离测量。如图 3-9，脉冲法测距仪的光脉冲射向目标后以漫反射的形式返回测距仪，实现距离测量。免反射器距离测量是激光测距简捷、精确获取点位定位信息的重要技术。三维激光扫描测量、激光雷达测量(Lidar 技术)等数字测量技术就是免反射器激光测距技术的应用发展。

[注解]

1. 数字电路。源于脉冲电路、逻辑门电路及其器件，是现代计算机、电子电讯和自动化等技术发展的基本电路技术。数字电路应用于光电测量仪器设备，是测量数字化、自动化的重要条件。

2. 调制频率 f 发生器。这是电子技术领域的一种电路器件，启动后便会按设计要求产生有一定频率和功率的电信号，在光电测距仪中可作为调制信号。

第二节　红外测距仪及其使用

一、红外测距仪的优良特点

光电测距，利用光速测距并实现测距自动化，是测量技术的一场革命。20 世纪 60 年以来，红外测距仪的发展突飞猛进，世界各知名厂商竞相投入和大量生产并不断更新红外测距仪，满足国土和工程的需要。红外测距仪种类繁多，型号千差万别。按其测程分类有：短程测距仪，测程 1 ~ 3km；中程测距仪，测程 3 ~ 10km；远程测距仪，测程 10 ~ 60km；超远程测距仪，测程达几千公里（km）以上。其中以红外发光器件装备的短程测距仪占据主流。

红外测距仪，是以发射红外光的光源装备的光电测距仪。1962 年砷化镓（GaAs）发光二极管研制成功，以及相应发展迅速的微电子技术、计算机技术和集成光学，为红外测距仪的发展提供了极为有利的条件。红外测距仪在现代光电测距技术应用上具有很多优良特点：

（1）仪器是当代高新技术的集成，型体小，重量轻。

（2）自动化程度高，测量速度快。仪器一旦启动测距，就可完成信号判别，调制频率转换，自动数字测相等一系列的技术过程，最后把距离直接显示出来，其间才几秒钟的时间。

（3）功能多，使用方便。测距仪有各种测距功能以及满足测绘、工程测量要求的功能。

（4）功耗低，能源消耗少。

在光电测距发展初期，红外短程测距仪有用于测量距离的专用型，如图 3-10a）、b）。由于多元素的测量需要，红外短程测距仪很快与光学经纬仪结合起来，按一定形式组合安装在一起，形成半站型仪器，如图 3-10c）。

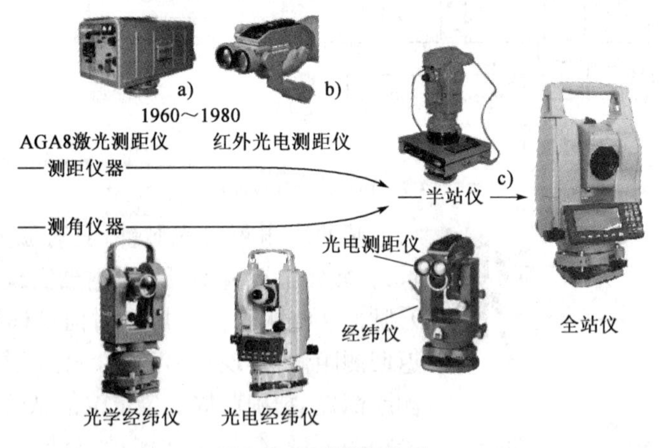

图 3-10　全站仪的发展

随着测量科技的发展，测距仪的时代进步就是全站型仪器。光电测距仪与光电经纬仪安装成为组合式的仪器，或者光电测距仪与光电经纬仪（图 2-5）结合成为一体化的仪器，统称全站仪（图 2-6）。图 3-10 表示测距仪与经纬仪发展成为全站仪的历史过程。本章重点说明全站仪光电测距（或称全站仪红外测距）的内容，关于全站仪其他主要内容，第六章有详细叙述。

二、全站仪红外测距的技术指标

1. 测距精度

全站仪光电测距的精度表达式的通式为：

$$m = \pm (a + bD) \tag{3-12}$$

关于精度的概念将在第八章中阐述，这里可以测距误差大小的程度理解测距精度。式中 a 称为非比例误差；b 称为比例误差，D 是以公里（km）为单位的测距长度。通过检验测定，一台全站仪光电测距有具体的测距精度表达式，如光电测距的测距精度用下式表示，即

$$m = \pm (5\text{mm} + 5\text{ppm}D) \tag{3-13}$$

式中，ppm 是百万率，即 1×10^{-6}，5ppm 是 5mm/1km 的意思；D 是测距的公里数。

2. 测程

所谓测程指的是在满足测距精度的条件下全站仪测距可能测得的最大距离。全站仪测距的实际测程与大气状况及反射器棱镜数有关，一般测程 1.2 ~ 3.2km。

3. 测尺频率

一般红外测距仪（或称全站仪）设有 2 ~ 3 个测尺频率，其中有一个是精测频率，其余是粗测频率。有的仪器说明书标明这些频率值，便于用户使用。

4. 测距时间

光电测距测量速度快，一般的正常测距 4s 左右；跟踪测距 1s 以内。

为全面考察全站仪测距的性能，技术指标还有测尺长度、测距分辨率、发光波长、光束发散角、功耗、工作温度、仪器重量体积等。

三、红外测距仪基本设备

1. 测距仪主机

测距仪主机是具有光电测距基本原理结构和完成测距的主要设备。

在红外测距技术的发展过程中，主机的样式不断变化。图 3-11 是测距仪发展过程的主机早期样式。测距仪主机外貌见图 3-11，包括有操作面板和前面板。

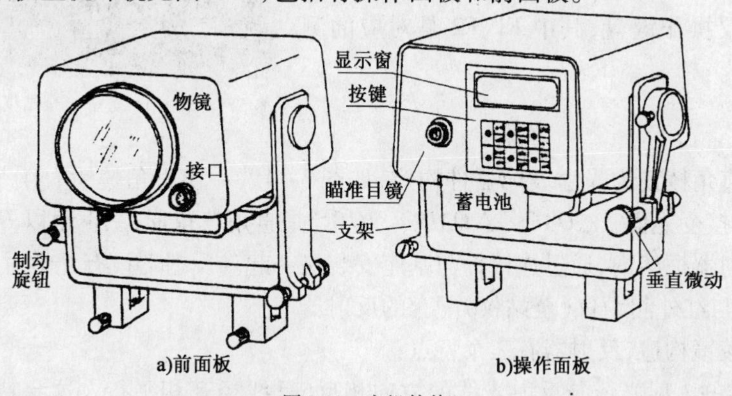

图 3-11　主机外貌

操作面板，包括有目镜、操作按键和显示窗，如图3-11b）所示。目镜用于精确瞄准目标，瞄准的视准轴按设计的要求从前面板的物镜通过。操作按键和显示窗，用于测距操作和显示测量结果等信息。

前面板有发射、接收的物镜及数据接口，如图3-11a）所示。其中测距发射、接收采用异轴或同轴设计。异轴设计，即红外光的发射光轴及返回光信号的接收光轴分开设置，二轴相向平行，同轴设计，光信号的发射光轴和接收光轴都在同一轴，同一个物镜出、进。图3-11中的数据接口，与有关的电缆连接输出测距的结果。

全站仪是红外测距仪发展而成的测距主机。全站仪有一对设在照准部的操作面板，如图2-6所示，操作面板设有按键和显示窗。测距望远镜的物镜，按同轴设计，光信号的发射光轴和接收光轴同轴，同时视准轴按同轴设计的要求从物镜通过。

测量距离窗口显示的内容与方式随机而异。图3-12是苏一光全站仪显示信息的内容，图3-12a）全站仪开机后的窗口提示，图3-12b）显示全站仪角度测量状态；图3-12c）显示全站仪距离（SD斜距）测量状态。

图3-12a）显示窗窗口全屏幕显示有加常数乘常数显示和电量强度显示等基本内容。显示窗的棱镜常数指的是距离测量的加常数。大气改正，即气象改正。加常数单位mm、气象改正单位mm/km，将在本章第三节介绍。

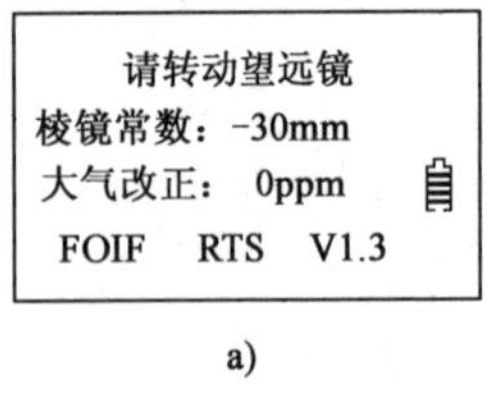

a)

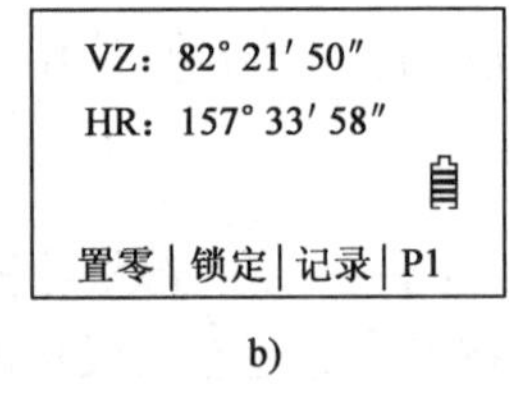

b)

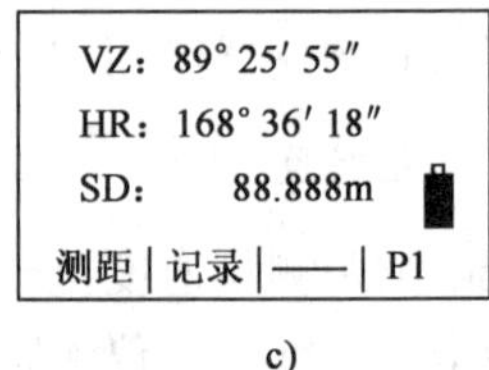

c)

图3-12 全站仪的显示窗

全屏显示中，仪器启动后将有各项正常状态的显示，如电量、回光强度显示。电量显示可检查蓄电池的供电情况；回光强度显示可检查往返所测距离的光强度的强弱。电量、回光强度不正常，显示窗有不正常状况提示。

全站仪键盘设置随机而异，功能丰富。图3-13是苏一光全站仪操作键盘，其中F1、F2是对应的测距、记录功能键。

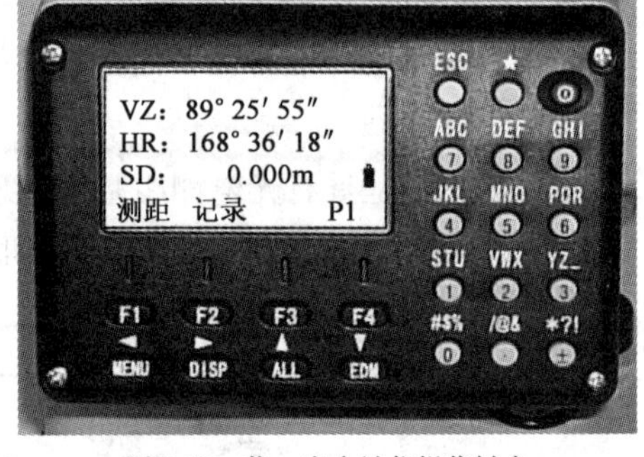

图3-13 苏一光全站仪操作键盘

2. 反射器

反射器以直角棱镜为光学玻璃器件构成，如图3-14。一块直角棱镜有4个面，$\triangle ABC$为等边三角形，为接受光面。$\triangle OAC$、$\triangle OAB$、$\triangle OBC$是直角三角形，三直角以O为顶点。直角棱镜装配在反射器框架内，通过连接杆与基座安装在一起。反射器设有光学对中器、管水准器等。图3-15是与红外测距仪（全站仪）配套的反射器。

根据直角棱镜构造，反射器有三个特点：

(1)反射器的入射光线与反射光线的方向相反，且线径互相平行。这一特点在使用上有利于瞄准目标，只要反射器的直角棱镜受光面大致垂直测线方向，反射器就会把光反射给测距仪接收。

(2)可以根据测程的长短增减棱镜的个数。测距仪的测程与棱镜的个数有关，如图 3-15a)只有一个棱镜，称为单棱镜反射器，用于短距离测量；图 3-15b)有三个棱镜，称为三棱镜反射器，可用于较长的距离测量。图 3-16 为觇牌反射器，觇牌用于距离测量和角度测量的瞄准。

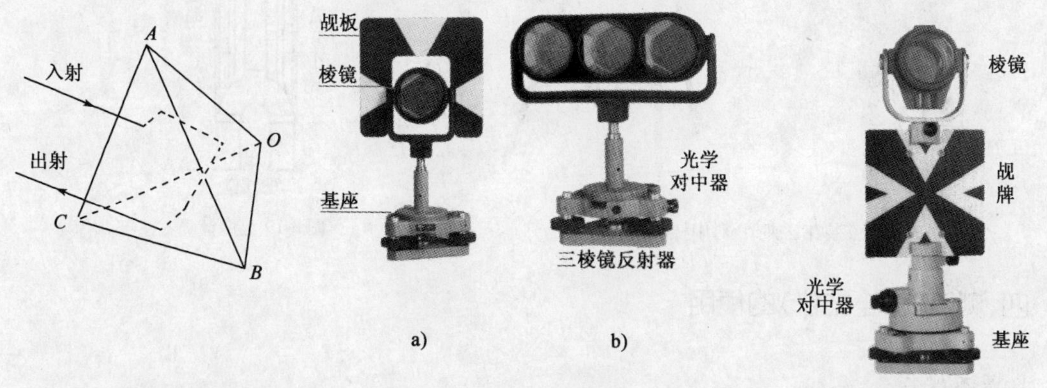

图 3-14 直角棱镜光路原理　　图 3-15 反射器　　图 3-16 觇牌反射器

(3)反射器有本身的结构与规格参数。反射器有多种棱镜片结构，如图 3-17。反射器镜片结构不同，其规格参数也不同。因此反射器与测距仪配合使用，必须确认反射器的规格参数。反射器与测距仪配合一经确定不要随意更换。

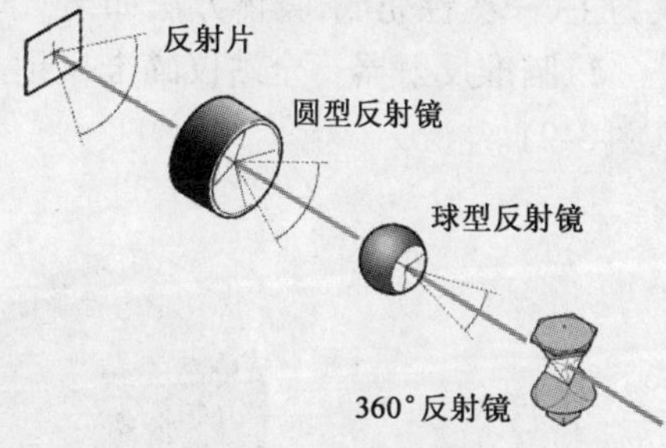

图 3-17 反射棱镜结构

图 3-18 是安装在三脚架、对中杆的反射器。

3. 蓄电池、充电器

蓄电池是适合测距仪的一种小型化学电源，具有电池本身电能与化学能相互转化性能，在反复充放电中具有重复应用功能。充电则把电能转化为化学能储存在蓄电池中；蓄电池对负载供电则是把化学能转化为电能释放出来。红外测距仪(全站仪)配套的小型蓄电池是盒装的镍铬电池。测距的工作时间长，应备用多个盒装小型蓄电池，或采用容量大的蓄电池。

充电器是蓄电池充电的设备，红外测距仪(全站仪)配套的充电器可接入 AC220V 市电，经降压和整流电路输出低压充电电流对蓄电池充电，一次充电 14 ~ 15h。若利用快速充电器充电 2h 即可。具体充电方法参看充电说明书。

4. 气象仪器

主要的气象仪器是温度计和空盒气压计(图 3-19、图 3-20)，用以测量测线两端的大气压力 p 和温度 t 。精密光电测距，必须配备精密度较高的通风干湿温度计，用以测量空气干温 t 和湿温 t' 。

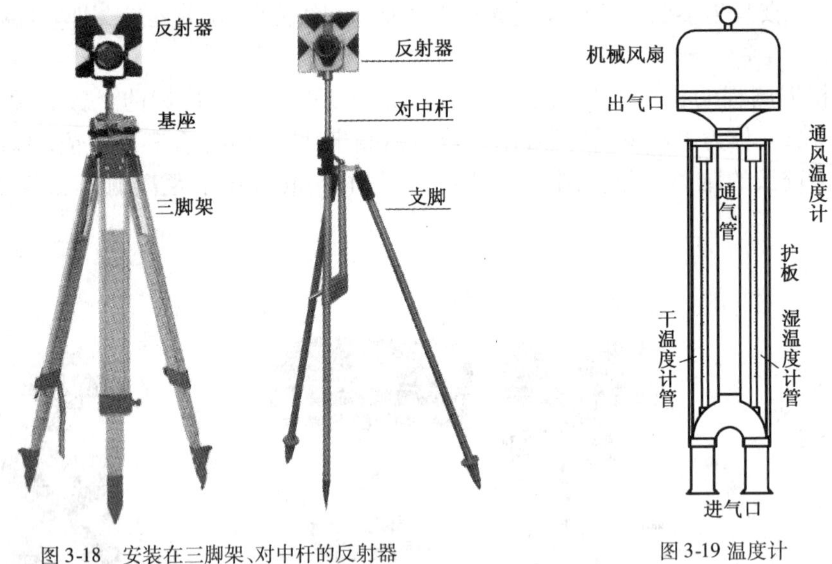

图 3-18 安装在三脚架、对中杆的反射器

图 3-19 温度计

四、测距仪(全站仪)的使用

1. 基本操作

1)测距仪的安置。随着全站仪的应用发展,测距多以全站仪完成。测距仪的安置以全站仪为主,一次性完成,具体方法如第二章所述。

2)瞄准反射器。全站仪瞄准反射器,以全站仪照准部望远镜直接瞄准反射器形象中心,见图 3-21。

图 3-20 空盒气压计(hPa)

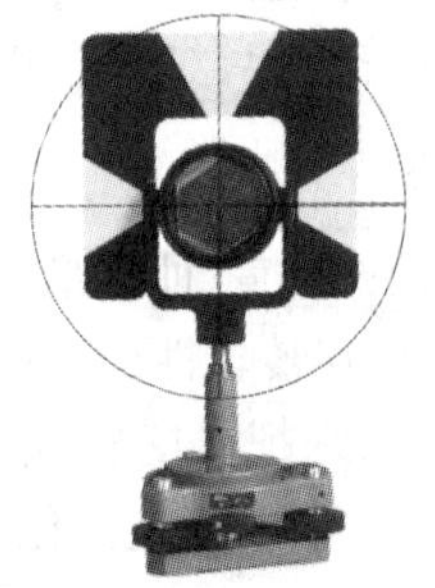

图 3-21 瞄准反射器

3)开机检查。一般的测距仪、全站仪按电源键数秒后,可看到显示窗全屏幕显示,观测者注意检测信息的显示内容。

4)测距。不论测距仪还是全站仪,根据仪器的设置选择测距状态。如苏一光全站仪以 DISP 键选择测距状态,图 3-13 的"SD"表示全站仪处于斜距测量准备状态,按 F1 启动距离测量。

测距仪器一般有正常测距、跟踪测距、连续测距、平均测距功能。

(1)正常测距:属于测距仪按标准规定时间的一次精密测距。按测距键一次,启动正常测距功能,在规定时间数秒内(如 4s)完成单次精密测距。一次瞄准反射器后进行 2 ~ 4 次正常测距，便是一测回观测。

(2)跟踪测距：属于以短促时间为间隔的连续粗略间断测距。按跟踪测距键一次，启动跟踪测距功能，以短促时间间隔（如 2s）连续测距和显示测距的结果，显示距离最小值为厘米（cm）级。中断跟踪测距应按退出键。

(3)连续测距：属于连续正常测距。启动连续测距一次，以正常测距的规定动作，按标准规定的时间连续一次次地完成精密测距。每次显示单次测距结果。中断连续测距应按退出键。

(4)平均测距：启动平均测距一次，以设定的 n 次正常测距的规定动作，完成 n 次精密测距，最后得 n 次精密测距平均值。中断平均测距应按退出键。

(5)测量气象元素：按气象仪器说明书的操作要求进行测量。一般测距，可在测距现场测量气象元素的气温 t 和气压 p。

(6)关机收测。

2. 红外测距仪、全站仪使用中应注意的问题

(1)操作规程。按规程使用仪器，保证安全生产。做好避日晒、遮雨淋准备；有关器件组合与拆卸必须有步骤地进行；注意电源连接的极性准确无误，测距仪、全站仪通电后应有 2 ~ 3min 的预热时间；测距成果应满足表 3-1 的要求。测回，是指瞄准目标或反射器一次，完成 2 ~ 4 次测量结果的过程。

光电测距的主要技术要求　　表 3-1

<table>
<tr><th rowspan="2">控制网等级</th><th rowspan="2">仪器精度等级</th><th colspan="2">每边测回数</th><th rowspan="2">一测回读数较差（mm）</th><th rowspan="2">单程各测回较差（mm）</th><th rowspan="2">往返较差（mm）</th></tr>
<tr><th>往</th><th>返</th></tr>
<tr><td>二等</td><td>5mm 级仪器</td><td>3</td><td>3</td><td>≤5</td><td>≤7</td><td rowspan="8">≤2(a + bD)</td></tr>
<tr><td rowspan="2">三等</td><td>5mm 级仪器</td><td>3</td><td>3</td><td>≤5</td><td>≤7</td></tr>
<tr><td>10mm 级仪器</td><td>4</td><td>4</td><td>≤10</td><td>≤15</td></tr>
<tr><td rowspan="2">四等</td><td>5mm 级仪器</td><td>2</td><td>2</td><td>≤5</td><td>≤7</td></tr>
<tr><td>10mm 级仪器</td><td>3</td><td>3</td><td>≤10</td><td>≤15</td></tr>
<tr><td>一级</td><td>10mm 级仪器</td><td>2</td><td></td><td>≤10</td><td>≤15</td></tr>
<tr><td>二、三级</td><td>10mm 级仪器</td><td>1</td><td></td><td>≤10</td><td>≤15</td></tr>
</table>

(2)测线状态的监察。测线，光电测距光波往返的路线。红外光测距对测线环境的要求：大气透明度比较好，测线上没有影响测距的障碍物；测线上只架设一个反射器，不得存在多个反射器或向测距仪反射光的物体；测线上不存在强烈光源，更不能有强烈太阳光对射测距仪器。测距时不能盲目依赖测距仪的自动化功能，应该增强监察，保证测距顺利进行。

(3)加强仪器保存期间的供电检查。除一般光学仪器的防潮、防尘、防霉措施之外，在保存期间应定期对光电测距仪器进行通电检查，定期对蓄电池充电检查，考查性能稳定情况。

第三节　光电测距成果处理

由于全站仪光电测距技术的特殊性，一般测距成果不能直接应用。光电测距成果处理的目的是为获取准确可靠的距离值。成果处理的主要内容有：仪器改正、大气改正和平距化算。

一、仪器改正

从光电测距仪器本身现状出发，找出原理、结构等因素对测距的影响及改正的内容和方法，是仪器改正的任务。

仪器改正的主要内容是加常数改正。假设在一条已知边的两端安置测距仪和反射器，测距的结果总与已知边相差一个固定值。这个固定值就是测距仪（包括反射器）的加常数，用 k 表示。测距仪的加常数 k 产生的主要原因是：测距仪发射与接收的等效中心偏心；反射器接收与反射的等效中心偏心；仪器内部光路、电路的时间延迟等。

一般地，k 值是通过对测距仪（包括反射器）的检定得到的。在光电测距的观测值中加入 k 值，可消除加常数的影响。

此外，还有频率改正、周期误差改正、光轴不合改正等仪器改正的内容。

频率改正是调制频率发生变化时对光电测距成果的改正，频率改正的公式为

$$\Delta D_f = D \times \frac{f_1 - f'_1}{f_1} \tag{3-14}$$

式中，ΔD_f 为频率改正数，f_1 为测尺 u_1 的调制频率设计值，f'_1 为测尺 u_1 的调制频率实际值，D 为光电测距的观测值。

一般说来，一台测距仪的性能稳定合格，结构合理，频率改正、周期误差改正、光轴不合改正等仪器改正内容的改正数很小，可以忽略不计。这里不详细讨论，读者可参考《光电测距》等书籍。

二、气象改正

1. 气象改正的原理公式

将式(3-2)代入式(3-5)得

$$D = \frac{c_{真}}{2nf} \times \frac{\varphi}{2\pi} \tag{3-15}$$

研究表明，折射率 n 与测距时的气象元素大气压力 p 、温度 t 关系密切，式(3-15)中的距离 D 必然是随大气压力 p 、温度 t 而变的测量值。但是仪器设计上采用参考气象元素 p_o 、t_o 相应的折射率 n_o ，故测距仪按设计的测距公式为

$$D_o = \frac{c_{真}}{2n_o f} \times \frac{\varphi}{2\pi} \tag{3-16}$$

显然，测距仪按设计公式完成测距任务，没有也不可能按式(3-16)的要求获得距离的实际值。由此可见，式(3-16)与式(3-15)存在差值，即 $\Delta D_{tp} = D - D_o$ ，称为气象改正。推证可知

$$\Delta D_{tp} = D - D_o = \frac{c_{真}\varphi}{2f2\pi}\left(\frac{1}{n} - \frac{1}{n_o}\right) = \frac{c_{真}\varphi}{2f2\pi}\frac{1}{n_o}\left(\frac{n_o - n}{n}\right) = D_o\left(\frac{n_o - n}{n}\right) \tag{3-17}$$

式中，D_o 为按设计要求测得的距离值，n_o 为参考大气状态的折射率，n 为测距时的实际大气状态的折射率（ n 是一个接近于于 1 的参数，作分母时当 1 考虑）。气象改正原理公式是

$$\Delta D_{tp} = D_o(n_o - n) \tag{3-18}$$

2. 气象改正的实用公式

由于测距仪所用的光源波长不同，设定的参考气象元素不同，按气象改正的原理公式推证的实用公式也不同。这里列举两个推证结果。

(1) D3000 红外测距仪的气象改正的实用公式

$$\Delta D_{tp} = D_{okm}\left(278.96 - \frac{793.12p}{273.16 + t}\right) \tag{3-19}$$

(2) wild DI1600 红外测距仪的气象改正的实用公式：

$$\Delta D_{tp} = D_{okm}\left(281.80 - \frac{793.94p}{273.16 + t}\right) \tag{3-20}$$

3. 气象改正的注意事项

(1) 气象改正公式中的气压 p 的单位为 kPa，温度的单位为℃，ΔD_{tp} 的单位为 mm，D_{okm} 的单位为公里（km）。

其中 kPa（千帕）与 mmHg（毫米汞柱）的关系是 1mmHg = 0.1 333 224kPa。有些测距仪器和气象仪器没有采用国际单位制，在公式的应用上应注意单位换算。

(2) 气象改正的方法以公式计算的精密度为最高，其他方法，如查表法、内插诺谟图法和刻度盘法，都是来自气象改正公式，但改正精密度不高，应用时慎重对待。

(3) 气象改正和频率改正一起可表示为以“mm/km”为单位的比例改正，如下式的 R 值：

$$R = \frac{\Delta D_f + \Delta D_{tp}}{D'_{km}} \tag{3-21}$$

式中，D'_{km} 为以公里（km）为单位的光电测距值。

若频率改正 $\Delta D_f = 0$，则 $R = \frac{\Delta D_{tp}}{D'_{km}}$。如 D3000 处理后的 R 是

$$R = 278.96 - \frac{793.12p}{273.16 + t} \tag{3-22}$$

(4) 上述公式均未考虑大气湿度的影响。在短距离测距中，或在精度要求不高的情况下，可以忽略不计。在重要工程的精密测距中大气湿度引起的改正是：

$$\Delta D_e = D_{okm} \times \frac{112.68e}{273.16 + t} \tag{3-23}$$

式中，e 为大气中水蒸气分压力，是空气干温 t、湿温 t' 和大气压力 p 的函数。

当湿温计不结冰时，

$$e = E' - 0.000\,662(t - t')p(1 + 0.001\,146t') \tag{3-24}$$

式中，$E' = 0.610\,75 \times 10^{\frac{7.5t'}{237.3+t'}}$。

当湿温计结冰时，

$$e = E' - 0.000\,583(t - t')p(1 + 0.001\,146t') \tag{3-25}$$

式中，$E' = 0.610\,75 \times 10^{\frac{9.5t'}{265.5+t'}}$。

三、平距化算

1. 概念

一般情况下，光电测距边两端点不可能同高程，光电测距边是一条倾斜边。把倾斜的测距边化算为端点同高程的直线距离的工作，称为平距化算。

图3-22中的A、B是地面上两个点，A点上设测距仪，仪器高是i，B点上设反射器，反射器高是l，O表示地球中心，R表示地球半径，H_A、H_B分别表示A、B两地面点高出似大地水准面的高程。AB是经过仪器改正和气象改正以后的光电测距边，用D表示。

2. 平距化算的辅助参数

（1）地球曲率影响参数：图3-22中，B'是B点在OB垂线上，而且与A点同高程的点。连结AB'弧和AB'弦，过A作AO垂线的垂直线AI，则弦切角$\angle IAB'$实际上就是在A处的水平线AI与AB'夹角。这个角就称为地球曲率影响参数，用c表示，即

$$c = \frac{AB'}{2R}\rho \approx \frac{AB}{2R}\rho = \frac{\rho}{2R}D \tag{3-26}$$

式中，$\rho = 206\,265''$，地球半径$R = 6\,371\text{km}$，则$C = 16.19'' D_{km}$。

（2）折光角：大气密度随着空中高度的增加由密向稀变化，因此，在A点观测B点的视线行程按折射原理成为一条向上弯曲的弧线。过A点作弧线的切线AJ，则AJ与AB直线的夹角称为折光角，用γ表示，按弦切角原理折光角满足下式，即

$$\gamma = \frac{AB}{2R}\rho k = \frac{D}{2R}\rho k = \frac{k\rho}{2R}D \tag{3-27}$$

式中，k称为大气折光系数，一般取$k = 0.13$（特殊情况按当地的实际参数）。

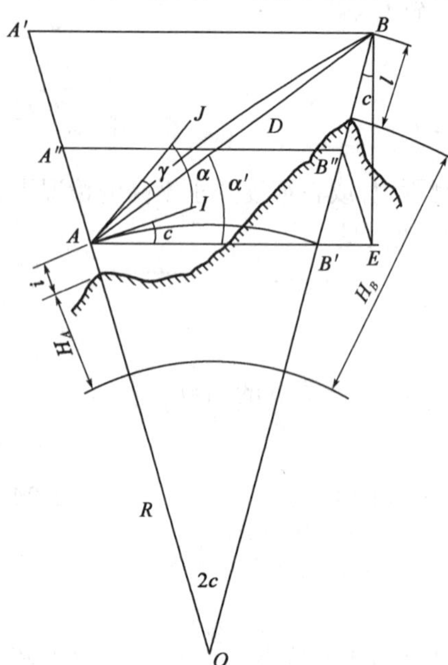

图3-22　平距化算的参数

则$\gamma = 2.10'' D_{km}$。

（3）竖直角：根据竖直角的概念，从图3-22可见，在A处观测的竖直角实际上是A点的AB弧的切线AJ与水平线AI的夹角，用α表示，则天顶距$Z = 90° - \alpha$，α可在测距时由经纬仪测得。

3. 平距化算的几个公式

在图3-22中，过B作AB'的平行线交OA延长线于A'，过B作AB'延长线的垂线BE交于E，过E作OA的平行线交BB'于B''，过B''作AB'的平行线交AA'于A''。根据作图，A、B'两点同高程之外，还有A''、B''两点同高程和A'、B两点同高程；$\Delta AB'O$是等腰三角形，ΔABE是直角三角形，$\angle B'BE = C$。根据平距化算概念，可知图中有三条平距AB'、$A''B''$、$A'B$，平距化算公式是：

（1）平均型平距化算公式。

图3-22中$A''B''$是A、B两点平均高程上的平距，

平均高程是 $H_m\left(=\dfrac{H_A+H_B}{2}\right)$。直角 ΔABE 中,设 $\angle BAE=\alpha'$,则 $A''B''=AE=AB\times\cos\alpha'$,即

$$D_{A''B''}=AB\cos(\alpha+c-\gamma) \tag{3-28}$$

根据式(3-26)、式(3-27),$c-\gamma=14.09''D_{km}$,故式(3-28)平均型平距化算公式为

$$D_{A''B''}=D\cos(\alpha+14.09''D_{km}) \tag{3-29}$$

式中,D_{km} 为以公里为单位的光电测距边长(下同)。

(2)测站型平距化算公式。

从图 3-22 可见,AB' 是处在 A 点测距仪高程上的平距,高程是 H_A。在 $\triangle ABB'$ 中,根据正弦定理,则 $AB'/\sin\angle ABB'=AB/\sin\angle AB'B$。根据图中角度的几何关系,$\angle ABB'=Z-2C+\gamma$,$\angle AB'B=90+c\approx90$($c$ 角很小)。则 $AB'=AE=AB\times\sin\angle ABB'$,即

$$D_{AB'}=AB\times\sin(Z-2c+\gamma) \tag{3-30}$$

根据式(3-26)、式(3-27),$2c-\gamma=30.3''D_{km}$,得测站型平距化算公式:

$$D_{AB'}=D\times\sin(Z-30.30''D_{km}) \tag{3-31}$$

(3)镜站型平距化算公式。

从图 3-22 可见,$A'B$ 是处在 B 点反射器高程上的平距,高程是 H_B。在 $\Delta ABA'$ 中,根据正弦定理,$A'B/\sin\angle A'AB=AB/\sin\angle BA'A$。根据图中角度的几何关系,$\angle A'AB=Z+\gamma$,$\angle BA'A=90^\circ-c\approx90^\circ$。则 $A'B=AB\times\sin\angle A'AB$,即

$$D_{A'B}=AB\times\sin(Z+\gamma) \tag{3-32}$$

经推证,得镜站型平距化算公式:

$$D_{A'B}=D\times\sin(Z+2.10''D_{km}) \tag{3-33}$$

4. 平距化算中的注意事项

(1)平距化算的结果与所在的高程相对应。上述三种平距化算公式的计算结果是不相同的,原因在于平距化算的结果与所在的高程相对应,因此,在平距化算中不能混淆高程的区别。

(2)平距化算涉及的端点高程是顾及仪器高、目标高的参数,故在完成光电测距和的竖直角测量的同时,应丈量仪器高 i 和目标高 l。

四、光电测距成果处理自动化

1. 成果处理步骤

(1)加常数和气象改正。设按仪器光电测距的野外测量成果为 D'。仪器加常数为 k,根据野外测量时获得温度 t、气压 p 计算得到气象改正为 ΔD_{tp}。此时加常数和气象改正后得到距离 D,即

$$D=D'+k+\Delta D_{tp} \tag{3-34}$$

(2)平距化算。根据测量的竖直角和经加常数、气象改正得到距离 D,按平距化算公式计算平距。

2. 光电测距成果处理自动化

成果处理自动化视测距仪器的情况而定。一般的全站仪设有成果处理自动化必备的数据

存储器、程序存储器，有关成果处理必需的数据和计算公式可以存入储备。测距仪器的成果处理自动化的基本方法是：

(1)测距前按要求把必需的参数，如，加常数 k 、温度 t 、气压 p 存入；仪器显示加常数改正 k 、气象改正值 ΔD_{tp} ，以示检查。如图 2-15NTS-340 全站仪键盘显示窗右下角的“psm、ppm”就是开始测量提示的加常数改正 k 、气象改正值 ΔD_{tp} 。

(2)启动测距后，测距仪器完成测距并进行成果处理，获得加常数改正、气象改正后距离 D 。

(3)平距化算在平距测量方式中实现。

第四节 钢 尺 量 距

一、概述

尺子量距，以皮尺、钢尺(图 3-23)和铟瓦线尺为工具，皮尺、钢尺长度有 20m、30m、50m 等，带面有 m、dm、cm、mm 长度注记。钢尺比较适用于一般短距离测量。本节介绍钢尺量距。

1. 钢尺量距的方法

钢尺量距有一般量距方法和精密量距方法两种。

2. 丈量的基本工作

1)定线：钢尺本身长度有限，丈量的长度超过钢尺本身长度时，必须对丈量的场地按钢尺长度进行分段。定线是一项把分段点确定在待量直线上的工作，是常规直线测量中的基本工作。

2)长度丈量：按要求利用钢尺逐段丈量距离。

3)计算与检核：按要求对丈量成果进行检查和计算。

二、定线的方法

有目测法和经纬仪法。

1. 目测法

按不同地形条件有二点法、趋近法、传递法等。

1)在平地，二点法目测定线，二端为准，概量定点。如图 3-24，A、B 是平坦地面二点，方法是：

图 3-23　钢尺

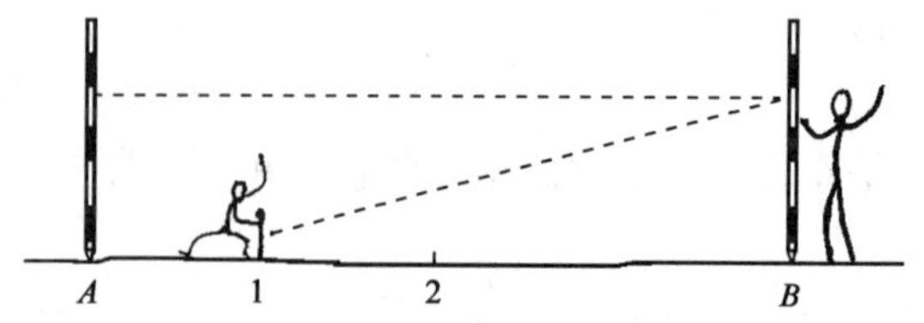

图 3-24　在平地，用二点法目测定线

(1)在 A、B 端点上竖立标杆;

(2)一指挥者立 B 点标杆后,瞄 A 点的标杆;

(3)两位定点人员,按整尺段从 A 概量至 1 号点,根据指挥确定 1 号点位置立在 AB 视线上;

(4)按(3)的做法依次把 2、3、4、…,分段点定在 AB 线上。

2)在山头,趋近法目测定线,概略定中,依次拉直。如图 3-25a),A、B 是山脚下的两个点,在不通视的 AB 线上定线确定 C、D 点,定线的方法:

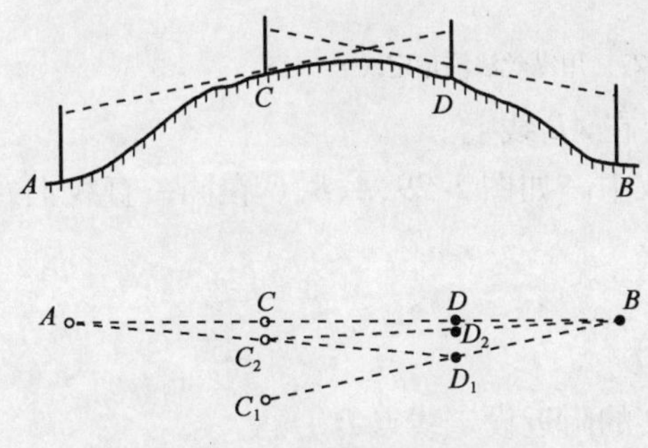

a)在山头用趋近法目测定线

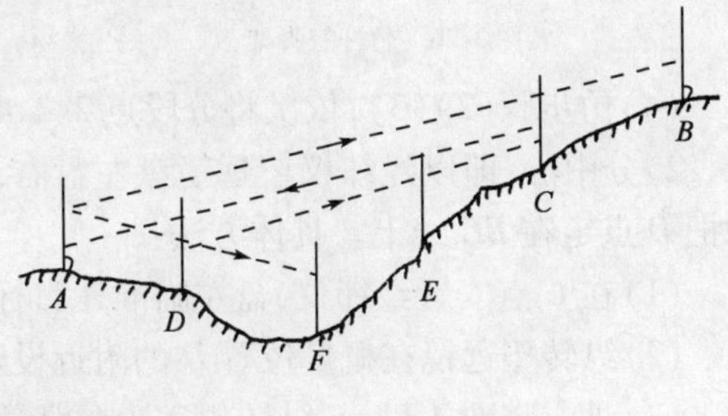

b)在山谷用传递法目测定线

图 3-25　月测定线法

(1)在靠近 A 点又能看到 B 点的位置上初定 C 点(即 C_1),同时立标杆;

(2)按二点法在 CB 线上定 D 点(即 D_1),D 点立标杆并能看到 A 点;

(3)按二点法在 DA 线上重新定 C 点,移动原来的标杆到新定的 C 点上(即 C_2);

(4)按二点法在 CB 线上重新定 D 点,移动原来的标杆到新定的 D 点上(即 D_2);

(5)按(2)(3)的步骤重复定点,逐渐趋近,最后使 C、D 点落在 AB 线上。

3)在山谷,传递法目测定线,直线选点,逐点传递。如图 3-25b),在山谷两边山顶上的 A、B 点立有标杆,在 AB 线上定线确定 C、D、E、E、F 等点位,定线的方法:

(1)按二点法在 AB 线 C 处概略立杆,在 B 点指挥使之落在 AB 线上,定 C 点;

(2)按二点法在 CA 线 D 处概略立杆,在 C 点指挥使之落在 CA 线上,定 D 点;

(3)按二点法在 DC 线 E 处概略立杆,在 D 点指挥使之落在 DC 线上,定 E 点;

(4)按上述方法逐级传递,使所有的分段点落在山谷的 AB 线上。

在地面起伏较大的地段定线,分段长度不要求为整尺段,分段点应立挂有垂球的竹杆三脚架,以垂球线作为分段的标志,如图 3-26。

2. 经纬仪法

这是一种精密的定线方法,具体有纵丝法和分中法。

1)纵丝法:即以经纬仪望远镜十字丝纵丝为准,概量定点。如图 3-27,具体方法:

(1)在丈量直线的一端 A 安置经纬仪,经纬仪望远镜精确瞄准另一端 B 竖立的目标,此时照准部在水平方向上不得转动;

(2)沿 BA 方向按尺段长 l_o 概量 $B1$;

(3)纵转望远镜瞄到 1 处附近,指挥 1 号分段点测钎定在十字丝的纵丝影像上,如图 3-28；

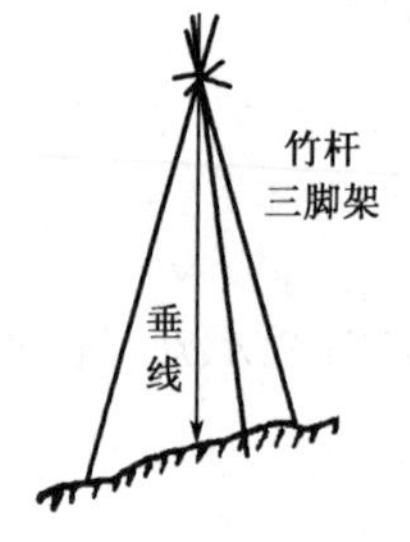

图 3-26　竹杆三脚架

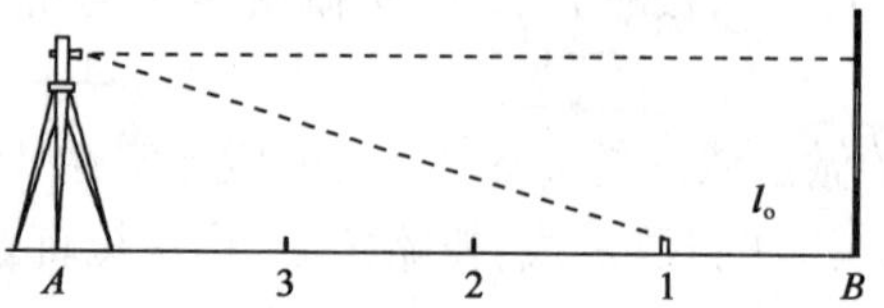

图 3-27　用纵丝法测量定线

(4)仿步骤(2)(3)，依次将分段点 2、3、4、…，定在 AB 线上。

2)分中法：即以经纬仪望远镜盘左盘右，平均取中。如图 3-29，A、B、C 在同一直线上，要求把 D 点定在 BC 线上。具体方法：

(1)在 C 点安置经纬仪，盘左瞄准 A 目标；

(2)纵转望远镜在概量位置 D 的附近设定线点 D'；

(3)盘右瞄准 A 目标，纵转望远镜在概量位置 D 的附近设定线点 D''；

(4)取 D'、D''的平均位置 D 作为最后定线点。

三、钢尺一般丈量法

1. 准备工作

(1)主要工具：钢尺(钢尺完好，刻划清楚)、垂球、测钎、标杆(图 3-30)等。

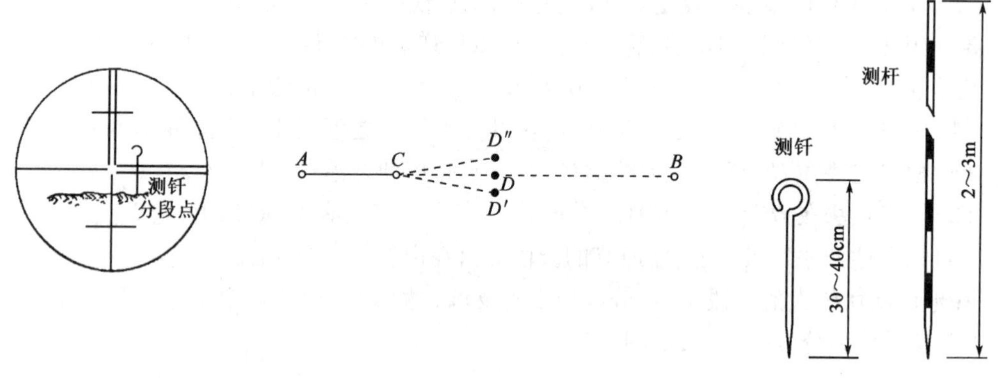

图 3-28　纵丝影像定点　　图 3-29　用分中法测量定线　　图 3-30　测钎测杆

(2)工作人员组成：主要工作人员是拉尺、读数、记录 2 ~ 3 人。

(3)场地：一般比较平坦，各分段点已定线在直线上，并插有测钎，如图 3-31。

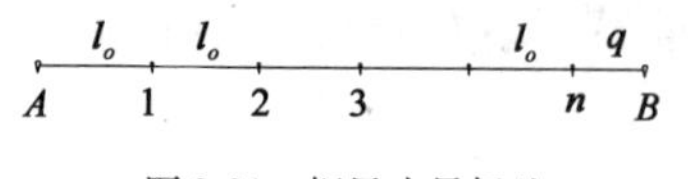

图 3-31　钢尺丈量场地

2. 丈量工作

(1)逐段丈量整尺段，尺段长为 l_o；最后丈量零尺段长 q。

(2)返测全长。按步骤 1)从 A 丈量至 B，称为往测，往测长

度为 $D_{往}$；在此基础上再按步骤1）从 B 丈量至 A，称为返测，返测长度为 $D_{返}$。

3. 计算与检核

（1）计算往测 $D_{往}$、返测 $D_{返}$ 全长，即

$$D_{往} = nl_{0往} + q_{往}, D_{返} = nl_{0返} + q_{返} \tag{3-35}$$

（2）检核：检核计算按下列公式：

$$\Delta D = D_{往} - D_{返} \tag{3-36}$$

$$D = \frac{D_{往} + D_{返}}{2} \tag{3-37}$$

$$k = \frac{\Delta D}{D} = \frac{1}{\frac{D}{\Delta D}} \tag{3-38}$$

上述公式中，n 是尺段长为 l_o 的整尺段数；ΔD 是往返测较差；k 称为相对较差，相对较差容许值，一般工程要求 k 在 1/2 000 ~ 1/1 000。

（3）计算总长平均值 D。在 k 满足要求时，按式（3-38）计算的 D 作为总长平均值。

4. 钢尺一般丈量法的基本要求

（1）尺段丈量注意调整分段点，使尺段长度与钢尺的整尺长相等。调整时只移动前尺端的分段点，把测钎插在移动后的分段点上即可。

（2）丈量时应尽量做到“直、平、准”。

①直，即沿直线方向丈量，尺端偏离直线的偏差少于5cm。

②平，即读数时应有一定的拉力（100N 左右），尺端同高。特别注意倾斜地段的丈量。

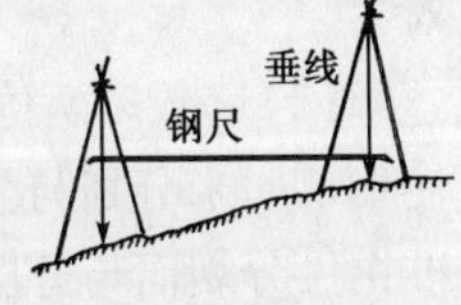

图 3-32 垂线分段标

倾斜地段的丈量：尺端分段点应立标杆三脚架（或竹杆三脚架），吊有垂球对准分段点，如图 3-32。丈量时以钢尺对准垂球线读取钢尺刻划计算尺段距离，即

$$q_i = l_i - l_{i-1} \tag{3-39}$$

式中，l_i 为钢尺前端读数；l_{i-1} 为钢尺后端读数；q_i 为第 i 零尺段距离丈量值。

③准，即读数准确可靠，没有错误。

（3）丈量时，应有统一口令，保证丈量工作步调一致。

四、精密量距方法

1. 准备工作

（1）主要丈量工具：钢尺、弹簧秤、温度计等。用于精密丈量的钢尺必须经过检验，有检定的尺长公式，即

$$l = l_o + \Delta l_o + \alpha (t - t_o) l_o \tag{3-40}$$

式中，l_o 为钢尺的名义长度；Δl_o 为钢尺的尺长改正数；α 为钢尺的线膨胀系数，取 0.000 012 5m/m℃；t 为丈量时的空气温度，℃；t_o 为检定时的温度，℃，一般 $t_o=20$℃；l 为钢尺的实际长度。

表3-3的算例，钢尺的尺长公式为

$$l=30.000\text{m}+12.5\text{mm}+0.0125\text{mm}(t-20)\times 30 \tag{3-41}$$

(2)工作人员：拉尺员2人，读数员2人，记录员1人，分工安排见图3-33。

(3)场地：①经整理便于丈量；②定线分段点设有精确标志，如图3-34所示，分段点设有木桩，木桩顶面的定线方向有“十”字标志(或小钉)；③测量各分段点顶面尺段高差 h_i（测量方法见第四章）。

图3-33　精密量距分工安排

图3-34　分段点标志

2. 精密量距

丈量有统一口令，如采用“预备”、“好”的口令协调人员工作步调。现介绍一尺段丈量方法：

(1)拉尺。拉尺员在尺段两个分段点上拉着弹簧秤摆好钢尺，其中钢尺零端在后分段点，整尺端在前分段点。前方拉尺员发出“预备”，后方拉尺员拉尺准备就绪回声口令“好”，两拉尺员同时用力拉弹簧秤，30m钢尺的弹簧秤拉力指示为100N，钢尺面刻划与分段点标志纵线对齐。

(2)读数。两位读数员两手轻扶钢尺，在钢尺分划与分段点标志相对稳定时，前方读数员使钢尺厘米分划与分段点标志横线对齐，同时发出“预备”口令。后方读数员预备就绪(即看准钢尺分划面与分段点标志横线对齐的读数)发出口令“好”。就在口令“好”瞬间，两位读数员依次读取分段点标志对应的钢尺分划值。前端读数员读至厘米，后端读数员读至0.5mm，如前端读数 $l_{前}=29.9800$m，后端读数 $l_{后}=75.5$mm。

(3)记录。记录 $l_{前}$、$l_{后}$，计算尺段丈量值 $l'=l_{前}-l_{后}$。

(4)重复丈量。按步骤(1)、(2)、(3)重复丈量和记录，计算获得 l''、l'''。

(5)检核。比较 l'、l''、l'''，观察各尺段丈量值之差 Δl，$\Delta l<\pm\Delta l_{容}$。在精密钢尺丈量中，$\Delta l_{容}=\pm 2\sim 3$mm。检核合格，计算尺段丈量平均值 l'_i，即

$$l'_i=\frac{l'+l''+l'''}{3} \tag{3-42}$$

把计算的尺段丈量平均值 l'_i 填写到表格中。

(6)记录温度 t_i，抄录尺段高差 h_i。

3. 计算

1)二项改化计算：这是精密钢尺量距的观测成果处理工作。

(1)各尺段尺长改正数 Δl_i 计算

$$\Delta l_i = \frac{\Delta l_o}{l_o} l'_i \tag{3-43}$$

(2)温度改正数 Δl_{ti} 计算

$$\Delta l_{ti} = \alpha(t_i - t_o) l'_i \tag{3-44}$$

以上二项改正后的尺段长为

$$l_i = l'_i + \Delta l_i + \Delta l_{ti} \tag{3-45}$$

2)平距化算。从图 3-35 可见,在尺段 AB 两端 A、B 存在尺段高差 h_i 的情况下,尺段丈量值 l_i 是倾斜边长(已加上尺长改正数 Δl_i 和温度改正数 Δl_{ti}),A、B 的平距 D_i 按勾股定理得

$$D_i = \sqrt{l_i^2 - h_i^2} \tag{3-46}$$

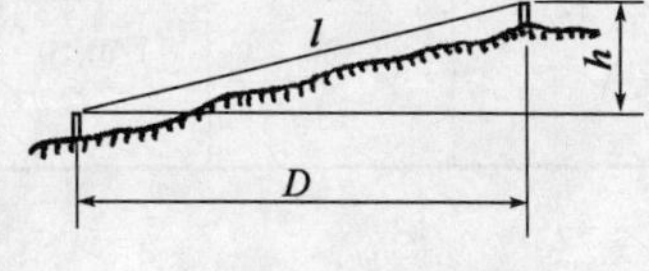

图 3-35　平距化算

3)计算与检核。检核的有关技术要求列于表 3-2 中,其中相对较差检核计算如下:

外业钢尺量距的技术要求　　表 3-2

钢尺丈量相对较差	作业尺数	丈量总次数	定线最大偏差(mm)	尺段高差较差(mm)	读数次数	估读值至(mm)	温度读数值至 °C	同尺或同段的尺差(mm)
1∶20 000	1—2	2	50	≤10	3	0.5	0.5	≤2
1∶10 000	1—2	2	70	≤10	2	0.5	0.5	≤3

(1)计算往测 $D_{往}$、返测度 $D_{返}$ 总长,即

$$D_{往} = \sum D_{i往}, D_{返} = \sum D_{i返} \tag{3-47}$$

(2)检核。检核计算与式(3-37)、式(3-38)、式(3-39)相同。相对较差 k 容许值在 1/30 000 ~1/10 000 之间。在 k 满足要求时,按式(3-38)计算的 D 作为总长平均值。表 3-3 是一段精密钢尺丈量的例子。

精密钢尺丈量与算例　　表 3-3

尺段起讫	丈量次数	后端读数(mm)	前端读数(m)	尺段长度(m)	尺长改正	温度/改正数	改正后尺段长度	高差/平距化算
$A-1$	1	76.5	29.930 0	29.853 5	12.4	$\frac{25.8}{2.1}$		$\frac{0.567}{29.863}$
	2	65.5	29.920 0	29.854 5				
	3	86.0	29.940 0	29.854 0				
	平均			29.854 0			29.868 5	
1-2	1	18.0	29.890 0	29.872 0	12.4	$\frac{27.4}{2.7}$		$\frac{0.435}{29.884}$
	2	9.0	29.880 0	29.871 0				
	3	27.5	29.900 0	29.872 5				
	平均			29.871 8			29.886 9	
……	…	………	………	………	…	………	……	………

续上表

尺段起讫	丈量次数	后端读数（mm）	前端读数（m）	尺段长度（m）	尺长改正	温度/改正数	改正后尺段长度	高差/平距化算
14-15	1	35.5	28.7300	28.6945	12.0	30.7/3.7		0.932/28.695
	2	26.5	28.7200	28.6935				
	3	55.0	28.7500	28.6950				
	平均			28.6943			28.7100	
15-*B*	1	80.0	18.9700	18.8900	7.9	30.5/2.4		0.873/18.879
	2	61.5	18.9500	18.8885				
	3	50.5	18.9400	18.8895				
	平均			18.8893			18.8996	

第五节　视距法测距

一、光学测距

1. 基本原理

光学测距是根据几何光学原理，应用三角定理进行测距的技术。如图 3-36，A、B 两个地面点，A 点设经纬仪，B 点设立一把尺子。利用视线构成等腰三角形 ΔAMN，其中 $MN \perp AB$，MB = BN，$\angle$MAN = γ，MN = l。图 3-36 中根据余切定理可知 A、B 两点的距离 D 为

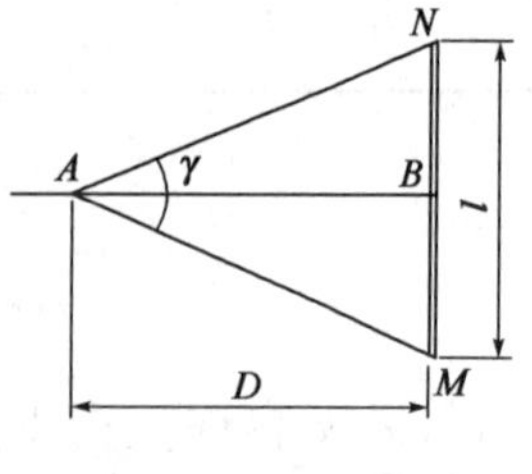

$$D = \frac{l}{2}\cot\frac{\gamma}{2} \tag{3-48}$$

图 3-36　光学测距基本原理

从式(3-48)可见，光学测距的基本方法：光学测得角度 γ，读取尺子长度 l，利用式(3-48)即可计算 A、B 两点的距离 D。光学测距的距离在 100～300m 左右。

2. 光学测距的方式

光学测距的方式依角度 γ 和尺长 l 的测量方法不同而异，主要有：

(1)定角测距方式：即角度 γ 是一个常数，只要测量尺子的长度 l 就可以获得距离 D，这种方式称为定角测距方式。如视距法和视差法就是属于定角测距方式。

(2)定长测距方式：即尺子长度 l 不变，只要用经纬仪测量角度 γ 就可以获得距离 D，这种方式称为定长测距方式。如横基线尺法就是定长测距方式。

此外还有测角 γ 测尺子 l 的方式等。本节介绍视距法测距。

二、视距法测量距离

1. 视距原理

视距法测距是利用测量仪器望远镜十字丝的上、下丝获得尺子刻划读数 M、N，从而实现

距离测量。图 3-37 表示经纬仪望远镜的几何光路原理，图中：L_1 是目镜前的十字丝板，a、b 是上下丝的位置，两者相距宽度为 p；L_2 是望远镜的凹透镜；L_3 是望远镜的物镜；F 是物镜焦点；A 是测量仪器的安置中心；B 是竖立尺子的点位；M、N 是上、下丝在尺面截获的刻划值，且 $N > M$，M、N 的间隔长度 l 称为视距差，即

$$l = N - M \tag{3-49}$$

由图 3-37 可见，由于十字丝板上下丝 a、b 的间隔 P 一定，故根据光线的几何路径所构成的角 γ 也一定（一般 γ 约 34′）。在△MFN 中，

$$D' = \frac{l}{2}\cot\frac{\gamma}{2} \tag{3-50}$$

在△$M'FN'$中，

$$f' = \frac{M'N'}{2}\cot\frac{\gamma}{2} \tag{3-51}$$

因为 $M'N' = ab = p$，则

$$f' = \frac{p}{2}\cot\frac{\gamma}{2} \tag{3-52}$$

比较式（3-50）和式（3-52），可得

$$D' = \frac{f'}{p}l \tag{3-53}$$

式中，f'为物镜与调焦镜的等效焦距。

由式（3-53）可见，D'的长度决定于视距差 l。

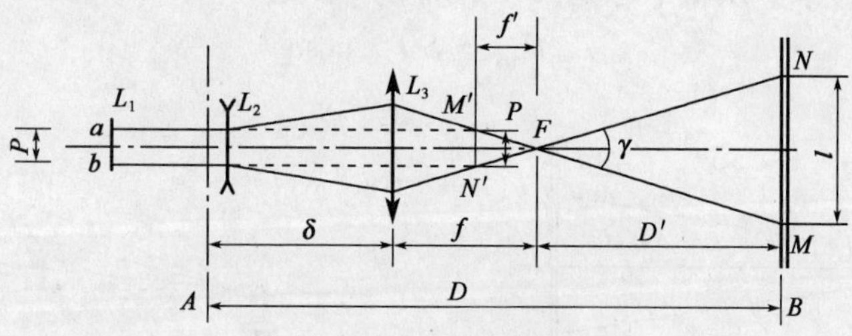

图 3-37　望远镜的几何光路原理

2. 望远镜视距法测距原理公式

从图 3-37 可见，经纬仪中心 A 到立尺点 B 的距离为

$$D = D' + f + \delta \tag{3-54}$$

把式（3-53）代入式（3-54）得

$$D = \frac{f'}{p}l + f + \delta \tag{3-55}$$

式中，f 为物镜的焦距；δ 为经纬仪中心到物镜主平面的距离。

在实用上，测量仪器望远镜瞄准看清目标必须预先调焦对光，式（3-53）中的 l 是调焦后得到的视距差，调焦后公式的形式也相应发生变化，即

$$D = \frac{f'_o}{p}l + \left(\frac{\Delta f'}{f'}D' + f + \delta\right) \tag{3-56}$$

式中，f'_o 为假定瞄准无穷远目标的望远镜等效焦距。

$$\Delta f' = f' - f'_o \tag{3-57}$$

令

$$C = \frac{\Delta f'}{f'}D' + f + \delta, k = \frac{f'_o}{p} \tag{3-58}$$

则式(3-56)为

$$D = kl + C \tag{3-59}$$

式(3-59)就是望远镜视距法测距原理公式。

式中的 k 称为乘常数，C 称为加常数。

在望远镜的设计上可以使加常数 $C=0$，乘常数 $k=100$，故式(3-59)便成为简单的公式，即

$$D = 100l \tag{3-60}$$

3. 平视距测量方法

(1)测量仪器望远镜视准轴处于水平状态瞄准直立的尺子(如木制标尺)，如图 3-38；

(2)利用望远镜读取上、下丝所截的尺面上刻划值 M、N(即图 3-38 的 $l_下$、$l_上$)；

(3)按式(3-49)计算 l，按式(3-60)计算距离 D。

4. 斜视距测量平距计算公式

在图 3-39 中，A 点安置测量仪器，望远镜视准轴 SO(S 是望远镜旋转中心)处于倾斜状态；其竖直角为 α，望远镜十字丝的上下丝在 B 点标尺上位置是 M、N，读数为 $l_下$、$l_上$，中丝在标尺上位置是 O，读数为 $l_中$。从图中可见，A、B 两点的平距是

$$D_{AB} = SO \times \cos\alpha \tag{3-61}$$

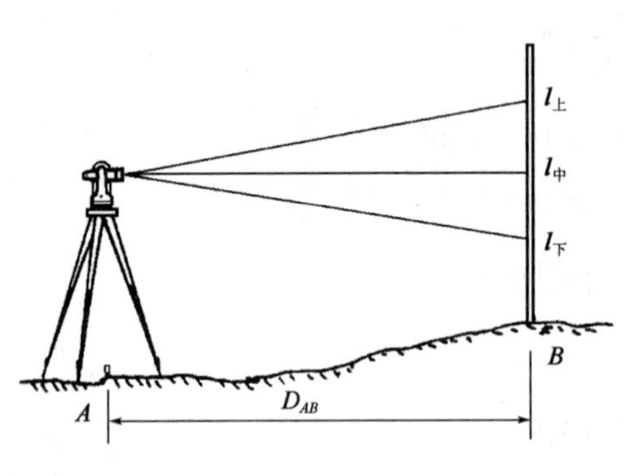

图 3-38　平视距测距

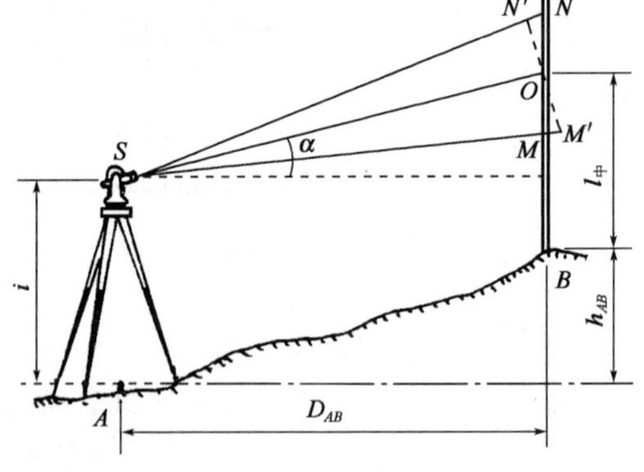

图 3-39　斜视距测距

过 O 作 $M'N'$ 垂直 SO，则根据望远镜的视距原理有

$$SO = 100 \times M'N' \tag{3-62}$$

因为从△MOM'和△NON'可知，$M'N' = MN \times \cos\alpha$，故

$$SO = 100 \times MN \times \cos\alpha \tag{3-63}$$

把式(3-63)代入式(3-61)，整理得平距计算公式为：

$$D_{AB} = 100(l_上 - l_下) \times \cos^2\alpha \tag{3-64}$$

将式(2-2)代入式(3-64)有

$$D_{AB} = 100(l_{上} - l_{下}) \times \sin^2 Z \tag{3-65}$$

练 习 题

1. 光速 c 已知,测量 $D = 1\text{km}$ 的距离,光经历的时间 $t_{2D} = ?$
2. 光电测距是______(1)瞄准______(2)以后可以距离测量。
   (1)A. 经纬仪　B. 测距仪　C. 望远镜
   (2)A. 目标　B. 地面点　C. 反射器
3. 测距仪有哪些基本组成部分?
4. 图3-5,测距仪的光源发射______(1),经反射器返回后经接收装置______(2)与 e_r 比较______(3)。
   (1)A. 调制光波　B. 光束　C. 调制频率
   (2)A. 直接进入测相装置　B. 光电转换为电信号进入测相装置　C. 测得时间 t_{2D}
   (3)A. 计算距离 D　B. 计算　C. 并由数字电路把距离 D 显示出来
5. 说明某红外测距仪的测距精度表达式 $m = \pm(3\text{mm} + 2\text{ppm}.D)$ 的意义?
6. 红外测距仪应用中的一般基本过程是______。
   A. 安置仪器,启动测距仪电源开关,瞄准反射器,测距,测量气象元素,关机
   B. 安置仪器,瞄准反射器,启动测距仪电源开关,测距,测量气象元素,关机
   C. 安置仪器,启动测距仪电源开关,瞄准反射器,测量气象元素,测距,关机
7. 红外光测距,测线上应该______。
   A. 没有障碍物;测线上只架一个反射器;不存在强烈光源,严禁强烈光对射测距仪;测距时应加强监察
   B. 有障碍物;测线上可架多个反射器,不存在强烈光源,不能有强光对射,测距有自动化功能不必监察
   C. 有障碍物;测线上架一个反射器,也可有多个反射器,有强烈光对射测距仪,测距时应监察
8. 下述应用反射器的说法哪个是正确的?
   A. 只要反射器的直角棱镜受光面大致垂直测线方向,反射器就会把光反射给测距仪接收
   B. 可以根据测程长短增减棱镜的个数
   C. 反射器与测距仪配合使用,不要随意更换
9. 已知测距精度表达式(3-13),问:$D = 1.5\text{km}$ 时,m 是多少?
10. 测距仪的加常数 ΔD_k 主要是______引起的。
   A. 测距仪对中点偏心;反射器对中点偏心;仪器内部光路、电路的安装偏心
   B. 通过对测距仪和反射器的鉴定
   C. 测距仪等效中心偏心;反射器等效中心偏心;仪器内部光路、电路信号延迟时间。

11. 已知 $t=29.3℃$,$p=99.6\text{kPa}$,试计算 DI1600 测距仪的比例改正。

12. 接上题,求 DI1600 测距仪在 1.656km 的气象改正。

13. 按表 3-4 进行成果处理。光电测距得到的倾斜距离 $D=1265.543\text{m}$,竖直角 $\alpha=3°36'41''$,气压 $P=98.6\text{kPa}$,空气温度 $t=31.3℃$,仪器的加常数 $k=-29\text{mm}$,已知气象改正公式是

$$\Delta D_{tp} = D_{0km}\left(281.8 - \frac{793.94p}{273.16+t}\right)$$

表 3-4

项　　目	数　　据	处 理 参 数	处理后的距离	说　　明
距离观测值	D　　　m	m	m	未处理的倾斜距离
	D_{km} :　　　km			以公里为单位的倾斜距离
仪器加常数	mm	k :	m	加常数改正后倾斜距离
气象元素	t:　℃ p:　kPa	ΔD_{TP} :　mm	m	气象改正后倾斜距离
平均型平距	α :　°　′　″	$+14.1'' D_{km}$	m	平均高程面的平距
测站型平距	Z:　°　′　″	$-30.3'' D_{km}$	m	测站高程面的平距

14. 钢尺量距的基本工作是________。

A. 拉尺;丈量读数;记温度

B. 定线,丈量读数;检核

C. 定线,丈量,计算与检核

15. 如果图 3-28 变为定线的测钎分段点倒像,说明测钎位置在观测者方向 AB 的______。

A. AB 线上　　　B. 左侧　　　C. 右侧

16. 一般量距一条边,$D_{往}=56.337\text{m}$,$D_{返}=56.346\text{m}$。问相对较差 $k=$?

17. 平视距测量步骤是经纬仪望远镜水平瞄准远处____(1),读取____(2)。计算____(3)。

(1) A. 反射器　　　B. 目标　　　C. 尺子

(2) A. 读数为 $l_{中}$　　　B. 上、下丝所截尺面上读数　　　C. 竖直角 α

(3) A. 平距 $D=100\times l$　　　B. 斜距 D　　　C. 视距差

18. $l=l_{下}-l_{上}=1.254\text{m}$,按式(3-60)计算平距 D。

19. 斜视距测量平距计算公式可以是 $D_{AB}=100(l_{下}-l_{上})\times\sin^2 L$?

20. $l=l_{下}-l_{上}=1.254\text{m}$,竖直度盘读数 $L=88°45'36''$。按上题答案求 $D_{AB}=$?

21. 接上题,1) $\alpha=90°-L=1°14'24''$,$D_{AB}=$? 2) 如果 $L=90°$,$D_{AB}=$?

22. 钢尺精密量距计算题:尺段长度、尺段平均长度、温度改正、尺长改正、倾斜改正的计算。总长及相对误差计算。(计算数据在表 3-5,尺长公式:$l=30\text{m}+0.008\text{m}+\alpha(t-20)\times l'$)

表3-5

尺　段	丈量次数	后端读数（mm）	前端读数（m）	尺段长度（m）	尺长改正	温度/改正数	改正后尺段长度	高差/平距化算
1	2	3	4	5	6	7	8	9
A～1	1 2 3 平均	0.032 0.044 0.060	29.850 29.863 29.877			27.5℃		0.360m
1～2	1 2 3 平均	0.057 0.076 0.078	29.670 29.688 29.691			28.0℃		0.320m
2～B	1 2 3 平均	0.064 0.072 0.083	9.570 9.579 9.589			29.0℃		0.250m

长度、相对误差计算　　　　　　　　*AB* 平均长度：

改正后 *AB* 往测总长：　　　　　　较差：

改正后 *AB* 返测总长：68.950m　　相对误差：$k=$

第四章　高 程 测 量

［学习目标］ 地面点的高程测量是确定地面点位置的基本工作，这一工作的主要技术方法有水准测量和三角高程测量。此外还有流体静力水准测量、气压高程测量和GPS高程测量等。本章学习目标是，明确高程测量是确定地面点位置的基本工作，掌握地面点高程测量的两种技术：水准测量和三角高程测量的原理与方法。

第一节　水准测量原理

一、基本原理

水准测量是一种利用水平视线测量两个地面点高差的方法。实现这种方法的仪器称为水准仪。如图4-1所示，A、B是两个竖立尺子的地面点，两个地面点之间安置一台水准仪，单实线是水准仪的水平视线，a、b是水平视线在尺子面上得到的观测数据。过A、B两点各作水平视线的平行线，则二条平行线的距离就是A、B两个地面点的高差h_{AB}。由图4-1可见，h_{AB}是尺子面上观测数据a、b的差值，即

$$h_{AB} = a - b \tag{4-1}$$

式(4-1)是水准测量的基本原理公式。该式表明，水准测量的原理，实质是利用水准仪的水平视线测量立在地面点上尺面数据，求其数据之差实现地面点之间的高差测定。

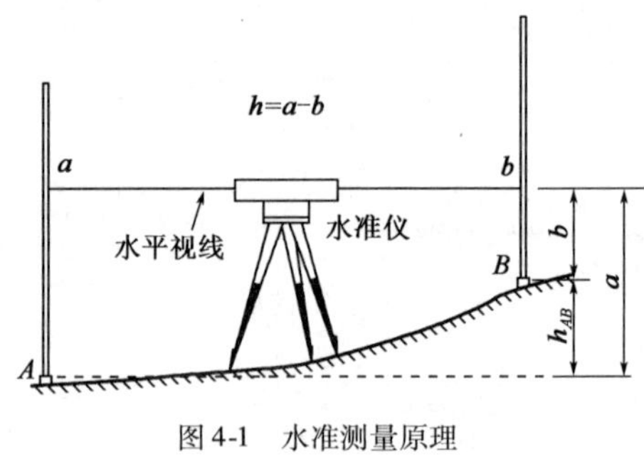

图4-1　水准测量原理

地面点高程，可以利用已知高程和测定的高差推算得到。如图4-1，设A点已知高程为H_A，则B点的高程为

$$H_B = H_A + h_{AB} = H_A + a - b \tag{4-2}$$

二、水准测量的仪器工具

1. 水准仪

水准仪是水准测量的主要仪器设备。用于高程测量的水准仪有微倾式水准仪、自动安平水准仪、精密水准仪等。

1）微倾式水准仪。如图4-2，系列型号有DS_{05}、DS_1、DS_3、DS_{10}四个等级。DS_{05}、DS_1属于精密等级级水准仪；DS_3、DS_{10}属于工程水准仪，以DS_3为常见。

仪器型号等级不同,仪器精密度各有区别,但是基本结构大致相同。基本结构主要有瞄准部和基座两大部分。基座与角度测量仪器相同。微倾水准仪瞄准部是水准仪的重要部分,主要有望远镜、符合水准器、托架及竖轴。

(1)望远镜:水准仪望远镜内部构件,如物镜、调焦镜、十字丝板、目镜以及倒像棱镜,在望远镜筒中的位置,与角度测量仪器的望远镜相同。不同的是,水准仪望远镜水平设置在托架(图4-4)上方,望远调焦轮设在望远镜的右侧(图4-2)。望远镜在托架上与之一起水平转动。水准仪望远镜有倒像望远镜和正像望远镜两种形式。

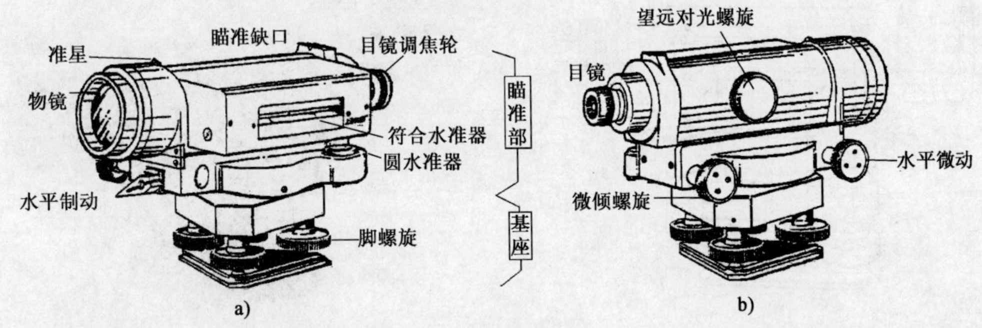

图4-2 微倾式水准仪

(2)水准器:在水准仪瞄准部上设有圆水准器和符合水准器。

符合水准器(图4-3)是调整水准仪观测视线处于精密水平状态的装置。符合水准器由一个管水准器和一个棱镜组构成,紧贴望远镜左侧安置在托架上。符合水准器利用棱镜组的几何光学反射原理,使水准气泡 A 端半影像按图中1、2、3、4的方向反映在显示面上,B 端半影像从另一个棱镜开始按 A 端同样方式反映在显示窗上。如果管水准器处于水平状态,则显示面上气泡二半影像组合成为图4-3c)的形式,称为气泡符合。如果管水准器未实现水平状态,显示面上气泡二半影像未能符合,如图4-3b)。转动微倾螺旋(图4-2)可以精确整平管水准器,实现 A、B 气泡影像符合成图4-3c)的形式。

(3)托架与竖轴:图4-4,托架支承着望远镜、水准器及各种螺旋,并和竖轴结合在一起装在基座轴套中,使瞄准部与基座结合起来。

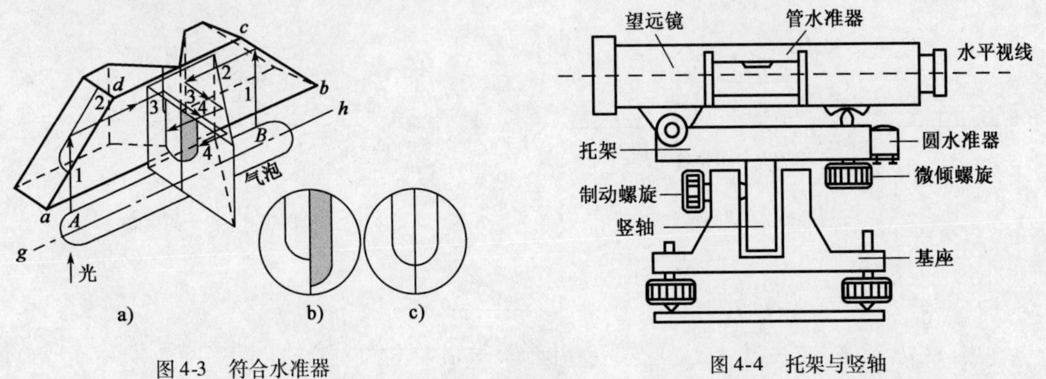

图4-3 符合水准器

图4-4 托架与竖轴

(4)基本轴系:瞄准部的基本轴包括有:视准轴(CC)、管水准轴(LL)、圆水准轴($L'L'$)和竖轴(VV)。瞄准部基本轴系在结构上必须满足:① $L'L' /\!/ VV$;② $LL /\!/ CC$;③ $LL \perp VV$;④十字丝

的中横丝与竖轴 VV 互相垂直,见图 4-5。

此外,还有水平制动、水平微动螺旋等操作部件。

2)自动安平水准仪。

自动安平水准仪(图 4-6)是微倾水准仪的发展。自动安平水准仪与微倾水准仪的区别,瞄准部设有自动安平补偿器(图 4-7),不设符合水准器、微倾螺旋。图 4-6 自动安平水准仪也没有水平制动螺旋,只有水平微动螺旋。

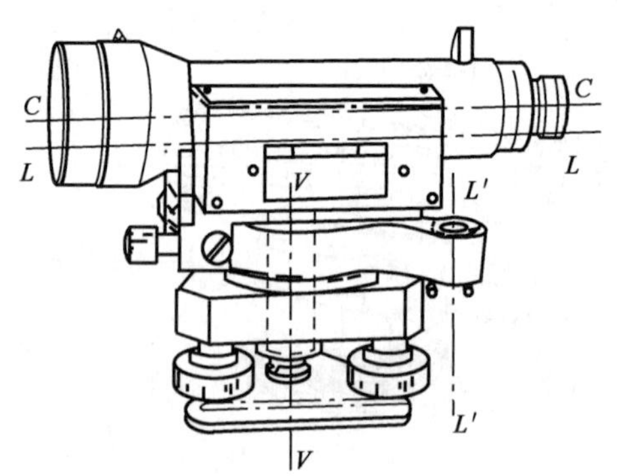

图 4-5 基本轴系

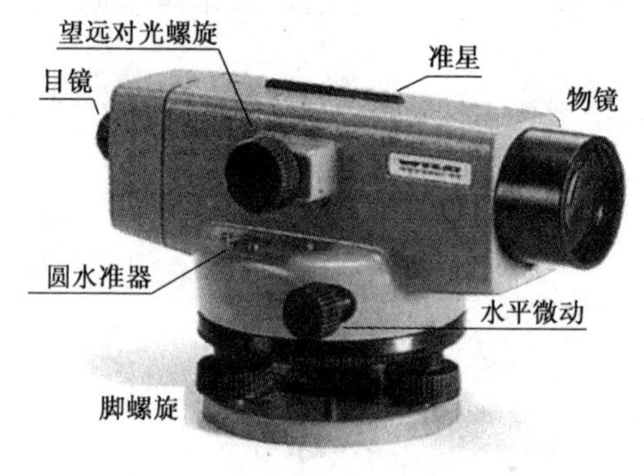

图 4-6 自动安平水准仪

自动安平基本原理。自动安平补偿器是用以为水准仪提供一条实际的水平观测视线的装置。补偿器安装在水准仪望远镜的调焦镜与十字丝板之间(如图 4-7)。图 4-8a)是悬吊式自动安平补偿器示意图,屋脊棱镜与物镜、调焦镜、十字丝板、目镜的相对位置不变,直角反射棱镜由金属丝悬挂,可以在限定范围内摆动。

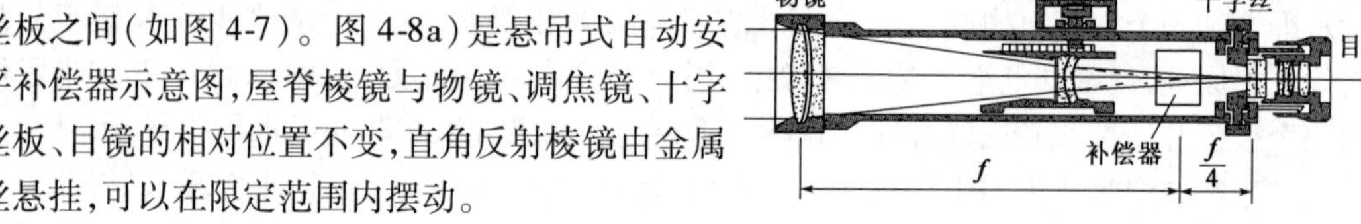

图 4-7 自动安平补偿器的位置

如图 4-8a)所示,望远镜视准轴处于水平状态,补偿器的直角棱镜处于原始悬垂状态。如果没有补偿器,视准轴的水平状态可获得正确标尺读数 L_o。如果补偿器存在,水平观测视线在补偿器内反射后,仍然落在原来十字丝中央 A,读数仍然是 L_o。

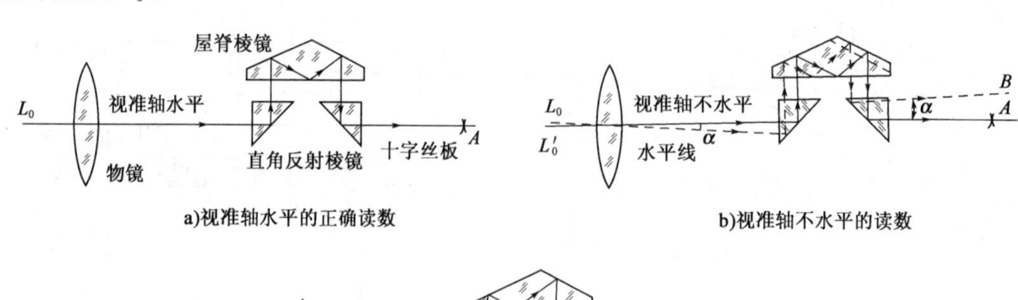

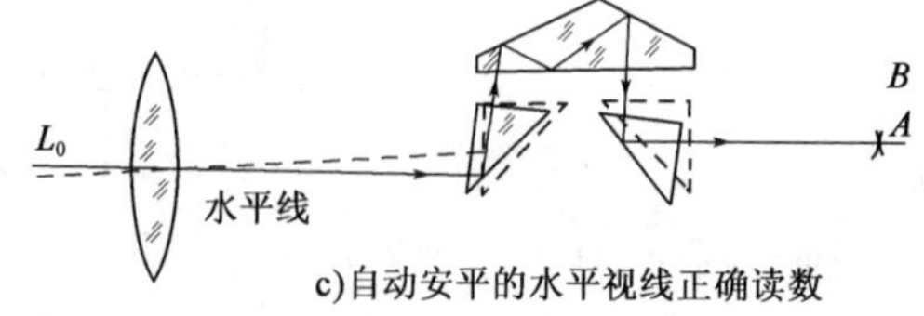

图 4-8 自动安平原理

如图 4-8c) 所示，补偿器直角反射棱镜的重力起作用，使直角反射棱镜摆向悬垂位置，这时直角反射棱镜与屋脊棱镜的相对位置发生变化，使水平视线在补偿器内的反射方向得到调整而射向十字丝中心位置（设计上必须满足这一要求），人眼可观察到水平视线的标尺读数 L_o。

自动安平的原理实质：在仪器视准轴粗略水平时，设置的补偿器在自身重力的作用下自动为水准仪提供一条水平观测视线及时获得标尺读数 L_o。

2. 标尺

图 4-9 所示的尺子，称为水准标尺，简称标尺。常用的标尺有木质标尺和金属标尺两种，造形有整形直尺和分节组合的塔尺，见图 4-9。整形的直尺有普通水准标尺和铟瓦水准尺。工程上日常应用比较多的标尺有普通双面水准尺和塔尺。

(1) 普通水准标尺：长 3m。两个尺面分别按黑、红色刻画注记，单位为 m、dm、cm，称为双面标尺。双面标尺的黑、红面刻画零点相差一个常数，一测站所用的一对尺子的常数不相同。如图 4-10 所示，一把标尺的黑、红面相差的常数是 4.687m，另一把标尺的常数便是 4.787m。

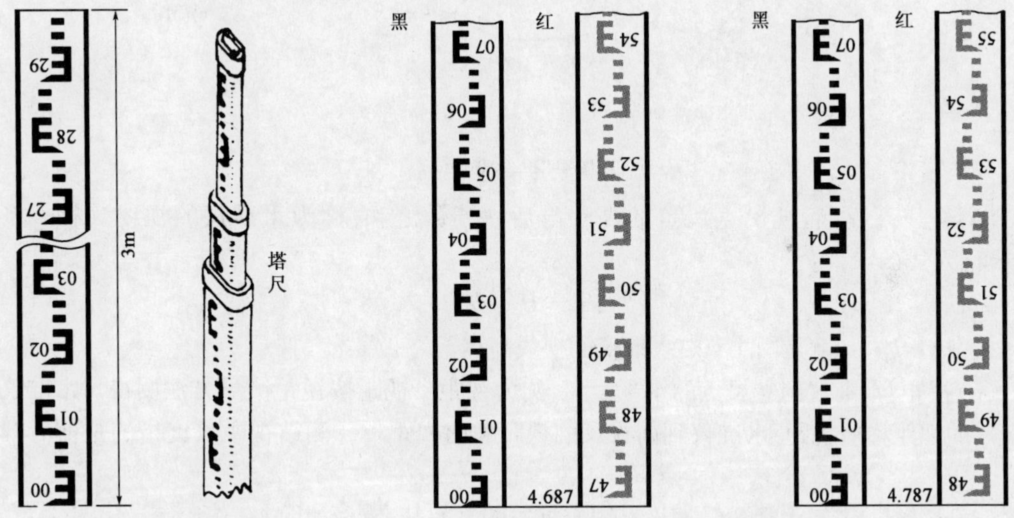

图 4-9　标尺和塔尺　　图 4-10　成对的水准标尺

(2) 塔尺：总长 5m，单面刻画，尺的应用长度可根据需要缩短。塔尺可用于精密度比较低的水准测量。

3. 尺垫

尺垫是一种铁质铸成的垫件，如图 4-11 所示，其下部有三个短钝的脚尖，上部有一个突出的半球状体。

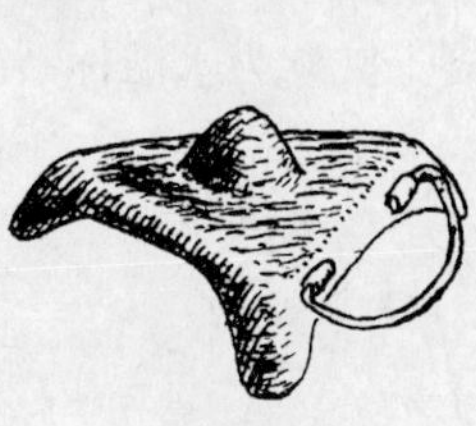

图 4-11　尺垫

三、几个基本概念

(1) 测站：如图 4-1 所示，水准仪及尺子所摆设的位置，称为测站。这种摆设测站所进行的水准测量工作，称为测站观测。式(4-1)中的 h_{AB} 是一次测站观测的高差观测值。

(2) 水准路线：连续若干测站水准测量工作构成的高差观测路线，称为水准路线。如

图 4-12所示,A 点是起点,B 点是终点,其间设有 5 个测站,观测的前进方向自 A 至 B(图中箭头指的方向),各个测站依次由立尺点 ZD_1、ZD_2、ZD_3、ZD_4 联系起来,构成 A 至 B 的水准路线。

(3)后视:一测站中与水准路线前进方向相反的水平观测视线,称为后视。后视所瞄的尺子称为后视尺,后视从后视尺面上得到的观测数据称为后视读数,用 a 表示。

(4)前视:一测站中与水准路线前进方向相同的水平观测视线,称为前视。前视所瞄的尺子称为前视尺,前视从前视尺面上得到的观测数据称为前视读数,用 b 表示。

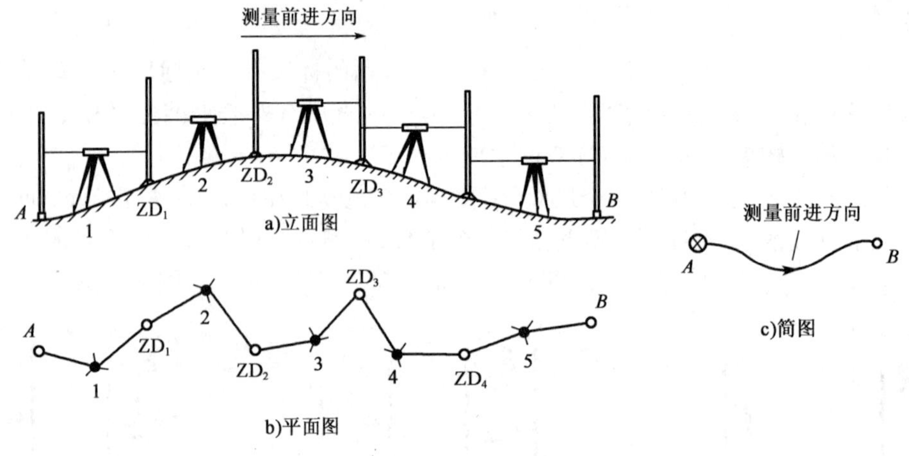

图 4-12　水准路线

(5)视线高程:后视尺立尺点的高程与后视读数之和,称为水准仪的视线高程。将式(4-1)代入式(4-2)得

$$H_B = H_A + a - b \tag{4-3}$$

式中的 $H_A + a$ 就是图 4-1 中水准仪的视线高程。

(6)视距:水准仪到立尺点的水平距离,称为视距。视距按视距测量方法测得。水准仪到后视尺的视距称后视距,水准仪到前视尺的视距称前视距。一测站视距长度指的是前后视距之和。

(7)水准点:用于水准测量而设有固定标志的高程基准点,如图 4-13 所示。

在水准测量中通常的水准点是:①已知水准点,即具有确切可靠高程值的水准点;②未知水准点,即没有高程值的待测水准点。水准点固定标志通常固埋在混凝土桩顶面中心,这种混凝土桩称为水准标石。水准点设置在地面下,或露设地面,或设于建筑墙边(图 4-13)。

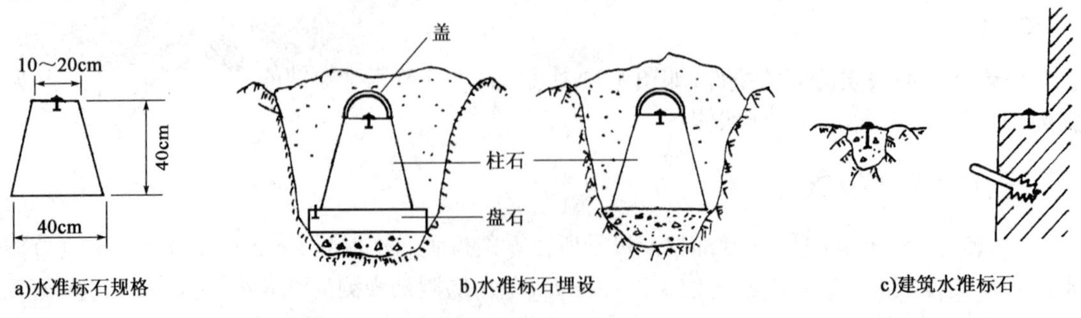

图 4-13　水准点设置

水准点的高程指的是固定标志顶面的高程。

(8)高程转点:水准测量的转点指的是具有高程传递作用的立尺点,如图4-12中的ZD_1、ZD_2、ZD_3、ZD_4,是水准路线中各测站传递高程的转点。在水准测量中,尺垫安置于所设转点位置上,标尺被扶立在尺垫的半球状体顶面上。初学者应注意,往往转点并非土质坚实可用,故应把尺垫压紧于转点位置,保证坚实稳固。

第二节　水准测量高差观测技术

一、一测站的基本操作

根据水准测量原理公式(4-1),一测站的基本操作的目的是获得后视读数a和前视读数b,以便按式(4-1)计算高差h。普通水准测量以使用自动安平水准仪为常见,因此,基本操作有:

1)安置仪器(安置水准仪和竖立标尺)

(1)水准仪安置

水准测量水准仪必须安置在三脚架上。安置要求:三脚架高度适当,架头面大致水平,三脚架脚腿稳固,仪器连接可靠。从仪器箱取出水准仪安放在三脚架上(不放手)并用中心螺旋扭紧使仪器与三脚架头连接好。

(2)竖立标尺

竖立标尺要求:一竖直;二稳当。一般说来,竖立的标尺处于悬垂位置时,则是比较竖直,而且易于扶稳。初学者必须注意,标尺应竖立于水准点上;或竖立于待测的高程点上;或竖立于转点位置的尺垫上。

2)粗略整平

转动水准仪基座的三个脚螺旋,使圆水准气泡居中实现粗略整平,基本步骤如下:

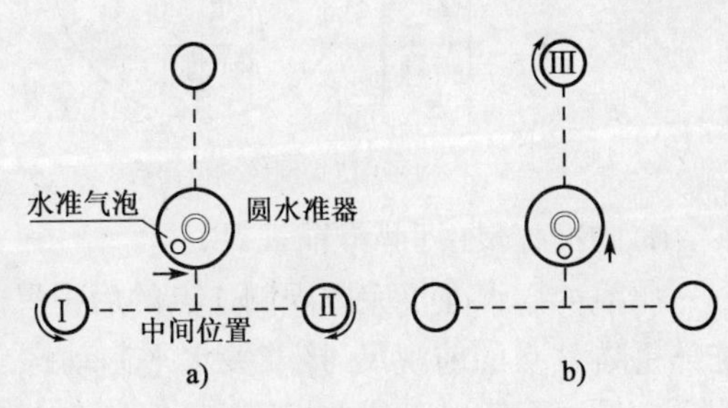

图4-14　粗略整平调整圆水准气泡

(1)相对转动两个脚螺旋,使圆水准气泡移向两脚螺旋的中间位置。中间位置,即两脚螺旋中心连线的垂直平分线的位置。如图4-14a),“Ⅰ”、“Ⅱ”是任选的脚螺旋,圆水准气泡位于图中“中间位置”的左侧,从左手在“Ⅰ”的转动方向(箭头→)可知,气泡按箭头的方向移动到“中间位置”。

(2)转动第三个脚螺旋,使气泡移到圆水准器的中心。如图4-14b),左手大拇指在“Ⅲ”脚螺旋的转动方向(箭头→)使气泡移向圆水准器的中心。

熟练的操作,可在相对转动两个脚螺旋的同时转动第三个脚螺旋,使圆水准气泡居中。

3)瞄准标尺

即瞄准后视尺,开始的瞄准工作要经历粗瞄、对光、精瞄的过程。

(1)粗瞄:松开水平制动,转动瞄准部,利用水准仪的准星对准标尺,水平制动螺旋固紧;

(2)对光:如同经纬仪望远镜的对光,先转目镜调焦螺旋使十字丝像清楚;后转动望远调焦螺旋使标尺像清楚。在对光中应注意消除视差。

(3)精瞄:转动水平微动螺旋,使望远镜十字丝纵丝对准标尺的中央。

4)精确整平

从微倾水准仪轴系结构(图4-5)可知,望远镜视准轴(cc)平行于符合水准器的管水准轴(LL)。但是,由于圆水准器的整平精确度不高,故粗略整平时符合水准器的管水准轴 LL 和望远镜的视准轴(cc)不可能处于严格的水平状态。应用微倾水准仪时为了保证水准仪视准轴处于水平状态,精确整平是一项重要工作。其方法是:转动微倾螺旋,观察符合气泡影像如图4-3c)的图像,实现望远镜视准轴(cc)精确整平。

必须明白,自动安平水准仪已经装备自动安平补偿器,可以自动提供实际应用的水平观测视线。因此,用自动安平水准仪进行高差测量,无需精确整平的操作。

5)读数和记录

根据望远镜视场中十字丝横丝所截取的标尺刻画,读取该刻画的数字,以米为单位。读数方法:先估读mm,后读m、dm、cm。与倒像望远镜相配合,观测倒像标尺时,视场的标尺影像数字自上而下增大,读数应注意倒像标尺成像的特点。如图4-15,先估读4mm,后读1.88m,整个读数为1.884m。记录,应按读数先后顺序回报,回报无异议才记录。与正像望远镜相配合,正像标尺成像如图4-16,标尺影像数字自下而上增大。

以上3)至5)步骤是观测后视尺的操作,获得一次后视读数 a。后续是观测前视尺的操作。

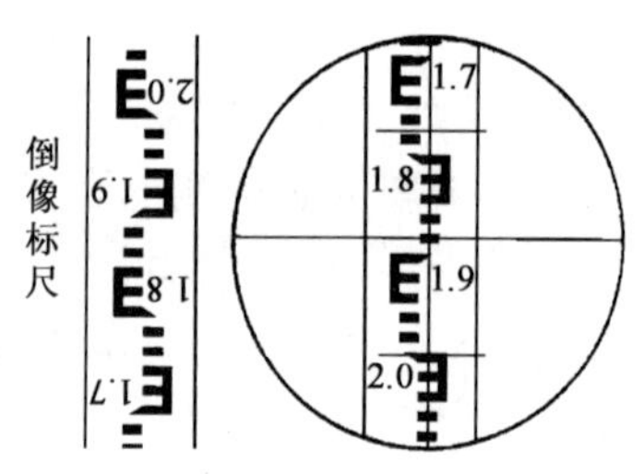

图4-15 倒像标尺读数

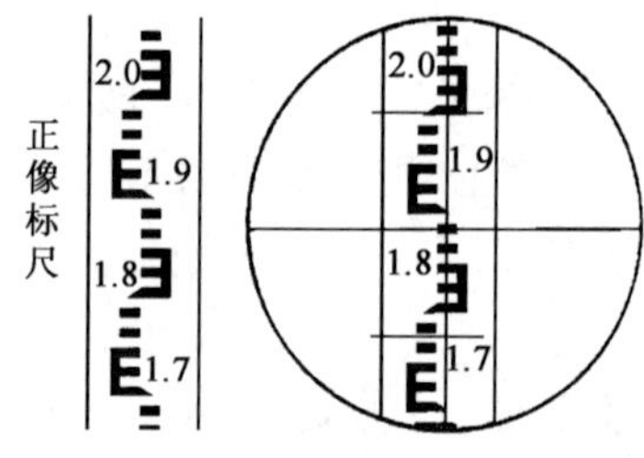

图4-16 正像标尺读数

6)瞄准标尺(即瞄准前视尺)

如图4-1,水准仪完成观测 A 点的后视尺的操作之后,松开水平制动螺旋,转动水准仪的瞄准部粗瞄 B 点的前视尺,接着关水平制动螺旋,转动水平微动螺旋精瞄前视尺。在一测站观测中,由于前、后视距基本相等,不必重新对光。

7)精确整平

方法同4)步骤,应用自动安平水准仪,无需精确整平的操作。

8)读数和记录

方法同5)步骤。

二、测站高差观测技术

1.改变仪器高法

该法在测站观测中获得一次高差观测值 h' 之后,变动水准仪的高度,再进行二次高差观测,获得新的高差观测值 h''。具体观测步骤:

1)一次观测:后视距 $s_{后}$—后视读数 a'—前视距 $s_{前}$—前视读数 b'。

2)变动三脚架高度(10cm 左右),重新安置水准仪。

3)二次观测:前视读数 b''—后视读数 a''。

4)计算与检核:表 4-1 是一测站观测记录。按表 4-1 的顺序(1)、(2)、…、(11)进行,其中视距差 d、视距差累计 $\sum d$、高差变化值 δ_2 是主要限差。检核合格则计算 h,即 $h = \frac{(h' + h'')}{2}$,否则重测。

改变仪器高法测站的观测记录　　表 4-1

测站	视距 s		测次	后视读数 a	前视读数 b	$h = a - b$	计算说明
	$s_{后}$	(1)	1	(2)	(5)	(7)	d:(1) − (3)→(4) h':(2) − (5)→(7) h'':(9) − (8)→(10) $\delta_2 = h' - h''$ $h = (h' + h'')/2$→(11) "→":记入的意思
	$s_{前}$	(3)	2	(9)	(8)	(10)	
	d	(4)	$\sum d$	(6)	平均 h	(11)	
1	$s_{后}$	56.31	1	1.731	1.215	0.516	一般技术要求 $s_{后}$、$s_{前}$ < 100m,d < 5m 多测站连续观测时 $\sum d$ < 10m,$\delta_{容} = \pm 6$mm
	$s_{前}$	53.20	2	1.693	1.173	0.520	
	d	3.1	$\sum d$	3.1	平均 h	0.518	

变动三脚架高度约 10cm 后的二次观测,目的在于检核和限制读数(尤其是分米读数)的可能差错,提高观测的可靠性和精确性。

2. *双面尺法*

双面尺法是一种标准型的水准高差测量方法。该法根据标尺黑、红面的刻画特点,按一定程序完成黑、红双面标尺的观测、计算、检核过程,具有步骤严密、成果可靠的特点。

1)观测程序

以中丝观测获得观测值的程序如下。

(1)程序一:"后$_{黑}$ − 前$_{黑}$ − 前$_{红}$ − 后$_{红}$",即"后视尺黑面—前视尺黑面—前视尺红面—后视尺红面"。

(2)程序二:"后$_{黑}$ − 后$_{红}$ − 前$_{黑}$ − 前$_{红}$",即"后视尺黑面—后视尺红面—前视尺黑面—前视尺红面"。

2)程序一的观测步骤(程序二的观测步骤,不另说明,读者可参考程序一的观测步骤自行掌握)

(1)观测黑面:利用十字丝的上、下、中丝获得后视尺黑面刻划数字上$_{黑}$、下$_{黑}$和 $a_{黑}$;利用十字丝的上、下、中丝获得前视尺黑面刻划数字上$_{黑}$、下$_{黑}$和 $b_{黑}$。

(2)观测红面:利用十字丝的中丝获得前视尺、后视尺的红面刻划数字 $b_{红}$和 $a_{红}$。

3)记录、计算与检核

按程序一,表 4-2 是双面尺法的记录实例,表头说明观测、记录的内容,其中(1)、(2)、…、

(18)表示记录、检核、计算的顺序。表4-3根据记录、检核、计算的顺序说明记录、检核、计算的步骤和方法。

双面尺法观测记录实例 表4-2

测站编号	后视尺	前视尺	方向及尺号	标尺读数		黑 + k 减红	高差中数	备注
	下丝	下丝		黑面	红面			
	上丝	上丝						
	后视距	前视距						
	视距差 d	$\sum d$						
	(1)	(4)	后	(3)	(8)	(14)		记录计算检核说明
	(2)	(5)	前	(6)	(7)	(13)		
	(9)	(10)	后 - 前	(15)	(16)	(17)	(18)	
	(11)	(12)						
1	1.574	0.735	后 NO.5	1.384	6.171	0		NO.5 $k=4.787$ NO.6 $k=4.687$
	1.193	0.367	前 NO.6	0.551	5.239	-1		
	38.1	36.8	后 - 前	0.833	0.932	1	0.8325	
	1.3	1.3						
2	2.225	2.302	后 NO.6	1.934	6.621	0		
	1.642	1.715	前 NO.5	2.008	6.796	-1		
	58.3	58.7	后 - 前	-0.074	-0.175	1	-0.0745	
	-0.4	0.9						

双面尺法记录计算的顺序说明 表4-3

步骤	目标	观测丝	记录	计算与记入	检核	备注
1	后视 黑面	下丝 上丝 中丝	(1) (2) (3)	[(1) - (2)] × 100→(9)	(9) ≤ D	"→":记入的意思 此处将(1)(2)栏的数据之差乘以100记入(9)栏,下同。 D:视距长度限值 d_1:前后视距差限值 d_2:视距差累计限值 δ_1、δ_2:较差限值,见表4-4说明 检核是否相等,取平均以(15)为准
2	前视 黑面	下丝 上丝 中丝	(4) (5) (6)	((4) - (5)) × 100→(10) (9) - (10) →(11) (11) + 前站(12) →(12) (3) - (6) →(15)	(10) ≤ D (11) ≤ d_1 (12) ≤ d_2	
3	前视 红面	中丝	(7)	k + (6) - (7) →(13)	(13) ≤ δ_1	
4	后视 红面	中丝	(8)	k + (3) - (8) →(14) (8) - (7) →(16) (14) - (13) →(17) (15) - (16) ±0.1 = (17′) ((15) + (16) ±0.1)/2→(18)	(14) ≤ δ_1 (17) ≤ δ_2 (17) = (17′)	

三、一测站的视距测量

根据视距测量原理,水准测量视距 s 按式(3-51)和式(3-63)计算,即

$$s = 100(N - M) \tag{4-4}$$

在这里，$上_黑 = M$、$下_黑 = N$，故上式为

$$s = 100(下_黑 - 上_黑) \quad (4\text{-}5)$$

在图4-17中，$下_黑 = 1.747\text{m}$，$上_黑 = 1.200\text{m}$，按上式得视距$s = 54.7\text{m}$。表4-3中步骤1的"[(1)-(2)]×100→(9)"就是式(4-5)的具体计算。

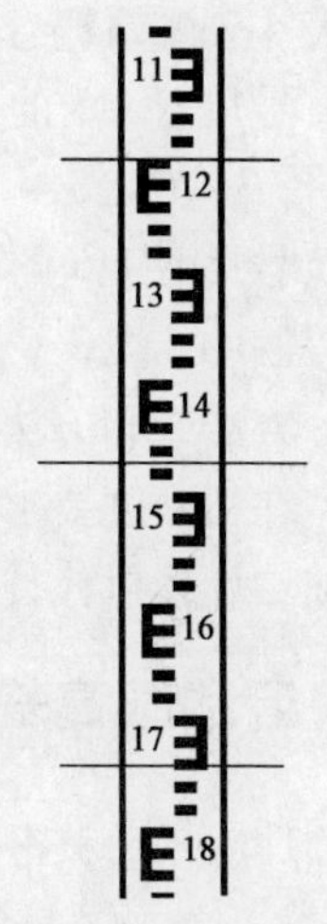

图4-17　视距测量

四、测站观测的限差控制

1. 限差控制特点

表4-4是水准测量测站观测主要容许误差的限值要求。水准测量测站观测限差控制的特点是："伴随观测，逐一检核，随时控制，逐步放行"。根据表4-4的有关限差随时检核。观测一开始就要接受检核，不能等到测站观测完毕再检核，这就是"伴随观测，逐一检核"的意思。而且检核合格之后才容许下一步的观测工作，这就是"随时控制，逐步放行"的意思。典型例子，按标准双面尺法的四等水准测量。在整个观测过程中，记录与观测互相配合互相监督，两者的熟练程度将有利于水准测量工作的顺利进行。

水准测量测站观测的主要容许误差　　表4-4

等级	水准仪型号	视距长度限值 D (m)	前后视距差限值 d_1 (m)	前后视距差累计限值 d_2 (m)	视线离地面最低高度 (m)	基本分划与辅助分划的较差或黑面与红面读数较差 δ_1 (mm)	基本分划与辅助分划或黑面、红面所测高差的较差 δ_2 (mm)
二等	DS1	50	1	3	0.5	0.5	0.7
三等	DS1	100	3	6	0.3	1.0	1.5
	DS3	75				2.0	3.0
四等	DS3	100	5	10	0.2	3.0	5.0
五等	DS3	100	(10)	(50)	—	(4.0)	(6.0)

注：表中"五等"带括号的数字是一般的参考数字。

2. 双面尺法检验计算

双面尺法是一种标准的高差测量，在整个限差控制过程中"黑+k减红"检验计算比较复杂。

(1)方法一。按"黑+k减红"检验计算，如表4-2测站编号1。k称双面标尺黑、红面刻画零点常数。

号尺NO.5的$k=4.787$，黑面中丝读数1.384，红面中丝读数6.171。按"黑+k减红"，黑1.384+4.787-红6.171=0(mm)。

号尺NO.6的$k=4.687$，黑面中丝读数0.551，红面中丝读数5.239。按"黑+k减红"，黑0.551+4.687-红5.239=-1(mm)。

(2)方法二。观测保证米位正确，米位数可以不检，按"黑3-(红3+k')"检验计算。黑

3,即黑面中丝读数的后 3 位数。红 3,即红面中丝读数的后 3 位数。k' 称为新常数。方法二,如表 4-2 测站编号 1:

号尺 NO.5 的 $k=4.787$,新常数 $k'=213$。黑面中丝读数 1.384,红面中丝读数 6.171。按"黑 3 −(红 3 + k')",384 −(171 +213)=0(mm)。

号尺 NO.6 的 $k=4.687$,新常数 $k'=313$。黑面中丝读数 0.551,红面中丝读数 5.239。按"黑 3 −(红 3 + k')",551 −(239 +313)= −1(mm)。

方法二和方法一的检验计算效果相同,方法二较易掌握。

在精密度要求比较高的水准测量中,采用电子记录的方法,即以一台功能较强、内存较大的袖珍计算机代替记录手簿,可加快测站观测的限差控制及计算等工作的速度。

五、测段高差的观测

1. 测段的概念

两个水准点之间构成的水准路线,称为测段。如图 4-12,地面上 A、B 埋设了水准点,从 A 到 B 连续经过 5 个测站连成一个测段。

2. 测站的搬设

在测段多测站连续观测中,水准仪、标尺必须按前进方向逐一搬设测站。具体方法如下。

(1)一测站观测、记录、检核无误,由记录员发出"搬站"口令;

(2)观测员、扶尺员按口令搬站:①前视尺扶尺员不离开原立尺点,确保尺垫不变动(标尺暂可脱离尺垫),准备作为下一测站的后视尺;②观测员将水准仪搬到下一测站适当位置准备新测站观测,搬动的距离少于表 4-4 的 D 值;③后视尺在下一测站成为前视尺,扶尺员根据水准仪新设站的后视距,确定前视尺的位置。

3. 测段的高差计算

1)往、返测概念:如图 4-12,前进方向从 A 到 B 的连续逐站水准测量称为往测;前进方向从 B 到 A 的连续逐站水准测量称为返测。一般地,一个测段的高差必须往返测。

2)测段高差计算:

(1)往返测高差计算:根据表 4-1 的测量成果,一测段高差观测值整理在表 4-5,往测高差为 $h_{往}$,即 $h_{往}=\sum h_{i往}$,检核:$\sum h_{i往}=\sum a_{i往}-\sum b_{i往}$。同样,返测高差为 $h_{返}$,即 $h_{返}=\sum h_{i返}$,检核:$\sum h_{i返}=\sum a_{i返}-\sum b_{i返}$。

测段往返测高差计算 表 4-5

测站	往测			返测		
	后视	前视	高差	后视	前视	高差
1	a_1	b_1	h_1	a_1	b_1	h_1
2	a_2	b_2	h_2	a_2	b_2	h_2
…	…	…	…	…	…	…
n	a_n	b_n	h_n	a_n	b_n	h_n
$\sum$	$\sum a_{i往}$	$\sum b_{i往}$	$\sum h_{i往}$	$\sum a_{i返}$	$\sum b_{i返}$	$\sum h_{i返}$

(2)测段高差计算:若 $h_{往}$ 符号为正,则 $h_{返}$ 必为负,故高差检核公式是

$$\Delta h = h_{往} + h_{返} \tag{4-6}$$

测段高差即高差平均值计算公式是

$$h = \frac{h_{往} - h_{返}}{2} \tag{4-7}$$

第三节 水准测量误差及其预防

如同测角一样,水准测量的误差也是来自仪器、操作和外界环境三个方面。

一、仪器误差

1. 视准轴与管水准轴不平行误差

根据水准仪基本轴系,水准仪的视准轴与管水准轴必须严格平行。实际上,仪器的装配和校正不可能严格实现这种平行,因此两轴将构成一个角度,称为 i 角,见图 4-18。由于 i 角的存在,则在精确整平时,水准仪视准轴不是处于严格水平状态。设这种状态下给测站观测造成的误差影响为 Δa 、Δb ,即

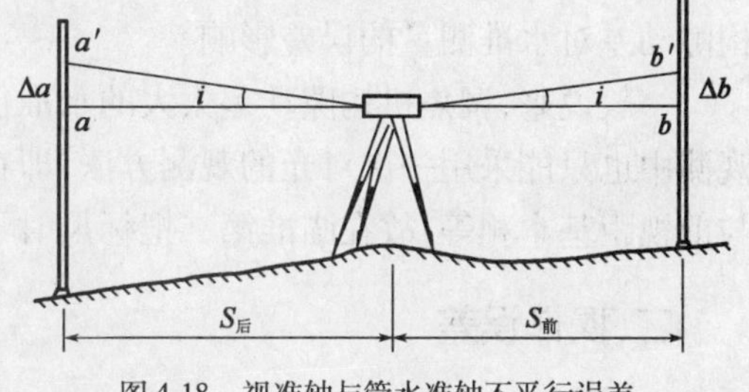

图 4-18 视准轴与管水准轴不平行误差

$$\Delta a = s_{后} \times \tan i \tag{4-8}$$

$$\Delta b = s_{前} \times \tan i \tag{4-9}$$

故测站的后视读数和前视读数便是 a'、b',即

$$a' = a + \Delta a \tag{4-10}$$

$$b' = b + \Delta b \tag{4-11}$$

式中,a 、b 为水平视线严格水平时的标尺读数;$s_{后}$、$s_{前}$ 为测站的后视距、前视距。

根据式(4-1),这时的测站观测高差为

$$h' = a' - b' \tag{4-12}$$

把式(4-10)、式(4-11)代入上式,经整理得

$$h' = h + s_{后} \times \tan i - s_{前} \times \tan i = h + \Delta h \tag{4-13}$$

式中

$$\Delta h = s_{后} \times \tan i - s_{前} \times \tan i \tag{4-14}$$

式(4-14)表明了 i 角的存在引起视准轴与管水准轴不平行误差对观测高差的影响。当 i 角等于零,或 $s_{后} = s_{前}$,则 $\Delta h = 0$。由此可见,减少这种不平行误差影响的办法是:

(1)在测站观测中,测站前、后视距应尽可能相等,前、后视距差不要超出表 4-4 的规定。

(2)对水准仪的 i 角检验校正,使 i 角小于规定的要求(DS_1,小于 15″;DS_3,小于 20″)。

2. 水准标尺的误差

水准标尺的误差,包括有 1m 真长误差、标尺零点不等差、标尺弯曲误差等。为了减少标尺误差的影响,应当对标尺进行检验,找出和判断有关误差的影响程度,按照有关规定,如按表 4-6的限定参数进行相应的处理。其中,零点不等差,可在水准路线的连续成对设站(即一条水准路线所设测站数是偶数站)的观测方法中调整消除。

水准标尺的限差 表 4-6

项目	限差		超限处理方法
	铟瓦标尺	木质标尺	
1m 真长误差	0.15mm	0.5mm	禁止使用
标尺弯曲 f	4.0mm	8.0mm	施加改正
零端不等差	0.1mm	1.0mm	调整

注：f 是标尺两端连线至尺面的距离，施加改正公式：

$$l = l' - \frac{8f^2}{3l'} \tag{4-15}$$

式中，l' 为标尺名义长度，l 为标尺实际长度。

3. 望远镜调焦机构隙动差

望远镜的调焦机构是由机械器件装配而成，装配器件之间存在间隙。这种间隙将通过转动调焦螺旋引起调焦镜中心和视准轴的变化，从而给测站观测带来误差，这就是望远镜调焦机构隙动差对水准测量的误差影响。

一般说来，调焦机构隙动差太大的水准仪不应投入使用。即使一台合格的水准仪在测站观测中也只能采用一次对光的观测方法，即在一测站瞄准第一把标尺调焦对光后，由于后视距与前视距基本相等，故在瞄准第二把标尺时不必再调焦对光。

二、操作误差

1. 管水准器气泡居中误差

据推证，管水准器气泡居中误差可表示为

$$m_{中} = \frac{\tau}{25U}\frac{s}{\rho} \tag{4-16}$$

式中，U 是观察符合气泡的放大倍数，取 $U=3$。当 $\tau = 20''$，$s = 100\text{m}$ 时，理论上 $m_{中} = \pm 0.1\text{mm}$，很小。

因管水准器的格值很小，灵敏度很高，整平难度就大。稍不注意，气泡的居中误差将超出这个数字。因此，认真做好精确整平工作，提高整平稳定性，是减少管水准器气泡居中误差的重要措施。自动安平水准仪可避免管水准器气泡居中误差的影响。

2. 标尺瞄准误差

水准测量的瞄准是以获得标尺面刻画读数为目的，标尺瞄准误差，包括有对标尺的瞄准误差和读数的估读误差。据分析，这种瞄准误差为

$$m_{瞄} = \frac{60''}{U}\frac{s}{\rho} \tag{4-17}$$

当望远镜的放大倍数 $U=30$，$s=100\text{m}$，$m_{瞄} = \pm 1\text{mm}$。但是，视距 s 越长，$m_{瞄}$ 就越大。因此，在水准测量中必须对视距长度进行限制，使之满足表 4-4 的规定；同时认真读取标尺面的数字，防止读错，减少其影响。

3. 水准标尺的倾斜误差

从图 4-19 可见,立尺不直,水准标尺倾斜,观测视线在标尺面的读数必然偏大。减少水准尺的倾斜误差的有效方法,是立尺人员必须认真可靠地竖立标尺。

三、外界环境影响

1. 地球曲率的影响

如图 4-20 所示,设 A、B 分别为后视尺、前视尺立尺点,E 是水准仪视准轴中心点,三者各有相应的水准面。严格地说,地面点之间的高差,是两地面点的水准面之间的高差。a、b 是中心点 E 的水准面在标尺上获得的读数。

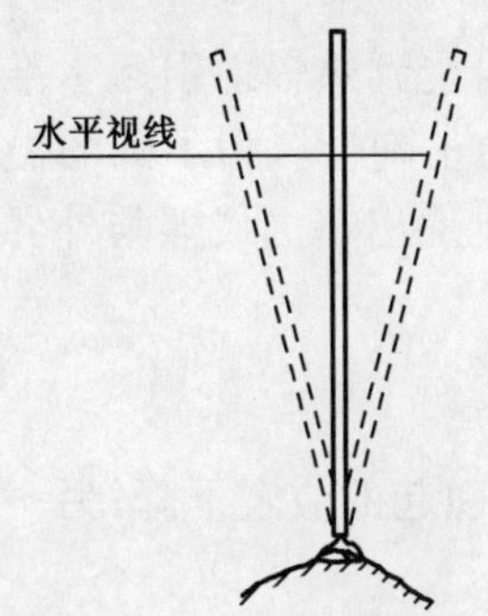

图 4-19　标尺倾斜误差

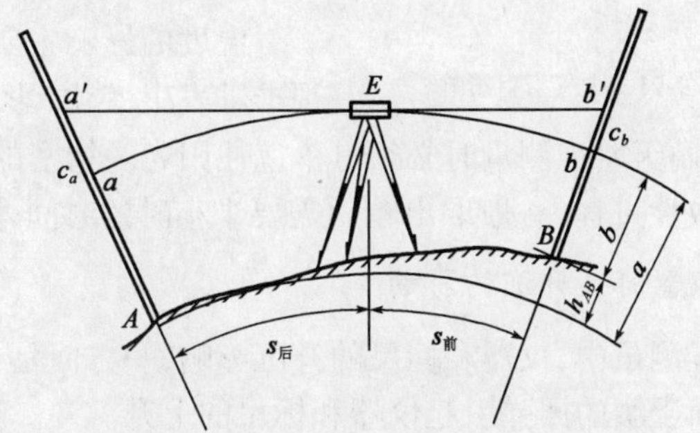

图 4-20　地球曲率的影响

但是,实际水准测量是经 E 点的水平观测视线从标尺获得的读数,即 a'、b',故获得的高差是

$$h'_{AB} = a' - b' \tag{4-18}$$

式(4-18)与式(4-1)的不同是因为 c_a、c_b 的存在,这就是地球曲率的影响。显然,式(4-18)应是

$$h'_{AB} = a' - b' = (a + c_a) - (b + c_b)$$

即

$$h'_{AB} = h_{AB} + c_a - c_b \tag{4-19}$$

根据式(3-26)可得 $c_a = \frac{s_{后}^2}{2R}$,$c_{\mathrm{b}} = \frac{s_{前}^2}{2R}$,由此上式变为

$$h'_{AB} = h_{AB} + \frac{s_{后}^2 - s_{前}^2}{2R} \tag{4-20}$$

式(4-20)的 $s_后$、$s_前$ 是测站观测的前、后视距,R 是地面半径。从式(4-20)可知,减少地球曲率的影响的,办法是使前、后视距尽可能相等。

2. 大气折射的影响

在第三章中,已知光线在空中视线行程因大气折射是一条向上弯曲的弧线。然而光线在贴近地表的视线行程可能是向下弯曲的弧线。原因是日晒地表温度较高,受地表热辐射影响,近地表层空气密度分布下稀上密。水准测量的观测视线比较接近地面,而且所在地段存在一定的坡度,观测视线的一端离地面比较高,而另一端则贴近地面。在这种情况下的观测视线可能一端向下弯曲,另一端向上弯曲,如图4-21所示。大气折射影响将造成水准仪观测视线不再是一条水平直线,高差观测结果将受大气折射的复杂影响。

减少大气折射影响的措施:

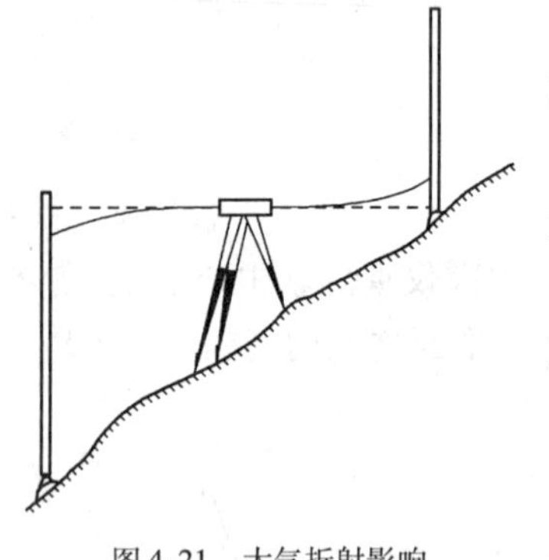

图4-21　大气折射影响

(1)水准测量的观测视线不能紧贴地面,特别是在等级水准测量中,观测视线离开地面的高度应符合表4-4的规定。

(2)尽量在大气状况比较稳定的阴天观测,在气温高的晴天中午不进行测量为宜。

(3)观测视线经过水面时,水蒸汽变化引起大气折射影响大,观测时应尽量提高视线高度,选择有利的天气和时间观测。

3. 温度的影响

温度的影响主要反映在仪器本身受到热辐射引起水准仪视准轴发生变化,影响了观测高差的正确性。为了削弱温度的影响,晴天水准测量时必须打伞遮住阳光。精密的测量还要注意刚取出箱的仪器与外界温度的一致性过程(一般取出箱后需要半小时的时间才可进行测量)。

4. 仪器标尺升沉的影响

水准测量中,仪器和标尺的升沉影响,一方面是仪器和标尺重力引起的位置下降;另一方面是地面土壤的回弹引起仪器和标尺的上升。

1)水准仪的升沉影响:以“$a_{黑}$—$b_{黑}$—$b_{红}$—$a_{红}$”观测顺序,设升沉影响与时间成比例。

(1)黑面读数:观测后视读数$a_{黑}$之后,观测前视读数应为$b_{黑}$,但仪器下沉Δ,则前视读数为$b_{黑}+\Delta$,故黑面高差$h_{黑}$为

$$h_{黑}=a_{黑}-(b_{黑}+\Delta) \tag{4-21}$$

(2)红面读数:观测前视读数$b_{红}$之后,观测后视读数为$a_{红}$,但仪器下沉Δ,则前视读数为$a_{红}+\Delta$,故红面高差$h_{红}$为

$$h_{红}=a_{红}+\Delta-b_{红} \tag{4-22}$$

(3)测站高差计算:式(4-21)和式(4-22)相加除以2,即$h=(h_{黑}+h_{红})/2$,经整理得

$$h=\frac{a_{黑}-(b_{黑}+\Delta)+a_{红}+\Delta-b_{红}}{2}=\frac{a_{黑}-b_{黑}+a_{红}-b_{红}}{2} \quad 4\text{-}23)$$

上式表明,按“$a_{黑}$—$b_{黑}$—$b_{红}$—$a_{红}$”的观测顺序可减少水准仪升沉的影响。

2)标尺的升沉影响:假设在测站搬设时发生标尺升沉。

(1)往测:如第一测站观测得h_1之后搬设第二测站,原第一测站前视尺下沉Δ,则在第二测站观测的高差将增加Δ,即为$h_2+\Delta$。以此类推可知整个测段往测的高差比实际高差增大。

(2)返测:按往测的分析可知,整个测段返测的高差比实际高差增大。但是与往测相比这种增大是反向的增大。因此,往返测高差取平均可减少标尺的升沉影响。

第四节　精密水准仪

一、精密光学水准仪

如本章第一节所述的微倾式水准仪、自动安平水准仪,属于普通光学水准仪。型号DS_1、

DS_{05}的水准仪(国外的 N_3、Ni002)属于精密光学水准仪,图 4-22a)是国外 N_3 精密光学水准仪(未设倒像棱镜)。

1. 精密光学水准仪的特点

1)设有精密可靠的测微设施。以 DS_1 精密水准仪为例,这种仪器的标尺精确读数可达到 0.01mm。实现这一读数精密度,精密水准仪具备的条件:

(1)水准仪设有平板测微器。测微器可直接读取 0.05mm 读数。

(2)铟瓦合金带尺的温度、湿度影响小,稳定性好,刻画精密。与精密水准仪配套的铟瓦水准尺,见图 4-23。标尺中间木槽装有一条铟瓦合金带,带的两边注有厘米分划(或 0.5cm 刻划),一边是基本分划,另一边是辅助分划,基本分划与辅助分划的常数差是 3 015.50mm。

(3)望远镜十字丝板采用楔形十字丝分划,如图 4-22b)所示。在放大倍率比较大的望远镜视场中,用楔形十字丝分划,更能精确平分标尺分划线,提高瞄准精确度。

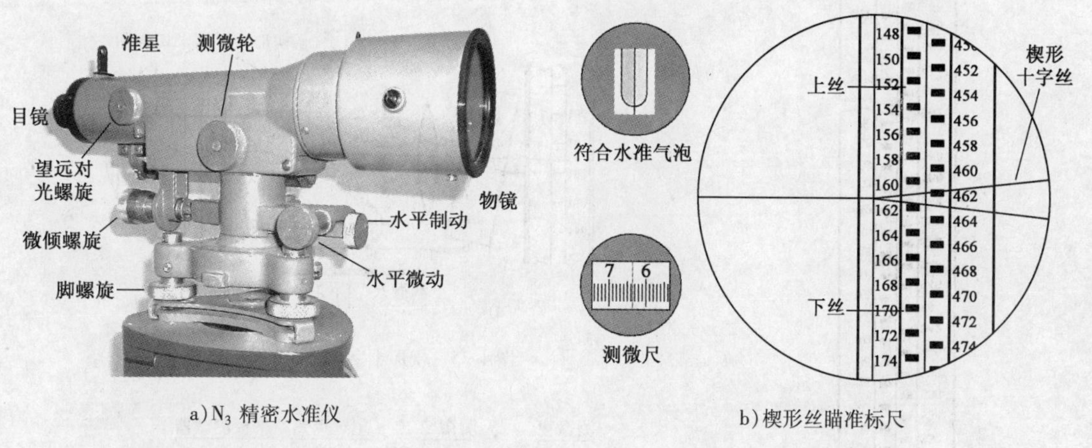

a) N_3 精密水准仪　　b)楔形丝瞄准标尺

图 4-22

2)精确整平的灵敏度高。精密水准仪仍然采用符合水准器作为精确整平的标志,但是其水准器的格值只有 10″。

3)抗干扰能力强。为了避免外界环境的影响,水准仪的望远镜、符合水准器以及平板测微器均安装在防热筒内,避免阳光热辐射的影响。

2. 平板测微的工作原理

图 4-24 是精密水准仪的平板测微器,其中设在望远镜物镜前方的平板是一个两面平行的光学平板玻璃,该平板玻璃通过连接杆与测微轮(图 4-21)、测微尺相连。测微尺有 100 个分格,各分格间隔为 0.01cm。

(1)图 4-24a)中,AB 是瞄准标尺的水平视线,平板玻璃的平面处于悬垂位置,视线垂直穿过平板。图 4-24b)是水平视线在观测影像中楔形十字丝与标尺刻画重合的情形。图中设测微尺的指标读数为零,此时的楔形十字丝在标尺上的倒像读数为 1.62m + u,u 是不足 1cm 的读数。

(2)图 4-25a)中,平板之前的视线发生平移,这是在转动测微轮使平板玻璃发生偏转,由此引起光线在平板玻璃中产生折射而实现的。由图 4-25b)可见,这种平移可以使楔形十字丝与标尺的完整刻画切合,即楔形丝与 1.62m 刻画切合。图中视线平移间隔为 u,u 的实际宽度为 26 格,是测微尺指标读数，即0.26cm，故水平视线在标尺的实际读数是1.622 6m（即1.62m +0.26cm）。

图4-26是一台可自动安平的精密水准仪，平板测微器是水准仪可卸装的附件。卸装平板测微器，水准仪只能作为普通水准仪应用。装上平板测微器，水准仪就成为精密水准仪。

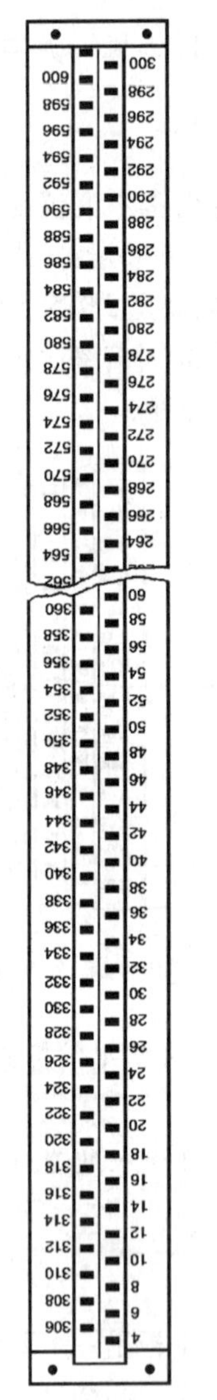

图4-23　铟瓦水准尺

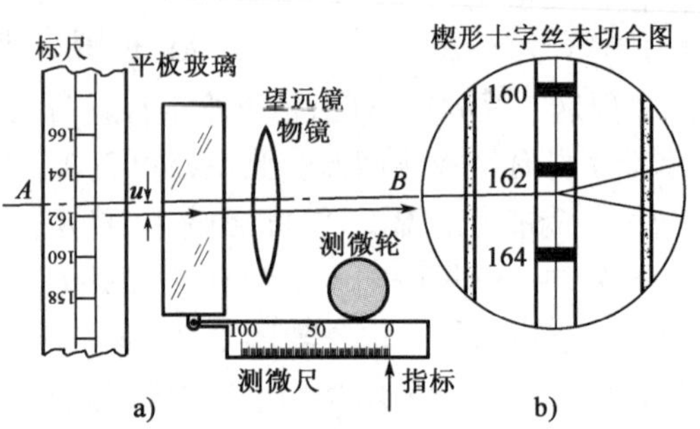

图4-24　楔形十字丝与标尺分划未切合

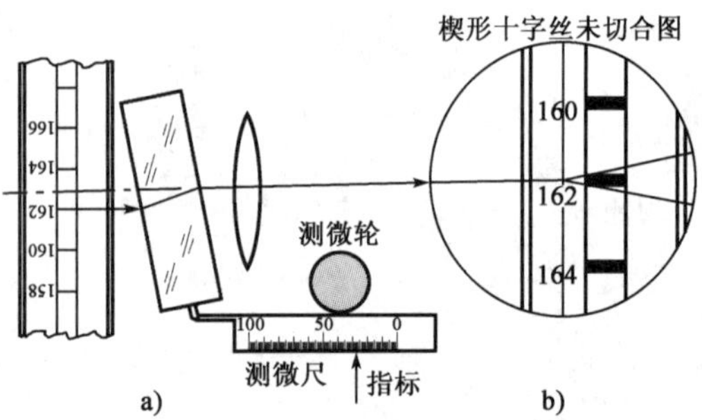

图4-25　楔形十字丝与标尺分划切合

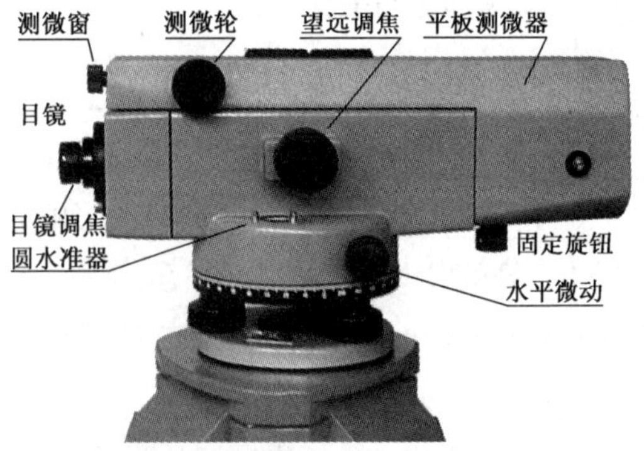

图4-26　平板测微器可装卸的精密水准仪

二、精密水准测量的观测工作

1.观测顺序

观测顺序共分两种，第1种“后视—前视—前视—后视”，简称为“后—前—前—后”；第2种“前视—后视—后视—前视”，简称为“前—后—后—前”。

“后—前—前—后”即在一测站观测，观测顺序为观测后视—观测前视—观测前视—观测

后视。整个观测顺序的观测数是:

(1)观测后视:基本分划的下丝、上丝读数和楔形十字丝读数。如表4-7(1)、(2)、(3)栏的记录。

(2)观测前视:基本分划的下丝、上丝读数和楔形十字丝读数。如表4-7(4)、(5)、(6)栏的记录。

(3)接着又观测前视。辅助分划的楔形十字丝读数。如表4-7的(7)栏的记录。

(4)再观测后视,辅助分划的楔形十字丝读数。如表4-7的(8)栏的记录。

第2种"前—后—后—前"的观测顺序为:观测前视—观测后视—观测后视—观测前视。观测数与"后—前—前—后"的相仿。

精密水准测量的观测顺序随奇测站、偶测站有别,也依往返观测有异。

如往测,奇测站的观测顺序:"后—前—前—后";偶测站的观测顺序:"前—后—后—前"。

如返测,奇测站的观测顺序:"前—后—后—前";偶测站的观测顺序:"后—前—前—后"。

2. 精密水准测量计算与检验

熟练综合掌握水准测量技术,加强一测站观测与记录的配合,做好计算与检验。

一测站观测限差控制遵循"伴随观测,逐一检核,随时控制,逐步放行"原则,根据测量的限差随时检核水准测量成果。

表4-7是一精密水准观测记录实例,按表4-8的技术要求检验水准测量。其中(1)、(2)、…、(18)与表头的各项内容相匹配,表示记录计算的步骤,测站1、2有相应的数据相匹配。

1)视距。完成(1)、(2)、(9)步骤时进行视距测量,其中(9)=(1)-(2),得后视距,要求后视距必须小于等于60m。此后才观测得(3)楔形十字丝读数。其后的(4)、(5)、(10)步骤也是视距检核,其中(10)=(4)-(5),得前视距,前视距必须小于等于50m。为保证视距准确,一般可以用测绳专人测量。

精密水准观测记录实例 表4-7

测站编号	后视尺 下丝 / 上丝 后视距 视距差 d	前视尺 下丝 / 上丝 前视距 $\sum d$	方向及尺号	标尺读数 基本分划(一)	标尺读数 辅助分划(二)	基+k减辅(一减二)	备注
	(1)	(4)	后	(3)	(8)	(14)	记录计算检核说明
	(2)	(5)	前	(6)	(7)	(13)	
	(9)	(10)	后—前	(15)	(16)	(17)	
	(11)	(12)	h	(18)			
1	2 406	1 809	后31	219.83	521.38	0	k:301.55
	1 986	1 391	前32	160.06	461.63	-2	
	420	418	后—前	+059.77	+059.75	+2	
	+2	+2	h	+059.760			
2	1 800	1639	后32	157.40	458.95	0	
	1 351	1 189	前31	141.40	442.92	+3	
	449	450	后—前	+016.00	+016.03	-3	
	-1	+1	h	+016.015			

2)前后视距差。按(11)、(12)步骤时进行,其中(11) = (9) - (10),必须前后视距差≤1.0m。(12)是前后视距差累计数≤3.0m。

在精密水准测量中,外界大气影响仍然是重要因素。虽然有研究可以通过一定的改正方法削弱外界大气影响,但有关模式不可能解决千变万化的外界环境,改正的方法仍有局限性。一般情况下,视距的控制及提高视线高度仍然是减少外界影响的重要措施。

以上两项计算合格,可以继续测量。

3)完成(6)、(7)、(8)步骤。

4)完成(13)、(14)、(15)、(16)、(17)、(18)步骤。(13)、(14)、(17)是检验。如(13)步骤:基本分划(6)(160.06)加常数 k301.55 减辅助分划(7)(461.63)等于 -2,即 0.2mm。如果大于 0.5mm,则观测有误,必须重新观测。(17)步骤是(14)减(13)的数据,应小于 0.7mm,否则重新观测。(18)步骤是高差(15)、(16)平均值的计算。

精密水准测量观测的视线长度、视距差、视线高等要求(m) 表 4-8

等级	视线长度		前后视距差	前后视距差累计数	视线高		基辅分划读数差	基辅分划高差之差
	仪器等级	视距			视线长度20m 以上	视线长度20m 以下		
一等	DSZ05 DS05	≤30	≤0.5	≤1.5	≥0.5		0.3mm	0.4mm
二等	DS05 DS1	≤50	≤1.0	≤3.0	≥0.3		0.4mm	0.6mm
轻轨	DS1	≤60	≤1.0	≤3.0	≥0.5	≥0.3	0.5mm	0.7mm

在整个观测过程中,记录与观测互相配合互相监督,记录、计算与检验无误后,记录员可以提出搬站,准备下一测站的测量。

三、电子水准仪

电子水准仪也称为数字水准仪,是一种自动化水准测量仪器,徕卡公司 1990 年推出电子水准仪(徕卡电子水准仪如图 4-27a),1994 年之后蔡司、拓普康、索佳、中国南方(图 4-27b)等多家厂商、多种型号的电子水准仪相继出现。

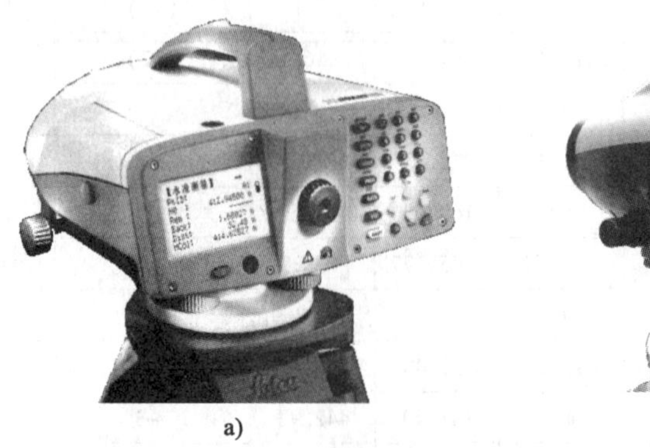

a)

b)

图 4-27 电子水准仪

1. 电子水准仪特点

图 4-28　条码标尺

电子水准仪器的测量原理与水准测量基本原理相同。电子水准仪的观测系统有新的观测特点：

(1)摒弃常规等分划区格式标尺的长度注记方式，采用条纹编码的标尺长度注记方式，如图 4-28 所示。

(2)采用 CCD(charge-coupled device)摄像技术(电荷偶合器件技术)，对标尺进行摄像观测。

(3)自动实现图像的数字化处理以及观测数据的测站显示、检核、运算等。图 4-29 是电子水准仪图像处理的基本过程。

电子水准仪的核心和关键技术，就是对所获得的波信号的处理和识别。电子水准仪采用 CCD 相机代替人眼在标尺上读取数据。测量时，仪器驱动 CCD 相机对条码标尺进行照相，标尺上十字丝横丝上下一定范围的条码将成像到排列成竖直线阵的 CCD 光敏元阵列上，光敏元根据影像的不同亮度将影像转化为高低不同的电平信号。这样，整个光敏元阵列将获得对应于该条码范围的明暗变化的波信号，处理器对波信号进行滤波、增强、比较等一系列处理后，得出视距和仪器视线标尺读数。不同的厂家采用了不同的信号的处理和识别技术，较为典型的方法有相位法、相关法和几何法。

2. 电子水准仪的应用优势

(1)采用电荷偶合器件技术，实现光、机、电、测一体化和水准测量自动化。

(2)实现数据读取、记录、计算、存储、通信等功能自动化，利于提高测量可靠性。

(3)测量精度高。电子水准仪每公里往返测量中误差可达 ±0.2 ~ 0.3mm，属于精密测量精度。

(4)可视化操作界面具备重复测量、跟踪测量、高程放样，自检校等功能，适用多种测量环境。

(5)标尺采用条形编码分划。根据不同精度要求，选用铟瓦条码标尺或玻璃钢条码标尺配套。

(6)光学系统采用了光学自动安平水准仪的基本形式，设置分光器件，使电子水准仪保留了传统光学水准仪的读数功能。即使在仪器断电等特殊情况下，使用传统标尺也可进行水准测量。

3. 注意事项

电子水准仪的基本原理、测量对象、测量内容、记录检验项目等与一般水准测量基本一致，且测量成果必符合规范。但电子水准仪各类仪器测量的数据读取、记录、计算、存储、通信等自动化功能不尽相同，主要反映在操作键盘的应用上。应用尤其应注意：

(1)遵循水准测量基本操作顺序，正确使用电子水准仪操作部件，尤其做好对光。如图 4-30，电子水准仪的望远镜藏装的仪器体内，物镜、目镜和凹透镜仍然是望远镜瞄准标尺的重要器件。图中的物镜、目镜调焦轮仍然是对光的必要操作部件。对光正确，影像清晰是

CCD 相机在标尺上读取数据的基础,对光不正确,影像不清晰,测量必败。

(2)望远镜获取的标尺影像完整清晰,在启动测量按钮的摄像测量过程中不得受外界影响和干扰。

(3)条纹标尺与图 4-10 双面标尺、图 4-22 铟瓦水准尺的不同,多是一种条纹标示,缺乏辅助条纹标示。一测站观测可采用改变仪器高法等方法增加观测和比较,提高测量可靠性。

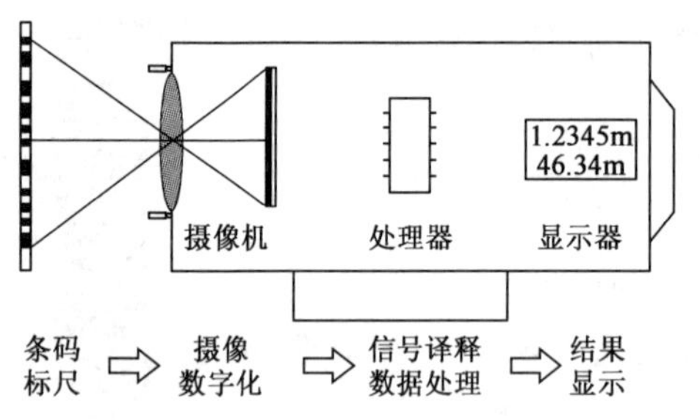

图 4-29　电子水准仪图像处理过程

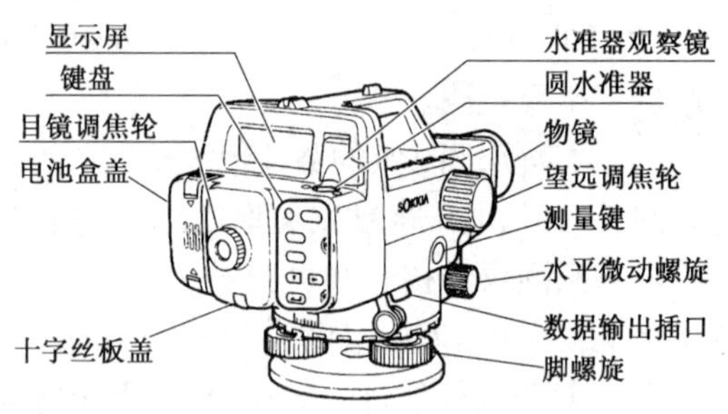

图 4-30　索佳电子水准仪

[注解]

1. 电子水准仪的摄像系统:电子水准仪的摄像系统主要由 CCD 图像传感器、定时逻辑电路、驱动电路、信号处理电路和电源等部分组成。图 4-31 是电子水准仪摄像系统的原理框图。

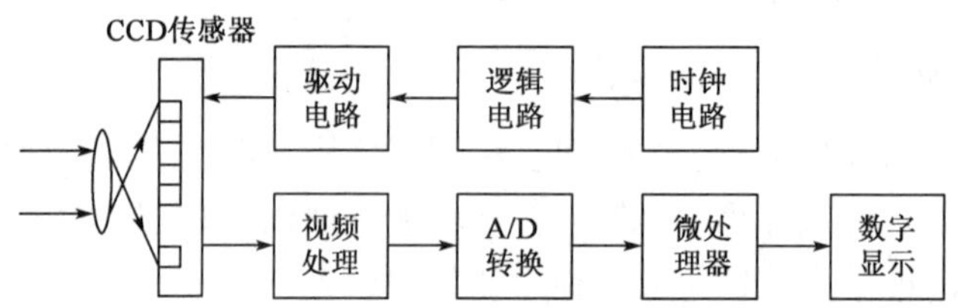

图 4-31　电子水准仪摄像系统的原理图

2. CCD 图像传感器是构成电子水准仪摄像系统的关键部件,它由许多个 CCD 光敏元呈单行排列拼接,或者呈面状排列拼接,形成 CCD 线阵光敏区或 CCD 面阵光敏区。电子水准仪一般采用线阵 CCD 器件。光敏元(即像元)的几何尺寸和间距决定了系统的成像分辨率,目前最高精度的线阵 CCD 像元间距可达 7μm,而像元数达 5 000 位以上。感光灵敏度高、光谱响应宽、功耗小是 CCD 器件最为突出的优点。

3. CCD 图像传感器,既具有光电转换的功能,又具有信号电荷的存储、转移、和读出的功能,只需加上一组由定时逻辑电路提供的时序脉冲进行驱动控制,就能实现对被测目标的一维扫描和信号读出。CCD 光敏元就是一个感光电容器(光电二极管),当目标通过光学系统在 CCD 光敏区上成像时,入射光子被吸收,同时产生一定数量的光生电荷。每个像元所积累的光生电荷与曝光量成正比,且被转移到与像元对应的移位寄存器中,然后在传输脉冲控制下,依次转移到输出端,形成一行对应整个线阵的完整的图像视频信号。

第五节　水准路线图形和计算

一、水准路线的布设图形

在工程建设中,以水准测量方法确定地面点高程,往往需要设立更多的水准点,水准点之间形成的水准路线构成多种图形。

(1)闭合水准路线:如图4-32,从已知水准点BM开始的水准路线沿各测段经过若干未知水准点A、B、C、D,最后回到已知水准点BM(Bench Mark),形成一个闭合环,称为闭合水准路线。

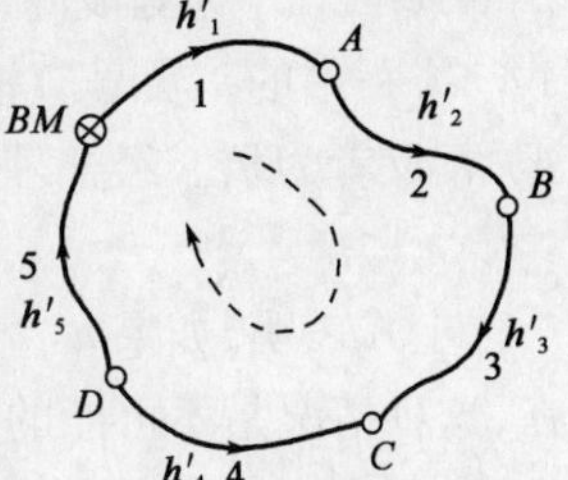

图4-32　闭合水准路线

(2)附合水准路线:如图4-33,从已知水准点BM_1开始的水准路线沿各测段经过若干未知水准点A、B、C,最后在另一已知水准点BM_2结束,这种水准路线称为附合水准路线。

(3)水准支线:从一个水准点开始,沿有关测段经过一些未知水准点,但不再回到原水准点,也不附合到其他水准点,这种水准路线称为水准支线,如图4-34所示。水准支线的布设不宜延伸太长,沿线水准点1至2个。

(4)水准网:由多个闭合水准路线及附合水准路线构成的网状形式,称为水准网,如图4-35所示。

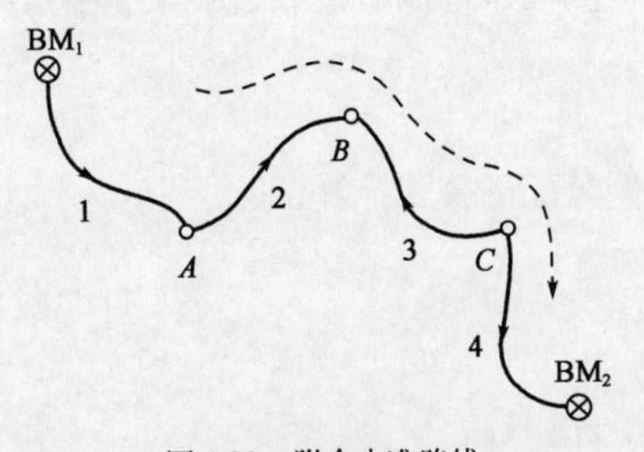

图4-33　附合水准路线

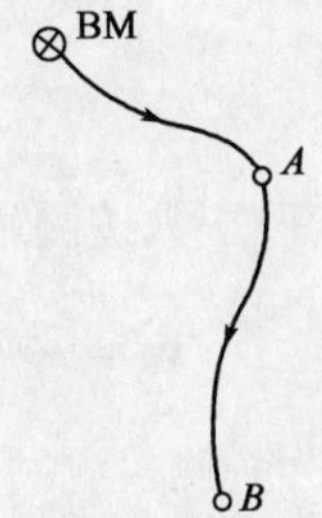

图4-34　水准支线

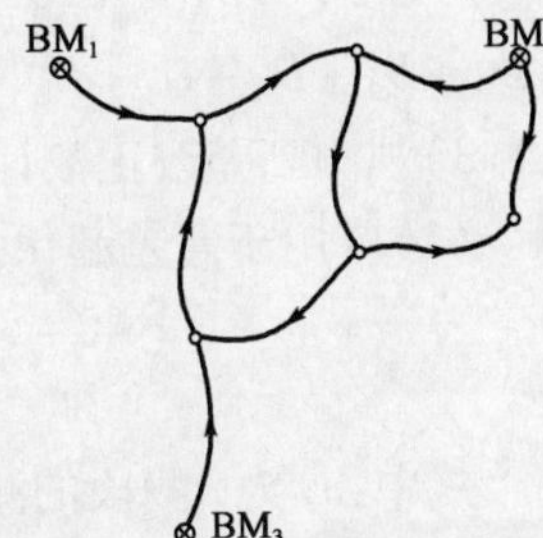

图4-35　水准网

二、水准路线的计算

1. 闭合水准路线

表4-9是图4-32所示的闭合水准路线观测数据,计算工作按表中(1)~(10)的顺序计算。

闭合水准路线的计算　　表4-9

序号	点名	方向	高差观测值 h'_i(m) (1)	测段长 D_i(km) (3)	测站数 n_I (4)	高差改正 $v_i=-WD_i/[D]$ (mm)(7)	高差最或然值 (m)(8)	高程 (m) (9)
	BM							67.648
1		+	15.583	1.534	16	-9	15.574	
	A							83.222
2		+	3.741	0.380	5	-2	3.739	
	B							86.961
3		+	-16.869	1.751	20	-11	-16.880	
	C							70.081
4		-	8.372	0.842	10	5	8.377	
	D							61.704
5		+	5.950	0.833	11	-6	5.944	
	BM							67.648
(2)$W=\sum h'_i=33$mm $W_{容}=\pm70$mm				(5)$[D]=$ 5.34km	(6)$N=62$	(10)-33	$\sum h=0$	

1)闭合差W计算:由图4-32可见,从已知水准点BM开始沿虚线方向推算各个未知水准点的高程,最后回到BM点的高程应为

$$H_{BM}+h'_1+h'_2+h'_3-h'_4+h'_5=H_{BM}$$

式中，h'_i 为测段高差的观测值。

方程中的正负号应根据图4-32中测段的方向箭头与虚线箭头的异同来决定，相同者为正，相反者为负。经整理上式为

$$\sum h'_i=h'_1+h'_2+h'_3-h'_4+h'_5=0$$

上式表明，如果 h'_i 没有误差，闭合水准路线的各段观测高差之和应为零。但是误差不存在，这种情况是不可能的，也就是说，$\sum h'_i$ 不可能为零，这就是闭合差，即

$$W=\sum h'_i=h'_1+h'_2+h'_3-h'_4+h'_5 \tag{4-24}$$

式中，W 为为闭合差。上式说明：按顺时针虚线方向的各测段观测高差之和就是闭合水准路线的闭合差。计算时测段方向箭头与虚线箭头相同者，测段高差符号为正，相反者为负。

2）检核：$W_{容}=\pm30\sqrt{[D]}$〔平缓地区〕，或 $W_{容}=\pm9\sqrt{N}$〔高差起伏大地区〕。表4-9例中 $W_{容}=\pm30\sqrt{5.34}=\pm70\text{mm}$，说明 $W\leqslant W_{容}$，W 有效。$[D]$ 各测段水准路线总长，图4-32中 $[D]=D_1+D_2+D_3+D_4+D_5$。

3）观测高差改正数计算：

（1）应用于高差起伏大的地区，改正数按测站数成比例分配的公式计算，即

$$\nu_i=-W\frac{n_i}{N} \tag{4-25}$$

式中，n_i 为 i 测段的测站数；N 为各测段测站数总和。

（2）应用于平缓地区，改正数按距离成比例分配的公式计算，即

$$\nu_i=-W\frac{D_i}{[D]} \tag{4-26}$$

式中，D_i 为 i 测段的水准路线长。

表4-9的算例按式（4-24）计算的，注意，第 i 段的方向箭头与虚线箭头相反时，改正数 v_i 的符号应与式（4-23）或式（4-24）相反。

4）测段高差计算：测段高差等于测段高差观测值加观测高差改正数，即

$$h_i=h'_i+v_i \tag{4-27}$$

5）水准点高程计算：从BM点开始，以BM点的高程加上逐段改正后的高差得各水准点高程。

2. 附合水准路线

表4-10是图4-33所示的附合水准路线的观测数据。表中（1）、（2）…（9）是计算顺序。

1）闭合差的计算：按图4-33中虚线方向推算闭合差。仿闭合水准路线计算方法，从已知水准点 BM_1 开始沿虚线方向推算各个未知水准点的高程，最后推算到 BM_2 点的高程应为

$$H_{BM1}+h'_1+h'_2-h'_3+h'_4=H_{BM2} \tag{4-28}$$

上式表明，如果 h'_i 没有误差，附合水准路线各段观测高差之和应等于 $(H_{BM2}-H_{BM1})$。但是由于误差的存在，这种情况是不可能的，就是说，$\sum h'_i$ 不可能等于 $(H_{BM2}-H_{BM1}$，必有闭合差存在，即

$$W=\sum h'_i-(H_{BM2}-H_{BM1})=h'_1+h'_2-h'_3+h'_4-(H_{BM2}-H_{BM1}) \tag{4-29}$$

式中,W 称为闭合差。

附合水准路线的计算 表4-10

序号	点名	方向	高差观测值 h'_i(m) (1)	测段长 D_i(km) (3)	测站数 n (4)	高差改正 $v_i = -W \times n/N$ (mm)(7)	高 差 最或然值 (m)(8)	高程 (m) (9)
	BM_1							175.639
1		+	45.078	1.560	20	−13	45.065	
	A							220.704
2		+	134.663	1.054	31	−21	134.642	
	B							355.346
3		−	127.341	1.370	25	17	127.358	
	C							227.988
4		+	−30.621	0.780	11	−7	−30.628	
	BM_2							197.360
(2)$W = 58$mm $W_{容} = \pm 84$mm				(5)[D] = 4.76km	(6)$N = 87$	(10)−58	21.721	

2)检核:$W \leqslant W_{容}$。$W_{容}$的计算方法与闭合水准路线相同。按表4-10中$N=87$,计算$W_{容} = \pm 9\sqrt{87} = \pm 84$mm,说明$W$计算有效。

3)观测高差改正数计算:改正数按式(4-25)或式(4-26)及相应的要求计算。

附合水准路线的其他计算见表4-10。

3. 水准支线计算

水准支线未知水准点高程按测段往返测计算方法求解,这里不重述。

4. 水准网计算

将在后续课程中学习。

第六节 三角高程测量与高程导线

一、概念

在地面点所在测站测量目标的竖直角及边长,并结合丈量的仪器高和目标高,应用三角几何原理推算测站点与目标点的高差,这种地面点之间高差的测量方法称为三角高程测量。由于长距离精密测量的优势,三角高程测量便成为现代高效率的大跨度高程测量技术。

二、光电三角高程测量

这是利用光电测距边的长度进行三角高程测量的技术。

图4-36中,i是仪器(测距仪或全站仪)高,l是目标高,其他符号与图3-22相同。

1. 精密公式

1)单方向测量公式

由图4-36可见,在地面点A观测地面点B的高差h_{AB}可通过BB'长度的推算得到。在$\triangle ABB'$中,根据正弦定理,

$$\frac{BB'}{\sin\angle BAB'}=\frac{AB}{\sin\angle BB'A} \tag{4-30}$$

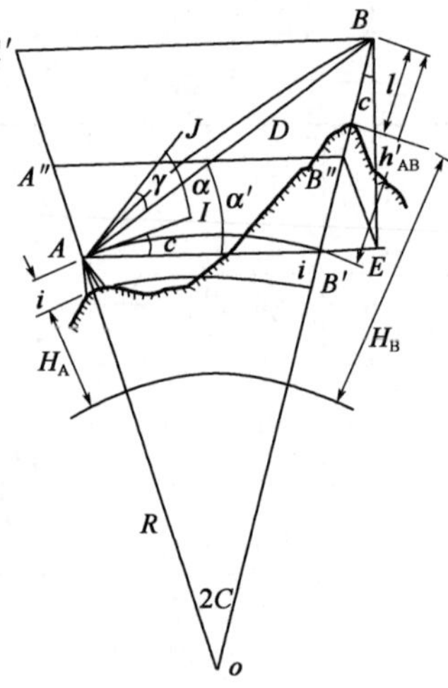

图 4-36 三角高程测量

根据光电测距平距化算原理，$\alpha' = \angle BAB' = \alpha_A + c - \gamma$，$\angle BB'A = 90° + c \approx 90°$，$\alpha_A$ 是 A 测站的竖直角。设 $D_{AB} = AB$，则式(4-30)经推证为

$$h_{AB} = D_{AB} \times \sin(\alpha_A + c - \gamma) \tag{4-31}$$

根据式(3-29)，$\sin(\alpha_A + c - \gamma) = \sin(\alpha_A + 14.1''D_{km})$，顾及仪器高 i、反射器高 l，则 h_{AB} 为

$$h_{AB} = D_{AB} \times \sin(\alpha_A + 14.1''D_{km}) + i_A - l_B \tag{4-32}$$

式(4-32)就是光电三角高程测量的单方向测量公式。

2)对向测量公式

根据上述讨论可知，从地面点 B 观测地面点 A 的高差 h_{BA} 是

$$h_{BA} = D_{BA} \times \sin(\alpha_B + 14.1''D_{km}) + i_B - l_A \tag{4-33}$$

根据式(4-32)和式(4-33)可得对向测量的高差公式：

$$h_{AB} = 0.5D_{AB}\sin(\alpha_A + 14.1''D_{km}) - 0.5D_{BA}\sin(\alpha_B + 14.1''D_{km}) + 0.5(i_A - i_B + l_A - l_B) \tag{4-34}$$

2. 近似公式

令 $c - \gamma = 0$，光电三角高程测量的高差近似计算公式为

$$h_{AB} = D_{AB} \times \sin(\alpha) + i - l \tag{4-35}$$

三、平距三角高程测量

这是利用地面点间的平距进行三角高程测量的技术。

1. 精密公式

如图 4-36，在 $\Delta ABB'$ 中，平距 $\overline{D}$（即 AB'）为已知，仿式(4-28)得

$$\frac{BB'}{\sin\angle BAB'}=\frac{AB'}{\sin\angle ABB'}$$

因 A、B 两点高差 $h_{AB} = BB' + i - l$，BB' 由上式得

$$BB' = AB'\frac{\sin\angle BAB'}{\sin\angle ABB'}$$

仿式(4-30)的推证，得

$$h_{AB} = \overline{D}\frac{\sin(\alpha + 14.1''D_{km})}{\cos(\alpha + 30.3''D_{km})} + i - l \tag{4-36}$$

2. 近似公式

令式(4-36)竖直角修正值为零,则

$$h_{AB} = \overline{D}\tan\alpha + i - l \tag{4-37}$$

如图4-37,测定高压电线高度(悬高),可在高压电线下安置反射器,光电测距获得平距 $\overline{D}$,然后用经纬仪观测高压线的竖直角 α。这时高压线离地面的高度为

$$h_{AB} = \overline{D}\tan\alpha + i \tag{4-38}$$

四、高程导线及其计算

沿地面点进行光电三角高程测量,地面点之间便构成如图4-38中的折线,称为高程导线。由于该高程路线开始于一个已知水准点 BM_1,沿各折线测段经过若干未知高程点 A、B、C、D,最后在另一已知水准点 BM_2 结束,这种高程导线称为附合高程导线。同样高程路线开始于一个已知水准点BM,沿各折线测段经过若干未知水准点,最后回到原已知水准点BM,这种高程导线称为闭合高程导线。

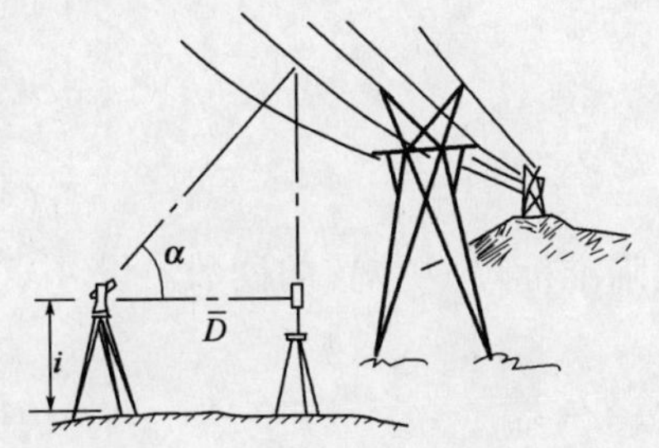

图4-37 测定高压电线高度

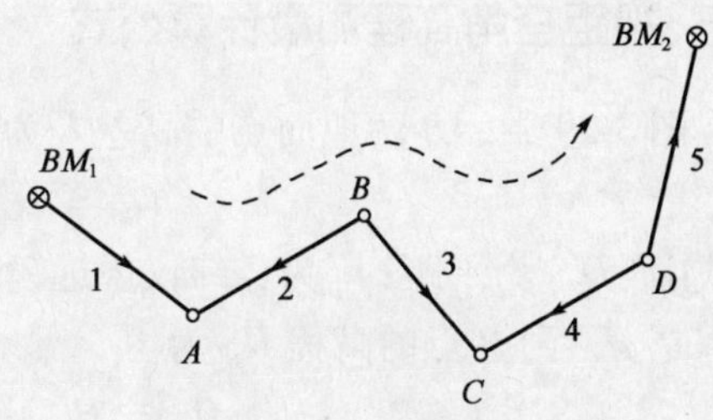

图4-38 附合高程导线

下面叙述附合高程导线的计算方法,闭合高程导线的计算方法读者自行仿效。

表4-11是图4-38所示的附合高程导线的观测数据。表中(1)、(2)…(8)是计算顺序。

附合高程导线的计算 表4-11

序号	点名	方向	高差观测值 h'_i(m) (1)	测段长 D_i(km) (2)	高差改正 $v_i = -WD^2/[DD]$ (5)	高差最或然值 $h_i = h'_i + v_i$ (7)	高程 H(m) (8)
	BM_1						231.566
1		+	30.561	1.560	−11	30.550	
	A						262.116
2		−	51.303	0.879	3	51.306	
	B						210.810
3		+	120.441	2.036	−18	120.423	
	C						331.233
4		−	78.562	1.136	6	78.568	
	D						252.665
5		+	−36.760	0.764	−3	−36.763	
	BM_2						215.902
(3) $w = 41$mm $w_{容} = \pm 50$mm				(4) $[D] = 6.375$ $[DD] = 9.226$	(6) −41mm		

1. 闭合差计算

按图4-38中虚线方向推算闭合差,仿附合水准路线计算方法,闭合差为

$$w = h'_1 - h'_2 + h'_3 - h'_4 + h'_5 - (H_{BM2} - H_{BM1}) \tag{4-39}$$

2. 检核

$w \leqslant w_{容}$。$w_{容} = \pm 20\sqrt{[D]}$(mm),本例$[D] = D_1 + D_2 + D_3 + D_4 + D_5$,$w_{容} = \pm 50$mm。

3. 观测高差改正数计算

改正数按距离平方成比例分配的公式计算,即

$$\nu_i = -w\frac{D_i^2}{[DD]} \tag{4-40}$$

式中,D_i 为第 i 测段的距离,$[DD] = D_1^2 + D_2^2 + D_3^2 + D_4^2 + D_5^2$。

注意,第 i 段方向箭头与虚线箭头相反时,改正数 v_i 的符号应与式(4-40)相反。有关测段高差计算、高程点的高程计算方法可参考水准路线计算。

五、视距三角高程测量计算公式

在图 3-39 中,AB 两地面点的高差 h 为

$$h_{AB} = D_{AB} \times \tan\alpha + i - l_{中} \tag{4-41}$$

式中,D_{AB} 为平距;$l_{中}$为经纬仪望远镜十字丝中丝瞄准标尺 O 位置的读数。设 A 点的已知高程是 H_A,则 B 点的高程 H_B 为

$$H_B = H_A + D_{AB} \times \tan\alpha + i - l_{中} \tag{4-42}$$

将式(3-64)代入式(4-42)整理得视距三角高程测量计算公式:

$$H_B = H_A + 50(l_{下} - l_{上})\sin 2\alpha + i - l_{中} \tag{4-43}$$

六、三角高程测量的仪器高测量

式(4-32)中仪器高 i 、目标高 l ,一般用小钢尺丈量至毫米,难度大。精密测量仪器高,可采用水准测量法测量。该法利用经纬仪或全站仪当作水准仪,可以快速精密测量仪器高。如图 4-39,仪器(经纬仪或全站仪)望远镜视准轴处于水平(如图 2-20,视准轴水平,可知竖直度盘读数是 90°),测得小标尺读数 a 。仪器搬站后测得 a' 、a'' 。此时,仪器高 i 为

$$i = a - (a' - a'') \tag{4-44}$$

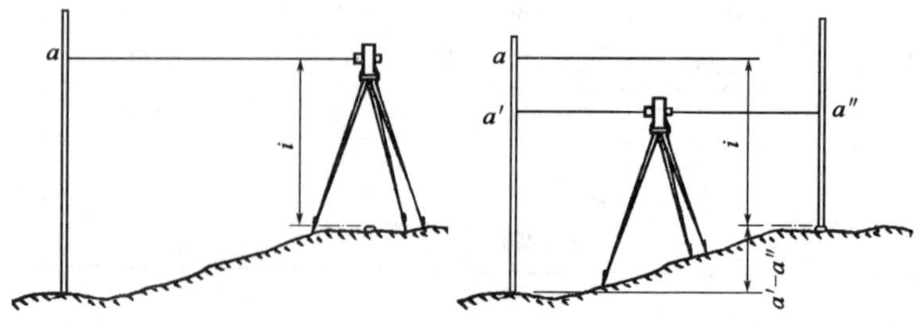

图 4-39　测量仪器高

七、高程导线中间法光电三角高程测量

20世纪七八十年代是光电测距技术应用研究热时期，光电三角高程测量是其中热门话题，高程导线中间法三角高程测量就是由此产生的实用技术方法。由图4-40可见，中间法三角高程测量引用了水准测量前后视的测量特点。不同的是，光电测距 D_1、D_2 是经仪器加常数和气象改正的倾斜边，α_1、α_2 是测量的竖直角，前后视是设立的反射器。其中 A、B 点至 O 点的高差按式(4-32)得到，即

$$h_1 = D_1\sin(\alpha_1 + 14.1''D_{km1}) + i - l_1 \tag{4-45}$$

$$h_2 = D_2\sin(\alpha_2 + 14.1''D_{km2}) + i - l_2 \tag{4-46}$$

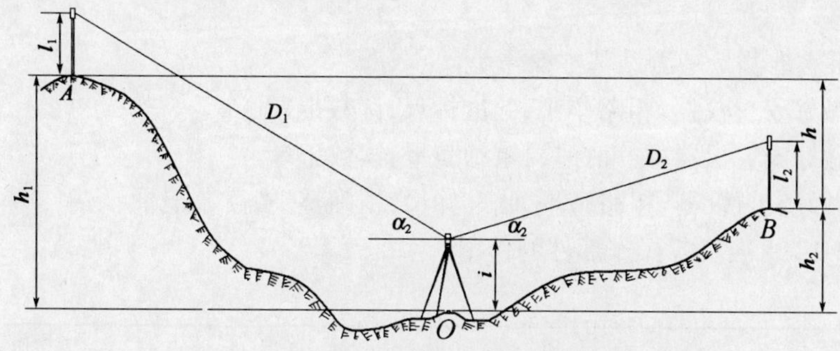

图4-40 中间法三角高程测量

故 A、B 两点高差是

$$h_{AB} = h_2 - h_1 = D_2\sin(\alpha_2 + 14.1''D_{km2}) - D_1\sin(\alpha_1 + 14.1''D_{km1} - l_2 + l_1 \tag{4-47}$$

式(4-47)中，没有仪器高 i，说明中间法三角高程测量可免去量仪器高。若 $l_1 = l_2$，也可免去量反射器高，则式(4-47)变为

$$h_{AB} = h_2 - h_1 = D_2\sin(\alpha_2 + 14.1''D_{km2}) - D_1\sin(\alpha_1 + 14.1''D_{km1}) \tag{4-48}$$

用式(4-48)计算 A、B 两点高差可以大大减少折光等影响，提高高差测量精度。

练习题

1. 水准仪基本结构由______构成。

A. 瞄准部、托架和基座

B. 望远镜、水准器、基座

C. 瞄准部、基座

2. 一测站的后视读数是______(1)，前视读数是______(2)。

(1) A. b B. a C. $a-b$ (2) A. b B. a C. $b-a$

3. 水准仪的正确轴系应满足______。

A. 视准轴⊥管水准轴、管水准轴//竖轴、竖轴//圆水准轴

B. 视准轴//管水准轴、管水准轴⊥竖轴、竖轴//圆水准轴

C. 视准轴//管水准轴、管水准轴//竖轴、竖轴⊥圆水准轴

4. 尺垫“顶面”是获取标尺读数的参照面，因此当在水准点立尺时，应在水准点标志上放

上尺垫。对吗？为什么？

5. 说明一测站视距长度的计算方法。

6. 一测站水准测量基本操作中，读数之前的操作是______。

A. 必须做好安置仪器，粗略整平，瞄准标尺的工作

B. 必须做好安置仪器，粗略整平，瞄准标尺，精确整平的工作

C. 必须做好精确整平的工作

7. 一测站水准测量 $a < b$，则 $h<0$。那么______。

A. 后视立尺点比前视立尺点低

B. 后视立尺点比前视立尺点高

C. $b - a$

8. 自动安平水准测量一测站基本操作是______。

A. 必须做好安置仪器，粗略整平，瞄准标尺，读数记录

B. 必须做好安置仪器，瞄准标尺，精确整平，读数记录

C. 必须做好安置仪器，粗略整平，瞄准标尺，精确整平，读数记录

9. 说明表 4-12 水准仪各操作部件的作用。

表 4-12

操作部件	作　用	操作部件	作　用
目镜调焦轮		水平制动螺旋	
望远对光螺旋		水平微动螺旋	
脚螺旋		微倾螺旋	

10. 水准仪与经纬仪应用脚螺旋的不同是______。

A. 经纬仪脚螺旋应用于对中、精确整平，水准仪脚螺旋应用于粗略整平。

B. 经纬仪脚螺旋应用于粗略整平、精确整平，水准仪脚螺旋应用于粗略整平。

C. 经纬仪脚螺旋应用于对中，水准仪脚螺旋应用于粗略整平。

11. 表 4-13 是改变仪器高观测法一测站的观测记录数据，判断哪些数据超限？

表 4-13

测　站	视　距 s		测次	后视读数 a	前视读数 b	$h=a-b$	备　注
1	$s_{后}$	56.3	1	1.737	1.215	0.522	
	$s_{前}$	51.0	2	1.623	1.113	0.510	
	d	5.3	$\sum d$	5.3	平均 h	0.516	

12. 改变仪器高观测法一次观测的观测值是______。

A. 后视距读数 $l_{上}$ 和 $l_{下}$，a，前视距读数 $l_{上}$ 和 $l_{下}$，b

B. $s_{后}$，a'，$s_{前}$，b'

C. d，a，$\sum d$，b

13. 在测站搬设中，为什么前视尺立尺点尺垫不得变动？

14. 表 4-14 是一测段改变仪器高法往测各测站观测记录，计算各测站观测结果及测段往测高差。计算的检核标准见表 4-1。

表 4-14

测站	视　距 s		测次	后视读数 a	前视读数 b	$h = a - b$	备　注
1	$s_{后}$	56.3	1	1.731	1.215		
	$s_{前}$	53.2	2	1.693	1.173		$\delta =$ 　mm
	d		$\sum d$		平均 h		
2	$s_{后}$	34.7	1	2.784	2.226		
	$s_{前}$	36.2	2	2.635	2.082		$\delta =$ 　mm
	d		$\sum d$		平均 h		
3	$s_{后}$	54.9	1	2.436	1.346		
	$s_{前}$	51.5	2	2.568	1.473		
	d		$\sum d$		平均 h		$\delta =$ 　mm
	d		$\sum d$		平均 h	1.092	

15. 上题的测段起点为已知水准点 A，高程 $H_A = 58.226$m，终点为未知水准点 B。利用上题的测段往测高差计算未知水准点 B 高程 H_B。

16. 测站前、后视距尽量相等可削弱或消除______误差影响。

A. 视准轴与管水准轴不平行和标尺升沉。

B. 水准标尺和视准轴与管水准轴不平行。

C. 视准轴与管水准轴不平行和地球曲率。

17. 自动安平水准仪是否有管水准器气泡居中误差？

18. 阴天观测可减少大气折射影响，为什么？

19. 光电三角高程测量原理公式 $h_{AB} = D_{AB} \times \sin(\alpha_A + 14.1''D_{km}) + i_A - l_B$ 各符号的意义是______。

A. h_{AB}：B 高程；D_{AB}：A、B 之间平距；α_A：A 观测 B 的垂直角；i_A：i 角；l_B：目标高。

B. h_{AB}：A、B 之间高差；D_{AB}：A、B 之间平距；α_A：A 观测 B 的垂直角；i_A：仪器高；l_B：目标高。

C. h_{AB}：A、B 之间高差；D_{AB}：A、B 之间斜距；α_A：A 观测 B 的垂直角；i_A：仪器高；l_B：目标高。

20. 利用光电三角高程测量精密公式计算表 4-15 各镜站点位的高程。

表 4-15

测　站	镜站	光电测距斜距（m）	竖直角（° ′ ″）	仪器高（m）	目标高（m）	高差（m）	高程（m）
A H_A：76.452m	1	1 253.876	1 26 23.7	1.543	1.345		
	2	654.738	1 04 43.2	1.543	1.548		
	3	581.392	0 56 32.6	1.543	1.665		
	4	485.142	0 47 56.8	1.543	1.765		
	5	347.861	0 38 46.3	1.543	1.950		

21. 三角高程测量的方法有______。

A. 光电三角高程测量，平距三角高程测量，视距三角高程测量。

B. 光电三角高程测量，平视距三角高程测量，视距三角高程测量。

C. 光电三角高程测量，平距三角高程测量，斜视距三角高程测量。

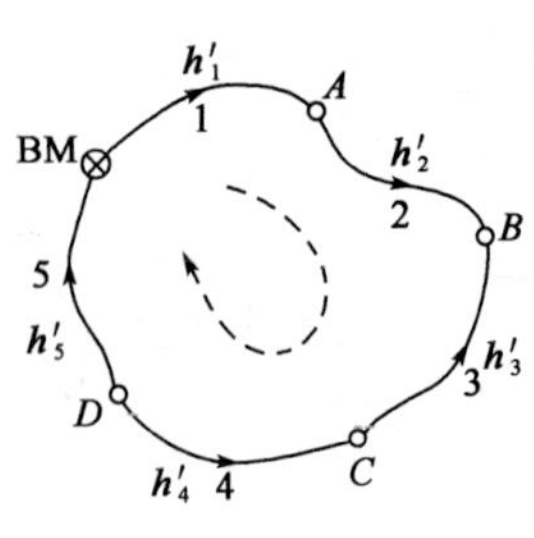

图 4-41

22. 写出用天顶距代替竖直角的视距三角高程测量计算公式。

23. 说明双面尺法测量高差的工作步骤和计算检核项目。

24. 水准路线有哪些形式？

25. 按图 4-41 和表 4-16 计算闭合水准路线各水准点的高程。

闭合水准路线的计算 表 4-16

序号	点名	方向	高差观测值 h'_i(m) (1)	测段长 D_i(km) (3)	测站数 n_1 (4)	高差改正 $v_i=-Wn_i/N$ (mm)(7)	高差最或然值 (m)(8)	高程 (m)(9)
	BM							67.648
1			1.224	0.535	10			
	A							
2			−2.424	0.980	15			
	B							
3			−1.781	0.551	8			
	C							
4			1.714	0.842	11			
	D							
5			1.108	0.833	12			
	BM							67.648
(2) $w=\sum h'_i=$ mm $w_{容}=\pm 58$mm				(5) $[D]=$ km	(6) $N=$	(10) mm	$\sum h=$	

26. 按图 4-38 和表 4-17 计算附合高程导线各高程点的高程。

附合高程导线的计算 表 4-17

序号	点名	方向	高差观测值 h'_i(m) (1)	测段长 D_i(km) (2)	高差改正 $v_i=-WD^2/[DD]$ (5)	高差最或然值 $h_i=h'_i+v_i$(7)	高程 H(m)(8)
	BM_1						231.566
1			30.461	1.560			
	A						
2			51.253	0.879			
	B						
3			120.315	2.036			
	C						
4			78.566	1.136			
	D						
5			−36.560	1.764			
	BM_2						215.921
(3) $w=$ mm $w_{容}=\pm 54$mm				(4) $[D]=$ $[DD]=$	(6) mm		

27. 第三章"习题"13 题，设 *A* 点高程 $H_A=142.436$m，仪器高 $i=1.562$m，反射器高 $l=1.800$m，按光电三角高程测量原理求 *B* 点的高程 H_B 及测线 *AB* 的平均高程。

28. 电子水准仪具有那些特点？

29. 简述电子水准仪的测量原理。

30. 试述电子水准仪应用的注意事项。

第五章　观测成果初级处理

［学习目标］　掌握测量成果改化的原理和不改化的条件；掌握地面点之间方位角的测量原理、计算方法，理解高斯坐标换带的意义和作用等内容。

第一节　观测值的改化

我们已经知道，测量的边长和角度均是在地球表面得到的，或者说，测量的边长和角度是具有球面特征的观测值。一般地，这类球面观测值应满足设计平面需要，必须进行适当的改化工作，使之成为平面的定位元素。另外高程测量的观测值也存在有关的换算问题。

一、距离的改化

距离改化的目的，是把某一高程面上的平距化算为高斯平面上的长度。主要内容有：参考椭球体投影改化和高斯距离改化。

1. 椭球体投影改化

1）投影在参考椭球体面的改化公式

改化的目的是把地球表面某一高程面上的平距化算为参考椭球体面（或似大地水准面）上的平距。图5-1中，A、B两点的平距长度为D_{AB}；H_m是平距D_{AB}两端点的绝对高程平均值。设s是D_{AB}投影在参考椭球体面上（忽略图1-9中的h'_m）的平距长度，地球曲率半径为R。根据几何原理可知，

$$\frac{s}{D_{AB}} = \frac{R}{R + H_m} = 1 - \frac{H_m}{R + H_m} \tag{5-1}$$

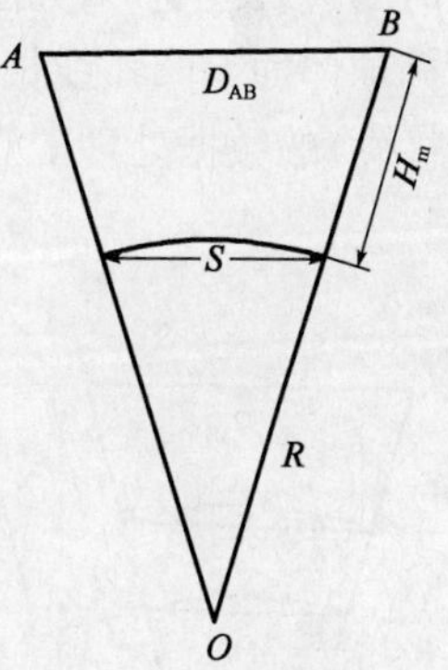

图5-1　椭球面投影改化

故改化为参考椭球体面上的平距长度是

$$s = D_{AB} \times \left(1 - \frac{H_m}{R + H_m}\right) = D_{AB} - D_{AB}\frac{H_m}{R + H_m} \tag{5-2}$$

式（5-2）是参考椭球体面平距投影改化公式，简称投影改化公式。令

$$\Delta D = -D_{AB}\frac{H_m}{R + H_m} \tag{5-3}$$

ΔD称为投影改正数，则

$$s = D_{AB} + \Delta D \tag{5-4}$$

2)平距投影到假定似大地水准面上的改化公式

图5-2中,设假定似大地水准面到似大地水准面的高程为H,S'是D_{AB}投影在假定似大地水准面的平距长度,H'_m是D_{AB}的相对高程,则$H_m = H'_m + H$,$H'_m = H_m - H$。根据式(5-2)可得

$$s' = D_{AB} \times \left(1 - \frac{H_m - H}{R + H_m}\right) = D_{AB} - D_{AB}\frac{H_m - H}{R + H_m} \tag{5-5}$$

$$\Delta D' = -D_{AB}\frac{H_m - H}{R + H_m} \tag{5-6}$$

从式(5-3)和式(5-6)可见,投影改正数ΔD、$\Delta D'$的计算是工程日常距离测量较多的改化工作。

应该看到,因为式(5-6)中的H可人为设定使$(H_m - H)$减少,因而改正数$\Delta D'$也变小,甚至为零。故当工程建设处在绝对高程H_m的高地区,可采用假定大地水准面的高程系统减少H'_m,避免投影改化工作。式(5-6)分母中,H_m或H'_m都大大小于地球曲率半径,忽略对计算$\Delta D'$没有影响。

2. 高斯距离改化

据推证,距离不长时,参考椭球体面投影改化后的平距s与相应高程面的弧长S相差甚小(如图5-3),在一般工程中,距离不长($s < 10$km),把改化后的平距s当作参考椭球体面上的弧长S。

根据高斯投影的几何意义和高斯平面的特点,参考椭球体面上的边(弧长)投影成高斯平面上时的边长会变形,如图5-4所示,x轴、y轴分别由中央子午线和赤道投影而成。虚线ab表示椭球体面上的弧线长度为S,实线$a'b'$表示高斯平面的长度l,S在高斯平面投影后伸长为l(取直线)的数据处理工作就是高斯距离改化。设伸长的变形为Δs,则

$$\Delta s = l - S \tag{5-7}$$

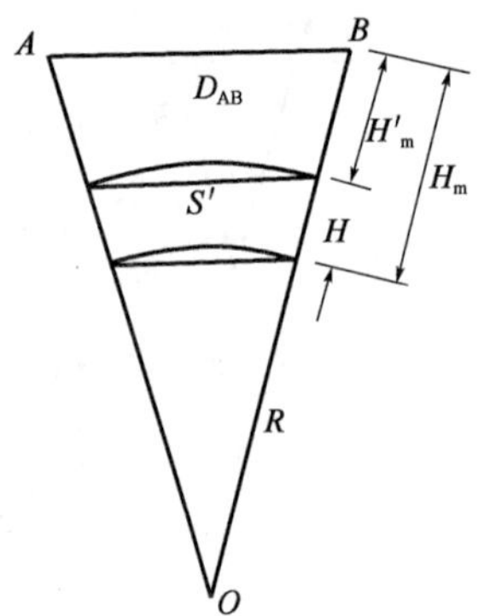

图5-2 假定似大地水准面投影改化

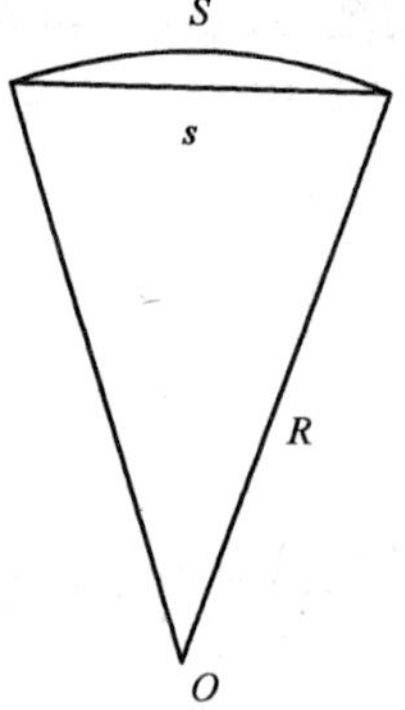

图5-3 弦弧差异

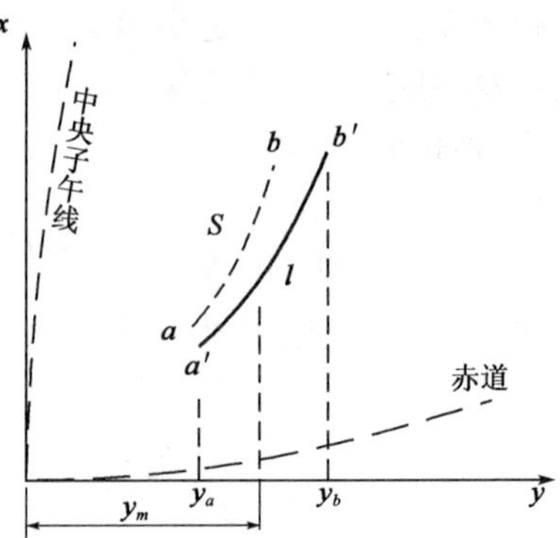

图5-4 高斯投影变形

Δs称为高斯距离改正数。根据高斯投影理论,Δs计算公式为

$$\Delta s = S\left(\frac{y_m^2}{2R^2} + \frac{\Delta y^2}{24R^2}\right) \tag{5-8}$$

式中，R 为地球曲率半径（取 6 371km）；S 为两个地面点在参考椭球体面上的长度；y_m 为地面点 a、b 在高斯平面直角坐标系横坐标 y 平均值，即

$$y_m = \frac{y_a + y_b}{2} \tag{5-9}$$

y_a、y_b 为地面点 a、b 的横坐标近似值，一般计算到米位即可。

$$\Delta y = y_a - y_b \tag{5-10}$$

Δy 称为地面点 a、b 在高斯平面的横坐标增量。

在一般的工程建设中，把得到的球面距离 S 投影到坐标平面上，平面距离改化采用高斯距离改化公式。由于地面点之间 Δy 很小，故式(5-8)括号内的第二项可忽略，应用的高斯距离改化公式为

$$\Delta s = S\left(\frac{y_m^2}{2R^2}\right) \tag{5-11}$$

式(5-11)在几何意义上如图 5-5 所示。该图从坐标平面（如图 1-6）的下方往上看，坐标平面成一条直线，即 y 轴，O'点是平面坐标的原点。设 S 是球体面上的弧长，投影到平面的直线伸长为 l_s（图 5-4 中的 $a'b'$），伸长变形 Δs，这就是平面距离改化。图 5-5 伸长变形 Δs 可表示为

$$\Delta S = l_s - s = \varphi \times \psi \times y_m = \frac{s}{R} \times \frac{y_m}{2R} \times y_m = s\frac{y_m^2}{2R^2}$$

上式与高斯距离改化公式(5-8)第一项相同。图 5-5 上可见改化后高斯平面上的长度 l_s 为

$$l_s = S + \Delta s = S + S\left(\frac{y_m^2}{2R^2}\right) \tag{5-12}$$

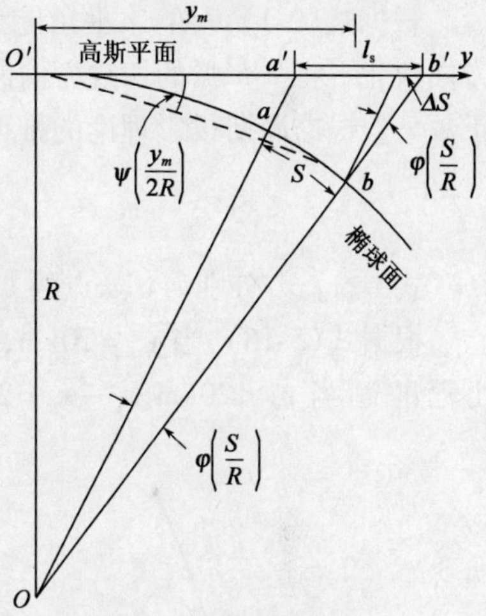

图 5-5　伸长变形计算

值得注意，当 $S = 1\ 000$m，$y_m < 20$km 的高斯距离改化 $\Delta S < 5$mm，在一般工程建设中可以忽略不计。也就是说，应用上可以把 $y_m < 20$km 的曲面区域当作平面，不再进行高斯距离改化。同样，在独立平面直角坐标系统中，可以把 $y_m < 20$km 的曲面区域当作平面，不再进行高斯距离改化※。

3. 抵偿投影面的选择

由上述改化工作可见，椭球体的投影改正 ΔD 符号为负，如式(5-6)；高斯距离改正 ΔS 符号为正，如式(5-11)。考虑式(5-6) $H_m \ll R$，分母中的 H_m 可为零。如果使 $\Delta D + \Delta S = 0$，即

$$-D_{AB}\frac{H_m - H}{R} + S\frac{y_m^2}{2R^2} = 0 \tag{5-13}$$

在式(5-13)中取 $D_{AB} = S$，并设 $H = H_d$，经整理得

$$H_d = H_m - \frac{y_m^2}{2R} \tag{5-14}$$

把 $R = 6\ 371\ 000$m 代入上式，得

$$H_d = H_m - 7.8 \times 10^{-8} y_m^2 \tag{5-15}$$

式(5-15)是 $\Delta D + \Delta S = 0$ 的条件。也就是说,选择高程为 H_d 的高程面作为投影面,可认为在适当的 y_m 范围内高程面地表的距离与高斯平面的相应长度一致。那么半径为 $R + H_d$ 的椭球面称为抵偿椭球面,或称为抵偿投影面。按式(5-15)得到的 H_d 称为抵偿投影面高程。抵偿投影面的选择可以简化椭球体投影改化与高斯距离改化的工作。

二、角度的改化

就其球面特征而言,球面上地面点之间的水平角是观测视线在球面上投影线的夹角,这种球面上投影线实际上是一条球面弧线,如图 5-6a)中的 ab 弧。根据高斯投影的特点,ab 弧投影在高斯平面是 $a'b'$ 弧,如图 5-6b)。

根据式(2-1)可知,水平角度大小由水平方向观测值所决定,因此,角度的改化主要是水平方向改化。把 $a'b'$弧的切线方向改化为弦线(虚线)方向就是在水平方向观测值加上方向改正数 ε_{ab},根据高斯投影理论的推证

$$\varepsilon_{ab} = \rho(x_a - x_b)\frac{y_m}{2R^2} \tag{5-16}$$

式中,x_a、x_b 分别为 a、b 点的 x 坐标近似值;y_m 与式(5-9)相同;R 为地球曲率半径(6 371km)。

根据式(5-16),当 $y_m = 20\text{km}$,$x_a - x_b = 2\text{km}$,方向改正数 $\varepsilon_{ab} = 0.1''$。对于要求不高的一般工程建设,当 $y_m < 20\text{km}$,$x_a - x_b = 2\text{km}$,亦即把曲面当作平面,不进行方向改化工作。

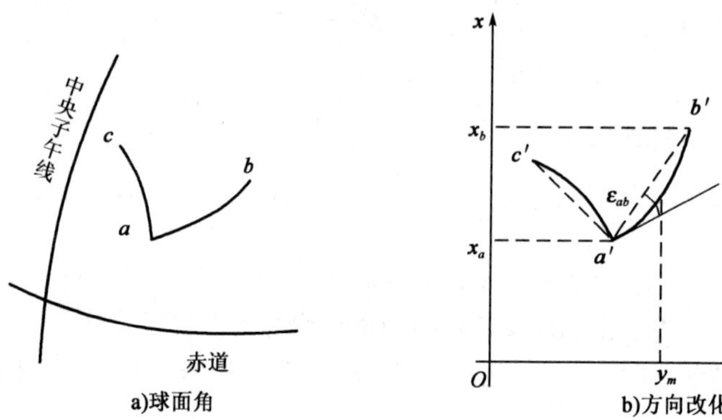

图 5-6 球面投影线的计算

三、零点差的概念及其地面点高程的换算

1. 零点差

由图 1-9 可见,绝对高程和相对高程的区别是高程基准面不同。绝对高程基准面与相对高程基准面之间存在差距,用 Δh_0 表示,称为基准面零点差,简称零点差。表 5-1 列出我国现有的几种零点差。如图 1-9 所示,零点差可表示为同一地面点(如 A 点)按不同高程基准面的高程之差,即

$$\Delta h_0 = H'_A - H_A \tag{5-17}$$

式中的 H_A 当作地面点的绝对高程,H'_A当作地面点的相对高程。

1985 国家高程起算基准面与其他基准面的零点差(单位:m)　　表 5-1

高程起算基准	1985 国家基准※	1956 国家基准	珠江基准	广州基准	吴淞基准	大沽基准	旧黄河基准
Δh_0	0	0.029	-0.557	4.443	-1.856	-1.952	-0.092

2. 地面点高程参数的换算问题

我国已经确定新的正常高系统的高程起算基准面，即 1985 国家高程基准※。由于历史的原因，我国现有多种高程基准：1956 国家高程基准和各地方高程基准。如果在同一地区存在多种基准的已知高程点，由此将存在地面点高程参数换算问题，这些换算问题主要是：

(1) 1985 国家高程基准与 1956 国家高程基准的换算；

(2) 国家高程基准与地方高程基准的换算；

(3) 各个地方高程基准之间的换算。

由式(5-17)中可见，设 A 点按 1985 国家高程基准的绝对高程为 $H_A(1985)$，按 1956 高程基准的相对高程为 $H'_A(1956)$，按地方高程基准的相对高程为 H'_A(地方)，$H_A(1985)$ 与 $H'_A(1956)$、H'_A(地方)的关系分别是

$$H_A(1985) = H'_A(1956) - \Delta h_0, H_A(1985) = H'_A(\text{地方}) - \Delta h_0 \tag{5-18}$$

式中，Δh_0 为 1985 国家高程起算基准面与其他基准面的零点差※。

3. 算例

1) 以 1956 国家高程基准某地面点 A 建立的高程 $H'_A(1956) = 45.021\text{m}$，按 1985 国家高程基准 A 点的高程 $H_A(1985) = H'_A(1956) - \Delta h_0 = 45.021 - 0.029 = 44.992\text{m}$。

2) 以 1956 国家高程基准某地面点 A 建立的高程 $H'_A(1956) = 47.372\text{m}$，换算成珠江高程基准的高程，需经过以下两个步骤：

(1) 用式(5-18)换算成按 1985 国家高程基准的高程，即

$$H_A(1985) = H'_A(1956) - \Delta h_0 = 47.372 - 0.029 = 47.343\text{m}$$

(2) 用式(5-18)换算成按珠江高程基准的高程，即

$$H'_A(\text{珠江}) = H_A(1985) + \Delta h_0 = 47.401 - 0.557 = 46.786\text{m}$$

[注解]

※1. 不改化的条件，指边长化为平面长度时涉及的要求，一是 $y_m < 20\text{km}$，即所在区域不大；二是工程上要求不高。

※2. 1985 国家高程基准面是我国现阶段的法定高程基准面。表 5-1 的其他基准是假定的高程基准面。

※3. 零点差的正负。表 5-1 的零点差有正有负，正，假定的高程基准面低于 1985 国家高程基准面，负，假定的高程基准面高于 1985 国家高程基准面。

第二节　方位角的确定

一、方位角及其类型

1. 方位角的概念

方位角是测定点位置的重要参数。方位角指的是两个地面点构成的直线段与指北方向线

之间的夹角。通常,方位角是以指北方向线为基准方向线,并按顺时针旋转方向转至直线段所得的水平角。如图5-7所示,地面上A、B两点的直线段AB,过A有一指北方向线AN,则AN按顺时针旋转方向转至直线段AB的$\angle NAB$表示为AB的方位角。$\angle NAB$或称为地面直线段AB的定向角,故有称方位角的确定为直线定向。

2. 三北方向线

指北方向线,有真北方向线、磁北方向线、轴北方向线,即所谓的三北方向线。

(1)真北方向线:即真北子午线。地面上一点真子午线指向地球北极N的方向线,称为真北方向线,简称真北线。

(2)磁北方向线:即磁北子午线。地面上一点磁针指向地球磁场北极N'的方向线,称为磁北方向线,简称磁北线。由于地球南北极与地球磁场南北极不一致,地面点真北线与磁北线不重合,二线夹角δ称为磁偏角,如图5-8。若磁北线在真北线以东,δ为正;磁北线在真北线以西,δ为负。

(3)轴北方向线:即平面直角坐标系的X轴方向线,简称轴北线。过坐标系中地面点作平行于X轴的方向线(x'),该方向线和X轴方向线一样都是该地面点的轴北方向线。

3. 子午线收敛角

根据高斯投影几何意义,投影带中央子午线投影是高斯坐标系的X轴,离开中央子午线的真子午线是以南北极为终点的弧线,弧线上的地面点的轴北方向线与经过该点的真北子午线不一致,两者存在一个夹角称为子午线收敛角,用γ表示,如图5-8所示。

在图5-8中,地面点D的轴北方向线Dx',在D点存在一条真北子午线,过D点作该子午线的切线DN,则DN与Dx'的夹角就是地面点D的子午线收敛角γ。根据高斯投影理论,γ与地面点y坐标实际值同符号,大小与y坐标实际值成正比,可以利用地面点近似坐标(x,y)求得。用计算机法求取γ比较方便,具体方法见附录二。

把真北、磁北、轴北三方向综合在一起,便构成三北方向图,见图5-9。

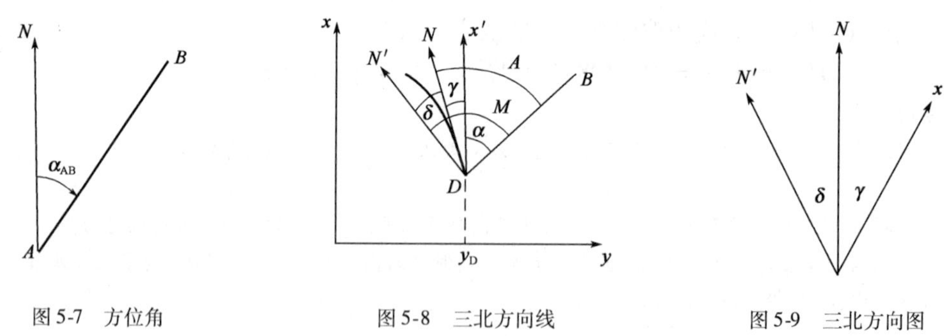

图5-7 方位角　图5-8 三北方向线　图5-9 三北方向图

4. 方位角的类型

基准方向线不同,方位角的类型也不同。

(1)真方位角:以真北方向线为基准方向线的方位角,称为真方位角,用A表示。

(2)磁方位角:以磁北方向线为基准方向线的方位角,称为磁方位角,用M表示。

(3)坐标方位角:以轴北方向线为基准方向线的方位角,称为坐标方位角,用α表示。

由于磁偏角 δ 和子午线收敛角 γ 的存在，真方位角 A 与磁方位角 M，真方位角 A 与坐标方位角 α 有一定的关系，即

$$A = M \pm \delta \tag{5-19}$$

$$A = \alpha + \gamma \tag{5-20}$$

$$\alpha = A - \gamma = M \pm \delta - \gamma \tag{5-21}$$

例，真方位角 $A=46°$，子午线收敛角 $\gamma=2'34''$，磁偏角 $\delta=-1'23''$。磁方位角 M、坐标方位角 α 的计算：根据关系式(5-19)～式(5-21)，磁方位角 $M=A-\delta=46°+1'23''=46°01'23''$。坐标方位角 $\alpha=A-\gamma=46°-2'34''=45°57'26''$

二、坐标方位角的确定

1.已知点之间的坐标方位角的计算

已知点之间的坐标方位角计算就是利用已知点的坐标反算 A 至 B 的坐标方位角 α_{AB}。

1）计算公式：见图 5-10，A、B 两点坐标是 (x_1, y_1)、(x_2, y_2)，坐标反算坐标方位角 α_{AB} 是

$$\alpha_{AB} = \cos^{-1}\left(\frac{\Delta x}{s}\right) \tag{5-22}$$

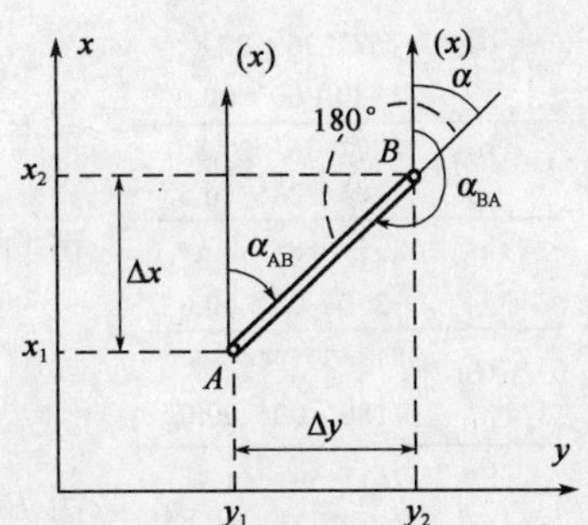

图 5-10　已知点之间坐标方位角

式中，$\Delta x = x_2 - x_1$，$\Delta y = y_2 - y_1$；s 为 A、B 两点边长，即

$$s = \sqrt{\Delta x^2 + \Delta y^2} \tag{5-23}$$

2）注意事项：

①当 $\Delta y < 0$ 时，α_{AB} 的实际值应是

$$\alpha_{AB} = 360° - \cos^{-1}\left(\frac{\Delta x}{s}\right) \tag{5-24}$$

②坐标方位角 α_{BA} 与 α_{AB} 的关系公式是

$$\alpha_{BA} = \alpha_{AB} \pm 180° \tag{5-25}$$

称式(5-25)中的 α_{BA} 是 α_{AB} 的反方位角。

2.利用已知方位角和水平角计算观测边的坐标方位角

1）例：如图 5-11，地面点有 A、B、1、2、3，已知坐标方位角 α_{AB}，测量的水平角是 β_1、β_2、β_3，待推算的 D_1、D_2、D_3 各边的坐标方位角是 α_{B1}、α_{12}、α_{23}。

设推算方向依次沿 B、1、2、3 的路线，水平角 β_1、β_3 在推算方向线的左侧，称为左角。水平角 β_2 在推算方向线的右侧，称为右角。

$$\alpha_{B1} = \alpha_{BA} + \beta_1 = \alpha_{AB} + 180° + \beta_1$$

$$\alpha_{12} = \alpha_{1B} - \beta_2 = \alpha_{B1} + 180° - \beta_2 = \alpha_{AB} + 2 \times 180° + \beta_1 - \beta_2$$

$$\alpha_{23} = \alpha_{AB} + 3 \times 180° + \beta_1 - \beta_2 + \beta_3$$

同理，推算方向线继续延长到第 n 点，则 $\alpha_{n-1,n}$ 为

$$\alpha_{n-1,n} = \alpha_{AB} + n180° + \sum\beta_{左} - \sum\beta_{右} \tag{5-26}$$

式中，$\sum\beta_{左}$ 为左角值之和；$\sum\beta_{右}$ 为右角值之和。

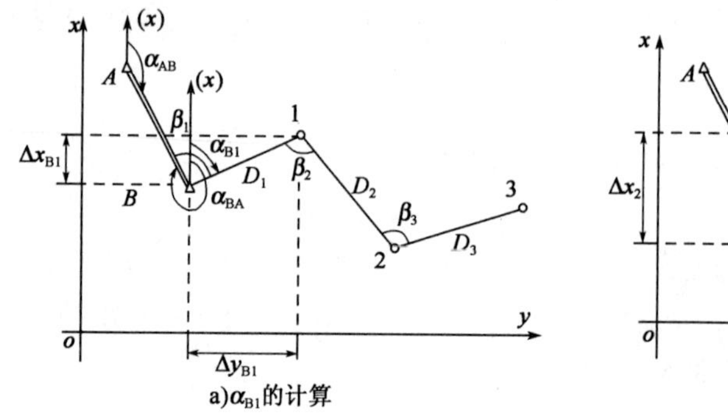

a)α_{B1}的计算

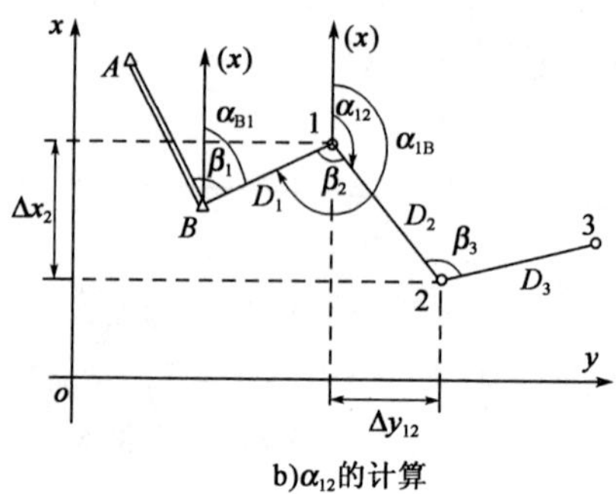

b)α_{12}的计算

图 5-11　已知方位角和水平角计算坐标方位角

α_{AB}:	157° 36′ 27.8″ +180° 00′ 00.0″
α_{AB} β_1	337° 36′ 27.8″ +104° 23′ 16.5″
	441° 59′ 44.3″ −360° 00′ 00.0″
α_{B1}	81° 59′ 44.3″ +180° 00′ 00.0″
α_{1B}	261° 59′ 44.3″ −112° 25′ 47.8″
α_{12}	149° 33′ 56.5″ +180° 00′ 00.0″
α_{21} β_3	329° 33′ 56.5″ +118° 45′ 37.4″
	448° 29′ 33.9″ −360° 00′ 00.0″
α_{23}:	88° 29′ 33.9″

图 5-12　坐标方位角计算实例

2)注意:顾及正反方位角关系,每边坐标方位角依次进行计算,结果应是少于360°的正数。

图 5-12 是按图 5-11 引入 β_1、β_2、β_3 实际数字计算的实例,读者可自行试算。

3. 坐标方位角是计算点位坐标的重要参数

在图 5-11 中,D_1、D_2、D_3 是 B-1、1-2、2-3 的边长,α_{B1}、α_{12}、α_{23} 是边 B-1、1-2、2-3 的坐标方位角。1 号点与 B 点的坐标增量 Δx_{B1}、Δy_{B1} 为

$$\Delta x_{B1} = D_1 \times \cos\alpha_{B1}, \Delta y_{B1} = D_1 \times \sin\alpha_{B1} \tag{5-27}$$

1 号点的坐标为 x_1、y_1,即

$$x_1 = x_B + \Delta x_{B1} = x_B + D_1\cos\alpha_{B1}$$
$$y_1 = y_B + \Delta y_{B1} = y_B + D_1\sin\alpha_{B1} \tag{5-28}$$

2 号点的坐标为 x_2、y_2,即

$$x_2 = x_1 + D_2\cos\alpha_{12} = x_B + D_1\cos\alpha_{B1} + D_2\cos\alpha_{12} = x_B + \sum_1^2 D_i\cos\alpha_i$$
$$y_2 = y_1 + D_2\sin\alpha_{12} = y_B + D_1\sin\alpha_{B1} + D_2\sin\alpha_{12} = y_B + \sum_1^2 D_i\sin\alpha_i$$

同理,第 i 点的坐标可表示为

$$x_i = x_B + \sum_1^i D_i\cos\alpha_i, y_i = y_B + \sum_1^i D_i\sin\alpha_i \tag{5-29}$$

例,图 5-11 中 1、2、3 点位边长、方位角列在表 5-2 中,按式(5-27)、式(5-28)计算的坐标增量与坐标同时列于表 5-2 中。

点位坐标计算　　表 5-2

点	坐标方位角 α	边长	Δx	Δy	x	y
B					100.000	100.000
	32°11′41.3″	D_1 = 56.76	48.033	30.242		
1					148.033	130.242
	127°45′56.3″	D_2 = 61.54	−37.689	48.649		
2					110.344	178.891
	44°33′10.3″	D_3 = 65-34	46.562	45.840		
3					156.906	224.731

三、罗盘仪测定磁方位角

1. 罗盘仪的基本构造

测定磁方位角的罗盘仪型号式样多，构造基本相同，图5-14a）是罗盘仪的一种。这种罗盘仪的基本组成部分：罗盘盒、望远镜、基座。

罗盘盒的主要构件是装在圆盒里的度盘、磁针。盒中还装有水准器、磁针固定钮。

度盘注有刻度随罗盘仪型式而不同。图5-13是按逆时针顺序排列0°~360°的刻度。磁针就是通常的指南针，用于指示磁方位角。水准器可以表示度盘的水平情况。罗盘盒装有磁针固定钮，为了减少磁针的磨损，不用时利用固定钮把磁针固定起来。

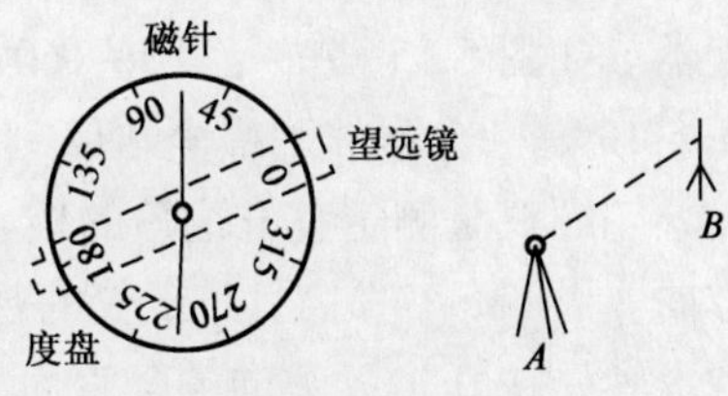

图5-13 测量磁方位角

罗盘仪望远镜样式小，构造与经纬仪望远镜基本相同。罗盘仪望远镜通过支柱与罗盘盒连接，视准轴与度盘0°~180°的连线平行，并且该连线跟随望远镜转动。

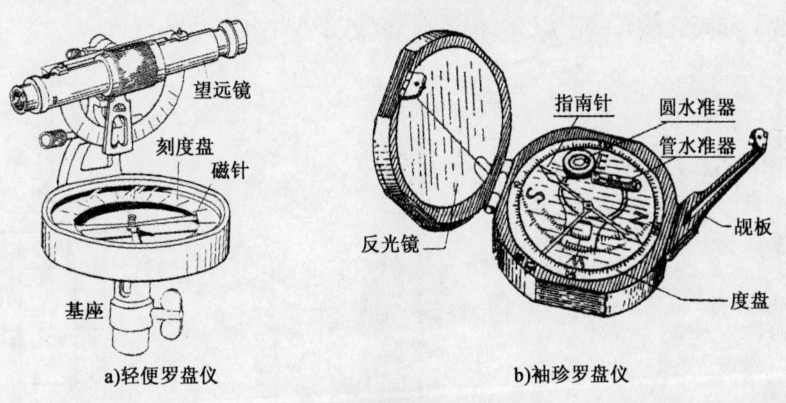

图5-14 罗盘仪的基本构造

基座是一种球臼结构，可以装在小三脚架上。利用球臼结构中的接头螺旋可以摆动罗盘盒，使水准器气泡居中，整平罗盘仪。

罗盘仪的磁针指向磁北，提供磁北方向线。由于望远镜视准轴与度盘0°~180°的连线平行，且在水平转动时带动度盘一起转动，故当磁针指在度盘0°时，望远镜视准轴与磁针同指磁北。在测定磁方位角时，磁针的磁北指向是磁方位角的指标线。

2. 罗盘仪测定磁方位角的方法

(1)安置罗盘仪和目标。图5-13罗盘仪在一地面点A对中整平，目标立在另一地面点B上。

(2)瞄准目标。利用罗盘盒下方的制动微动机构，转罗盘仪的望远镜瞄准目标。

(3)读数。打开磁针固定钮，磁针自由摆动正常，读取磁针静止所指的度数，用M表示。

(4)返测磁方位角。按上述(1)、(2)、(3)步骤在另一地面点返测磁方位角M'，用以检核磁方位角测量准确性(M与M'相差180°)。

罗盘仪结构简单，应用方便，但在磁方位角测量时应避开铁质物和高压电场的影响，用完罗盘仪后应锁定磁针固定钮。

四、陀螺经纬仪测定真方位角

1. 陀螺经纬仪测定真方位角的基本思想

陀螺经纬仪是一种将陀螺仪与经纬仪（全站仪）结合成一体的用于测定真方位角的测量仪器。如图5-15，是一台DJ6-T60陀螺经纬仪的外貌，上半部是陀螺仪，下半部是光学经纬仪。图5-16是一台索佳陀螺全站仪，上半部是陀螺仪，下半部是索佳全站仪。

陀螺仪是测定真方位角的核心设备，基本任务是按自身的指北原理为真方位角提供真北方向。由图5-14可见，陀螺仪的观测镜筒能提供真北N的方向，可以设想，若经纬仪望远镜的视准轴处在真北N方向的竖直面内，并且水平度盘读数为的0°，那么当经纬仪瞄准其他目标方向时得到的水平方向值便是仪器所在地面点至目标的真方位角。

2. 陀螺仪的指北原理

图5-17是陀螺仪灵敏部原理结构图。图中表明灵敏部处于未锁定的悬挂状态，此时陀螺房中的陀螺沿x轴高速旋转，陀螺房可沿悬挂带转动和自由摆动。

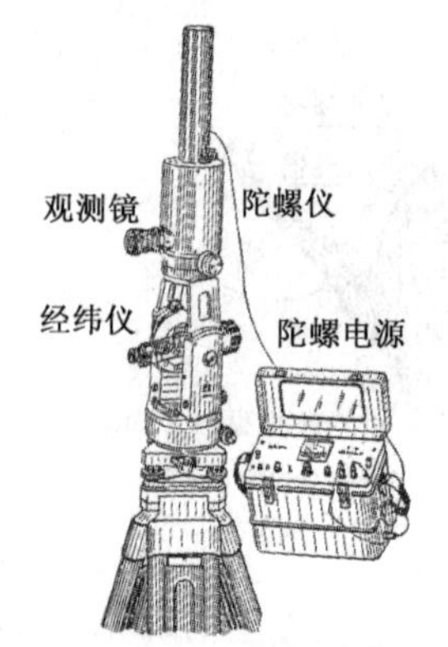

图5-15　陀螺经纬仪

图5-16　陀螺全站仪

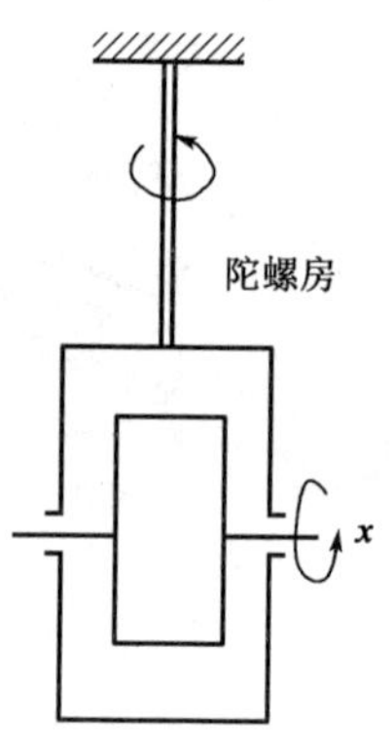

图5-17　陀螺仪结构图

陀螺仪自动指向真北的功能在于陀螺仪具有定轴性和进动性：

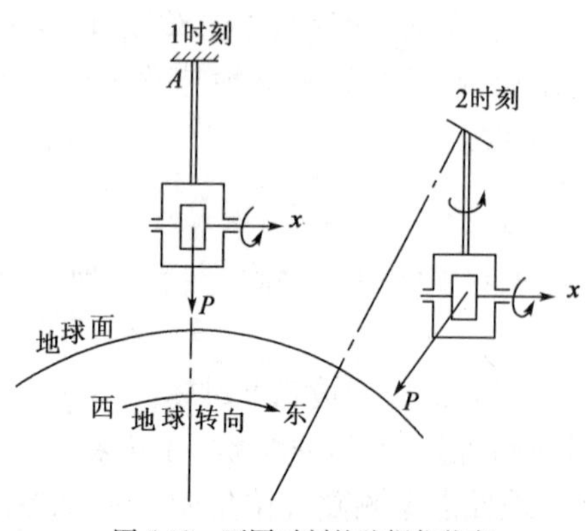

图5-18　不同时刻的陀螺仪状态

（1）高速旋转的陀螺在没有外力矩作用时，陀螺转轴（x轴）的空间方位保持不变，这就是定轴性。如图5-18，陀螺在A处的状态中高速旋转，没有外力矩作用，x轴的空间方位始终不变。

（2）高速旋转的陀螺，在外力矩作用下，x轴的空间方位将发生变动，这种方位变动是陀螺的特种运动性质，称之为进动性。

3. 定轴性与进动性在陀螺x轴指北过程的关系

如图5-18，陀螺处于1时刻，陀螺仪处于重力平衡的情形，x轴处于水平状态，没有外力矩的存在，故

高速旋转的 x 轴保持定轴性，并与垂线互相垂直。

因为地球自西向东自转，地面点上摆设的悬挂状态中的陀螺所处的情况就随着时刻的变化而发生变化。例如图 5-18 中 1 时刻到 2 时刻的情形：

（1）由于定轴性的原因，陀螺的 x 轴企图保持原有的定轴方位；

（2）定轴性的延续引起 x 轴与垂线不垂直，即 2 时刻的陀螺离开重力平衡的位置；

（3）地球引力的作用，力图把陀螺拉回到重力平衡位置，这时便产生了外力矩对陀螺的作用；

（4）外力矩的作用，引起 x 轴发生向北偏转，直至 x 轴与外力矩都在陀螺所在地点的子午平面内。陀螺 x 轴的这种运动形式，就是进动，进动的结果使陀螺 x 轴指向真北方向。

五、象限角

1. 象限角的概念

指北方向线与地面点之间的直线所构成的锐角，称为象限角，用 R 表示。如图 5-19 平面直角坐标系中指北方向线是轴北方向线，锐角 R_{01} 是 01 方向在第一象限的象限角。

2. 象限角与坐标方位角的关系

象限角与坐标方位角的关系用式(5-29)表示，即

$$
\begin{aligned}
R_{01} &= \alpha_{01} && \text{称北东 } R_{01} \\
R_{02} &= 180° - \alpha_{02} && \text{称南东 } R_{02} \\
R_{03} &= \alpha_{03} - 180° && \text{称南西 } R_{03} \\
R_{04} &= 360° - \alpha_{04} && \text{称北西 } R_{04}
\end{aligned}
\qquad (5\text{-}30)
$$

R_{01}、R_{02}、R_{03}、R_{04} 是各线段象限角的运算角值，应用上冠以的技术名称见图 5-20 和表 5-3。

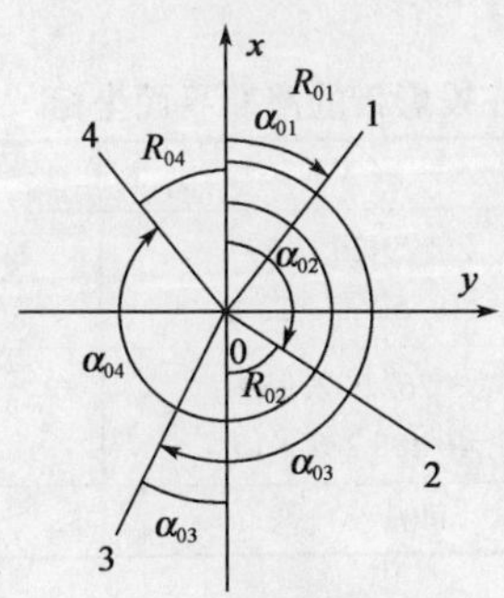

图 5-19 象限角图示

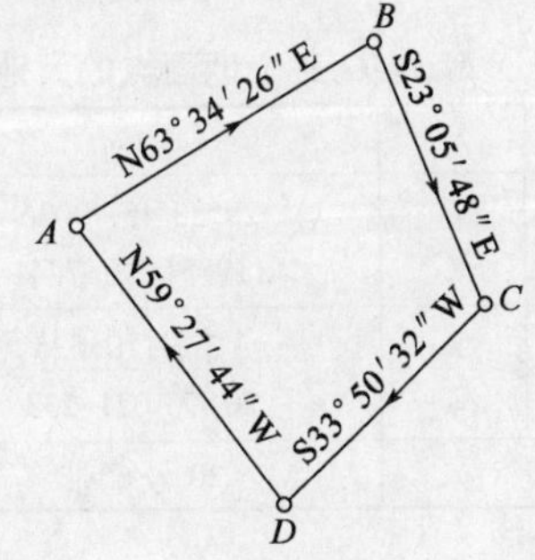

图 5-20 各线段象限角的技术名称

象限角计算 表 5-3

线段名称	坐标方位角 α	象限角 R	技术名称 1	技术名称 2	象 限
AB	63°34′26″	63°34′26″	北东 63°34′26″	N 63°34′26″E	1
BC	156°54′12″	23°05′48″	南东 23°05′48″	S 23°05′48″E	2
CD	213°50′32″	33°50′32″	南西 33°50′32″	S 33°50′32″W	3
DA	300°32′16″	59°27′44″	北西 59°27′44″	N 59°27′44″W	4

第三节　地面点坐标换带的概念

一、换带的目的

1. 解决投影带的统一性

所谓投影带的统一性，即工程建设需要的地面点坐标必须统一于同一个投影带，或者说，必须统一于同一个高斯投影面。工程建设经常用到国家基础测绘已建立的地面固定点，但这些点位坐标属于各自的高斯平面投影带。如图 5-21a)、b)，地球面上 M、N、O 三个地面点，按经线分带可在不同的高斯投影带中。地面点 M、O 分别在带号为 20、21 的 6°带中，见图 5-21c)；地面点 N 在带号为 40 的 3°带中，见图 5-21d)。各点坐标见表 5-4。这种不同投影带的地面点平面直角坐标不便为工程建设所应用，因此必须进行换带计算，使所需的地面点的坐标符合投影带的统一性原则。

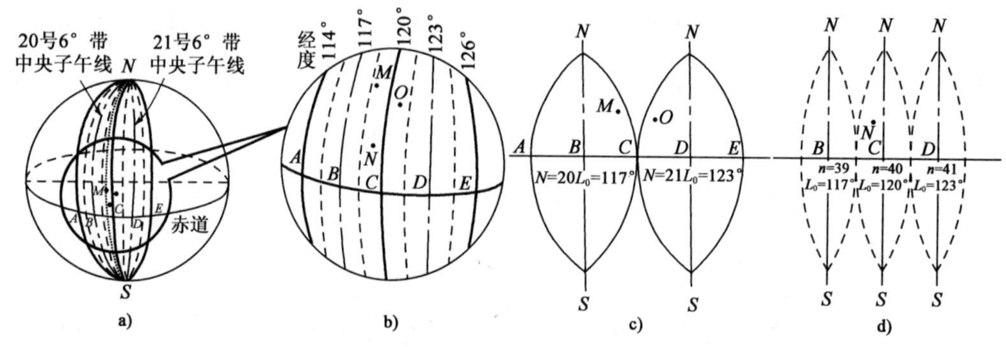

图 5-21　地面点及其投影带

M、N、O 三个地面点的大地坐标及所在投影带的高斯平面坐标　　表 5-4

点　名		M	N	O
大地坐标系统	B	29°33′45.″8036	29°29′26.″8597	29°33′21.″7576
	L	119°51′28.″7441	119°52′45.″2203	120°02′48.″0114
高斯平面直角坐标	x	3 275 110.535	3 263 732.959	3 274 601.170
	y	20 777 021.233	40 488 287.915	21 213 713.998
投影带带号		20 号 6°带	40 号 3°带	21 号 6°带

2. 解决投影变形大的问题

现将图 5-21c)、图 5-21d)重叠为图 5-22a)。其中 M、N 两点可以是投影在 20 号 6°带，如图 5-22b)，这时 M、N 两点的 Y 坐标平均值为 y_{20}。在图 5-22c)中，M、N 两点可以是投影在 40 号 3°带，Y 坐标平均值为 y_{40}。从图 5-22 可见，按不同的高斯投影带的投影结果得 $|y_{20}|>|y_{40}|$。以 Y 坐标平均值按式(5-11)计算各自的投影变形，则 $\Delta s_{20}>\Delta s_{40}$。

由上述情况可见，若通过坐标换带为地面点提供新的投影带，使换带后的点位新坐标比较靠近新的投影带中央子午线，其平均 Y 坐标引起的变形 Δs 很小，甚至可忽略不计。由此可见，坐标换带可解决投影变形大的问题。

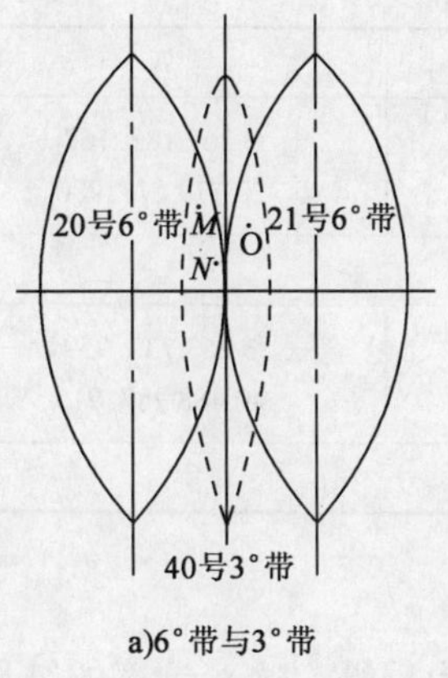

a)6°带与3°带

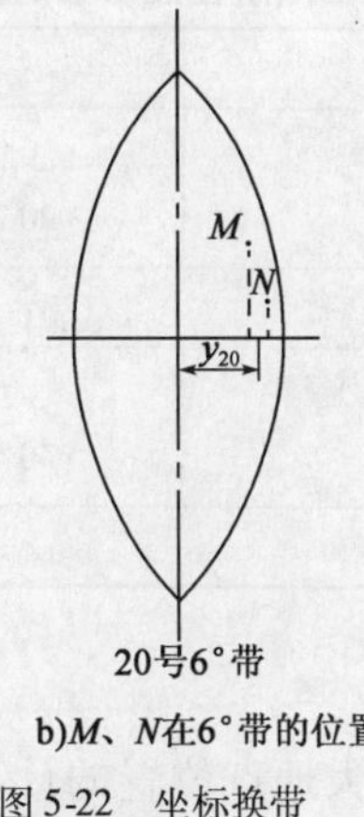

b)M、N在6°带的位置

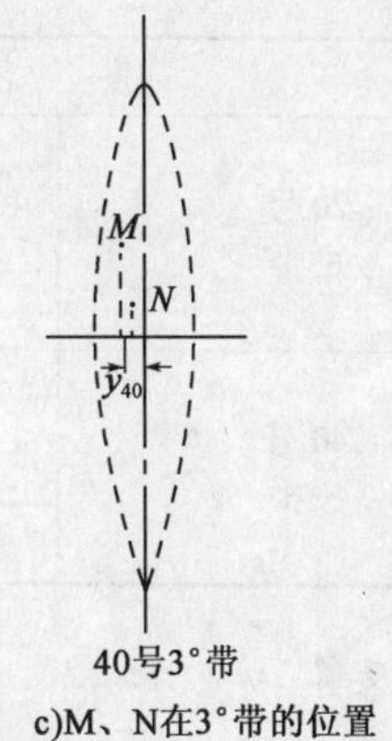

c)M、N在3°带的位置

图 5-22　坐标换带

二、换带的基本思路

换带计算有直接法和间接法，由于篇幅的限制，这里不对换带计算理论、计算公式及具体方法详细论述，仅以间接法为例介绍换带的基本思路。

1. 正算

以椭球体面地面点的大地坐标（B、L），按高斯投影理论公式计算该地面点的高斯平面直角坐标（x、y），称为正算。正算的基本思路如下：

1）根据点位大地经度 L 选投影带中央子午线 L_o；

2）求经差 l，即：

$$l = L - L_o \tag{5-31}$$

式中：L——地面点所在子午线的经度；

L_o——所选定的投影带中央子午线经度。

3）计算地面点的坐标 x、y。即以地面点的大地纬度 B 及经度差 l，按高斯投影理论公式求出地面点的坐标 x、y。

例如根据表 5-4 中 M 点的大地坐标正算：

（1）选 M 点所在 6°带，$N=20$，按式（1-3）得 $L_o=117°$，按式（5-31）得经差 $l=2°51'28.''7441$。把 M 点纬度 B 及经差 l 代入高斯正算公式得 M 点在 20 号 6°带的坐标（列在表 5-5 中）。M 点位置如图 5-22b），M 点的实际坐标 $y'(6)=277\,021.233$m。

（2）选 M 点所在 3°带，$N=40$，按式（1-4）得 $L_o=120°$，按式（5-31）得经差 $l=-0°08'31.''2599$。把 M 点纬度 B 及经差 l 代入高斯正算公式得 M 点在 40 号 3°带的坐标（列在表 5-5 中）。M 点位置如图 5-22c），M 点的实际坐标 $y'(3)=-13\,762.463$m。

M 点的两种正算例表明：

选择的投影带不同，即中央子午线经度 L_o 不同，则按式（5-31）计算的经差 l 不同，故正算变换得到的高斯平面直角坐标（x、y）也不同。选择投影带是正算的关键。

选择的两种投影带得到的 M 点 y 坐标实际值差别很大，如 $|y'(3)| < |y'(6)|$，表明通过选择不同的投影带，可改变 M 点的位置参数，使之更靠近所选择的投影带中央子午线。

M、N两个地面点所在投影带的高斯平面坐标 表5-5

点名		M	N
20号 6°带	x y	3 275 110.535 20 777 021.233	3 267 183.168 20 779 278.980
	y_{20}:278 150.106		
40号 3°带	x y	3 271 708.378 40 486 237.537	3 263 732.959 40 488 287.915
	y_{40}: −12 737.274		

2. 反算

把高斯平面位置变换成椭球体面大地点位置的计算工作,称为反算。这一计算的结果是把地面点的高斯平面直角坐标(x、y)变换为大地坐标(B、L)。反算涉及反算的理论公式,运算比较复杂,但是利用电子计算机进行计算已不成问题。

3. 间接法换带计算的顺序

(1)将原投影带地面点的高斯平面直角坐标(x、y)反算为椭球体面的大地坐标(B、L)。在几何意义上,反算的结果把地面点的高斯平面位置搬回椭球面位置上。

(2)选择新的投影带,确认新投影带的中央子午线的经度L_0,按式(5-31)计算经差l。

(3)利用反算得到的地面点大地纬度B及经度差l正算,最后获得新投影带的高斯平面直角坐标。在几何意义上,正算结果按选择的新投影带把椭球面的地面点位置搬回新中央子午线所定的高斯平面直角坐标系中。

因篇幅所限,地面点坐标换带计算方法可参考相关书籍。

第四节 数据的凑整、留位、检查

一、有效数字

1. 概念

有效数字是描述一个十进制数有现实意义的数字,亦即仿该十进制数用首位不为零的有限个自然数字构成的正整数数字。例如:

(1)180.05的有效数字是18 005;

(2)6.035 6的有效数字是60 356;

(3)0.030 40的有效数字是3 040;

(4)12.56×10^{6}的有效数字是1 256;

(5)9.647×10^{-6}的有效数字是9 647。

2. 有效数字的有效数位

有效数字确定的数字位数称为有效数位。如180.05的有效数字18 005的有效数位为5,故称180.05的有效数字18 005是五位有效数字。

一个十进制数的有效数位与该数的小数点无关，与该数所表示的10的乘方数无关，与该数首部零的个数无关，但是与该数尾部零的个数有关。例如：

(1)180.05与6.035 6的有效数字都是五位有效数字；

(2)12.56×10^6与1.256×10^8，两数的有效数字都是1 256；

(3)0.030 4与0.030 40，两数的有效数字分别是304、3 040。

二、数的凑整规则

一般地，在观测及计算中得到的数都要根据不同的要求经过数的凑整，即经过数的四舍五入。例如，用钢尺丈量距离得到的观测值25.746m，若要求观测值表示到厘米位即可，则按一般四舍五入的要求凑整为25.75m。

在观测与计算中，数的凑整规则：

(1)数值被舍去部分，小于保留末位数为1时的0.5，则保留位数不变。如数56.153 46，保留两位小数，取56.15。这个规则简称为"**四舍**"规则。

(2)数值被舍去部分，大于保留末位数为1时的0.5，则保留位数加1。如$\pi=3.141\,592\,653$，保留四位小数取3.141 6。这个规则简称为"**五入**"规则。

(3)数值被舍去部分等于保留末位数为1时的0.5，若末位数为奇数时加1；若末位数为偶数时不变。如数56.765，保留两位小数，凑整为56.76；如数56.735，保留两位小数，凑整为56.74。这个规则简称为"**奇进偶不进**"规则。

三、近似数在四则运算中的凑整

根据凑整后的结果可见，一个数的末位后仍存在不准确的数字。例如，56.735凑整为56.74，"4"的后面存在-0.5差值，用"?"表示不准确的数位，则56.74可表示为56.74?。由此可见经过凑整的数字又称为近似数。严格地说，现实观测得到的数字(不包括常数)属于凑整后的近似数。可以想象，由于近似数不准确数位的存在，近似数在四则运算中得到的结果必定受到制约，研究这种制约关系就是四则运算的凑整规则。这种规则简称为"**多保留一位**"规则，其运算过程称为"**多保留一位运算**"。

1.加、减运算结果的凑整规则

一组数相加、相减，以小数位最少的数为标准，其余各数及其运算结果均比该数多保留一位小数位。例如：

一般运算	多保留一位运算
+184.32?	+184.32?
+358.4?	+358.4?
+ 12.358?	+ 12.36?
-114.74?	-114.74?
+467.338?	+467.34?
???	??
结果： 467.338	结果： 467.34

上例中 358.4 的小数位是一位。12.358 的小数位是三位,比 358.4 多保留一位即凑整为 12.36,其余的数的小数位均保持原来比 385.4 多一位的状态,运算结果 467.34 也比 358.4 多保留一位。对“一般运算”结果按多保留一位的规则得到的结果与“多保留一位运算”的结果相同。根据“多保留一位”的规则可见,加、减运算中数的最少小数位一经确定,其他数的小数位可以多保留一位,多余的小数位在运算中是没有意义的。

2. 乘、除运算结果的凑整规则

两个数的相乘(或相除),以最少有效数位的有效数字为标准,另一数及其运算结果的有效数位(从首位数起)均比该数的有效数位多保留一位。例如:

一般运算	多保留一位运算
232.12?	232?
× 0.34?	× 34?
??????	????
92848?	928?
69636?	696?
789208??	7888??
????	??
结果: 78.9208	结果: 78.88 凑整为 78.9

上例中 0.34 的有效数位是两位,232.12 的有效数位是五位,按多保留一位规则凑整为 232,运算结果是 78.9,有效数位均是三位。对“一般运算”结果按多保留一位的规则得到的结果与“多保留一位运算”的结果相同。

根据“多保留一位”的规则可见,乘、除运算中数的最少有效数位一经确定,其他数的有效数位可以多保留一位,尾部多余有效数位在运算中是没有意义的。

四、测量数字结果的取值要求

测量数字结果的取值见表 5-6。

测量数字结果的取值 表 5-6

等　级	观测方向值及各项修正数(″)	边长观测值及各项修正数(m)	函数位数	边长与坐标(m)	方位角(″)
二等	0.01	0.000 1	8	0.001	0.01
三、四等	0.1	0.001	7	0.001	0.1
一级及以下	1	0.001	7	0.001	1

五、测量数据质量的一般检核判别

测量数据质量如何,必须检验。如在水平角测量中必须检核 $\Delta\alpha$,在水准测量中必须检核高差互差 δ。这种检核一般在两个测量数据的比较中完成。在比较精密的测量时,测量数据不止两个,而是多个,如表 5-7 是 6 测回的角度观测值。一般检核判别的方法,以规定的容许误差为标准，求取数据互差，将数据互差与容许误差比较，由此判别测量数据质量，对超限可能性大的数据采取摈弃的措施。如表5-7，取$\Delta\alpha_{容} = \pm 30''$。各测回比较可知，第2测回与第3、第5测回比较均超过30″，可判断第2测回有误，摈弃不用，或重测。

6测回观测角度 表5-7

测回 (n)	角度观测值 (° ′ ″)	测回 (n)	角度观测值 (° ′ ″)
1	75 32 23	4	75 32 37
2	75 32 48	5	75 32 16
3	75 32 15	6	75 32 34

练 习 题

1. 图5-1，光电边$D = 561.334\text{m}$，所处高程$H_m = 1541.30\text{m}$。设高程基准面的地球曲率半径$R = 6\,371\text{km}$，求光电边投影到高程基准面的改正。若投影到假定的高程基准面的相对高程是$H'_m = 41.30\text{m}$，求这时的投影改正。

2. 接上题。$S = 561.334\text{m}$，$y_m = 15\,451.56\text{m}$，$R = 6\,371\text{km}$。计算高斯平面距离改化$\Delta s = ?$

3. 试述地球面上边长和角度不进行高斯改化的条件。

提示：参考第五章第一节“2. 高斯距离改化”。

4. 按1956高程基准的某地面点A的高程$H'_A(1956) = 54.021\text{m}$，换算为1985国家高程基准面绝对高程。

5. 按1956高程基准某地面点A的相对高程$H'_A(1956) = 74.372\text{m}$，换算成珠江高程基准的相对高程。

6. 已知珠江高程系统、广州高程系统的高程零点差分别为-0.557m、4.443m，P点的珠江高程系统相对高程$H'_{珠江} = 56.368\text{m}$，求P点的广州高程系统相对高程$H'_{广州}$。

7. 某直线段的磁方位角$M = 30°30'$，磁偏角$\delta = 0°25'$，求真方位角A；若子午线收敛角$\gamma = 2'25''$，求该直线段的坐方位角α。

提示：参考式(5-19)、式(5-20)、式(5-21)。

8. 直线段的方位角是____。

A. 两个地面点构成的直线段与方向线之间的夹角。

B. 指北方向线按顺时针方向旋转至线段所得的水平角。

C. 指北方向线按顺时针方向旋转至直线段所得的水平角。

9. 式(5-19)的δ本身符号有正负，说明$A = M + \delta$的大小意义。

提示：参考第五章第二节“2. 三北方向线”。

10. 图5-8，设D点的子午线收敛角$\gamma = 11'42''$，过D点DB边的真方位角$A_{DB} = 91°55'45''$，试计算DB的坐标方位角α_{DB}。

11. 某线段磁方位角$M = 30°30'$，磁偏角$\delta = 0°25'$，求真方位角A，若子午线收敛角$\gamma = 0°02'25''$，求该直线段的坐标方位角α。

参考上题解答。

12. 图5-23中,A 点坐标 $x_A=1\ 345.623\text{m}$,$y_A=569.247\text{m}$;B 点坐标 $x_B=857.322\text{m}$,$y_B=423.796$。水平角 $\beta_1=15°36'27''$,$\beta_2=84°25'45''$,$\beta_3=96°47'14''$。求方位角 α_{AB},α_{B1},α_{12},α_{23}。

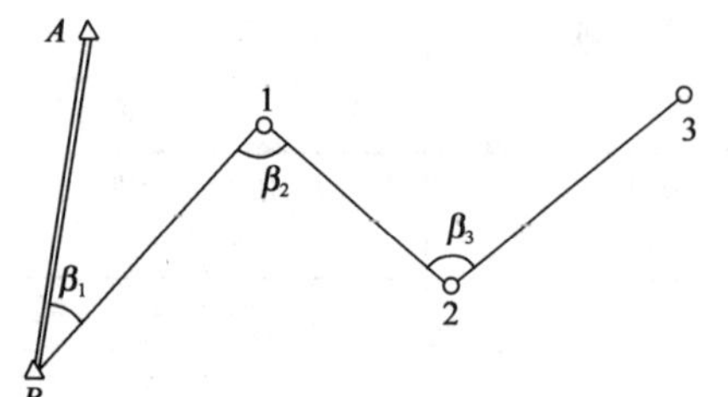

图 5-23

13. 罗盘仪是一种____。

A. 用于测定直线段磁方位角的仪器。

B. 测量真方位角的测量仪器。

C. 可计算坐标方位角的计算工具。

14. 试述磁方位角的测量方法。

提示:参考第五章第二节“三、罗盘仪测定磁方位角”。

15. 在罗盘仪测定磁方位角时,磁针指示的度盘角度值是____。

A. 磁北方向值。

B. 磁偏角 δ。

C. 望远镜瞄准目标的直线段磁方位角。

16. 一测回角度测量,得上半测回 $A_{左}=63°34'43''$,下半测回 $A_{右}=63°34'48''$。求一测回角度测量结果,结果取值到秒。

17. 水准测量改变仪器法高差测量得一测站 $h_1=0.564\text{m}$,$h_2=0.569\text{m}$,求该测站测量结果,结果取值到毫米(mm)。

18. $s=234.764\text{m}$,坐标方位角 $\alpha=63°34'43''$,求 Δx,Δy。结果取值到毫米(mm)。

19. 试述陀螺经纬仪的指北特点和原理。

提示:参考第五章第二节“四、陀螺经纬仪测定真方位角”。

20. 试述坐标换带计算的意义,试述间接法换带计算的基本思路和电算换带的计算步骤。

提示:参考第五章第三节。

21. 说明近似数的凑整原则,说明测量计算“多保留一位运算”的原理。

提示:凑整原则:根据小数点后保留数,“四舍”、“五入”、“奇进偶不进”。“多保留一位运算”的原理:数的最少小数位一经确定,其他数的小数位可以多保留一位,多余的小数位在运算中没有意义。

第六章　全 站 测 量

［学习目标］　明确全站测量技术的技术原理与方法，明确全站仪的基本结构、功能和现代全站测量技术的作用和意义，掌握全站仪基本应用机理和地面点定位的速测技术手段。

第一节　全站测量技术原理

一、全站测量概念

测量人员在测站上对地面点的坐标、高程等参数进行同时测定的方法，称为全站测量。或者说，测量人员在测站上快速测定地面点的坐标、高程等参数的技术，称为全站测量技术。

全站测量技术有光学速测法、半站光电速测法和全站光电速测法三种类型。

二、光学速测法

利用光学经纬仪及视距法原理迅速测定地面点位置的方法。光学速测法技术过程是：

(1)在地面点 A 安置经纬仪，量经纬仪高 i，瞄准起始方向 B(或称后视点)，水平度盘置零。同时在 P 点立标尺，如图 6-1a)所示。

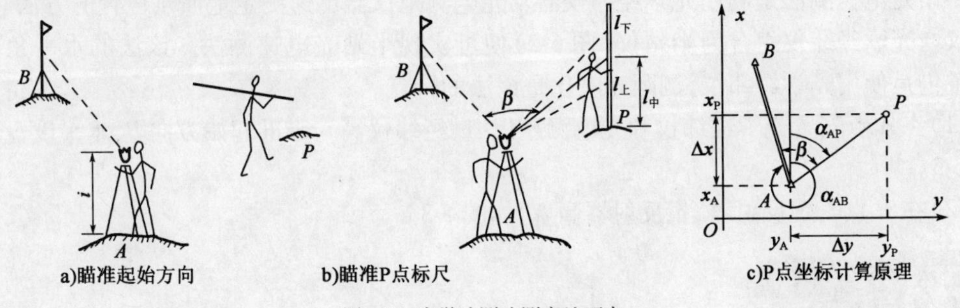

图 6-1　光学速测法测定地面点

(2)经纬仪以盘左状态转照准部瞄准待测点 P 标尺(或称前视点)，如图 6-1b)。测量水平角 β($\angle BAP$)，计算 AP 方位角 α_{AP}，即

$$\alpha_{AP} = \alpha_{AB} + \beta \tag{6-1}$$

式中，α_{AB} 为已知方位角。

(3)经纬仪按视距法测量标尺视距差 l。l 满足式(3-49)，即

$$l = N - M \tag{6-2}$$

或

$$l = l_{下} - l_{上} \tag{6-3}$$

(4)在 A 点经纬仪测量竖直角 α_A，或测量得竖直度盘读数 L_A。按式(2-2)此计算

$$\alpha_A = 90 - L_A \tag{6-4}$$

(5)按原理式(3-60)、式(3-64)、式(3-65)测量 A 点至 P 点的平距 D_{AP}。平距 D_{AP} 可表示为

$$D_{AP} = 100l \tag{6-5}$$

$$D_{AP} = 100l\cos^2\alpha_A \tag{6-6}$$

$$D_{AP} = 100l\sin^2 L_A \tag{6-7}$$

(6)仿式(5-28)，以 α_{AP}、D_{AP} 及 A 点坐标求 P 点坐标，如图 6-1c)，即

$$x_p = x_A + \Delta x_{AP} = x_A + D_{AP}\cos\alpha_{AP} \tag{6-8}$$

$$y_p = y_A + \Delta y_{AP} = y_A + D_{AP}\sin\alpha_{AP} \tag{6-9}$$

式中，x_A、y_A 为 A 点的坐标。

(7)经纬仪测量 $l_{中}$，按视距法原理式(4-43)，利用 A 点高程及其他测量参数计算 P 点高程。即

$$H_P = H_A + 50(l_{下} - l_{上})\sin(2L_A) + i - l_{中} \tag{6-10}$$

上述以经纬仪及视距法原理可同时获得地面点坐标、高程，在这里，经纬仪就是一台速测仪，故光学速测法又称经纬仪速测法。

如果用的是光电经纬仪，$l_{下}$、$l_{上}$ 按视距法测得，水平角 β、竖直角 α_A 由光电经纬仪快速测得，光电经纬仪速测法也可有效获得地面点坐标、高程。

三、半站光电速测法

半站光电速测法是利用光学经纬仪器及光电测距仪器迅速测定地面点位置的方法。光电测距仪与光学经纬仪组合为半站仪(图 6-2)便可实现半站光电速测法。该法的水平角、竖直角测量仍是使用光学经纬仪，测距光电化是该法的特点。

(1)在 A 点安置光学经纬仪和光电测距仪，量经纬仪高 i，瞄准起始方向 B，水平度盘置零，如图 6-3。

(2)在 P 点安置反射器，量反射器高 l_P，如图 6-3。

图 6-2 半站仪

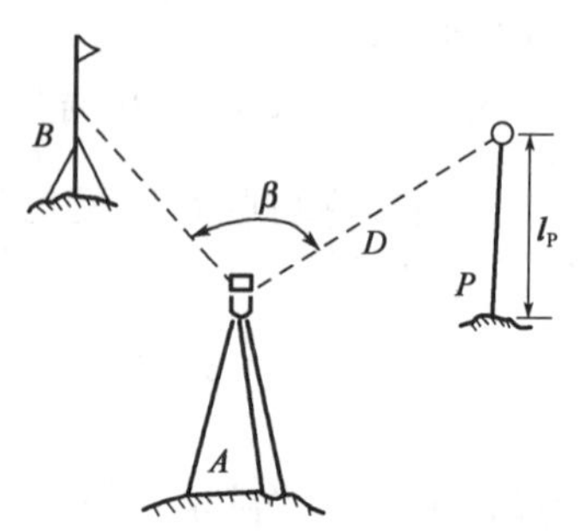

图 6-3 半站光电速测法测定地面点

(3)按光学速测法测量水平角 $\beta(\angle BAP)$，计算 AP 方位角 α_{AP}，即

$$\alpha_{AP} = \alpha_{AB} + \beta \tag{6-11}$$

(4)经纬仪测量 P 点反射器竖直角 α_A，或测量得竖直度盘读数 L_A。按式(2-2)

$$\alpha_A = 90 - L_A \tag{6-12}$$

(5)光电测距仪测量获得 AP 的平距 D_{AP}。平距 D_{AP} 的获得有成果处理的内容，其中，

①加常数改正和气象改正：

$$D = D' + k + \Delta D_{tp} \tag{6-13}$$

式中，D' 为光电测距长度；k 为加常数改正；ΔD_{tp} 为气象改正，可根据测距仪功能自动进行改正。

②平距化算。根据式(3-29)平距化算为

$$D_{AP} = D \times \cos(\alpha_A + 14.1''D_{km}) \tag{6-14}$$

③必要的测量成果初处理，平距 D_{AP} 应得到球面投影改化和平面距离改化。

(6)以 α_{AP}、D_{AP} 及 A 点坐标求 P 点坐标 。根据式(5-28)P 点坐标为

$$x_p = x_A + \Delta x_{AP} = x_A + D_{AP}\cos\alpha_{AP} \tag{6-15}$$

$$y_p = y_A + \Delta y_{AP} = y_A + D_{AP}\sin\alpha_{AP} \tag{6-16}$$

(7)利用 A 点高程及其他测量参数计算 P 点高程。根据式(4-32)，P 点高程为

$$H_p = H_A + h_{AP} = H_A + D\sin(\alpha_A + 14.1''D_{km}) + i - l_P \tag{6-17}$$

半站光电速测法改变了光学速测法测距短、精度低的缺点，可用计算器快速计算地面点的平面坐标和高程。

四、全站光电速测法

这是利用光电经纬仪(或称电子经纬仪)及光电测距仪迅速测定地面点位置的方法。所谓全站仪，就是光电经纬仪及光电测距仪组合而成，如图 6-4 所示，或者由光电经纬仪及光电测距仪整体集成，如图 6-5 所示。以全站仪的全站光电速测法获得地面点坐标和高程的基本原理及模式与半站光电速测法相同，但却有半站光电速测法无法比拟的优点：

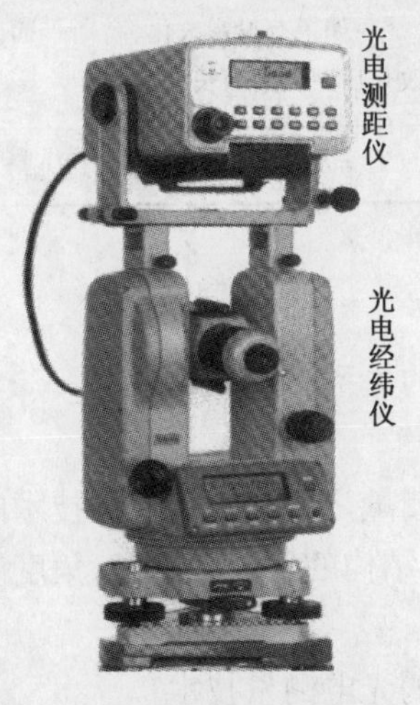

图 6-4　组合式全站仪

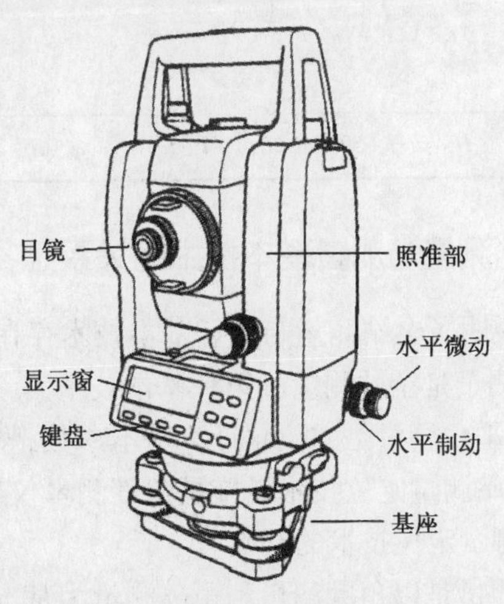

图 6-5　整体式全站仪

(1)测量光电化。以光电度盘和高速度光电角度数据处理系统为武装的光电经纬仪,摆脱了传统角度测量的弊病,实现测角光电化,使地面测量定位工作与方法为之一新。全站仪瞄准目标(反射器)以后启动测量,测角、测距、数据记录与处理几乎可以同步自动进行,并根据需要快速给出地面点的位置参数来,这就是现代全站测量。

(2)备有数据群的存储设备。存储设备的形式与容量大小因机而异。早期全站仪多半有外设存储设备,近期全站仪的存储设备大多随机内设,或存储设备外设与内设相结合。存储设备的数据群存取方便,为全站测量快速数据记录和测量定位工作的全面自动化提供了有效条件。有的全站仪内装有小型计算机,全站仪正在向智能化、网络化发展。

五、光学速测法与半站、全站光电速测法的基本公式比较

光学速测法与半站、全站光电速测法的基本公式比较见表6-1。

光学速测法与半站、全站光电速测法的基本公式比较 表6-1

项　目	经纬仪光学速测法	半站仪、全站仪光电速测法
水平角	β	β
方位角 α_{AP}	$\alpha_{AP}=\alpha_{AB}+\beta$	$\alpha_{AP}=\alpha_{AB}+\beta$
竖盘读数 L_A	竖直角 $\alpha_A=90°-L_A$	竖直角 $\alpha_A=90°-L_A$
距离测量	视距测量 $l_下$、$l_上$,视距差 $l=l_下-l_上$	光电测距 D'
成果处理与改化	$D_{AP}=100l$ $D_{AP}=100l\cos^2\alpha_A$ $D_{AP}=100l\sin^2 L_A$	$D=D'+\Delta D_k$(加常数)$+\Delta D_{tp}$(气象改正) $D_{AP}=D\cos(\alpha_A+14.1''D_{km})$(平距化算) $\Delta D=-D_{AP}(H_m-H)/(R+H_m)$ $s=D_{AP}+\Delta D$(投影改化) $\Delta s=s\times y_m^2/(2R^2)$ $l_s=s+\Delta s$(距离改化)
坐标计算	$x_P=x_A+\Delta x_{AP}=x_A+D_{AP}\cos\alpha_{AP}$ $y_P=y_A+\Delta y_{AP}=y_A+D_{AP}\sin\alpha_{AP}$	$x_P=x_A+\Delta x_{AP}=x_A+D_{AP}\cos\alpha_{AP}$ $y_P=y_A+\Delta y_{AP}=y_A+D_{AP}\sin\alpha_{AP}$ 注:如果有投影改化、高斯平面改化,此处 D_{AP} 是改化后距离平面长度 l_s
高程计算	$H_P=H_A+50l\sin(2L_A)+i-l_中$	$H_P=H_A+D\sin(\alpha_A+14.1''D_{km})+i_A-l_P$

六、全站测量与测量基本技术的关系

图6-6说明了全站测量与测量基本技术存在密切的关系。

1)角度测量是全站测量的第一基本技术。

首先,水平角测量是方位角计算基本参数,竖直角测量是后续测量基本技术的重要预备参数。其次,全站测量定位技术设施是角度测量仪器基本结构的发展。第三,角度测量技术是掌握应用全站测量定位技术的基础。

2)全站测量是以角度测量和距离测量为基本测量的光电测量技术。

(1)在全站测量中,光电测距和光电测角是现代测量重要的基本技术。光电测距是全站

测量实现坐标测量、三角高程测量精密化、自动化、高速度的关键测量技术。在工程应用上，距离测量的钢尺量距、光学测距仍有一定的应用价值。

(2)角度测量是以瞄准目标由仪器提供角度信息的测量技术，光电距离测量是目标和测量仪器交换距离信息的测量技术。

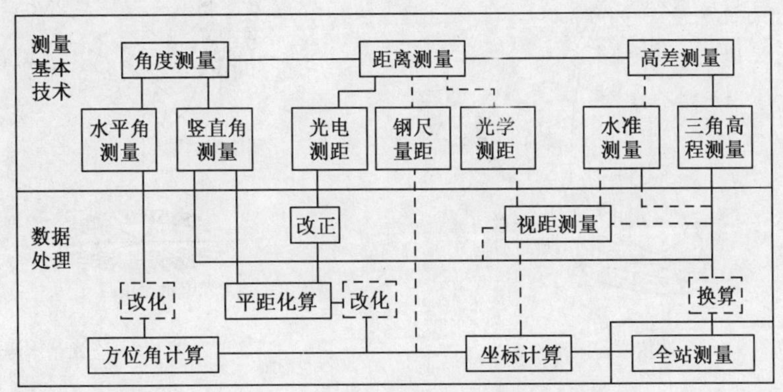

图 6-6　全站测量与测量基本技术的关系

3)全站测量定位技术的基本目标是获取点位坐标和高程，实现定位技术基本目标的各项测量基本技术承前启后、互相联系。

如竖直角测量是光电测距平距化算的重要数据准备，是光学视距测量的重要步骤，是三角高程测量的重要工作。水准测量虽然是目标(标尺)提供信息的测量技术，测量时需要测量距离(光学视距，水准路线长度)参数。水准测量是建立全站测量精密高程基准的重要技术之一。应当看到，水准测量在全站测量中的地位不明显。实践证明，光电测距和光电测角的高精度和自动化，有效地提高了三角高程测量的精密性和工程应用实用性。

明确测量基本技术之间的密切联系，是掌握全站测量技术基本原理的重要一环。

4)全站测量是测量基本技术的全面发展。

测量的基本技术包括有测量过程的数据处理，最终获取点位坐标和高程。其中有方位角计算、距离测量的参数修正，根据实际需要所必需的有关距离改化、角度改化、高程换算等。数据处理中的仪器高测量、目标高(反射器高)测量是全站测量不可缺少的测量工作。

测量过程的数据处理的自动化反映了测量基本技术工作的现代化。由此可见，全站测量是测量基本技术全面发展的体现。

第二节　全站仪及其功能

一、全站仪的基本测量

图 6-7 表示全站仪测量的基本操作。根据图 6-7 全站仪的转动形式，在地面点 N(图 6-8)以望远镜视准轴观测瞄准控制点 M。图中的测距望远镜瞄准目标 M 后按角度测量原理并从光电水平度盘获得水平方向值 m'，同时在光电竖直度盘获得天顶距观测值 Z，显示窗立即显示天顶距观测值、水平方向值。测站 N 至镜站 M 的距离长度，以光电测距技术由测距望远镜射出光束，以光束的往返并由全站仪的电子数字电路处理获得，并在显示窗立即显示。

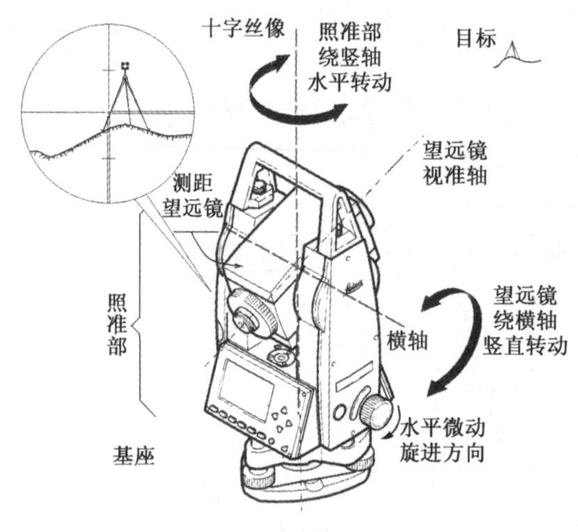

图 6-7　全站仪操作瞄准

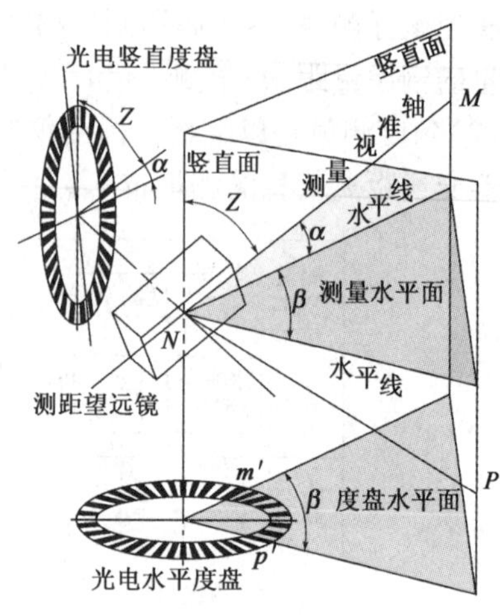

图 6-8　全站基本测量

二、全站仪及其外部机构

1. 全站仪常规操作机构

在第二章、第三章初步介绍、学习了全站仪,图 2-6(图 6-9)全站仪的外貌与图 2-4、图 2-5 经纬仪比较,全站仪的常规操作机构与经纬仪相同,其中的水平制动、水平微动、垂直制动、垂直微动、光学对中器(激光对中器)、脚螺旋、固定螺旋(固定旋钮)及其基本功能与经纬仪相同。

全站仪的水平制动、水平微动和垂直制动、垂直微动主要采用同轴结构。由图 2-6(图 6-9)可见,同轴结构的制动在内、微动在外,便于应用。有的全站仪采用内部摩擦制动技术,不设水平制动、垂直制动机构,全站仪照准部及测距望远镜可随手转动粗瞄,精确瞄准以微动旋钮操作实现。

全站仪的望远镜不是圆筒形,而是方盒形。原因是全站仪的望远镜内装光电测距系统,故称为测距望远镜。测距望远镜的目镜调焦轮、望远调焦轮(对光螺旋)位置紧凑,功能与经纬仪一样。

全站仪的固定旋钮(图 6-10)功能与经纬仪的固定螺旋(图 2-4)一样。

和光电经纬仪一样,全站仪设有键盘,键盘的功能因机而异。

2. 全站仪的配套设备

全站测量基本设备是全站仪、反射器(图 3-18)、蓄电池和气象仪器(图 3-19、图 3-20)。

全站测量的反射器与全站仪一样都安置在三脚架上。一般地,精密全站测量中,反射器与全站仪的基座结构配套,利于通用,如图 6-11 所示。在三脚架上安装有通用基座,可以在基座互换安装全站仪、光电经纬仪的照准部,也可以在基座互换安装反射器及其相关部件。

特别要注意:全站仪(或光电经纬仪)、反射器与基座互换连接后必须以固定旋钮锁紧。

蓄电池为全站测量提供能源，应根据全站测量的需要备足，同时充好电。全站测量应用中要保证蓄电池供电可靠。如需更换蓄电池，应在保证安全关机后更换。

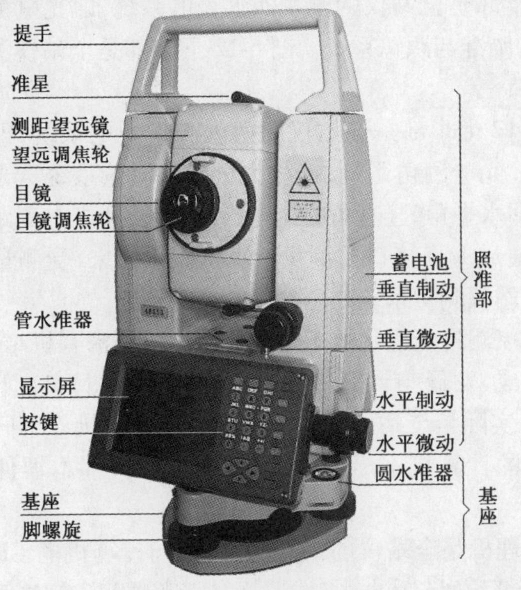

图 6-9　全站仪常规操作机构

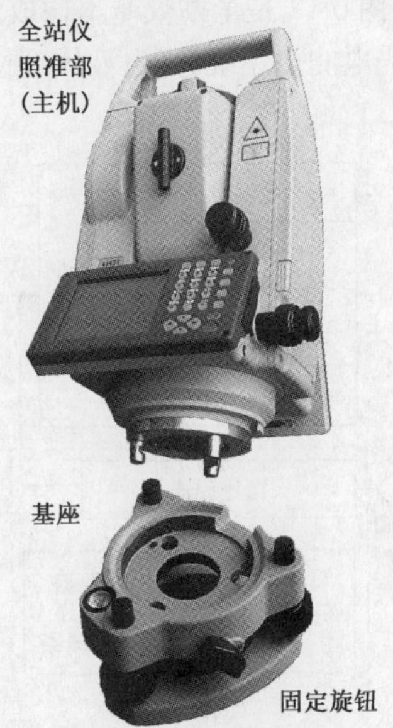

图 6-10　全站仪固定旋钮

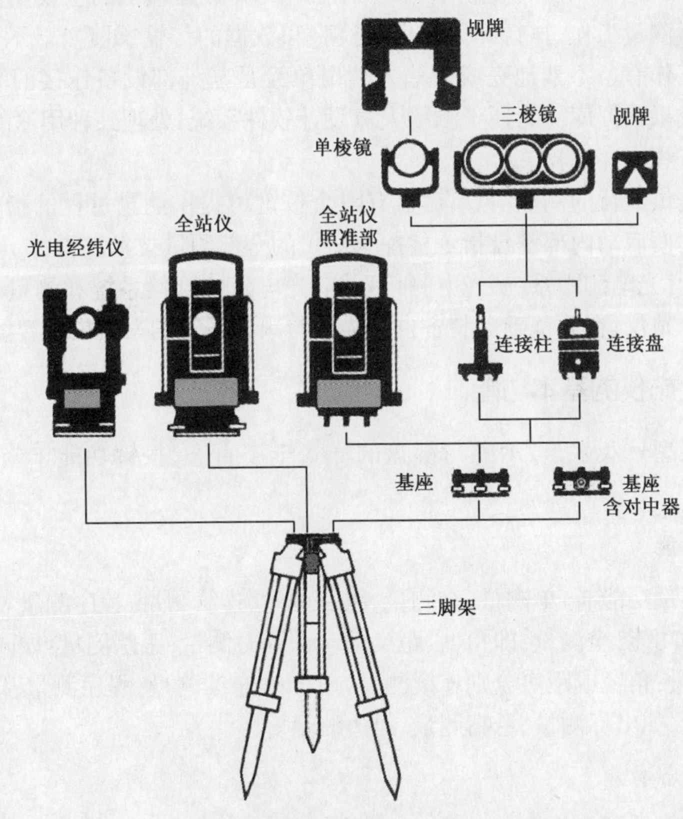

图 6-11　全站仪、反射器与三脚架的配套

三、全站仪的测量系统

图6-12是全站仪基本构成示意图,上半部是全站仪的测量四大光电系统,即光电测距系统、光电测角系统、光电液体补偿系统、自动瞄准与跟踪系统。图6-12下半部是全站仪测量计算机。

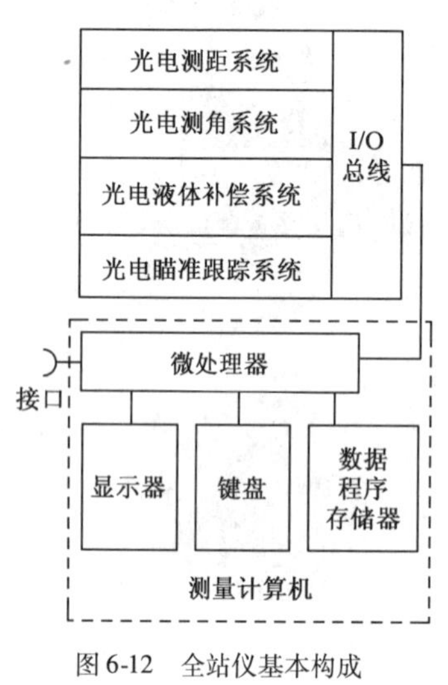

图6-12　全站仪基本构成

图6-12上半部是全站仪的两大测量光电系统,即光电测距系统、光电测角系统,统称为全站仪测量系统。光电测角系统,即水平角、竖直角的光电测量系统,和光电测距系统一起,并通过I/O接口与测量计算机联系起来,受测量指令指挥。全站仪测量系统是全站仪的技术核心。

全站仪测量光电化技术与全站计算机技术有机结合,全站仪的形成、发展与计算机技术密切相关。图6-11下半部(虚线框)实际是全站仪配有的测量专用计算机。不同的全站仪配备的计算机不尽相同,方框中计算机基本器件是必备的。

微处理机是全站仪的核心构件,如同计算机的CPU,主要由寄存器系列(缓冲寄存器、数据寄存器、指令寄存器)、运算器和控制器组成。微处理机的主要功能是根据键盘指令启动全站仪进行测量工作,执行测量过程的检验和数据的传输、处理、显示、储存等工作,保证整个光电测量工作有条不紊地完成。输入输出单元是与外部设备连接的装置(接口)。数据存储器是测量成果数据库。为便于测量人员设计软件系统,处理某种用途的测量参数,全站仪的计算机还设有程序存储器。

显示屏幕可提供数行的测量信息,键盘有限个按键可提供测量过程的指令控制。测量人员按动键盘的按键便启动内部键盘指令指挥全站仪的全部测量技术过程。

一般说来,具有光电测距系统、光电测角系统、光电液体补偿系统和测量专用计算机的全站仪俗称基本型全站仪,在此基础上装备自动瞄准与跟踪系统的全站仪称智能型全站仪。

四、基本型全站仪的基本功能

基本型全站仪型号众多,显示屏与键盘的样式千姿百态,按键功能丰富,但其基本功能相似。

1. 快速测量功能

全站仪快速测量功能有:单测量、全测量、跟踪测量、连续测量、程序测量。单测量:即单次测角或单次测距的功能;全测量:即角度、距离的全部同时测量;跟踪测量:如同跟踪测距,也可跟踪测角;连续测量:角度或距离分别连续测量,或同时连续测量;程序测量:即按设计的程序进行快速间接测量,如坐标测量、悬高测量、对边测量等。

2. 参数输入储备功能

全站仪参数输入储备功能主要由全站仪装备的计算机系统来实现,存储空间随机而异,一般可存储万组数据量以上。有角度、距离、高差的输入储备功能；点位坐标、方位角、高程的输入储备功能；修正参数（如距离改正数）的输入储备功能；测量术语、代码、指令的输入储备功能。全站仪以上四种参数储备基本功能，为整个测量技术工作数据与图表处理及应用提供充分的准备。

3. 计算与显示功能

全站仪计算与显示功能有：观测值（水平角、竖直角、斜距）的显示功能，水平距离、高差的计算与显示功能，点位坐标、高程的计算与显示功能，储备的指令与参数的显示功能，测绘图形的处理与显示功能，参数输入储备构图与显示功能。全站仪的计算与显示功能服务于整个测量技术过程。

4. 测量的记录、通信传输功能

全站仪的通信传输功能是以有线形式或无线形式与有关的其他设备进行测量数据的交换。

第三节　全站仪基本应用机理

一、测距望远镜的光机电一体化结构

图 6-13 是我国南方测绘仪器公司的 NTS—662 型全站仪，其中的测距望远镜是以光机电一体化结构完成角度、距离测量过程的重要器件。

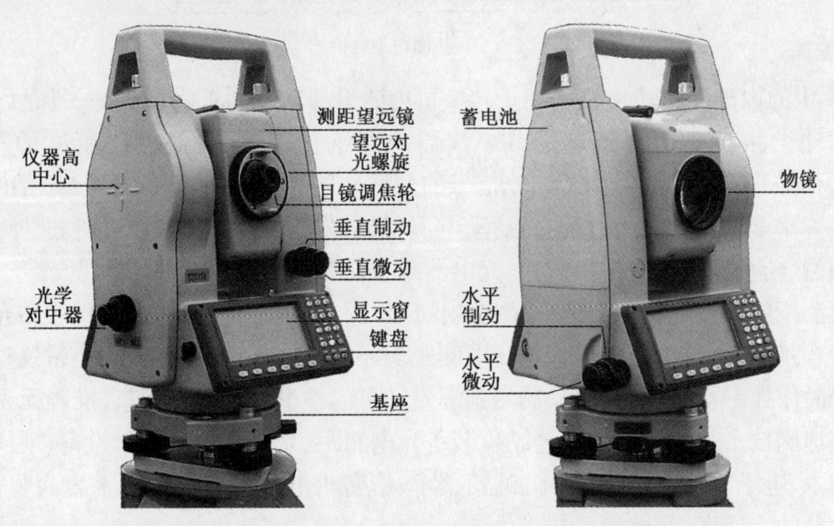

图 6-13　NTS—662 型全站仪

图 6-14 是全站仪测距望远镜的光、机、电结构一体化结构图。图中的物镜、凹透镜、倒像棱镜、十字丝板、目镜中心形成望远镜视准轴，是全站仪看清、瞄准目标的基本光轴。测角系统瞄准目标的同时驱动光电测角信号传递、处理、显示。

测距系统的发光管、光电接收是全站仪光电测距基本的构件，测距系统光的发射、接收和光电转换都是沿测距望远镜视准轴完成距离测量。测距望远镜内的光机电结构一体化包含有

测距系统自身的光机电结构，主要有：发光管、内外光路测量机构；光信号判别与滤光机构等。由图6-14可见，发光管①的光束经透镜②、③、④到达分光镜⑤，经平板镜⑥反射进入发射物镜⑦发射。发射光束到达目标后反射回全站仪进入测距望远镜，经光学器件⑨、⑩，在平板镜⑪反射聚焦到光电管⑫，实现光电接收与转换。整个光的发射和光电接收与转换，连同后续的光电测距数据处理实现外光路距离测量。

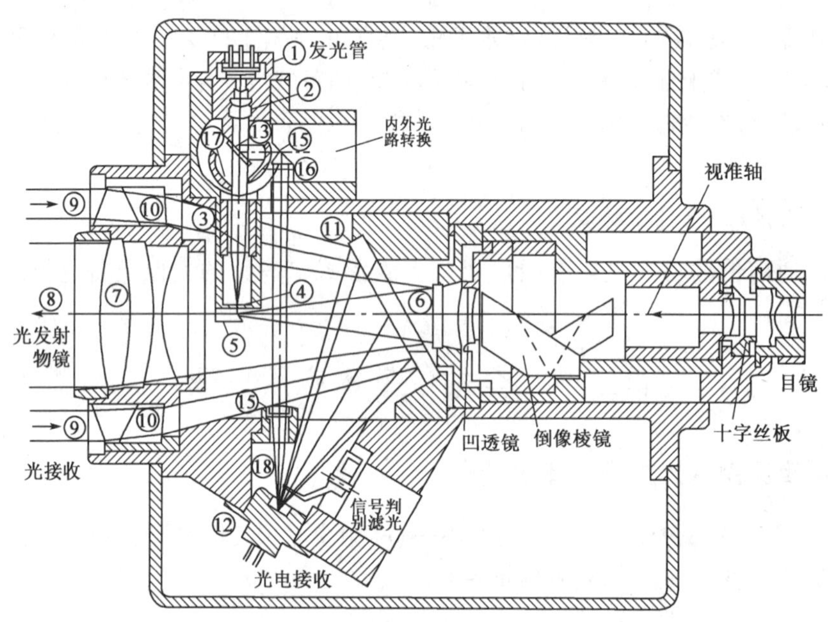

图6-14　测距望远镜

图6-14中的内外光路转换机构用于转换机内测量，其中的⑬、⑭、⑮、⑯、⑰是内光路测量的机件。内外光路转换交替测量是减小仪器内部干扰因素，提高测距精度的重要措施。图6-14中的信号判别与滤光对测距回光信号的分析处理，使得到的光信号符合测距需要。

全站仪一次全站测量经历过程有：启动电源变换、发射光信号、信号判别、选择滤光、内外光路转换测量、精粗测尺频率转换测量、光电测角、数据处理、显示测量结果。

全站仪测距望远镜光机电一体化结构的保证作用：测距系统光的发射、接收和光电转换位置的精确组合；保证全站仪瞄准目标的光电测距与光电测角程序畅通无阻；全站仪整个自动数字测量接受时序控制；保证经历启动测量到测量结果的整个过程有条不紊，准确无误。

以全站速测技术为特征的现代全站仪装备光电测距、光电测角等技术设备，现代全站仪以现代光电技术、电子技术、计算机技术、通信技术、精密机电技术等高新技术为武装，突显核心定位元素测量的高速度、高质量等技术优势。

二、光电液体补偿技术

1. 机械式补偿

补偿，即对仪器指标存在不精密状态的一种修正。精密光学经纬仪的竖直角测量带有自动归零系统的基本功能。图2-21是光学经纬仪的机械自动摆式补偿装置（由图2-4自动归零旋钮控制)。

2. 液体式补偿

在原理上,液体补偿把补偿装置的机械自身重力转换为液体自身液平面的形式提供水平补偿功能。如图 6-15,以竖直角测量的相对直径端指标箭头 A、B 处读数放在水平位置上,顶端是一个"液体盒"。图中竖直度盘处于按望远镜精确水平的状态,设仪器处于精确水平状态,对径指标(箭头)处于精确水平状态。可以理解,A 处指标得到的 180°光线按光路设计射入液体盒,在液平面全反射后与 B 处指标 0°重合。此时对径指标得到的 0°、180°按光路设计反映在读数窗口也正确符合。

如果读数指标处于不精确水平状态,如图 6-16 所示,对径指标箭头偏离水平位置,存在一个 δ 角。这时,A 处指标得到的 180°光线射入液体盒,由于液体盒存在一个 δ 角,光线在液平面全反射后为 A'处,与 B 处指标 0°不重合,偏离值等于 2δ 角。设计上,对径符合读数技术使 A'与 B 处指标重合起来,其重合过程完成 δ 角的光学测定,并以此进行 δ 角的改正,从而达到光学补偿的目的。

3. 双轴光电液体补偿

1)单轴光电液体补偿。

现代光电液体补偿与光学液体补偿的主要区别,是图 6-16A'处设有光电二极管探测 A'的指标值,并与 B 处的指标值比较,在技术上通过电子精密测斜得到 δ 角,进而对不水平状态自动补偿。光电液体补偿有利于补偿自动化、精密化,其中 TC 系列等仪器是装备较早的全站仪。由于这种补偿只对竖直角进行修正,故称为单轴光电液体补偿。一般全站仪都装备有单轴光电液体补偿。

2)双轴光电液体补偿。

水平角测量存在竖轴误差影响 $\Delta\delta$。根据角度测量竖轴误差的研究,只要能测定竖轴误差 δ,就可以利用水平角 β 及竖直角 α 修正竖轴误差对水平角的影响 $\Delta\delta$(式(2-20))。这就是全站仪在对竖直角进行修正基础上对水平角的修正。所谓的全站仪双轴光电液体补偿就是对竖直角、水平角同时进行误差修正的精密补偿系统。液体补偿器的液体是水银、硅绝缘油,用于形成真水平面(见图 6-15)。全站仪在整平后的光电自动补偿功能是以光电传感技术、倾斜测微技术为基础,实现双轴自动误差修正(图 6-17)。双轴光电液体补偿是全站仪高精度测量的基本条件之一。

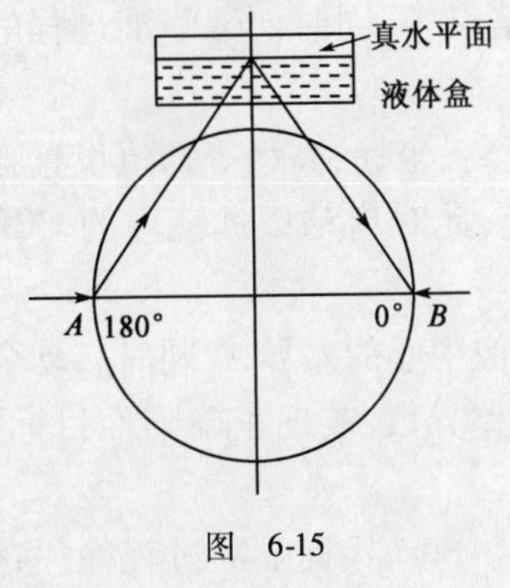

图 6-15

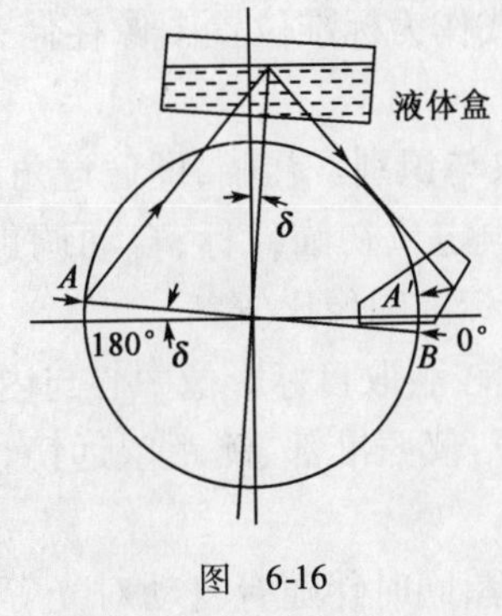

图 6-16

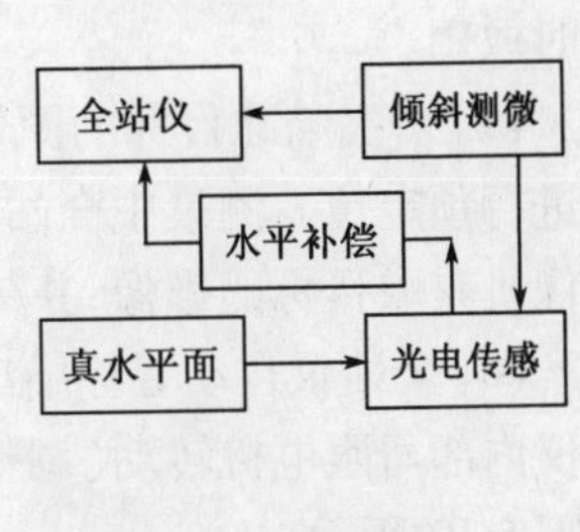

图 6-17

除双轴光电液体补偿之外，有的全站仪还有视准差、横轴误差、指标差的修正等，在单盘位测量中可提高观测值精度。

全站仪以测量结构光机电一体化的优越条件，大力吸取现代电子技术的最新成果，把光电测距、光电测角、光电精密液体补偿并与计算机系统集成为一体，实现角度、距离测量与精密补偿光电化。

精密液体补偿是对全站仪内部结构与测量状态存在可能误差的修正和补偿。采用光电精密液体补偿可减少人工补偿麻烦，加快补偿速度，提高补偿精度，是全站仪精密测量可靠的重要条件。

三、自动瞄准与跟踪

全站仪正向着测量机器人的方向发展，自动瞄准与跟踪是重要的标志。全站仪发展很快，具有一定智能的自动化全站仪相继出现。图6-18 中的南方 NTS-391、徕卡 TCA2003、索佳全站仪，是具有自动瞄准与跟踪功能的智能型全站仪。

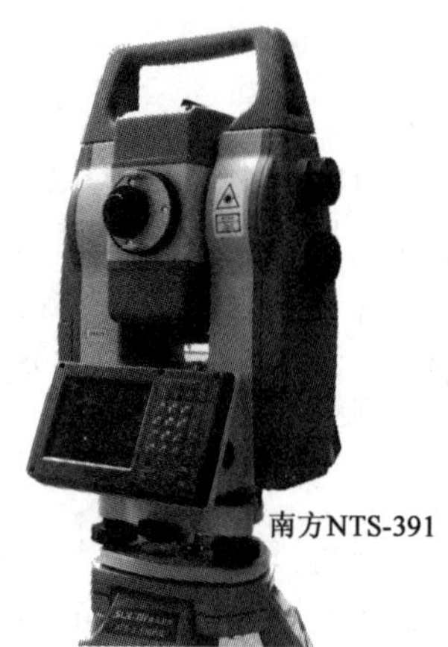

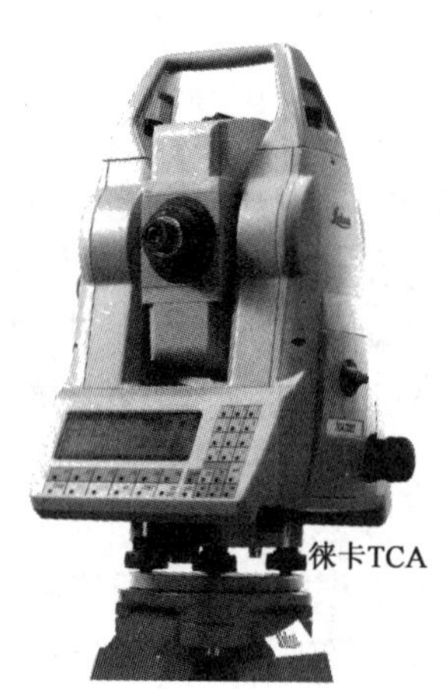

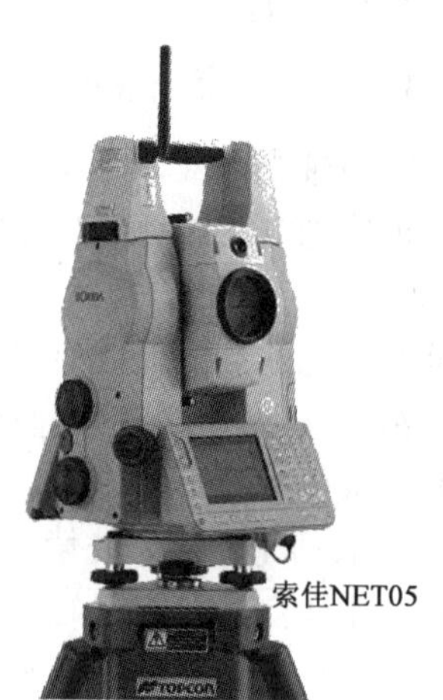

图 6-18　自动全站仪

1. 自动瞄准

全站仪的自动瞄准技术，或称为自动识别目标技术，在原理上有三个基本技术环节。

(1)目标标准位置图像的存储。一般地，全站仪以棱镜反射器作为瞄准目标，棱镜反射器的基本图像按全站仪精确瞄准方式作为标准位置图像存储在全站仪中，同时便于瞄准过程的随时取用。

(2)初次瞄准目标的图像获取与识别。初瞄，即通过角度、距离、坐标、高程等初值设置方式进行预定位。测量中全站仪按预定位初瞄目标、自动调焦对光，此时启动望远镜内的 CCD 摄像机获取目标的影像，并与目标标准图像比较。

(3)全站仪自动寻标瞄准。比较获取目标影像中心与内存图像中心的差异 Δ，同时启动全站仪内部司服电机转动(调整)全站仪照准部、测距望远镜，减少差异 Δ，实现正确瞄准目标，如图 6-19 所示。

比较与调整是反复的自动过程，同时伴随有自动对光等动作。自动寻标瞄准过程往往存在微小差异,仪器可以将其转化为改正数对测量结果进行修正。

2. 自动跟踪

现代全站仪的自动跟踪,以 CCD 摄像技术和自动寻标瞄准技术为基础,完全是全站仪按设计要求自身进行图像判断、指挥自身照准部和望远镜转动寻标、瞄准、测量的全自动的跟踪测量过程。全自动的跟踪要解决过程异常情况分析和跟踪速度的调整等问题。

四、全站仪应用程序化

全站仪光电技术及其全站计算机技术是快速、高精度测量的优质条件,也是全站测量技术功能丰富无穷的基础。为了保证全站测量技术功能的可靠运行,全站仪应用程序化是重要一环。

全站仪应用程序化反映在键盘设计上。早期的全站仪程序化比较简单,全站仪键盘设计是简单型按键设计,有限的按键功能标明在按键旁,如图 6-20。键盘中的显示窗只显示一二行字,如图 3-11 所示。全站仪瞄准目标后,启动简单型按键,即可调动标明的全站仪功能,完成全站仪的测量任务。

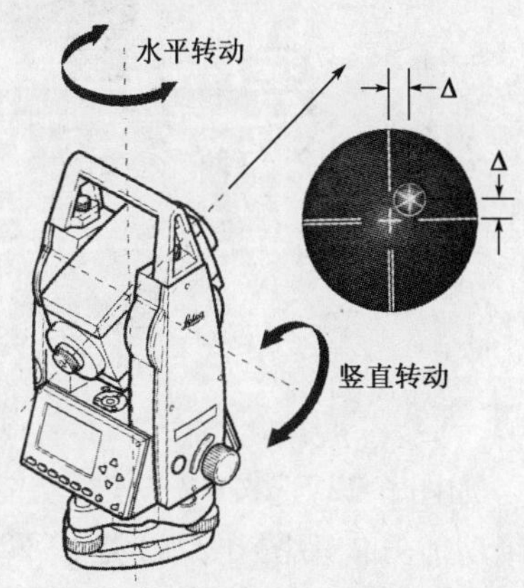

图 6-19 全站仪自动寻标瞄准

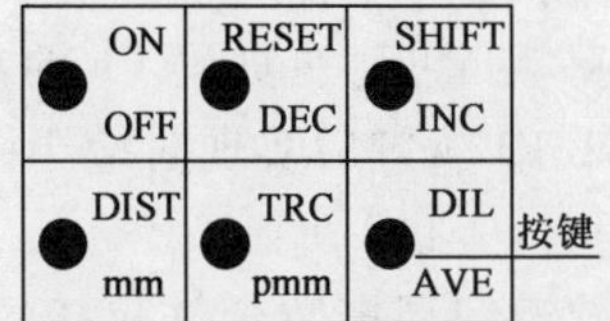

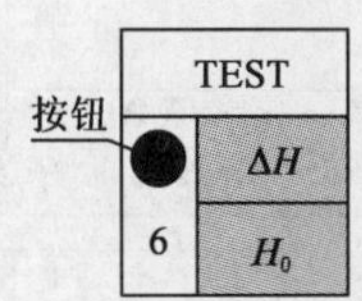

图 6-20 简单型按键设计

现代全站测量程序化设计是全站测量应用的系统设计,属于以 DOS 或 Windows 等计算机系统为基础的键盘设计。全站仪键盘设计有软键型、触摸型等类型,其应用特点是:显示窗比较宽大,信息描述的显示形式与提示内容比较丰富;键盘设计可按步骤提示全站仪功能,全站仪功能的应用方便;键盘设计有利于全站仪功能自动化、程序化,有效提高全站仪的应用效率。熟练掌握全站仪键盘设计类型的功效是应用全站仪的关键。

1. 软键型按键设计

软键型是一种把全站仪键盘的按键功能以硬键和软键区分的按键设计。

硬键,即按键的功能固定,设定后不改变。如图 6-21 所示的 NTS-662 型全站仪键盘图,键盘右侧的 15 个按键属于硬键。其中的数字键、字母键,功能均标明在按键旁,依显示窗提示时应用,"★"键用于常用功能操作,ENT 键是确认键,ESC 键是退出键。

软键,按键的功能可变,即按键的功能可根据设计随显示窗提示改变。

图 6-21,NTS-662 型全站仪有 6 个软键,即 F1、F2、F3、F4、F5、F6。6 个软键上方显示窗提示"程序、测量、管理、通信、校正、设置",是该全站仪设计的 6 个项目功能系统,按下 F1、F2、F3、F4、F5、F6 任何一个按键,将启动其中所选的一个功能系统。

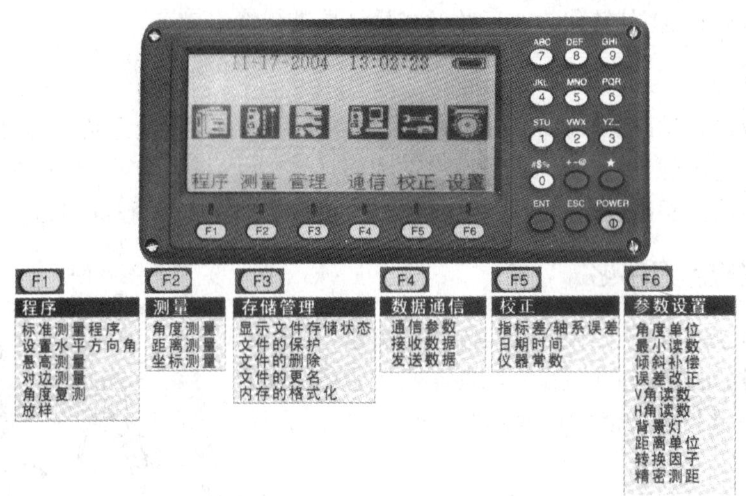

图 6-21　NTS-662 全站仪程序型键盘

如图 6-22，选按 F2 软键，功能系统便是“角度测量、斜距测量、平距测量、坐标测量”的 4 个功能方向。图 6-22a）是按 F2 软键后的“角度测量”功能方向，此时的 F1、F2、F3、F4、F5、F6 软键的功能分别是“斜距、平距、坐标、置零、锁定、P1”，P1 是该显示页的页码。页码 P2 的功能内容是按 F6 软键后才显示出来。角度测量是页码 P2 功能内容“记录”（F1）后，由全站仪记录存储。如果选用“斜距”、“平距”、“坐标”测量，则在页码 P1 的功能内容中分别选 F1、F2、F3 软键后实现对应于图 6-22b）、c）、d）的显示页。

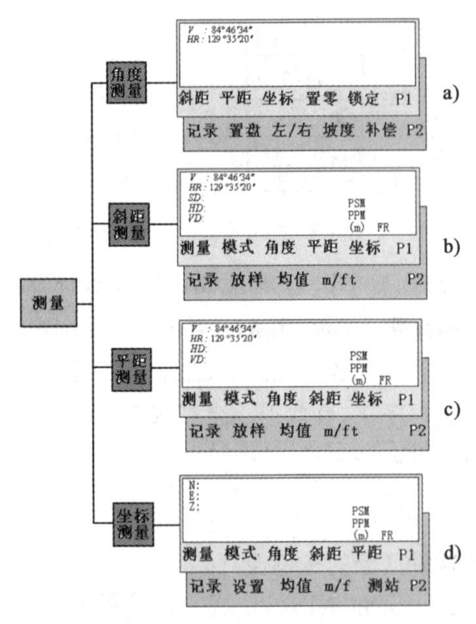

图 6-22　NTS-662 型“测量”功能方向

软键型是多数全站仪按键设计的通行方式。NTS-662 型全站仪有 30 多种软键功能方向，各种功能方向与程序安排都有如同上述的“角度测量、距离测量（斜距、平距）、坐标测量”，承前启后，有条不紊，易于识别和快速掌握。

2. 触摸型按键设计

南方测绘 NTS-340 型全站仪的触摸型键盘如图 6-23 所示。触摸型的键盘设计，不设软键，硬键仍以软键型按键设计，29 个按键是硬键列在键盘右侧。触摸型的提示内容显示于显示窗口上，用电子笔或手指触动提示内容，实现全站仪的功能确定。

显示窗左侧提示了“项目、数据、计算、设置、校准、常规、建站、采集、放样、道路”10 个子系统，表 6-2 第二行是 10 个子系统具体项目名称，表中列出 NTS-340 型全站仪 10 个子系统的 60 种功能方向，各功能方向都有具体的工作内容提示，按提示一步步用电子笔或手指触摸内容提示完成全站仪测量的具体工作。

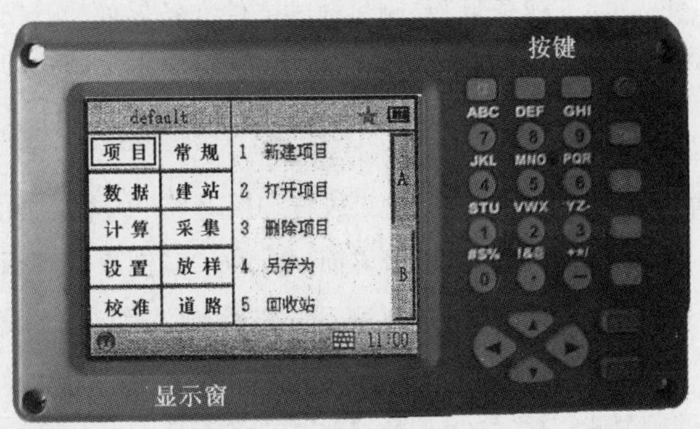

图 6-23　NTS-340 型全站仪触摸型键盘

NTS-340 型全站仪功能方向　　表 6-2

1 项目	2 数据	3 计算	4 设置		5 校准	6 常规	7 建站	8 采集	9 放样	10 道路
项目管理	数据管理	计算程序	参数设置		仪器校准	常规测量	测量建站	数据采集	工程放样	道路定位
新建项目	原始数据	计算器	单位设置	电源管理	补偿器校准	角度测量	已知点建站	点测量	点放样	道路选择
打开项目	坐标数据	坐标正算	角度相关设置	其他设置	垂直角校正	距离测量	测站高程	距离偏差	角度距离放样	编辑水平定线
删除项目	编码数据	坐标反算	距离相关设置	固件设置	加常数校正	坐标测量	后视检查	平面角点	方向线放样	编辑垂直定线
另存项目	数据图形	面积周长	坐标相关设置	格式化存储器	触摸屏校正		后方交会测量	圆柱中心点	直线参考线放样	道路放样
回收站		点线反算	RS232 通讯设置	恢复出厂设置				对边测量		计算道路坐标
项目信息		两点计算交点	蓝牙通讯设置					线、延长点测量		
导入		四点计算交点						线、角点测量		
导出		体积计算								
关于		单位转换								

功能方向的显示。如用电子笔或手指触摸“项目”，显示[项目]，即开启项目管理 A 内容“新建项目、打开项目、删除项目、另存项目、回收站”5 个功能方向。触摸右侧边 B，开启项目管理 B 内容“项目信息、导入、导出、关于”4 个功能方向。

功能方向的选择。如图 6-23 所示，显示窗右侧提示“项目”的“1 新建项目、2 打开项目、3 删除项目、4 另存项目、5 回收站”5 个功能方向。用电子笔或手指触摸显示窗右侧任一功能方向，具体的工作内容就马上提示在显示窗。如点触“1. 新建项目”，显示窗显示“新建项目”界面，如图 6-24 所示。

“项目管理”子系统用于文件准备和保留测量成果。全站仪先有建立项目的文件准备，才有测量和其他操作。图 6-24“新建项目”是测量前的文件准备界面。其中，以测量时间表示的文件名称，作者是测量人员，注释是文件说明。“新建项目”属于全站仪的程序化准备。表 6-2 中所列的“1 项目、2 数据、3 计算、4 设置、5 校准、7 建站”属于全站仪的程序化准备的工作内容。

图 6-23 列出全站测量“6 常规、8 采集、9 放样、10 道路”内容。如触摸图 6-23 显示窗 常规，则显示“角度、距离、坐标”的常规测量界面，如图 6-25、图 6-26 所示。图中右侧“测量”是距离测量、坐标测量触摸点，“模式”是距离测量、坐标测量并结合“设置”的临时准备操作，“放样”是工程测设功能。

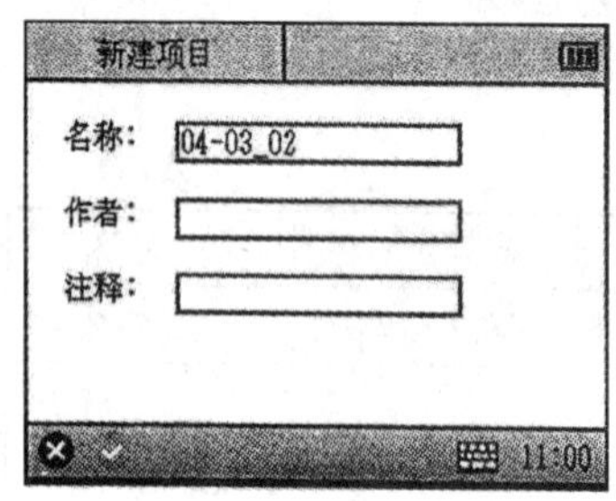

图 6-24　文件准备界面

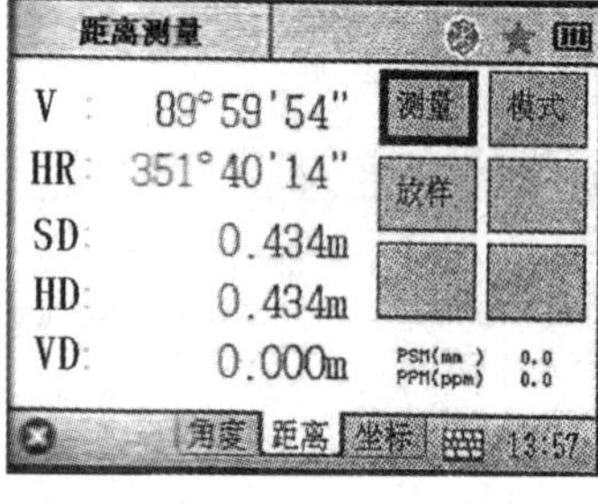

图 6-25　距离测量界面

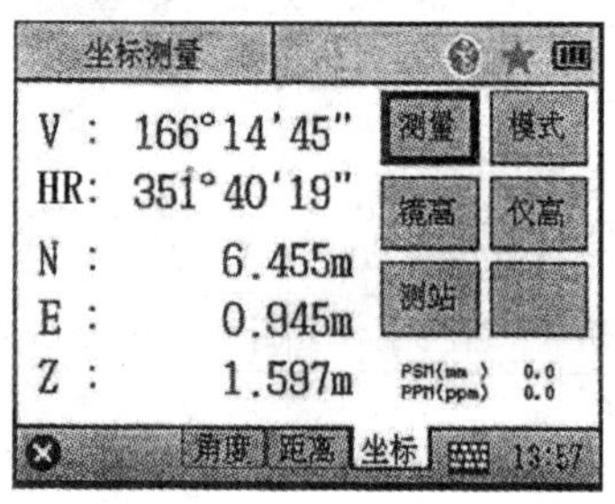

图 6-26　坐标测量界面

触摸型按键设计，具有“屏幕数字图文并茂，操作快捷易于掌握”的优点。全站仪子系统、功能方向和相应全站测量工作程序应用，在电子笔或手指触动过程中练习可快捷掌握，这里不一一说明。

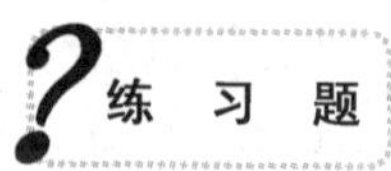

练 习 题

1. 全站测量是对地面点____的同时测量。

   A. 地形、地貌　　B. 坐标、高程　　C. 距离、角度

2. 全站测量的地面点至测站点的方位角按图 6-1c)____计算。

   A. β　　B. $\alpha_{AB}+\beta$　　C. $\alpha_{AB}+\beta+180$

3. 用光电经纬仪以光学速测法全站测量，其中____。

   A. 水平角、竖直角、距离由光电经纬仪自动测量

   B. 水平角、竖直角由光电经纬仪自动测量

   C. 距离由光电经纬仪自动测量

4. 光学经纬仪以光学速测法全站测量的直接测量参数是____。

   A. 水平角 β，标尺读数 $l_{上}$、$l_{下}$、$l_{中}$，竖盘读数 L_A

   B. 距离 D，水平角 β，竖直角 α

   C. 平距 $\overline{D}$，方位角 α_{AP}，高差 h

5. 半站速测法与全站速测法在数据处理中的不同之处是什么？

6. 与光学经纬仪相比，全站仪中有哪些光学经纬仪的特点？

7. 基本型全站仪的主要技术装备包括____。

   A. 照准部、基座

B. 光电测量系统、光电液体补偿技术、测量计算机系统

C. 望远镜、水准器、基本轴系

8. 双轴液体补偿可以实现____(　　)。

A. 仪器精平　　B. 距离修正　　C. 水平角、竖直角的修正

9. 程序测量是____(　　)。

A. 设定的连续测量

B. 按设计的程序控制的快速间接测量

C. 设定的跟踪测量

10. 全站仪的自动瞄准是如何实现的?

提示:参考第三节“三、自动瞄准与跟踪”。

11. NTS 型全站仪是____(　　)全站仪。

A. 日本索佳生产的　　B. 徕卡公司生产的

C. 中国生产的　　D. 托普康公司生产的

12. 图 6-25 是 NTS-340 型全站仪距离测量显示界面格式,说明其中的 V、HR、SD、HD、VD 分别表示的意义。

13. 南方 NTS 型全站仪的 HR、HL 的意义是什么? 在测距方式,如何选取斜距显示。

略。

14. 全站仪测距望远镜光机电一体化结构在全站测量中具有的保证作用是:

A. 保证测距系统光的发射、接收和光电转换位置的精确组合

B. 保证全站仪瞄准目标的光电测距与光电测角程序畅通无阻

C. 全站仪整个自动数字测量接受时序控制

D. 保证经历启动测量到测量结果的整个过程有条不紊,准确无误

15. 双轴光电液体补偿是:

A. 对全站仪横轴误差、竖轴误差的补偿

B. 对全站仪竖直角、水平角误差修正的同时精密补偿

C. 对全站仪内部结构与测量状态存在可能误差的修正和补偿

16. 全站仪键盘的软键,其按键的功能可变,即按键的功能可根据设计随显示窗提示改变,此说法正确(　　),错误(　　)。

第七章　全球定位技术原理

［**学习目标**］　明确 GPS 技术的意义与优点，理解 GPS 系统构成、坐标系统、基本原理，掌握绝对定位、相对定位、RTK 的原理要点。

第一节　概　　述

GPS 是英文缩写词 NAVSTAR/GPS 的简称，全名为 Navigation System Timing and Ranging / Global Positioning System，或 Global Navigation Satellite System-GNSS，中文全称是“授时与测距导航系统”或“全球定位系统”。

全球定位系统（GPS）开始于 20 世纪 70 年代初，由美国国防部组织研制，历时 20 余年，耗费巨资，于 1993 年全面建成。其间俄罗斯、欧盟也开始建立相类似的 GPS 系统，如俄罗斯称为 GLONASS 全球导航卫星系统。美国全球定位系统新一代的精密卫星导航和定位系统，它具有全球性、全天候、高精度、连续的三维测速、导航、定位与授时能力，具有良好保密性和抗干扰性，主要用于军事。

我国“北斗”卫星导航定位系统（BeiDou（COMPASS）Navigation Satellite System）发展毫不逊色。中国“北斗”卫星导航定位系统建设至今 10 余年，已成功在太空布上了 16 颗“北斗”卫星，逐步形成具有中国优势的全球定位系统。“北斗”不仅意味着中国人在太空可以部署无处不在的向导，更意味着中国已具有优势影响力以及制定规则的权力。在太空群雄巅峰对决中，“北斗”不断展现着中国人的骄傲。

全球定位系统的高度自动化及其所达到的高精度，也引起了其他民用部门的普遍关注和极大兴趣。GPS 定位技术，尤其精密测量定位的开发和应用深受普遍关注。近十多年来 GPS 定位技术在应用基础的研究、新应用领域的开拓及软硬件的开发等方面发展迅速，使得该技术已经广泛地渗透到经济建设和科学技术的许多领域。GPS 技术极大地推动大地测量、工程测量、地籍测量、航空摄影测量、变形监测、资源勘察和地球动力学等多种学科的技术创新。

与常规的测量技术相比较，GPS 技术具有以下的优点：

（1）测站间无需通视。这样可节省大量的造标费用，并可根据需要选择点位，选点工作灵活。

（2）定位精度高。目前单频接收机相对定位精度可达 5mm + 1ppm，双频接收机可优于 5mm + 1ppm。

（3）观测时间短，人力消耗少。用 GPS 进行静态相对定位，在 20km 以内仅需 15 ~ 20min；进行快速静态相对定位测量时，流动站观测时间只需 1 ~ 2min；进行动态相对定位测量时，在初始化工作完成后，流动站可随时定位，每站观测仅需几秒钟。

(4)可提供三维坐标,即在精确测定观测站平面位置的同时,还可以精确测定观测站的大地高程。

(5)操作简便,自动化程度高。

(6)全天候作业,可在任何时间、任何地点连续观测,一般不受天气状况的影响。

全球定位系统应用于工程测量,要求保持观测站上空开阔,便于接收卫星信号。GPS 技术在某些环境并不适用,如地下工程测量,紧靠建筑物的某些测量,两旁有高大楼房的街道巷内测量,大树密布区域测量等。

第二节　GPS 系统的组成

GPS 系统的基本组成有空间星座部分、地面监控部分和用户设备三部分,见图 7-1。

一、空间星座部分

1. GPS 卫星星座

美国 GPS 由 21 颗工作卫星和 3 颗在轨备用卫星组成,记作(21 +3)GPS 星座。如图 7-2 所示,24 颗卫星均匀分布在 6 个近圆形的轨道面内,每个轨道面上有 4 颗卫星。卫星轨道面相对地球赤道面的倾角为 55°,各轨道平面升交点的赤经相差 60°。轨道平均高度 20 200km,卫星运行周期为 11 小时 58 分。位于地平线以上的卫星数目随着时间和地点的不同而不同,最少可见到 4 颗,最多可见到 11 颗。24 颗卫星在空间上如此分布,可以保证在地球上任何地点、任何时刻至少可观测到 4 颗卫星。

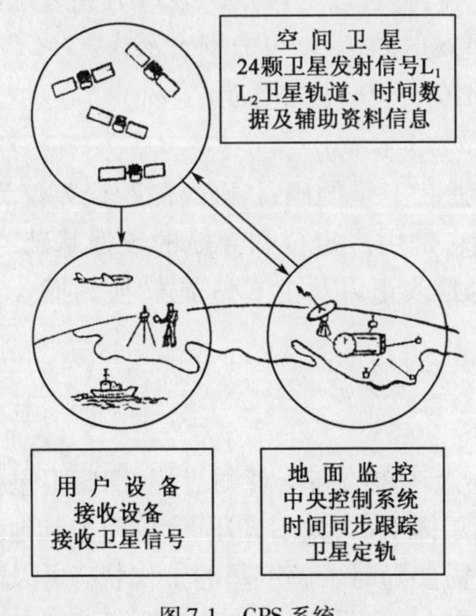

图 7-1　GPS 系统

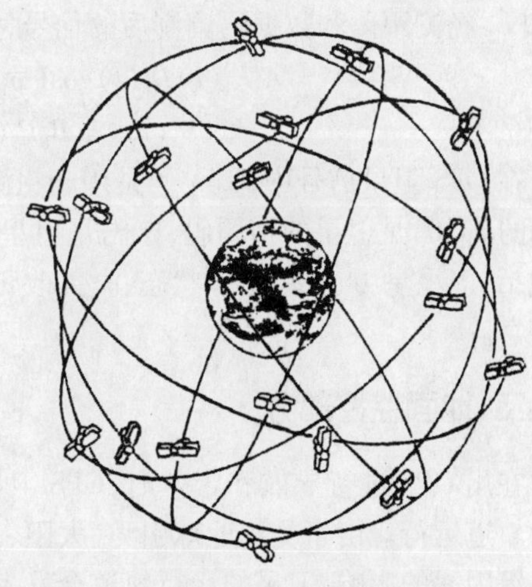

图 7-2　卫星星座

中国“北斗”卫星导航系统的卫星目前有 16 颗星座,具备亚太地区的导航定位能力。我国将继续发射“北斗”卫星,使之实现由 30 颗卫星组成的完整的全球“北斗”星座。

2. GPS 卫星及作用

GPS 卫星的主体呈圆柱形,直径约 1.5m,质量约 774kg ,设计寿命 7.5 年。卫星两侧设有两块双叶太阳能板，能自动对日定向，以保证卫星正常工作用电。每颗卫星装有 4 台高精度原子钟(2 台铷钟,2 台铯钟)，它将发射标准频率信号，为 GPS 定位提供高精度的时间标准。

GPS 卫星的主要作用是：接收、储存和处理地面监控系统发射来的导航电文和其他有关信息；向用户连续不断地发送导航与定位信息，并提供精密的时间标准(稳定度 $10^{-12} \sim 10^{-14}$s)，根据导航电文可知卫星当前的位置和工作情况；接收地面监控系统发送的控制指令，适时地改正卫星运行偏差或启用备用时钟等。

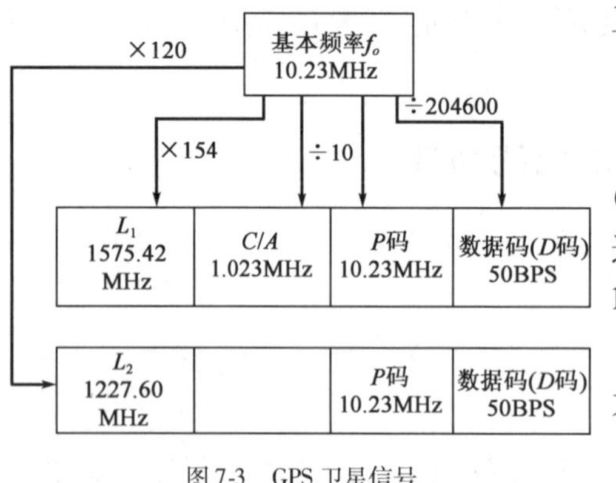

图 7-3　GPS 卫星信号

3. GPS 卫星信号

GPS 卫星所发播的信号，包含载波、测距码(P 码、C/A 码)和数据码(D 码)三种信号分量，这些信号分量都是在同一个基本频率 f_o = 10.23MH$_Z$的控制下产生的，如图 7-3 所示。

GPS 卫星取 L 波段的两种不同频率的电磁波为载波，其中：

L_1 载波，频率 $f_1 = 154 \times f_o = 1575.42MH_Z$，波长 $\lambda_1 = 19.03$cm。

L_2 载波，频率 $f_2 = 120 \times f_o = 1\,227.60MH_Z$，波长 $\lambda_2 = 24.42$cm。

在无线电通信技术中，为了有效地传播信息，都是将频率较低的信号加载在频率较高的载波上，此过程称为信号调制。然后载波携带着有用信号传送出去，到达用户接收机。

GPS 卫星的测距码和数据码是采用调相技术调制到载波上的，在载波 L_1 上调制有 C/A 码、P 码和数据码，而在载波 L_2 上只调制有 P 码和数据码。若以 $s_1(t)$ 和 $s_2(t)$ 分别表示载波 L_1 和 L_2 经测距码和数据码调制后的信号，则 GPS 卫星发射的信号，可分别表示为：

$$S_1^i(t) = A_p P_i(t) D_i(t) \cos(\overline{\omega}_1 t + \varphi_1) + A_c C_i(t) D_i(t) \sin(\overline{\omega}_1 t + \varphi_1) \tag{7-1}$$

$$S_2^i(t) = B_p P_i(t) D_i(t) \cos(\overline{\omega}_2 t + \varphi_2) \tag{7-2}$$

在 GPS 卫星信号中，C/A 码是用于粗测距和快速捕获卫星的码；P 码的测距误差仅为 C/A 码的 1/10，是卫星的精测码；D 码是卫星导航电文，它是用户定位和导航的数据基础，它主要包括：卫星星历、卫星工作状态、时钟改正、电离层时延改正以及由 C/A 码转换到捕获 P 码的信息。

二、地面监控部分

在用 GPS 进行导航和定位时，GPS 卫星是作为位置已知的高空观测目标，GPS 卫星按预定的轨道运行。由于受到地球引力、太阳、月亮及其他星体引力、太阳光压、大气阻力和地球潮汐力等因素的影响，卫星的运行轨道会发生摄动，所以需要随时了解卫星的工作状态并及时纠正卫星的轨道偏离，这些工作由地面监控系统完成。同时地面监控系统还需推算编制各卫星星历，提供精确的时间基准并更新卫星导航信息。GPS 地面监控系统包括 1 个主控站、3 个注入站和 5 个监测站。

1. 主控站

主控站设在美国本土科罗拉多，其主要任务是根据所有地面监测站的观测资料推算各卫星星历、卫星钟差和大气层修正参数，并将这些数据编制成导航电文传送到注入站；纠正卫星的轨道偏离；必要时启用备用卫星，以取代失效的工作卫星。主控站还负责协调和管理所有地面监测系统的工作。

2. 注入站

三个注入站分别设在大西洋的阿松森群岛、印度洋的迭哥伽西亚岛和太平洋的卡瓦加兰，其任务是通过一台直径为3.6m的天线，将主控站发来的导航电文注入给相应的卫星。每天注入3次，每次注入14天的星历。

3. 监测站

监测站共有5个。除了主控站和3个注入站具有监测站功能外，还在夏威夷设有一个监测站。监测站内设有双频GPS接收机、高精度原子钟、计算机各一台和若干台环境数据传感器。其主要任务是连续观测和接收所有GPS卫星的信号并监测卫星的工作状况，并将采集到的数据连同当地气象观测资料经初步处理后传送到主控站。图7-4为地面监控系统方框图，除主控站外均由计算机自动控制，无需人工操作。各地面站间由现代化通信系统联系，实现了高度的自动化和标准化。

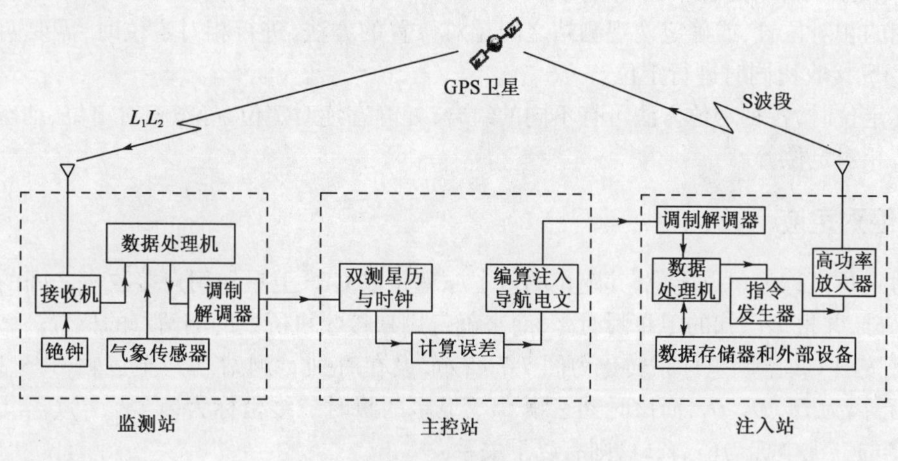

图7-4　地面监控系统

三、用户设备部分

用户设备部分包括GPS接收机和数据处理软件等。GPS接收机一般由主机、天线和电池三部分组成(图7-5)，它是用户设备部分的核心，其主要功能是跟踪接收GPS卫星发射的信号并进行变换、放大和处理，以便得出GPS信号从卫星到接收机天线的传播时间，解译导航电文，实时计算出测站的三维位置，甚至三维速度和时间。

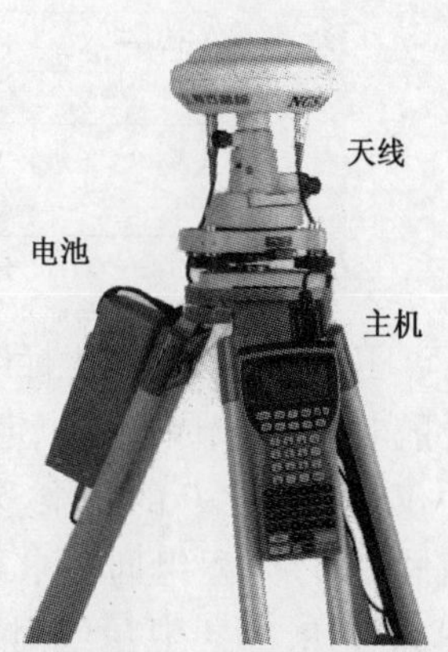

图7-5　GPS接收机

GPS接收机类型很多，按用途来分，有导航型、测地型和授时型；按工作模式来分有码相关型、平方型和混合型；按接收的卫星信号频率来分，有单频(L_1)和双频(L_1、L_2)接收机等。在精密定位

图 7-6 “S86C”RTK 接收机

测量工作中，一般是采用测地型双频接收机或单频接收机。

目前，各种类型的 GPS 接收机体积越来越小，重量越来越轻，便于野外观测。同时能接收 GPS、GLONASS 和 Beidou 卫星信号的多星接收机已经问世，近期南方测绘“S86C”RTK 接收机(图 7-6)就是基于我国“北斗”系统的多种卫星系统的测量型接收机。

第三节　GPS 定位基本原理

GPS 卫星定位方法，按定位时 GPS 接收机所处的状态，可分为静态定位和动态定位；而按定位的结果进行分类，又可分为绝对定位和相对定位。

静态定位是指在定位过程中，GPS 接收机的位置是固定的，处于静止状态。而动态定位时，GPS 接收机处于运动状态。

绝对定位是指在 WGS-84 坐标系中，确定观测站相对地球质心绝对位置的方法，此时只需一台 GPS 接收机即可定位。而相对定位是指在 WGS-84 坐标系中，确定观测站与某一地面参考点之间的相对位置，或确定两观测站之间相对位置的方法，进行相对定位时，需要两台或两台以上 GPS 接收机同时进行定位。

实际定位时，各种定位方法可有不同的组合，如静态绝对定位、静态相对定位、动态绝对定位和动态相对定位等。

一、绝对定位

绝对定位又称为单点定位，其定位的基本原理是以 GPS 卫星和用户接收机之间的距离观测量为基础，并根据已知的卫星瞬时坐标，来确定用户接收机所处的测站点的位置。

现在按图 1-2 空间坐标系转化为图 7-7 所示，设在时刻 t_i 测站点 P 至三颗 GPS 卫星 S_1、S_2、S_3 的距离为 D_1、D_2、D_3，而该时刻三颗 GPS 卫星的瞬时三维坐标为 (x_j, y_j, z_j) $(j=1,2,3)$，测站点 P 的三维坐标为 (x, y, z)，则有以下关系：

$$
\begin{aligned}
D_1 &= \sqrt{(x_1 - x)^2 + (y_1 - y)^2 + (z_1 - z)^2} \\
D_2 &= \sqrt{(x_2 - x)^2 + (y_2 - y)^2 + (z_2 - z)^2} \\
D_3 &= \sqrt{(x_3 - x)^2 + (y_3 - y)^2 + (z_3 - z)^2}
\end{aligned}
\tag{7-3}
$$

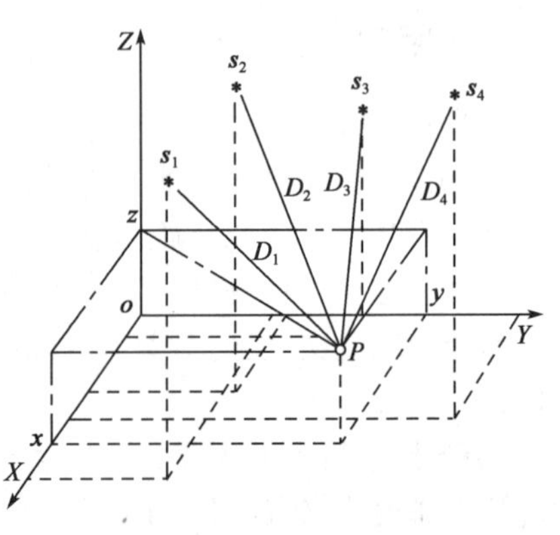

图 7-7　绝对定位

卫星的瞬时三维坐标 (x_j, y_j, z_j) 可根据接收到的卫星导航电文求得，因此若测定了距离 D_1、D_2、D_3，在式(7-3)中仅有测站点 P 的三维坐标 (x, y, z) 为未知量，联立求解式(7-3)方程组即可求得测站点 P 的坐标 (x, y, z)。由此可知，GPS 卫星绝对定位的实质是空间距离交会法，从理论上说，如果 GPS 接收机同时对三颗卫星进行距离测量(实际定位至少需四颗卫星,具体见后面说明),即可确定接收机所在位置的三维坐标。

绝对定位的优点是定位时只需要一台 GPS 接收机,而且观测速度快,数据处理较为简单。其缺点是精度较低,目前仅能达到米级的定位精度。

二、伪距测量

由绝对定位原理可知,进行 GPS 定位,关键是要测定出用户测站点接收机至 GPS 卫星的距离。在 GPS 卫星所发播的信号中,测距码信号可用于测距。设测距码信号从卫星发射到达接收机所经历的时间为 τ,则该时间乘以电磁波在真空中的速度 c,即为卫星至接收机的距离 D,即

$$D = c \times \tau \tag{7-4}$$

此种情况下距离测量的特点是单程测距,它不同于光电测距仪中的双程测距,这就要求卫星时钟与接收机时钟要严格同步,但实际上卫星时钟与接收机时钟难于严格同步,存在一个不同步误差。此外测距码在大气中传播还受到大气电离层折射及大气对流层的影响,产生延迟误差。因此实际所求得的距离值并非真正的站、星之间的几何距离,习惯上将其称为“伪距”,用 D'表示。通过测伪距来定点位的方法称为伪距法定位。

为测定测距码信号由 GPS 卫星转播至接收机所经历的时间 τ,接收机在自已的时钟控制下会产生一组结构与卫星测距码完全相同的测距码,称为复制码,并通过时延器使其延迟时间 τ'。将所接收到的卫星测距码与接收机内产生的复制码送入相关器进行相关处理,若自相关系数 $R(\tau') \neq 1$,则继续调整延迟时间 τ',直至自相关系数 $R(\tau') = 1$ 为止。此时复制码与所接收到的卫星测距码完全对齐,所延迟的时间 τ'即为 GPS 卫星信号从卫星传播到接收机所用的时间。

由于卫星时钟与接收机时钟相对于 GPS 标准时均存在有误差,设卫星时钟的钟差为 δ_{st},接收机时钟的钟差为 δ_{pt},则卫星时钟与接收机时钟的钟差所引起的测时误差为 $\delta_{pt} - \delta_{st}$,所引起的测距误差为 $c\delta_{pt} - c\delta_{st}$。若再考虑到卫星信号传播经大气电离层和大气对流层的延迟,则站、星之间真正的几何距离 D 与所测伪距 D'有以下关系:

$$D = D' + \delta D_1 + \delta D_2 + c\delta_{pt} - c\delta_{st} \tag{7-5}$$

式(7-5)是伪距测量的基本观测方程,式中 δD_1、δD_2 分别为电离层和对流层的延迟改正项。

在式(7-5)的各改正项中,δD_1 和 δD_2 可以按照一定的模型进行计算修正。而 GPS 卫星上配有高精度的原子钟,卫星钟差较小,且信号发射瞬间的卫星钟差改正数 δ_{st}可由导航电文中给出的有关时间信息求得。但用户接收机中仅配备一般的石英钟,在接收信号的瞬间,接收机的钟差改正数不能预先精确求得。因此,在伪距法定位中,把接收机钟差改正数 δ_{pt}也当作未知数,与测站点坐标在数据处理时一并求解。几何距离 D_j 与卫星坐标(x_j, y_j, z_j)和接收机坐标(x, y, z)之间有如下关系:

$$D_j = \sqrt{(x_j - x)^2 + (y_j - y)^2 + (z_j - z)^2} \tag{7-6}$$

将式(7-5)代入式(7-6)得

$$\sqrt{(x_j - x)^2 + (y_j - y)^2 + (z_j - z)^2} - c\delta_{pt} = D'_j + \delta D_{1j} + \delta D_{2j} - c\delta t_{sj} \tag{7-7}$$

式中，j 为卫星数，$j=1,2,3,\cdots$。可以看出，实际定位时，为确定 4 个未知数 x,y,z,δ_{pt}，接收机必须同时至少测定 4 颗卫星的距离。

三、载波相位测量

利用测距码进行伪距测量是全球定位系统的基本测量方法。但由于测距码的码元长度(即波长)较大，C/A 码码长 293m，P 码码长 29.3m。一般观测精度取测距码波长的 1%，则伪距测量对 C/A 码而言量测精度为 3m 左右，对 P 码而言为 30cm，这样的测距精度对于一些高精度应用来讲还显得过低，无法满足需要。而在 GPS 卫星所发播的信号中，载波也可用于测距，由于载波的波长短，$\lambda_1 = 19$cm，$\lambda_2 = 24$cm，故载波相位测量精度可达 1 ~ 2mm，甚至更高。但由于载波信号是一种周期性的正弦信号，而相位测量又只能测定其不足一个周期的小数部分，因而存在着如同式(3-7)整周期数 N 不确定性问题，使载波相位解算过程比较复杂。

载波相位测量是测定 GPS 载波信号在传播路程上的相位变化值，以确定信号传播的距离。在 GPS 信号中，已用相位调制方法在载波上调制了测距码和导航电文，因此在载波相位测量之前，首先要进行解调，将调制在载波上的测距码和导航电文去掉，重新获取载波，这一工作称为重建载波。GPS 接收机将卫星重建载波与接收机内由振荡器产生的本振参考信号通过相位计比相，即可得到相位差。

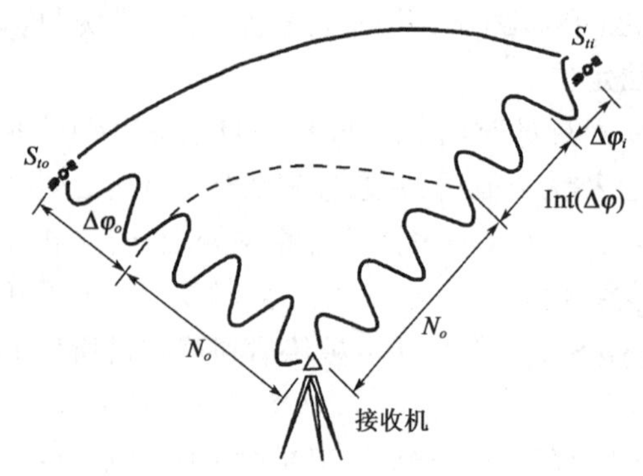

图 7-8　载波相位测量

如图 7-8，设卫星在 t_o 时刻发射载波信号相位为 $\varphi(S)$；此时若接收机产生一个频率和初相位与卫星载波信号完全一致的基准信号，在 t_o 时刻的相位为 $\varphi(R)$，则在 t_o 时刻接收机至卫星的距离为：

$$D = \frac{\lambda(\varphi(R) - \varphi(S))}{2\pi} = \lambda\frac{N_o\varphi_o + \Delta\varphi}{2\pi} \tag{7-8}$$

式中，λ 为载波波长；$N_o\varphi_o$ 为整周数相位($\varphi_o = 2\pi$)；$\Delta\varphi$ 为不足一周的相位。

在载波相位测量中，接收机只能测定不足一周的相位 $\Delta\varphi$，而载波的整周数 N_o 无法测定，故 N_o 又称为整周模糊度，或称整周未知数。设接收机在 t_o 时刻锁定卫星后，对卫星进行连续的跟踪观测，此时利用接收机内含的整波计数器可记录从 t_o 到 t_i 时间内整周数变化量 Int(φ)，期间只要卫星信号不失锁，则初始时刻整周模糊度 N_o 就为一常数，这样，在 t_i 时刻卫星到接收机的相位差为(见图 7-8)。

$$\varphi(t_i) = N_o\varphi_o + \mathrm{Int}(\varphi) + \Delta\varphi(t_i) \tag{7-9}$$

设 $\varphi'(t_i) = \mathrm{Int}(\varphi) + \Delta\varphi(t_i)$，则式(7-9)可写为：

$$\varphi(t_i) = N_o\varphi_o + \varphi'(t_i) \tag{7-10}$$

或

$$\varphi'(t_i) = \varphi(t_i) - N_o\varphi_o \tag{7-11}$$

$\varphi'(t_i)$是载波相位测量的实际观测量，其关系如图7-8所示。

与伪距测量相同，在考虑了卫星钟差改正、接收机钟差改正、电离层延迟改正和对流层折射改正后，可得到载波相位测量的观测方程为：

$$\varphi'(t_i) = (D - \delta D_1 - \delta D_2)\frac{f}{c} - f\delta_{pt} + f\delta_{st} - N_o\varphi_o \tag{7-12}$$

将式(7-12)两边同乘上载波波长 $\lambda = c/f$，并简单移项后则有：

$$D = D' + \delta D_1 + \delta D_2 + c\delta_{pt} - c\delta_{st} + \lambda N_o \tag{7-13}$$

比较式(7-13)与式(7-5)可以发现，载波相位测量观测方程中，除增加一项整周未知数 N_o 外，在形式上与伪距测量的观测方程完全相同。

整周未知数 N_o 的确定是载波相位测量中特有的问题。对于GPS载波频率而言，一个整周数的误差，将会引起19～24cm的距离误差，因此，利用载波相位观测量进行精密定位，准确地确定整周未知数是关键。

如果接收机在跟踪卫星过程中，卫星信号由于被障碍物挡住而暂时中断，或由于受无线电信号干扰造成失锁，此时计数器将无法连续计数，这样当信号重新被跟踪后，整周计数就不正确，但不足一个整周的相位观测值仍是正确。这种现象称为周跳。如何探测和修复周跳是载波相位测量中必须解决的问题。关于确定整周未知数 N_o 及探测和修复周跳的具体方法不再详述，请参阅有关书籍。

四、相对定位

相对定位是用两台GPS接收机分别安置在基线的两端，同步观测相同的GPS卫星，以确定基线端点的相对位置或基线向量。将多台GPS接收机安置在若干条基线的端点，通过同步观测GPS卫星可以同时确定多条基线向量。在一个端点坐标已知情况下，可以用基线向量推求另一待定点坐标。

前已说明，在绝对定位中，GPS测量结果会受到卫星轨道误差、卫星钟差、接收机钟差、电离层延迟误差和对流层折射误差的影响，但这些误差对观测量的影响具有一定的相关性，因此，若利用这些观测量的不同线性组合（求差）进行相对定位，可有效地消除或减弱相关误差的影响，提高定位的精度。相对定位是GPS测量中提高精度的一种定位好方法，它广泛用于高精度测量工作中。

相对定位普遍采用的观测量线性组合方法有单差法、双差法和三差法三种。

1. 单差法

如图7-9所示，单差是指不同测站T1、T2同步观测相同卫星（如 S^j）所得的观测量之差，即在两台接收机之间求一次差，它是观测量的最基本线性组合形式，其表达形式为：

$$\Delta\varphi_{12}^j(t) = \varphi_2^j(t) - \varphi_1^j(t) \tag{7-14}$$

数据处理时，将单差 $\Delta\varphi_{12}^j$ 当作虚拟观测值。由于两台接收机在同一时刻接收同一颗卫星的信号，故卫星钟差 δ_{st} 相同，所以单差法可消除卫星钟误差的影响。当T1、T2两测站距离较近时，两测站电离层和对流层延迟的相关性较强，在单差法中这些误差的影响也得到显著的削弱，所以单差法可有效地提高相对定位的精度。

2. 双差法

双差就是在不同测站上同步观测一组卫星所得到的单差之差，即在接收机和卫星间求二次差。

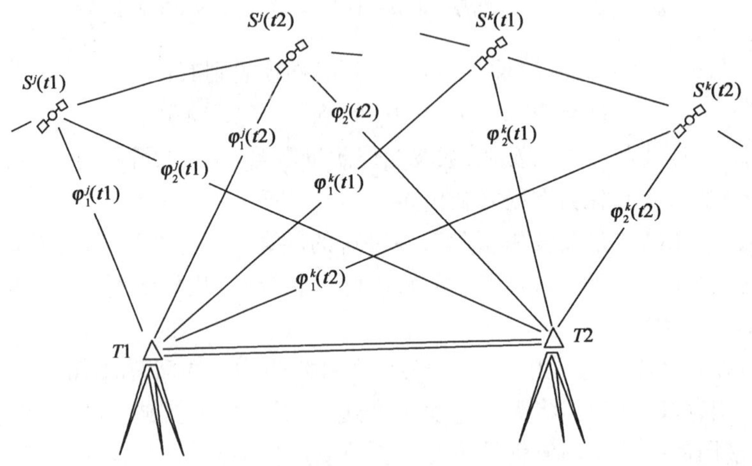

图 7-9　相对定位

图 7-9 中，设 t_1 时刻测站 $T1$ 和 $T2$ 两台接收机同时观测卫星 S^j 和 S^k；对于卫星 S^k 同样可得形同式(7-14)的单差观测方程式，两式相减便得双差方程为：

$$\Delta\varphi_{12}^{jk}(t) = \Delta\varphi_{12}^{k}(t) - \Delta\varphi_{12}^{j}(t) \tag{7-15}$$

双差 $\Delta\varphi_{12}^{jk}(t)$ 仍可当作虚拟观测值。在单差模型中，仍包含有接收机时钟误差，求二次差后，接收机时钟误差的影响将可消除，这是双差模型的主要优点。同时经双差处理后，还可大大减小各种系统误差的影响。相位测量相对定位软件大多采用双差模型。

3. 三差法

三差是于不同历元(t_1 和 t_2)同步观测同一组卫星所得观测量的双差之差，即在接收机、卫星和历元间求三次差，其表达式为：

$$\Delta\varphi_{12}^{jk}(t_1, t_2) = \Delta\varphi_{12}^{jk}(t_2) - \Delta\varphi_{12}^{jk}(t_1) \tag{7-16}$$

三差观测值消除了在前两种方法中仍存在的整周模糊度 N_0，这是三差法的主要优点。但由于三差模型中是将观测方程经过三次求差，这将使未知参数的数目减少，独立的观测方程的数目也将明显减少，这对未知数的解算将会产生不良的影响。由于这个原因，三差法的结果仅用作前两种方法的近似值，实际定位工作中，以采用双差法结果更为适宜。

第四节　GPS 数据采集辅助工作

GPS 外业观测与常规测量中的外业观测有很大的不同，除了安置接收机天线（对中、整平、定向、量取仪器高），设置接收机的参数（截至高度角、采样间隔），以及开机关机的操作需要作业人员完成外，整个观测过程都是由接收机自动完成的，外业人员无需加以干预。尽管如此，GPS 外业观测的完成仍然要求作业人员完成必要的数据采集辅助工作。

一、GPS 接收机的选用及仪器检验

我国 GPS 测量按照精度和用途分为 A、B、C、D、E 级，不同等级的 GPS 测量对接收机有不同的要求，GPS 测量规范规定了接收机的选用要求（表 7-1），应用 GPS 接收机的检验包括一般性检验、通电检验和测试检验。同时对于随机购买的专业数据处理软件也需一并进行检验。

GPS 接收机的选用　　表 7-1

GPS 测量等级	A	B	C	D、E
单频/双频	双频/全波长	双频	双频或单频	双频或单频
至少应具有的观测量	$L1$、$L2$ 载波相位	$L1$、$L2$ 载波相位	$L1$ 载波相位	$L1$ 载波相位
同步观测的接收机数量	≥4	≥4	≥3	≥2

1. 一般性检验

(1)GPS 接收机及其天线外观是否良好，外层涂漆是否有脱落之处，是否有摩擦挤压造成的伤痕。仪器、天线等设备的型号是否正确。

(2)各种零部件及附件、配件等是否齐全完好，是否与主件相配。

(3)需紧固的部件是否有松动和脱落的现象。

2. 通电检验

(1)有关的信号灯工作是否正常。

(2)按键及显示系统工作是否正常。

(3)仪器自测试的结果是否正常。

(4)接收机锁定卫星的时间是否正常；接收的卫星信号强度是否正常；卫星的失锁现象是否正常。

3. 测试检验

(1)天线或基座的圆水准器和光学对中器工作是否正常的检验；

(2)天线高专用测尺是否完好的检验；

(3)数据传录设备及专用软件性能是否正常的检验。

4. 注意 GPS 新接收机的一般检验

(1)接收机内部噪声检验。

(2)接收机天线相位中心偏差及稳定性检验。

(3)接收机野外作业性能及不同程度精度指标的测试。

(4)接收机频标稳定性检验和数据质量评价。

(5)接收机高低温性能测试。

(6)接收机综合性能评价。限于篇幅，本书不详述新接收机检验技术，读者可参考相关书籍和仪器说明书。

二、外业数据采集工作

1. 基本技术规定

各级 GPS 控制网的基本技术要求列于表 7-2 中。A、B 级 GPS 测量中的观测时段应尽可能日夜均匀分布,还应该记录各项气象元素和天气情况。C、D、E 级 GPS 测量可不观测气象元素而只记录天气状况。

A 级 GPS 网卫星定位连续运行基准站精度 表 7-2a

级别	坐标年变化率中误差		相对精度	地心坐标各分量年平均中误差(mm)
	水平分量(mm/a)	垂直分量(mm/a)		
A	2	3	1×10^{-8}	0.5

B、C、D 和 E 级的精度要求 表 7-2b

级　别	相邻点基线分量中误差		相邻点间平均距离(km)
	水平分量(mm)	垂直分量(mm)	
B	5	10	50
C	10	20	20
D	20	40	5
E	20	40	3

B、C、D、E 级 GPS 网观测的基本技术要求 表 7-2c

项　目	级　别			
	B	C	D	E
卫星截止高度角(°)	10	15	15	15
同时观测有效卫星数	≥4	≥4	≥4	≥4
有效观测卫星总数	≥20	≥6	≥4	≥4
观测时段数	≥3	≥2	≥1.6	≥1.6
时段长度	≥23h	≥4h	≥60min	≥40min
采样间隔(s)	30	10~30	5~15	5~15

2. 准备工作

GPS 数据采集(外业观测)前应根据规范及技术设计有关规定,对作业的接收机数量,测区交通情况和通信条件,以及天气状况等因素来拟定作业计划。进行 GPS 数据采集应做好下述工作:

(1)GPS 的预热和静置。GPS 观测前应该进行预热和静置,具体要求见 GPS 接收机操作手册。

(2)对中。天线安放在三脚架上可用光学对中器进行对中,对中误差不应该大于 3mm。

(3)定向。安置 GPS 接收机的天线时,应将天线上的标志指向北方向,误差不超过 ±5°。一般可采用罗盘仪来定向。

(4)整平。用天线上的圆水准气泡或长水准气泡整平天线。

(5)量取仪器高。用专用的量高设备或钢卷尺在相互 120°的三处量取天线高,当互差不大于3mm时采用中数,否则应重新对中整平后再量取。

3.观测工作注意事项

(1)各个作业组应严格遵守调度命令,按规定时间进行作业。

(2)检查接收机电源电缆和天线等连接无误后方可开机。

(3)在观测前和作业过程中,作业人员应随时填写测量手簿中的记录项目。

(4)接收机开始记录数据后,观测员可用专用功能键和菜单来查看相关信息,如接收机的卫星数、卫星编号、卫星的健康状况、电池的电量等。发现有异常时,及时记录在手簿的备注栏内并向有关上级汇报。

(5)每时段观测前后各量取一次天线高。两次之差不应该大于3mm,并取中数作为最后的天线高。

(6)在接收机天线50m之内不能适用电台,10m之内不能适用对讲机。

(7)进行快速静态定位时,在同一观测单元内参考站的观测不能中断;参考站和流动站的采样间隔应保持一致,且不能改变。

(8)经认真检查,所有预定作业项目均已全面完成并符合要求,记录和资料完整无误方可迁站。

特别注意:观测过程中不允许关机后重新启动接收机,不允许进行仪器自检,不允许改变截止高度角或采样间隔,不允许改变天线位置,不允许按键关闭文件或删除文件。

4.外业数据的质量检核

外业观测结束后,应及时卸载有关资料并进行数据处理,以便对外业数据进行检核。检核的内容有:数据剔除率检核(不超过10%);复测基线长度差检核;同步环闭合差检核;独立环闭合差及符合路线闭合差检核;精处理后基线分量及边长的重复性检核以及各时间段的较差检核等。检核结果应符合精度等级要求,否则应该重测或补测。

三、一般GPS测量成果的检核与数据处理

一般的GPS测量,其成果检核无误后,即可进行内业数据处理。内业数据处理过程大体可分为:预处理,平差计算,坐标系统的转换或与已有地面网的联合平差。GPS接收机在观测时,一般15~20s自动记录一组数据,故其信息量大,数据多。同时,数据处理时采用的数学模型和算法形式多样,使数据处理的过程相当复杂。实际应用中,一般是借助电子计算机通过相关软件来完成数据处理工作。限于篇幅,数据处理方法不再详细介绍,请参阅有关书籍。

第五节　GPS RTK测量系统

一、GPS RTK测量概述

如果不与数据传输系统相结合,GPS测量的静态、快速静态、动态相对定位等模式定位结果均需观测后处理获得。这种测后处理模式不仅无法实时给出观测站定位结果,也无法对基准站和用户站观测数据的质量进行实时检核,因而难以避免后处理中发现不合格测量成果,需

要返工重测。

RTK(Real-Time-Kinematic)测量技术又称载波相位实时差分技术,是以载波相位观测量为根据的实时差分GPS测量技术。如图7-10,RTK技术基本思想:在基准站上设置GPS接收机,对所有可见GPS卫星进行连续观测,并将观测数据通过无线电传输设备,实时发送给用户观测站。在用户站上,GPS接收机接收GPS卫星信号的同时,通过无线电接收设备,接收基准站传输的观测数据,然后根据相对定位原理,实时解算整周模糊度未知数并计算显示用户站的三维坐标及其精度。

实时计算的定位结果,可监测基准站与用户站观测成果质量和解算结果的收敛情况,实时判定解算结果,减少冗余观测量,缩短观测时间,提高定位效益。

RTK技术的实现手段有常规RTK测量系统和网络RTK测量系统两种类型。

二、常规RTK测量系统

1.常规RTK测量系统的设备

这是通过无线电技术接收单基站广播改正数的常规RTK技术。RTK GPS测量系统主要由GPS接收机、数据传输系统和RTK测量软件系统三部分组成。按照仪器架设位置来划分,常规RTK测量系统分为基准站和流动站两部分。

1)基准站

RTK系统基准站由GPS接收机、无线电数据链电台及发射天线和直流电源组成。作用是求出GPS实时相位差分改正值,将改正值及时通过数据传输电台传递给流动站以精化其观测值,得到经过差分改正后的流动站实时位置。以下以广州南方测绘仪器公司的灵锐S86 GPS接收机为例说明。RTK测量系统基准站如图7-11、图7-12。

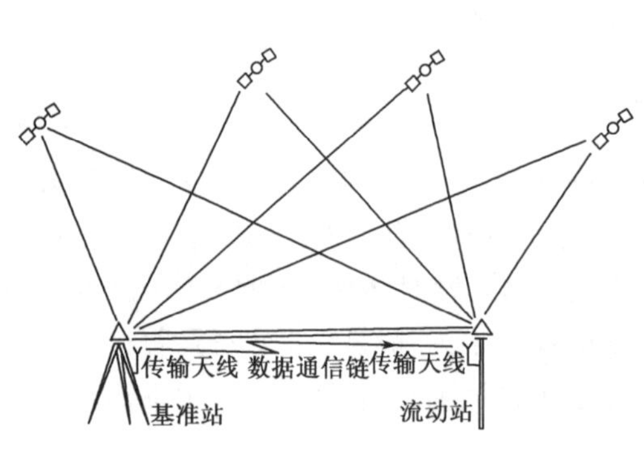

图7-10　实时差分技术

图7-11　灵锐S86基准站示意图

图7-12　基准站接收机

GPS RTK定位的数据处理过程是基准站和流动站之间的单基线处理过程。基准站和流动站的观测数据质量好坏、无线电的信号传输质量好坏对定位结果影响较大。基准站位置的有利选择和无线电数据链的稳定性非常重要。基准站位置选择要求:

(1)基准站上空尽可能开阔,基准站GPS天线5~15°高度角以上不能有成片障碍物,确保卫星连续跟踪观测和卫星信号的质量。

(2)在基准站周围约200m范围内不能有强电磁波干扰源、大功率无线电发射设施、高压输电线等,以便减少电磁波干扰。

(3)基准站应远离电磁波反射强烈的地形、地物,如高建筑、成片水域,避免或减少多路径效应。

(4)基准站所选测点应是地势比较高,有利于基准站和流动站的直线远距离数据传输。

(5)基准站架设点位易于保存,以便长期应用。

2)流动站

流动站作业点由工作任务决定,流动站包括有接收机和手簿。图7-13所示,为广州南方测绘仪器公司灵锐S86 GPS接收机流动站。

流动站GPS设置包括:建立项目和坐标系统管理、流动站电台频率的选择、有关坐标的输入、GPS RTK工作方式的选择、流动站RTK工作的启动、使用RTK进行地形碎部测量等。

流动站接收与基准站相同卫星信号的同时,接收基准站电台发射的实时相位差分改正值,用PSION手簿(图7-14)进行实时解算。

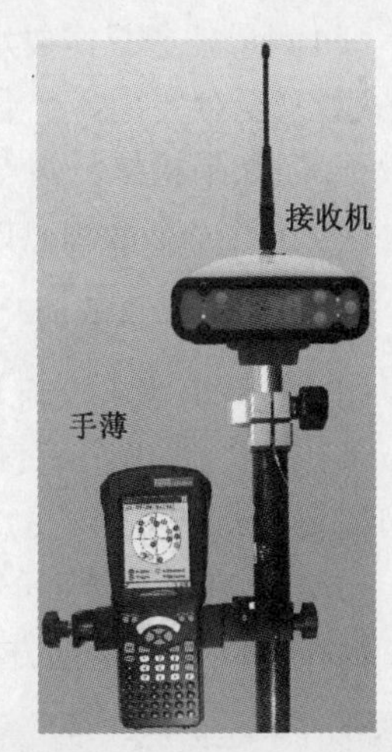

图7-13 流动站接收机和手簿

2. GPS RTK点校正

由于GPS接收机直接采集的是WGS-84坐标系,故进行RTK测量之前,必须利用本地测区已知控制点求出与WGS-84坐标系之间的坐标转换参数。坐标转换工作通常称为“点校正”。WGS-84坐标系和我国的坐标系之间采用的不是同一个椭球,不存在一套通用的转换参数,各个地区的转换参数都不相同,且大部分情况下未知。“点校正”是RTK测量的重要工作。

点校正之前,选择均匀分布在测区有代表性的控制点,注意定位测量精度要求、已知控制点个数和等级。在安置好基准站并启动流动站后,必须用流动站在已知点控制点定位测量,得到该点的WGS-84坐标,与原有本地坐标相匹配,用软件求出转换参数。

图7-14 PSION手簿

转换参数的方法有三参数法、四参数法和七参数法。在未知当地坐标系统的旋转、比例因子的情况下,三参数法精度难以保障,控制范围无法确定,因此不常用。常用的是四参数法和七参数法。

四参数法。测区附近有两个控制点时,称为“两点校正”。可求出3个坐标平移参数、旋转和比例因子。比例因子的值应无限接近于1,差值越小越好。定位测量时,两个控制点和两点的连线上精度最高,越远离此直线精度越低。

七参数法。测区有3个及3个以上已知控制点,可求出3个坐标平移参数,3个旋转参数和1个尺度比变化参数。定位测量时,控制点组成的多边形内部精度最高,越远离此多边形则精度越低。

"点校正"时控制点的选取应注意：

(1)已知点最佳分布在整个作业区域边缘，能控制整个区域，并避免短边控制长边。

(2)避免已知点线形分布。若用3个已知点进行点校正，这3个点组成三角形要接近等边三角形，若用4个点，就要尽量接近正方形。已知点分布接近一条直线的线形分布，将影响测量精度，尤其影响高程精度，应尽量避免。

(3)测量任务只需要水平坐标，不需要高程，用户至少用两个点进行校正。若检核已知点水平残差，至少要用3个点进行校正；若既需要水平坐标又需要高程，用户至少用3个点进行点校正，但如果检核已知点的水平残差和垂直残差，则至少需要4个点进行校正。

(4)注意一个区域只做一次点校正，后面的测量只需要重设当地坐标即可。

3. 常规RTK仪器的使用方法

GPS技术开发和实际应用，国内主要有南方测绘、中海达、华测等公司；国外厂商有美国Trimble(天宝)导航公司、瑞士Leica Geosystems(徕卡测量系统)、日本Topcon(拓普康)公司。本节简要介绍南方测绘的灵锐S86 GPS仪器的操作流程。

1)灵锐S86仪器简介

灵锐S86 GPS是南方测绘公司一体化蓝牙RTK仪器，如图7-15、图7-16。

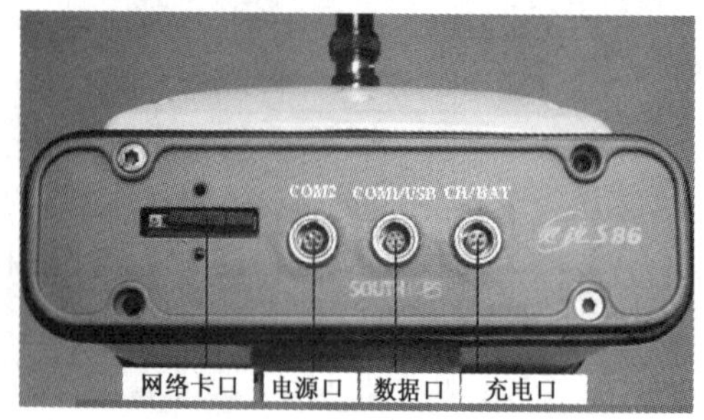

图7-15　S86接收机正面板

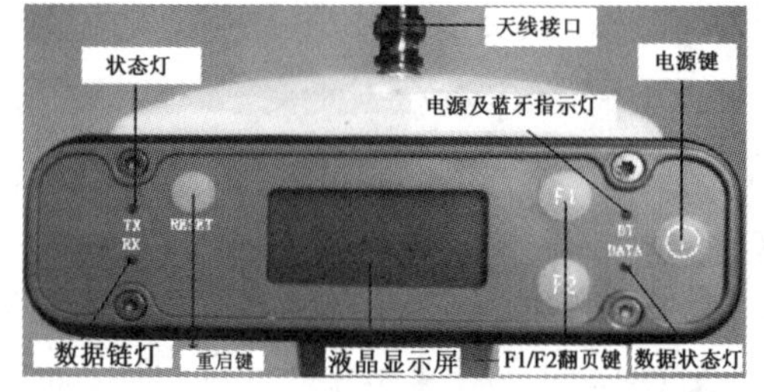

图7-16　S86接收机背面板

注：电源键，开机之后当作确认键使用，长时间按住才关机。

灵锐S86集成了一体化设计、高品质液晶屏实时显示，操作便捷；S86实现电台内置的同时，还嵌有CDMA/GPRS模块，可以利用手机网络实现更远距离的作业。RTK平面精度为±1cm+1ppm，高程精度为±2cm+1ppm，作用距离优于8km，初始化时间约15s。

2)灵锐S86 GPS RTK操作流程

(1)接收机主机设置

架设仪器之前，将两台GPS接收机分别设置成基准站和移动站模式，如图7-17所示。设置基准站和移动站之后，设置基准站和移动站的差分格式与数据链。以基准站设置为例，如图7-18、图7-19所示。

基准站与移动站的差分格式、数据发射间隔必须相同；常规RTK使用的数据链为电台，基准站与移动站电台通道必须相同。

(2)PSION手簿"工程之星"软件设置

基准站与移动站设置完成之后，打开南方PSION手簿，右下角显示有蓝牙硬件图标，表示手簿与主机连接蓝牙完成，点击桌面"工程之星"图标，进入软件。

①新建工程。

工程之星是以工程文件形式对软件进行管理,所有软件操作都在某个定义的工程下完成。新建工程方法:如图 7-20 所示的菜单,执行菜单中"工程"→"新建工程",弹出如图 7-21 的对话框,输入工程名称,按"确定"键依次设置坐标系、天线高、存储、显示等。

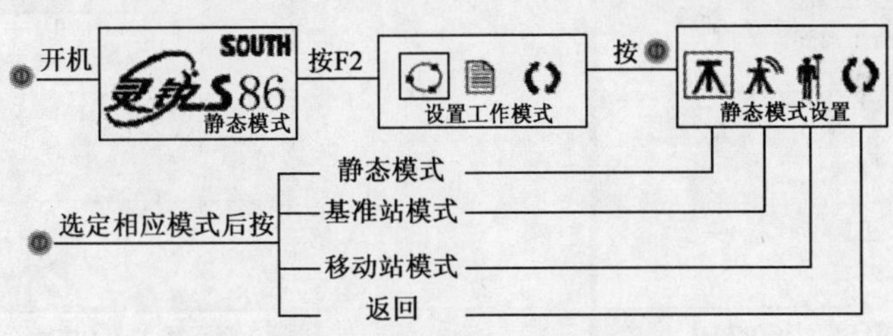

图 7-17　接收机主机设置

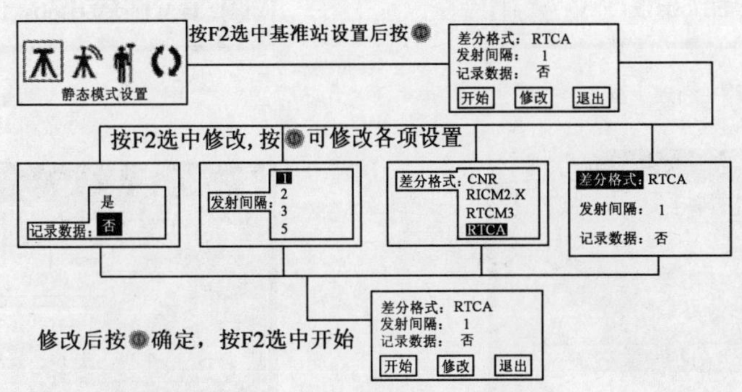

图 7-18　接收机差分格式设置

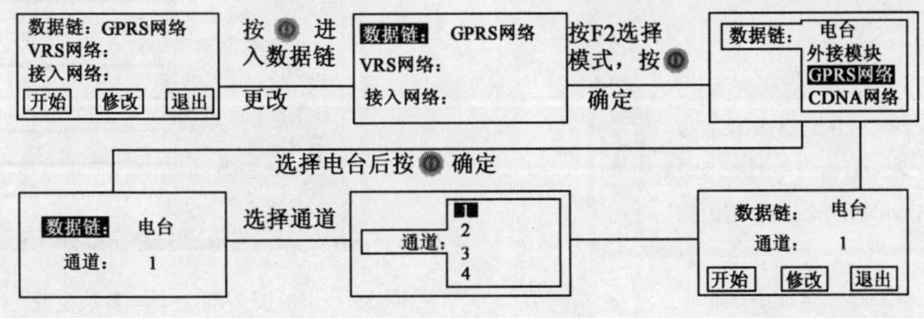

图 7-19　基准站数据链设置

若工程之星中带有坐标系统,可以直接选择;若没有带坐标系统,编辑增加需要的坐标系,并输入相应的参数,如图 7-22、图 7-23 所示。

在坐标参数设置中,需要在"投影"选项中输入参数系统名称、椭球名称、中央子午线经度数,其他"水平"、"高程"、"七参"、"垂直"参数可不设置。

②求转换参数。

有四参数及高程参数或七参数及高程参数可直接输入到坐标系中使用,不需要求转换参数。但需要每次架设好基站后用一个已知点进行"校正向导",基准站改变或再次开机需新建工程后重新进行"校正向导",如图 7-24、图 7-25 所示(常规 RTK 测量基准站通常架设在未知点,以下都以基准站架设在未知点为例)。

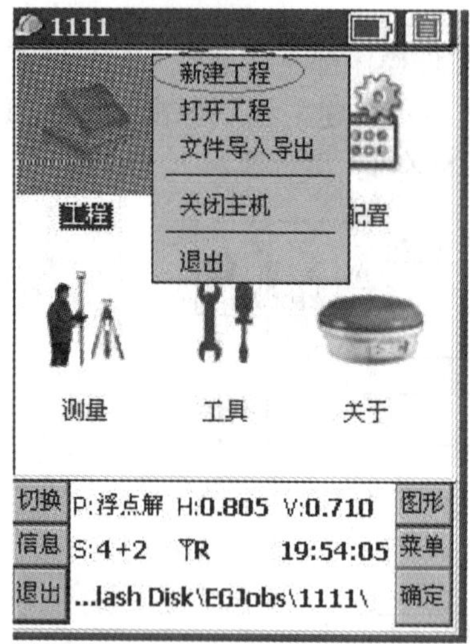

图 7-20 新建工程

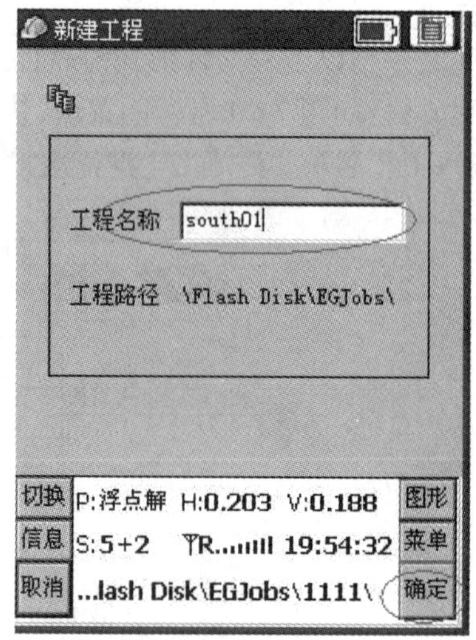

图 7-21 输入工程名称

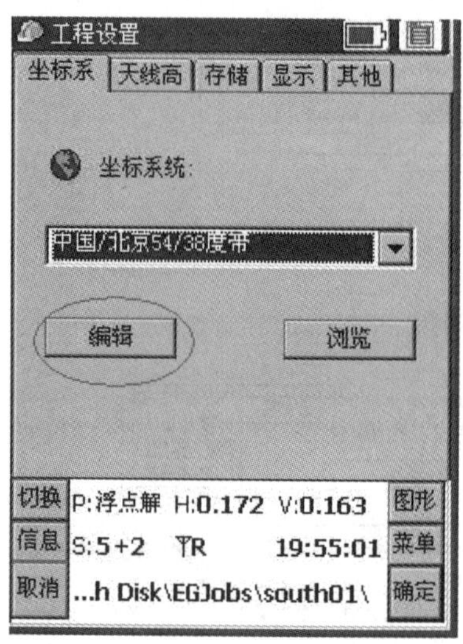

图 7-22 坐标系编辑

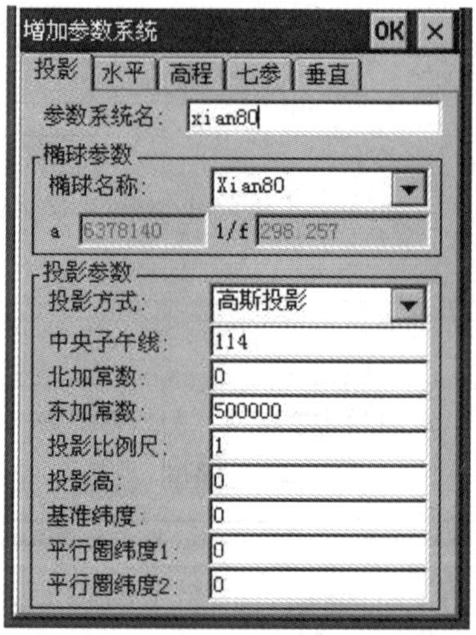

增加参数系统 OK ×
投影 水平 高程 七参 垂直
参数系统名: xian80
椭球参数
椭球名称: Xian80
a 6378140 1/f 298.257
投影参数
投影方式: 高斯投影
中央子午线: 114
北加常数: 0
东加常数: 500000
投影比例尺: 1
投影高: 0
基准纬度: 0
平行圈纬度1: 0
平行圈纬度2: 0

图 7-23 坐标参数设置

只有地方坐标时需要求转换参数,将 WGS-84 坐标转换到地方坐标。要求至少有 2 个地方坐标已知点,原则上已知点越多越均匀越好,参数控制范围一般不超过已知点分布范围 1.5 倍。求解方法如图 7-26、图 7-27 所示。

在图 7-27 对话框中输入已知控制点地方坐标,同时调用该控制点已测量的 WGS-84 坐标,求解出坐标转换参数,点击“应用”。工程之星“求转换参数”功能默认为求取四参数 + 高程参数,若要求七参数,可以按“工具”→“坐标转换”→“计算七参数”功能求七参数并直接使用。

③工程应用

转换参数设置完成之后,可进行相应的工程应用,点击“测量”菜单,进行点测量或者点放样操作,如图 7-28、图 7-29 所示。

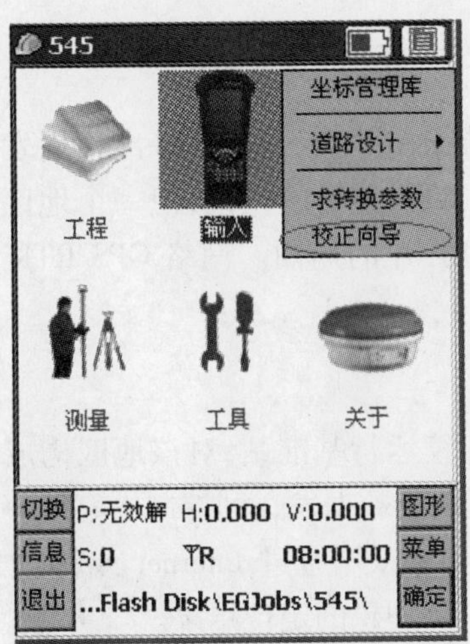

图 7-24　输入转换参数

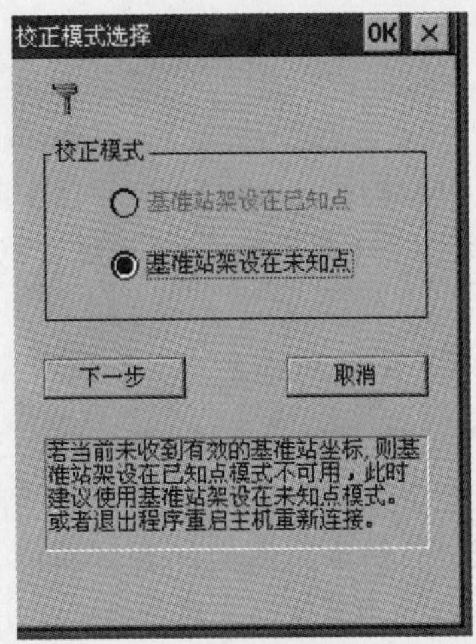

图 7-25　校正向导设置

图 7-26　求解转换参数

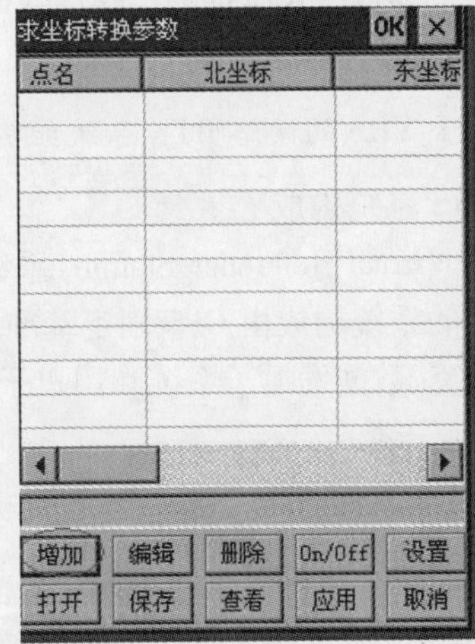

图 7-27　输入已知点坐标

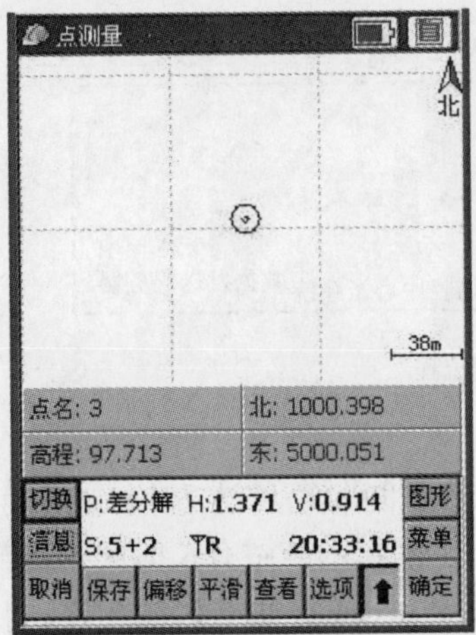

图 7-28　点测量

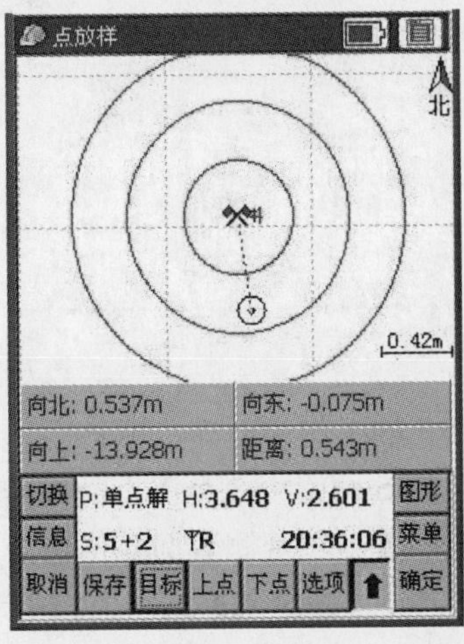

图 7-29　点放样

三、网络 RTK 测量系统

网络 RTK 测量系统是基于 Internet 技术、无线通信技术接收多个 GPS 基准站播发改正数的网络 RTK 技术。20 世纪 90 年代中期以来,随着网络 RTK 技术的问世,使一个地区所有测绘工作成为一个有机整体,结束常规 RTK GPS 作业单打独斗的局面。网络 GPS RTK 的应用更广泛。

1. 网络 RTK 的概述

网络 RTK 即在一定区域内,建立 3 个或 3 个以上连续运行基准站,对该地区构成网络覆盖;用光缆将这些基准站与控制中心相连,把各自的卫星观测数据发送到控制中心统一进行处理,以获得各站高精度坐标和区域内各点的差分改正数据;并通过 Internet 或移动通信的 GPRS、CDMA 方式实时发送到流动站用户接收机,从而得到理想的定位结果。

差分改正数据计算方法:一是美国天宝公司的虚拟参考站(VRS)技术,二是瑞士徕卡公司的区域改正参数(FKP)技术。其中 VRS 技术较为成熟,这里重点讲述网络 RTK 使用的 VRS 技术。

2. 基于 VRS 的网络 RTK 系统组成

1)VRS 系统构成

VRS(Virtual Reference Station)系统集 GPS、Internet、移动通信和计算机网络管理技术于一身。VRS 的系统构成由 GPS 固定基准站(3 个以上)子系统、数据传输子系统、GPS 网络监控中心子系统、数据发播子系统和用户子系统五部分构成,如图 7-30 所示。

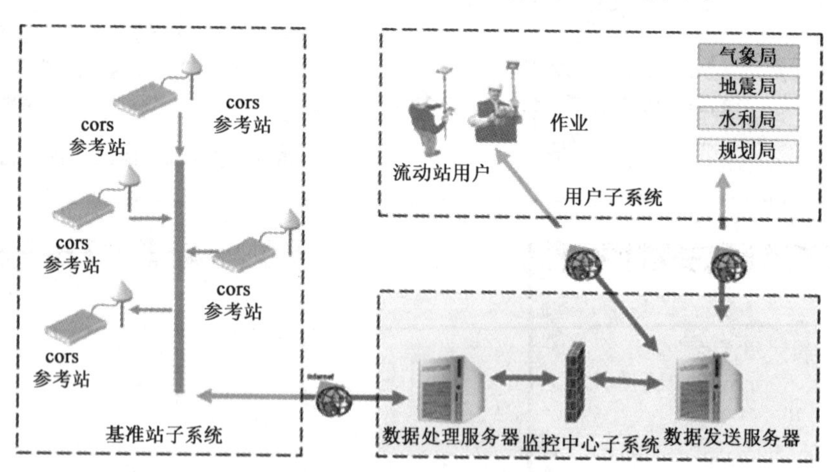

图 7-30　VRS 网络组成与数据流程

2)VRS 的工作原理

一个 VRS 网络由 3 个以上的固定基准站组成,站与站之间距离可达 70km。固定基准站实时采集 GPS 卫星观测数据并传送给 GPS 网络监控中心。固定基准站有长时间的观测数据,点位精度很高。固定基准站与监控中心之间可通过光缆、ISDN 或普通电话线相连,将数据实时传递到监控中心。

监控中心是整个系统的核心。监控中心接收来自基准站的所有数据,也接收从流动站发来的概略坐标;监控中心根据用户位置,自动选择最佳一组固定站数据,整体改正 GPS 轨道误差、电离层、对流层和大气折射引起的误差,将经过改正后高精度的 RTCM 差分信号通过无线网络(TD-SCDMA、CDMA、GPRS)发送给用户。

RTCM 差分信号的效果相当于在移动站旁边,生成一个虚拟的参考基站,从而解决了 RTK 作业距离上的限制问题,并保证了用户的精度。可以看出,VRS 系统实际上是一种多基站技术,它在处理上联合了多个固定基准站的联合数据。VRS 网络组成与数据流程如图 7-30 所示。

3. 网络 RTK 系统实例介绍

以南方测绘灵锐 S86 接收机为例介绍 VRS 技术的使用方法。

1)接收机主机设置

按照图 7-18 和图 7-19 设置接收机主机为移动站,差分格式为 RTCM,同时将数据链更改为 GPRS 网络或 CDMA 网络。

2)PSION 手簿"工程之星"软件设置

当手簿与 GPS 主机(GPRS 模块)连通之后,手簿读取了主机的模块类型,则"设置"下拉菜单下面"电台设置"功能自动变为"网络设置",点击进入"网络设置"菜单,如图 7-31 所示。

点击"网络设置"菜单的"增加"按钮,进行网络配置,如图 7-32 所示。以 GPRS 网络连接时,输入项输入方式如下:名称可任意输入,方式为 NTRIP-VRS,连接为 GPRS,APN 为 cmnet,地址为控制中心服务器 IP 地址,端口、用户名和密码为向控制中心申请的账号和密码,接入点暂时不设置。设置参数保存在主机中,设置一次就可以了,以后可直接使用。

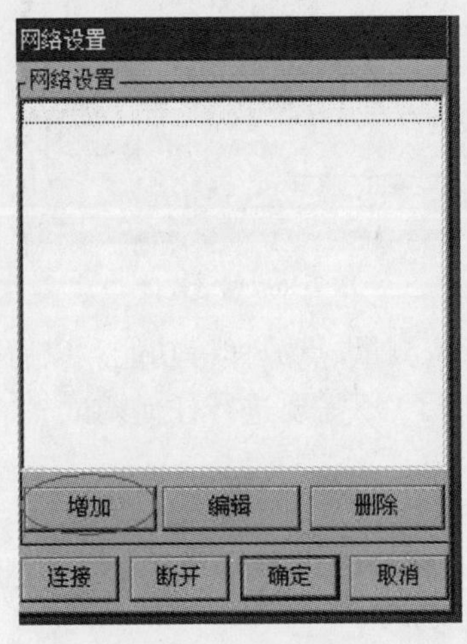

图 7-31 网络设置

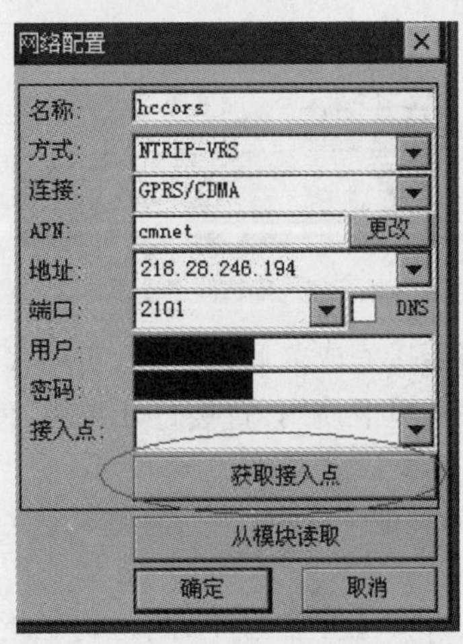

图 7-32 网络配置

"网络配置"完成之后,点击"获取接入点"按钮,链接控制中心服务器,获取接入点信息,选取相应接入点,配置给当前主机,如图 7-33、图 7-34 所示。

网络配置完成之后,点击确定,出现图 7-35 所示网络设置菜单。可以对网络设置进行增加、编辑或删除。在手簿上可以增加多个网络设置项,但是主机模块内同时只能设置一个。点击"连接"按钮,出现图 7-36 所示的网络连接菜单,在"初始化网络"、"GPRS 连接"、"登陆服务器"和"GPGGA 数据上发"全部打钩完成之后,表示连接服务器成功,可以进行网络 RTK 测量了。

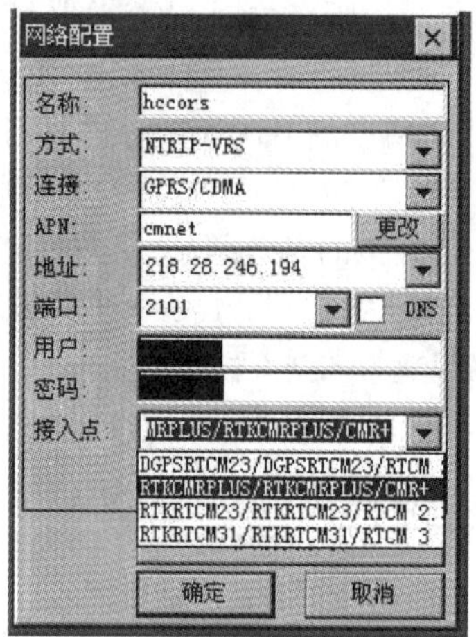

图 7-33　获取接入点

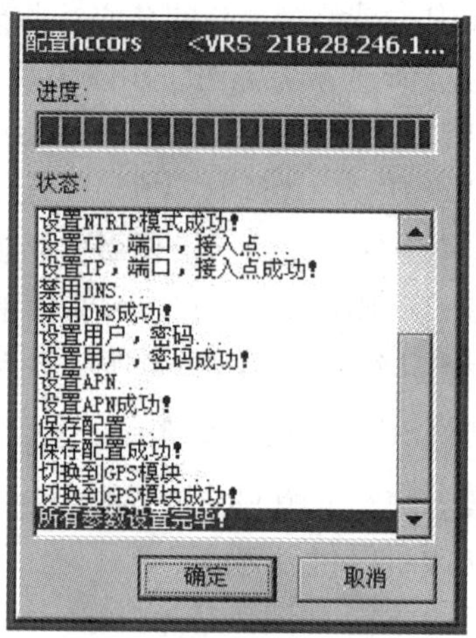

图 7-34　网络配置完成

图 7-35　编辑网络设置

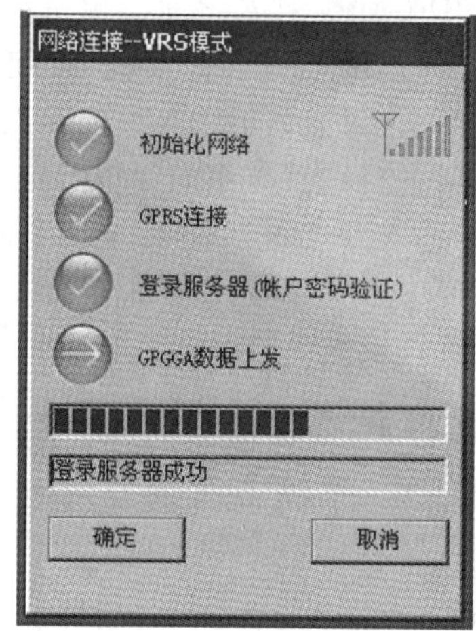

图 7-36　网络连接

网络连接完成之后，就可以实用移动站接收机进行点位测量、点放样等功能。以后再次在同一网络环境下使用，直接打开主机，使用手簿连接就可以了，不需要进行任何调试。

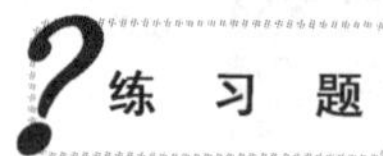

练　习　题

1. 在 GPS 卫星信号中，测距码是指____。

   A. 载波和数据码　　　B. P 码和数据码

   C. P 码和 C/A 码　　　D. C/A 码和数据码

2. GPS 测量所采用的坐标系是____。

   A. WGS-84 大地坐标系　　　B. 1980 国家大地坐标系

   C. 高斯坐标系　　　D. 独立坐标系

3. 实际采用 GPS 进行三维定位，至少需要同时接收____颗卫星的信号。

   A. 2　　　B. 3　　　C. 4　　　D. 5

4. 在载波相位测量相对定位中，当前普遍采用的观测量线性组合方法有____。

A. 单差法和三差法两种　　B. 单差法、双差法和三差法三种

C. 双差法、三差法和四差法三种　　D. 双差法和三差法两种

5. GPS 全球定位系统由哪几个部分组成？各部分的作用是什么？

6. 与常规测量相比较，GPS 测量有哪些优点？

7. 数据码（导航电文）包含哪些信息？

8. 绝对定位和相对定位有何区别？为什么相对定位的精度比绝对定位高？

9. 什么是伪距？简述用伪距法绝对定位的原理。

10. 要将伪距 D' 转换为真正的几何距离 D，应考虑哪几项改正？

11. 什么是整周未知数 N_o？什么是周跳？

12. 载波相位实时差分（RTK）定位系统由哪几部分组成？

13. 通常所说的 RTK 定位技术是指____。

A. 位置差分定位　　B. 伪距差分定位

C. 载波相位差分定位　　D. 广域差分定位

14. 关于基准站的位置选取，下列说法不正确的为____。

A. 基准站应选择在地势较高的地方

B. 基准站可以架设在成片水域附近

C. 基准站上空应尽可能的开阔

D. 基准站应选在交通便利、易于保存的地方

15. 进行 GPS RTK 点校正时，如果只需要水平坐标，不需要高程，那么应至少选取____个点进行点校正。

A. 1　　B. 2　　C. 3　　D. 4

16. 相对于传统 RTK，VRS RTK 具有____优点。

A. 精度和可靠性更高　　B. 操作更简单便捷

C. 建立 GPS 网络的成本　　D. 应用范围更广

第八章　测量误差与平差

［学习目标］　明确测量误差与精度的概念，理解几种函数误差传播率及其应用，掌握测量平均值、条件平差的原理与方法。

第一节　测量误差与精度

一、误差的概念

(1)观测必有误差。在实验观测现象中得到证明:①对某个观测量(即具有一定量值的观测对象)进行多次观测,各次观测值(从观测对象得到的测量参数)之间存在差异。②观测值与某种理论值(观测量的已知真值或可知真值)不相符。理论与实践证明,观测误差不可避免。

(2)误差来源:仪器、操作和外界环境是引起误差的主要来源,这是在角度测量等基本知识中得到的基本结论。

(3)观测条件:仪器、操作和外界环境是误差三来源。误差三来源客观存在,决定着观测结果质量的优劣,故把误差三来源称为观测条件。例如,仪器性能优良,工作人员操作熟练、责任心强,外界环境稳定,这是较好的观测条件。仪器性能不好,工作人员操作生疏,外界环境不稳定,这是较差的观测条件。

(4)观测条件与误差:观测条件与观测误差的关系密切。一般地,观测条件好则观测误差小,反之则观测误差大。可以认为,企图在观测中获得误差比较小的观测值,必须有比较好的观测条件。

二、误差的类型

1.系统误差

在相同观测条件下进行多次观测,其结果的误差在大小和符号方面表现为常数,或者表现为某种函数关系,这种误差就称为系统误差。例如,用一把长度一定的钢尺丈量某段已知边长,丈量值与已知长度的差值Δl是常数;同时也发现差值与钢尺膨胀系数α构成一定函数关系$\alpha(t-t_o)l_i$,这是系统误差的表现。

系统误差实际数值的符号有正有负,一旦确定不会改变,具有单向性;或者附合于某种函数关系,具有同一性。误差的单向性和同一性性质使系统误差具有累积的后果。因此,系统误差的存在影响观测成果的准确度,使观测值与真值存在偏差。

防止系统误差影响的方法是:

①首先严格检验仪器工具,查明系统误差的情况,选用合格的仪器工具;②根据检验得到的系统误差大小和函数关系,在观测值中进行改正,消除系统误差的影响;③在观测中采取正确措施,削弱或抵偿系统误差影响。例如应用正确观测方法,采用可行的预防措施等。

2.偶然误差

在相同观测条件下进行多次观测,出现的误差在大小、符号方面没有任何规律性。但是,在误差量大的误差群中,则可以发现误差群具有一定的统计规律性,这种误差就是偶然误差。

3.粗差

超出正常观测条件所出现的,而且数值超出某种规定范围的误差,称为粗差。如观测中出现错误、过失或超限的数值,不称为误差,习惯上称为粗差。

三、偶然误差的特性

1)表达式:

$$\Delta = l - X \tag{8-1}$$

式中:X——某一观测量的真值;

l——对某一观测量进行观测所得到的观测值。

Δ——排除了系统误差,又不存在错差的偶然误差,故把Δ称为真误差。

2)观测实例:在大地上设固定点,点与点之间构成了358个三角形,用精良的角度仪器测量全部三角形的内角和,即$l_i = \alpha_i + \beta_i + \gamma_i$。仿式(8-1)得计算全部的内角和真误差$\Delta_i$,即

$$\Delta_i = (\alpha_i + \beta_i + \gamma_i) - 180° \tag{8-2}$$

式中:180°——三角形内角和理论真值;

i——1、2……358;

α_i、β_i、γ_i——第i个三角形三内角观测值。

根据式(8-2)计算Δ_i进行统计分析,并多以列表数据或直方图的形式统计分析。

列表数据,将计算结果列于表8-1中。表中误差Δ的区间是用于统计误差Δ_i的所在大小范围。如误差Δ的区间0.0~0.2″,说明在此范围内统计的正误差Δ_i有46个,负误差Δ_i有45个。其他的区间误差数统计,依此类推,并列于表中。

真误差Δ统计表　　表8-1

误差Δ的区间(″)	正误差数 n(个)	负误差数 n(个)	误差总数(个)	备　注
0.0~0.2	46	45	91	误差范围以秒为单位
0.2~0.4	40	41	81	
0.4~0.6	33	33	66	
0.6~0.8	23	21	44	
0.8~1.0	16	17	33	
1.0~1.2	13	13	26	
1.2~1.4	6	5	11	误差范围以秒为单位
1.4~1.6	4	2	6	
1.6以上	0	0	0	
N	181	177	358	

直方图,根据列表数据展示绘图的统计分析方法。图 8-1 中,横轴 Δ 表示误差区间和大小,纵轴 n 表示误差数量。如在横轴 0.0~0.2″的 Δ 区间,以纵轴高度表示误差数 n, $n=46$,绘一长方形(带斜线),便是误差数的直方图。其他区间误差数统计,依此类推,绘直方图,最后形成图 8-1。

3)偶然误差的特性:上述表 8-1 和图 8-1 是以实践得到的统计数据,可见偶然误差特性有:

(1)在一定条件下,误差不会超出一定的范围。这一特性称为误差的有界性。表中 Δ 大于 1.6″的误差不存在,说明在这种条件下的误差以 1.6″为界。

(2)在出现的误差群中,绝对值相同的正误差和负误差出现的机会相同。这一特性称为误差的对称性。由表 8-1 可见,在一定的误差范围内,正误差和负误差出现的次数大致相等。图 8-1 直方图的总图也反映了以纵轴为中轴的对称的特性。

(3)在出现的误差群中,绝对值小误差出现的机会比大误差出现的机会多。这一特性称为误差的趋向性。这种机会多寡的特性又如瞄准打靶一样,多数命中靶心,少数偏离靶心,故又称趋向性为聚中性。由表中 8-1 可见,小于 0.4″的误差出现的概率比较大,大于 1.0″的误差出现的概率比较小。

(4)当观测数量 n 趋近于无穷大时,整个误差群的误差和平均值为零,即

$$\lim_{n\to\infty}\frac{[\Delta]}{n}=0 \tag{8-3}$$

式中,$[\Delta]$ 为真误差的和,$[\Delta]=\Delta_1+\Delta_2+\cdots\cdots+\Delta_n$。 (8-4)

根据上述第 2 特性,表明偶然误差 Δ 具有抵偿性。

(5)观测值 l_i、误差 Δ_i 服从正态分布。正态分布又称高斯分布,其数学模式是:

$$f(\Delta)=\frac{1}{\sqrt{2\pi}m}e^{-\frac{(l-x)2}{2m^2}} \tag{8-5}$$

式中,$\Delta=l-x$,l 为观测值,x 为观测对象的真值,或称最可靠值;m 为在下文中即将说明的中误差;$e=2.718\ 281\ 828\ 459$。根据式(8-5)可以按 Δ 描绘正态分布曲线,如图 8-2 所示。

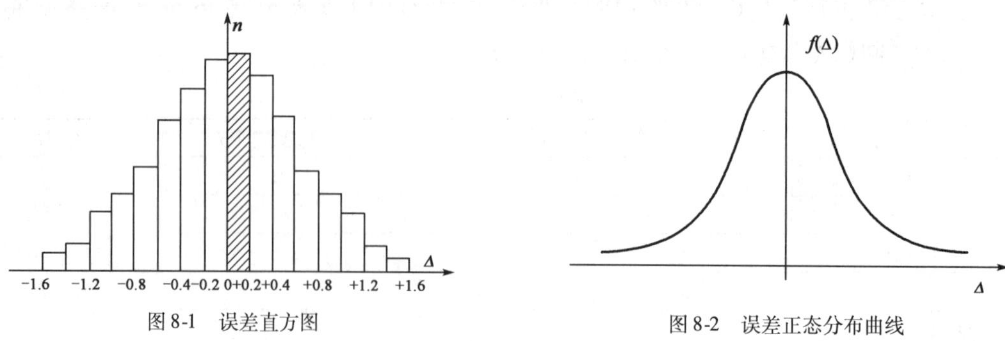

图 8-1　误差直方图

图 8-2　误差正态分布曲线

偶然误差的特性是测量误差理论的基础,是以有效的观测条件获得观测值并求取最可靠值,是评定观测值精度和最可靠值精度的理论依据。

四、精度的概念

观测必有误差,故往往对某一观测量不能以一次观测值定论(特别是有一定要求的观测

量)。例如对一条边进行的一次丈量是边长丈量的必要观测,但一次观测正确与否难以断定,因此必有多次观测,即在必要观测基础上的多余观测。由于对一个观测量的多次观测以及观测值的差异,便存在如何求观测量的最后结果及评价观测误差大小的问题。

评价观测误差大小,即所谓的评定精度问题。从统计学理论中可知,精度指的是一组观测值误差分布的密集或离散的程度。由表 8-1 的统计数据可见,误差群中小误差占的比例较大,则反映误差分布比较密集,表明观测精度比较高;如果误差群中大误差占的比例较大,则反映误差分布比较离散,表明观测精度比较低。由此可见,精度是一组观测成果质量的标志。

前已述及,观测条件与观测误差有密切的关系。显然,一组观测值误差分布的密稀程度由观测条件所决定,或者说观测精度依赖于观测条件的好坏。大量的测量事实表明,观测条件好,则观测精度高;观测条件差,则观测精度低;观测条件相同,则观测精度相同;观测条件不同,则观测精度不同。由此定义:精度相同的观测称为等精度观测;精度不同的观测称为非等精度观测。

五、精度的指标

实际工作中,表示误差分布密集或离散的精度是以确定的数字指标衡量,主要指标有中误差、极限误差、相对误差。

1. 中误差

设观测量真值为 X,对其 n 次观测有一组观测值 l_1、l_2、$\cdots l_n$,按式(8-1)可得一组相应的真误差 Δ_1、Δ_2、$\cdots\Delta_n$,定义观测值中误差 m 的平方为:

$$m^2 = \lim_{n\to\infty}\frac{[\Delta\Delta]}{n} \tag{8-6}$$

或定义中误差为:

$$m = \lim_{n\to\infty}\sqrt{\frac{[\Delta\Delta]}{n}} \tag{8-7}$$

式中:n——无穷大;

$[\Delta\Delta]$——真误差平方和,即

$$[\Delta\Delta] = \Delta_1^2 + \Delta_2^2 + \cdots + \Delta_n^2 \tag{8-8}$$

统计学用 σ^2 代表 m^2,称 σ、m 为中误差。实际工作中,n 是有限的,故式(8-6)为:

$$m = \pm\sqrt{\frac{[\Delta\Delta]}{n}} \tag{8-9}$$

2. 极限误差

根据偶然误差第一特性,观测误差超出一定的范围,说明观测结果不正常。如何判别不正常情况,一般采取极限误差的设定方法。观测过程中的误差最大限值称为极限误差。极限误差或称为容许误差,或称为允许误差,或称最大误差,用 $m_{容}$ 表示。在学过内容中提到的 $\Delta h_{容}$,$\Delta\alpha_{容}$ 都是 $m_{容}$ 的表示形式。$m_{容}$ 的取值依据,或 2 倍中误差,或 3 倍中误差,即 $m_{容}=2m$ 或 $m_{容}=3m$。

大量统计证明,在 Δ 误差群中超出 $2m$ 的 Δ 只占 5%;超出 3m 的 Δ 仅只占 0.3%。大量的

真误差 Δ 在 2 倍(或 3 倍)中误差之内。事实说明,一般情况下的有限次观测中,超出 2 倍中误差(或超出 3 倍中误差)的观测值的可能性很小,几乎可以说是不可能的。那么正常条件下有限次观测中有超出 $2m$ 的观测值,可认为是含有粗差的不正常观测值。为了防止这种不正常观测值的影响,取 $m_{容}=2m$(或 $m_{容}=3m$)作为一种限值,对超出 $m_{容}$ 的观测值采取摒弃的措施,由此可见,$m_{容}$ 起到发现和限制错差,保证观测质量的作用。

3. 相对误差

用于表示线量(边长)的精度指标,用 k 表示。例如丈量边 D,中误差 m_D,则

$$k = \frac{m_D}{D} \tag{8-10}$$

通常 k 必须化为以 1 为分子的相对量表示,则上式为

$$k = \frac{1}{\dfrac{D}{m_{\mathrm{D}}}} = 1 : \frac{D}{m_{\mathrm{D}}} \tag{8-11}$$

式(8-10)、式(8-11)中的 k 称为相对中误差。根据上式,中误差相同,所测的距离不同,则相对中误差不同。例如,$m_1=m_2=6\mathrm{cm}$,$D_1=500\mathrm{m}$,$D_2=100\mathrm{m}$,则 $k_1=1:8\ 300$,$k_2=1:1\ 600$。

如果把 m_D 换为测量的较差 ΔD,则这时的 k 称为相对较差,故

$$k = \frac{\Delta D}{D} \tag{8-12}$$

即

$$k = \frac{1}{D/\Delta D} = 1 : \frac{D}{\Delta D} \tag{8-13}$$

式中,D 为测量边长的平均值,有关平均值原理与方法见本章第三节。

第二节 误差传播律

一、概念

找出某种研究对象的观测误差与函数误差的关系式所确定的规律,称为该研究对象的误差传播律。图 8-3 是边的测量问题,丈量 AB、BC 的长度各为 s_{AB}、s_{BC},丈量中误差分别为 m_{AB}、m_{BC}。习惯上的表示,AB:$s_{AB} \pm m_{AB}$;BC:$s_{BC} \pm m_{BC}$。由图 8-3 可见 s_{AC}满足下式:

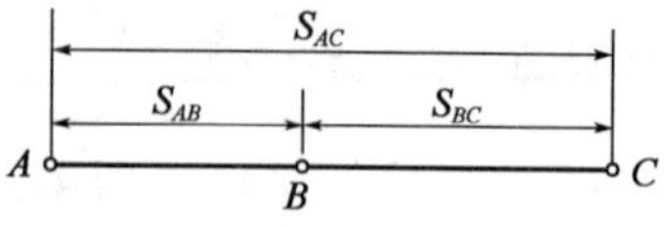

图 8-3 边的测量

$$s_{AC} = s_{AB} + s_{BC} \tag{8-14}$$

式(8-14)表明 AC 边的长度通过丈量 AB 边和 BC 边间接得到,s_{AC}是 s_{AB}、s_{BC}的函数。那么丈量误差 m_{AB}、m_{BC}对函数的误差 m_{AC}产生什么影响,要弄清这个问题,就必须研究 m_{AC}与 m_{AB}、m_{BC}的关系,找出丈量误差 m_{AB}、m_{BC}与函数误差 m_{AC}的关系式,这个关系式称为该研究对象的误差传播律。

二、研究方法

研究对象不同,表示误差传播律的关系式不同,但是研究方法基本相同。

1)列出函数与观测值的数学关系表达式,即

$$z = f(x_1, x_2, \cdots, x_n) \tag{8-15}$$

式中:x_i——观测值;

Z——x_i 的函数。

2)写出函数真误差与观测值真误差的关系式

(1)用全微分的形式展开函数式,即

$$dz = \frac{\partial f}{\partial x_1}dx_1 + \frac{\partial f}{\partial x_2}dx_2 + \cdots\cdots + \frac{\partial f}{\partial x_n}dx_n \tag{8-16}$$

(2)用真误差 Δx(有限量)代替式中的微分量 dx,即

$$\Delta z = \frac{\partial f}{\partial x_1}\Delta x_1 + \frac{\partial f}{\partial x_2}\Delta x_2 + \cdots\cdots + \frac{\partial f}{\partial x_n}\Delta x_n \tag{8-17}$$

在测量实践上,真误差是微小量,故上述的代替关系符合数学上的严密性。

3)用中误差表示的形式将上式转化为误差传播定律,即

$$m_z^2 = \left(\frac{\partial f}{\partial x_1}\right)^2 m_{x1}^2 + \left(\frac{\partial f}{\partial x_2}\right)^2 m_{x2}^2 + \cdots\cdots + \left(\frac{\partial f}{\partial x_n}\right)^2 m_{xn}^2 \tag{8-18}$$

式(8-17)转化为式(8-18)的规则:

(1)将式(8-17)右边的系数$\frac{\partial f}{\partial x}$分别平方;

(2)式(8-17)的 Δ 项按相应的中误差平方。

上述三步骤得到的式(8-18)是观测值中误差影响函数中误差的误差传播律通式。

三、几种函数形式的误差传播律

1. 和差函数

函数表达式为

$$z = x \pm y \tag{8-19}$$

式中的“±”表示 x 与 y 的关系可能是“和”或者“差”的关系。

根据研究误差传播律的方法,得

$$m_Z^2 = m_x^2 + m_y^2 \tag{8-20}$$

例 1　图 8-3,令 $z = s_{AC}, x = s_{AB}, y = s_{BC}$。依题目可知

$$z = x + y \tag{8-21}$$

根据研究误差传播律的方法,全微分得

$$dz = dx + dy$$

用真误差 Δ 代替式中的微分量得

$$\Delta z = \Delta x + \Delta y \tag{8-22}$$

现在证明和差函数误差传播律。根据 n 次观测得到真误差 Δ,按中误差的定义,式(8-22)右边对 n 项 Δz 取平方和,即

$$[\Delta z \Delta z] = [(\Delta x + \Delta y) \times (\Delta x + \Delta y)] \tag{8-23}$$

按二项式展开得

$$[\Delta z\Delta z] = [\Delta x\Delta x] + 2[\Delta x\Delta y] + [\Delta y\Delta y] \tag{8-24}$$

上式两边除以 n 得

$$\frac{[\Delta_z\Delta_z]}{n} = \frac{[\Delta_x\Delta_x]}{n} + \frac{2[\Delta_x\Delta_y]}{n} + \frac{[\Delta_y\Delta_y]}{n} \tag{8-25}$$

根据偶然误差第二特性,Δx、Δy 具有对称性,则互乘项 $\Delta x\Delta y$ 也具有对称性,故$[\Delta x\Delta y]/n$ 符合偶然误差第四特性,即具有抵偿性,所以$[\Delta x\Delta y]/n=0$。则式(8-25)为

$$\frac{[\Delta_z\Delta_z]}{n} = \frac{[\Delta_x\Delta_x]}{n} + \frac{[\Delta_y\Delta_y]}{n} \tag{8-26}$$

根据中误差定义,$m_z=[\Delta z\Delta z]/n$,$m_x=[\Delta x\Delta x]/n$,$m_y=[\Delta y\Delta y]/n$,则式(8-20)成立,证毕。

根据图 8-1,取 $m_x=m_{AB}$,$m_y=m_{BC}$,则 $m_{AC}=\pm\sqrt{m_{AB}^2+m_{BC}^2}$。

若 $Z=x-y$,根据上述的研究方法,则式(8-25)为

$$\frac{[\Delta_z\Delta_z]}{n} = \frac{[\Delta_x\Delta_x]}{n} - \frac{2[\Delta_x\Delta_y]}{n} + \frac{[\Delta_y\Delta_y]}{n}$$

因$[\Delta x\Delta y]/n$ 符合偶然误差第四特性,即$[\Delta x\Delta y]/n=0$,所以按上式同样可推证得式(8-20)。

推论 1:如果 $m_x=m_y=m$,则式(8-20)为

$$m_Z = \pm\sqrt{2}m \tag{8-27}$$

2. 倍乘函数

函数表达式为

$$z = kx \tag{8-28}$$

根据研究误差传播律的方法可得中误差的关系式

$$m_Z^2 = k^2m_x^2 \tag{8-29}$$

例 2 视距测量中熟悉的视距式(3-63),即

$$s = 100 \times l \tag{8-30}$$

表明视距 S 是上下丝读数差 l 的函数,l 的中误差为 m_l,根据研究误差传播律的方法可得

$$m_s = 100m_l \tag{8-31}$$

3. 线性函数

函数表达式为:

$$z = k_1x_1 + k_2x_2 + \cdots + k_nx_n \tag{8-32}$$

根据研究误差传播律的方法可得中误差的关系式

$$m_Z^2 = k_1^2m_{x1}^2 + k_2^2m_{x2}^2 + \cdots + k_n^2m_{xn}^2 \tag{8-33}$$

推论 2:如果 $m_{x1}=m_{x2}=\cdots=m_{xn}=m$,$k_1=k_2=\cdots=k_n=1$,则

$$m_Z = \pm\sqrt{n}m \tag{8-34}$$

4. 非线性函数

这里用例子说明有关的误差传播律

例 3 矩形面积 $s=a\times b$,设矩形长边:$a\pm m_a$;短边:$b\pm m_b$。求矩形面积 s 中误差 m_s。

根据研究，误差传播律的方法为：

(1)对函数全微分，把非线性函数转化为线性函数的形式，即 $\mathrm{d}s = b \times \mathrm{d}a + a \times \mathrm{d}b$；

(2)用真误差代表微分量，即 $\Delta s = b \times \Delta a + a \times \Delta b$；

(3)中误差的表示式：$m_s^2 = b^2 \times m_a^2 + a^2 \times m_b^2$。

即边长误差对面积误差的传播律为

$$m_s = \pm\sqrt{b^2 m_a^2 + a^2 m_b^2} \tag{8-35}$$

例 4　图 8-4，为了获得河的宽度 s，在 $\triangle ABC$ 中测量 D，中误差 m_d，测量角 α、β，中误差 m_α、m_β。根据图 8-4，按正弦定理，s 可为

$$s = D\frac{\sin\alpha}{\sin\beta} \tag{8-36}$$

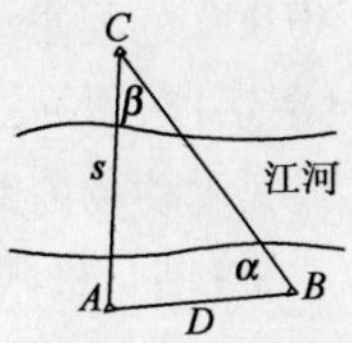

按误差传播律，s 的误差 m_s 可表示为：

$$m_s^2 = s^2\frac{m_d^2}{D^2} + s^2\cot^2\alpha\frac{m_\alpha^2}{\rho^2} + s^2\cot^2\beta\frac{m_\beta^2}{\rho^2} \tag{8-37}$$

图 8-4　河宽测量

四、误差传播律的应用意义

误差传播律的应用意义在于找出某种研究对象的观测误差与函数误差的误差传播律，为工程建设服务。上述若干例子是工程上的应用实例。误差传播律的应用意义有：

(1)计算函数中误差，评定测量结果的精度，为工程建设提供测量成果质量水平的参数。

上例 4 中，如果为获得河岸长度 s，在 $\triangle ABC$ 中测量 $D = 450\text{m}$，中误差 $m_{\mathrm{d}} = \pm 15\text{mm}$，测量角 $\alpha = 55°$、$\beta = 40°$，中误差 $m_\alpha = \pm 5''$、$m_\beta = \pm 4''$。按式(8-37)可求得 m_s。其中 s 按式(8-36)求得，$s = 573.468\text{m}$。m_s 按式(8-37)求得，$m_s = \pm 25.2\text{mm}$。$\frac{m_d}{D} = 1:30\,000$，$\frac{m_s}{s} = 1:26\,000$。这说明 s 的精度较 D 的精度有所下降。

(2)估计观测误差影响程度，为测量及工程设计提供误差预测参数，保证设计工作正确性。

例 5　图 8-5，为了进行运动场内跑道（长 $s = 400\text{m}$）$ABCC'B'A'$定位，用钢尺（$l_o = 30\text{m}$，测量中误差 m_l）测量，d、d'约长 90m（三个尺段）。问内跑道内侧测量定位中误差 m_s 与钢尺测量中误差 m_l 的关系；若 $m_l = \pm 10\text{mm}$，引起的 m_s 是否符合 1∶40 000 的要求？

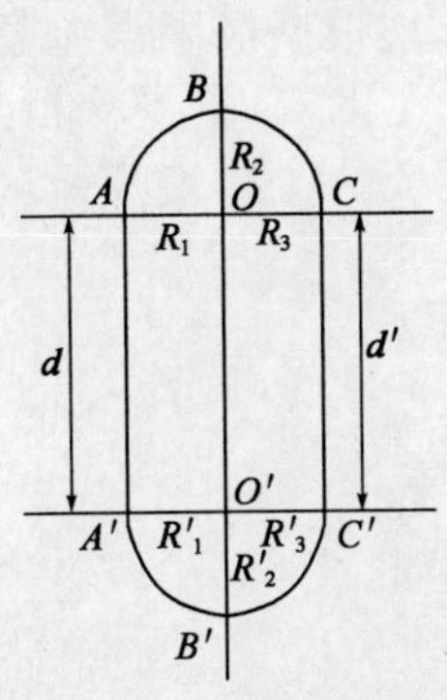

图 8-5　运动场跑道误差

分析：

①内跑道内侧 $ABCC'B'A'$的长度 s 的计算公式：

$$s = 2\pi R + d + d' = \pi R_o + \pi R'_o + l_1 + l_2 + l_3 + l'_1 + l'_2 + l'_3$$

测量上以圆心多次按半径定圆弧位置，故设 $R_o = \frac{R_1 + R_2 + R_3}{3}$，$R_{o'} = \frac{R'_1 + R'_2 + R'_3}{3}$，$s$ 的计算公式为：

$$s = \pi\frac{R_1 + R_2 + R_3}{3} + \pi\frac{R'_1 + R'_2 + R'_3}{3} + l_1 + l_2 + l_3 + l'_1 + l'_2 + l'_3$$

②内跑道内侧测量定位中误差 m_s 与钢尺测量中误差 m_l 的关系。

按误差传播率，可得 m_s 与半径误差 m_R 及钢尺测量中误差 m_l 的关系为

$$m_s^2 = \left(\frac{\pi}{3}\right)^2 6m_R^2 + 6m_l^2$$

分析表明，跑道内侧圆半径长度相当于一段钢尺长，可令 $m_R = m_l$，故上式经整理得

$$m_s = \pm 3.55m_l \tag{8-38}$$

③$m_l = \pm 10\text{mm}$ 对 m_s 的影响。

根据式(8-38)，可得 $m_s = \pm 35.5\text{mm}$。此时 $m_s/s = 35.5/400\ 000 = 1:11\ 200$。显然达不到 $1:40\ 000$ 的要求。如果要达到 $m_s/s = 1:40\ 000$ 的要求，则 $m_s = s/40\ 000 = \pm 10.0\text{mm}$，此时按式(8-38)求得 $m_l = \pm 2.8\text{mm}$。由此可见，提高钢尺测量精度，或采取更高精度的测量技术，才能实现运动场内跑道的可靠定位。

(3)结合极限误差的实际要求为有关测量限差提出理论根据。

例6 四等水准测量往返测较差 $\Delta h_{容} \leqslant \pm 20\sqrt{L}(\text{mm})$ 的来由，说明如下。

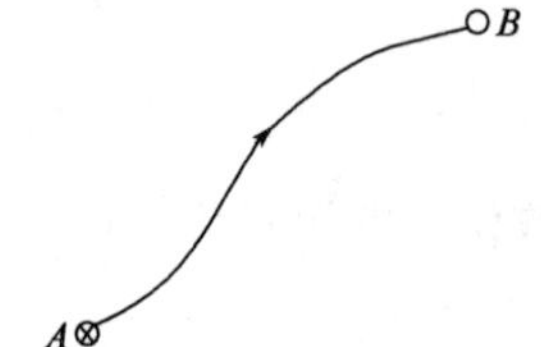

图8-6 水准测量图例

如图8-6所示，一条水准路线 A 至 B 的观测高差 $\sum h$ 为

$$\sum h = h_1 + h_2 + \cdots + h_n \tag{8-39}$$

因各测站高差 $h_1, h_2, \cdots, h_n$ 是等精度观测，用 $m_{站}$ 表示各测站观测中误差，按式(8-34)得

$$m_{\sum h} = \pm \sqrt{n} m_{站} \tag{8-40}$$

式中，n 为测站数。设 $n = L/s$，L 是水准路线长，s 是一测站的长度。若 L、s 均以公里为单位，则 $n_o = \frac{1}{s}$ 是1km的测站数，则1km的观测高差中误差 $u_o = \sqrt{n_o} m_{站} = \sqrt{\frac{1}{s}} m_{站}$。显然，$L$km的高差中误差为

$$m_{\sum h} = \pm \sqrt{\frac{L}{s}} m_{站} = \pm \sqrt{\frac{1}{s}} m_{站} \sqrt{L} = \pm u_o \sqrt{L} \tag{8-41}$$

在四等水准测量中，u 是1km往返测高差的中误差，并规定 $u = \pm 5\text{mm}$，则单程高差中误差是 $u_o = \sqrt{2} \times u = \sqrt{2} \times 5\text{mm}$，故上式为

$$m_{\sum h} = \pm u\sqrt{L} = \pm \sqrt{2} \times 5 \times \sqrt{L} \tag{8-42}$$

往返较差中误差为 $m_\Delta = \pm \sqrt{m_{\sum h1}^2 + m_{\sum h2}^2} = \pm \sqrt{2} m_{\sum h} = \pm 10\sqrt{L}$，所以，根据极限误差意义，有

$$\Delta h_{容} = 2 \times m_\Delta = \pm 20\sqrt{L}(\text{mm}) \tag{8-43}$$

第三节 平均值原理与方法

一、算术平均值

1. 算术平均值的概念

对某个观测量进行 n 次等精度观测，其观测值之和的平均值，称为算术平均值，简称均值。

其中这个量的真值为 X，观测值是 l_1、l_2、…l_n，算术平均值为

$$x = \frac{l_1 + l_1 + \cdots + l_n}{n} \tag{8-44}$$

即

$$x = \frac{[l]}{n} \tag{8-45}$$

算术平均值符合偶然误差特性的原则，因为按式(8-1)可知

$$[\Delta] = [l] - nX \tag{8-46}$$

式(8-46)两边除以 n，取极限，根据偶然误差第四特性，$\lim \frac{[\Delta]}{n} = 0$，则 $\lim \frac{[l]}{n} - X = 0$，故

$$X = \lim_{n \to \infty} \frac{[l]}{n} \tag{8-47}$$

由此可见，当观测数量 n 无限大时，算术平均值的极限是观测量的真值。但是，一般地，n 有限，这时式(8-45)得到的是接近真值的算术平均值，称为最可靠值，或称为最或然值。

2. 算术平均值的精度

(1)观测值中误差：在测量的实践中真值往往无法知道，真误差 Δ 也无法得到，因此无法利用式(8-9)计算观测值中误差。这时计算观测值中误差应按白塞尔公式※计算，即

$$m = \pm\sqrt{\frac{[vv]}{n-1}} \tag{8-48}$$

(2)算术平均值中误差：算术平均值表达式(8-44)是线性函数，其中 $1/n$ 相当于常数 k。设观测值 l_i 的中误差为 m，则算术平均值中误差为

$$m_x^2 = \left(\frac{1}{n}\right)^2 (m_1^2 + m_2^2 + \cdots + m_n^2) = \left(\frac{1}{n}\right)^2 (m^2 + m^2 + \cdots + m^2) = \frac{1}{n} m^2 \tag{8-49}$$

把式(8-48)代入式(8-49)，则算术平均值中误差为

$$M_x = \pm \frac{m}{\sqrt{n}} = \pm\sqrt{\frac{[vv]}{n(n-1)}} \tag{8-50}$$

3. 算例

表8-2提供6测回观测角度平均值计算实例，步骤为(1)、(2)……(7)。

6测回观测角度平均值及精度评定　　表8-2

测回 n	角度观测值 (° ′ ″) (1)	$v=(X-l)$ ″ (3)	vv (4)	计 算 结 果
1	75 32 13	2.5	6.25	(2)算术平均值：$x=[l]/n=75°32'15.5''$
2	75 32 18	−2.5	6.25	(5)观测值中误差：$m=\pm1.9''$
3	75 32 15	0.5	0.25	(6)算术平均值中误差：$M_x=\pm0.8''$
4	75 32 17	−1.5	2.25	(7)最后结果：$75°32'15.5''\pm0.8''$
5	75 32 16	−0.5	0.25	
6	75 32 14	1.5	2.25	
(2)x=75　32　15.5		$[v]=0$	$[vv]=17.5$	

式(8-48)的说明:

①v称为最或然误差,或称为改正数,满足下式

$$v_i = x - l_i \tag{8-51}$$

v具有和为零的特性,即

$$[v] = 0 \tag{8-52}$$

因为按式(8-51)

$$[v] = nx - [l] \tag{8-53}$$

把式(8-45)代入上式得式(8-52)的结果。式(8-52)可用于检验计算的正确与否,见表8-3。

②$[vv]$称为最或然误差平方和,即

$$[vv] = v_1^2 + v_2^2 + \cdots\cdots + v_n^2$$

③白塞尔公式的证明

已知

$$\Delta_i = l_i - X \tag{8-54}$$

从式(8-51)得

$$l_i = x - v_i \tag{8-55}$$

把式(8-55)代入式(8-54)得

$$\Delta_i = x - X - v_i \tag{8-56}$$

对式(8-56)的两边取平方和得

$$[\Delta\Delta] = n(x - X)^2 - 2[v](x - X) + [vv] \tag{8-57}$$

式(8-57)中$[v]=0$,故

$$[\Delta\Delta] = n(x - X)^2 + [vv] \tag{8-58}$$

这里先考虑$(x-X)$。从式(8-56)的两边取和得

$$[\Delta] = n(x - X) + [v] \tag{8-59}$$

因$[v]=0$,故上式

$$x - X = \frac{[\Delta]}{n} \tag{8-60}$$

对式(8-60)两边取平方,即

$$(x - X)^2 = \left(\frac{\Delta_1 + \Delta_2 + \cdots + \Delta_n}{n}\right)^2 = \frac{1}{n^2}(\Delta_1^2 + \Delta_2^2 + \cdots + \Delta_n^2) + \frac{2}{n^2}\left\{\begin{array}{l}(\Delta_1\Delta_2 + \Delta_1\Delta_3 + \cdots + \Delta_1\Delta_n) + \\ (\Delta_2\Delta_3 + \Delta_2\Delta_4 + \cdots + \Delta_2\Delta_n) + \\ + \cdots + \Delta_{n-1}\Delta_n\end{array}\right\} \tag{8-61}$$

上式符号{、}内互乘项$\Delta_i\Delta_j$与式(8-25)的$\Delta x\Delta y$同性质,故

$$(x - X)^2 = \frac{1}{n^2}(\Delta_1^2 + \Delta_2^2 + \cdots + \Delta_n^2) = \frac{[\Delta\Delta]}{n} \tag{8-62}$$

把式(8-62)代入式(8-58)得

$$[\Delta\Delta] = [\nu\nu] + \frac{[\Delta\Delta]}{n} \tag{8-63}$$

根据观测值中误差的定义,经整理,上式便为

$$m^2 = \frac{[vv]}{n-1} \tag{8-64}$$

即

$$m = \pm\sqrt{\frac{[vv]}{n-1}} \tag{8-65}$$

证毕。

二、加权平均值

1.加权平均值原理

在实际测量工作中常有非等精度观测成果,见表8-3。两组同一观测对象的非等精度观测成果 L_1、L_2,因 $m_1 \neq m_2$,不能采用 $(L_1+L_2)/2$ 的方法求解,但可用下述两种方法求解:

1)简单平均值的求法

$$x = \frac{\sum l' + \sum l''}{n_1+n_2} = \frac{l'_1+l'_2+l''_1+l''_2+l''_3}{5} \tag{8-66}$$

2)加权平均值的求法

(1)权的定义式:

$$P_i = \frac{u^2}{m_i^2} \tag{8-67}$$

精度不同的观测成果　　表8-3

组	观测数	观测值	观测中误差	观测成果	平均值中误差
1	$n_1=2$	l'_1、l'_2	m_0	$L_1=\frac{\sum l'}{n_1}=\frac{l'_1+l'_2}{2}$	$m_1^2=\frac{m_o^2}{n_1}=\frac{m_o^2}{2}$
2	$n_2=3$	l''_1、l''_2、l''_3	m_0	$L_2=\frac{\sum l''}{n_2}=\frac{l''_1+l''_2+l''_3}{3}$	$m_2^2=\frac{m_o^2}{n_2}=\frac{m_o^2}{3}$

根据表8-3中 m_i 的计算式,则

$$P_i = \frac{u^2}{m_i^2} = \frac{u^2}{\left(\frac{1}{\sqrt{n_i}}m_0\right)^2} = n_i\frac{u^2}{m_0^2} \tag{8-68}$$

式中:P_i——观测成果即新观测值 L_i 的权;

　　u——一个具有中误差性质的参数。

第一组观测值 L_1 的权是 P_1,将 n_1 代入式(8-68)得 $P_1=2u^2/m_0^2$。同理,第二组观测值 L_2 的权 $P_2=3u^2/m_o^2$。

(2)组成加权平均值求解公式

$$x = \frac{P_1L_1+P_2L_2}{P_1+P_2} \tag{8-69}$$

把表8-3中的 L_1、L_2 及 P_1、P_2 的表示式代入式(8-69)可得与式(8-66)的相同结果。

(3)加权平均值的原理通式:根据式(8-69)设 n 个权为 P_i 的观测值 L_i,加权平均值的通式为:

$$x = \frac{P_1L_1 + P_2L_2 + \cdots + P_nL_n}{P_1 + P_2 + \cdots + P_n} = \frac{[PL]}{[P]} \tag{8 70}$$

式中

$$[PL] = P_1L_1 + P_2L_2 + \cdots + P_nL_n \tag{8-71}$$

$$[P] = P_1 + P_2 + \cdots + P_n \tag{8-72}$$

2. 加权平均值中误差

式(8-70)可表示为:

$$x = \frac{P_1}{[P]}L_1 + \frac{P_2}{[P]}L_2 + \cdots + \frac{P_n}{[P]}L_n \tag{8-73}$$

按线性函数误差传播律得加权平均值中误差 M_X 的关系式为:

$$M_X^2 = \left(\frac{P_1}{[P]}\right)^2 m_1^2 + \left(\frac{P_2}{[P]}\right)^2 m_2^2 + \cdots + \left(\frac{P_n}{[P]}\right)^2 m_n^2 \tag{8-74}$$

根据权的定义式(8-67)可知

$$m_i^2 = \frac{u^2}{P_i} \tag{8-75}$$

把式(8-75)代入式(8-74),经整理得

$$M_x = \pm u\sqrt{\frac{1}{[P]}} \tag{8-76}$$

3. 单位权中误差

1)观测值权的相对关系:不论 u 取何值,观测值权之间的相对关系不变。根据权的定义式,u 一经确定,则 P_i 与 m_i^2 成反比,如表 8-4 中,m 小,精度高,则权 P 大,反映 P_iL_i 的分量大;同时可见,如表 8-4P_1、P_2 的相对关系 $P_1:P_2=2:3$ 不变。

观测值权的相对关系　　表 8-4

观测值	中误差	权的相对确定值				m_i	精度	权 P_i	P_iL_i 的分量
L_1	$m_1^2=m_o^2/2$	P_1	1	2/3	2	大	低	小	小
L_2	$m_2^2=m_o^2/3$	P_2	3/2	1	3	小	高	大	大
u^2 的取值			m_1^2	m_2^2	m_o^2				

2)单位权中误差:数值上等于1的权,称为单位权。相应于权为1的中误差称为单位权中误差。单位权中误差的获得方法为:

(1)可以根据选定的 m_i 确定。如表 8-4 中,$u=m_1$,则 $P_1=1$,称 m_1 为单位权中误差。$u=m_2$,则 $P_2=1$,称 m_2 为单位权中误差。

(2)可以根据需要虚拟。如表 8-4 中,$u=m_o$,则 $P_1=2$,$P_2=3$,若 m_o 不存在,则没有具体的单位权和单位权观测值。

(3)根据真误差 Δ 或最或然误差 v 计算,其结果是 u,即单位权中误差。

真误差 Δ 计算单位权中误差 u:

设观测值 L_1、L_2、$\cdots L_n$ 的权是 P_1、P_2、$\cdots P_n$，真误差是 Δ_1、Δ_2、$\cdots\Delta_n$。又设 $L'_i=\sqrt{p_i}L_i$ 为对 L_i 进行变换的观测值，根据误差传播律可知，相应的真误差为

$$\Delta'_i=\sqrt{P_i}\Delta_i \tag{8-77}$$

则中误差为 $m'^2_i=P_i m_i^2$，L'_i 的权为

$$P'_i=\frac{u^2}{m'^2_i}=\frac{u^2}{P_i m_i^2}=\frac{1}{P_i}\times\frac{u^2}{m_i^2}=\frac{1}{P_i}\times P_i=1$$

由此可见，L'_i是一批权等于 1 的单位权观测值，是等精度观测值，Δ'_i是单位权等于 1 的观测值真误差。因此，根据式(8-9)，可以利用真误差计算中误差的定义式计算单位权中误差，即

$$u=\pm\sqrt{\frac{[\Delta'\Delta']}{n}}=\pm\sqrt{\frac{\Delta'^2_1+\Delta'^2_1+\cdots+\Delta'^2_1}{n}} \tag{8-78}$$

实际上把式(8-77)代入式(8-78)得

$$u=\pm\sqrt{\frac{[P\Delta\Delta]}{n}} \tag{8-79}$$

上式为真误差计算单位权中误差公式。

以最或然误差 v 计算单位权中误差。仿式(8-79)按白塞尔公式的要求可证计算公式为

$$u=\pm\sqrt{\frac{[Pvv]}{n-1}} \tag{8-80}$$

式中

$$v_i=x-L_i \tag{8-81}$$

4. 几种常用的定权方法

1)同精度算术平均值的权：根据式(8-68)，令 $u^2/m_o^2=c$(任意常数)，则平均值 L_i 的权为

$$p_i=n\times c \tag{8-82}$$

结论：同精度算术平均值的权随观测次数 n 的增大而增大。

2)水准测量的权：根据式(8-40)，若取 c 个测站的高差中误差为单位权中误差，则 $u=\sqrt{c}m_{站}$，故一条水准路线观测高差 $\sum h$ 的权为

$$p_{\Sigma \mathrm{h}}=\frac{u^2}{m^2_{\Sigma \mathrm{h}}}=\frac{(\sqrt{c}m_{站})^2}{(\sqrt{n}m_{站})^2}=\frac{c}{n} \tag{8-83}$$

结论：在水准路线中，观测高差的权 P 与测站数 n 成反比。n 越多，误差越大，权越小。

平坦地区水准测量每测站的视距长度 s 大致相等，1km 的测站数为 $1/s$，故式(8-41)中，$\sqrt{1/s}m_{站}$ 为 1km 观测高差中误差。现设 $c$km 高差中误差为单位权中误差，即 $u=\sqrt{c/s}m_{站}$，则 L 公里观测高差中误差为 $m_{\Sigma \mathrm{h}}=\sqrt{L/s}m_{站}$，故水准路线观测高差的权为

$$P_{\Sigma h}=\frac{u^2}{m^2_{\Sigma h}}=\frac{(\sqrt{c/s}\,m_{站})^2}{(\sqrt{L/s}\,m_{站})^2}=\frac{c}{L} \tag{8-84}$$

由式(8-84)可见，$c=1$，则水准测量观测高差的权为

$$P_{\Sigma h}=\frac{1}{L} \tag{8-85}$$

结论：在水准测量中，观测高差的权 P 与距离 L 成反比。

由式(8-84)可知,$u^2/m^2_{\Sigma h}=c/L$,若 $L=1$,则 $m_{\Sigma h}$是 1km 的高差中误差,即

$$m_{1\text{km}} = \frac{u}{\sqrt{c}} \tag{8-86}$$

3)三角高程测量的权:根据式(4-32),三角高程测量在原理上的主项是 $h=D\sin\alpha$,按误差传播律可知,高差中误差 m_h 是

$$m_h^2 = \sin^2\alpha \times m_D^2 + (D\cos\alpha)^2 \times m_\alpha^2$$

式中:m_D——测距误差;

m_α——竖直角误差。

一般三角高程测量的 $\alpha<5°$,$\sin2\alpha\approx0$,故上式为

$$m_h^2 = (D\cos\alpha)2 \times m_\alpha^2$$

设 $u=(\cos\alpha)\times m_\alpha$,又 $\cos\alpha\approx1$,则 $m_h^2=u^2\times D^2$,故三角高程的权 P_h 为:

$$P_h = \frac{u^2}{m_h^2} = \frac{u^2}{u^2D^2} = \frac{1}{D^2} \tag{8-87}$$

5. 算例

见表 8-5,表中 Q 点水准测量高程的计算按表中(1)、(2)…(11)的计算工作顺序进行。

高程测量计算实例 表 8-5

水准路线名称	起点	起点测量至 Q 点高程 H(m) (1)	测站数,n (2)	权 $p=c/n(c=10)$ (3)	改正数 $v=x-H$(mm) (7)	略图
L1	A	48.821	35	0.285 7	-35.4	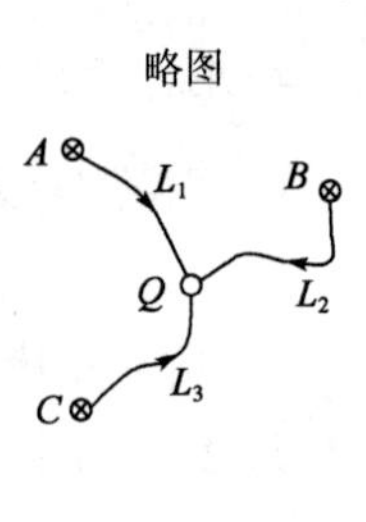
L2	B	48.753	26	0.384 6	32.6	
L3	C	48.795	39	0.256 4	-9.4	
(4)[PH]=45.209 6		(5)[P]=0.926 7		(6)x=[PH]/[P]=48.785 6m		
(8)[PVV]=789.420 8		(9)u=±19.9mm		(10)M_X=±20.7mm		

第四节 最小二乘原理

我们已经知道,观测量是具有一定量值的观测对象,对其观测的目的在于求得观测量的实际量值。但是,观测量的实际量值是多少,开始是不知道的,这时观测量又称为未知量。可以设想,由于观测有误差,必然给未知量的确定带来矛盾。例如表 8-5 以三条不同水准路线测量 Q 点高程,得到三个不同的,即存在矛盾的高程测量值。所谓平差,就是按照某种准则要求,对存在误差的观测值进行适当的数学处理,消除误差矛盾,以便获得具有一定精度指标的未知量的最可靠值。

在数理统计理论中有一个最大似然原理,在测量平差理论中有一个最小二乘原理,二者都属于处理存在误差的观测值(子样)的准则。从宏观上理解,最大似然原理描述问题的似然函数中观测向量的密度函数满足最小二乘条件解决的最大可能性,最小二乘原理则是从实现最大可能性的偏差平方和最小出发解决问题。尽管两种原理按各自的理论体系解释问题,解决

矛盾,但最终得到的结果是一致的。

最小二乘原理的基本思想:根据观测值的基本情况,设计一个数学模型[pvv],按[pvv]为最小的准则要求解题。下面说明这一思想的实现步骤。

一、误差方程及权的设立

式(8-51)就是一个最简单的误差方程。现设

$$\boldsymbol{V}=\begin{bmatrix}v_1\\v_2\\\vdots\\v_n\end{bmatrix}\quad \boldsymbol{X}=\begin{bmatrix}x\\x\\\vdots\\x\end{bmatrix}\quad \boldsymbol{L}=\begin{bmatrix}l_1\\l_2\\\vdots\\l_n\end{bmatrix}\quad \boldsymbol{P}=\begin{bmatrix}p_1&0&\cdots&0\\0&p_2&\cdots&0\\\vdots&\vdots&&\vdots\\0&0&\cdots&p_n\end{bmatrix} \tag{8-88}$$

则误差方程为

$$\boldsymbol{V}=\boldsymbol{X}-\boldsymbol{L},\boldsymbol{P} \tag{8-89}$$

式中:$\boldsymbol{L}$——观测值向量;

$\boldsymbol{V}$——最或然改正数向量;

$\boldsymbol{X}$——未知数向量;

$\boldsymbol{P}$——观测值的权向量。

x 可以是直接观测量,也可以是间接观测量,都属于待求的未知数。在观测方程中,x 的个数及所表示的对象依解题的实际而定,这里涉及的个数是 1。

二、设立数学模型 $V^{\mathrm{T}}PV$

按式(8-88)建立数学模型为:

$$\boldsymbol{V}^{\mathrm{T}}\boldsymbol{P}\boldsymbol{V}=(\boldsymbol{X}-\boldsymbol{L})^{\mathrm{T}}\boldsymbol{P}(\boldsymbol{X}-\boldsymbol{L})$$

用纯量表示,即

$$\boldsymbol{V}^{\mathrm{T}}\boldsymbol{P}\boldsymbol{V}=[pvv]=P_1(x-l_1)^2+P_2(x-l_2)^2+\cdots+P_n(x-l_n)^2 \tag{8-90}$$

三、[pvv] 最小准则

按[pvv]为最小,即准则为

$$\boldsymbol{V}^{\mathrm{T}}\boldsymbol{P}\boldsymbol{V}=\min \tag{8-91}$$

导出式(8-90)的解题方案。

式(8-90)可以理解为一条二次曲线,如图 8-7。[pvv]最小的位置在曲线的底端,该处的一阶导数为零,即

$$\frac{\mathrm{d}[pvv]}{\mathrm{d}x}=0 \tag{8-92}$$

按要求展开式(8-92),则得

$$2p_1(x-l_1)+2p_2(x-l_2)+\cdots+2p_n(x-l_n)=0$$

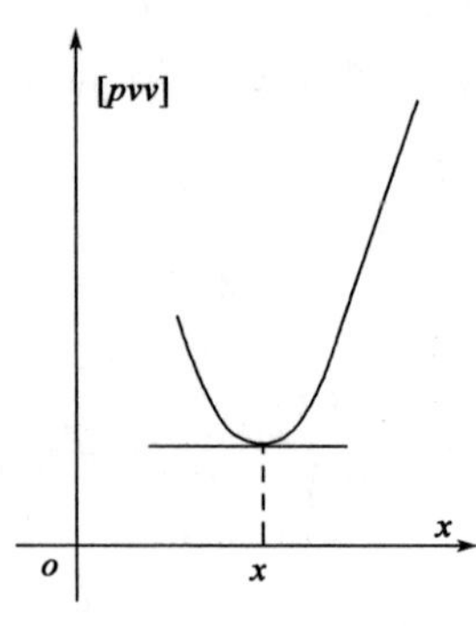

图 8-7 最小准则二次曲线

对上式合并同类项,经整理得

$$x(p_1+p_2+\cdots+p_n)-(p_1l_1+p_2l_2+\cdots+p_nl_n)=0$$

上式是一个未知数 x 的一元一次方程,解题方案是

$$x=\frac{p_1l_1+p_2l_2+\cdots+p_nl_n}{p_1+p_2+\cdots+p_n} \tag{8-93}$$

按式(8-71)、式(8-72)的要求整理便可得式(8-93),若式中的 $P_i=1$,则式(8-93)便是式(8-44)。由此可见,算术平均值及加权平均值是符合最小二乘原理的最可靠值。上述讨论的是对未知量 x 进行 n 次直接观测的平差问题,x 以直接观测值 l_i 按式(8-93)求得,故称这种平差方法为直接平差。

第五节 条件平差原理

除直接平差以外,还有间接平差、条件平差及现代平差等。条件,即以满足某种数学或物理关系确定的整体原则要求而列立的数学表达式,简称条件方程,或称条件式。条件平差是以条件式为出发点,根据 $V^{T}PV=\min$ 准则,按条件极值要求获得最可靠值的计算方法。

例如图 8-8 某土木工程中一水准路线形式,设水准点 A、B、C、D 四个,A、B 点是已知水准点,高程分别是 H_A、H_B,有关的观测值 h'_i 及相应的权列于表 8-6 末行中。

一、条件式的列立

依图 8-8,各水准路线高差 h_i 在 A、B 点所确定的整体意义上必须满足 H_B-H_A 的要求,或者说,以 H_A、H_B 的存在作为设立条件的根据,线①②③箭头方向计算的高差必须等于 H_B-H_A,即

$$h_2-h_5=H_B-H_A \tag{8-94a}$$

$$-h_1+h_4=H_B-H_A \tag{8-94b}$$

$$h_2-h_3+h_4=H_B-H_A \tag{8-94c}$$

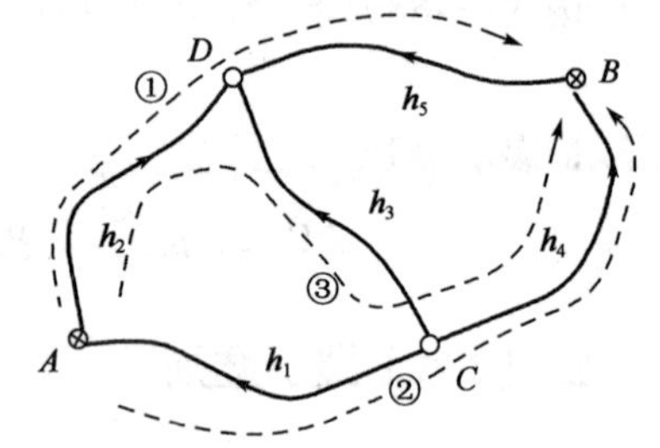

图 8-8 简单水准网

上述三式称为条件方程,h_i 称为平差值,$i=1$、2……5。平差值的正负号根据水准路线方向与虚线方向的关系确定,同向者正,反向者负。平差值是观测值 h'_i 与最或然改正数 v_i 之和,即

$$h_i=h'_i+v_i \tag{8-95}$$

把式(8-95)代入式(8-94),经整理得条件式为:

$$v_2-v_5+w_a=0 \tag{8-96a}$$

$$-v_1+v_4+w_b=0 \tag{8-96b}$$

$$v_2-v_3+v_4+w_c=0 \tag{8-96c}$$

式中,w_a、w_b、w_c 称为条件式的闭合差,即

$$
\begin{aligned}
w_a &= h'_2 - h'_5 - (H_B - H_A) \\
w_b &= -h'_1 + h'_4 - (H_B - H_A) \\
w_c &= h'_2 - h'_3 + h'_4 - (H_B - H_A)
\end{aligned}
\tag{8-97}
$$

实际应用中，条件式(8-96)写为列表形式，如表8-6。表中条件式3个，改正数各为v_1 ~ v_5，系数分别列在改正数的名下，改正数不存在则以系数为0列出。

为了使问题的叙述和推证有普遍意义，上述条件式3个改为r个，改正数v_1 ~ v_5下标改为i，即$v_i(i=1、2\cdots n)$，改正数系数0、1、-1等用相应的a_i、b_i、$\cdots r_i$表示，闭合差改为w_a、w_b、$\cdots w_r$，列表形式如表8-7。条件式用向量与矩阵表示，即

$$
\boldsymbol{V} = \begin{bmatrix} v_1 \\ v_2 \\ \vdots \\ v_n \end{bmatrix} \quad \boldsymbol{A} = \begin{bmatrix} a_1 & a_2 & \cdots & a_n \\ b_1 & b_2 & \cdots & b_n \\ \vdots & \vdots & & \vdots \\ r_1 & r_2 & \cdots & r_n \end{bmatrix} \quad \boldsymbol{W} = \begin{bmatrix} w_a \\ w_b \\ \vdots \\ w_r \end{bmatrix} \quad \boldsymbol{P} = \begin{bmatrix} p_1 & 0 & \cdots & 0 \\ 0 & p_2 & \cdots & 0 \\ \vdots & \vdots & & \vdots \\ 0 & 0 & \cdots & p_n \end{bmatrix}
\tag{8-98}
$$

条件式的改正系数计算实例　表8-6

条件	高差改正数系数					闭合差
	v_1	v_2	v_3	v_4	v_5	w
a	0	1	0	0	-1	w_a
b	-1	0	0	1	0	w_b
c	0	1	-1	1	0	w_c
h'_i	h'_1	h'_2	h'_3	h'_4	h'_5	
权P	p_1	p_2	p_3	p_4	p_5	

条件式的改正系数　表8-7

条件	改正数系数 v_1　v_2　$\cdots$　v_n	闭合差 w
a	a_1　a_2　$\cdots$　a_n	w_a
b	b_1　b_2　$\cdots$　b_n	w_b
…	…	…
r	r_1　r_2　$\cdots$　r_n	w_r
权P	p_1　p_2　$\cdots$　p_n	

上述$\boldsymbol{A}$称为条件式系数阵，$\boldsymbol{P}$称为权阵，$\boldsymbol{V}$称为改正数向量，$\boldsymbol{W}$称为闭合差向量。条件方程便是

$$
\boldsymbol{AV} + \boldsymbol{W} = 0 \tag{8-99}
$$

按矩阵展开，条件式(8-99)的纯量形式是

$$
\begin{aligned}
a_1v_1 + a_2v_2 + \cdots + a_nv_n + w_a &= 0 \\
b_1v_1 + b_2v_2 + \cdots + b_nv_n + w_b &= 0 \\
&\cdots \\
r_1v_1 + r_2v_2 + \cdots + r_nv_n + w_r &= 0
\end{aligned}
\tag{8-100}
$$

二、设立条件的数学模型，按条件极值要求导出v_i求解的方案

1)数学模型的构成：由式(8-100)可见，r个条件方程中有n个v改正数，由于$r<n$，故v_i没有唯一解。但总有一组v_i满足$\boldsymbol{V}^{\mathrm{T}}\boldsymbol{PV}=\min$的要求，这一组$v_i$按拉格朗日乘数法则构成数学模型是

$$
\boldsymbol{\Phi} = \boldsymbol{V}^{\mathrm{T}}\boldsymbol{PV} - 2\boldsymbol{K}^{\mathrm{T}}(\boldsymbol{AV} + \boldsymbol{W}) \tag{8-101}
$$

式中，$\boldsymbol{K}$称为联系数，或称为拉格朗日乘数，共有r个，即

$$\boldsymbol{K}=\begin{bmatrix}k_a\\k_b\\\vdots\\k_r\end{bmatrix}\tag{8-102}$$

2) $\boldsymbol{\Phi}$ 对 v_i 求一阶导数并令为零,即

$$\frac{\mathrm{d}\boldsymbol{\Phi}}{\mathrm{d}v}=2\boldsymbol{V}^{\mathrm{T}}\boldsymbol{P}-2\boldsymbol{K}^{\mathrm{T}}\boldsymbol{A}=0$$

从上式可得

$$\boldsymbol{V}=\boldsymbol{P}^{-1}\boldsymbol{A}^{\mathrm{T}}\boldsymbol{K}\tag{8-103}$$

$$v_i=\frac{1}{p_i}(a_ik_a+b_ik_b+\cdots+r_ik_r)\tag{8-104}$$

其纯量形式是:

把式(8-104)代入式(8-99)得

$$\boldsymbol{A}\boldsymbol{P}^{-1}\boldsymbol{A}^{\mathrm{T}}\boldsymbol{K}+\boldsymbol{W}=0\tag{8-105}$$

其中

$$\boldsymbol{P}^{-1}=\begin{bmatrix}\frac{1}{P_1}&0&\cdots&0\\0&\frac{1}{P_2}&\cdots&0\\\vdots&\vdots&&\vdots\\0&0&\cdots&\frac{1}{P_n}\end{bmatrix}\tag{8-106}$$

式(8-105)可表示为:

$$\begin{pmatrix}a_1&a_2&\cdots&a_n\\b_1&b_2&\cdots&b_n\\\vdots&\vdots&&\vdots\\r_1&r_2&\cdots&r_n\end{pmatrix}\begin{pmatrix}\frac{1}{P_1}&0&\cdots&0\\0&\frac{1}{P_2}&\cdots&0\\\vdots&\vdots&&\vdots\\0&0&\cdots&\frac{1}{P_n}\end{pmatrix}\begin{pmatrix}a_1&b_1&\cdots&r_1\\a_2&b_2&\cdots&r_2\\\vdots&\vdots&&\vdots\\a_n&b_n&\cdots&r_n\end{pmatrix}\begin{pmatrix}k_a\\k_b\\\vdots\\k_r\end{pmatrix}+\begin{pmatrix}w_a\\w_b\\\vdots\\w_r\end{pmatrix}=0\tag{8-107}$$

展开式(8-107)前3括号元素得

$$\begin{pmatrix}\frac{a_1a_1}{p_1}+\frac{a_2a_2}{p_2}+\cdots+\frac{a_na_n}{p_n}&\frac{a_1b_1}{p_1}+\frac{a_2b_2}{p_2}+\cdots+\frac{a_nb_n}{p_n}&\cdots&\frac{a_1r_1}{p_1}+\frac{a_2r_2}{p_2}+\cdots+\frac{a_nr_n}{p_n}\\\frac{a_1b_1}{p_1}+\frac{a_2b_2}{p_2}+\cdots+\frac{a_nb_n}{p_n}&\frac{b_1b_1}{p_1}+\frac{b_2b_2}{p_2}+\cdots+\frac{b_nb_n}{p_n}&\cdots&\frac{b_1r_1}{p_1}+\frac{b_2r_2}{p_2}+\cdots+\frac{b_nr_n}{p_n}\\\vdots&\vdots&&\vdots\\\frac{a_1r_1}{p_1}+\frac{a_2r_2}{p_2}+\cdots+\frac{a_nr_n}{p_n}&\frac{b_1r_1}{p_1}+\frac{b_2r_2}{p_2}+\cdots+\frac{b_nr_n}{p_n}&\cdots&\frac{r_1r_1}{p_1}+\frac{r_2r_2}{p_2}+\cdots+\frac{r_nr_n}{p_n}\end{pmatrix}\begin{pmatrix}k_{\mathrm{a}}\\k_{\mathrm{b}}\\\vdots\\k_{\mathrm{r}}\end{pmatrix}+\begin{pmatrix}w_{\mathrm{a}}\\w_{\mathrm{b}}\\\vdots\\w_{\mathrm{r}}\end{pmatrix}=0$$

设

$$\left[\frac{aa}{p}\right]=\frac{a_1a_1}{p_1}+\frac{a_2a_2}{p_2}+\cdots+\frac{a_na_n}{p_n},\left[\frac{ab}{p}\right]=\frac{a_1b_1}{p_1}+\frac{a_2b_2}{p_2}+\cdots+\frac{a_nb_n}{p_n},\cdots,\left[\frac{rr}{p}\right]=\frac{r_1r_1}{p_1}+\frac{r_2r_2}{p_2}+\cdots+\frac{r_nr_n}{p_n}$$

则展开后的式(8-107)为

$$\begin{bmatrix}\left[\frac{aa}{p}\right] & \left[\frac{ab}{p}\right] & \cdots & \left[\frac{ar}{p}\right]\\ \left[\frac{ab}{p}\right] & \left[\frac{bb}{p}\right] & \cdots & \left[\frac{br}{p}\right]\\ \vdots & \vdots & & \vdots\\ \left[\frac{ar}{p}\right] & \left[\frac{br}{p}\right] & \cdots & \left[\frac{rr}{p}\right]\end{bmatrix}\begin{bmatrix}k_a\\ k_b\\ \vdots\\ k_r\end{bmatrix}+\begin{bmatrix}w_a\\ w_b\\ \vdots\\ w_r\end{bmatrix}=0 \tag{8-108}$$

令

$$\boldsymbol{N}=\boldsymbol{AP}^{-1}\boldsymbol{A}^{\mathrm{T}}=\begin{bmatrix}\left[\frac{aa}{p}\right] & \left[\frac{ab}{p}\right] & \cdots & \left[\frac{ar}{p}\right]\\ \left[\frac{ab}{p}\right] & \left[\frac{bb}{p}\right] & \cdots & \left[\frac{br}{p}\right]\\ \vdots & \vdots & & \vdots\\ \left[\frac{ar}{p}\right] & \left[\frac{br}{p}\right] & \cdots & \left[\frac{rr}{p}\right]\end{bmatrix} \tag{8-109}$$

称式(8-108)为法方程,称 $\boldsymbol{N}$ 阵为法方程系数阵,故式(8-105)可表示为:

$$\boldsymbol{NK}+\boldsymbol{W}=0 \tag{8-110}$$

这里是 r 个法方程,有 r 个联系数 $\boldsymbol{K}$,故 $\boldsymbol{K}$ 可以解出,即

$$\boldsymbol{K}=-\boldsymbol{N}^{-1}\boldsymbol{W} \tag{8-111}$$

式中,$\boldsymbol{N}^{-1}$ 为法方程系数阵 $\boldsymbol{N}$ 的逆阵。

3)解题方案。根据上述的理论推证,以图 8-8 为例,条件平差的具体解题方案为:

(1)依测量的题目列立条件方程:列出条件方程中的改正数 $\boldsymbol{V}$ 的系数,求出各条件方程的闭合差 $\boldsymbol{W}$,计算观测值的权 $\boldsymbol{P}$。在实际计算中条件式应整理成为线性的形式,并写为表列形式,见表 8-9。

(2)组成法方程系数阵 $\boldsymbol{N}$:按式(8-109)计算法方程系数阵 $\boldsymbol{N}$。法方程系数阵 $\boldsymbol{N}$ 计算可用 BASIC 程序,如附录四程序一。计算用的条件方程系数按系数阵 $\boldsymbol{A}$ 的形式"自左至右,自上至下"的顺序逐一键入(或按表 8-10(3)栏列的形式键入),然后键入观测值的权。计算结果 $\boldsymbol{N}$ 抄入表 8-10(5)栏。

(3)求法方程系数阵 $\boldsymbol{N}$ 的逆阵 $\boldsymbol{N}^{-1}$。$\boldsymbol{N}^{-1}$ 的求解可采用数学上加边求逆方法(见附录三)。附录四程序二是加边求逆 BASIC 程序,计算所用的系数阵 $\boldsymbol{N}$ 按元素"自左至右,自上至下"的顺序键入计算机中。计算求得的逆阵 $\boldsymbol{N}^{-1}$ 抄入表 8-10(6)栏。

(4)求联系数 $\boldsymbol{K}$:利用逆阵 $\boldsymbol{N}^{-1}$ 及闭合差 $\boldsymbol{W}$,按式(8-111)可解出唯一的一组 $\boldsymbol{K}$ 值来。解算可采用附件四程序三,程序最后一行 data 后是逆阵 $\boldsymbol{N}^{-1}$ 及闭合差 $\boldsymbol{W}$。

(5)求改正数 $\boldsymbol{V}$:按式(8-103)将 $\boldsymbol{K}$ 值代入求得。可采用附录四程序四计算改正数 $\boldsymbol{V}$,计算前在程序最后一行 data 后键入条件式系数阵、权 $\boldsymbol{P}$、联系数 $\boldsymbol{K}$。

(6)求平差值:观测值加相应的改正数即得平差值,如图 8-6 所示,平差值 h_i 是 $h_i'+v_i$。

(7)求函数值最或然值:在测量的条件平差中,函数值的最或然值指的是点位的高程、坐标(x、y)参数。求函数值最或然值就是根据题目的要求,利用平差值把相应的参数求出来。

例如图 8-6 的 C 点高程 $H_C=H_A-(h_1'+v_1)$。

三、条件平差的精度评定

1. 求单位权中误差 u

$$u=\pm\sqrt{\frac{\boldsymbol{V}^{\mathrm{T}}\boldsymbol{P}\boldsymbol{V}}{r}} \tag{8-112}$$

式中,r 为条件式的个数;$\boldsymbol{V}$ 值从式(8-103)得到。

2. 求平差值的函数中误差

求平差值的函数中误差就是求观测误差对平差值函数中误差的传播律,这里不加推证的给出具体的计算方法。

1)写出函数式:设 $Z=f(l'_1+v_1,l_2'+v_2,\cdots\cdots l_n'+v_n)$,式中 Z 是平差值($l_i'+v_i$)的函数。对函数式全微分并化为改正数的关系式,称为权函数式,即

$$\Delta Z=\boldsymbol{F}^{\mathrm{T}}\boldsymbol{V} \tag{8-113}$$

$$\boldsymbol{F}=\begin{bmatrix} f_1 \\ f_2 \\ \vdots \\ f_n \end{bmatrix} \tag{8-114}$$

式中,$\boldsymbol{F}$ 称为权系数,$\boldsymbol{V}$ 与式(8-98)的 $\boldsymbol{V}$ 相同。见图 8-8,求 C 点高程中误差,设 $H_c=H_A-(h_1'+v_1)$。此式相当于

$$H_c=H_A+f_1(h'_1+v_1)+f_2(h'_2+v_2)+\cdots+f_5(h_5'+v_5)$$

其中 $f_1=-1$,$f_2=f_3=f_4=f_5=0$。对该式全微分得权函数的形式为:

$$\Delta Z=-v_1 \tag{8-115}$$

2)组成法方程组,即

$$\boldsymbol{N}\boldsymbol{Q}+\boldsymbol{F}'=0 \tag{8-116}$$

式中,$\boldsymbol{N}$ 是式(8-109)的法方程系数阵,$\boldsymbol{Q}$ 称为转换数,$\boldsymbol{F}'$称为权常数,即

$$\boldsymbol{Q}=\begin{bmatrix} q_{\mathrm{a}} \\ q_{\mathrm{b}} \\ \vdots \\ q_{\mathrm{r}} \end{bmatrix} \quad \boldsymbol{F}'=\begin{bmatrix} f'_{\mathrm{a}} \\ f'_{\mathrm{b}} \\ \vdots \\ f'_{\mathrm{r}} \end{bmatrix}=\begin{bmatrix} \left[\frac{af}{p}\right] \\ \left[\frac{bf}{p}\right] \\ \vdots \\ \left[\frac{rf}{p}\right] \end{bmatrix} \tag{8-117}$$

上述 $\boldsymbol{Q}$ 向量和 $\boldsymbol{F}'$ 向量各有 r 个元素，其中 $\boldsymbol{F}'$ 向量元素按下式计算，即

$$\begin{aligned} f'_a &= \left[\frac{af}{p}\right]=\frac{a_1f_1}{p_1}+\frac{a_2f_2}{p_2}+\cdots+\frac{a_nf_n}{p_n} \\ f'_b &= \left[\frac{bf}{p}\right]=\frac{b_1f_1}{p_1}+\frac{b_2f_2}{p_2}+\cdots+\frac{b_nf_n}{p_n} \\ &\vdots \\ f'_r &= \left[\frac{rf}{p}\right]=\frac{r_1f_1}{p_1}+\frac{r_2f_2}{p_2}+\cdots+\frac{r_nf_n}{p_n} \end{aligned} \tag{8-118}$$

3）求 $\boldsymbol{Q}$：

$$\boldsymbol{Q}=-\boldsymbol{N}^{-1}\boldsymbol{F}' \tag{8-119}$$

4）求权倒数：

$$\frac{1}{p_{\mathrm{F}}}=\left[\frac{ff}{p}\right]-\boldsymbol{F}'^{\mathrm{T}}\boldsymbol{N}^{-1}\boldsymbol{F}'=\left[\frac{ff}{p}\right]+\boldsymbol{F}'^{\mathrm{T}}\boldsymbol{Q} \tag{8-120}$$

式中

$$\left[\frac{ff}{p}\right]=\frac{f_1f_1}{p_1}+\frac{f_2f_2}{p_2}+\cdots+\frac{f_nf_n}{p_n} \tag{8-121}$$

5）求 Z 的中误差 M_z：

$$M_z=\pm u\sqrt{\frac{1}{p_{\mathrm{F}}}} \tag{8-122}$$

四、条件平差算例

图 8-8 所示为一个简单水准网，按条件平差，高差观测值 h'、水准路线长 D 列于表 8-9（1）（2）栏，表 8-8 ~ 表 8-10 中的（1）、（2）……（12）表示计算步骤。

高程计算与精度评定　　表 8-8

点位高程（10）		单位权中误差（11）	平差值函数中误差（12）	
A＊	56.374	［pvv］：1934.79	$[ff/p]=0.35$	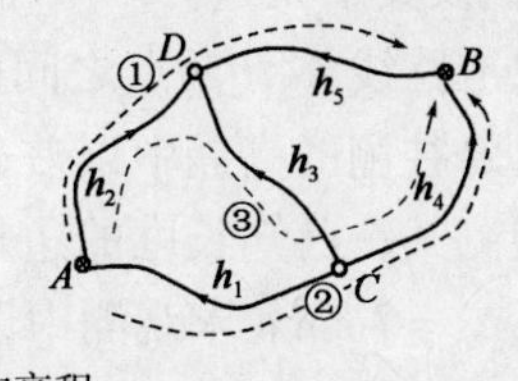
B＊	52.760	r：3	$F'^{\mathrm{T}}Q=-0.24$	
C	50.504	$u_{10\mathrm{km}}$：±25.4	$1/P_F=0.11$	
D	60.149	$u_{1\mathrm{km}}$：±8.03	$M_Z=\pm 8.4\mathrm{mm}$	＊注：已知高程

条件式列立与基本计算 表 8-9

序号	高差观测值 h'(m)(1)	水准路线长度 D(km)(2)	条件方程 a b c(3)	权 $p_i=10/D_i$ (4)	高差改正数 (mm)(8)	高差最或然值 (m)(9)	权系数
1	5.853	3.50	0 −1 0	2.857	16.52	5.870	−1
2	3.782	2.70	1 0 1	3.704	−7.21	3.775	0
3	9.640	4.00	0 0 −1	2.500	4.30	9.644	0
4	2.270	2.50	0 1 1	4.000	−14.49	2.256	0
5	7.384	3.000	−1 0 0	3.333	4.79	7.389	0
	闭合差		12 31 26	[pvv]:1934.79			

法 方 程 计 算 表 8-10

法方程系数 **N**(5)	逆方阵系数 $\boldsymbol{N}^{-1}$(6)	联系数 **K**(7)	权常数 **F**′(5′)	转换数 **Q**(7′)
[aa/p] [ab/p] [ac/p] 0.5700 0 0.2700	2.08054 0.28690 −0.68856	−15.958	0	−0.100
[ab/p] [bb/p] [bc/p] 0.0000 0.6000 0.2500	0.28690 1.91903 −0.60567	−47.185	0.35	−0.672
[ac/p] [bc/p] [cc/p] 0.2700 0.2500 0.9200	−0.68856 −0.60567 1.45362	−10.756	0	0.212

练 习 题

1. 如何检验测量误差的存在？产生误差的原因是什么？

2. 概念：系统误差、偶然误差、错差。

3. 系统误差有哪些特点？如何预防和减少系统误差对观测成果的影响？

4. 写出真误差的表达式，指出偶然误差的特性。

5. 说明精度与观测条件的关系及等精度、非等精度的概念。

6. 指出中误差、相对误差的定义式，理解极限误差取值 2 倍中误差的理论根据。

7. 已知丈量 2 尺段 l_o 及 q，$l_o=30$m，$q=16.34$m。丈量的中误差 $m=\pm2$cm，问按式(3-35)计算钢尺量距结果 d 和中误差 $m_d=$？

8. △ABC 中，测得 $\angle A=30°00'42''\pm3''$，$\angle B=60°10'00''\pm4''$，试计算 $\angle C$ 及其中误差 m_c。

9. 测得一长方形的两条边分别为 15m 和 20m，中误差分别为 ±0.012m 和 ±0.015m，求长方形的面积及其中误差。

10. 水准路线 A、B 两点之间的水准测量有 9 个测站，若每个测站的高差中误差为 3mm，求：1）A 至 B 往测的高差中误差；2）A 至 B 往返测的高差平均值中误差。

11. 观测某一已知长度的边长，5 个观测值与之的真误差 $\Delta_1=4$mm、$\Delta_2=5$mm、$\Delta_3=9$mm、$\Delta_4=3$mm、$\Delta_5=7$mm。求观测中误差 m。

12. 试分析表 8-11 角度测量、水准测量中的误差从属的误差类型及消除、减小、改正方法。

误 差 分 析　　表 8-11

测量工作	误差名称	误差类型	消除、减小、改正方法
角度测量	对中误差 目标倾斜误差 瞄准误差 读数估读不准 管水准轴不垂直竖轴 视准轴不垂直横轴 照准部偏心差		
水准测量	附合气泡居中不准 水准尺未立直 前后视距不等 标尺读数估读不准 管水准轴不平行视准轴		

13. 观测条件与精度的关系是____。

A. 观测条件好，观测误差小，观测精度小。反之观测条件差，观测误差大，观测精度大。

B. 观测条件好，观测误差小，观测精度高。反之观测条件差，观测误差大，观测精度低。

C. 观测条件差，观测误差大，观测精度差。反之观测条件好，观测误差小，观测精度小。

14. 在相同的条件下光电测距两条直线，一条长 150m，另一条长 350m，测距仪的测距精度是 $\pm(10\text{mm}+5\text{mm}D_{\text{km}})$。问这两条直线的测量精度是否相同？为什么？

15. 测量一个水平角 5 测回，各测回观测值是 56°31′42″、56°31′15″、56°31′48″、56°31′38″、56°31′40″（列于表 8-12），规范 $\Delta\alpha_{容}=\pm30''$。试检查 5 测回观测值，选用合格观测值计算水平角平均值。

表 8-12

序　号	各测回观测值	合格观测值
1	56°31′42″	
2	56°31′15″	
3	56°31′48″	
4	56°31′38″	
5	56°31′40″	

16. 测量的算术平均值是____。

A. n 次测量结果之和的平均值

B. n 次等精度测量结果之和的平均值

C. 是观测量的真值

17. 算术平均值中误差按____计算得到。

A. 白塞尔公式

B. 真误差 Δ

C. 观测值中误差除以测量次数 n 的开方根

18. 防止系统误差影响应该____。

A. 严格检验仪器工具;对观测值进行改正;观测中削弱或抵偿系统误差影响

B. 选用合格仪器工具;检验得到系统误差大小和函数关系;应用可行的预防措施等

C. 严格检验并选用合格仪器工具;对观测值进行改正;以正确观测方法削弱系统误差影响

19. 光电测距按正常测距测 5 测回的观测值列于表 8-13。按下表计算算术平均值、观测值中误差和算术平均值中误差。

5 测回观测角度算术平均值及精度评定 表 8-13

测回 n	距离观测值 l (m) (1)	$v=(X-l)$ (mm) (3)	vv (4)	计 算 结 果
1	546.535m			(2)算术平均值: $X=[l]/n=$ (5)观测值中误差: $m=\pm$ (6)算术平均值中误差: $M_x=\pm$ (7)最后结果:
2	546.539m			
3	546.541m			
4	546.538m			
5	546.533m			
(2)$x=$		$[v]=$	$[vv]=$	

20. 按表 8-14 的各水准路线长度 D 和高程 H 计算 Q 点的带权平均值及中误差。

三条水准路线的计算 表 8-14

水准路线名称	起点	起点测至 Q 点高程 H_i(m) (1)	路线长 D_i(km) (2)	权 $p_i=\frac{c}{D_i}$ ($c=10$km) (3)	v_i $(X-H_i)$ (mm) (7)	
L1	A	48.421	14.2			
L2	B	48.350	10.9			
L3	C	48.392	12.6			
(4)$[PH]=$ (5)$[P]=$ (6)$X=[PH]/[P]=$ m $=\pm$			(8)$[pvv]=$ (9)$u=\pm$ mm(10km)		(10)$M_X=\pm u\times$ $=\pm$ mm (11)u(1km) $=\pm$ / $=\pm$ mm	

21. 根据各水准路线长度 D 和高差 h',按条件平差解题方案,在表 8-15 ~ 表 8-17 中计算 C、D 点的高程。

高程计算与精度评定 表 8-15

点位高程(10)		单位权中误差(11)	平差值函数中误差(12)
$A*$	56.374	$[pvv]$:	$[ff/p]=$
$B*$	52.760	r:	$F'^{\mathrm{T}}Q=$
C		u_{10km}:	$1/=P_F$
D		u_{1km}:	$M_Z=$

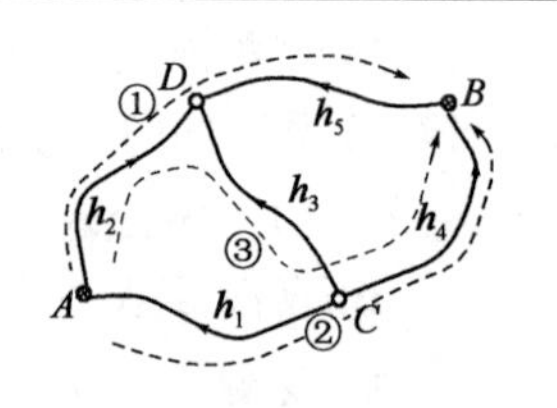

条件式列立与基本计算　　表 8-16

序号	高差观测值 h'(m)(1)	水准路线长度 D(km)(2)	条件方程 a (3)	b	c	权 $p_i=10/D_i$ (4)	高差改正数 (mm) (8)	高差最或然值 (m) (9)	权系数
1	5.853	3.05	0		0	3.279			0
2	3.742	2.74	1		1	3.650			0
3	9.640	3.97	0		−1				0
4	2.270	2.58	0		1				−1
5	7.384	2.97	−1		0	3.367			0
	闭合差			31		$[pvv]$:			

法方程计算　　表 8-17

法方程系数 N (5)	逆方阵系数 N^{-1} (6)	联系数 K (7)	权常数 F' (5′)	转换数 Q (7′)
$[aa/p]$　[ab/p]　[ac/p]				
$[ab/p]$　[bb/p]　[bc/p]				
$[ac/p]$　[bc/p]　[cc/p]				

题 21 注:水准测量的条件平差,可参考应用程序,见附录四程序一、二、三、四。

1. 条件式数据准备表 8-16,(D,h'的抄入;闭合差计算;系数的列出;权的计算)

2. 法方程系数的计算:

(1)键入程序一 10 ~ 180 行;

(2)$r=3$ $n=5$ 的实际数据代入 180 data 是条件式系数;权

(3)启动程序,然后抄录法方程系数到表 8-17;

(4)退出。

3. 求逆

1)键入程序二 10 ~ 480 行;

2)在 480 行 data 后键入矩阵 N 数据;

3)启动程序,键入 $n=3$,回车,然后抄录逆阵数据到表 8-16;

4)退出。

4. 求联系数 k

1)键入程序三 10 ~ 200 行;

2)在 200 行 data 后键入逆阵、闭合差;

3)启动程序,然后抄录联系数 k 到表 8 ~ 17;

4)退出。

5. 求最或然改正数 v

1)键入程序四 10 ~ 240 行;

2)在 240 行 data 后键入条件式系数、权、联系数;

3)启动程序,抄最或然改正数 v 到表 8-15;

4)退出。

6. 计算高差最或然值,并把数据填入表 8-15。

7. 计算 C、D 点的高程,并把数据填入表 8-14。

第九章　工程控制测量

[**学习目标**]　掌握工程控制测量技术要点;掌握一般工程控制测量技术方法和控制点坐标的计算,理解精密导线测量与计算原理和方法,掌握全站仪进行控制测量的原理和方法。

第一节　控制测量技术概况

一、控制测量的概念

1. 控制测量

建立和测定控制点并获得精确控制点参数的测量技术过程,称为控制测量。控制测量是工程建设和日常工程测量的基础,是工程上限制误差积累和控制全局的基准测量。

2. 控制点

工程建设中如大桥、楼房中心线(轴线)的确定,道路转弯处的标定,必须以工程附近固定的基准点为依据。工程建设中具有准确可靠平面坐标参数和高程参数的基准点,称为控制点。

3. 控制测量的工作内容

控制测量的工作内容包括平面控制测量和高程控制测量。通常这两方面的工作内容是分开独立开展的。平面控制测量用于获得控制点的平面坐标参数,高程控制测量用于获得控制点的高程参数。较好技术条件下,两方面工作相结合可同时获得控制点的平面坐标和高程参数。

4. 控制测量的一般工作规则

一般工作规则是"从整体到局部,全局在先;从高级到低级,逐级扩展"。技术条件较好,可在整体原则下按等级要求独立进行。

二、平面控制测量的实施方法

1. 三角形网测量法

三角形网测量法分有三角测角法、测边法、边角法。

三角测角法的基本思想:①在大地上布设控制点(或称三角点)构成三角形网的控制网;②测量网中若干条边及全网的三角形内角;③数据处理求得各个控制点的平面坐标。

在三角测量法基础上发展起来的还有测边法(全网测边)和边角法(全网测边和测角)等。

三角测角法的基本网形有国家高等级三角测量和工程上应用三角测量的基本图形。

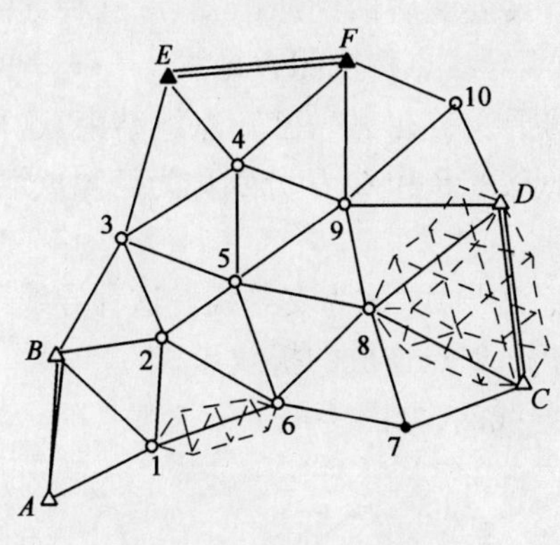

图 9-1 区域高等级三角网

三角测量在国家基本平面控制测量中占有极其重要的地位，过去已经建立的国家基本控制点属于三角测量的重要成果。这些控制点，或在全国范围内，或在某一地区范围内采用全面布设形式，控制点连成全面网形。图 9-1 表示某区域内从全局出发布设高等级的三角网，如实线所示的网形。图中虚线小网形是在高等级三角网基础上的局部扩展布设的低等级三角网。

工程上应用的几种三角网形式如下。

连续三角锁：两端各有一条已知边，全部控制点由连续三角形联系起来，网形如图 9-2a)。

中点多边形：全部控制点由三角形构成有中点的多边形，图 9-2b) 是中点六边形。

大地四边形：控制点构成四边形并有对角点观测线的图形称为大地四边形，如图 9-2c)。

此外，还有交会测量网形等，如图 9-2d) e)。

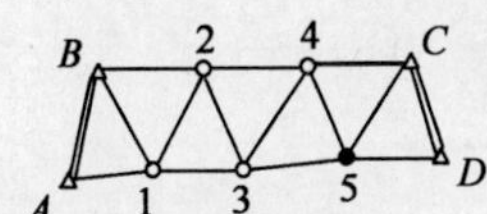

a) 连续三角锁

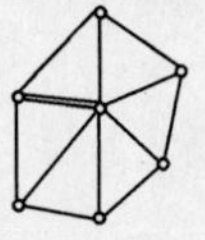

b) 中点多边形

c) 大地四边形

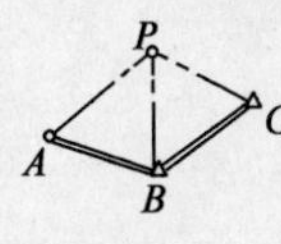

d) 前方交会网形

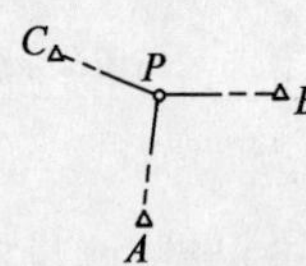

e) 后方交会网形

图 9-2 工程应用的三角网形式

上述基本图形涉及的范围比较小，控制点之间距离比较短，故有小三角测量之称。

三角测量主要优点：①以测角为主，测边为辅，甚至只测角不测边，观测工作比较简单；②网形涉及的几何条件比较多，有利于检核比较；③计算结果的点位精度比较均匀；④便于增加多余观测，如加测网内光电边等构成边角网以提高网形精度。

测边法是以三角形网全网测边的控制测量方法；边角法则是全网测边、测角的控制测量方法。测边法、边角法是控制精密度较高的方法。

2. 导线测量法

(1) 基本思想

导线测量法的基本思想：①在大地上布设的相邻控制点（或称导线点）连成折线链状，即所谓"导线"，如图 9-3；②测量各点之间的边长和角度，如测量边长 D_1、D_2 及角度 β_1、β_2 等；③计算处理求得各控制点的平面坐标。

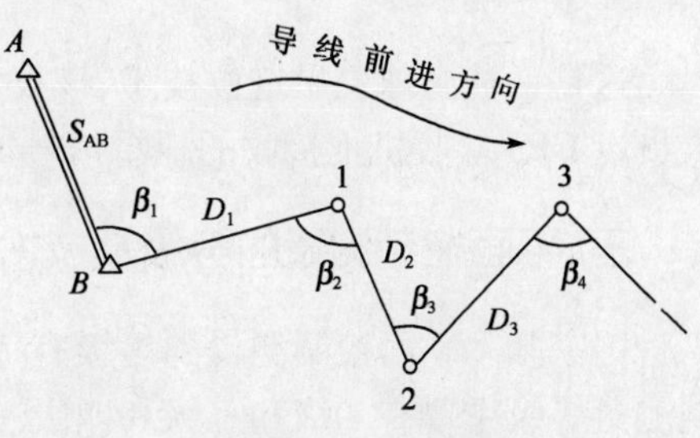

图 9-3 导线测量

导线测量是一种以测角量边逐点传递确定地面点平面位置的控制测量，由此布设的折线状导线形式比较适用于地带狭窄、地面四周通视比较困难的区域，也比较适合于线形工程建设的需要。

(2)工程上应用的几种导线形式

闭合导线:从一已知点开始,连续经过若干导线点的折线链最后回到原已知点,这种导线称为闭合导线,如图9-4a)。图中A是已知点,并与1、2、3、4导线点构成闭合导线。

附合导线:从一已知点组开始,连续经过若干导线点的折线链在另一已知点组结束,这种导线称为附合导线,如图9-4b)。图中A、B、C、D均是已知点,A、B和C、D分别称为已知点组,并与1、2、3、4导线点构成附合导线。

支导线:从一个控制点开始与另外1至2个导线点联系的导线,称为支导线。这种导线不闭合回原点,也不附合到另一已知点,如图9-4中3号点与1′、2′点连成的折线形式。

导线网:由若干闭合导线和附合导线构成的网形称为导线网,如图9-4c)。

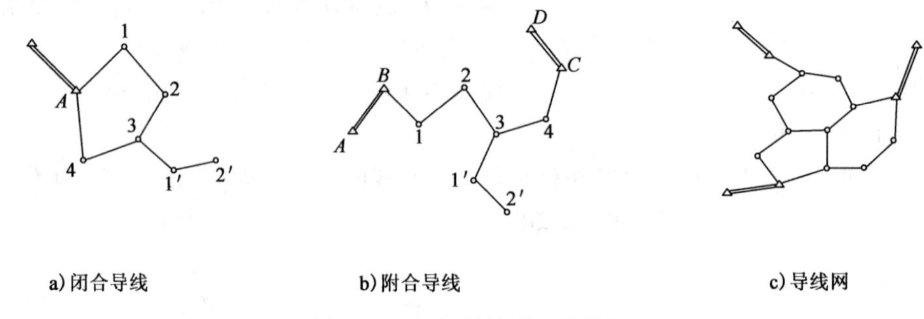

图9-4　工程应用的导线测量形式

(3)导线测量概念

图9-3是一条导线的一部分,A、B是已知点,构成为一个已知点组。1、2、3等是导线点。图中前进方向表示导线测量按B、1、2、3顺序进行;S_{AB}是已知边,D_1、D_2等是导线边;β_1是已知边与导线边的夹角,称为连接角;水平角β_2、β_4在导线测量前进方向右侧,称为右角;β_3在导线测量前进方向左侧,称为左角。

导线测量的外业观测工作内容如下。

测角:一般用方向法测量水平角。在四等级以上的导线测量中,必须按不同测回的要求测量左右角,左右角之和与360°的差值应在相应的容许限差之内。

量边:钢尺量距或光电测距。以钢尺量距者称为量距导线;以光电测距者称为光电导线。

辅助测量:根据需要而定的高程测量和方位角测量。其中高程测量(水准测量或三角高程测量)用于斜边的平距化算及投影化算。必要时在困难地区应进行方位角测量。

3. GPS技术

这是一种全球卫星定位技术,该技术的重要条件是环绕地球运行的24颗卫星。地面技术人员以GPS接收机把接收的卫星信号加以处理,便可以获得地面点的位置参数。

三、平面控制测量的等级及技术要求

国家基本平面控制测量的等级有一等、二等、三等、四等4个等级。城市和工程的平面控制测量等级主要有二级和三级和四级三个等级,同时还附有一、二、三级和图根、一般导线的扩展等级。现列出工程控制测量有关等级的技术要求,见表9-1和表9-2。

三角控制测量的主要技术要求　　表 9-1

等级	平均边长(km)	测角中误差(″)	起始边相对中误差	最弱边相对中误差	测回数			三角形最大闭合差(″)
					1″级	2″级	6″级	
二等	9	1.0	1∶250 000	1∶120 000	12	—	—	3.6
三等首级	4.5	1.8	1∶150 000	1∶70 000	6	9	—	7.0
三等加密	4.5	1.8	1∶120 000	1∶70 000	6	9	—	7.0
四等首级	2.0	2.5	1∶100 000	1∶40 000	4	6	—	9.0
四等加密	2.0	2.5	1∶70 000	1∶40 000	4	6	—	9.0
一级	1.0	5.0	1∶40 000	1∶20 000	—	2	4	15.0
二级	0.5	10.0	1∶20 000	1∶10 000	—	1	2	30.0

注：三角形闭合差：$w=\alpha+\beta+\gamma-180°$，$\alpha$、$\beta$、$\gamma$ 为 3 个内角观测值。

最弱边相对中误差：控制网中精度最低的边的相对中误差。

三角形最大闭合差：三角形 3 个内角观测值的和与 180°之差（闭合差）的最大限值，以 $w_{极}$ 表示。

导线控制测量的主要技术要求　　表 9-2

等级	导线长度(km)	平均边长(km)	测角中误差(″)	测距中误差(mm)	测距相对中误差	测回数		角度闭合差(″)	相对闭合差
						2″级	6″级		
三等	14.0	3.0	1.8	20	1∶150 000	10	—	$3.6\sqrt{n}$	1∶55 000
四等	9.0	1.5	2.5	18	1∶80 000	6	—	$5\sqrt{n}$	1∶35 000
一级	4.0	0.5	5.0	15	1∶30 000	2	4	$10\sqrt{n}$	1∶15 000
二级	2.4	0.25	8.0	15	1∶14 000	1	3	$16\sqrt{n}$	1∶10 000
三级	1.2	0.1	12.0	15	1∶7 000	1	2	$24\sqrt{n}$	1∶5 000

注：表中的 n 是导线观测角的个数。

四、控制测量的基本工作

控制测量的基本工作有：设计选点、建标、观测、计算和技术总结等。

1. 设计选点

设计选点是根据表 9-1 和表 9-2 的技术要求，结合工程实际确定控制点位置的前期工作。

(1)基本要求

设计选点开始于室内，完成于野外，定点于实地，最后应满足以下基本要求。

①点位互相通视，便于工作。点与点之间能观察到相应的目标，视线上没有障碍物。同时应注意视线沿线的建筑物离开视线有一定的距离，避免旁折光对测量的影响。

②点位数量足够，分布均匀。点位数量符合测量的要求，满足工程设计和建设的需要。

③点位土质坚实，便于保存。有利于埋设控制点位稳定可靠。原有控制点应尽量采用。

④周围视野开阔，有利加密。通常把点位选在附近地面制高点上，比较有利于开阔视野，有利于控制点的逐级扩展和加密。

(2)特殊要求

①导线点的确定:根据导线测量的特点,导线中相邻点之间通视;点位分布均匀,导线中相邻点位的距离大致相等,在困难地段,相邻点的距离比值宜限制在1∶3以内。

②三角点的确定:根据三角测量的特点,网形中构成三角形的点位之间通视;点位分布均匀,各点位构成的三角形尽可能形成等边三角形,内角接近60°。即使在条件不利的情况下,个别角度也应不小于30°,并应不大于120°。

③注意搜集资料,室内设计与野外踏勘相结合,结合工程实际加强优化设计。

④尽量使有关点位与国家控制点联系,以便利用国家统一坐标。

2. 建立标志

在选定的点位上埋设固定标石和建立标架,即所谓的建标埋石。

(1)埋石

石,指用混凝土结构制成并有中心标志的标石。埋石,即在选定的地点位置埋设标石。控制点,就这样在地面上固定地设立了。有时,控制点是设在坚固构造物上的中心标志,或是一种打入地里的带有中心标志的固定桩。图9-5所示是一种混凝土结构制成的标石,标石顶面中心附近注有点位号码、建造单位及建造时间等。标石应稳定地埋设在冻土线以下的土层里。必要时应做好点位埋设记录及图示,在点位附近设立指示标志。对重要点位应落实保管措施。

(2)建标

在已经埋设控制点的位置上建立标架或树立目标,便于寻找目标和观测角度。图9-6a)是树立的一种标杆观测目标,图9-6b)是建立的一种寻常标。

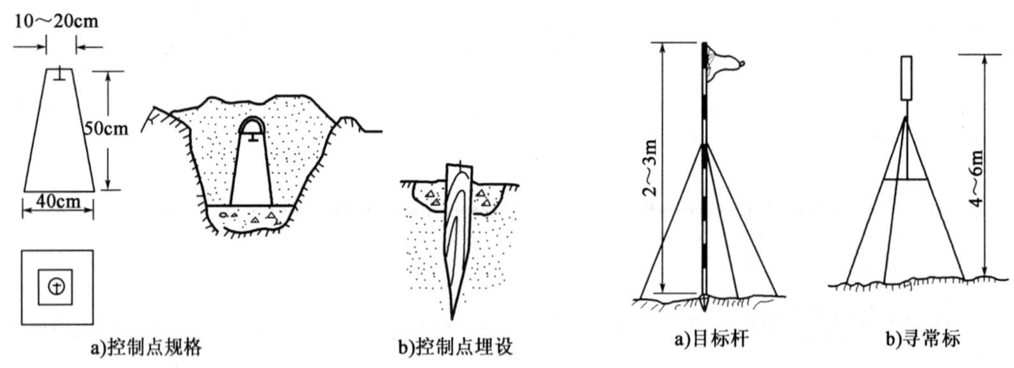

图9-5 控制点与埋设　　图9-6 控制点的目标

3. 野外观测

主要是测角量边。野外观测基本工作要求:①做好仪器工具的检验,掌握仪器的性能;②了解现场实际情况,做好观测组织安排,落实技术措施;③收集和保管野外观测数据。

4. 平差计算

主要任务是求取控制点的点位坐标。工作要求:①根据控制测量的实施方法和确定的平差原理拟定计算方案;②检核野外观测成果及已知数据,化算野外观测数据均是以标石中心为依据的投影平面观测值;③计算的过程和结果应尽量用表格的形式表示。

5. 技术总结

枝术总结即对平面控制测量的整个工作按有关技术要求进行必要的说明;对于长期保存的重要测量成果应详细说明和总结,以便更好地发挥作用。

五、高程控制测量的技术要求

国家高程控制测量有一、二、三、四等 4 个等级。城市和工程的高程控制测量等级按二、三、四、五等级划分,另外还有图根扩展等级。主要技术要求见表 9-3。光电三角高程控制测量有四、五等级, 主要技术要求见表 9-4。

水准测量的主要技术要求 表 9-3

等级	每千米偶然中误差 M(mm)	每千米高差全中误差 Mw(mm)	路线长度(km)	水准仪的型号	水准尺	观测次数		往返较差闭合差	
						与已知点联测	附合线或闭合环线	平地(mm)	山地(mm)
二等	1	2	—	DS_1	铟瓦	往返各一次	往返一次	$4\sqrt{L}$	
三等	3	6	≤50	DS_1	铟瓦		往一次	$12\sqrt{L}$	$4\sqrt{n}$
三等	3	6	≤50	DS_3	双面		往返一次	$12\sqrt{L}$	$4\sqrt{n}$
四等	5	10	≤16	DS_3	双面		往一次	$20\sqrt{L}$	$6\sqrt{n}$
五等	—	15	—	DS_3	单面		往一次	$30\sqrt{L}$	$9\sqrt{n}$

注:L 是以 km 为单位测段长,n 是测站数。

光电三角高程测量的主要技术要求 表 9-4

等级	测角仪器	竖直角的测回数		指标差较差(″)	竖直角较差(″)	对向观测高差较差(mm)	附合或闭合环线闭合差(mm)
		三丝法	中丝法				
四等	DJ_2		3	≤7	≤7	$40\sqrt{D}$	$20\sqrt{\sum D}$
五等	DJ_2	1	2	≤10	≤10	$60\sqrt{D}$	$30\sqrt{\sum D}$

注:D 是以 km 为单位边长。

六、高程控制点位的选定及点位标志的建立

第四章叙述的水准路线和三角高程导线的基本图形与计算,都是高程控制测量的技术,为使这些高程控制点(水准点)更好地服务于工程建设,必须重视点位的选定和建造。

1. 点位的选定:即设计选点

高程控制点选定的基本要求:①点位置的土质坚硬,便于保存。土质坚硬有利于水准点长期稳定,确保高程可靠。水准点可设在基岩或设在重要的建筑物的墙基上。②水准路线长度适当,便于应用。一般地,水准路线长度为 1 ~ 3km,重要工程建设中的水准路线可小于 1km。在不受工程影响的情况下,水准点应尽量靠近工程建设工地。

2. 建标志:即埋设水准点

前有叙述,水准点是一种混凝土结构制成并设有高程标志的标石(如图 4-13),或是埋设在坚固构造物基础(如楼基础墙边)的金属柱标志。一般地,高程控制点与平面控制点分别设定,但

工程建设中，高程控制点往往与平面控制点处于同一点位，埋设时应顾及二者的基本要求。和平面控制点一样，重要的高程控制点应做好点位埋设记录及图示，在点位附近设立指示标志。

第二节　精密附合导线

一、精密附合导线的计算原理

图9-7是一个附合导线。图中A、B和C、D是两个已知点组，β_1、β_n是连接角，β_2、β_3、…、β_{n-1}是导线点的转折角（均为左角），D_1、D_2、…D_{n-1}是导线边。下述各式的β'_i、D'_i是角度、边长的观测值。为了讨论方便，点号B与1、C与n分别以$B(1)$、$C(n)$表示。现以图9-7说明精密附合导线的条件平差计算原理。

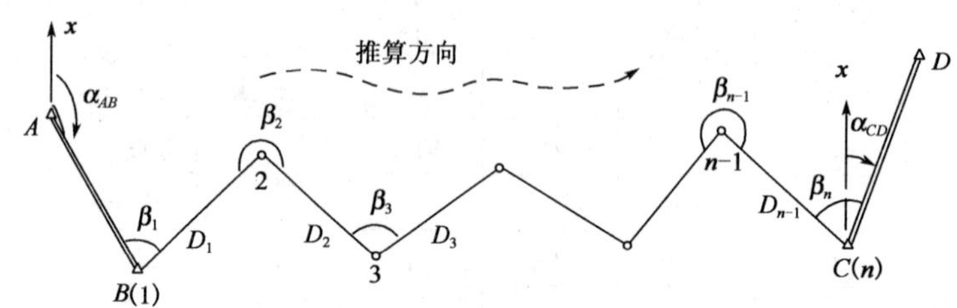

图9-7　附合导线

1. 条件方程列立

根据图形必须满足的几何条件方程有方位角条件、纵坐标x条件、横坐标y条件。

方位角条件：利用已知方位角α_{AB}和角度最可靠值$\beta_i(i=1,2,\cdots,n)$按式(5-26)推算CD边的方位角推算值必须与已知方位角α_{CD}相等，这就是方位角条件。

纵坐标x条件：利用已知点的纵坐标x_B和各导线点的坐标增量最可靠值$\Delta x_i(i=1,2,\cdots,n-1)$按式(5-28)推算$C$点的$x$坐标推算值必须与已知点$x_C$相等，这就是纵坐标$x$条件。

横坐标y条件：利用已知点的纵坐标y_B和各导线点坐标增量最可靠值$\Delta y_i(i=1,2,\cdots,n-1)$按式(5-28)推算$C$点的$y$坐标推算值必须与已知点$y_C$相等，这就是横坐标$y$条件。

$$\alpha_{AB}+n\times180°+\sum_1^n\beta_i=\alpha_{CD} \tag{9-1a}$$

$$x_B+\sum_1^{n-1}\Delta x_i=x_C \tag{9-1b}$$

$$y_B+\sum_1^{n-1}\Delta y_i=y_C \tag{9-1c}$$

上述3个条件方程是：

式(9-1a)中β_i是平差值，即$\beta_i=\beta'_i+v_i$，故式(9-1a)整理为：

$$\nu_1+\nu_2+\cdots+\nu_n+w_\alpha=0 \tag{9-2}$$

式中，w_α是方位角闭合差。

$$w_\alpha=\alpha'_{CD}-\alpha_{CD}=\alpha_{AB}+n\times180°+\sum_1^n\beta'_i-\alpha_{CD} \tag{9-3}$$

式(9-1b)中，Δx_i是平差值α_i、D_i的函数，$\alpha_i=\alpha'_i+\mathrm{d}\alpha_i$，$D_i=D'_i+\mathrm{d}D_i$，$\Delta x_i$可表示为：

$$\Delta x_i = D_i \cos\alpha_i$$

由于 $\cos\alpha_i$ 是非线性函数,引用泰勒级数进行线性化,展开 Δx_i,取前二项得:

$$\Delta x_i = \Delta x'_i + \mathrm{d}\Delta x'_i \tag{9-4}$$

其中

$$\Delta x'_i = D'_i \cos\alpha'_i \tag{9-5}$$

$$\mathrm{d}\Delta x'_i = \cos\alpha'_i \mathrm{d}D_i - \frac{1}{\rho} D'_i \sin\alpha'_i \mathrm{d}\alpha' \tag{9-6}$$

用 v_{Di}代替 $\mathrm{d}D_i$,$v_{\alpha i}$代替 $\mathrm{d}\alpha'_i$,顾及

$$\alpha'_i = \alpha_{AB} + n \times 180° + \sum_1^i \beta'_i \tag{9-7}$$

因为 $\mathrm{d}\alpha'_i = \sum_1^i \mathrm{d}\beta'_i$,则:

$$\nu_{\alpha i} = \sum_1^i \nu_i \tag{9-8}$$

按 $i=1$、2、…、$n-1$ 展开式(9-6),即:

$$\begin{aligned}
\mathrm{d}\Delta x'_1 &= \cos\alpha'_1 \nu_{D1} - \frac{1}{\rho} D'_1 \sin\alpha'_1 \nu_1 \\
&= \cos\alpha'_1 \nu_{D1} - \frac{1}{\rho}(y'_2 - y'_1) v_1 \\
\mathrm{d}\Delta x'_2 &= \cos\alpha'_2 \nu_{D2} - \frac{1}{\rho}(y'_3 - y'_2)(\nu_1 + \nu_2) \\
&\cdots \\
\mathrm{d}\Delta x'_{n-1} &= \cos\alpha'_{n-1} \nu_{Dn-1} - \frac{1}{\rho}(y'_n - y'_{n-1})(\nu_1 + \nu_2 + \cdots + \nu_{n-1})
\end{aligned} \tag{9-9}$$

将式(9-5)、式(9-9)代入式(9-4),再代入式(9-1b),经整理式(9-1b)为:

$$-\frac{1}{\rho}(y'_n - y'_1)\nu_1 - \frac{1}{\rho}(y'_n - y'_2)\nu_2 - \cdots - \frac{1}{\rho}(y'_n - y'_{n-1})\nu_{n-1} + \sum_1^{n-1} \cos\alpha'_i \nu_{Di} + w_x = 0$$

式(9-1b)条件式最终形式:

$$-\frac{1}{\rho}\sum_1^{n-1}(y'_n - y'_i)\nu_i + \sum_1^{n-1}\cos\alpha'_i \nu_{Di} + w_x = 0 \tag{9-10}$$

式中,条件闭合差 w_x 为:

$$w_x = x_B + \sum_1^{n-1} \Delta x'_i - x_C \tag{9-11}$$

仿式(9-1b)的推导原理和过程,从式(9-1c)中得条件式最终形式:

$$\frac{1}{\rho}\sum_1^{n-1}(x'_\mathrm{n} - x'_i)\nu_i + \sum_1^{n-1}\sin\alpha'_i \nu_{Di} + w_y = 0 \tag{9-12}$$

式中,条件闭合差 w_y 为:

$$w_y = y_B + \sum_1^{n-1} \Delta y'_i - y_C \tag{9-13}$$

$$\Delta y'_i = D'_i \sin\alpha'_i \tag{9-14}$$

考虑有关参数的单位,经整理后的精密附合导线 3 个条件方程为:

$$\sum_{1}^{n}\nu_i + w_\alpha = 0 \tag{9-15a}$$

$$-\frac{100}{\rho}\sum_{1}^{n-1}(y'_n - y'_i)\nu_i + \sum_{1}^{n-1}\cos\alpha'_i\nu_{Di} + w_x = 0 \tag{9-15b}$$

$$\frac{100}{\rho}\sum_{1}^{n-1}(x'_n - x'_i)\nu_i + \sum_{1}^{n-1}\sin\alpha'_i\nu_{Di} + w_y = 0 \tag{9-15c}$$

整理后条件方程各有关参数的单位：w_α、ν_i，秒(s)；$\Delta x'_i$、$\Delta y'_i$，米(m)；ν_{Di}、w_x、w_y，厘米(cm)。

2. 平差值的求解及点位坐标的计算

(1)权的设定

根据式(8-67)，角度观测的权为：

$$p_{\beta i} = \frac{u^2}{m_{\beta i}^2} \tag{9-16}$$

边长观测的权为：

$$p_{Di} = \frac{u^2}{m_{Di}^2} \tag{9-17}$$

角度观测中根据统计的 m_β 是在同一观测条件下(同种仪器，两个方向，同一观测水平)取得的，故 $m_\beta^2 = m_{\beta i}^2$，选取 $u = m_\beta$，则：

$$p_{\beta i} = 1 \tag{9-18}$$

根据式(3-12)，光电测距精度 m_{Di} 随距离 D 不同而异。根据上述 m_β 设定之后，观测边的权为：

$$p_{Di} = \frac{m_\beta^2}{m_{Di}^2} \tag{9-19}$$

式(9-18)及式(9-19)是精密导线测量的角、边观测值的定权公式。

(2)平差值的求解

条件方程中的平差值是角度 β_i 及边长 D_i，有了条件方程和权的设定之后的基本计算工作"法方程的组成—联系数的解算—最或然改正数的求解—平差值的计算"，可以分别按式(8-110)组成法方程，按式(8-111)计算联系数 K，按式(8-103)或式(8-104)计算最或然改正数 v_i、v_{Di}。其中计算的3个法方程用矩阵形式表示：

$$N = \begin{pmatrix} \left[\frac{aa}{p}\right] & \left[\frac{ab}{p}\right] & \left[\frac{ac}{p}\right] \\ \left[\frac{ab}{p}\right] & \left[\frac{bb}{p}\right] & \left[\frac{bc}{p}\right] \\ \left[\frac{ac}{p}\right] & \left[\frac{bc}{p}\right] & \left[\frac{cc}{p}\right] \end{pmatrix}, K = \begin{pmatrix} k_a \\ k_b \\ k_c \end{pmatrix}, W = \begin{pmatrix} w_a \\ w_b \\ w_c \end{pmatrix} \tag{9-20}$$

(3)点位坐标的计算

平差值角度 β_i 及边长 D_i 求得之后，便可计算各边的方位角 α_i，计算各导线点之间的坐标增量 Δx_i、Δy_i，最后计算导线点点位坐标。

二、精密附合导线算例

下面以光电附合导线为例进行计算。图9-8是该算例的略图，表9-5～表9-8是该算例的计算过程，计算步骤如下：

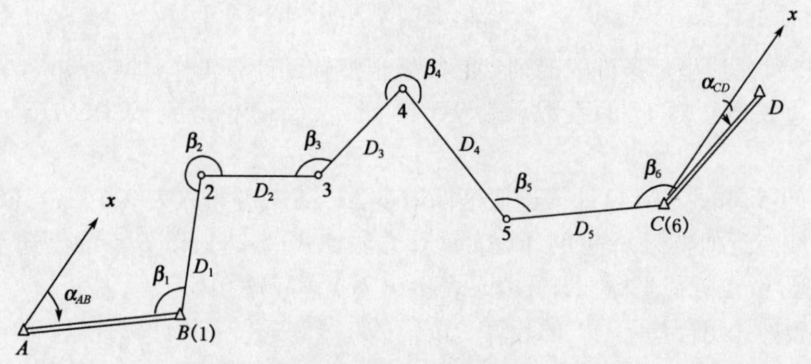

图 9-8　光电附合导线

精密光电附合导线计算　　表 9-5

点　名	角度观测值 β' (°)(′)(″)(1)	角度改正数 (1)	边　名	近似方位角 α_i' (°)(′)(″)(3)	边长观测值 $D_i'(\nu)$ (m)(2)	条件式边改正数系数计算	
						$\cos\alpha'$ (5x)	$\sin\alpha'$ (5y)
A				49 30 13.4 *			
B(1)	111 45 27.8	(−0.5)	B(1)—2	341 15 41.2	1 628.524 (−0.001)	0.946 994 3	−0.321 250 3
2	275 16 43.8	(2.2)	2—3	76 32 25.0	1 293.480 (−0.002)	0.232 761 7	0.972 533 8
3	128 49 32.3	(1.5)	3—4	25 21 57.3	229.421 (−0.002)	0.903 590 3	0.428 397 7
4	274 57 18.2	(2.7)	4—5	120 19 15.5	1 511.185 (−0.002)	−0.504 843 6	0.863 210 8
5	109 10 52.9	(0.5)	5—C(6)	49 30 08.4	1 305.743 (−0.002)	0.649 417 1	0.760 432 4
C(6)	136 36 56.7	(0.9)					
D				6 07 05.1			
$m_\beta=3''$	$\alpha_{CD}=6°07'12.4''$ * (4) $w_{\alpha容}=5\sqrt{n}=\pm12.2$　$w_\alpha=-7.3$				$\sum D'$ 6 968.353m	$m_D^2=0.5^2+0.5^2D^2$ (km) * 已知方位角	

1. 抄录观测数据

根据略图，将角度β_i'及边长观测值D_i'填入表 9-5 的(1)(2)栏（栏中括号内的数据是后续计算的角改正数及边改正数）。

2. 列出方位角条件式

(1)计算近似方位角α_i'。按式(9-7)计算每条边近似方位角α_i'，填入表 9-5(3)栏中。

(2)按式(9-3)计算方位角闭合差w_α，检核$w_\alpha \leqslant w_{\alpha容}$，($w_{\alpha容}=5\sqrt{n}$，选自表 9-2)并填入表 9-5(4)栏中。

(3)列出方位角条件式。本例方位角条件式为$a_1\nu_1+a_2\nu_2+a_3\nu_3+a_4\nu_4+a_5\nu_5+w_\alpha=0$，其中$a_1=a_2=a_3=a_4=a_5=1$，$w_\alpha=-7.3''$。表 9-7(10)栏 a 列就是方位角条件式的表列方式。

3. 列立坐标条件式

从式(9-15)可见,坐标条件式的列立必须做很多辅助计算工作,即:

(1)计算边长改正数 v_{Di} 的系数。表 9-5 第(5x)、(5y)栏分别按式(9-15)列出 v_{Di} 系数 $\cos\alpha_i'$ 及 $\sin\alpha_i'$。

(2)按式(9-5)和式(9-14)计算近似坐标增量 $\Delta x_i'$,$\Delta y_i'$,并填入表 9-6(6x)、(6y)栏。

(3)各导线点近似坐标 x'、y'的计算。计算方法如式(5-28),以 B 点的已知坐标及上述步骤的参数计算导线点近似坐标 x'、y',填入表 9-6(7x)、(7y)栏中。

(4)坐标条件式闭合差 w_x、w_y 的计算。按式(9-11)和式(9-13)计算,在表 9-6 下端可见,把 C(6)点的坐标计算值与 C 点的已知值相减便可得 w_x、w_y,然后以厘米(cm)为单位填入表 9-6(8)栏。

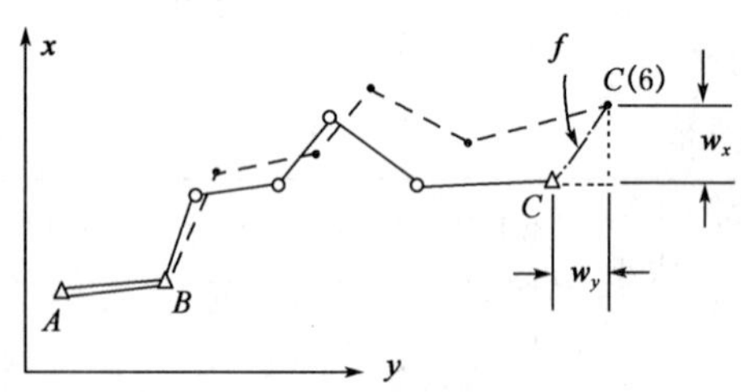

图 9-9　附合导线全长闭合差

为了检查 w_x、w_y 的可行性,应计算导线全长相对闭合差 k。上述计算的 w_x、w_y 在几何意义上如图 9-9,图中 C 为已知点,C(6)当作按观测值推算的点位,w_x 是两点在 x 方向上的误差,w_y 是两点在 y 方向上的误差。f 是从 B 点沿导线推算 C 点的距离误差,称为导线全长闭合差。其中:

$$f = \sqrt{w_x^2 + w_y^2} \tag{9-21}$$

$$k = \frac{f}{\sum D} = 1 : \frac{\sum D}{f} \tag{9-22}$$

式中,k 称为导线全长相对闭合差。表 9-6(最后一行)$k_{容}$ 是这种相对闭合差限值。表 9-6 右下角是导线全长相对闭合差 k 的计算与检核。式(9-22)的 $\sum D$ 按表 9-5(2)栏各边长算得,填在表9-5(2)栏底行 $\sum D'$。

精密附合导线计算　　表 9-6

点　名	边　名	近似坐标增量计算		近似坐标计算		$-\frac{100}{\rho}\times$	$\frac{100}{\rho}\times$
		$\Delta x'$(m)(6x)	$\Delta y'$(m)(6y)	x'(m)(7x)	y'(m)(7y)	$(y_n - y_i')$(9x)	$(x_n' - x_i')$(9y)
B(1)				6 556.947	4 101.735	−1.725 39	1.473 46
	B(1)—2	1 542.203	−523.164				
2				8 099.150	3 578.571	−1.979 02	0.725 78
	2—3	301.073	1 257.953				
3				8 400.223	4 836.524	−1.369 15	0.579 81
	3—4	1 110.893	526.681				
4				9 511.116	5 363.205	−1.113 81	0.041 23
	4—5	−762.912	1 304.471				
5				8 748.204	6 667.676	−0.481 38	0.411 11
	5—C(6)	847.971	992.929				
C(6)				9 596.175	7 660.605		
		已知坐标:9 596.083　7 660.620 (8)w_x = 9.2(cm)　w_y = −1.5(cm)			$f = \sqrt{w_x^2 + w_y^2} = 9.32$cm $k = 1/(\sum D'/f) = 1/740 00$　$k_{容} = 1/350 00$		

(5)角度改正数 v_i 系数计算。根据式(9-15),两个坐标条件角度改正数系数分别按 $-100/\rho(y_n' - y_i')$,$100/\rho(x_n' - x_i')$($i = 1,2,\cdots,n-1$)计算,结果填入表 9-6(9x)、(9y)栏。

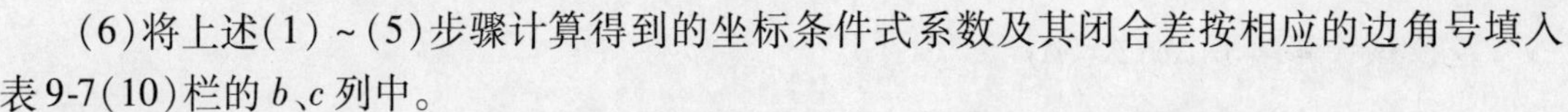

(6)将上述(1)~(5)步骤计算得到的坐标条件式系数及其闭合差按相应的边角号填入表9-7(10)栏的 b、c 列中。

4. 权的设定

本例表9-5左下角的 m_β 是根据角度观测统计的测角中误差。根据式(9-16)、式(9-17)原理,本例角度观测的权为1。各条边观测的权按式(9-19)计算,其中 m_{Di}^2 用测距仪精度表达式[式(3-12)]计算,公式列在表9-5的右下角,选用的单位与 w_x、w_y 相匹配,为 cm^2。设定得到的权以权倒数的形式填入表9-7(11)栏中。

5. 法方程式的组成与解算

(1)法方程系数的组成按式(8-109)的方法计算,获得的三阶方阵填在表9-7(12)栏中。

(2)对法方程系数求逆,N^{-1} 填在表9-7(13)栏中。

(3)联系数的求解。按式(8-111)求得3个联系数 k_a、k_b、k_c,填在表9-7(14)栏中。

(4)角度改正数及边长改正数计算。按式(8-103)、式(8-104)计算,结果填在表9-7(15)栏中,并抄填于表9-5(1)栏相应括号内。边长改正数以米(m)为单位抄填于表9-5(2)栏相应括号内。

(5)单位权中误差计算。按式(8-112)计算,式中 $r=3$,计算结果填入表9-8(16)栏中。

精密附合导线计算　　表9-7

边角号	各条件方程系数 a	b	c (10)	权 p (11)	改正数 v (15)	法方程系数组成 $N(12)$		
1	1	−1.725 4	1.473 5	1	−0.5	6.000 000	−6.668 800	3.231 100
2	1	−1.979 0	0.725 8	1	2.2	−6.668 800	10.447 229	−5.005 707
3	1	−1.369 2	0.579 5	1	1.5	3.231 100	−5.005 707	3.409 321
4	1	−1.113 8	0.041 2	1	2.7	(13)逆矩阵 N^{-1} 运算		
5	1	−0.481 4	0.411 1	1	0.5	0.574 110 7	0.356 732 0	−0.020 330 5
6	1	0	0	1	0.9	0.356 732 0	0.544 486 8	0.461 354 3
1	0	0.947 0	−0.321 3	9.862	−0.1	−0.020 330 5	0.461 354 3	0.989 960 8
2	0	0.232 8	0.972 5	13.48	−0.2			
3	0	0.903 6	0.428 4	14.35	−0.2	(14) $K=-N^{-1}W$		
4	0	−0.504 8	0.863 2	10.96	−0.2	$k_a=0.878\,6$	$k_b=-1.713\,2$	
5	0	0.649 4	0.760 4	13.32	−0.2	$k_c=-2.907\,9$		
W	−7.3	9.2	−1.5					

6. 最后结果的计算

(1)角度平差值的计算。按 $\beta_i=\beta_i'+\nu_i$ 的计算结果填入表9-8(17)栏中。

(2)方位角的计算。如同近似方位角的计算,所用的是 β_i,推算结果填入表9-8(18)栏中。

(3)边长平差值的计算。按 $D_i=D_i'+\nu_{Di}$ 的计算结果填入表9-8(19)栏中。

(4)坐标的计算。计算公式是(5-28),计算结果填入表9-8(20x)、(20y)栏中,栏中带括号的数据是坐标增量 Δx_i、Δy_i。

7. 检核计算结果 $\Delta\alpha$、Δx、Δy

在运算正确的情况下，表 9-8 最后的推算值 α、x 及 y，已知值的差值 $\Delta\alpha$、Δx、Δy 应分别为零，如果因凑整引起有微小差别应进行必要的调整，使之 $\Delta\alpha=0$，$\Delta x=0$，$\Delta y=0$，并填入表 9-8(21)、(22)栏，以示检核无误。

精密附合导线计算 表 9-8

点名 i	角度平差值 β_i (°)(′)(″) (17)	边名	方位角 α_i (°)(′)(″) (18)	边长平差值 $D_i(m)$ (19)	导线点坐标计算 $x_i(\Delta x)(m)$ (20x)	导线点坐标计算 $y_i(\Delta y)(m)$ (20y)
A			49 30 13.4			
B(1)	111 45 27.3				6 556.947 (1 542.200)	4 101.735 (−523.167)
		B(1)—2	341 15 40.7	1 628.523		
2	275 16 46.0				8 099.147 (301.061)	3 578.568 (1 257.953)
		2—3	76 32 26.7	1 293.478		
3	128 49 33.8				8 400.208 (1 110.883)	4 836.521 (526.697)
		3—4	25 22 00.5	1 229.419		
4	274 57 20.9				9 511.091 (−762.948)	5 363.218 (1 304.448)
		4—5	120 19 21.4	1 511.183		
5	109 10 53.4				8 748.143 (847.940)	6 667.666 (992.954)
		5—C(6)	49 30 14.8	1 305.741		
C(6)	136 36 57.6				9 596.083	7 660.620
		C—D	6 07 12.4			
D						
[pvv]=17.81 (16) u=±2.44		已知 α_{CD} 6 07 12.4 (21)检核 $\Delta\alpha=0$		已知坐标 (22)检核	9 596.083 $\Delta x=0$	7 660.620 $\Delta y=0$

第三节 精密闭合导线

一、精密闭合导线条件式

闭合导线如图 9-10，A、B 是已知点，导线从 B 点开始，经过 1、2、…、n 点后又回到 B 点。图中虚线箭头表示导线的计算方向。φ 是连接角，β_1、β_2、…、β_n 是导线点的转折角（均为左角），D_1、D_2、…、D_n 是导线边。下述各式 β_i'、D_i'是角度、边长观测值($i=1,2,\cdots,n$)，点号 B 与 1 重合以 B(1)表示。

精密闭合导线按条件平差的基本原理及方法与精密附合导线的情况基本相同，只是条件式的特点有所区别。根据图 9-11，闭合导线只有一个已知点组，经推证，闭合导线的 3 个条件式是内角和条件、x 坐标增量条件和 y 坐标增量条件。3 个条件方程是：

$$\sum_1^n \beta_i = (n-2)\times 180° \tag{9-23a}$$

$$\sum_1^n \Delta x_i = 0 \tag{9-23b}$$

$$\sum_1^n \Delta y_i = 0 \tag{9-23c}$$

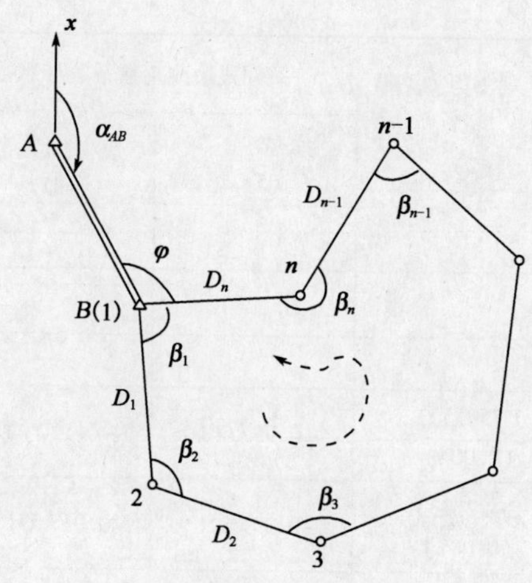

图 9-10　闭合导线

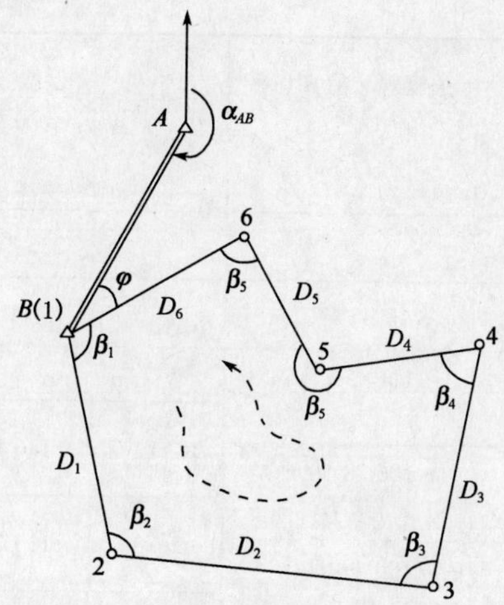

图 9-11　闭合导线算例

按附合导线坐标条件的推证方法,可得闭合导线 3 个条件方程的最后形式:

$$\sum_1^n \nu_i + w_\beta = 0 \tag{9-24a}$$

$$-\frac{100}{\rho}\sum_1^n (y'_B - y'_i)\nu_i + \sum_1^n \cos\alpha'_i \nu_{Di} + w_x = 0 \tag{9-24b}$$

$$\frac{100}{\rho}\sum_1^n (x_B - x'_i)\nu_i + \sum_1^n \sin\alpha'_i \nu_{Di} + w_y = 0 \tag{9-24c}$$

式中,w_β、w_x、w_y 是条件方程的闭合差,分别是:

$$\begin{aligned} w_\beta &= \sum_1^n \beta'_i - (n-2)\times 180° \\ w_x &= \sum_1^n \Delta x'_i \\ w_y &= \sum_1^n \Delta y'_i \end{aligned} \tag{9-25}$$

式中,$\Delta x'_i$、$\Delta y'_i$以米(m)为单位;w_β、ν_i 以秒(s)为单位;ν_{Di}、w_x、w_y 以厘米(cm)为单位。

二、精密闭合导线算例

本例是一个光电闭合导线六边形(图 9-11),计算步骤与附合导线算例相同,读者可参照附合导线算例按表 9-9、表 9-10、表 9-11 和表 9-12 试算,以便加深掌握。

本例以 w_x、w_y 计算导线全长相对闭合差 k 在几何意义上如图 9-12,图中 B 点为已知点,b 点是按观测值推算的点位,w_x 是两点在 x 方向上的误差,w_y 是两点在 y 方向上的误差。f 是从图 9-12B 点沿导线推算 b 点的距离误差,称为导线全长闭合差。其中 $f=\sqrt{w_x^2+w_y^2}$,$k=f/\sum D=1:\sum D/f$。

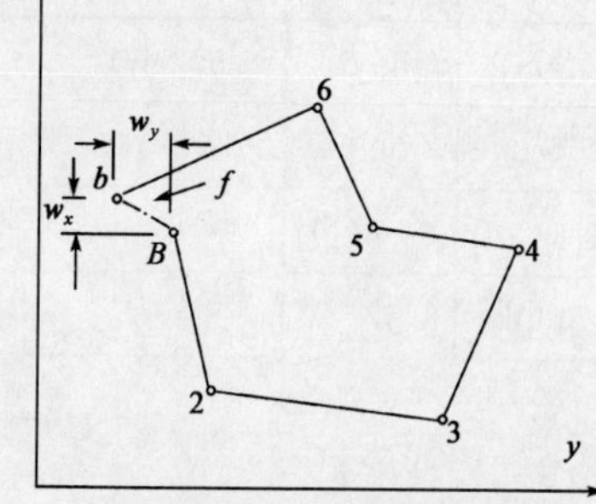

图 9-12　闭合导线全长闭合差

精密闭合导线计算 表9-9

点名	角度观测值 $\beta_i'(\nu)$ (°)(′)(″) (1)	边名	近似方位角 α_i' (°)(′)(″) (3)	边长观测值 $D_i'(\nu)$ (m) (2)	条件式边改正数系数计算	
					$\cos\alpha_i'$ (5x)	$\sin\alpha_i'$ (5y)
A			236 34 35.7 *			
φ	18 36 41.2		75 11 16.9 * *			
$B(1)$	111 45 27.8 (2.6)					
		$B(1)$—2	186 56 44.7	1 759.503 (0.004)	−0.992 661 1	−0.120 929 5
2	106 28 50.6 (5.0)					
		2—3	113 25 35.3	2 422.933 (0.007)	−0.397 571 9	0.917 571 0
3	100 49 07.1 (2.2)					
		3—4	34 14 42.4	1 511.185 (−0.002)	0.826 637 8	0.562 734 4
4	85 02 41.8 (−0.8)					
		4—5	299 17 24.2	1 229.421 (−0.003)	0.489 231 1	−0.872 154 2
5	231 10 27.7 (0.5)					
		5—6	350 27 51.9	1 293.480 (0.002)	−0.165 660 1	0.986 182 9
6	84 43 16.2 (−0.7)					
		6—$B(1)$	255 11 08.1	1 628.524 (−0.001)	−0.255 689 0	−0.966 759 1
$B(1)$						
$m_\beta = \pm 3''$	$\sum\beta_i' = 719\ 59\ 51.2$ (4) $w_{\beta容} = 5\sqrt{n} = \pm 12.2$ $w_\beta = -8.8$			$\sum D'$ 8 551.566m	$m_D^2 = 0.5^2 + 0.5^2 D^2$(km) *:已知方位角 α_{AB}; * *:已知方位角 α_{16}	

精密闭合导线计算 表9-10

点名	边名	近似坐标增量计算		近似坐标计算		$-100/\rho$ $(y_n' - y_i')$ (9x)	$100/\rho$ $(x_n' - x_i')$ (9y)
		$\Delta x'$(m) (6x)	$\Delta y'$(m) (6y)	x'(m) (7x)	y'(m) (7y)		
$B(1)$	$B(1)$—2	−1 746.590	− 212.776	8 736.456	5 356.737	0	0
2	2—3	− 963.290	2 223.213	6 989.866	5 143.961	−0.103 16	0.847 71
3	3—4	1 249.202	850.395	6 026.576	7 367.174	0.974 68	1.311 79
4	4—5	601.471	−1 072.245	7 275.778	8 217.570	1.386 97	0.708 16
5	5—6	1 275.608	−214.278	7 877.249	7 145.325	0.867 13	0.416 56
6	6—$B(1)$	−416.396	−1 574.390	9 125.857	6 931.047	0.763 24	−0.201 87
$B(1)$				8 736.461	5 356.657		
$k_{容} = 1:350\ 00$		已知坐标 8 736.456 5 356.737 (8) $w_x = 0.5$(cm) $w_y = -8.0$(cm)				$f = \sqrt{w_x^2 + w_y^2} = 8.02$cm $k = 1:\sum D'/f = 1:100\ 000$	

精密闭合导线计算 表 9-11

边角号	各条件方程系数(10)			权	改正数	法方程系数组成 N (12)
	a	b	c	p(11)	ν(15)	
1	1	0	0			6.000 000　3.888 800　3.084 400
2	1	−0.103 2	0.847 7	1	2.6	3.888 800　4.448 650　2.352 196
3	1	0.974 7	1.313 8	1	5.0	3.084 400　2.352 196　3.571 571
4	1	1.387 0	0.708 2	1	2.2	(13)逆矩阵 N^{-1} 运算
5	1	0.867 1	0.416 6	1	−0.8	0.465 890 5　−0.298 452 1　−0.205 784 7
6	1	0.763 2	−0.201 9	1	0.5	−0.298 4521　0.536 074 7　−0.095 310 2
1	0	−0.992 7	−0.120 9	1	−0.7	−0.205 7847　−0.095 310 2　0.520 474 3
2	0	−0.397 6	0.917 5	8.795 1	0.4	
3	0	0.826 6	0.562 7	5.243 8	0.7	
4	0	0.489 2	−0.872 2	10.964 9	−0.2	(14)$K = -N^{-1}W$
5	0	−0.165 7	0.986 2	14.342 7	−0.3	$k_a = 2.602\ 78$　$k_b = -3.656\ 9$
6	0	−0.255 7	−0.966 8	13.477 1	0.2	$k_c = 2.400\ 54$
W	−8.8	0.5	−8.0	9.861 9	−0.1	

精密闭合导线计算 表 9-12

点名 i	角度平差值 β_i(°)(′)(″) (17)	边名	方位角 α_i(°)(′)(″) (18)	边长平差值 D_i(m) (19)	导线点坐标计算 $x_i(\Delta x)$ (m)(20x)	$y_i(\Delta y)$ (m)(20y)
A			236 34 35.7			
φ	18 36 41.2					
B(1)	111 45 30.4		75 11 16.9**		8 736.456(−1 746.590)	5 356.737(− 212.797)
2	106 28 55.6	B(1)—2	186 56 47.3	1 759.507	6 989.866(− 963.375)	5 143.940(2 223.184)
3	100 49 09.3	2—3	113 25 42.9	2 422.940	6 026.491(1 249.159)	7 367.124(850.454)
4	85 02 41.0	3—4	34 14 52.2	1 511.183	7 275.650(601.516)	8 217.578(−1 072.215)
5	231 10 28.2	4—5	299 17 33.2	1 229.418	7 877.166(1 275.619)	7 145.363(− 214.219)
6	84 43 15.5	5—6	350 28 01.4	1 293.482	9 152.785(− 416.329)	6 931.144(−1 574.407)
B(1)		6—B(1)	255 11 16.9	1 628.523	8736.456	5356.737
[$p\nu\nu$] = 43.94 (16) $u = \pm 3.82$		$\Sigma\beta_i$ 720° (21)检核 $\Delta\beta = 0$		已知坐标 (22)检验	8 736.456 $\Delta x = 0$	5 356.737 $\Delta y = 0$

第四节　导线的简易计算

图 9-13 是一个简易附合导线。图中 A、B 和 C、D 是两个已知点组，β_1、β_6 是连接角，β_2、β_3、…、β_5 是导线点的转折角(均为左角)，D_1、D_2、…、D_5 是导线边。下述各式的 β_i'、D_i'是角度、边长的观测值。为了讨论方便，点号 B 与 1、C 与 6 分别以 B(1)、C(6)表示。

在要求不高时，简易附合导线可根据导线条件方程的特点，按条件平差的分组计算原理推证简易计算方法，计算工作大为简便。本节不加推证，仅以算例叙述导线的简易计算的条件方程、计算方法和步骤。

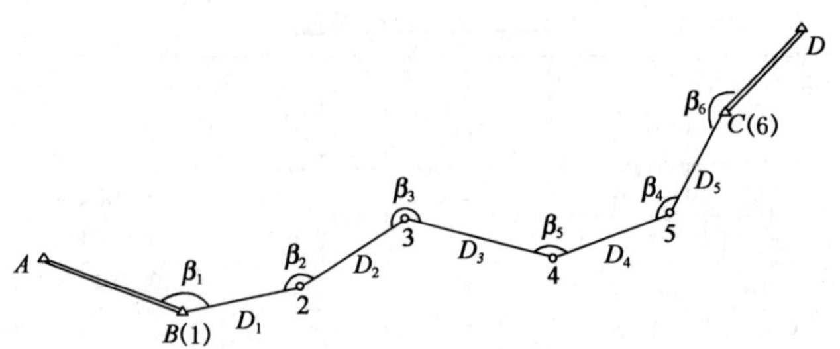

图 9-13 简易附合导线

一、附合导线的简易计算

1. 附合导线的条件式

附合导线简易计算的条件式原式仍然是式(9-1),即方位角条件、纵坐标 x 条件、横坐标 y 条件。但是,坐标条件为仅以坐标增量计算值 $\Delta x_i'$、$\Delta y_i'$与坐标增量改正数 $\nu_{\Delta xi}$、$\nu_{\Delta yi}$的函数,故这些条件式形式分别为:

$$\alpha_{AB}+n\times180°+\sum_1^n\beta'_i+\sum_1^n\nu_i=\alpha_{CD} \tag{9-26a}$$

$$x_B+\sum_1^{n-1}\Delta x'_i+\sum_1^{n-1}\nu_{\Delta xi}=x_C \tag{9-26b}$$

$$y_B+\sum_1^{n-1}\Delta y'_i+\sum_1^{n-1}\nu_{\Delta yi}=y_C \tag{9-26c}$$

进一步整理,条件式最终形式为:

$$\sum_1^n\nu_i+w_\alpha=0 \tag{9-27a}$$

$$\sum_1^{n-1}\nu_{\Delta xi}+w_x=0 \tag{9-27b}$$

$$\sum_1^{n-1}\nu_{\Delta yi}+w_y=0 \tag{9-27c}$$

式中,w_α、w_x、w_y 按式(9-3)、式(9-11)、式(9-13)计算;$\Delta x_i'$、$\Delta y_i'$按式(9-5)、式(9-14)计算。

2. 计算步骤

图 9-13 是算例略图,表 9-13 中顺序(1)、(2)、…、(13)同步于下述的计算步骤。

(1)方位角条件闭合差计算与调整

①抄录角度观测值、边长观测值填到表 9-13(1)、(7)栏中。

②按式(9-3)计算方位角闭合差 w_α,本例 $w_\alpha=-32.9''$填入表 9-13 的左下方栏内。

③检核。计算 $w_{\alpha容}$($\pm30\sqrt{n}$,选自表 14-2 的要求),填入表 9-13 左下方栏内。检查是否 $w_\alpha\leqslant w_{\alpha容}$。

④计算角度改正数。$w_\alpha\leqslant w_{\alpha容}$计算角度改正数。角度改正数 ν_i 的简易计算公式为:

$$\nu_i=-\frac{w_\alpha}{n} \tag{9-28}$$

本例 $n=6$，故 $\nu_i=-(-32.9''/6)=5.5''$，记入(1)栏的括号内。考虑秒以下的改正数在本例中意义不大，故填入的各改正数做了适当的调整。

附合导线简易计算　　表 9-13

点　名	角度观测值 $\beta_i'(\nu)$ (°)(′)(″) (1)	角度平差值 β_i (°)(′)(″) (5)	方位角计算 α_i (°)(′)(″) (6)	边　长 D_i(m) (7)	坐标增量 $\Delta x'$ (m) (ν_{xi}) (9x)	坐标增量 $\Delta y'$ (m) (ν_{yi}) (9y)	x 坐标 (Δx)(m) (12x)	y 坐标 (Δy)(m) (12y)
A								
			126 02 22.6*					
B(1)	128 39 30 (5.4)	128 39 35.4					831.092*	974.630*
			74 41 58	171.062	45.140 (−0.012)	164.999 (−0.030)	(45.128)	(164.969)
2	164 42 24 (6)	164 42 30.0					876.220	1 139.599
			59 24 28	153.665	78.204 (−0.011)	132.277 (−0.027)	(78.193)	(132.250)
3	211 09 42 (5)	211 09 47.0					954.413	1 271.849
			90 34 15	253.760	2.528 (−0.017)	253.745 (−0.045)	(2.511)	(253.700)
4	138 29 36 (6)	138 29 42.0					956.924	1 525.549
			49 03 57	140.583	92.109 (−0.010)	106.205 (−0.025)	(92.099)	(106.180)
5	132 43 06 (5)	132 43 11.0					1 049.023	1 631.729
			1 47 08	214.215	214.111 (−0.015)	6.675 (−0.038)	(214.096)	(6.637)
C(6)	202 22 30 (5.5)	202 22 35.5					1 263.119	1 638.366
			24 09 43.5*					
(2) $w_\alpha=\alpha_{AB}+n180+\sum\beta_i-\alpha_{CD}=-32.9''$ (4) $\nu_i=-w_\alpha/n=32.''9/6=5.5''$ (3) $w_{\alpha容}=73.5$　$k_{容}=1/2\,000$			(8) $\sum D=933.285$　(10) $w_x=0.065$　$w_y=0.166$ $f=\sqrt{w_x^2+w_y^2}=0.178\text{m}$ (11) $k=1/(\sum D/f)=1/5\,243$　*：已知数据				1 263.119* (13) $\Delta x=0$	1 638.365* (13) $\Delta y=0$

⑤计算角度平差值：$\beta_i=\beta_i'+\nu_i$，秒值填入表 9-13(5)栏内。

(2)计算方位角，即按式(5-26)或式(9-7)计算，填入表 9-13(6)栏。

(3)坐标条件闭合差计算与调整：

①计算导线总长 $\sum D$，填入表 9-13(8)栏内。

②按式(9-5)、式(9-14)计算坐标增量，填入表 9-13(9x)、(9y)栏中。

③按式(9-11)、式(9-13)计算 w_x、w_y，填入表 9-13(10)栏内。

④检查导线全长闭合差 f 及相对闭合差 k 的计算，填入表 9-13(11)栏内。

⑤坐标改正数 ν_{xi}、ν_{yi} 的计算。计算公式为：

$$\nu_{xi}=-w_x\frac{D_i}{\sum D},\nu_{yi}=-w_y\frac{D_i}{\sum D} \tag{9-29}$$

计算结果填入表 9-13(9x)、(9y)栏括号内。

⑥改正后坐标增量填入表 9-13(12x)、(12y)栏括号内。坐标增量按式(9-30)计算：

$$\Delta x_i=\Delta x'_i+\nu_{xi},\Delta y_i=\Delta y'_i+\nu_{yi} \tag{9-30}$$

⑦点位坐标计算，填入表 9-13(12x)、(12y)栏。检查 $\Delta x=0$，$\Delta y=0$，填入表 9-13(13)栏。

二、闭合导线的简易计算

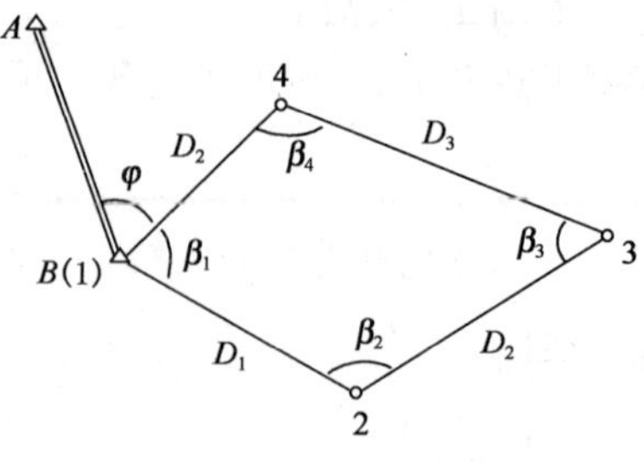

图 9-14　简易闭合导线

图 9-14 是闭合导线，A、B 是已知点，导线从 B 点开始，经过 1、2、…、4 点后又回到 B 点。图中 φ 是连接角，β_1、β_2、…β_n 是导线点的转折角（均为左角），D_1、D_2、…、D_n 是导线边。下述各式 β_i'、D_i'是角度、边长观测值（$i=1$、2、…、n），点号 B 与 1 重合以 $B(1)$ 表示。

1. 闭合导线的条件式

闭合导线简易计算的条件式原式仍然是式（9-24），即内角和条件、x 坐标增量条件和 y 坐标增量条件。但是，闭合导线的简易计算的坐标增量条件仅以坐标增量计算值 $\Delta x_i'$、$\Delta y_i'$与坐标增量改正数 $\nu_{\Delta xi}$、$\nu_{\Delta yi}$的函数，故条件式形式为：

$$\sum_1^n \beta'_i + \sum_1^n \nu_i = (n-2)\times 180° \tag{9-31a}$$

$$\sum_1^n \Delta x'_i + \sum_1^n \nu_{\Delta xi} = 0 \tag{9-31b}$$

$$\sum_1^n \Delta y'_i + \sum_1^n \nu_{\Delta yi} = 0 \tag{9-31c}$$

经整理，条件式最终形式为：

$$\sum_1^n \nu_i + w_\beta = 0 \tag{9-32a}$$

$$\sum_1^n \nu_{\Delta xi} + w_x = 0 \tag{9-32b}$$

$$\sum_1^n \nu_{\Delta yi} + w_y = 0 \tag{9-32c}$$

式中，w_β、w_x、w_y 各按式（9-25）计算；$\Delta x_i'$、$\Delta y_i'$按式（9-5）、式（9-14）计算。

2. 计算步骤

本例是量距闭合导线四边形，图 9-14 是算例略图。简易计算步骤与附合导线简易算例相同，读者可参照附合导线简易算例按表 9-14 步骤（1）、（2）、…、（13）试算，加深掌握。

必须指出，导线简易计算是一种近似计算，解题结果并没有完全消除矛盾。例如，以最后算得的坐标增量反算方位角和边长不可能与表 9-13（或表 9-14）第（6）、（7）栏的数据相一致。因此，简易计算以最后坐标为主要成果，并且适合于低等级要求的场合。

三、支导线与导线网

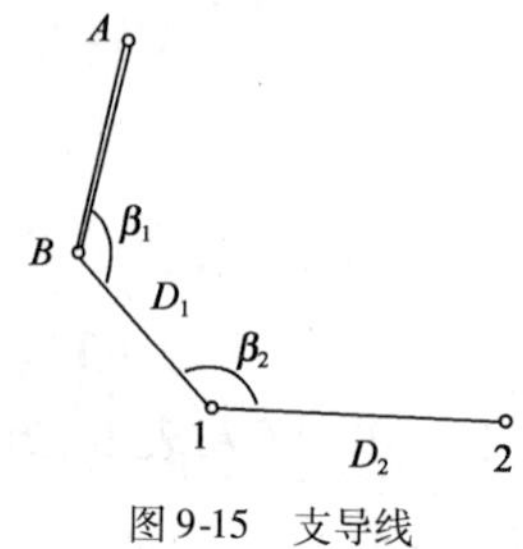

图 9-15　支导线

图 9-15 是支导线图形。支导线可挂在闭合导线或附合导线的任一导线点上，如图 9-4a）、b）。

支导线的角度观测有 β_i，边长观测有 D_i。图中可见支导线计算步骤：①计算导线边的方位角；②计算导线边的坐标增量；③计算支导线点的点位坐标。支导线的计算表格可参照表 5-2。

量距闭合导线简易计算　　表 9-14

点名	角度观测值 $\beta_i'(\nu)$ (°)(′)(″) (1)	角度平差值 β_i (°)(′)(″) (5)	方位角计算 α_i (°)(′)(″) (6)	边长 D_i (m) (7)	坐标增量 $\Delta x'$(m) $(\nu_{xi})(9x)$	坐标增量 $\Delta y'$(m) $(\nu_{yi})(9y)$	x 坐标 (Δx)(m) (12x)	y 坐标 (Δy)(m) (12y)
A			164 17 06*					
φ	56 30 54		α(B−4) 40 48 00**					
B(1)	89 36 30 (15)	89 36 45					500.000 (−136.474)	500.000 (160.262)
			130 24 45	210.440	−136.425 (−0.049)	160.228 (0.034)		
2	107 48 30 (15)	107 48 45					363.526 (84.409)	660.262 (136.356)
			58 13 30	160.365	84.446 (−0.37)	136.330 (−0.26)		
3	73 00 12 (15)	73 00 27					447.935 (170.440)	796.618 (−194.496)
			311 13 57	258.680	170.500 (−0.060)	−194.538 (0.042)		
4	89 33 48 (15)	89 34 03					618.375 (−118.375)	602.122 (−102.122)
			220 48 00	156.326	−118.338 (−0.036)	−102.147 (0.025)		
B(1)							500.000	500.000
(2) $W_\beta=\sum\beta_i'-(n-2)180=-60''$ (4) $\nu_i=-60''/4=15''$ (3) $w_{\beta容}=60$　$k_{容}=1/2\,000$			(8) $\sum D=785.80$　(10) $w_x=0.183$　$w_y=-0.127$ $f=\sqrt{w_x^2+w_y^2}=0.223\text{m}(11)$ $k=1/(\sum D/f)=1/3\,500$ *：已知方位角 α_{AB}；**：已知方位角 α_{B-4}				500.000 (13) $\Delta x=0$	500.000 (13) $\Delta y=0$

注意：支导线观测量少，缺乏检核参数，计算必须细心，必要时应有往返观测值计算比较，保证点位坐标准确可靠。

导线网是由若干条闭合导线和若干条附合导线构成的网状形式，如图 9-4c）或图 9-16 叉丫状形式。这种图形的计算原理仍然可用条件平差原理或间接平差原理，工作量当然非常大，不过这类问题在计算机看来，已不成问题。但工程上一般应用不多，这里不作叙述。

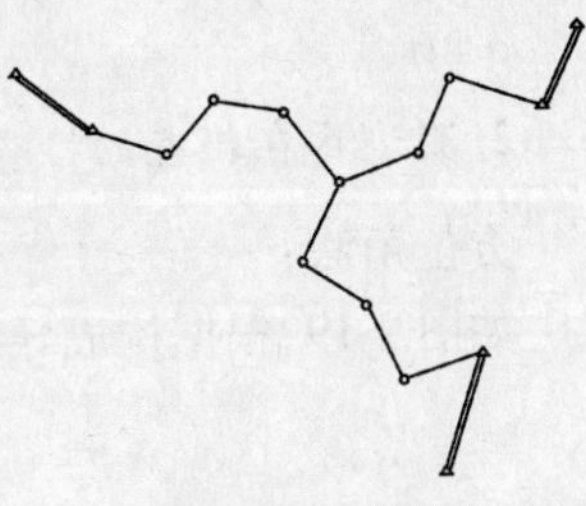

图 9-16　叉丫状导线

四、导线测量个别粗差的检查

在导线测量中，导线全长闭合差 f 超限说明有个别粗差存在，是测角有粗差，还是测边有粗差，粗差出现在哪个位置，必须以一定的方法检查，以便找到有效的粗差位置进行纠正。

1. 测角存在粗差的检查方法

（1）垂直平分线法

图 9-17 表示 3 号点的角 β_3 有粗差，由此造成推算点 b 没有落在原已知点 B 上，存在导线全长闭合差 $f=Bb$。可以证明，这时的 Bb 垂直平分线必将通过 3 号导线点。根据这一原理，可

利用f的垂直平分线寻找存在角度粗差的导线点。只要某导线点在f的垂直平分线上(或靠近平分线),就可断定该导线点的角度存在粗差。

(2)坐标往返计算法

图9-18中M、N表示附合导线的已知点,A、B、C是导线点,A点存在测角粗差,B、C点没有角度粗差,各导线边长度正确。现从M、N点分别按路线推算导线点的坐标,存在的情况列于表9-15中。表中可见,只要附合导线沿两端互推的点位坐标结果有一导线点坐标相等,则可判断该导线点测角有粗差存在。

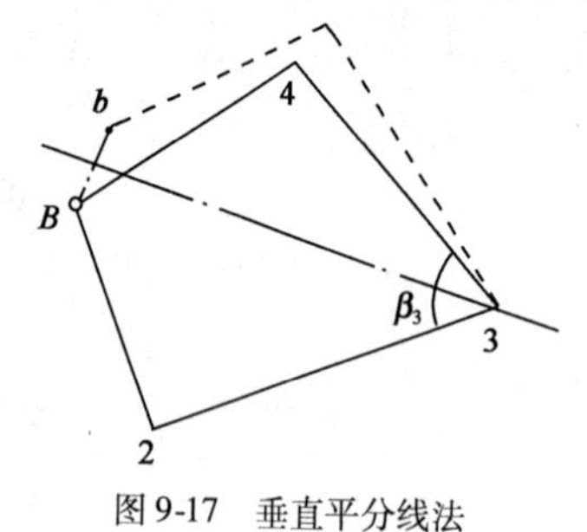

图9-17 垂直平分线法

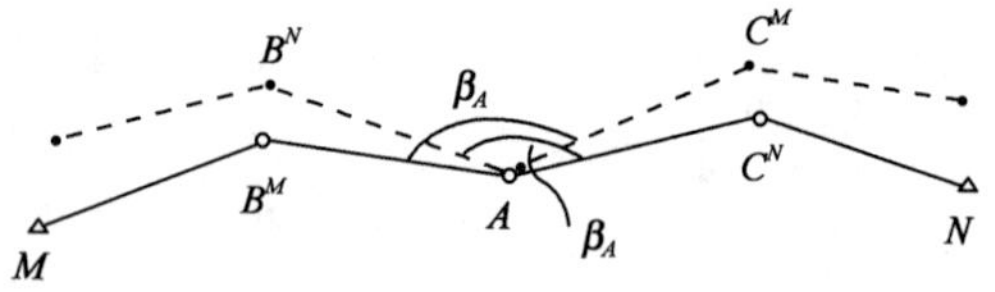

图9-18 坐标往返计算法

坐标往返计算法 表9-15

推算路线	推算A点的坐标	经A点后的路线	推算B、C点的坐标
M——A N——A	$x_A^M=x_A^N$ $y_A^M=y_A^N$ $x_A^N=x_A^M$ $y_A^N=y_A^M$	M——C N——B	$x_C^M\neq x_C^N$ $y_C^M\neq y_C^N$ $x_B^N\neq x_B^M$ $y_B^N\neq y_B^M$
原因	没有方位角粗差		β_A粗差引起方位角粗差

注:x_A^M、y_A^M、x_B^M、y_B^M、x_C^M、y_C^M是从M点开始的路线推算的点位坐标;x_A^N、y_A^N、x_B^N、y_B^N、x_C^N、y_C^N是从N点开始的路线推算的点位坐标。

2. 测边存在粗差的检查方法

方位角法:

如图9-19,根据构成导线全长闭合差f的w_x、w_y,可以求得f的方位角,即:

$$\alpha_f=\cos^{-1}\left(\frac{w_x}{f}\right) \tag{9-33}$$

如果$w_y<0$,则:

$$\alpha_f=360°-\cos^{-1}\left(\frac{w_x}{f}\right) \tag{9-34}$$

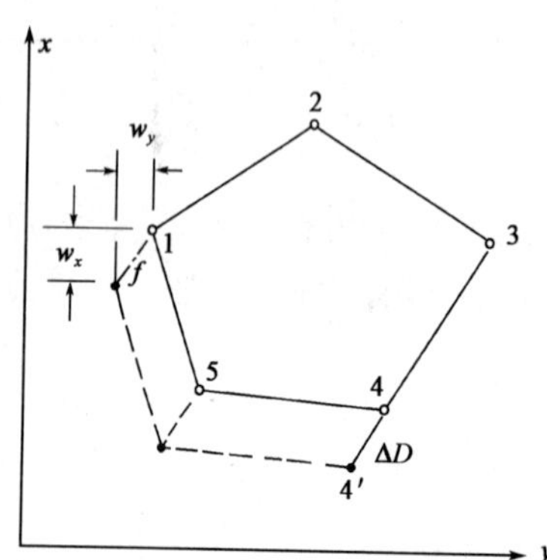

图9-19 方位角法

可以证明,导线中若有某导线边的方位角与α_f相近,则说明该导线边的边长存在粗差。由图9-19可见,导线全长闭合差f与D_{34}平行,由于D_{34}存在ΔD的粗差才造成f超限。由此可见,利用方位角法可寻找测边粗差的情况。

以上检查粗差的方法只适用于导线中个别粗差的场合。寻粗是一个实践性很强的工作,必须不断总结经验,综合分析,减少盲目性,以提高检查的有效性。

第五节　全站仪控制测量

一、全站仪在控制测量的应用

1. 工程控制测量的全站测量仪器

光学经纬仪、光电经纬仪、光电测距仪、全站仪以及GPS接收机，都是控制测量的重要仪器设备。由于建设环境的特殊性和GPS技术的某些局限性，GPS技术在工程有关隐蔽地段仍有不能直接施展的难点。光学经纬仪有其漫长的发展历史，测量精密，经久耐用。光学经纬仪主要的精密测量理论和技术在当今精密测量中仍然具有重要意义，并且以新的形式融入现代测量技术中，值得继承和发展。但是作为一种测量仪器缺乏自动化等优势，光学经纬仪被淘汰不可避免。

光电经纬仪、光电测距仪、全站仪是工程控制测量的重要仪器设备。全站仪，将光电经纬仪、光电测距仪整合起来，集成现代测量技术及计算机技术的一系列优点，形成工程控制测量重要的全站测量系统，属于工程控制测量的主流测量装备。

2. 全站仪、全站测量“全”的特色

应用于工程控制测量技术领域，全站测量的“全”具有三大特点。

(1)技术等级涵盖面宽。技术等级越高，技术等级涵盖面越宽。如在Ⅰ、Ⅱ级全站仪中，Ⅰ级全站仪就涵盖了Ⅱ级全站仪的技术等级。高技术的发展使低技术等级的全站仪逐渐被淘汰，高技术等级的全站仪应用于各种技术等级的控制测量中。

(2)整机性能适应性强。全站仪整机性能适应性主要是环境适应性，在于全站仪能够适应比较差的工程环境和温度环境，有利于安全、可靠完成控制测量。此外，还有仪器的体积、质量等。

(3)整体功能用途多。全站仪整体功能，属于全站仪的全站测量技术体系结构。全站仪整体功能多的重要表现：硬件配置、软件系统和通信接口比较齐全；测量程序丰富，屏幕展示数字图文并茂；全站测量技术易于掌握，操作快捷。

全站仪的“全”的含义已经扩展了全站测量的原意，全站仪不仅仅满足于测绘的基本需要，而且具有以全面满足工程建设以及特定需要的测量定位技术为目标的优势。

3. 全站仪应用于工程控制测量的技术要点

(1)做好全站仪器的准备。全站测量技术应用于控制测量，首先应全面掌握全站仪及其配套设备的测量技术。全面检查、熟练掌握全站仪及其配套的技术指标、性能、功能是全面掌握全站仪的基本条件。

(2)比较明确控制测量的场地实际情况和建网要求，分析确定有效的测量措施。控制网设计确定以后的控制测量，应了解场地实际情况，选择确立实际符合控制测量需要的观测方案，确定有效的测量措施，有利于全站测量的应用，有利于快速、高质量实现控制测量的任务。

(3)根据全站仪“全”的特色和控制测量的实际，确定控制网测量的技术方案和具体方法。同时配合做好测量的组织准备和测量参数准备。

二、精密导线的全站仪测量法

1. 全站仪精密导线测量的基本设备

全站仪1台,含三脚架、基座、蓄电池、充电器。配套设备:气象仪器(通风干湿温度计、空盒气压计)、小钢尺、测伞、报话机。

反射器2台,含三脚架、基座。配套设备两套:气象仪器(通风干湿温度计、空盒气压计)、小钢尺、测伞、报话机。

2. 精密导线全站仪测量法

全站仪精密导线测量方法有整体搬站测量法、强制对中设站测量法。

(1)整体搬站测量法

整体搬站测量法,按一般仪器安置后进行导线控制测量要求完成测站的测量任务,然后又按原仪器安置方法在新点设定测站和进行测量。如图9-20是一条导线的局部,全站仪、反射器分别安置导线点1、2、3,完成精密导线的测量。此后按图9-21,全站仪、反射器依次整体搬站到相应的2、3、4导线点完成新测站的精密导线测量。

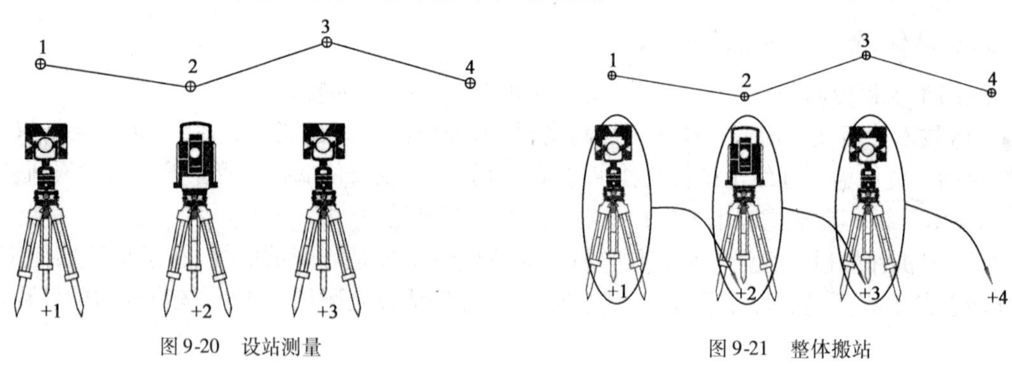

图9-20　设站测量　　　图9-21　整体搬站

(2)强制对中设站测量法

强制对中设站测量法,简称强制对中测量法。

①设站。如图9-22,导线测量按1,2、3、…的顺序进行,首先在导线点1、2、3设站,其中导线点1、3设镜站,安置反射器;导线点2设测站,安置全站仪。

②测量。全站仪精密导线测量在测站完成距离、水平角、竖直角、仪器高和气象元素(气温、气压)的测量。一般的测量顺序:测量仪器高,测量气象元素,光电测距,测量气象元素,测量水平角,测量竖直角。镜站,根据测站的指令完成反射器高、气象元素的测量。

③搬站。强制对中,利用原测站、镜站已有的安置状态,在其基座扭开锁定杆更换安置全站仪主机或反射器。如图9-23,在完成测量并检查合格后,后镜站(如导线点1)整站搬到前镜站(如导线点4)安置。测站(导线点2)与原前镜站(导线点3)分别扭开锁定旋钮(见图2-25)互换全站仪主机、反射器安置在三脚架基座上。搬站完毕进行新的测量。后续的搬站以此类推。

④数据初级处理。其中有数据检查验算,获得导线点之间的平距、高差。

强制对中设站优点:减少仪器站对中重复安置,避免安置误差的影响,有利于快速高精度测量。

⑤导线点不通视的加点。如图 9-24，工程控制测量需要 1、2、4、5 号点，2、4 号点不通视，设过渡点 3 号点连接导线，灵活布设 3 号加点只设站，无需埋设点标志。

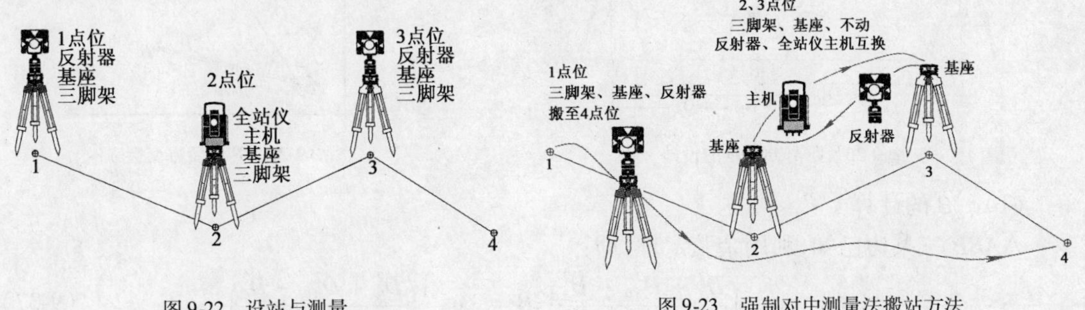

图 9-22　设站与测量　　　　图 9-23　强制对中测量法搬站方法

三、全站仪辅助精密测量方法

1. 对边测量

基本图形如图 9-25，图中在 P 点测量边长 D_1、D_2 和角度 γ 观测值 D'_1、D'_2、γ'。根据余弦定理，P 点的对边 AB 长 D'_{AB} 按式(9-35)计算，即：

$$D'_{AB} = \sqrt{D'^2_1 + D'^2_2 - 2D'_1 D'_2 \cos\gamma'} \tag{9-35}$$

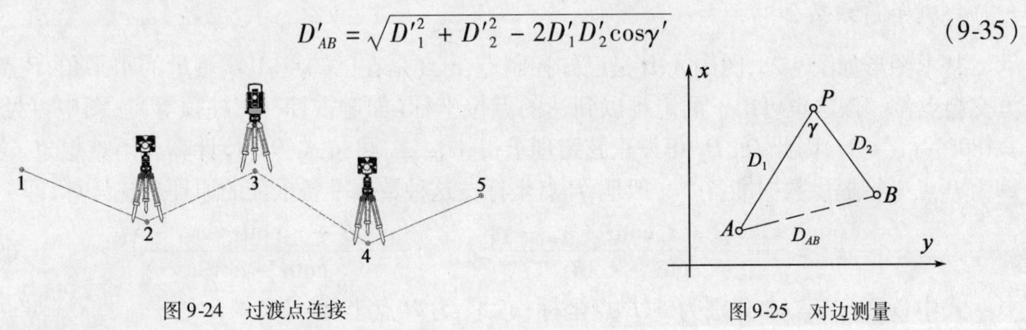

图 9-24　过渡点连接　　　　图 9-25　对边测量

2. 距离差测量。

距离差测量，是高精度控制测量的距离测量方法。原理上利用光电距离测量的特点，测量同方向点位之间的距离，并以其距离之间构成的差值可以抵偿有关误差影响，从而获得高精度的距离值。

如图 9-26，为了获得长度 D_{BC}，在平地上同一方向设 3 个地面点 A、B、C，在 A 点设全站仪，B、C 点分别先后设反射器。按全站仪的光电测距的操作要求，先 D_{AC} 距离测量，后 D_{AB} 距离测量。D_{BC} 按 D_{AC}，D_{AB} 之差获得，即：

$$D_{BC} = D_{AC} - D_{AB} \tag{9-36}$$

在平地距离差测量要求：全站仪、反射器尽量同高度；全站仪测距望远镜水平状态，测量过程中应敏捷快速；必要时对测量距离 D_{AC}、D_{AB} 气象改正。

3. 测边后方交会

基本图形如图 9-27，A、B 是已知控制点，P 是新设的控制点。P 点的选定有很大的自由度，利于工程应用。D_1、D_2 是 P 点为测站测量的边长。后方测边交会定点 P 的原理思路。

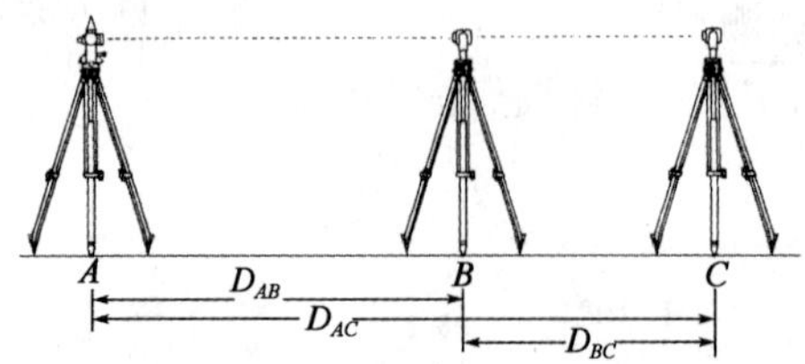

图 9-26 距离差测量的设站

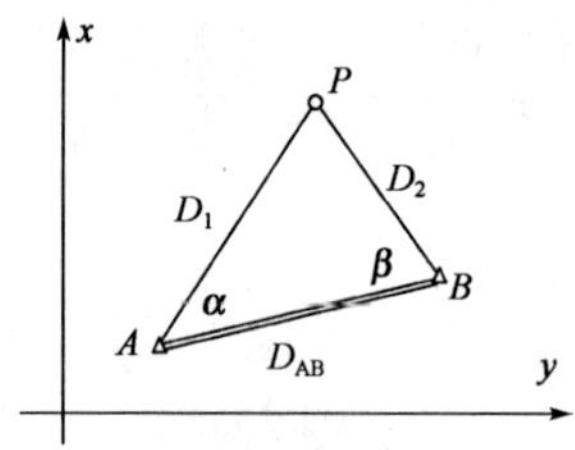

图 9-27 测边后方交会

(1)α、β 的计算

$\triangle ABP$ 三条边已知,利用余弦定理,即:

$$\alpha = \cos^{-1}\left(\frac{D_1^2 + D_{AB}^2 - D_2^2}{2D_1D_{AB}}\right),\beta = \cos^{-1}\left(\frac{D_2^2 + D_{AB}^2 - D_1^2}{2D_2D_{AB}}\right) \tag{9-37}$$

(2)AP、BP 边方位角的计算

$$\alpha_{AP} = \alpha_{AB} - \alpha,\alpha_{BP} = \alpha_{BA} + \beta \tag{9-38}$$

式中,α_{AB}、α_{BA}是 D_1、D_2 方位角。

(3)AP、BP 边坐标增量及 P 点坐标计算

可参考式(5-28)。

4. 测角前方交会

基本图形如图 9-28,图中 A、B 是已知控制点,α、β 是在已知点 A、B 测量的水平角,P 点是前方交会点位。该法也可用于测定难以到达的点位坐标(如避雷针、塔、柱顶等)。图中可见,角 $\gamma=180° - (\alpha + \beta)$,因此 D_1、D_2 可按正弦定理求得;α_{AP}、α_{BP} 可按式(9-38)计算。不难想象,这些计算为 P 点坐标提供数据准备。一般地,P 点坐标按这种数据准备推证的原理公式计算,即:

$$x_p = \frac{x_A\cot\beta + x_B\cot\alpha + y_B - y_A}{\cot\alpha + \cot\beta},y_p = \frac{y_A\cot\beta + y_B\cot\alpha + x_A - x_B}{\cot\alpha + \cot\beta} \tag{9-39}$$

式中,x_A、y_A、x_B、y_B 分别为 A、B 点坐标;x_p、y_p 为 P 点坐标。

为了检核 P 点坐标计算的正确性,也可另测 α'、β' 来检核 P 点坐标,选一个新的已知点,如 C 点(图 9-28),按上述方法观测 α'、β' 角度,则计算公式为:

$$x_p' = \frac{x_B\cot\beta' + x_C\cot\alpha' + y_C - y_B}{\cot\alpha' + \cot\beta'},y_p' = \frac{y_B\cot\beta' + y_C\cot\alpha' + x_B - x_C}{\cot\alpha' + \cot\beta'} \tag{9-40}$$

检核公式:

$$\delta_x = x_p - x_p',\delta_y = y_p - y_p' \tag{9-41}$$

$$\Delta D = \sqrt{\delta_x^2 + \delta_y^2} \leqslant 2 \times 0.1M \tag{9-42}$$

式中,M 是选定的相对误差的分母。

5. 测角后方交会

基本图形如图 9-29,图中 A、B、C 是已知点,α、β 是在待定点 P 观测的角度。后方交会只用 A、B、C3 个已知点的坐标及观测角 α、β 即可计算 P 点的坐标,计算步骤如下:

(1)计算 B 点到 P 点的方位角正切值

$$Q = \tan\alpha_{BP} = \frac{(y_B - y_A)\cot\alpha - (y_C - y_B)\cot\beta - (x_C - x_A)}{(x_B - x_A)\cot\alpha - (x_C - x_B)\cot\beta + (y_C - y_A)} \tag{9-43}$$

式中，x_A、y_A、x_B、y_B、x_C、y_C 分别是 A、B、C 点的坐标。

(2)计算系数 k

$$k = (y_B - y_A)(\cot\alpha - Q) - (x_B - x_A)(1 + \cot\alpha \times Q) \tag{9-44}$$

(3)计算坐标增量

$$\Delta x = \frac{k}{1 + Q^2}, \Delta y = \Delta x \times Q \tag{9-45}$$

(4)求 P 点坐标 x_p、y_p

$$x_p = x_B\nu + \Delta x, y_p = y_B\nu + \Delta y \tag{9-46}$$

(5)注意事项

①后方交会已知点 A、B、C 按图示逆时针排列定名，并设 $\angle BPA$ 为 α，$\angle CPB$ 为 β。

②P 点不能设计选在 A、B、C 三点构成的三角形外接圆上，否则无解。

③检核 P 点坐标的正确性，可选另一新已知点，如图中以 D 点代替 C 点构成新的后方交会系统，计算 P 点的新坐标 x_p'、y_p'，按式(9-41)、式(9-42)计算有关检核参数。

6. *边角后方交会*

与对边测量相比，图 9-30 全站仪边角后方交会的 A、B 点坐标为已知，测量的目的是获取 P 点的坐标。获取 P 点的坐标在获得观测值 D'_1、D_2'、γ'之后按下述方法计算。

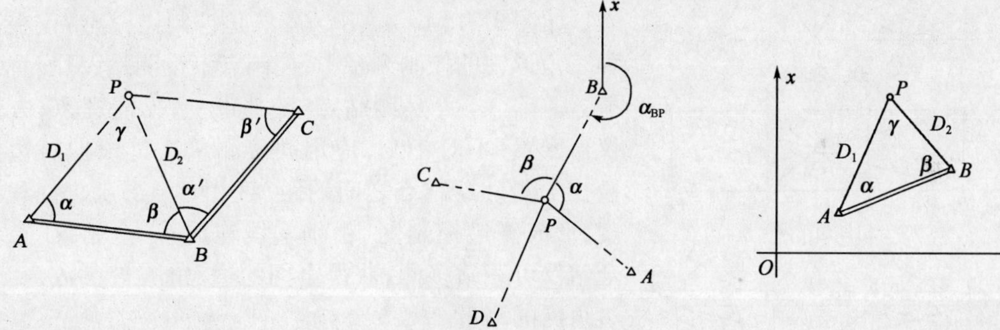

图 9-28　前方交会　　图 9-29　测角后方交会　　图 9-30　边角后方交会

图 9-30 中，边长 D_1、D_2 和角度 γ 必须符合 D_{AB}边，即：

$$D_{AB} = \sqrt{D_1^2 + D_2^2 - 2D_1D_2\cos\gamma} \tag{9-47}$$

引入 $D_1 = D_1' + \nu_1, = D_2' + \nu_2, \gamma = \gamma' + \nu_3$，式(9-47)整理为：

$$a_1\nu_1 + a_2\nu_2 + a_3\nu_3 + w_D = 0 \tag{9-48}$$

根据整理，式(9-48)中：

$$a_1 = \frac{D_1' - D_2'\cos\gamma'}{D_{AB}}, a_2 = \frac{D_2' - D_1'\cos\gamma'}{D_{AB}}, a_3 = \frac{D_1'D_2'\cos\gamma'}{D_{AB}\rho}$$

$$w_D = D'_{AB} - D_{AB} \tag{9-49}$$

$$D'_{AB} = \sqrt{D'^2_1 + D'^2_2 - 2D_1'D_2'\cos\gamma'}$$

一般测距精度较高，式(9-49)边长 D_1'、D_2'改正数可忽略，故按式(9-48)，ν_3 为：

$$\nu_3 = -\frac{w_DD_{AB}}{D_1'D_2'\cos\gamma'}\rho \tag{9-50}$$

$$\gamma = \gamma' + \nu_3 = \gamma' - \frac{w_D D_{AB}}{D_1' D_2' \cos\gamma'}\rho \tag{9-51}$$

式中，AB 长度 D_{AB}' 按式(9-49)最后一式计算，式(9-49)中 D_{AB} 按已知点 A、B 坐标计算得到。在此基础上按式(9-52)求 α、β，即：

$$\alpha = \sin^{-1}\left(\frac{D_2'}{D_{AB}}\sin\gamma\right), \beta = \sin^{-1}\left(\frac{D_1'}{D_{AB}}\sin\gamma\right) \tag{9-52}$$

按式(9-39)求得 P 点的坐标。

在边角后方交会应用中，P 点的选定有很大的自由度，利于工程应用，而且精度较高。

四、全站仪锁形网控制测量

如图 9-2 连续三角形锁的网形仍然是工程控制测量有利图形。全站仪应用于三角锁控制测量，有直接测量和间接测量两种方法。

直接测量法，即按上述导线网测量或三角形网控制测量的方法，全站仪、反射器均设在控制点，直接测量控制点之间的角度或距离。

间接测量法利用全站仪快速、自动、精密的特点，有效应用对边测量技术，全站仪测站无需设置在控制点，就可实现三角锁间接测量。间接测量法在工程控制测量中广泛应用。

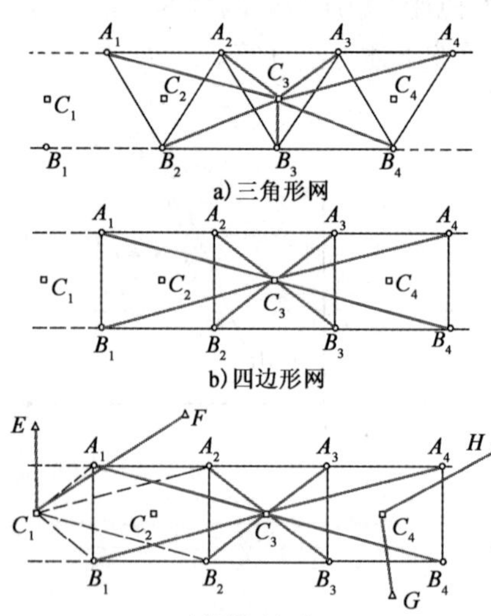

图 9-31　全站仪三角锁控制测量

如图 9-31，A_1、A_2、B_1、B_2 等是控制点，全站仪在这种三角形锁的控制测量中，控制点不设测站，只安置反射器。C_1、C_2 等是测站点，随地设立，无需埋点，方便仪器安置（不对中）。应用间接测量法可根据对边测量技术测量控制点之间的距离（由粗实线连成）和角度，形成测边控制网（由细实线连成）。全站仪、自动全站仪可一站多测，获得全网的边、角测量参数，实现边角网的测量。

可以设想，如果 C_1、C_2 等测站点与 E、F 等已知高级控制点连接，如图 9-31c)，全站仪、自动全站仪三角锁控制测量中的直接测量和间接测量交替进行，则 C_1、C_2 等测站点坐标可得，故 A_1、A_2、B_1、B_2 等控制点的坐标在全站测量中随即可得。

第六节　建筑基线与方格控制

一、建筑基线

1. 概念

在土木工程建筑中具有准确长度和对建筑工程产生控制作用的直线段，称为工程建筑基线，简称建筑基线。如图 9-32，a、b、c、d 是待建建筑物的拟建点位，为了准确测定 a、b、c、d 点的位置,可以按设计要求在待建场地建立工程建筑基线 MN,准确丈量 MN 的长度,此时 MN 就是建筑基线。

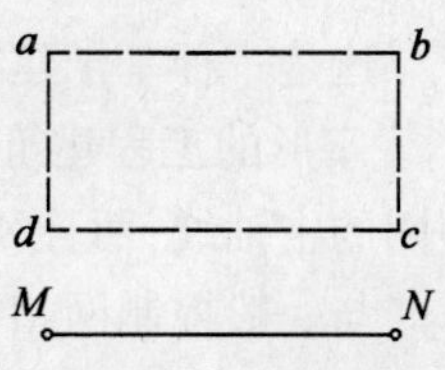

图 9-32　建筑基线

2.选型

一般地建筑基线有 4 种类型,即:

(1)“一”字形基线,如图 9-33a)中 A、B、C3 点连成的直线;

(2)“L”形基线,如图 9-33b)中 A、B、C3 点构成的线形;

(3)“T”形基线,如图 9-33c)中 A、B、C、D4 点构成的线形;

(4)“十”字形基线,如图 9-33d)中 A、B、C、D、E5 点构成的线形。

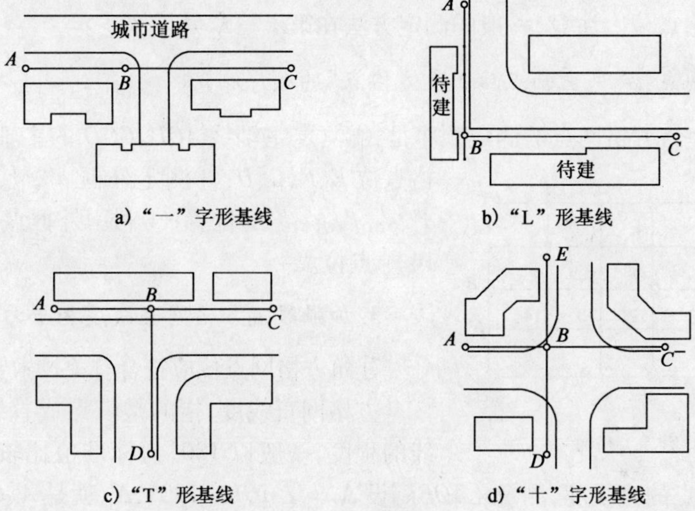

图 9-33　建筑基线类型

3.特点

(1)建筑基线的建立比较灵活,可依附于某些参照物轴线。如与道路工程、旧建筑物轴线平行。这类依附于某些参照物轴线的建筑基线又称为参考基准线。此外,又可以利用划分土地归属的边界线设建筑基线。

(2)小型建筑工程建筑基线的基线点有两个,一般建筑基线的基线点应 3 个以上,基线地势平坦。

(3)基线测量技术要求比较高。建筑基线的点位采取设计定点、测量、检核与校正的过程。基线点位不妨碍交通,便于保存。在点位稳定后,因地制宜选择仪器工具,按相应的技术要求测量基线长和角度。建筑基线的测量技术要求参考表 9-16。

建筑基线技术要求　　表 9-16

等级	边长	边长相对中误差	测角中误差
1 级	100 ~ 300m	1:300 00	5″
2 级	100 ~ 300m	1:200 00	8″

等级	经纬仪	测角中误差	测回	半测回归零差	Δ2C	各测回方向较差
1 级	1 秒级	5″	2	≤6″	9″	≤6″
	2 秒级	5″	3	≤8″	13″	≤9″
2 级	2 秒级	8″	2	≤12″	18″	≤12″

二、建筑方格网

这是一种基于建筑基线形成的方格形建筑控制网，如图9-34。图中的 A、O、B、C、D 构成“十”字形的工程建筑基线，E、F、G、H 等点位与之形成方格控制网。其中 AOB、COD 是方格控制网的主轴线，而且 $AOB \perp COD$。

与一般控制网相比较，建筑方格网的建立有其本身的思路。

1. 根据工程建筑的需要按设计要求建立建筑方格网

如图9-34，设计上预先确立点位之间的间距以及直线之间的垂直关系，建筑方格网将根据设计要求测定方格点位。注意，一般的测定方法在第十三章另行叙述。

2. 建筑方格网点按“先主轴点后扩展方格点”的顺序测定

如图9-34，建筑方格网点的测定顺序是：①测定主轴线 AOB、COD 的主轴点位；②测定方格点位 E、F、G、H；③测定外框 a'、b'、c'、d'、a''、b''、c''、d''、e'、f'、g'、h' 的位置；④利用外框点位交会1、2、…、14等点位。

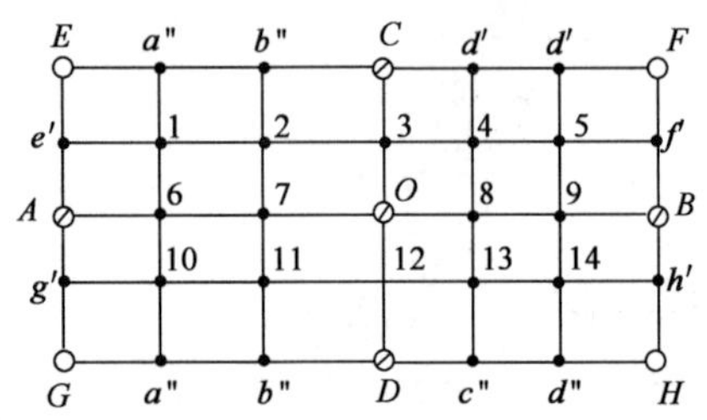

图9-34　建筑方格网

3. 加强建筑方格网直线度和平面垂直度的检验

建筑方格网点位应符合有关技术要求（如表9-16）。

方格网直线度，指的是三点成直线时点位偏离直线的程度，一般以180°为标准值比较。如图9-35，为了衡量 A、O、B 三点的直线度，测量 $\angle AOB$。设 $\Delta_1 = \angle AOB - 180°$，$\Delta_1$ 就是 A、O、B 三点的直线度。建筑方格网要求 $\Delta_1 \leqslant \pm 5''$。如果 Δ_1 超出规定，则应进行调整。调整方法如下。

（1）计算点位的偏值 δ，即：

$$\delta = \frac{0.5D_1D_2\sin\beta}{\sqrt{D_1^2 + D_2^2 - 2D_1D_2\cos\beta}} \tag{9-53}$$

（2）按图9-35的 δ 移动 A、O、B 三点在 pq 直线上。

方格网平面垂直度，指的是平面直线之间构成直角的程度，一般以90°为标准值比较。如图9-36，为了衡量直线 AOB 与直线 COD 的平面垂直度，测量 $\angle AOC$。设 $\Delta_2 = \angle AOC - 90°$，$\Delta_2$ 就是直线 AOB 与直线 COD 的垂直度。建筑方格网要求 $\Delta_2 \leqslant \pm 5''$。如果 Δ_2 超出规定，则应进行调整。调整方法如下。

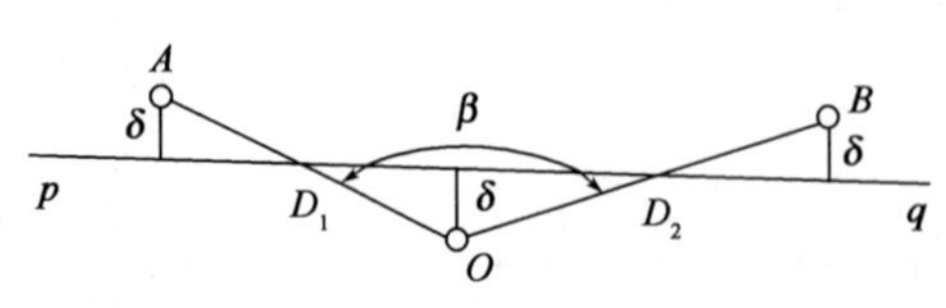

图9-35　方格网直线度

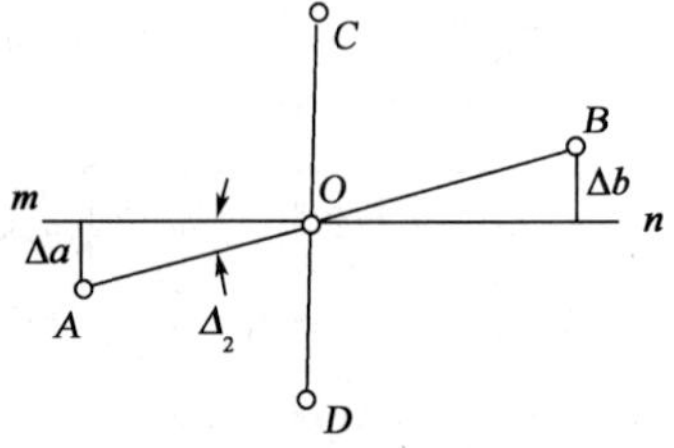

图9-36　方格网平面垂直度

(1)计算点位的偏值 $\Delta a,\Delta b$,即:

$$\Delta a = AO \times \sin\Delta_2 , \Delta b = BO \times \sin\Delta_2 \tag{9-54}$$

(2)按图 9-36 的 Δa、Δb 移动 A,B 在 mn 方向上。

一般建筑方格网可采用独立坐标系统,必要时应与国家坐标系联系,并入国家坐标系统。如图 9-37,这是小区规划建筑方格网,图中的 A、B 点是以国家等级控制点 F、H 按交会方法得到,由此得到 A、B 的国家坐标,这样便可以求得整个建筑方格网的点位坐标。

建筑方格网可用于厂房、大型仓库、车库的平面控制,图 9-38 是某大厂房的方格控制网。

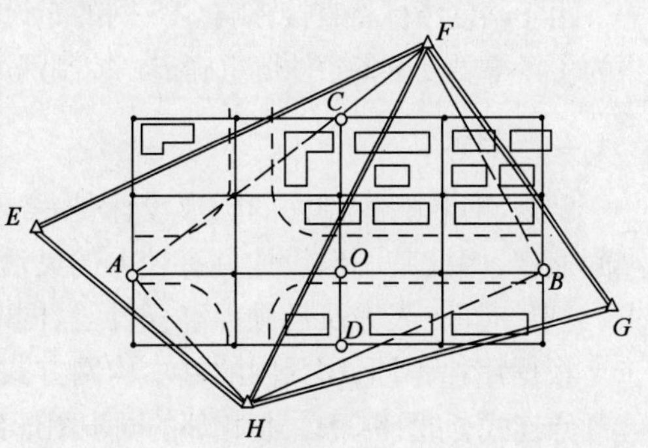

图 9-37　建筑方格网并入国家坐标系统

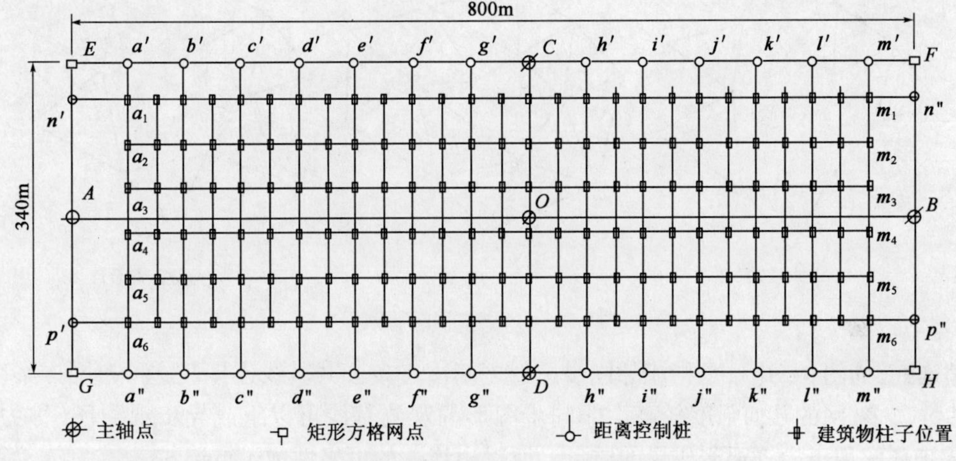

图 9-38　建筑方格网用于厂房平面控制

第七节　GPS 网形设计

与常规测量相类似,GPS 测量按其工作性质可分为外业工作和内业工作两大部分。外业工作主要包括选点、建立标志、野外观测作业等;内业工作主要包括 GPS 控制网技术设计、数据处理和技术总结等。考虑到载波相位测量相对定位方法是当前 GPS 测量中普遍采用的精密定位方法,本节主要介绍局域性城市与工程 GPS 控制网技术设计的工作程序与方法。

一、GPS 控制网的技术设计

GPS 控制网的技术设计是进行 GPS 定位的基础,它依据国家有关规范(规程)、GPS 网的用途和用户的要求来进行,其主要内容包括精度指标的确定和网形设计等。

1. GPS 测量精度指标

GPS 测量的精度指标通常是以网中相邻点之间的距离中误差 u 表示,且不低于表 7-2 的要求。

国家测绘地理信息局于1992年颁布了《全球定位系统(GPS)测量规范》,对GPS控制网实行分级。此外,各部委根据本部门GPS工作的实际情况也制定了其他的GPS规程或细则。

由于精度指标将直接影响GPS网的布设方案及GPS作业模式,因此,在实际设计中应根据用户的实际需要及设备条件慎重确定。控制网可以分级布设,也可以越级布设,或布设同级全面网。

2. 网形设计

常规测量中,控制网的图形设计是一项重要的工作。而在GPS测量时,由于不要求测站点间通视,因此其图形设计具有较大的灵活性。GPS网的图形设计主要考虑网的用途、用户要求、经费、时间、人力及后勤保障条件等,同时还应考虑所投入的接收机的类型和数量等条件。

根据用途不同,GPS网的基本构网方式有点连式、边连式、网连式和边点混合连接4种。

点连式,如图9-39a),是相邻的同步图形(即多台接收机同步观测卫星所获基线构成的闭合图形,又称同步环)之间仅用一个公共点连接。这种方式所构图形几何强度很弱,一般不单独使用。

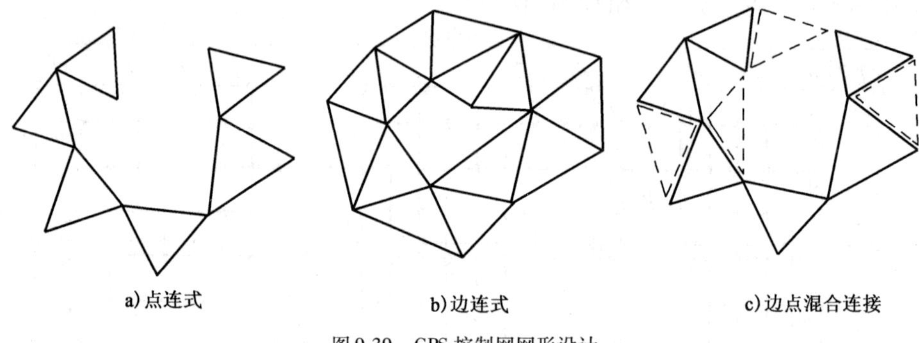

图9-39 GPS控制网网形设计

边连式,如图9-39b),是指相邻同步图形之间由一条公共基线连接。这种布网方案中,复测的边数较多,网的几何强度较高。非同步图形的观测基线可以组成异步观测环(称为异步环),异步环常用于检查观测成果的质量。所以边连式的可靠性优于点连式。

网连式,是指相邻同步图形之间由两个以上的公共点连接。这种方法要求4台以上的接收机同步观测,几何强度和可靠性更高,但所需的经费和时间也更多。一般仅用于较高精度的控制测量。

边点混合连接,是指将点连式与边连式有机地结合起来组成GPS网。如图9-39c),它是在点连式基础上加测4个时段,把边连式与点连式结合起来得到的。这种方式既能保证网的几何强度,提高网的可靠性,又能减少外业工作量,降低成本,因而是一种较为理想的布网方法。

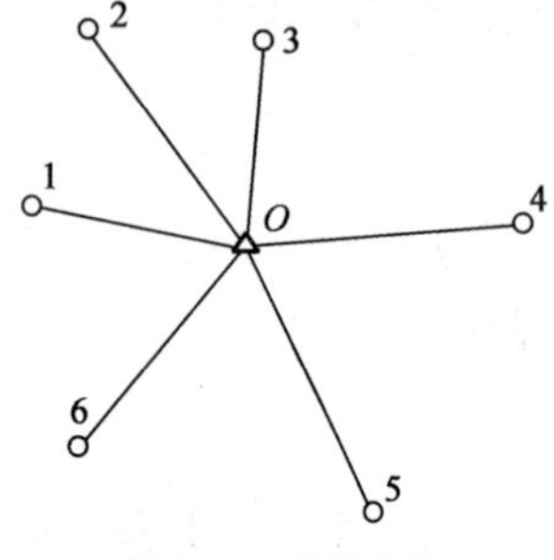

图9-40 星形布设

对于低等级的GPS测量或碎部测量,也可采用图9-40所示的星形布设。这种图形的主要优点是观测中只需要两台GPS接收机,作业简单。但由于直接观测边之间不构成任何闭合图形,所以其检查和发现粗差的能力比点连式更差。这种方式常采用快速定位的作业模式。

以载波相位测量相对定位方法的网形设计,还须注意以下几个问题:

(1)GPS 网必须由非同步独立观测边构成若干个闭合环或附合路线,以构成检核条件,提高网的可靠性;

(2)尽管 GPS 测量不要求相邻测站点之间通视,但为了今后便于用常规测量方法联测或扩展,要求每个控制点应有一个以上的通视方向;

(3)为了确定 GPS 网与原有地面控制网之间的坐标转换参数,根据点校正要求选择 GPS 网点与原地面控制网点重合;

(4)GPS 网点应考虑与水准点相重合,非重合点一般进行等级水准联测,以便为研究大地水准面提供资料。

二、选点与建立标志

GPS 测量测站之间不要求通视,而且网的图形结构比较灵活,故选点工作较常规测量简便。但 GPS 测量又有其自身的特点,因此在选点与埋石前,应根据工程任务需要收集测区内及测区附近现有的国家平面控制点、水准点及 GPS 点的资料,以及地形图、交通图、测区总体建设规划及近期发展规划等资料。

GPS 观测站点位选取应该注意以下原则要求:

(1)观测站(即接收天线安置点)应远离大功率的无线电发射台和高压输电线,以避免其周围磁场对 GPS 卫星信号的干扰;

(2)观测站附近不应有大面积的水域或对电磁波反射(或吸收)强烈的物体,以减弱多路径效应的影响;

(3)观测站应设在易于安置接收设备的地方,且视野开阔;在视场内周围障碍物的高度角,一般应大于 10°~15°,以减弱对流层折射的影响;

(4)观测站应选在地质条件良好、点位稳定、易于保存且交通方便的地方,并且便于用其他测量手段联测和扩展;

(5)应尽可能使所选测站附近的小环境(指地形、地貌、植被等)与周围的大环境保持一致,以避免或减少气象元素的代表性误差;

(6)充分利用符合要求的原有控制点的标石和观测墩。

点位选定后,均应按规定绘制点位注记,其主要内容应包括点位及点位略图,点位的交通情况以及选点情况等。

点位选定后,就要在点位进行埋石。这里讲的埋石,包括埋设标石及建造观测墩的工作。应该根据不同的精度等级要求确定 GPS 点的标石类型。

各级 GPS 点的标石一般应用混凝土灌制。各种类型的标石均应设有中心标志。标志的中心应该有清晰、精细的十字线或嵌入不同颜色的金属制作的直径小于 0.5mm 的中心点,并应在标志表面上注“GPS”及施测单位名称。

各种观测墩必须有强制对中装置,对中盘面应水平,并有保护盖。

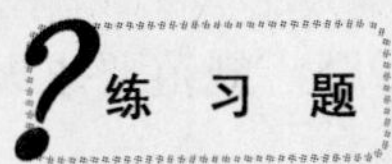

1. 简述控制点、控制测量、控制测量工作规则的概念。

2. 控制测量是____。

A. 限制测量的基准

B. 工程建设和日常工程测量的基础

C. 进行工程测量的技术过程

3. 控制测量的基本工作内容是____。

A. 选点、建标、观测、计算和总结

B. 建点、观测、计算

C. 做好仪器检验，了解控制点情况，明确观测要求

4. 三角测量是____。

A. 以测角量边逐点传递确定地面点平面位置的控制测量

B. 一种地面点连成三角形的卫星定位技术工作

C. 以测角为主，测边为辅，甚至只测角不测边，观测工作比较简单

5. 试述工程上应用三角测量法、导线测量法的基本图形。

6. 说明导线选点的基本要求和特殊要求。

7. 试述精密附合导线基本条件方程的数据准备要求。

8. 附合导线的 3 个条件方程中，方位角条件是____(1)，x 坐标条件是____(2)，y 坐标条件是____(3)。

(1) A. $\alpha_{AB} + n180° + \sum_{1}^{n-1}\beta_i - \alpha_{CD} = 0$

B. $\alpha_{AB} + n180° - \alpha_{CD} = 0$

C. $\alpha_{AB} + n180° + \sum_{1}^{n}\beta_i - \alpha_{CD} = 0$

(2) A. $x_A + \sum_{1}^{n}\Delta x_i - x_c = 0$

B. $x_B + \sum_{1}^{n}\Delta x_i - x_c = 0$

C. $x_B + \sum_{1}^{n-1}\Delta x_i - x_c = 0$

(3) A. $y_A + \sum_{1}^{n-1}\Delta y_i - y_c = 0$

B. $y_B + \sum_{1}^{n}\Delta y_i - y_c = 0$

C. $y_B + \sum_{1}^{n-1}\Delta y_i - y_c = 0$

9. 闭合导线的条件方程有____。

A. 内角和条件、x 坐标增量条件、y 坐标增量条件

B. 方位角条件、x 坐标条件、y 坐标条件

C. 方位角条件、x 坐标增量条件、y 坐标增量条件

10. 附合导线计算 $W_\alpha = -62.3''$，$W_x = 0.287$，$W_y = 0.166$，$\sum D = 633.285$。规范要求 $k_{容} = 1:2\,000$，$W_{\alpha容}(\pm 40\sqrt{n}, n = 6)$。问 W_α、W_x、W_y 是否满足要求？

11. 精密附合导线计算题：观测数据及已知数据见图 9-41，按表 9-5 ~ 表 9-8 的形式计算。

12. 精密闭合导线计算题：观测数据及已知数据见图 9-42，按表 9-9～表 9-12 的形式计算。

13. 一般闭合导线计算题：观测数据及已知数据见图 9-43，按表 9-14 的形式计算。

14. 一般附合导线计算题：观测数据及已知数据见图 9-44，按表 9-13 的形式计算。

15. 检查导线个别错误有哪些方法？

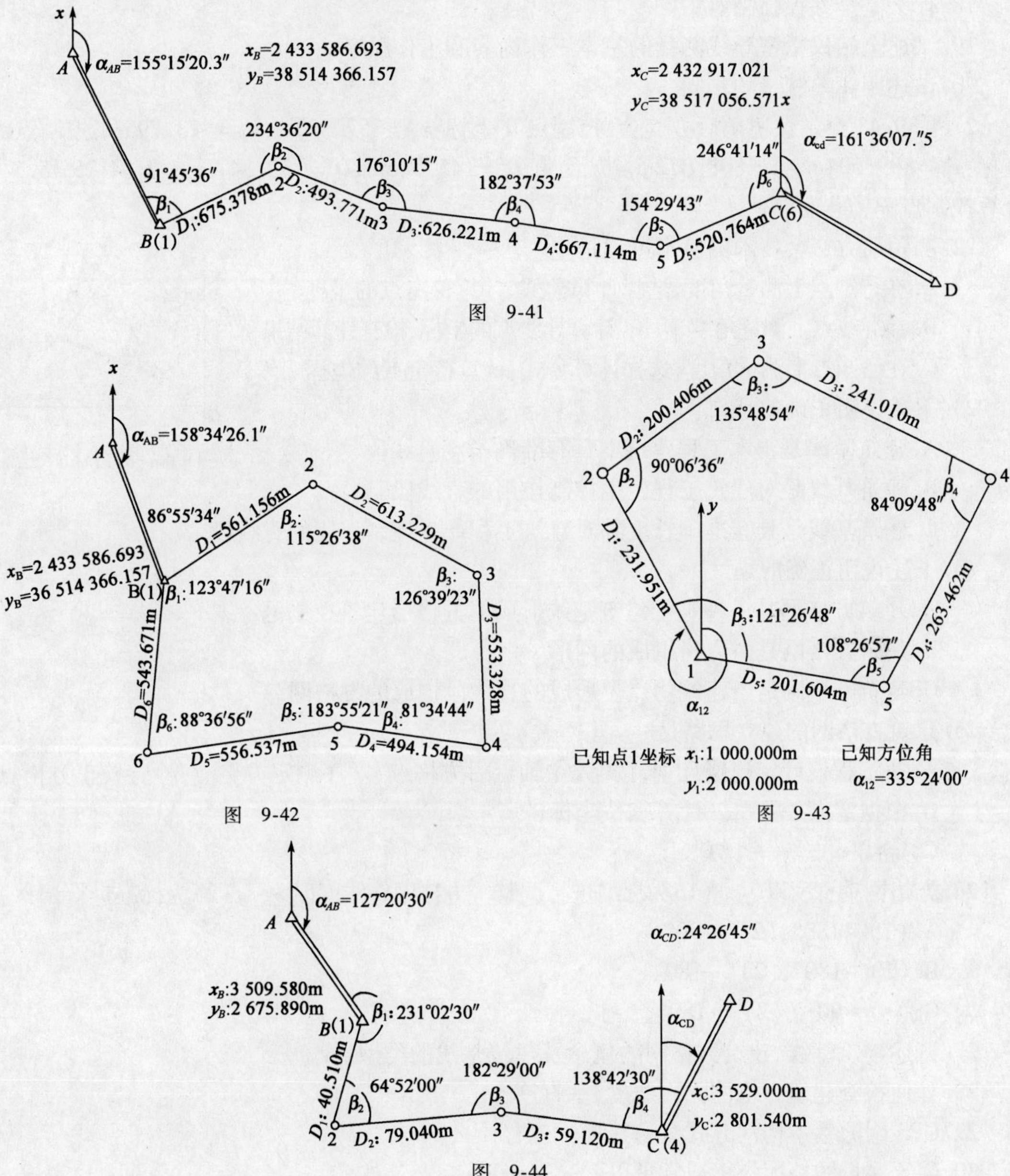

16. 三角形条件闭合差是____。

A. 三角形内角改正数之和

B. 三角形内角观测值之和与三角形内角和真值的差值

C. 三角形内角观测值之和与三角形内角和的差值

17. 全站仪在工程控制测量应用要点：____。

(1) A. 做好全站仪器准备　B. 掌握全站仪测量技术　C. 掌握全站仪的技术指标

(2) A. 确定有效的测量措施　B. 明确控制测量情况和建网要求　C. 了解场地实际情况

(3) A. 做好测量参数准备　B. 做好测量的组织准备　C. 确定控制网测量的技术方案

18. 什么是全站仪强制对中？

19. 试述全站仪精密导线测量的基本工作内容和工作顺序。

20. 试述距离差测量的步骤。

21. 图 9-45 全站仪边角后方交会，控制点 A 坐标：$x_A = 857.322\text{m}$，$y_A = 423.795\text{m}$，控制点 B 坐标：$x_B = 899.604\text{m}$，$y_B = 808.072\text{m}$。观测值 $D_1' = 145.746\text{m}$，$D_2' = 132.347\text{m}$，$\gamma' = 84°25'45.5''$。计算控制点 P 点坐标。

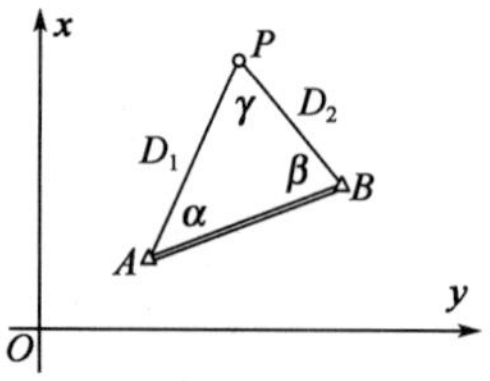

22. 测角前方交会技术的基本过程是____。

A. 在待定点上测量角度，选择计算公式，计算待定点的坐标

B. 在导线点上测量角度、边长，计算导线点的坐标，检查计算结果

C. 在已知点上测量角度，选择计算公式，计算待定点的坐标

图 9-45　边角后方交会

23. 下述说明正确的是____。

A. 建筑基线是土木工程建筑中具有准确长度直线段

B. 建筑基线是对建筑工程产生控制作用的直线段

C. 建筑基线是具有准确长度并对建筑工程产生控制作用的直线段

24. 下述说明正确的是____。

A. 建筑方格网是一种基于建筑基线形成的方格形建筑控制网

B. 建筑方格网是由方格组成的网形

C. 建筑方格网是由建筑物点位形成的直线段构成的方格网

25. 建筑方格网的建立思路是____。

A. 按工程设计定建网计划，按“先主轴点后方格点”顺序测定方格点，检验校正方格点

B. 根据定点—测量—计算点位坐标

C. 定线—丈量—计算长度

26. 方格网垂直度以____(1)为标准进行调整。方格网直线度以____(2)为标准进行调整。

A. (1) ~180°，(2) ~90°

B. (1) ~180°，(2) ~180°

C. (1) ~90°，(2) ~180°

27. 试述建筑基线、建筑方格网的概念及建筑基线的类型。

28. 如何检查建筑方格网的直线度、垂直度？

29. GPS 网的基本构网方式有哪几种？各有什么特点？

30. GPS 测量的精度指标通常是以____来表示。

A. 角度中误差　　B. 点位中误差

C. 相对中误差　　D. 网中相邻点之间的距离中误差

31. GPS 点位选择应注意哪些要求？

第十章　地形图测绘原理

［学习目标］　掌握地形图的基本概念和地形图图式基本知识，掌握平板测量原理和模拟地形测量的基本方法，扩展碎部测量技术在地籍测量、竣工测量的应用概念。

第一节　地形图及其图式

一、地形图的概念

地形图是根据一定的投影法则，经过测绘获取地球表面图像，使用专门符号，采取各种综合技术手段缩小在平面的图件；或者是存储在数据库中的地理数据模型。

地图的投影法则，是地形图成图的基础。采用正确的投影法则使投影在平面图形上点位与地面上的点位位置一一对应，即满足一定的数学关系，具有等同的量度性质。地形图所表示的地球表面，一方面是属于山河湖海等自然现象和环境资源；一方面是属于人类活动的社会现象，其中包括有人类生产活动构造物的空间分布情况等。测绘是地形测量的重要技术工作，地形图是测绘的成品。使用专门符号可以直观地表示地球表面的形态与性质。测绘综合，是地形图测绘技术技能之一，综合，即进行抽象化的过程，使地球表面比较形象地反映在地形图上。

图 10-1 是一幅由线条构成的地形图局部，记载着该区域大量的地理信息，其中有居民地、城镇、农田、工厂的分布状态；有山地、平原、道路、河流的现势；标记着地表上点位之间的位置关系、性质和名称等。

在各种工程建设中，有各种专用地形图[1]。如按路线工程建设一定走向和带状宽度测绘的地形图，称为带状地形图，简称带状图。带状宽度约 100 ~ 300m 不等。图 14-1 是一幅缩小的带状地形图，图中的粗实线是一条设计道路的中心线。

二、地形图的比例尺

地形图比例尺，即地形图纸上两点之间的距离 d 与相应地面两点实际平面距离 D 的比值，简称比例尺，用 $1:M$ 表示，即 $1:M=d:D$。其中：

$$M=\frac{D}{d} \tag{10-1}$$

式中，M 称为比例尺的分母。

[1] 专用地形图，或称专题地图，是一种根据某种专业技术需要，着重描述某些自然现象和社会现象的地形图。

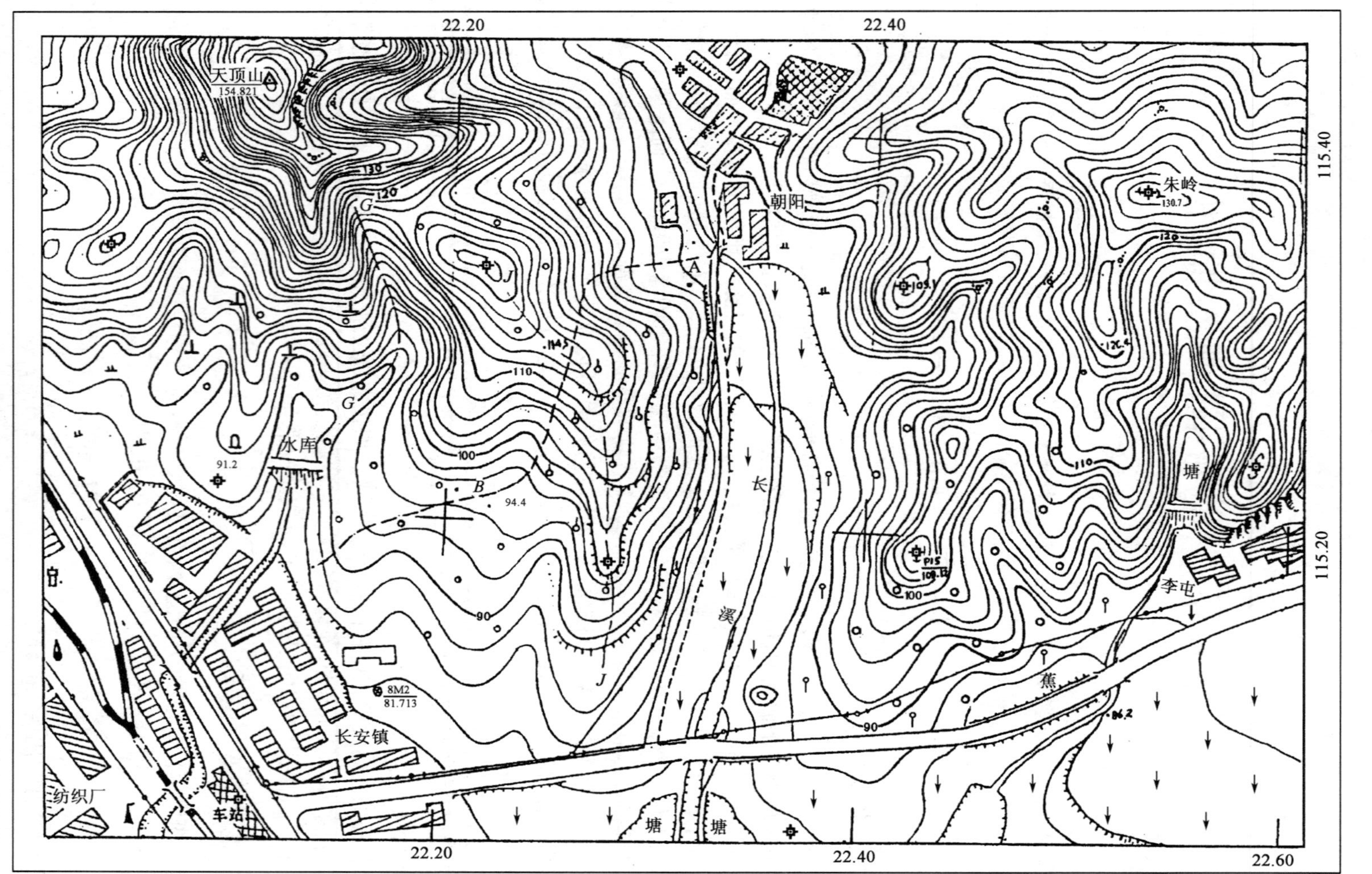

图10-1　一幅地形图的局部

比例尺(1∶M)是把地球表面缩小表示为地形图的依据。比例尺有小、中、大几种类型。其中

小比例尺:1∶1 000 000,1∶500 000,1∶200 000;

中比例尺:1∶100 000,1∶50 000,1∶25 000,1∶10 000;

大比例尺:1∶5 000,1∶2 000,1∶100 0,1∶500。

通常把小比例尺的图件称为地图。中大比例尺的图件是一种比较详细描述地球表面的地图,称为地形图。

三、地形图精度

根据式(10-1)地面两点的距离 D 可表示为:

$$D = d \times M \tag{10-2}$$

如果 m_d 是图上的量距误差,按误差传播律,从式(10-2)可得:

$$m_D = M \times m_d \tag{10-3}$$

式中,m_D 是地形图表示距离 D 的表示误差。显然,在 m_d 一定的情况下,m_D 的大小取决于地形图比例尺分母 M,因此表示误差 m_D 被称为地形图比例尺精度,简称地形图精度。一般地,图上量距误差 m_d 等于人眼分辨率(±0.1mm),所以,地形图精度等于人眼分辨率与比例尺分母 M 的乘积。即:

$$m_D = 0.1\text{mm} \times M \tag{10-4}$$

根据不同的比例尺,按式(10-4)可列出各种不同比例尺的地形图精度,如表 10-1。从表中可见,比例尺越大,地形图的精度越高;比例尺越小,地形图的精度越低。

不同比例尺的地形图精度(m)　　表 10-1

比例尺分母 M	200	500	1 000	2 000	5 000	10 000
地形图精度 m_D	0.02	0.05	0.1	0.2	0.5	1.0

四、地形图图式符号

在地形图中用于表示地球表面的专门符号规定称为地形图图式。我国公布的《地形图图式》是一种国家标准,它是测绘、编制、出版地形图的重要依据,是识别、应用地形图的重要工具。《地形图图式》的规定符号有表示地面物体的地物符号,也有表示地面起伏形态的地貌符号。

在《地形图图式》中,地物符号的内容最多,其中包括山、河、湖、海、植被、矿藏资源等天然地物和居民住宅、城镇、工厂、学校以及交通、水利、电力等人类活动的构造地物。在交通土木工程中,人类活动的构造地物又分为建筑物和构筑物,其中建筑物指的是楼堂馆所、厂房棚舍等,构筑物指的是路桥塔井、管线道渠等。图 10-2 列出了部分比较常用的地物符号。

地物符号有 4 种类型。

1. 比例符号

按地物的实际大小,以规定的比例尺缩小测绘在图上的符号。如图 10-2b)中的房屋、露

天体育场、湖、塘、街道、天桥、居民点等。大比例尺的地形图中,比例符号是使用比较多的地物符号。

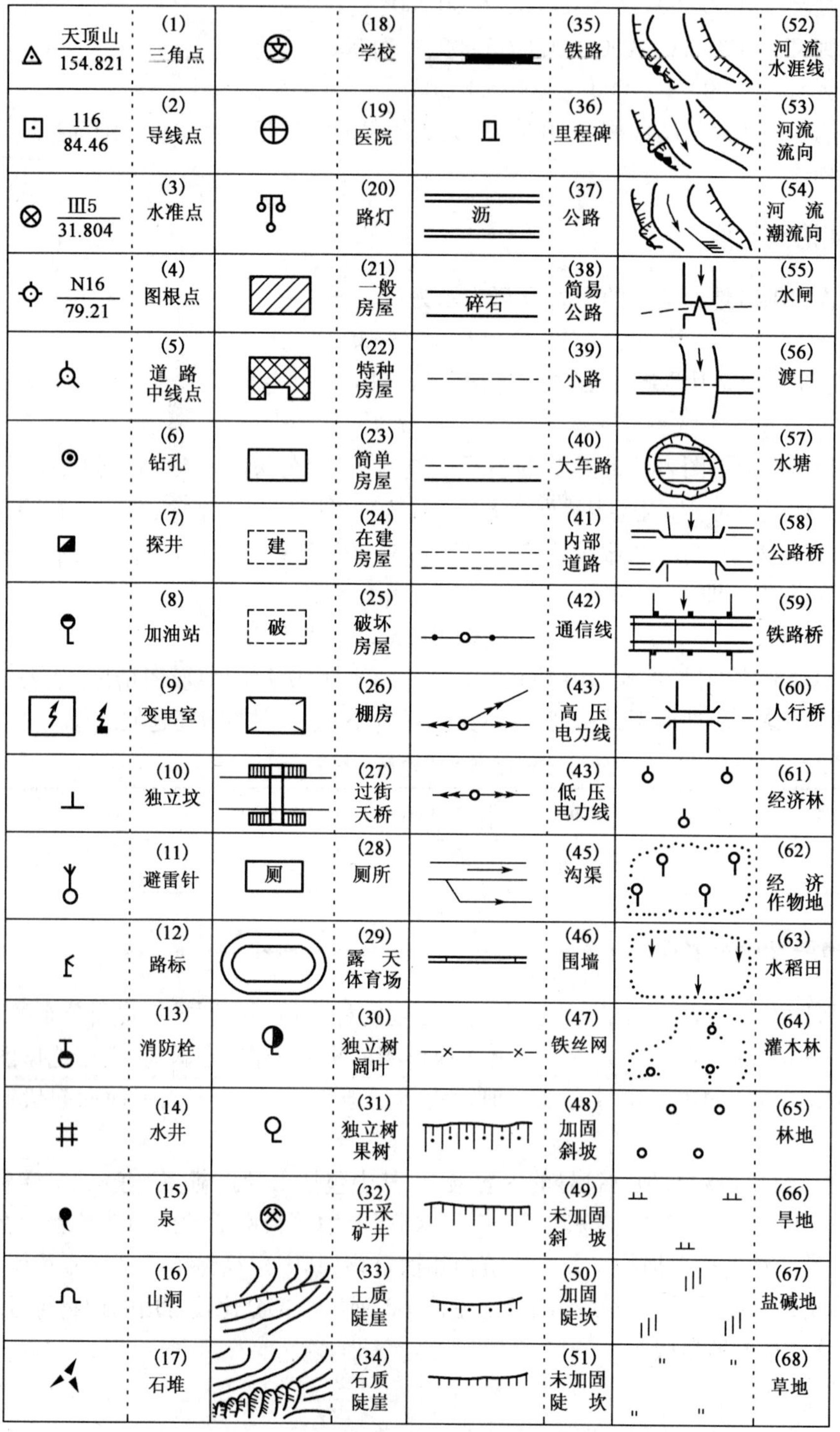

符号	名称	符号	名称	符号	名称	符号	名称
天顶山 / 154.821	(1) 三角点		(18) 学校		(35) 铁路		(52) 河流水涯线
116 / 84.46	(2) 导线点		(19) 医院		(36) 里程碑		(53) 河流流向
Ⅲ5 / 31.804	(3) 水准点		(20) 路灯	沥	(37) 公路		(54) 河流潮流向
N16 / 79.21	(4) 图根点		(21) 一般房屋	碎石	(38) 简易公路		(55) 水闸
	(5) 道路中线点		(22) 特种房屋		(39) 小路		(56) 渡口
	(6) 钻孔		(23) 简单房屋		(40) 大车路		(57) 水塘
	(7) 探井	建	(24) 在建房屋		(41) 内部道路		(58) 公路桥
	(8) 加油站	破	(25) 破坏房屋		(42) 通信线		(59) 铁路桥
	(9) 变电室		(26) 棚房		(43) 高压电力线		(60) 人行桥
	(10) 独立坟		(27) 过街天桥		(43) 低压电力线		(61) 经济林
	(11) 避雷针	厕	(28) 厕所		(45) 沟渠		(62) 经济作物地
	(12) 路标		(29) 露天体育场		(46) 围墙		(63) 水稻田
	(13) 消防栓		(30) 独立树阔叶		(47) 铁丝网		(64) 灌木林
	(14) 水井		(31) 独立树果树		(48) 加固斜坡		(65) 林地
	(15) 泉		(32) 开采矿井		(49) 未加固斜坡		(66) 旱地
	(16) 山洞		(33) 土质陡崖		(50) 加固陡坎		(67) 盐碱地
	(17) 石堆		(34) 石质陡崖		(51) 未加固陡坎		(68) 草地

图 10-2　部分常用的地物地貌符号

2. 非比例符号

不能按地物实际占有的空间成比例缩绘于地形图上的地物符号,称为非比例符号。如三角点、水准点、消防栓、地质探井、路灯、里程碑等独立地物,无法按其大小在图上表示,只能以规定的非比例符号表示。在比例尺较大的地形图中,加有外围边界的非比例符号具有比例符号的性质。如宝塔、水塔、纪念碑、庙宇、坟地等。

3. 线性符号

在宽度上难以按比例表示,在长度方向上可以按比例表示的地物符号,称为线性符号。如电力线、通信线、铁丝网、围墙、境界线、小路等。

4. 注记符号

具有说明地物性质、用途以及带有数量、范围等参数的地物符号,称为注记符号。如“㊫”表示学校的一种注记符号,“⊕”表示医院的一种注记符号;又如植被的种类说明,特种地物的高程注记等。

五、等高线的概念

1. 概念

等高线是表示地面上高程相同的相邻点所构成的闭合曲线。等高线是描述地面高低起伏形态的基本地貌符号。

地物线性符号没有高程注记,本身不存在高低性质,等高线似是线性符号,但本身具有高程意义。要理解等高线的意义,可以借助某一高程的水平面与曲面相割的形象,这时可把山头表面当作一个曲面,如图10-3。图中,假设高程分别为 75m、70m、65m 的 A、B、C 3 个水平面与山头的曲面相割,其割线分别是代表 3 个不同高程的 3 条闭合曲线。将 3 条闭合曲线垂直投影到一个平面上,便形成同一平面上的 3 条闭合曲线,代表 3 个不同的高程。

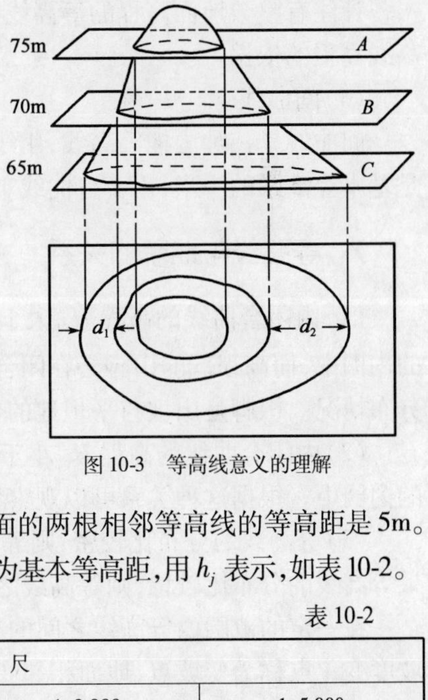

图 10-3　等高线意义的理解

2. 等高线的参数

(1)等高距

相邻等高线之间的高差称等高距。如图 10-3,投影在平面的两根相邻等高线的等高距是 5m。工程测量规范对等高距有统一的规定,这些规定的等高距,称为基本等高距,用 h_j 表示,如表 10-2。

基本等高距 h_j 表(m)　　表 10-2

地形类别	比例尺			
	1:500	1:1 000	1:2 000	1:5 000
平坦地	0.5	0.5	1	2
丘陵地	0.5	1	2	5
山地	1	1	2	5
高山地	1	1	2	5

(2)等高线平距

地形图纸上相邻等高线之间的水平距离称为等高线平距,用 d 表示。等高线位置不同,则平距长短不一。如图 10-3,左边等高线平距 d_1 比右边等高线平距 d_2 短。

(3)等高线坡度

基本等高距 h_j 与等高线平距实际长度的比值表示等高线之间地表的坡度,称为等高线坡度,用 i 表示,即:

$$i = \frac{h_j}{dM} \times 100\% \tag{10-5}$$

式中:d——等高线平距;

M——地形图比例尺的分母。

3. 等高线种类

在一张地形图中,有多种等高线表示地貌状态。

(1)首曲线

按地形图的基本等高距绘制的等高线,称为首曲线。首曲线的线宽为 0.15mm,是表示地貌状态的主要等高线。

(2)计曲线

计注有整数地面高程的等高线,称为计曲线。计曲线的线宽为 0.30mm,计曲线是辨认等高线高程的依据。

(3)间曲线

间曲线是一种内插等高线,用线宽 0.15mm 的虚线表示。间曲线与相邻等高线的等高距是基本等高距的一半,用于首曲线难以表示出地貌状态的地段。

六、等高线与地貌的关系

(1)内闭合曲线的高程 $H_{内}$ 大于外闭合曲线的高程 $H_{外}$,即 $H_{内} > H_{外}$,则山头必在闭合曲线的内圈中,而高程低的山脚必在闭合曲线的外圈。根据这种关系可以观察山头和山脚的地貌分布情况。山脚是山坡与平坦地的分界点,称山脚点。相邻山脚点的连线称为山脚线。

(2)内闭合曲线的高程 $H_{内}$ 小于外闭合曲线的高程 $H_{外}$,即 $H_{内} < H_{外}$,则洼地必在闭合曲线的内圈中。根据这种关系可以观察低洼的地貌分布情况。

(3)等高线的分布比较密,则等高线之间的平距 d 比较短,说明此地貌坡度比较陡峭;如果等高线的分布比较稀,则等高线之间的平距 d 比较长,说明此地貌坡度比较平缓。

在一定的范围内等高线之间的平距大致相等,说明在这个范围内的地面坡度不变。地面坡度变化点称为变坡点,地面相邻变坡点相连存在的分界线称为变坡线。

(4)等高线的集合处,等高线的平距 d 为零,说明此地带很陡,且有悬崖、陡坡地貌符号。

(5)等高线弯曲处,若凸向低处,则该弯曲处是山脊点位置,沿着各山脊点便形成山脊线;若弯曲处凸向高处,则弯曲处是山谷点位置,沿各山谷点便形成山谷线。往往在靠近山顶的等高线弯曲处会有一根指向低处的短线,称为示坡线。示坡线的方向表示坡度的走向。

山脊线、山谷线、示坡线、变坡线以及山脚线又称为地性线。通常图上不绘出地性线。

(6)地面某处同时有4根相邻等高线,其中有两根同高的等高线,有两根同低的等高线,则该处地貌是鞍部。

描述地貌的还有冲沟、陡坎、地裂等符号。

图10-4a)是地势景观图,图10-4b)是等高线描绘的地形图,根据等高线与地貌的关系,便可以进一步认识图10-4a)的地貌形态。

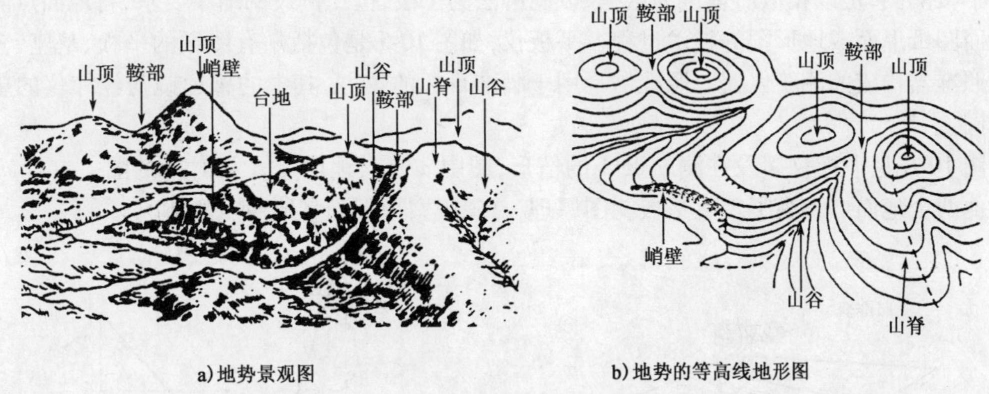

a)地势景观图　　b)地势的等高线地形图

图10-4　等高线与地貌的关系

第二节　地形图测绘概念

一、地形测绘成图的技术方式

地形测绘成图的技术方式主要是摄影测量和碎部测量。

1.摄影测量

在第一章中已说明摄影测量与遥感学的概念。就其摄影测绘成图方式来说,摄影测量是以摄影的方法获得所摄物体的相片为基础,研究如何确定物体的形状、大小及其空间位置的学科。这门学科主要有航空摄影测量及地面摄影测量。为了测绘大面积的地形图,利用安装在飞机上的摄影机对地面进行摄影,然后将获得的摄影相片进行技术处理并绘制成地形图,这个工作过程称为航空摄影测量。利用安装在地面上三脚架上的摄影机,对一些待测地形进行摄影,然后将获得的摄影相片进行技术处理并绘制成地形图,这个工作过程称为地面摄影测量。

近20多年以来,摄影测量技术在"模拟—解析—数字"过程中发展很快,摄影数字测量技术是我国测绘地形图的主要技术,是获取地理信息的重要技术手段,在大面积测绘各种比例尺基本地形图中发挥着重要的作用。近些年来,无人机摄影数字测量引人注目,激光扫描数字测量技术在地形测绘成图应用有很大进展。本书限于工程测量技术的内容和篇幅,这里不就摄影测量等技术详细介绍。

2.碎部测量

碎部测量是工程地形测绘最基本的野外测绘技术。根据平板测图原理,以图根点(控制点）为测站，利用全站测量技术，将测站周围碎部点（或细部点）位置按选用的比例尺测绘于平面图板上的技术，就称为碎部测量。碎部测量的基本原理和方法是工程地形测绘技术的基础。

二、平板测图原理

平板测图，是以相似形理论为依据，以图解法为手段，按比例尺的缩小要求，将地面点测绘到平面图纸上而成地形图的技术过程。平板仪，如图 10-5 是包括贴有图纸的平板、基座、三脚架及照准器构成的测绘仪器。照准器是用于瞄准目标的仪器，其中的望远镜与经纬仪的望远镜相同。

图 10-6 是平板仪摆设在测站点 A 的情形，图中 a 是与地面点 A 相对应的图上点位，B、C 是其他两个地面点。为了理解平板测图原理，首先观察平板测量地面点的情况。

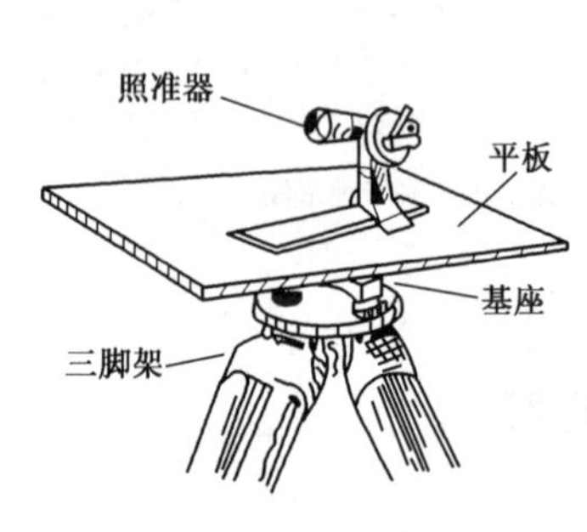

图 10-5　平板仪

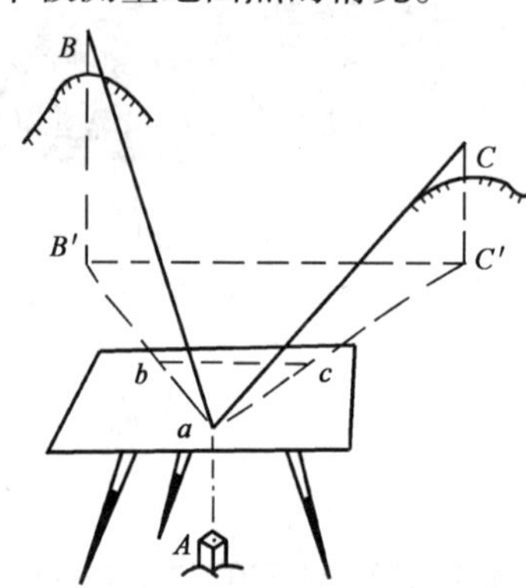

图 10-6　平板测图原理

（1）在 A 点设平板仪，图上 a 点与地面点 A 在同一垂线上，另外的地面点 B、C 设有目标。

（2）瞄准，即在 a 点用瞄准器分别瞄准 B、C，得视线 aB、aC。假设 B、C 按自身的垂直方向投影到平板所在的平面上，则 aB'、aC'就是视线 aB、aC 在平面上的投影长度。

$$ab = \frac{aB'}{M} \tag{10-6}$$

$$ac = \frac{aC'}{M} \tag{10-7}$$

（3）在图纸上定 B、C 的位置。设 aB'、aC'为可知值，根据比例尺的缩小要求，使式中 M 是比例尺的分母。则沿 aB'、aC'方向按 ab、ac 长度在图上定点 b、c。

（4）以上的结果是：

①$\angle bac = \angle B'aC'$，表明图上 b、c 点与 a 点的位置在方向上与实地 B、C、A 点平面位置一致。

②$\triangle bac \backsim \triangle B'aC'$，表明 AB、AC 的实地水平距离可以利用图上 ab、ac 与 M 的关系求得。

以上结果表明，图上点位与实地点位存在可量性关系，图上点位能够反映地面点的位置形态。

三、碎部测量的几个概念

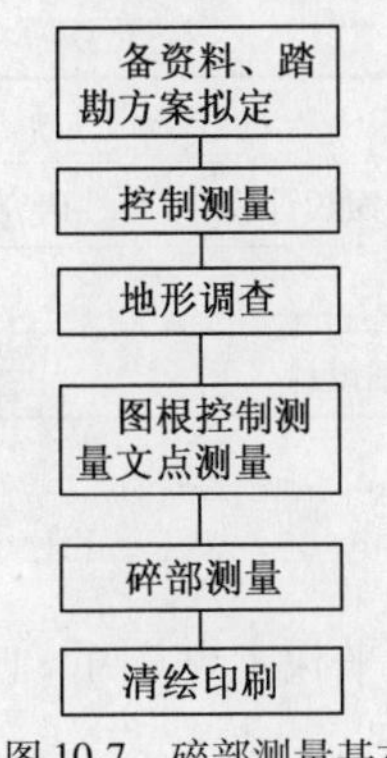

图 10-7　碎部测量基本程序

碎部测量基本技术程序如图 10-7。其中的方案拟定、控制测量、地形调查是前期工作。

图根点：测绘地形图的控制点称为图根控制点，简称图根点。图根点是碎部测量的依据，是测绘地形图的基准点。图根点的建立与测量在地形测绘前期按第九章平面控制测量方法和高程控制测量方法进行，技术要求见表 10-3 ~ 表 10-6。图根控制测量应同时顾及地形情况注意补充支点（如导线支点、水准支点等）。

碎部点：即碎部特征点。碎部点有地物特征点和地貌特征点。

地物特征点：能够代表地物平面位置，反映地物形状、性质，且便于测量的地物特殊点位，称为地物特征点，简称地物点。如地物轮廓线的转折点：建筑物墙角，拐角处，道路河岸转弯处等；又如地物的形象中心：路线中心交叉点，电力线的走向中心，流水沟渠中心等。

地貌特征点：容易体现地貌形态，反映地貌性质，且便于测量的地貌特殊点位，称为地貌特征点，简称地形点。如地面变坡点、山顶、鞍部等，地性线起点、转弯点、终点等是反映地面性质变化的分界特征点。

图根三角测量的技术要求　　表 10-3

边长	测角中误差	三角锁三角形个数	DJ_6 测回数	三角形最大闭合差	方位角闭合差	注：n 是测站数；S 是测图的最大视距；三角形个数指连续三角锁三角形个数
≤1.7S	20″	≤13	1	60″	40″	

图根导线测量的主要技术要求　　表 10-4

导线长度	相对闭合差	边长	测角中误差（一般）（首级）	DJ_6 测回数	方位角闭合差（一般）（首级）	注：M 是测图比例尺分母；S 为边长，km
≤1.0M	≤1∶2 000	≤1.5S	30″　20″	1	60　40	

图根水准测量的主要技术要求　　表 10-5

仪器类型	1km 高差中误差	附合路线长度	视线长度	与已知点联测观测次数	附合或闭合路线的观测次数	较差（平地） 闭合差（山地）
DS10	±20mm	≤5km	≤100m	往返各一次	往测一次	$40\sqrt{L}$　$12\sqrt{L}$

注：L 往返测段附合或环线的水准路线长度，km。

图根三角高程测量的主要技术要求　　表 10-6

边长（km）	仪　器	测回数（中丝法）	对向观测较差（mm）	闭合差（m）	注：S 为边长，km；n 为边数；H_j 为基本等高距，m
≤0.5	DJ_6	1	400S	$0.1H_j\sqrt{n}$	

地形图比例尺的选用：不同比例尺地形图在工程建设中有不同的作用，表10-7列出工程建设3种不同阶段可选用的地形图比例尺，碎部测量之前应根据工程建设需要认真选用。

表10-7

地形图的比例尺	选用目的
1:5 000　1:10 000	总体规划，居民点、工厂、车站、车站选址，路线选择，汇水面积计算，可行性研究
1:1 000　1:2 000	工程初步设计，详细规划，总图管理
1:500　1:200	建筑物工点设计，如房屋、车站、码头、桥梁、涵洞等的详细设计

四、碎部测量的图板准备

一般传统的地形图是分幅测绘的。图板准备即按分幅测绘的要求，在平板上贴图纸，画坐标格网，展绘图根点等。

1. 贴图纸

一般的聚酯薄膜图纸，按规格有10cm×10cm的方格。适用于测绘土木工程大比例地形图。贴图纸，先在平板上贴上白色绘图纸，后把聚酯薄膜图纸用透明胶纸套贴在有白色绘图纸的图板上。

若图纸没有方格，可用坐标格网尺按"绘对角线—定矩形—定方格位—绘方格"步骤绘好方格，如图10-8。

2. 注记分格位坐标

设所在图幅左下角1的坐标为x_1、y_1，则各分格位的坐标是：

$$x_n = x_1 + 0.1M(n-1) \tag{10-8}$$

$$y_n = y_1 + 0.1M(n-1) \tag{10-9}$$

式中，n是坐标分格网从起始位开始的分格位数；M是比例尺分母。坐标值均化为km单位注记在分格位附近，如图10-9。

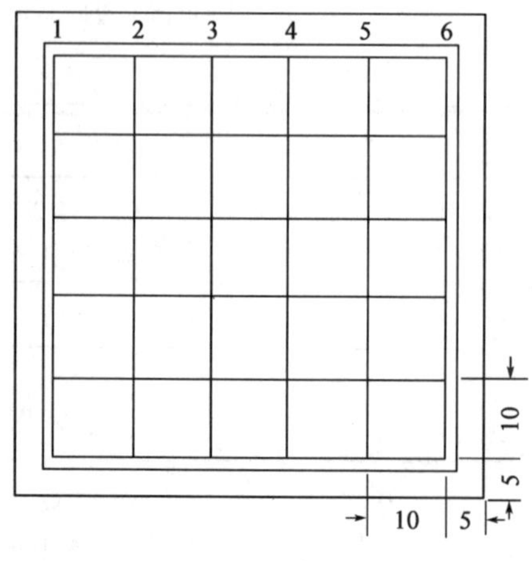

图10-8　聚酯薄膜图纸

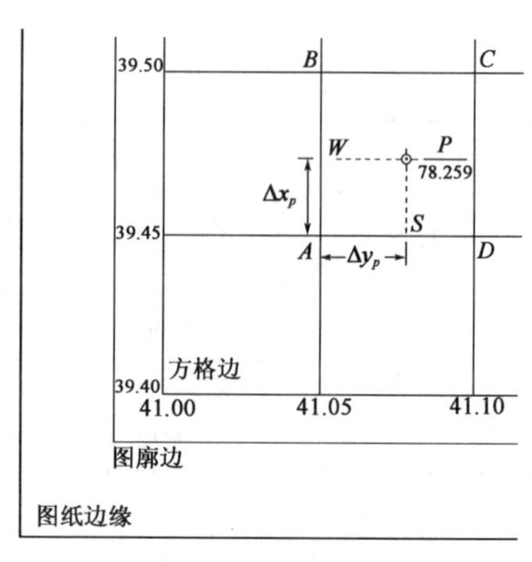

图10-9　分格位坐标与展点

3. 展点

把图根点(包括其他控制点)展绘到有方格网的图幅中的工作,称为展点。如 P 点的位置参数是 x_p、y_p(坐标)和 H_p(高程),把 P 点展到图中的工作如下。

(1)求 Δx、Δy。

$$\Delta x = x_p - x_A \tag{10-10}$$

$$\Delta y = y_p - y_A \tag{10-11}$$

式中,A 是 P 点所在方格的左下角点,如图 10-9,故 x_A、y_A 是该方格左下角点的坐标。

(2)在方格中量取 Δx、Δy,定 P 点,定点较差为 0.2mm。

(3)注记点的符号、名称、高程。如图中的图根点的符号,点名为 P,高程 $H=78.259$m。

(4)检查。各图根点展绘到图上以后,对各点之间的边长进行检查,即把按比例尺缩小的长度与图上的相应丈量长度进行比较,较差小于 0.3mm。

图板准备工作的完成实现图上图根点与实地图根点的一一对应,保证图板坐标系统与本地域坐标系统的统一对应关系。

第三节　碎部测量基本方法

本节仅叙述工程应用的地形图测绘基础方法:光学速测法和全站速测法。

一、光学速测法

光学速测法,或称经纬仪速测法,或称经纬仪测绘法,是实施碎部测量的基本技术工作。

(1)在图根点上安置经纬仪等,即设站。在经纬仪速测法中,经纬仪代替平板仪的照准器。

(2)测量碎部点水平角 β,按视距原理测量碎部点的平距和高程,公式是式(3-64)和式(4-43)。

(3)平板绘图把碎部点的位置确定在图板上。

经纬仪速测法测绘地形图的工作人员有观测员、绘图员和立尺员 2~3 人。主要仪器工具经纬仪、标尺和小平板在测图前应检验,保证可靠可用。其中经纬仪竖直度盘指标差小于 1′,视距常数在(100 ± 0.1)m 之内。测绘工具还有小钢尺、大量角器、三棱比例尺、二脚规、直尺、计算器、铅笔、小刀、橡皮等。

二、设站与立尺

1. 设站(安置经纬仪)

主要工作有:①在图根点上按要求对中整平仪器;②量仪器高,即用小钢尺量取图根点至经纬仪望远镜转动中心的高度,并做好记录;③经纬仪盘左瞄准起始方向,如图 10-10 选地面上 B 点作为起始方向瞄准(设有目标);④度盘置零。

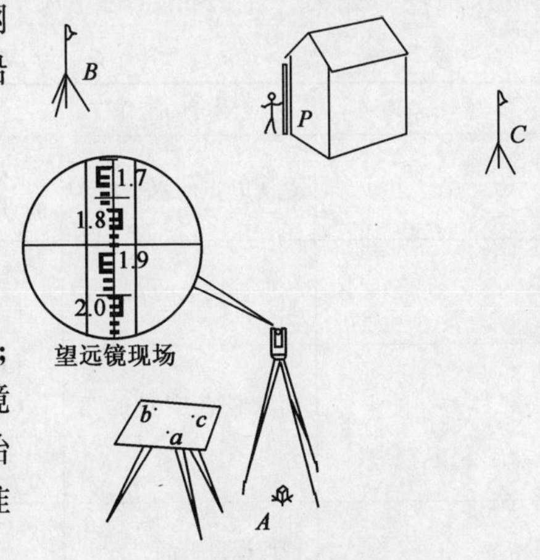

图 10-10　光学速测法

2. 安置平板仪

平板仪安置在经纬仪附近，图纸中的点位方向与实地点位方向一致，接着进行如下操作：

(1)定向。根据经纬仪选择的起始方向，以铅笔在图上画出一条定向细直线。

(2)安置量角器。图10-11所示量角器是一个半圆有机玻璃板，圆弧边按逆时针顺序刻有角度值，最小分划20′；量角器直线边沿有中心小孔。用小针穿过量角器中心小孔与图上相应的测站点中心固定在一起。量角器绕小针转动时，定向细直线可以指出量角器的角度值，如图10-12。

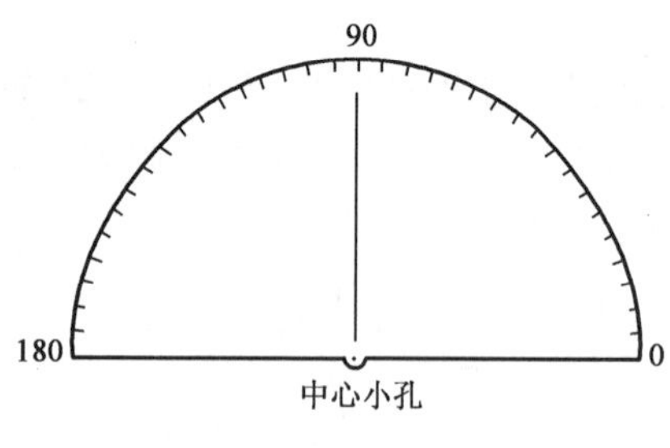

图10-11　量角器

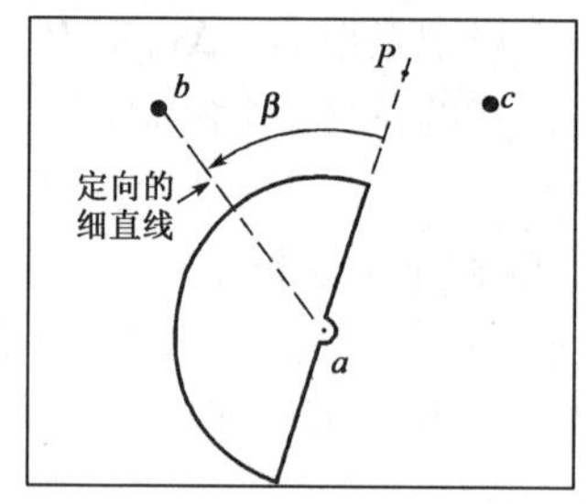

图10-12　安置量角器与P方位确定

3. 检查

经纬仪测量检查角，如图10-10，测得地面点B、A、C的水平角与图上(如图10-12)量角器标定方向ac比较，偏差小于0.3mm。

4. 立尺

这是立尺员把标尺立在地形特征点上，等待测站观测员测量的工作。

三、测定碎部点

这是把碎部点测定到图板上的测量工作，以图10-10的民用住房为例，表10-8说明了一次立尺于P点的测量工作过程。表10-8所示，完成一次立尺测定一个碎部点的测量工作。此后立尺员便开始另一个特征点的立尺。

一次立尺的测量工作过程　　表10-8

观测步骤	观测员的工作	计算、绘图员的工作	备　　注
1	观测P点的水平角β	以量角器在图上按β定出P点的方向	P点立标尺如图10-10、图10-12所示
2	读取标尺上的$l_下$、$l_上$	计算视距d' $l=l_下-l_上$	公式$d'=100l$ 图10-10望远镜视场读取$l_下$、$l_上$
3	读取竖直度盘的角度L	(1)计算垂直角α和平距D; (2)二脚规在三棱比例尺取得缩小的s长度，并用二脚规在P点方向上定P的位置	公式$\alpha=90-L$ $D=100l\times\cos^2\alpha$ $s=D/M$(M比例尺分母)
4	读取标尺上的$l_中$	计算P点高程在图上P点附近注记P点高程	公式$H=H_A+50l\sin2\alpha+i-l_中$

测定碎部点的“测点三注意”如下所述。

(1)加强配合。观测与立尺应有立尺观测计划,观测与立尺配合得当,观测工作进行顺利。

(2)讲究方法。一般地,立尺方法上:平坦地段,地物为主,兼顾地貌;起伏地段,地貌为主,兼顾地物;多方兼顾,一点多用。必要时应绘好立尺附近地形草图。

例1 在山地起伏地段可采用沿等高路线法立尺,由低及高地逐步在山地周围完成立尺工作,图10-13的立尺行走路线就是按“S”形沿等高路线法立尺的例子,中途建筑物特征点的立尺是兼顾而为。

例2 图10-14是一地域略图,图中的电杆位立尺点,兼顾了两条路的交叉处和电杆位置,所以这个点可代表两条路和电杆的作用。

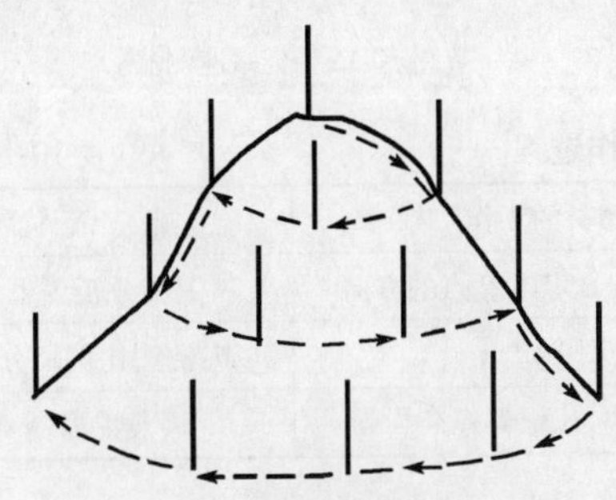

图10-13 按“S”形路线法立尺

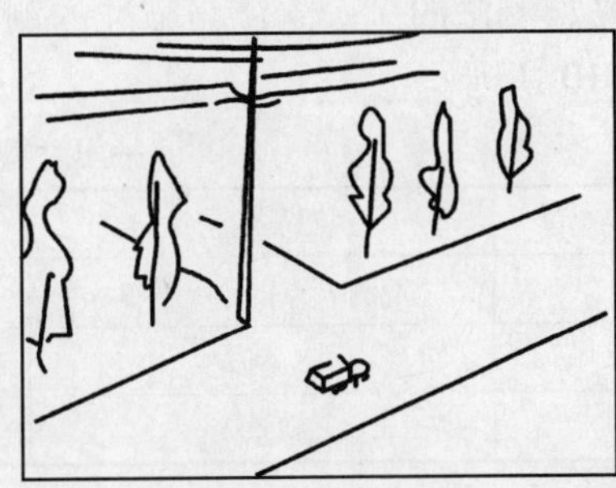

图10-14 一点多用

(3)布点适当。即立尺点的布设。一幅地形图能否如实反映地形情况,与立尺点的密度和均匀性有很大关系,因此,有关规程对地形立尺点的视距长度和立尺点间距提出相应的技术要求(表10-9),在测定碎部点时应当做到。

视距长度和立尺点间距 表10-9

比例尺	碎部点间距(m)	最大视距长度(m)	
		地物点	地形点
1:500	15	60	100
1:1000	30	100	150
1:2000	50	180	260
1:5000	100	300	350

四、全站速测法

全站速测法是在光学速测法基础上发展起来的,该法应用全站仪的技术优势,由测站的全站仪测量碎部点的反射器实现碎部点的测量。

全站速测法的设站与立镜,如图10-15所示。

1.设站安置全站仪

主要工作有:①全站仪在图根点对中整平;②量全站仪高;③全站仪盘左瞄准起始方向,B

点作为起始方向；④度盘置零；⑤选择全站仪的显示形式。

2. 安置平板仪

与光学速测法相同。

3. 检查

与光学速测法相同。

4. 立镜

立镜，即立镜员把反射器立在地形特征点上，等待测站观测员测量的工作。

全站速测法的一次立镜与瞄准的测量工作过程如表10-10所列。

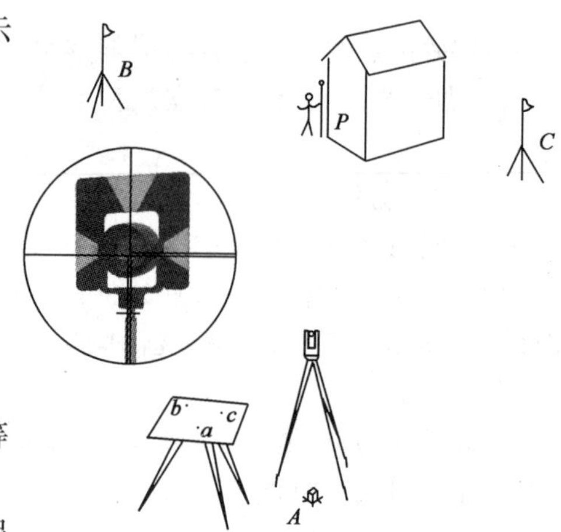

图10-15 全站速测法

一次立镜与瞄准的测量工作过程

表10-10

观测步骤	观测员的工作	计算、绘图员的工作	备　注
1	观测 P 点的水平角 β	以量角器在图上按 β 定出 P 点的方向	P 点立反射器
2	距离 D	$s = D/M$，图上定点	M：测图比例尺分母
3	高差 h	$H = H_A + h + i - l$，注记 P 点高程	l：反射器高

五、支点的设置

上一节中的"支点"是图根控制点的补充点。如图10-16，A、B、C 是已有图根点，图中 e、f、1、2等碎部点与 A、C 点无法通视，导线法、极坐标法可增设 w 点作为图根点，称为支点。支点以极坐标法设置。

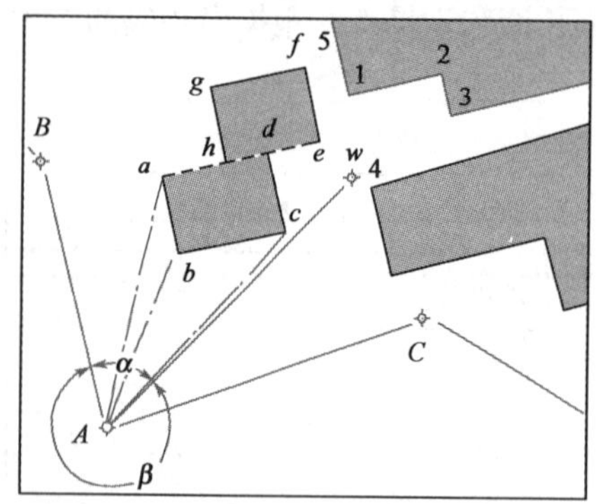

图10-16 支点的设置

(1)根据无法通视碎部点情况，在实地设立与原有图根点通视的支点标志，如图10-16中 w 点。

(2)测量 Aw 的距离 D_{Aw}，测量角度 α、β(左、右角)各半测回，或测量角度 α 角一测回。

(3)计算 w 点坐标。即：

$$x_w = x_A + D_{Aw}\cos\alpha_{Aw}, y_{Aw} = y_A + D_{Aw}\sin\alpha_{Aw}$$

式中，x_A、y_A 是已知图根点 A 的坐标，$\alpha_{Aw} = \alpha_{AB} + \alpha$，$\alpha_{AB}$为已知方位角。

(4)测量计算 w 点高程(略)。

根据碎部测量需要，支点的设置可随时随地进行，并及时将支点展绘于图板上，或将支点坐标、高程输入全站仪。

六、勾绘地形图

地形图的勾绘主要有地物的勾绘、地貌的勾绘和地形图的整饰等工作内容。勾绘地形图是一项技术性较强的工作，不仅需要灵活的绘图运笔手法，而且应掌握地物点、地形点的取用综合技能。

1. 地物的勾绘

地物形状各异，大小参差不齐，勾绘时可采用以下方法。

(1)连点成线，画线成形。按比例尺测绘的规则地物，如楼宇民房等建筑物以 3 个点测量定位，有利于测绘检核和提高精度，比较容易图上成形。图 10-17 中，a、b、c 是以测站 p 测绘于图上的 3 个点，根据楼宇民房的矩形特征便可绘出 ab、bc 的平行线 ad、cd 交于 d，连结 a、b、c、d 从而得到该民房的实际形状。以上利用测绘的 3 个点 a、b、c 获得图上建筑物实际形状的过程称为三点定形。又如电力线通信线按中心线测量定位，那么不论是单杆支撑线路，还是双杆或金属架支撑线路，均以其中心位置连线成形，称为中心成形。

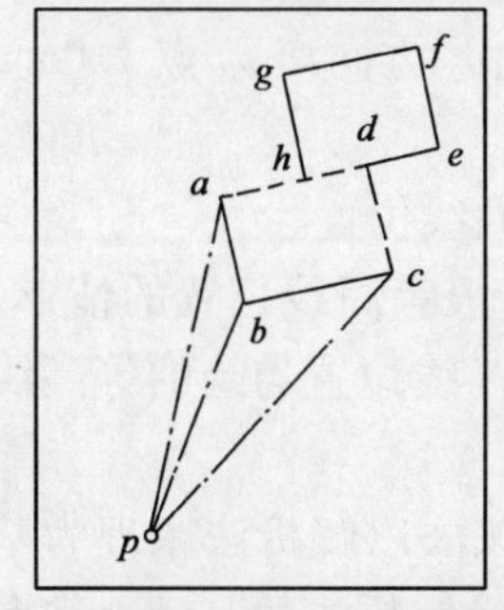

图 10-17　连点成线与参照丈量

(2)沿点连线，近似成形。这种勾绘要求注意点线的综合取舍。如村镇大路宽窄不均，可以沿中心点取线，按平均宽度逐步定路形。又如水系岸边测点的综合取线，在满足精度要求情况下可灵活忽略河岸的小弯曲部分。

(3)参照丈量，逐步成形。在建筑物密集的居民地，测站上往往不可能看到所有的地物轮廓点。参照丈量逐步成形，即参照主要点位，逐步丈量地物点的距离，结合地物的结构、形状，以丈量的结果逐步绘图成形。如图 10-17 中，e、f、g、h 各点可参照上述所定的 a、c、d 点，逐步丈量得 cd、ah、hg、de，逐步绘得另一建筑物的形状。

(4)符号为准，逐点成形。对于非比例符号表示的地物，按非比例符号的规定，在图上相应的点位上画上该地物的非比例符号。

2. 等高线的勾绘

等高线勾绘是勾绘地貌的主要工作，首先在图上地形点之间确定等高线的位置，其次连接图上同高等高线位置，勾绘出等高线的线条。勾绘等高线的方法有解析法、目估法等。

(1)解析法。例如图 10-18a)，p_1、p_2 是图上的两个地貌特征点，两点之间的实际地面坡度一定，平距 $d_{12}=24\text{mm}$，高程分别是 $H_1=57.4\text{m}$，$H_2=52.8\text{m}$。地形图基本等高距 $h_j=1\text{m}$。解析法步骤：

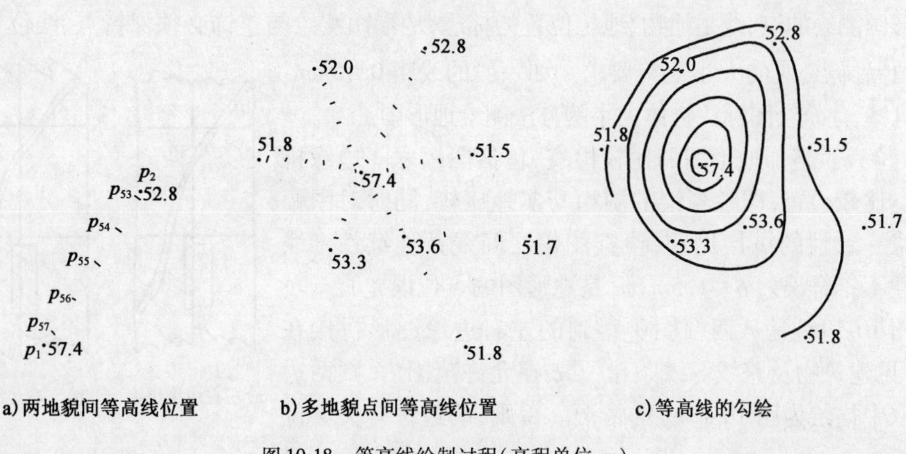

图 10-18　等高线绘制过程(高程单位：m)

①求 p_1、p_2 的高差，$h = H_1 - H_2 = 57.4\text{m} - 52.8\text{m} = 4.6\text{m}$。

②求等高线之间的平距，即：

$$d = d_{12} \times \frac{\text{基点等高距 } h_j}{\text{高差 } h} = 24\frac{1}{4.6} = 5.2\text{mm}$$

③定 p_1、p_2 之间等高线数目为 n。本例 $n = 5$，各等高线高程是 53m、54m、55m、56m、57m。

④确定高、低等高线的位置：

高程 57m 的等高线是高等高线，用 p_{57} 表示位置，即 $p_{57} = (H_1 - 57\text{m}) \times 5.2\text{mm} = (57.4 - 57) \times 5.2 = 2.1\text{mm}$。将高程为 57m 的等高线位置 p_{57} 表示在 p_1p_2 方向离 p_1 点 2.1mm 的位置上。

高程 53m 的等高线是低等高线，用 p_{53} 表示位置，即 $p_{53} = (53\text{m} - H_2) \times 5.2\text{mm} = (53 - 52.8) \times 5.2 = 1.0\text{mm}$。将高程为 53m 的等高线位置 p_{53} 表示在 p_1p_2 方向离 p_2 点 1.0mm 的位置上。

⑤等分求其他等高线位置。在 p_{53}、p_{57} 之间等分得 p_{54}、p_{55}、p_{56} 的等高线位置。

图 10-18a）是按上述步骤确定高程为 53m、54m、55m、56m、57m 5 根等高线位置的情形。图10-18b）是按相同步骤确定的等高线位置，图 10-18c）是按所定的等高线位置勾绘的等高线的线形，由此便显示出等高线表示的地貌形态。

（2）目估法。实际测绘地形图的野外作业中广泛应用的方法。该法以解析法原理为基础，兼顾地性线和实际地貌，目估等高线位置，随手勾绘等高线。在熟悉解析法的基础上掌握目估法勾绘等高线，平时多练习，不断提高技能，逐步加快勾绘速度。

勾绘等高线应注意：等高线不得相交，不能中断，不宜穿连地物符号。

3. 地形图的整饰、检查

（1）整饰。即清查整理描绘地形图的工作，包括有：

①擦去不合格线条、符号，注记名称、符号及数字端正。美化等高线，注记计曲线高程。

②按一定的密度要求在图上注记地形点、地物点的高程，擦去多余的地形点、地物点的高程。

③整理图廓附注。图廓附注包括有：图名、图幅编号、接图表（第十一章）、三北方向、比例尺、坡度尺；坐标和高程系统说明等。在图廓相应位置填写测绘单位、人员姓名及测绘日期等。

地形图测绘的点、线是地物、地貌位置的标志，地形图测绘与整饰必须保持点、线位置准确，而且必须保持点、线的大小规格要求。如一般的线粗 0.15mm。切忌以机械、建筑绘图标注物体大小的方法测绘地形图。

（2）检查。整饰地形图的比较检查，包括图幅之间边缘拼接检查。比较检查，即各测绘的图幅与实地比较，同时对图幅之间边缘一致性的拼接比较，检查图幅之间线条连续性。线条连续性不符合误差 $\delta \leq 1.5m$（m 是地形图的点位误差）。

如图 10-19a）是从两幅图中得到的左右边缘图形拼接在一起，可见建筑物及路线等线条错位，δ 在允许范围内，则两边缘图形取中描绘为图 10-19b）的情形。否则，两边缘有关点位重测改正。

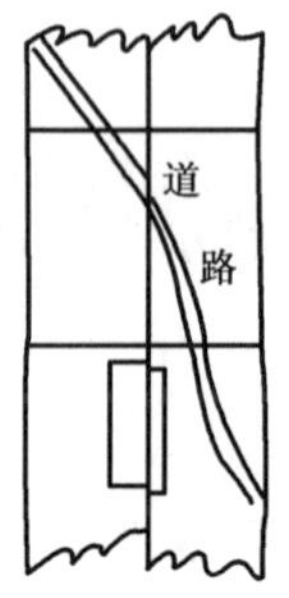

a）左右边缘拼接

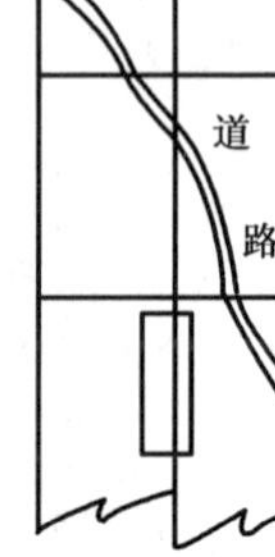

b）左右边缘修正

图 10-19

第四节　地籍测量、竣工测量概念

一、地籍测量

籍，意思是隶属关系；地籍，即土地（包括房屋产权）隶属关系的一种资料说明。地籍资料说明包括地籍图资料说明和地籍文件资料说明。其中地籍图资料说明指的是土地及房产的权属、位置、境界、面积等；地籍文件资料说明指的是土地及房产不动产的类别、估价、利用状况等。地籍测量，是以地形测绘技术为基础测绘与调查土地及其附属物权属、位置、数量、质量及利用状况的测绘技术工作。

地籍测量的一般工作内容如下：

（1）在控制测量的基础上测量地表图形及其覆盖物的几何位置；

（2）测定行政区域界线、土地权属界线、界址点坐标及权属范围的面积；

（3）调查权属业主的姓名、住址及拥有的土地编号、土地利用现状、类别、等级等；

（4）根据地籍特种需要测绘配套图形。地籍测量一般只测量地形点的平面位置，不测量高程。

房地产测量包括有用地测量和房产测量。其中的用地测量将应用地籍测量的成果资料，房产测量的图形有时需要有平面图、正面立图、侧面立图等。

地籍图是地籍测量成果的重要组成部分。地籍图有相应的《地籍图图式》，图 10-20 是一张地籍图的局部。图中 $\frac{7}{43}$，“7”表示地块号，“43”表示地类号；402，“4”表示房屋的建筑结构，“02”表示房屋层数；05，地籍区号；12，地籍子区号。

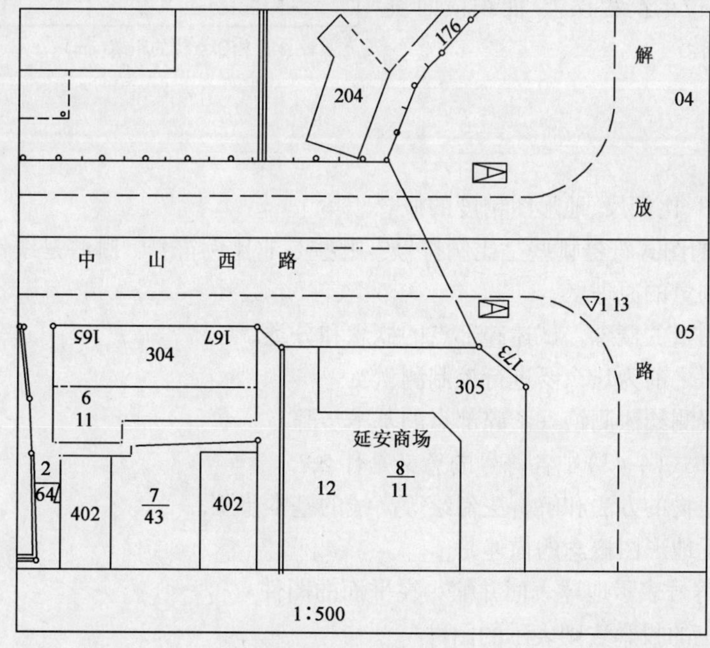

图　10-20

二、竣工测量

竣工,即交通路线、土木建筑等工程按设计要求施工完毕的意思。竣工测量,即对竣工的建筑物、构筑物实体位置实施的测量技术工作,包括工程总图竣工测量等。

工程总图竣工测量,是反映建筑工程竣工后建筑物(如屋宇、楼堂、厂房、车间等)或构筑物(如路、桥、井、塔等)及其工程设施(如管、线、栓、闸等)在地面实际位置的测量工作。竣工测量的成果之一——地形图,称为竣工地形图。由于这种地形图往往只反映竣工地物的整体平面位置,故又称为工程竣工总平面图,简称竣工总图、竣工图。竣工测量是工程验收的重要技术环节。竣工图是工程验收重要文件之一,也是工程建筑投入营运管理的重要技术图件。

图件竣工图以现场测绘的方法绘制为主,也可根据设计图纸结合室内编绘的方法绘制,一般选用的比例尺是1:500。野外测绘多以全站仪测绘法,室内编绘则以原工程设计图纸按比例展绘编制而成。竣工图主要以地形图图式绘制,对于特殊设施应参考工程设计图件。

城市道路建设中的绝大多数管线,如电力线、通信线、给排水及供气管道等均埋设在地表下层。在道路竣工测量中,涉及这类设施的竣工测量,必须在土石回填之前完成。地面设有说明管线的点位标志,在图上注明管线有关点位的坐标和高程,注明管线的规格、用途、名称、代号等。

竣工图反映竣工实际地物及设施的位置和相互关系,应满足表10-11的要求。道路的竣工测量应满足路线测量(见第十四章)同等级的技术要求,点位的高程误差、曲线横向误差应在±5cm以内。

反算距离与实际距离的较差 表10-11

项　　目	较　　差 (cm)
主要建筑物、构筑物	$7 + s/2000$
一般建筑物、构筑物	$10 + s/2000$

注:s是相邻点位的距离(cm)。

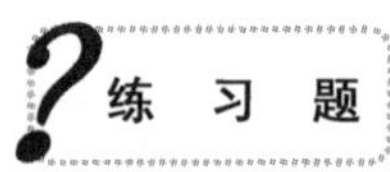

1. 简述地形图、比例尺、地形图精度的概念。
2. 图10-2中的图式符号哪些是比例符号?哪些是非比例符号?哪些是线性符号?
3. 试述平板测量的原理。
4. 试述碎部测量的概念。试述碎部点的概念和分类。
5. 测绘地形图之前为什么要进行控制测量?
6. 试述经纬仪测绘法测绘一个碎部点的基本步骤。
7. 式(3-64)和式(4-43)中各符号的意义是什么?
8. 试述勾绘地物的方法和解析法勾绘等高线的基本步骤。
9. 下述最接近地形图概念的描述是____。

   A. 由专门符号表示地球表面并缩小在平面的图件

   B. 根据一定的投影法则表示的图件

   C. 经过综合表示的图件

10. 地形图比例尺表示图上两点之间距离 d 与____(1)，用____(2)表示。

(1) A. 地面两点倾斜距离 D 的比值　　(2) A. M ($M = D/d$)

B. 地面两点高差 h 的比值　　B. $1:M$ ($M = d/D$)

C. 地面两点水平距离 D 的比值　　C. $1:M$ ($M = D/d$)

11. 若图 10-1 中 A、B 两点在地形图上的长度 $d = 100$mm，地形图的比例尺分母 $M = 1\,000$。试求地形图表示的 A、B 两点实际水平距离 D 以及水平距离 D 的精度 m_D。

12. 判断下列图形，在括号内用"√"认定。

(1) 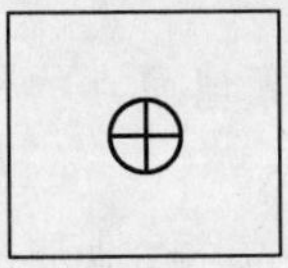 水准点（　）开采矿井（　）医院（　）

(2) 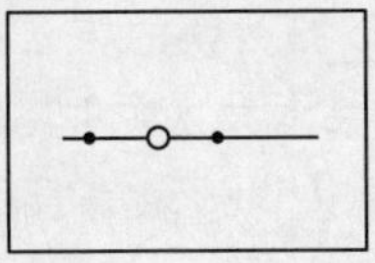 通信线（　）低压电力线（　）围墙（　）

(3) 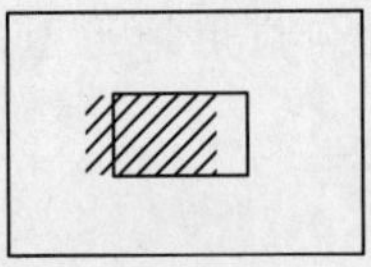 房屋（　）棚房（　）在建房屋（　）

(4) 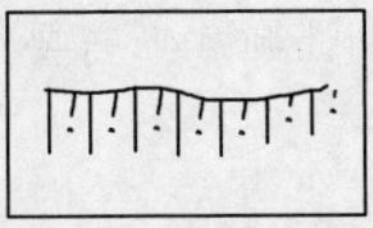 未加固陡坡（　）未加固斜坡（　）加固斜坡（　）

(5) 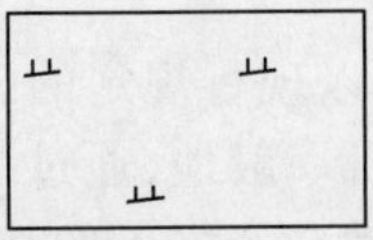 草地（　）经济作物（　）旱地（　）

(6) 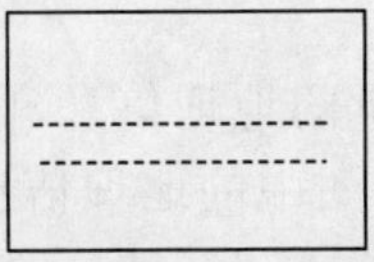 大车路（　）内部道路（　）公路（　）

13. 碎部测量根据____(1)，在测站上利用全站测量技术将周围____(2)测绘到平面图板上。

(1) A. 地面点投影原理　　B. 相似形原理　　C. 平板测图原理

(2) A. 地球表面　　B. 碎部点　　C. 地面

14. 地貌特征点是一种____(1)，简称____(2)。

(1) A. 地貌符号　　B. 碎部点　　C. 地物点位

(2) A. 地性点　　B. 地形点　　C. 地貌变化点

15. 归纳起来，经纬仪速测法碎部测量基本工作可简述为____。

A. 在碎部点附近摆设仪器，瞄准测量碎部点形状，在图板上绘制碎部点图形

B. 在控制点设站，测量碎部点平距和高程，在图板上绘制等高线图形

C. 在图根点设站，测量碎部点水平角 β、平距和高程，图板上定碎部点位置和绘制图形

16. 试述地籍测量的概念和工作内容。

17. 试述竣工地形图的概念。

第十一章　地形图应用原理与方法

［学习目标］ 明确地形图阅读的方法要点，掌握在地形图上测算地面点的位置的基本技术，掌握工程地形图应用的基本技术原理、内容和方法。

地形图是人们开阔眼界认识地球表层的工具和改造自然的重要依据，地形图是交通土木工程不可缺少的图件。在各种土木工程，特别是道路、桥梁、管线工程建设中，涉及的地形区域广，工程周期长，从工程的设计到施工需要大量的地形图。因此，如何应用地形图是交通土木工程建设中的基本技术之一。

第一节　地形图的阅读

一张地形图储存有大量的地理信息，所谓地形图的阅读，即以现行规定的地形图图式符号观察、理解和识别地形图中的地理信息所包含的实际内容。一般地，通过地形图的阅读辨别土木工程的实际位置，同时根据交通土木工程的需要，注意3个方面的基本内容，即掌握图廓导阅附注；判明地形图中的地形状态和地物分布情况；搜集图中可用的重要点位及设施。

一、阅读图廓导读附注

图廓导读附注，即附在地形图图廓线外用以指导查阅地形图的说明。图11-1表示地形图图廓线外的有关附注。

1.图名、编号、接图表与比例尺

阅读地形图，首先必须了解一幅地形图的图名、编号、接图表以及相应的地形图比例尺。

图名，是以一幅地形图所在区域内比较明显的地形或比较突出的地貌命名；编号，按比例尺所确定的规则设定。图名、编号注明在地形图图廓的上方中部；比例尺注在图廓的下方，并设有直线的长度比例。如图11-1a)、b)所示。

接图表，如图11-1c)，绘在图廓的左上方，中间斜线框是本图“热电厂”图幅，与之相邻的东、西、南、北各图幅有相应的图名及编号，便于查找。

查阅地形图之前必须根据所需的地形图比例尺，按图名及图幅编号向有关方面索取地形图。

设 m_D 是设计上要求的地形图精度，根据式(10-3)，求得所选用的地形图比例尺为 $1:M$。例如，设计上要求的地形图精度 $m_D=\pm0.2\text{m}$，按式(10-3)得 $M=2\,000$，即工程设计应选用的地形比例尺是1:2 000。

2. 坐标系统、高程系统

地形图采用的坐标系统、高程系统是图廓导阅附注的主要项目之一，设在图廓左下角。根据确定的坐标系统，地形图图廓内坐标格网分格位注有相应的坐标，如图 11-1d)。中比例尺地形图图廓线内注有两种分格位，即大地坐标经纬度分格位和高斯平面直角坐标分格位。大地坐标的分格位一般以 1′的间格为经差 ΔL、纬差 ΔB 的分格单位，平面直角坐标分格位一般以 1km 的间格为坐标差 Δx、Δy 的分格单位。大比例尺地形图图廓内一般注有平面直角坐标的分格位，如图 10-9。

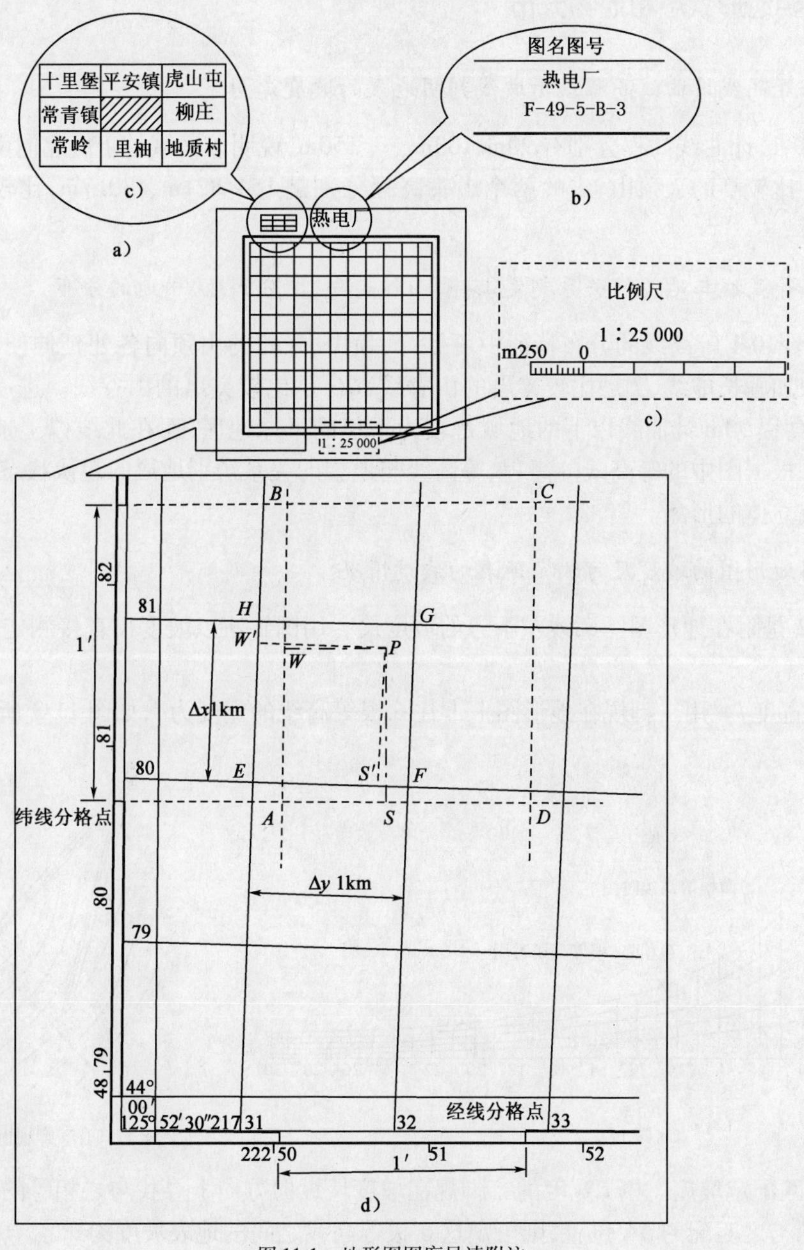

图 11-1　地形图图廓导读附注

3. 测绘单位与测绘时间

地形图的测绘单位与测绘时间设在图廓的右下角。地形图的现势性，即一张地形图可靠准确体现地形近期最新现状的性质，往往可以从“测绘时间”中得到说明。由于经济建设发展迅速，往往造成地面现状变化很大。在一般情况下，“测绘时间”离近期较长的地形图的地面现状变化较大，现势性较差，不能准确体现地形近期最新现状。在工程设计上应注意选择比较近的“测绘时间”及现势性较好的地形图。

二、判明地形状态和地物分布

1. 根据等高线计曲线高程或示坡线判明地表的坡度走向

如图 10-1，计曲线高程分别有 90m、100m、…、150m，说明该区域处于由北向南倾斜的北高南低地势。比较高的天顶山、朱岭两个山头高程分别是 154. 821m、130. 7m，比较低的是图南部两个水塘。

2. 根据等高线与地貌的关系判定山脊、山谷走向，区分山地、平地的分布

例如，图 10-1 等高线的分布特征中可见，天顶山、朱岭的山顶向各处延伸便有山脊线、山谷线。其中加画长虚线 *JJ* 是比较突出的山脊线，*GG* 是比较突出的山谷线。进一步的观察便可看到，在高程 90m 计曲线以下的地域是较为平坦的平原地区，而在此线以上地域是坡度较大的山地。根据图中的等高线的高程、等高线与地貌的关系辨别地形的起伏状态，进而把一幅地形图构成立体的形象。

3. 利用地形图的坡度尺可测定地表的坡度情况

图 11-2 是附在地形图图廓线左下方的坡度尺。用图解法以坡度尺直接测定地表坡度，方法如下。

(1)取宽度 l。用二脚规在地形图上卡住 6 根等高线的宽度为 l，如图 11-3 所示。

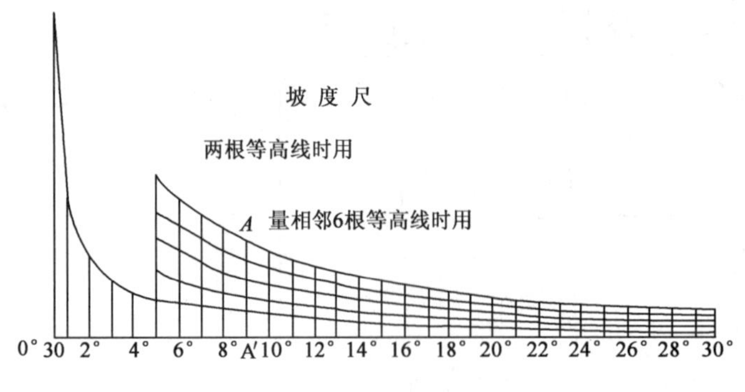

图 11-2 坡度尺

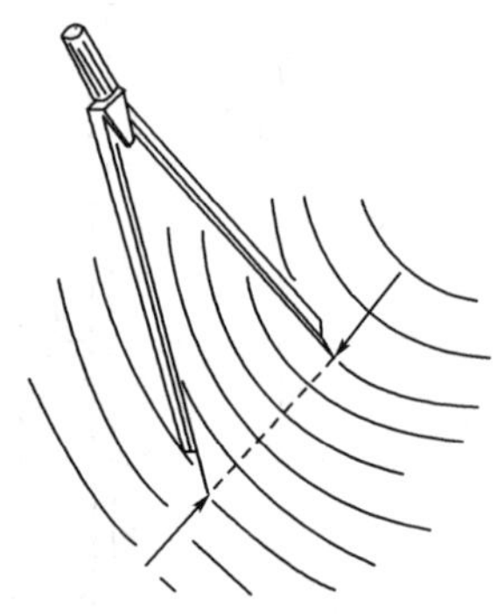

图 11-3 二脚规卡等高线宽度

(2)找匹配定坡度。以 l 宽度的二脚规在坡度尺纵向方向上寻找与之相等的位置，如在图 11-2 中找到与之匹配的 AA' 位置，则可定这 6 根等高线之间的地表坡度为 9°。

4. 根据居民点地物的分布判定村镇集市位置和经济概况

从图 10-1 中可见，图内有 3 个村镇，分布在地势比较平坦的地段，其中长安镇是该地区较大的居民地。各村镇有公路、电力线、通信线相连。长安镇与外界有铁路相连，从长安镇至朝阳村还有过山小路。该地区的交通、邮电比较发达方便。

5. 根据植被的符号综合分析地表的种植情况

如图 10-1，在平坦地带以稻田为主，长溪右侧山脚坡地及李屯西南山脚是香蕉园，在长溪左侧山上有一遍经济林，大顶山及朱岭是灌木林，山地上的其余地区是林地。在长安镇北侧山坡还有一块坟地。

三、搜集地形图中的重要点位及有关实地变化情况

1. 注意搜集控制点

例如，三角点、导线点、图根点、水准点等控制点，其位置在测绘或编绘地形图时都以非比例符号标明在地形图上。这些控制点是工程建设，如交通土木工程建设可以利用的基准点。搜集，即一方面利用图上得到的点位名称到供图单位索取控制点的有关资料；另一方面利用已有的控制点资料在图上查找相应的点位置，为控制点的使用做准备。由图 10-1 可见，图上有水准点 BM_2，高程是 81.773m；有天顶山三角点，高程是 154.821m。另外，应注意搜集地形图重要区域实地变化情况。

2. 根据工作需要注意搜集重要的设施和单位

例如，地形图中标明的交通线、车站、码头、桥梁、渡口，又如以特定注记符号表示的天文台、气象台、水文站、变电站，又如政府机关、医院、学校、工厂等。在阅读地形图中应当尽量地辨清这些重要的机关、单位、设施，及时收集，使之对图中有关区域内的重要设施、单位有比较全面的了解。

第二节　以地形图定点位

以地形图定点位，亦即利用地形图测定点的位置参数，找出点与点之间存在的关系。基本内容有：量测图上点的坐标、高程，确定地面点在图上的对应关系，计算点与点之间的长度、方位、坡度等。

一、量测图上点位坐标

1. 点位大地坐标的量测

(1)根据：地形图图廓上注记的大地坐标经、纬度，以及大地坐标分格位经差 ΔL 及纬差 ΔB。

(2)计算公式：如图 11-1d) 中，P 点处在 A、B、C、D 的格区内，格区的左下分格点 A 的大地坐标为 L_A、B_A，分格位 AD、BC 的经差 ΔL 及分格位 AB、CD 的纬差 ΔB 的标称值一般是 $1'$。过 P 点分别作 AB，AD 的平行线交于 W、S，则 P 点的大地坐标计算公式可表示为：

$$L_P = L_A + \Delta L_P = L_A + \frac{PW}{AD} \times \Delta L \qquad (11\text{-}1a)$$

$$B_P = B_A + \Delta B_P = B_A + \frac{PS}{AB} \times \Delta B \qquad (11\text{-}1b)$$

(3)量测值:式(11-1)中,AB、AD、PW、PS 均为图上量测值。

(4)算例:图 11-1d)中,$L_A = 125°53'$,$B_A = 44°01'$。设图上量测 $AB = 55.5$mm,$AD = 48.4$mm,$PW = 19.5$mm,$PS = 29.0$mm。把量测值代入式(11-1)得:$L_P = 125°53'24.2''$,$B_P = 44°01'31.4''$。

2. 点位平面直角坐标的量测

在碎部测量的图纸准备中,已经知道图根点的展点工作程序。图上点位平面直角坐标的量测程序则和图根点的展点工作程序相反。

(1)根据:地形图图廓上注记的平面直角坐标 x、y 以及坐标分格位的坐标增量 Δx、Δy。

(2)计算公式:如图 11-1d)中 P 点处在 E、F、G、H 的格区内,格区的左下分格点 E 的平面坐标为 x_E、y_E,分格位 EH、FG 的坐标增量 Δx 及分格位 EF、HG 的坐标增量 Δy 的标称值一般在相应的地形图图廓中标明。过 P 点分别作 EF、EH 的平行线交于 W'、S',则 P 点的平面坐标计算公式为:

$$x_P = x_E + \Delta x_P = x_E + \frac{PS'}{EH} \times \Delta x \qquad (11\text{-}2a)$$

$$y_P = y_E + \Delta y_P = y_E + \frac{PW'}{EF} \times \Delta y \qquad (11\text{-}2b)$$

(3)量测值:式(11-2)中,EF、EH、PW'、PS'均为图上量测值。

(4)算例:图 11-1d)中,$x_E = 4\ 880$km,$y_E = 21\ 731$km。设图上量测 $EF = 30.5$mm,$EH = 30.0$mm,$PW' = 24.5$mm,$PS' = 26.0$mm。量测值代入式(11-2)得:$x_P = 4\ 880\ 866.667$m,$y_P = 21\ 731\ 803.289$m。

图上量测点位坐标受到地形图精度的影响,故点位坐标值的精确值只能准确到地形图比例尺所限定的位数。如表 10-1 所示,所用地形图比例尺是 1∶10 000,则图上点位坐标值可精确到米位。

3. 中比例尺地形图邻带格网点位平面直角坐标

由第一章所述的高斯投影几何意义可见,在分带的高斯投影中,各投影带纵坐标轴(即 x 轴)均平行于该带的中央子午线,如图 11-4a)。但是,由于子午线收敛角的存在,则在离开中央子午线的投影带各处纵坐标轴不平行于该处的子午线。特别在投影带的相邻处,东西两幅地形图按界子午线拼接时便出现坐标轴线相交,两幅地形图坐标格网的格位值不一致,见图 11-4b)。为解决这种不一致,相邻地形图各自设立补充坐标格网,如图 11-4b),西幅地形图的坐标格网向东延伸并在东幅地形图形的虚线坐标格网(称为补充坐标网)。在这种地形图的附注图廓中,有基本坐标格网(实线)的坐标格位值和补充坐标格网(虚线)的坐标格位值。后者的附注设在图廓线外边缘,如图 11-1d)的 x 格位值 4 879、4 880,…(km);y 的格位值22 250、

22 251、…(km)。

在量测点位平面直角坐标时，如果涉及相邻不同投影带地形图的使用，有可能要利用补充坐标格网量测点位坐标。在这里，量测方法同式(11-2)，但所用的坐标格网应是图廓的补充坐标格网。

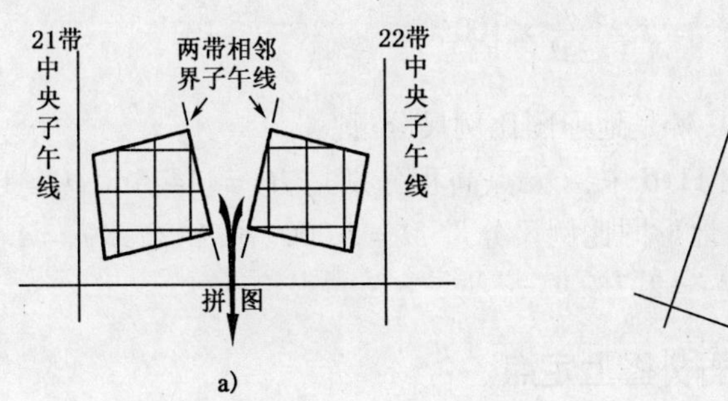

图 11-4　邻带格网点平面直角坐标

二、点之间距离、方位角的测算

1. 点之间距离的测算

利用图上量测的平面直角坐标按式(5-23)可以计算图上点与点之间的距离。当地形图变形误差影响可忽略时，图上点与点之间的距离可以直接丈量图上的点位之间长度，然后把丈量的长度乘以地形图的比例尺分母 M 得到点之间的实际长度。

2. 点之间方位角的测算

图上点与点之间的坐标方位角可以利用图上量测的平面直角坐标按式(5-22)、式(5-24)计算。图上点与点之间的方位角也可以利用量角器直接在图上量得。量方位角时注意三北方向的关系。

三、点位高程的量测及点之间坡度的计算

1. 点位高程的量测

(1)根据：等高线的高程及地形图的基本等高距 h_j。

(2)计算公式：

$$H_P = H_o + \frac{l}{d}h_j \tag{11-3}$$

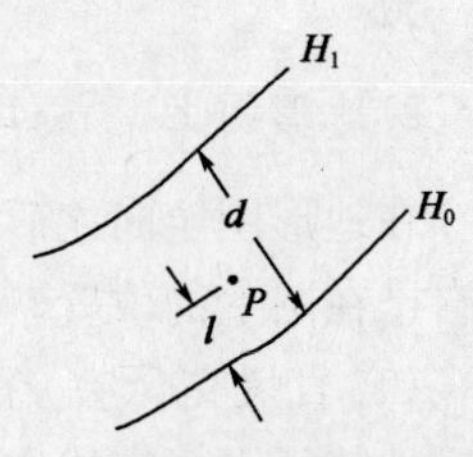

图 11-5　点位高程量测

式中：H_P——P 点的高程；

H_o——与 P 点相近的低等高线的高程；

d——过 P 点等高线平距；

l——P 点离低等高线的距离。

d、l 均由图上量测得到，如图 11-5。

2. 点之间坡度的计算

利用图上点位的高程推算点之间的高差 h 以及图上点之间的平距 s，可以计算点之间的坡度，计算公式为：

$$i = \frac{h}{sM} \times 100\% \tag{11-4}$$

式中，M 是地形图比例尺分母。

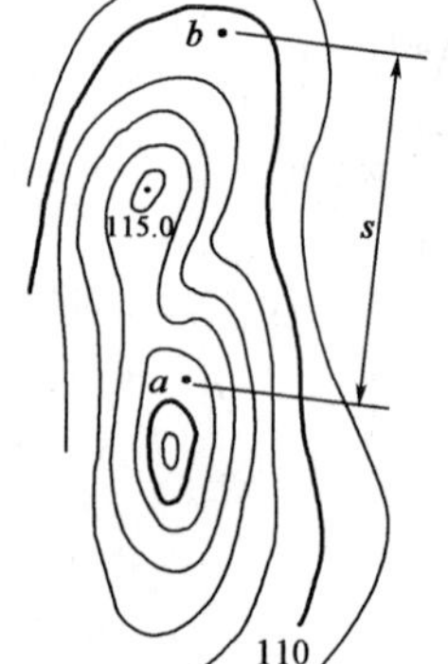

图 11-6　点之间坡度计算

如图 11-6 中，a、b 点高程分别是 $H_a = 114.5\text{m}$，$H_b = 110.3\text{m}$，$s = 31.4\text{mm}$，地形图比例尺分母 $M = 5\ 000$。算得高差 $h = 4.2\text{m}$，a、b 两点的坡度 $i = 2.7\%$。

四、野外图上定点

野外图上定点，即在野外把用图工作者的位置在地形图上定出来。主要工作内容有：地形图定向和图上定点位。

1. 地形图定向

在野外把地形图的方向与实地方向对应符合起来，可按下述两种方法进行。

(1)根据地形、地物目估定向：在图上选择两个以上的明显地物特征点，或选择明显的线形地物，使之在方向上与地形图上对应的地物符号相吻合。如图 11-7，地形图上的 P 点是工作者所在的位置，实地的特征点有山顶控制点觇标，路边有独立树。定向时，工作者把地形图摆放在本人所在地点(工作者地点)平面上，转动地形图使图上控制点的方向和实地控制点方向一致，同时使图上独立树的方向和实地独立树方向一致。这两种方向的一致可以实现地形图的目估定向。

利用线形地物或地物之间的连线也可以实现地形图的目估定向。如图中表示有实地通信线以及道路等线形地物符号，只要转动地形图使线形地物符号与实地线形地物在方向上一致，则便实现地形图的目估定向。

(2)利用罗盘仪定向：一般地，中比例尺地形图下方图廓边附有三北方向线图，注有磁偏角和子午线收敛角数值。地形图坐标格网上下边缘格位附近注有磁子午线方向线，如图 11-8 的 PP'。把地形图放在某一相同地物特征点附近平面上，用罗盘仪[图 5-12b)]的边缘与 PP' 附合，转动地形图纸使图纸上 PP' 线与罗盘仪磁针北端指向平行，此时地形图的方向与实地方向一致。

2. 地形图上定点位

在地形图定向之后，野外工作人员可以根据野外实践经验和已有的附近地形地物关系判定自己在图上的位置。具体方法如下。

(1)直尺交会法：在地形图定向的基础上，野外人员在站立处分别用直尺对准图上特征点与实地特征点画直线交会，便可以在图上定出站立者的位置。如图 11-7，用直尺沿图上控制点与山顶控制点画直线；接着又沿图上独立树与实地独立树画直线。上述两直线相交于图上 P

点,由此确定了野外工作者站立处在图上的位置。

(2)方位角交会法:根据磁方位角的测定原理方法,野外工作人员可以在实地测定站立位置至地形地物特征点之间的磁方位角。如图11-7可以测定站立处至山顶控制点之间的磁方位角 A_1,同时可以测定站立处至独立树之间的磁方位角 A_2。利用 A_1、A_2 磁反方位角可以在图上的相应特征点上描绘磁反方位角的方向线,从而交会野外人员站立处在图上的位置。

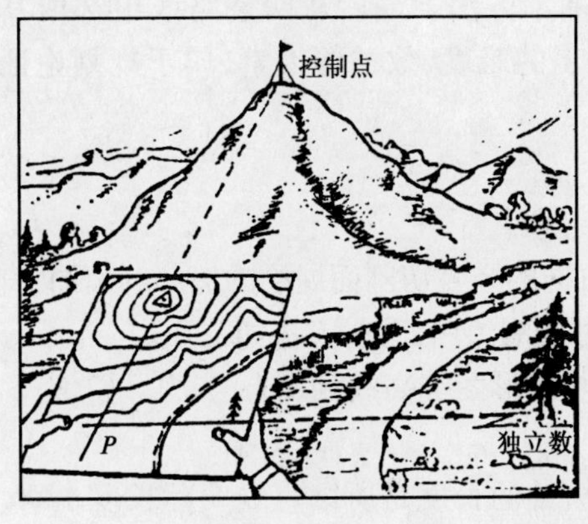

图11-7　地形图野外定向

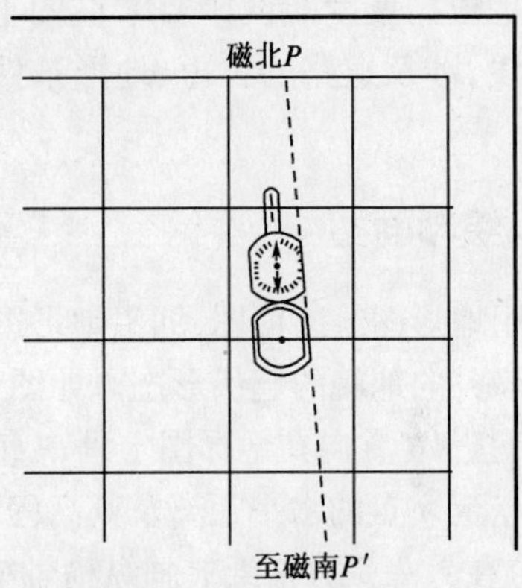

图11-8　罗盘仪定向

第三节　工程线面的地形图测算

工程线面的地形图测算,即利用地形图进行工程选线、工程断面测算、面积区域的确定与测算等工作。

一、用图选线

即按设计的坡度在地形图上选线,这是各种线性工程,如管道工程、电力线安装工程、道路工程经常涉及的用图工作内容之一。在道路的线形设计中,要求在地形起伏的地区找出一条路面符合某种设计坡度要求的路线。一般地,利用地形图开始选线,称为图上选线。

如图11-9是某一地形图的局部,等高线的基本等高距 $h_j = 2\text{m}$,比例尺1∶M。图中 A、B 是道路的起点、终点。设计坡度为 i。图上选线要求,根据等高线的分布选出 A 至 B 的路线,路线坡度满足设计的参数。方法如下。

(1)求选线平距 l。即求相对于 h_j 且符合坡度 i 的选线平距 l。根据式(10-5)可知,符合坡度 i 的平距 l 为:

$$l = \frac{h_j}{iM} \times 100\% \qquad (11\text{-}5)$$

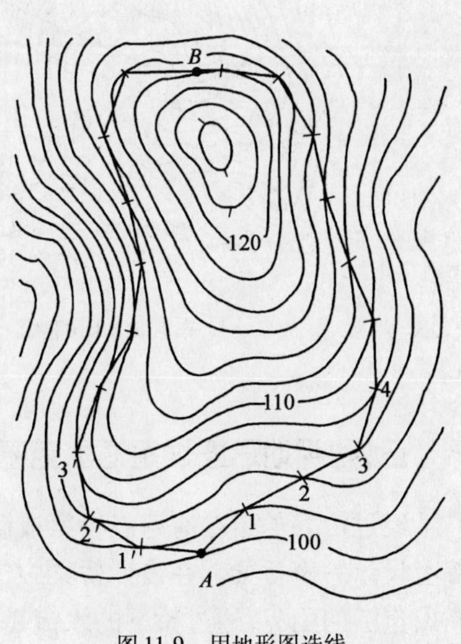

图11-9　用地形图选线

本例 $M=5\,000$，$i=5\%$，则 $l=8\text{mm}$。

(2)绘等高线交点。以起点 A(高程 100m)为圆心，以 $l=8\text{mm}$ 为半径画弧交于等高线(高程 102m)的 1、1′；接着又以 1、1′为圆心，以 l 为半径画弧交于等高线(高程 104m)的 2、2′；以此方法类推，一直至 B 点附近。

(3)分别连接各交点形成两条上山的路线，即 A、1、2、…、B 及 A、1′、2′、…、B 路线。

这是根据坡度的设计要求在图上选取路线的基本方法。最后从两条路线中选取其中一条路线，涉及道路的长短、地形条件、道路设计施工的难度、效益等因素，属于规划论证的范畴。

二、绘断面图

利用地形图绘断面图，即沿地形图上某一既定方向的竖直切割面展绘的地形剖面图，直观地体现该方向地貌的起伏形态。如图 11-10，沿 AB 方向展绘断面图，方法如下。

(1)按 AB 方向在地形图上画一直线，标出直线与地形图等高线相交点号，如 1、2、…。量取各交点至 A 点的水平距离及其高程。

(2)在另一张方格纸上画纵横轴坐标线。一般横轴的长度是所画直线实际长度 $1/M$，纵轴长度是等高线高程的 $10/M$(或 $20/M$)。M 是比例尺的分母。

(3)在横轴线注上直线与等高线的交点位置，并沿交点位置纵轴方向注上交点的高程位置，如图 11-10b)中的小圆点。

(4)光滑均匀连接各小圆点，便构成直线 AB 方向的地形断面图。

为了更明显体现地貌的起伏形态，绘断面图时，纵横坐标轴应按不同的比例设置。一般地，横坐标轴与直线 AB 的比例是纵坐标轴与高程的比例的 10 倍。如图 11-10，横坐标轴与直线 AB 的比例是 1∶2 000，纵坐标轴与高程的比例是 1∶200。

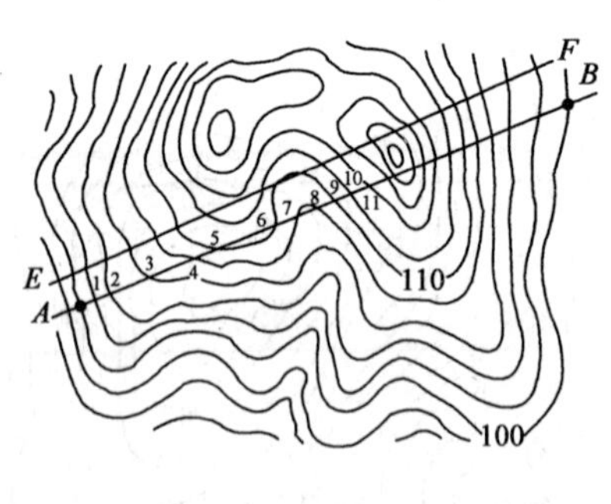

a) 在地形图上画直线

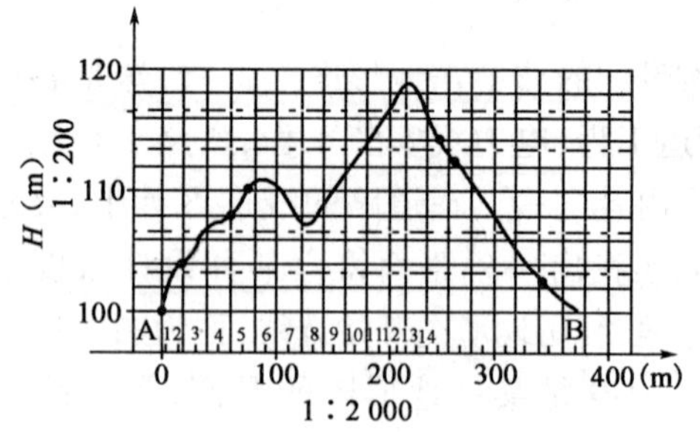

b) 绘直线方向的断面图

图 11-10 用地形图绘断面图

三、利用地形图确定汇水范围

经过山谷的道路有跨谷桥梁或涵洞。如图 11-11，设计的道路要跨越一道山谷，为此在山谷上设计一座桥梁。在设计桥梁中，桥下水流量大小是重要参数。从图中可见，道路的北面是高山包围的山谷，通过桥下的水流是雨水自上而下汇集而来。由此可见，桥下的水流的大小与雨水的大小有关，同时与雨水自上而下的汇集范围有关。

雨水汇集范围，即雨水自上而下聚集水量的范围。利用地形图确定汇集范围的主要方法：

(1)在图上作设计的道路(或桥涵)中心线与山脊线(分水线)的交点 A,B；

(2)在向上的方向沿山脊及山顶点划分范围线(如图 11-11 的虚线)，该范围线及道路中心线 AB 所包围的区域就是雨水汇集范围。图中的小箭头表示雨水落地后的流向。

图 11-12 是水库蓄水汇集范围测算图，蓄水汇集范围的测算与上述雨水汇集范围测算方法相同，图中的 AB 是水库大坝方向。

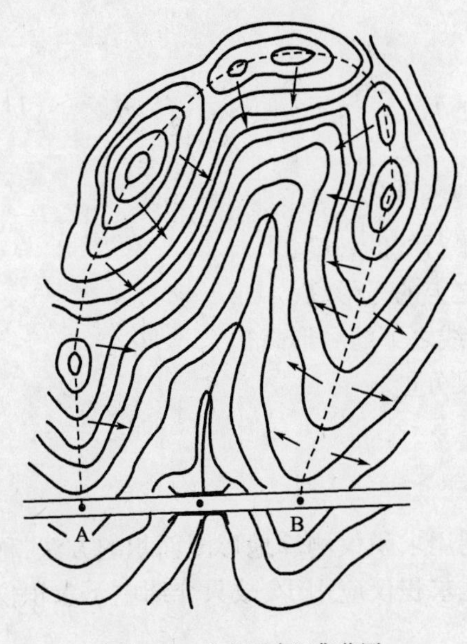

图 11-11　山谷雨水汇集范围

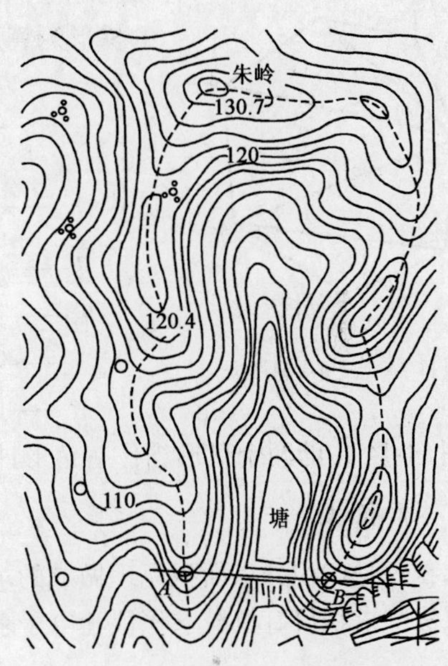

图 11-12　蓄水塘雨水汇集范围

四、工程应用地域面积的测算

1. 几何法

即在用地范围内采用几何原理，按照某种几何图形进行面积测算。几何法测算面积是常见的方法，比较代表性的有方格测算法、三角形测算法、梯形测算法等。

方格测算法，需要一个透明方格板。如图 11-13，用一个设计好的透明方格板套在已圈用地范围的地形图上，便可以根据所圈范围内的方格数测算用地面积，即：

$$S = (n + n') \times A \times M^2 \tag{11-6}$$

式中：S——用地范围的实际面积；

n——所圈范围内的完整方格数；

n'——所圈范围内的不完整方格数折算的完整方格数；

A——透明方格板的方格面积；

M——地形图比例尺分母。

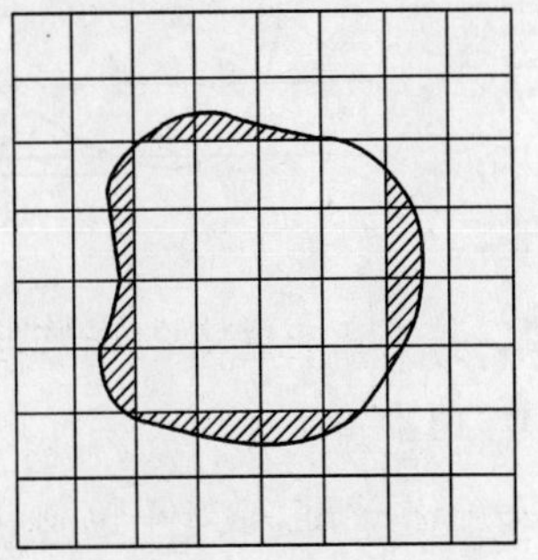

图 11-13　方格测算法

三角形测算法是几何法中较简单的方法。如图 11-14，地形图上一个多边形区域,可以分别割成若干个三角形,按三角形底边(a_i)乘高(h_i)的1/2得面积原理,便可测算整个多边形区域的面积,即:

$$S = 0.5\sum_{1}^{n} a_i h_i \times M^2 \tag{11-7}$$

梯形测算法,需要一个透明平行线板。如图11-15,用一个设计好的透明平行线板套在已圈用地范围的地形图上,便可以根据所圈范围内的平行线间构成的梯形测算用地面积,即:

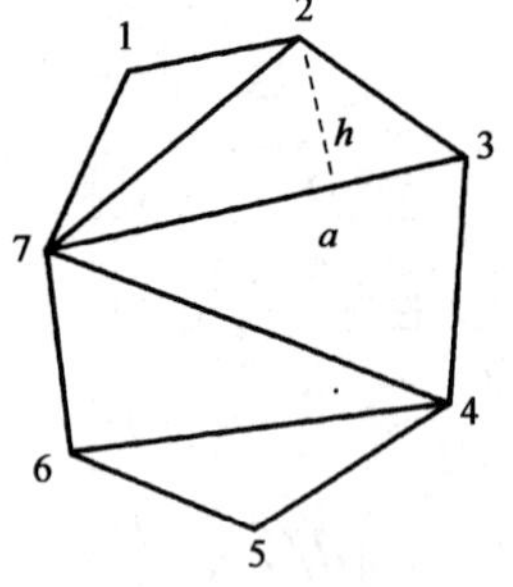

图11-14 三角形测算法

$$S = \left[h_1\frac{d_1}{2} + h\sum_{i=2}^{n+1}\frac{d_{i-1}+d_i}{2} + h_{n+1}\frac{d_{n+1}}{2}\right]M^2 \tag{11-8}$$

式中:h——平行线之间的宽度;

d_i——所圈范围内平行线的长度;

h_1——第1平行线之上的弓形高;

h_{n+1}——第$n+1$平行线之下的弓形高;

M——地形图比例尺分母。

图11-14中的两个弓形当作三角形计算。

2. 求积仪法

求积仪是以积分求面积原理做成的求积仪器。利用求积仪测算地形图面积的方法,称为求积仪法。求积仪有机械求积仪和电子求积仪。机械求积仪应用少,故只介绍电子求积仪及其应用。

电子求积仪由极轴、极轮、键盘、显示屏、描迹臂、描迹窗等构件组成。描迹窗中间小点相当于机械求积仪的描迹针,显示屏相当于读数设备。键盘有22个按键。如图11-16。

电子求积仪的基本应用如下。

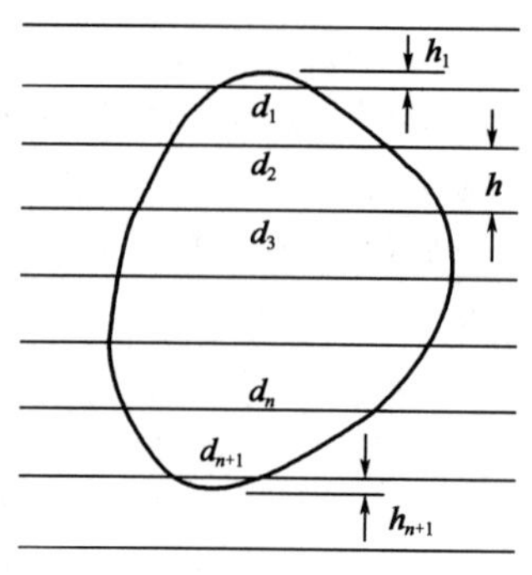

图11-15 梯形测算法

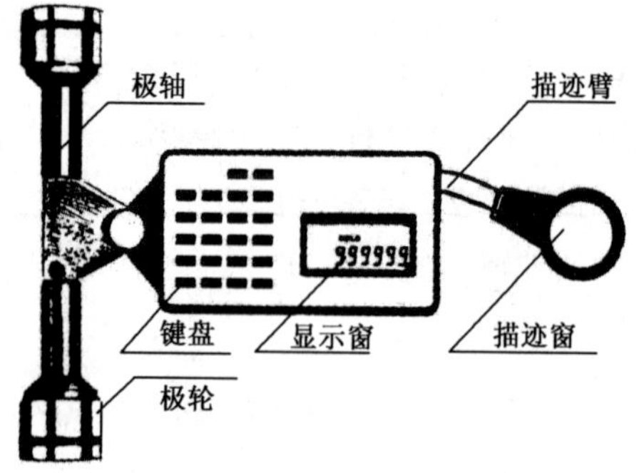

图11-16 电子求积仪

1)准备工作

按 ON 键,做好单位制、单位、比例尺的选择以及确定测算方式等。

(1)选择单位制、单位。由 UNIT-1 、 UNIT-2 两个键决定。按 UNIT-1 键可选择的单位制有国际单位制、英制单位制及日制单位制。各单位制有3种不同的单位，见表11-1。选择单位的步骤，在按 UNIT-1 键之后，按 UNIT-2 键确定测算面积的单位。我国采用国际单位制，故在应用上按 UNIT-1 键，使显示屏有国际单位制的显示，然后按 UNIT-2 键，在显示屏上“km^2、m^2、cm^2”中选择所需单位。

面积单位制　　表11-1

国际制	英制	日制	国际制	英制	日制
km^2	Acre	町	cm^2	in^2	坪
m^2	ft^2	反			

(2)设置比例尺。比例尺按1:x格式设置，其中x是键入参数。例如，选择1:100，则x=100。设置方法：按“100”，按 scale 键，显示“0”，按 R-S 键，显示“10 000”，确认比例尺1:100已设立。

(3)安置图纸与电子求积仪。如图11-17，要求图纸平整，求积仪描迹窗在图纸待测算范围的中央，极臂与键盘座边缘成90°。求积仪描迹窗在图纸上试运行，使之移动平滑无阻。

2)描迹测算面积

(1)设起始点。在测算面积范围的边界线设起始点A，并将描迹窗中心点与A点重合。

(2)按 START 键，描迹窗中心沿边界线按顺时针方向移动(图11-18)，最后回到起点A。

(3)按 HOLD 键，在描迹窗移动回到A点时，按 HOLD 键暂时固定所测算的面积值，完成一次面积测算工作。

电子求积仪的其他功能在说明书中有介绍，这里不再多述。

3. 解析法

解析法利用边界点测算面积的基本思想如下。

(1)量测边界点坐标。如图11-19，按图上量测点坐标的方法获得地形图用地边界点1、2、…、n点坐标。

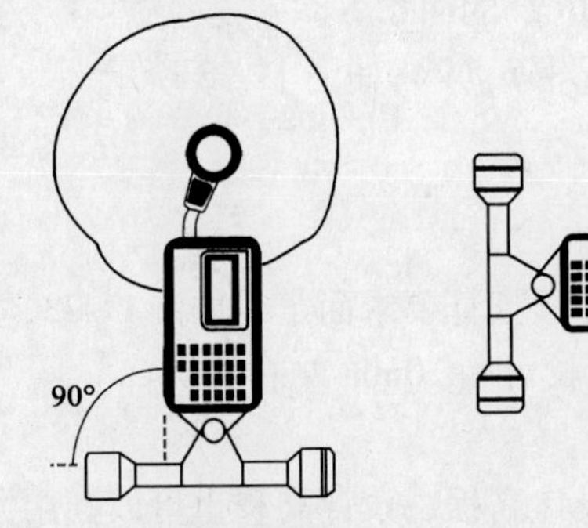

图11-17　安置电子求积仪

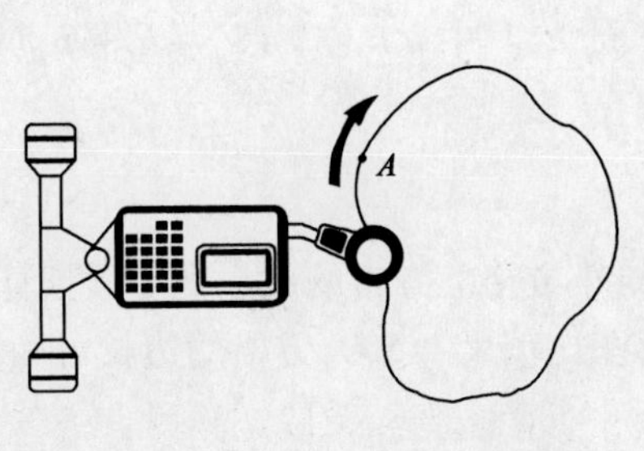

图11-18　应用电子求积仪

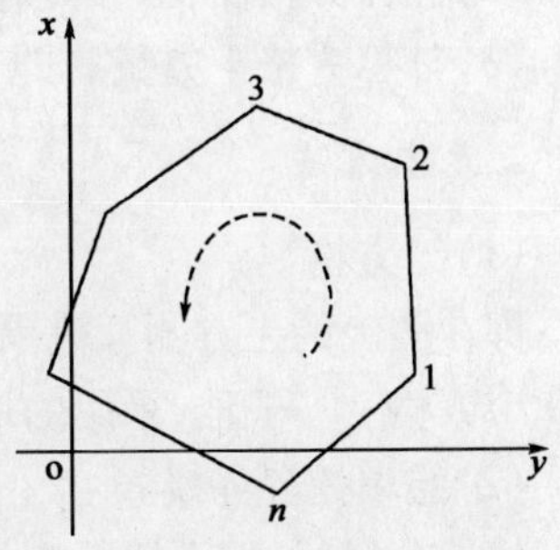

图11-19　解析法测算面积

(2)按式(11-9)计算边界点围成的区域面积,即:

$$S = \frac{1}{2}\sum_{1}^{n} x_i(y_{i-1} - y_{i+1}) \tag{11-9}$$

式中,$i = 1,2,\cdots,n$,是用地范围边界点,按逆时针顺序排注;x_i、y_i 是边界点图上坐标。

应用式(11-9)时注意,当 $i-1=0$ 时,$y_{i-1}=y_n$;当 $i+1>n$ 时,$y_{i+1}=y_1$。

式(11-9)的 x_i、y_i 边界点坐标可以是全站仪实地测量得到,计算的面积是实测面积。全站仪具有实测面积的功能。

第四节　以地形图测算工程土方

一、概述

土方,也称土石方,实质上是讲土石体积,一般以立方米(m^3)为单位。$1m^3$ 称为一土方,简称一方。在各种土木建筑有平整土地工程,平整土地包括挖土方和填土方两项工作,测算土方量也包括挖土方量和填土方量两种内容。路线建设中,有过山开挖路堑或土石填注等工程。土方测算是预计工程量大小的重要环节。

土方测算的基本思想是立方体底面积与其高度相乘的关系式。如图 11-20,S 为底面积,H 为立方体高度,体积 $V=SH$。

土方测算可以实地测算,测算工程量较大。由于地形图包含有复杂地貌信息以及应用上的多样性,用图测算土方是预计工程量大小的经济可行方法,其方法有:方格法、断面法和等高线法等。

二、方格法

1. 基本思想

如图 11-21,在高程为 20m、21m、22m、23m、24m 的等高线中取一方格 $ABCD$,方格法测算土方的基本思想如下。

(1)测算平整高差。测算 A、B、C、D 各点相对于平整面高程 $H=17$m 的高差 h_A、h_B、h_C、h_D。

(2)测算方格面积。即按图测算面积的方法测算方格 $ABCD$ 的面积 $S_{方}$。

(3)计算方格土方量。即 $V=S_{方}\,h$,其中 $h=(h_A+h_B+h_C+h_D)/4$,如图 11-22 所示。

2. 基本方法

(1)绘方格

即在图上的土方测算范围内绘小方格。方格的大小视工程预算要求而定。如图 11-23,绘有 9 个方格。一般地,采用的地形图比例尺 1:500,方格的边长可为 20mm 左右。

(2)绘填挖分界线

填挖分界线,即不填不挖的高程等高线,其高程值称为设计高程。设计高程也可以利用方格点的高程平均值 H_m。

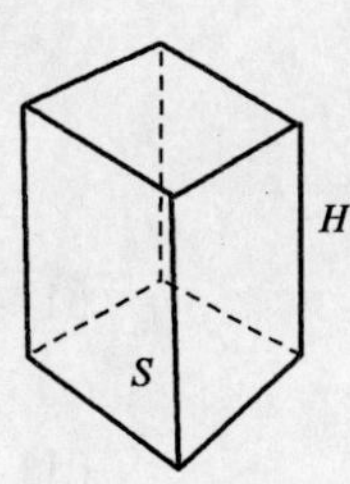

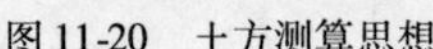
图 11-20　土方测算思想

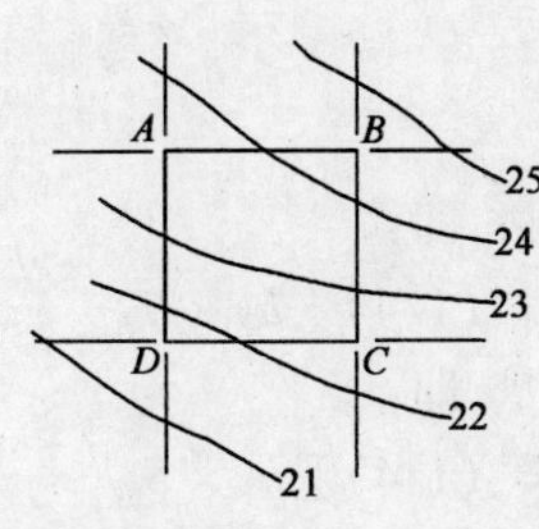

图 11-21　方格土方测算等高线

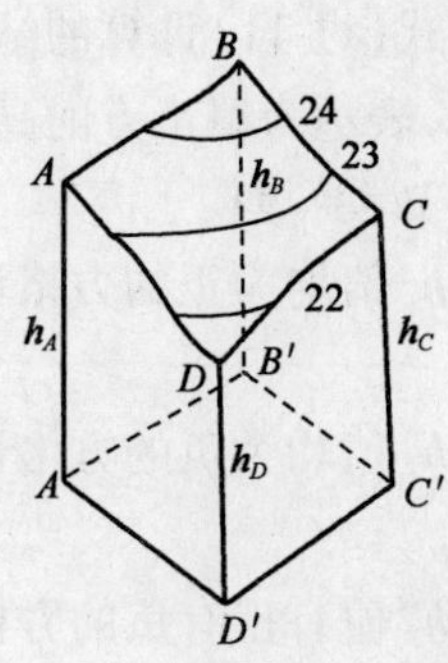

图 11-22　方格土方量的模型

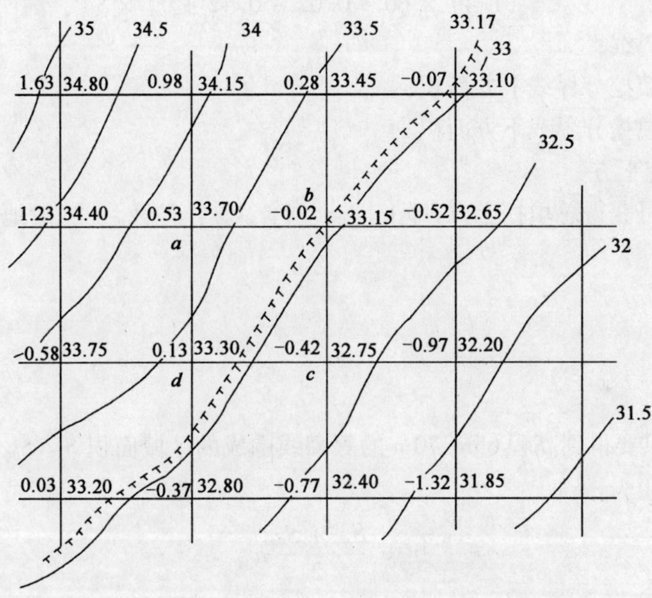

图 11-23　绘方格

$$H_m = \frac{\sum H_{角} + \sum H_{边} \times 2 + \sum H_{拐} \times 3 + \sum H_{中} \times 4}{4n} \tag{11-10}$$

如图 11-24，式(11-10)中的 $H_{角}$ 表示角点 1、4、12 等点的高程；$H_{边}$ 表示边点 2、3、5 等点的高程；$H_{拐}$ 表示拐点 10 的高程；$H_{中}$ 表示中点 6、7 的高程。n 是方格数。

根据式(11-10)计算可得图 11-23 中的 $H_m = 33.17\text{m}$，由此绘虚线于图中为填挖分界线。

(3)计算填挖高差

即平整高差 h 按式(11-11)计算：

$$h_i = H_i - H_m \tag{11-11}$$

式中：H_i——方格点的地面高程。

按式(11-11)计算的结果 h_i 填写在方格点的左上方。h_i 值为正,表示为挖土方的高度,h_i 值为负,表示为填土方的高度。

(4)计算填挖土方

①h_i 值均为正的方格计算 $V_{挖}$ 土方量,即:

$$V_{挖} = (1/4)\sum h_i \times S_{方} \tag{11-12}$$

②h_i 值均为负的方格计算 $V_{填}$ 土方量,即:

$$V_{填} = (1/4)\sum h_i \times S_{方} \tag{11-13}$$

③h_i 值有正有负的方格,填挖土方应分开计算。如图 11-23 方格 $abcd$ 表示在图 11-25 上,填挖土方分别计算:

$$V_{挖} = (1/4) \times (0.53 + 0 + 0 + 0.13) \times S_{上}$$

$$V_{填} = (1/4) \times (0 - 0.02 - 0.42 + 0) \times S_{下}$$

式中:0——填挖分界线;

$S_{上}$——方格内填挖分界线上方面积;

$S_{下}$——方格内填挖分界线下方面积。

(5)计算总填挖土方

上述计算过程可获得总填挖土方,即 $V_{总挖} = \sum V_{挖}$,$V_{总填} = \sum V_{填}$。一般地,上述计算应基本实现 $V_{总挖} = V_{总填}$。

三、等高线法

1. 基本思想

在图 10-3 中,只要得到高程 65m、70m 的等高线围成的区域面积 S_{65}、S_{70},则二等高线围成的平面成墩台形体积为:

$$V = \frac{S_{65} + S_{70}}{2}h \tag{11-14}$$

式中:h——等高线之间高差。

2. 基本方法

(1)绘填挖分界线。如图 11-23,按要求绘出 $H = 33.17$m 的填挖分界线,见图 11-26。

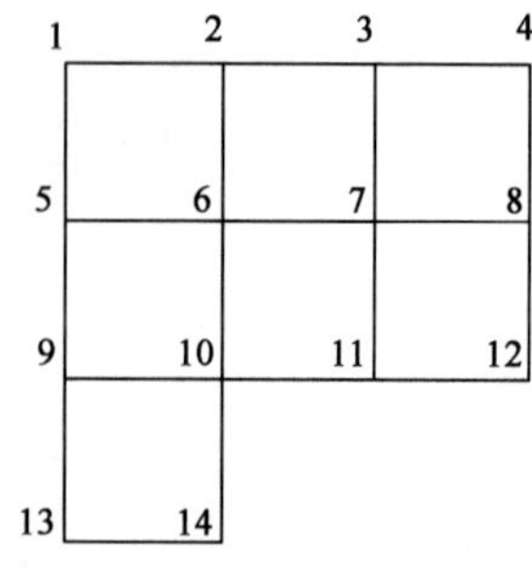

图 11-24　填挖分界高程计算

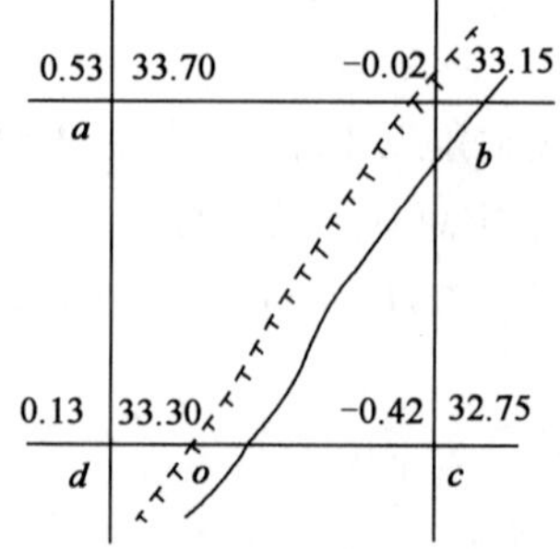

图 11-25　h_i 有正有负方格

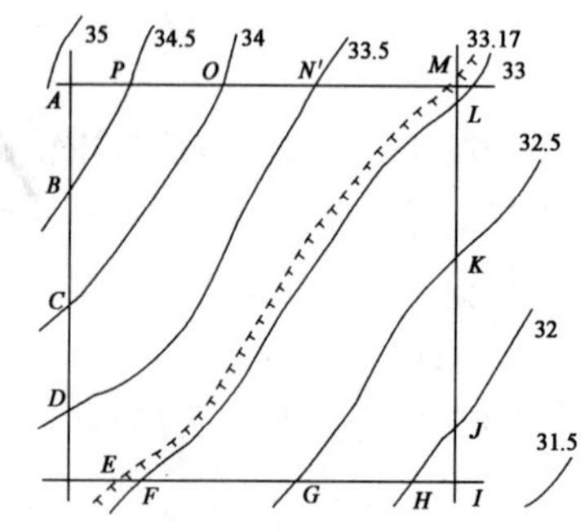

图 11-26　等高线法测算土方

(2)测算填挖面积。即测算等高线与方格围成的填挖面积。在图 11-26 中,挖的面积是在 $ABCDEMNOP$ 范围内,测算面积图形是 ABP、ACO、ADN、AEM,测算的面积是 S_{ABP}、S_{ACO}、S_{ADN}、S_{AEM}。填的面积是在 $EFGHIJKLM$ 范围内,测算的面积图形是 EIM、FIL、GIK、HIJ,测算的面积是 S_{EIM}、S_{FIL}、S_{GIK}、S_{HIJ}。

(3)计算填挖土方。根据式(11-14)的基本思路,可计算图 11-26 中各等高线之间的填挖土方。例如,在图形 AEM 和 ADN 之间的挖土方量为:

$$V_{挖} = (1/2)(S_{AEM} + S_{ADN})h$$

在图形 EIM 和 FIL 之间的填土方量为:

$$V_{填} = (1/2)(S_{EIM} + S_{FIL})h$$

根据上述两式的相同方法,最后便可以计算 $V_{总挖}$和 $V_{总填}$的土方量。

四、断面法

1. 基本思想

从图 11-10 可见,按 AB 方向展绘的断面图形象地反映了 AB 方向地形断面形态。可以想象,根据这种形态可以测算该断面面积 S_{AB}。同理,沿 EF 方向展绘的断面图也可以测算断面的面积 S_{EF}。如果断面 EF 与 AB 之间的间隔距离为 L,则这两个断面之间的精确土方量为:

$$V = \frac{1}{3}(S_{AB} + S_{EF} + \sqrt{S_{AB}S_{EF}})L \tag{11-15}$$

2. 具体方法

例如,如图 11-27,在场地 $ABCD$ 平整一个倾斜平面,从 AB 向 CD 倾斜的坡度为 -2%。平整土地的土方测算步骤:

(1)设计倾斜面的等高线。如图 11-28,$ABCD$ 是一个坡度为 i 的倾斜面,通过倾斜面的等高线 AB、CD、EF、GH 是属于直线形的等高线。设计倾斜面的等高线,即按所采用的地形图确定这种等高线的等高距 h_j 和平距 d。根据图 11-27,比例尺为 1∶1 000,h_j = 1m,则平距为:

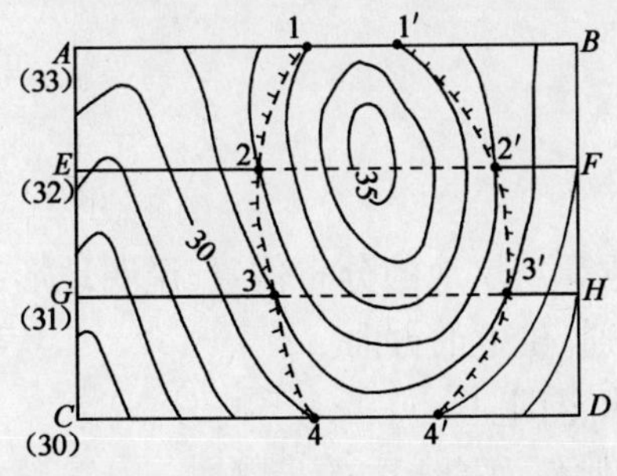

图 11-27　平整倾斜平面的土方测算

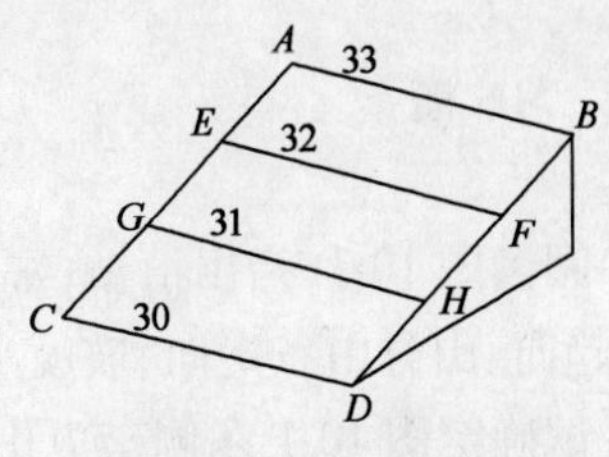

图 11-28　设计倾斜面的等高线

$$d = \frac{h_j}{iM} = \frac{1}{0.02 \times 1\,000} = 0.05\text{m}$$

根据设计的要求,定 AB 方向的高程为 33m,在图上按 d = 0.05m 的间隔定出 32m、31m、30m 的倾斜面的等高线,并绘于图上。

(2)绘填挖分界线。由于同高程的性质,设计的倾斜面等高线与地面等高线必相交,如图11-27的小黑点1、2、3、4等就是相交的点位。连接这些小黑点就是平整倾斜面的填挖分界线,用虚线表示。图中虚线包围的是山头属于挖的范围,其余的是填的区域。

(3)绘断面、测算断面面积。

绘断面图时应确定断面方向及断面之间的间距。一般地,平整土地的目的是平地,则断面的方向尽量与地形等高线互相垂直。若平整土地的目的是倾斜面,则断面的方向与设计的倾斜面等高线平行。断面的间距视地形复杂程度而定,取20~50m。本例采用与$d=0.05$m相匹配的间距,即50m。本例沿设计的等高线方向绘断面。如图11-29,绘出32m、31m的两个方向的断面。

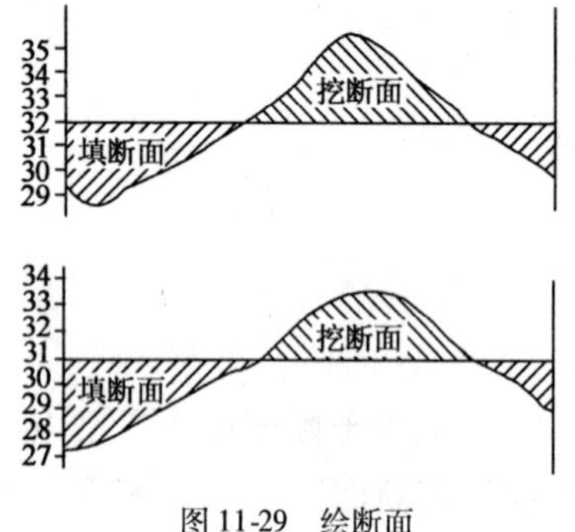

图11-29 绘断面

测算断面面积,主要是测算断面的填挖面积。图11-29中设计等高线以上的断面是挖的断面,低于设计等高线且高出地形表面的断面(斜线部分)是填断面。测算断面面积按图上面积测算方法。

(4)计算土方量。根据式(11-15)的思路,可按测算的断面面积及断面间距计算填挖土方量。本例计算结果列于表11-2中。

土方计算表 表11-2

倾斜面等高线方向的断面号	断面面积(m²)		平均面积(m²)		间距(m)	土方量(m³)	
	挖	填	挖	填		挖	填
33m	4.0	43.8					
			13.75	46.30	50	688	2 315
32m	23.5	48.8					
			28.10	54.25	50	1 405	2 712
31m	32.7	59.7					
			29.05	66.45	50	1 452	3 322
30m	25.4	73.2					
Σ						3 545	8 349

练 习 题

1. 阅读图10-1,指出植被(灌木林、经济林、林地等)、坟地的分布位置,说明地形起伏形态(高低趋向、山脊山谷走向、坡度平陡分布);观察交通、供电的方向。

2. 试确定图10-1东侧李屯山塘附近区域的汇水范围。

3. 根据图11-27和图11-29,试述用断面法计算倾斜面挖土方的步骤。

4. 在图11-30地形图局部中:

(1)用虚线画出山脊线、山脚线的位置,并用文字指明。

(2)写出地形图的基本等高距h_j。

(3)说明公路左下侧种植地的名称。

(4)在图上用"×"标明鞍部位置。

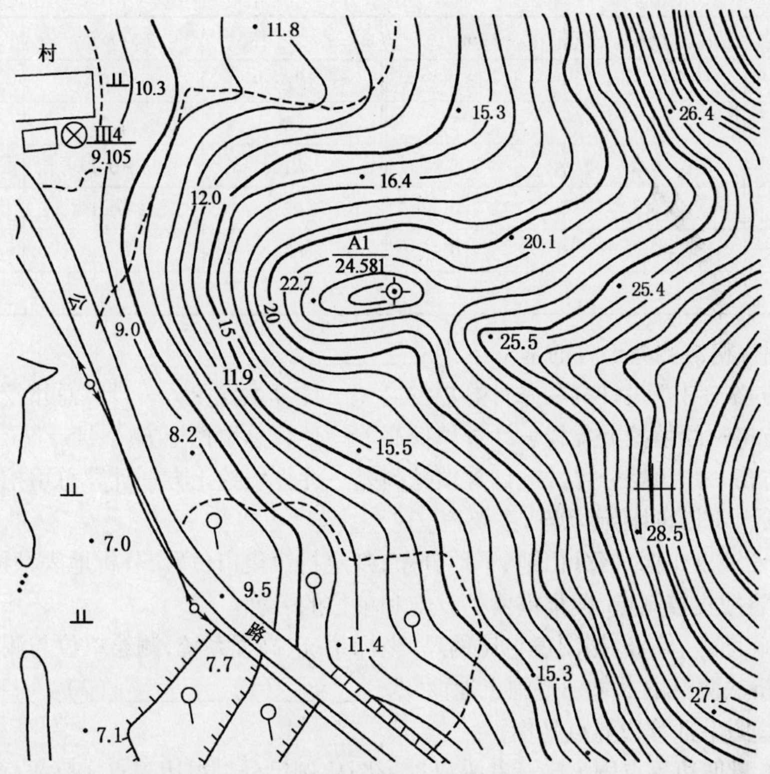

图 11-30　地形图局部的阅读

(5)在图上用“→”标明平面控制点、水准点的位置。

5. 图上定点位涉及的内容是________。

A. 点位的距离、高差、坐标、倾角、高程、水平角

B. 点位的坐标、高差、距离、坡度、高程、方位角

C. 点位的坐标、高差、距离、倾角、高程、方位角

6. 设图 10-1 的比例尺为 1∶2 000，试量测图上 A、B 两点的坐标、高程，AB 的实际水平距离，A、B 两点连线的坡度。

7. 用图选线方法中首先要明确________。

A. 地形图比例尺 1∶M。地形图基本等高距 h_j，设计坡度为 I，求选线平距 l

B. 选线的用途，选线的地点

C. 计算选线平距 l 公式和选线坡度

8. 根据表 11-3 的点位坐标，按 1∶200 的比例展绘在 x、y 坐标系中，按解析法计算各点围成封闭图形的实际面积。

表 11-3

点　　名	x(m)	y(m)	点　　名	x(m)	y(m)
4L	+5.9	−7.8	5R	+4.4	4.9
3L	+7.0	−8.3	2R	+3.2	6.2

续上表

点　名	x(m)	y(m)	点　名	x(m)	y(m)
$P_{左}$	7.7	-13.1	$P_{右}$	3.0	9.4
1L	-0.2	-7.5	1R	0.2	7.5
L1	-0.5	-7.5	R1	-0.1	7.5
L2	-0.5	-7.0	R2	-0.1	7.0
L3	-0.2	-7.0	R3	0.2	7.0
面积					

9. 地形图方格法测算土方的基本步骤是________。

A. 绘方格—计算设计高程—计算填挖高差—计算填挖土方—计算总填挖土方

B. 绘方格—绘填挖分界线—计算填挖高差—计算总填挖土方

C. 绘方格—绘填挖分界线—计算填挖高差—计算填挖土方—计算总填挖土方

10. 利用地形图判明地形状态，主要应________。

A. 判明坡度走向，区分山地、平地分布，判定村镇集市位置，分析地表种植情况

B. 注意搜集控制点，搜集重要的设施和单位的名称

C. 明确图名、编号、接图表与比例尺，坐标系统、高程系统，测绘单位与测绘时间

11. 用解析法测算图上某一范围土地面积，________(1)，________(2)。

(1) A. 图上计算边界点坐标

B. 量取边界点图上坐标并乘以地形图比例尺分母得边界点实际坐标

C. 图上量测、计算边界点实际坐标

(2) A. 按相应的计算公式计算边界点范围内的土地表面面积

B. 以边界点实际坐标代入相应的公式计算边界点范围内的土地面积

C. 以边界点坐标代入相应的公式计算并乘以地形图比例尺分母平方得测算面积

第十二章　大比例尺数字地形图

［**学习目标**］　熟悉大比例尺地形图数字化测绘技术原理与方法，理解利用 CASS7.0 测绘软件进行内外业一体化数字测图的两种方法——草图法和电子平板法的原理和操作方法，初步掌握数字地形图的应用方法。

第一节　地形图数字化测量原理

一、数字化测量的概念

由第十章第三节地形测绘技术原理可知，测绘大比例尺地形图可谓是根据碎部测量技术方法模拟实际地形的技术过程，这种模拟技术过程又称为模拟测图。例如，要获得如图 10-1 的图件，模拟测图的基本技术要素必须有：

（1）测量得到的碎部点位置参数，即水平角、平距、高程；

（2）确定地物、地貌性质的符号说明；

（3）测量人员测绘地形图的综合取舍技能。

模拟测图得到的图件又称为可感知的模拟地形图，或称图解地图，或称实地图。虽然模拟测图也有数字组成的数据，但还不是数字化。

从计算机科学可知，数字化特征是电子计算机的基本属性。在电子计算机 CPU 的基本加法运算器中，采用最为简单的"0""1"数字及其加法运算与存储，由此构成计算机完整的运算指令、各种功能指令及其记忆系统。电子计算机的数字化基本属性是当代数字化世界的基础，也是数字测量的基本前提。

数字测量的基本特征沿袭电子计算机数字化属性，充分体现在自身的基本功能中。具体来说，模拟测图的碎部点测量参数，即角度、距离、高程；确定地物、地貌性质的符号说明；测量人员绘图的综合取舍技能，都沿袭电子计算机数字化属性，最终转化为"0""1"表示的数字形式数据。

根据测绘技术的需要，地形图数字测量的基本构成如下。

（1）测量结果的数字化机能。例如，全站仪必备数字化机能。

（2）地面点特征的数字化形式。为了实现测量对象数据的共享，地面点特征的数字化形式由相应的权威性机构颁布后在测量时应用。

（3）测绘技术机能的数字化指令。所谓的测量计算机软件是这类数字化指令的集合。

（4）测量结果、特征形式、机能指令的数据库。

二、数字测图作业模式

目前,获取数字地形图的数字测图作业模式大致可分为3类:

(1)由具有数字化机能的全站测量仪器(全站仪、激光扫描测量仪等)、电子手簿(或笔记本、掌上电脑)、计算机和数字测图软件构成的内外业一体化数字测图作业模式;

(2)由全球卫星定位系统(GPS)实时差分定位装置(RTK)、计算机和数字成图软件构成的GPS数字测图作业模式;

(3)由航片(航空摄影地面影像、激光雷达)或卫片(卫星地面影像)和解析测图仪、计算机(或数字摄影测量系统)组成的数字摄影测图作业模式。

此外,还可以通过对已有的模拟地形图进行数字化(以扫描仪或数字化仪)来获取数字地形图。

三、地形图数字测量的基本系统

地形图数字测量是测绘技术与计算机技术有机结合的现代测绘技术,如图12-1为工程数字测量的基本系统。地形图数字测量的基本系统的运行方式如下。

1. 数据采集系统

图12-1中5种测量与采集数据的运行方式,实现①测量结果的数字化和地面点特征的数字化。或者说,测量所代表的测量参数,地物、地貌的点位特征,由“0”、“1”所形成的各种参数、指令存放在②记录器中,由此便完成了测量参数,地物、地貌的数据化采集。

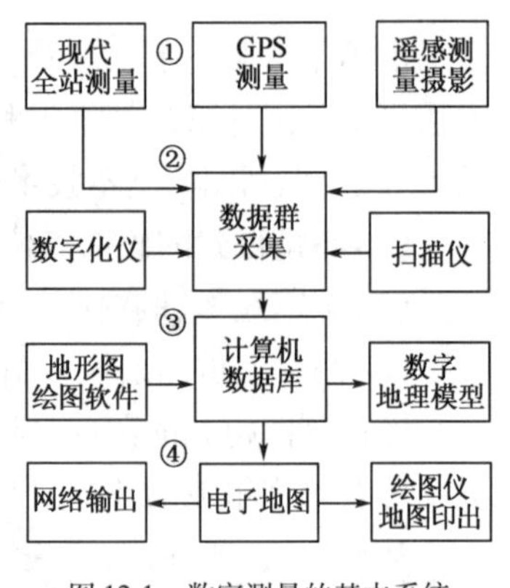

图12-1　数字测量的基本系统

2. 数字地理模型的建立系统

简言之,数字地理模型是一个由地面点三维坐标参数按地形图软件形成在计算机数据库中的虚地形图,就像人眼看到物体以后在脑海里形成的形象一样。启动运行测绘软件,计算机处理采集的数据,便可建立数字地理模型。图12-1中的③计算机数据库是基本系统运行的核心,或者说,以人工的地形绘图模拟过程交给计算机完成。条件是技术机能的数字化指令,即数字地理模型的软件与计算机的结合。

3. 地形图的输出系统

地形图绘图软件的驱动,图12-1中④绘图仪完成地形图的输出。数字测图把虚地形图转化为可感知的实地形图,一方面屏幕可显示数字地理模型转换而来的虚地形图形态,一方面经过机助制图的工序可印出实地形图。

四、数字测图的特点

1. 测量精度高

传统光学测距相对误差大,数字测图如采用光电测距,测距相对误差小于1/40 000,地形点到测站距离长,几百米的测量误差均在1cm左右。数字地图的重要地物点相对于临近控制点的位置精度小于5cm。当图内部分控制点已遭破坏时,通过观测图内已知的重要地物点快速得到测站点的坐标。

2. 定点准确

传统方法手工展绘控制点和图上定碎部点,定点误差0.1mm。数字测图方法是采用计算机自动展点,几乎没有定点误差。定点误差小的数字测图方法图根点加密和地形测图可以同时进行,方便可靠。

3. 图幅连接自由

传统测图方法图幅区域限制严格,接边复杂。数字测图方法不受图幅限制,作业可以按照河流、道路和自然分界来划分,方便施测与接边。

4. 出图种类多,一图多用

现代数字测图与AutoCAD等有机结合,将地物、地貌要素数据按类分层储存。例如,将地物分为控制点、建筑物、行政边界和地籍边界、道路、管线、水系以及植被等按类分层储存。因此,数字测图不仅获得一般地形图,同时可以根据需要,控制图分层输出各种专题地图,实现一图多用。

5. 便于比例尺选择

数字地图是以数字形式储存的1:1的地图,根据用户的需要,在一定比例尺范围内可以打印输出不同比例尺及不同图幅大小的地图。

6. 便于地图数据的更新

传统的测图方法获得的模拟地形图随着地面状况的改变而失去现势性,更新难度大。数字地形图也有失去现势性的问题,但更新难度不大。数字地形图可根据电子文档的特点及时修测、编辑和更新,以保持地形图的现势性。

第二节　内外业一体化数字测图

内外业一体化数字测图,即地形图测绘不再按内业、外业安排,而是在一般的准备之后,可在外业中实现一般内、外业工作的完成内容。内外业一体化数字测图的关键是要选择一种成熟的技术先进的数字测图软件。目前,市场上比较成熟的最新版本的大比例尺数字化测图软件主要有:广州南方测绘仪器公司的CASS7.0;北京威远图仪器公司的SV300;北京清华山维公司的EPSW2005;广州开思测绘软件公司的SCS GIS2005;武汉瑞得测绘自动化公司的RDMS。这些数字化测图软件大多在AutoCAD平台上开发的,如CASS7.0,SV300,SCS GIS2005,可以充分应用AutoCAD强大的图形编辑功能。各软件都配有一个加密狗,图形数据和地形编码一般不相互兼容,只供在一台计算机上使用。

本节介绍全站仪及其测量原理与CASS7.0数字化测图软件结合的数字测图一体化过程。

一、CASS7.0 对计算机软硬件的要求

1. 建议硬件环境

CPU 为 PIII600 以上，内存不小于 256M，硬盘容量不小于 20G，VGA(800 ×600)以上彩色显示器。

2. 软件环境

Microsoft Windows NT 4.0 SP 6a 或更高版本、Microsoft Windows 9x，Microsoft Windows 2000，Microsoft Windows XP 系列，安装有 AutoCAD 2002 以上版本(中、英文版均可，但必须是完全安装)。

二、CASS7.0 的安装和启动

CASS7.0 包装盒内有程序光盘 1 片，说明书 1 本，软件狗 1 个。

CASS7.0 安装以前必须安装 AutoCAD 程序，AutoCAD 是美国 AutoDesk 公司的产品，用户需找相应代理商自行购买。

CASS7.0 的安装应该在安装完 AutoCAD 并运行一次后才进行。打开 CASS7.0 文件夹，找到 setup.exe 文件并双击它，进入安装界面，用户选择安装路径进行安装。软件安装完成后，自动转入软件狗驱动程序的安装，用户可根据提示完成安装。

三、CASS7.0 的操作界面

CASS7.0 启动后的界面如图 12-2 所示，它与 AutoCAD(下面以 AutoCAD 2006 为例说明)的界面及基本操作是相同的，两者的区别在于下拉菜单及屏幕菜单的内容不同。CASS7.0 称图 12-2 所示的界面为图形窗口，窗口的图形是示例地形图。窗口内各区的功能如下。

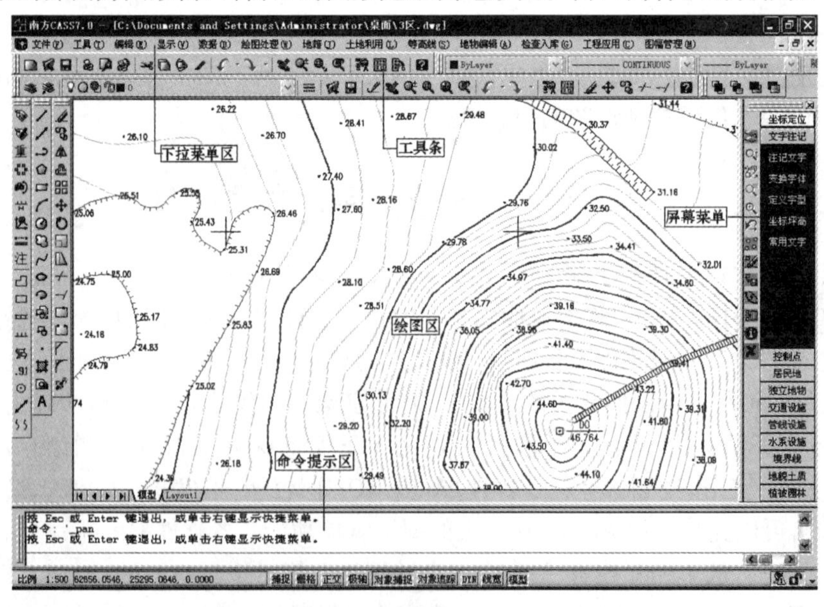

图 12-2 CASS7.0 工作界面

(1)下拉菜单区:主要的测绘功能可从下拉菜单区获取;

(2)屏幕菜单:含各种类别的地物、地貌符号,是测绘操作较频繁的地方;

(3)图形区:主要工作区是显示及具体测绘图形操作的区域;

(4)工具条:各种 AutoCAD 命令、测量功能,实质为快捷工具栏。

用户可以通过图形窗口执行 CASS7.0 和 AutoCAD 的全部命令并进行绘图,计算机的数据库自动实时联动更新。

四、草图法数字测图的组织

1.人员组织与分工

草图法基本人员有观测员、立镜员、领图员 3 人,可配 1 位内业制图员,如图 12-3。

观测员:操作全站仪,观测并记录观测数据。当全站仪无内存或磁卡时,必须加配电子手簿,此时观测员还负责操作电子手簿并记录观测数据。

领图员:负责指挥立镜员。现场勾绘草图,要求熟悉测量图式,以保证草图的简洁、正确。

观测员观测中应注意检查起始方向,领图员注意与观测员对点号(一般每测 50 个点就与观测员对一次点号)。

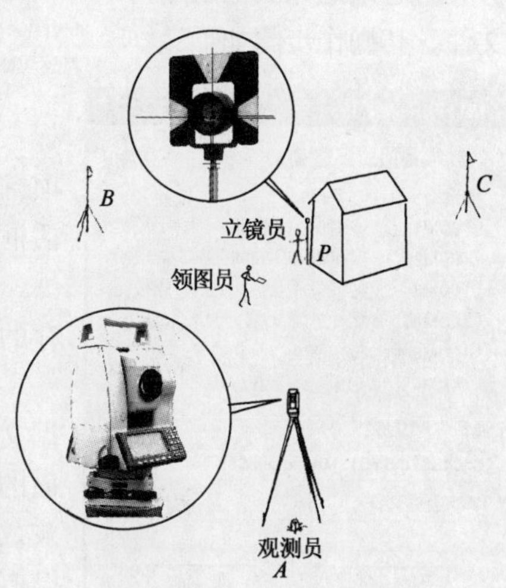

图 12-3　草图法人员组织

草图纸应有固定格式,每张草图纸应包含日期、测站、后视、测量员、绘图员信息;当遇到搬站时,尽量换张草图纸,不方便时,应清楚记录本草图纸内测点与测站的隶属关系。草图绘制应简单又清楚,地物密集或复杂地物均可单独绘制草图。草图好坏将直接影响到内业成图的速度和质量。

立镜员:负责现场徒步立反射器。有经验的立镜员立点符合“测点三注意”(见第十章第三节),图上点位方便内业制图。对于经验不足者,应由领图员指挥立镜。

通常将外业测量和内业制图人员分开,领图员只负责绘草图,内业制图员得到草图和坐标文件,即可连线成图。无专业制图人员,通常由领图员担负内业制图任务。

2.数据采集设备

数据采集设备一般为全站仪。新型全站仪大多带内存或磁卡,可直接记录观测数据,详细操作请参考所用全站仪的操作手册。

五、草图法数字测图的作业流程

草图法数字测图的作业流程分为数据采集、数据通讯、内业成图、图幅编辑与整饰和输出管理 5 个步骤,分别说明如下。

1. 野外数据采集

在测站上安置全站仪，量取仪器高，将测站点、后视点的点名、三维坐标、仪器高、反射镜高度输入全站仪（方法参考所用全站仪说明书）。观测员操作全站仪照准后视（起始方向）后水平度盘配置为0°00′00″，进行定向并测量后视点坐标，如与已知坐标相符即可以进行碎部测量。

立镜员将反射镜立于待测碎部点，观测员操作全站仪观测至反射镜的水平方向、天顶距和斜距，利用全站仪自动计算所测碎部点 x、y、H 三维坐标，并自动记录在全站仪的文件载体；领图员同时勾绘现场地物属性关系草图，并记录所测点号。

2. 数据通讯

数据通讯是完成电子手簿或带内存的全站仪与计算机两者之间的数据传输，形成观测坐标文件。其操作步骤如下：

图 12-4　全站仪内存数据转换对话框

（1）将全站仪通过适当的通讯电缆与微机连接好；

（2）移动鼠标至“数据通讯”项的“读取全站仪数据”项，该处以高亮度（深蓝）显示，按左键，出现如图 12-4 的对话框；

（3）根据不同仪器型号设置好通讯参数再选取好要保存的数据文件名，点击“转换”按钮。

如果将以前传过来的数据（如用超级终端传过来的数据文件）进行数据转换，可选好仪器类型，再将仪器型号后面的“联机”选项取消。这时你会发现，通讯参数全部变灰。接下来，在“通讯临时文件”选项下面的空白区域填上已有的临时数据文件，再在“CASS 坐标文件”选项下面的空白区域填上转换后的 CASS 坐标数据文件的路径和文件名，点击“转换”按钮即可。

3. 内业成图

“草图法”内业工作时，根据不同作业方式，分为“点号定位”、“坐标定位”、“编码引导”等方法，使用较多的是“点号定位”的方法。下述主要是“点号定位”内业成图流程。

（1）定显示区

定显示区是根据输入坐标数据文件的数据大小定义屏幕显示区域的大小，以保证所有点可见。

首先移动鼠标至“绘图处理”项，按左键，即出现如图 12-5 下拉菜单。

然后选择“定显示区”项，按左键，即出现一个对话窗，如图 12-6 所示。

输入碎部点坐标数据文件名。找到从全站仪下载数据的存放路径，选取要进行成图的坐标数据，点击“打开(O)”，这时命令显示区会显示该坐标文件中的最大坐标和最小坐标。

（2）改变当前图形比例尺

点击“绘图处理”下拉菜单的“改变当前图形比例尺”选项，按测图要求输入当前图形比例尺。

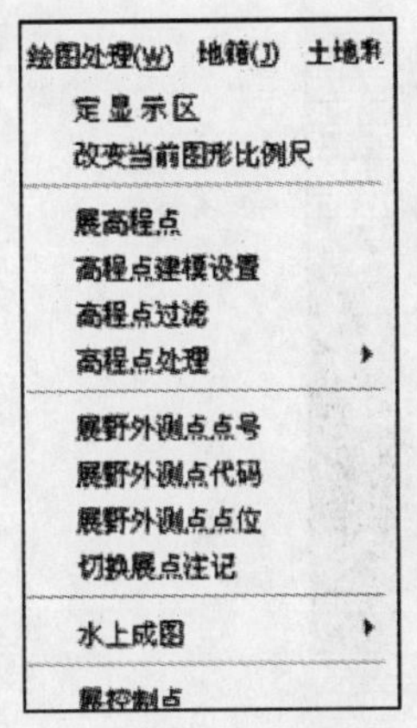

图 12-5　数据处理菜单

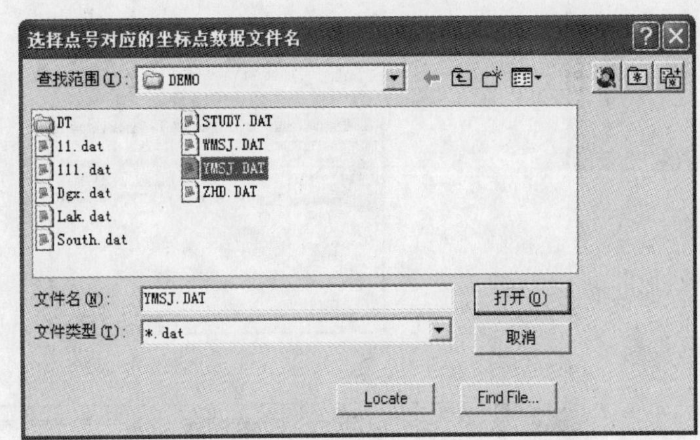

图 12-6　选择测点点号定位成图法的对话框

(3)盘展野外测点点号

展点是将坐标文件中全部点的平面位置在当前图形中展出，并标注各点的点号，以便连线成图时作为参考。操作方法是点取"绘图处理"下拉菜单的"展野外测点点号"选项，系统弹出(显示)图 12-6 对话框，用户选中了需要展点的坐标文件后，执行展点操作，将点都展绘在窗口 *xy* 平面上，不注记点的高程，这主要是为了便于下面将要进行的连线成图操作。

完成连线成图操作后，如果需要注记点高程，则可执行"绘图处理"下拉菜单的"展高程点"选项，在系统弹出的"展高程点的坐标文件"对话框中，选中与前面展点相同的坐标文件即可。

(4)连线成图

结合野外的绘制草图，使用"屏幕菜单"操作符号库将已经展绘的点连线成图，符号库会自动对绘制符号赋基本属性，如地物代码、图层、颜色、拟合等。系统中所有地形图图式符号都是按照图层来划分的，例如所有表示测量控制点的符号都放在"控制点"这一层，所有表示独立地物的符号都放在"独立地物"这一层，所有表示植被的符号都放在"植被园林"这一层，如图 12-7 所示。

使用符号库执行连线成图操作时，可以直接点取屏幕上已经展绘的点位进行操作。在执行连线成图操作前，先执行 AutoCAD 的 Osnap 命令设置节点(Node)捕捉方式，才可以准确地捕捉到已经展绘的点位。在绘制某些线状地物时(如河流、陡坎等)，如果需要拟和为光滑的曲线，在命令对话框的"拟合线"后输入"Y"，软件自动对曲线进行拟合。

4. 编辑与整饰

(1)图形编辑

在大比例尺数字测图中，因地形、地物复杂，漏测、错测难以避免，必须要有一套功能强大的图形编辑系统，对地图进行屏幕显示和人机交互图形编辑，在保证精度的情况下，消除相互矛盾的地形、地物，对于漏测或错测的部分，及时进行外业补测或重测。另外，图形编辑对于地图上的许多文字注记说明(如道路、河流、街道等)也是很重要的。

图形编辑可以更新大比例尺数字化地图。借助人机交互的图形编辑，根据实测坐标和实地情况，随时对地图的地形、地物进行增加或删除、修改等，以保证地图具有很好的现势性。

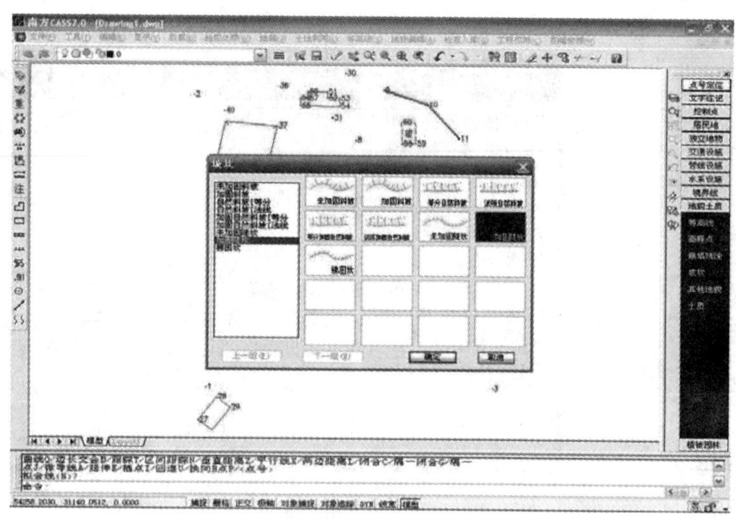

图 12-7　使用屏幕菜单进行绘图示意

CASS7.0 图形编辑提供“编辑”和“地物编辑”两种下拉菜单。其中,“编辑”是由 AutoCAD 提供的编辑功能:图元编辑、删除、断开、延伸、修剪、移动、旋转、比例缩放、复制、偏移拷贝等;“地物编辑”是由南方 CASS 系统提供的对地物编辑功能:线型换向、植被填充、土质填充、批量删剪、批量缩放、窗口内的图形存盘、多边形内图形存盘等。

(2)图形分幅

一般大比例尺数字测图不分幅,图形分幅为了纸质图的应用。图形分幅前,应做好分幅的准备工作。了解图形数据文件中的最小坐标和最大坐标。注意:在 CASS7.0 下侧信息栏显示的数学坐标和测量坐标是相反的,即 CASS7.0 系统中前面的数为 Y 坐标(东方向),后面的数为 X 坐标(北方向)。

将鼠标移至“绘图处理”菜单项,点击左键,弹出下拉菜单,选择“批量分幅/建方格网”,命令区提示:

请选择图幅尺寸:(1)50×50,(2)50×40,(3)自定义尺寸

〈1〉按要求选择。直接回车默认选 1。

输入测区一角:

在图形左下角点击左键。

输入测区另一角:

在图形右上角点击左键。

这样在所设目录下就产生了各个分幅图,自动以各个分幅图的左下角的东坐标和北坐标结合起来命名,如:“29.50-39.50”,“29.50-40.00”等。如果要求输入分幅图目录名时直接回车,则各个分幅图自动保存在 CASS7.0 安装驱动器的根目录下。

选择“绘图处理/批量分幅/批量输出”,在弹出的对话框中确定输出的图幅的存储目录名,然后确定即可批量输出图形到指定的目录。

(3)图幅整饰

把图形分幅所保存的图形打开,选择“文件”的“打开已有图形……”项,在对话框中输入

SOUTH1. DWG 文件名,确认后 SOUTH1. DWG 图形即被打开,如图 12-8 所示。

选择“文件”中的“加入 CASS7. 0 环境”项。

选择“绘图处理”中“标准图幅(50cm × 50cm)”项显示如图 12-9 的对话框。输入图幅的名称、邻近图名、测量员、制图员、审核员,在左下角坐标的“东”、“北”栏内输入相应坐标,例如此处输入 40 000,30 000,回车。

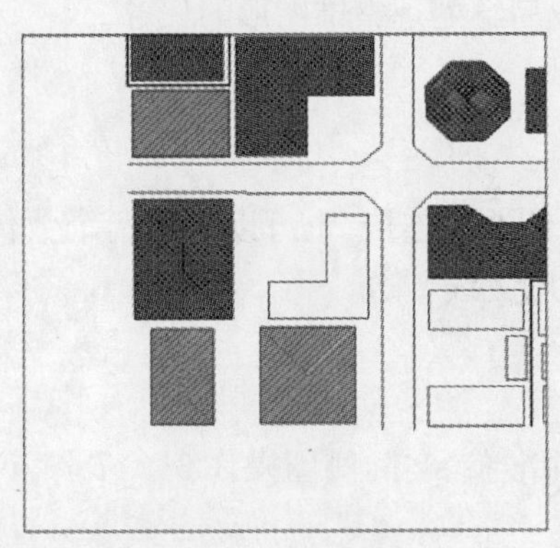

图 12-8　SOUTH1. DWG 平面图

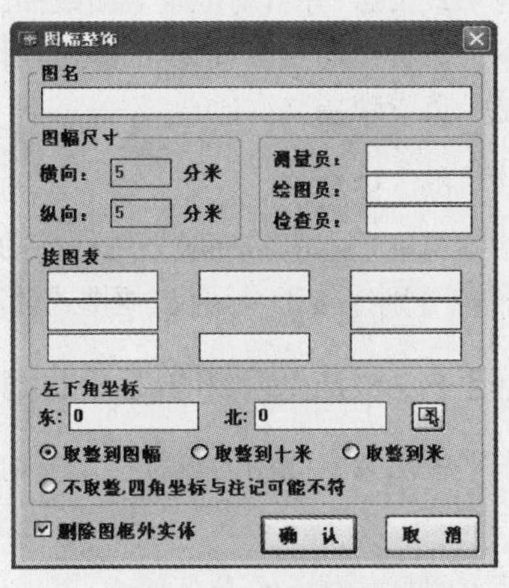

图 12-9　输入图幅信息对话框

在“删除图框外实体”前打勾则可删除图框外实体,按实际要求选择,例如此处选择打钩。最后单击“确认”按钮即可。

因为 CASS7. 0 系统所采用的坐标系统是测量坐标,即 1∶1的真坐标,加入 50cm × 50cm 图廓后如图 12-10 所示。

六、电子平板法数字测图的组织

电子平板法是在“草图法”基础上,全站仪连接安装有 CASS7. 0 的笔记本(便携式计算机)当作绘图平板,现场实时连线成图的数字测图方法。如图 12-11。

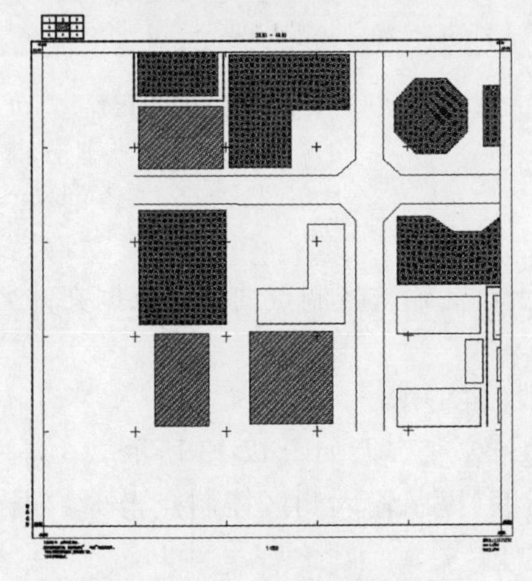

图 12-10　加入图廓的平面图示意

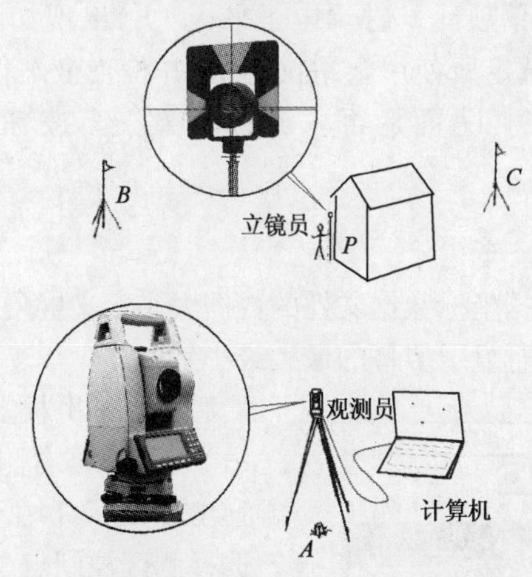

图 12-11　电子平板法数字测图示意

1. 人员组织与分工

电子平板法基本人员有观测员、立镜员、制图员 3 人。

观测员负责操作全站仪,观测并将观测数据传输到便携机中。某些旧款全站仪的传输是被动式命令,观测完一点必须按发送键,数据才能传送到笔记本电脑;最新型号的全站仪一般都支持主动式发送,并自动记录观测数据。

制图员负责指挥立镜员,现场操作笔记本电脑和内业后继处理整饰图形的任务。

立镜员负责现场立反射器。

2. 数据采集设备

全站仪与笔记本电脑一般采用标准的 RS232 接口通信电缆连接,也可以加配两个数传电台(数据链)分别连接于全站仪、便携式计算机,实现数据的无线传送。

七、电子平板法数字测图的作业流程

电子平板法数字测图的流程有出发前准备工作、测前准备、实际测图操作 3 个步骤,说明如下。

1. 录入测区控制点已知坐标

完成测区各等级控制测量得到控制点成果后,便可以向系统录入测区控制点坐标,以便野外进行测图时调用。录入时要注意坐标格式按照 CASS7.0 软件要求的坐标格式录入。

2. 安置仪器

(1)在测站点安置全站仪,并把便携机与全站仪用相应的电缆连接好,开机后进入 CASS7.0;

(2)设置全站仪的通讯参数;

(3)在主菜单选取"文件"中的"CASS 参数配置"屏幕菜单项后,选择"电子平板"页,出现如图 12-12 对话框,选定所使用全站仪类型,并检查全站仪通信参数与软件中设置是否一致,按"确定"按钮确认所选仪器。

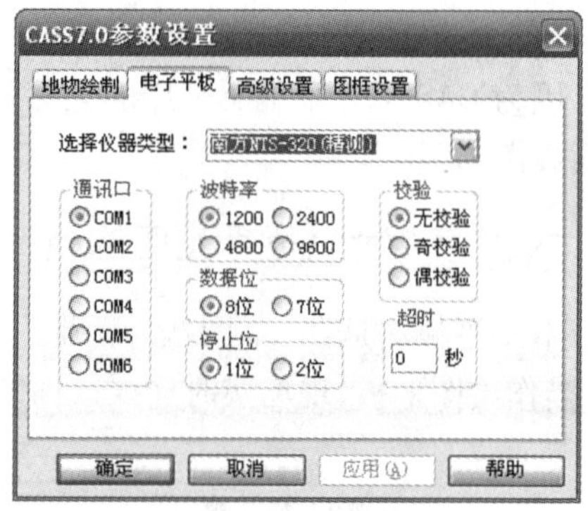

图 12-12 电子平板参数配置

3. 定显示区

根据坐标数据文件的数据大小定义屏幕显示区的大小。输入控制点的坐标数据文件名,则命令行显示屏幕的最大最小坐标。

然后在电子平板上进行测站准备工作:

(1)点击屏幕右侧菜单之"电子平板"项,如图 12-13 所示。

弹出如图 12-14 所示的对话框:提示输入测区控制点坐标数据文件。选择测区控制点坐标数据文件。

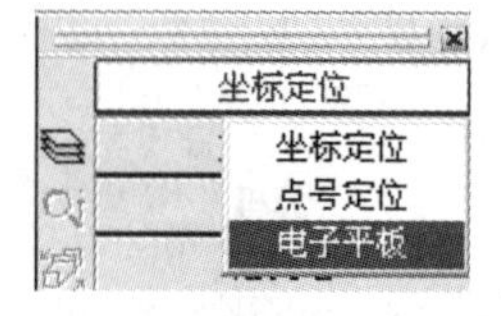

图 12-13 坐标定位菜单

(2)若事前已经在屏幕上展出了控制点,则直接点"拾取"按钮,再在屏幕上捕捉作为测站、定向点的控制点；若屏幕上没有展控制点，则手工输入测站点点号及坐标、定向点点号及坐标、定向起始值、检查点点号及坐标、仪器高等参数，利用展点和拾取的方法输入测站信息。

4. 实际测图操作

当测站的准备工作都完成后，如用相应的电缆连好全站仪与计算机，输入测站点点号、定向点点号、定向起始值、检查点点号、仪器高等，便可以进行碎部点的采集和测图工作了。

在测图的过程中，主要是利用系统屏幕的右侧菜单功能，如要测一幢房子、一座电线杆等，需要用鼠标选取相应图层的图标；也可以同时利用系统的编辑功能，如：文字注记、移动、拷贝、删除等操作；也可以同时利用系统的辅助绘图工具，如：画复合线、画圆、操作回退、查询等操作；如果图面上已经存在某实体，就可以用“图形复制（F）”功能绘制相同的实体，这样就避免了在屏幕菜单中查找的麻烦。

下边以四点房屋测量为例，说明平板测图的方法：

首先移动鼠标在屏幕右侧菜单中选取“居民地”项的“一般房屋”，弹出选择“居民地”项的对话框，移动鼠标到表示“四点房屋”的图标处按鼠标左键，被选中的图标和汉字都呈高亮度显示。然后点击“确定”按钮，弹出全站连接窗口如图 12-15 所示。

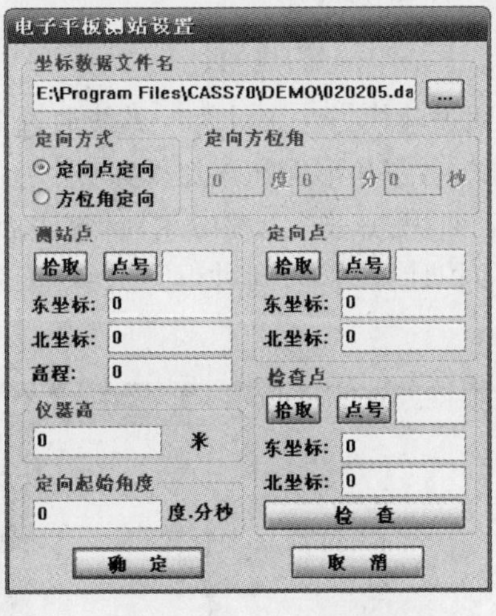

图 12-14 测站设置对话框

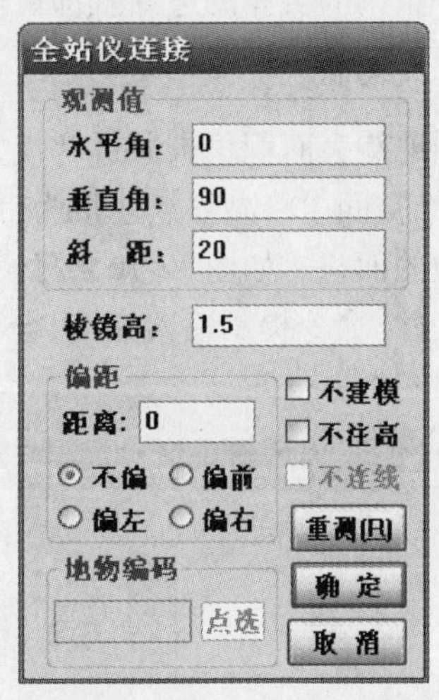

图 12-15 测量四点房屋

系统驱动全站仪测量并返回观测数据（手工则直接输入观测值），当系统接收到数据后，便自动在图形编辑区将表示简单房屋的符号展绘出来。

第三节 数字地形图的基本应用

本节在第十一章地形图应用原理与方法和对 CASS7.0 操作界面认识基础上介绍使用 CASS7.0 测绘软件在数字地形图上进行基本几何要素查询、绘制断面图、土方计算和面积应用的操作方法。

一、基本几何要素查询

1. 查询指定点坐标

点击"下拉菜单区"(以下略"下拉菜单区")"工程应用"菜单的"查询指定点坐标"。再点击要查询的点,即可得指定点坐标。也可以先进入"点号定位方式",再输入要查询的点号得指定点坐标(注意:系统左下角状态栏显示坐标是笛卡儿坐标系中的坐标,与测量坐标系的 X 和 Y 顺序相反)。用此功能查询时,系统在命令行给出的 X、Y 是测量坐标系的值。

2. 查询两点距离及方位

点击"工程应用"菜单下的"查询两点距离及方位"。再分别点击所要查询的两点即可得两点距离及方位;也可以先进入"点号定位方式",再输入两点的点号获得。CASS7.0 所显示的坐标为实地坐标,所显示两点间的距离为实地距离。

3. 查询线长

点击"工程应用"菜单的"查询线长"选项。再点击图上曲线即可获得。

4. 查询实体面积

点击待查询的实体的边界线即可获得,要注意实体应该是闭合的。

5. 计算表面积

不规则地貌表面积很难通过常规方法计算,这里可通过建模方法来计算。系统通过 DTM 建模,在三维空间内将高程点连接为带坡度的三角形,通过各三角形面积累加得到整个范围内不规则地貌的面积。如图 12-16,要计算矩形内的地貌表面积,点击"工程应用\计算表面积\根据坐标文件"命令提示输入完毕,会在命令区得到表面积计算结果,同时得图 12-17 所示的表面积建模图形。

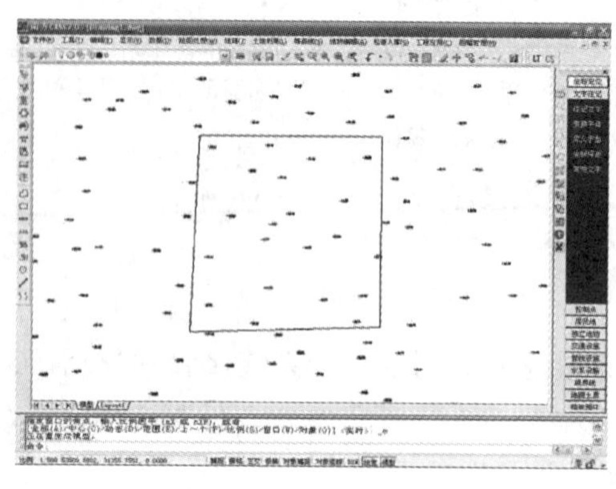

图 12-16　选定计算区域

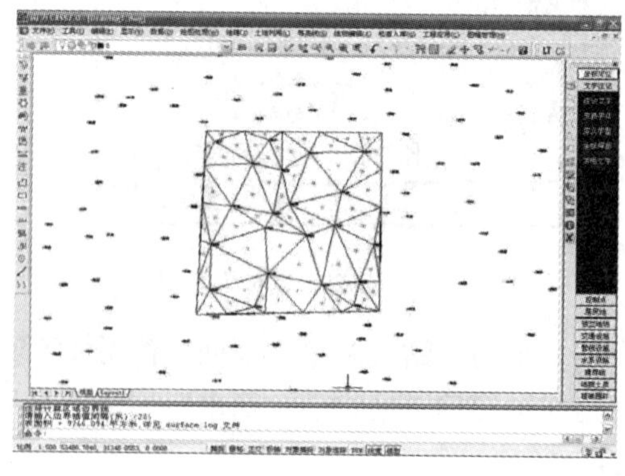

图 12-17　表面积计算结果

二、绘断面图

绘制断面图有由坐标文件生成、根据里程文件、根据等高线、根据三角网等 4 种方法。

1. 由坐标文件生成

坐标文件指野外观测得的含高程点的文件,生成方法如下。

(1)用复合线生成断面线,点击"工程应用\绘断面图\根据已知坐标"功能。选择断面线,点击上步所绘断面线。

(2)屏幕上弹出"断面线上取值"对话框,如图 12-18,在"选择已知坐标获取方式"栏下,如果选择"由数据文件生成",则在"坐标数据文件名"栏中选择高程点数据文件。如果选"由图面高程点生成",则在图上选取高程点的前提是图面存在高程点,否则此方法无法生成断面图。

输入采样点间距:系统的默认值为 20m。采样点的间距的含义是复合线上两顶点之间若大于此间距,则每隔此间距内插一个点。

输入起始里程〈0.0〉系统默认起始里程为 0。

(3)点击"确定"之后,屏幕弹出绘制纵断面图对话框,如图 12-19。输入相关参数,如下:

①断面图比例:

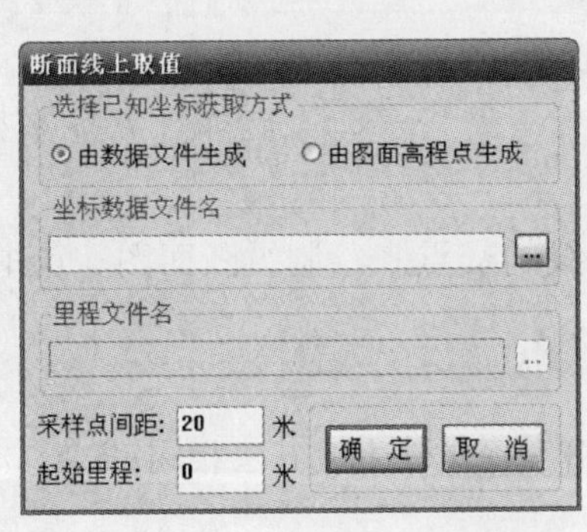

图 12-18　根据已知坐标绘断面图

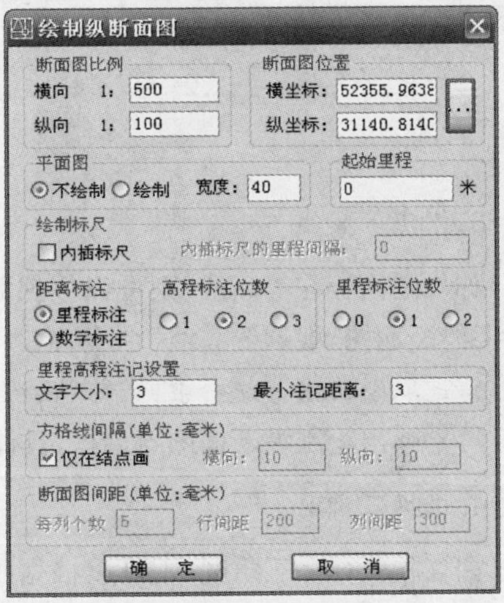

图 12-19　绘制纵断面图对话框

横向比例为 1:〈500〉输入横向比例,系统的默认值为 1:500。

纵向比例为 1:〈100〉输入纵向比例,系统的默认值为 1:100。

②断面图位置:可以手工输入,亦可在图面拾取。

③选择是否绘制平面图、标尺、标注;还有一些关于注记的设置参数。

④点击"确定"之后,在屏幕上出现所选断面线的断面图,如图 12-20 所示。

2. 根据里程文件

一个里程文件可含多个断面信息,此时绘断面图就可一次绘出多个断面。里程文件的一个断面信息允许有该断面不同时期的断面数据,这样绘制断面时就可以同时绘出实际断面线和设计断面线。

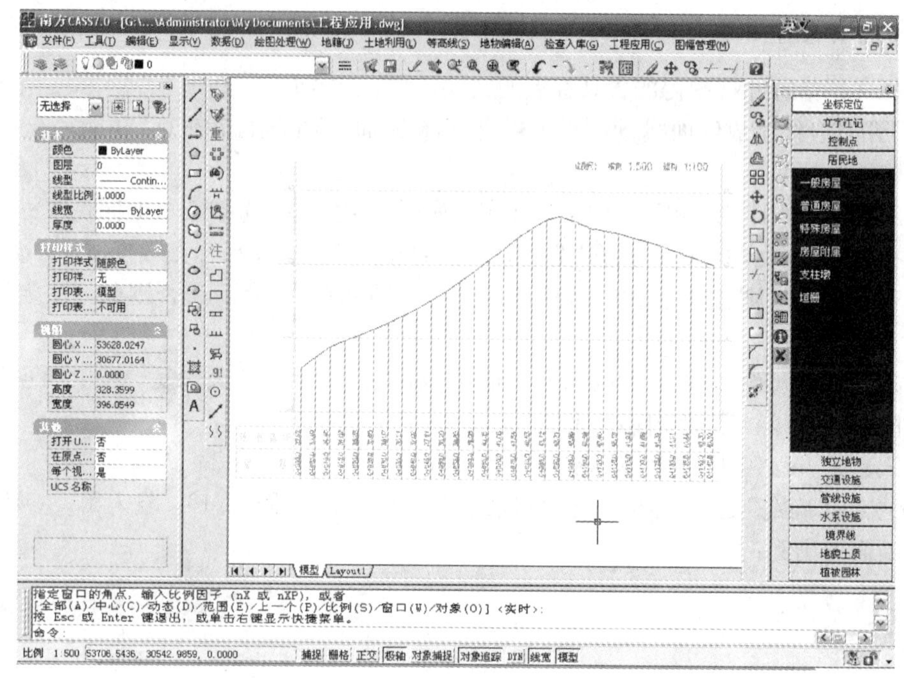

图 12-20　纵断面图

3. 根据等高线

如果图面存在等高线，则可以根据断面线与等高线的交点来绘制纵断面图。点击“工程应用\绘断面图\根据等高线”命令，命令行提示：

请选取断面线：〈选择要绘制断面图的断面线〉。

屏幕弹出绘制纵断面图对话框，具体操作方法和由坐标文件生成方法相同。

4. 根据三角网

如果图面存在三角网，则可以根据断面线与三角网的交点来绘制纵断面图。点击“工程应用\绘断面图\根据三角网”命令，命令行提示：

请选取断面线：〈选择要绘制断面图的断面线〉。

屏幕弹出绘制纵断面图对话框，具体操作方法和由坐标文件生成方法相同。

三、面积的测算

1. 长度调整

选择复合线或直线，程序自动计算所选的线长度，并调整到指定的长度。

点击“工程应用\线条长度调整”命令，依次有提示。

提示：请选择想要调整的线条。

提示：起始线段长××.××m，终止线段长××.××m。

提示：请输入要调整到的长度(m)；输入目标长度。

提示:需调整(1)起点(2)终点〈2〉;默认为终点。

根据提示回车或右键"确定",完成长度调整。

图 12-21　面积调整菜单

2. 面积调整

通过调整封闭复合线的一点或一边,如图 12-21,把该复合线面积调整成所要求的目标面积。复合线要求是未经拟合的。

如果选择"调整一点",复合线被调整顶点将随鼠标的移动而移动,整个复合线的形状也随之发生变化,同时可以看到屏幕左下角实时显示变化着的复合线面积,待该面积达到所要求数值,点击确定被调整点的位置。如果面积数变化太快,可将图形局部放大再使用本功能。

如果选择"调整一边",复合线被调整的边将会平行向内或向外移动以达到所要求的面积值。

如果选择"在一边调整一点",该边会根据目标面积而缩短或延长,另一顶点固定不动。原来连到此点的其他边会自动重新连接。

3. 计算指定范围的面积

点击"工程应用\计算指定范围的面积"命令。命令有提示。

提示:1. 选目标/2. 选图层/3. 选指定图层的目标〈1〉。

输入 1:即要求用鼠标指定需计算面积的地物,可用窗选、点选等方式,计算结果注记在地物重心上,且用青色阴影线标示。

输入 2:系统提示输入图层名,结果把该图层的封闭复合线地物面积全部计算出来并注记在重心上,且用青色阴影线标示。

输入 3:则先选图层,再选择目标,特别采用窗选时系统自动过滤,只计算注记指定图层被选中的以复合线封闭的地物。

提示:是否对统计区域加青色阴影线?〈Y〉默认为"是"。

提示:总面积 = ×××××. ××m^2。

4. 统计指定区域的面积

该功能将上面注记在图上的面积累加起来。点击"工程应用\统计指定区域的面积"命令。命令有提示。

提示:面积统计——可用:窗口(W. C)/多边形窗口(WP. CP)/... 等多种方式选择已计算面积的区域。

选择对象:选择面积文字注记:〈用鼠标拉一个窗口即可〉。

提示:总面积 = ×××××. ××m^2。

5. 计算指定点所围成的面积

点击"工程应用\指定点所围成的面积"。

提示:输入点。

点击指定计算的区域第一点,底行将一直提示输入下一点,直到右击或回车键确认指定区域封闭(若结束点和起始点并不是同一点,系统将自动地封闭结束点和起始点)。

提示:总面积＝××××××.××m^2。

四、DTM 填挖土方量的计算

CASS7.0 提供的土方量计算方法有:DTM 法土方计算、断面法土方计算、方格网法土方计算、等高线法土方计算和区域土方量算平衡等 5 种方法,下边具体介绍 DTM 法土方计算方法。

由 DTM 模型来计算土方量,根据实地测定的地面点坐标(X,Y,Z)和设计高程,通过生成三角网来计算每一个三棱锥的填挖方量,最后累计得到指定范围内填方和挖方的土方量,并绘出填挖方分界线。

DTM 法土方计算共有 3 种方法:第一种是由坐标数据文件计算的方法;第二种是依照图上高程点进行计算的方法;第三种是依照图上的三角网计算的方法。前两种算法含重新建立三角网的过程,第三种方法直接采用图上已有的三角形,不再重建三角网。下面分述 3 种方法的操作过程。

1. 根据坐标计算法

用复合线画出所要计算土方的区域,一定要闭合,但是尽量不要拟合。因为拟合过的曲线在进行土方计算时会用折线迭代,影响计算结果的精度。

点击"工程应用\DTM 法土方计算\根据坐标文件"命令。命令行提示:

提示:选择边界线。

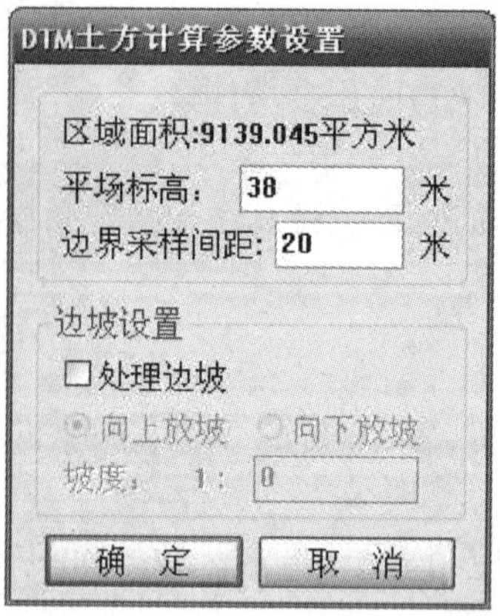

图 12-22 土方计算参数设置

点击所画的闭合复合线,弹出图 12-22 土方计算参数设置对话框。

区域面积:该值为复合线围成的多边形的水平投影面积。

平场标高:指设计要达到的工程场地的高程。

边界采样间隔:边界插值间隔的设定,默认值为 20m。

边坡设置:选中"处理边坡"复选框后,则坡度设置功能变为可选,选中放坡的方式(向上或向下:指平场高程相对于实际地面高程的高低,平场高程高于地面高程则设置为向下放坡),然后输入坡度值。

设置好计算参数后,屏幕上显示填挖方的提示框,命令行显示:

挖方量＝××××m^3,填方量＝××××m^3。

同时图上绘出所分析的三角网、填挖方的分界线(白色线条)。如图 12-22。

关闭对话框后,系统提示:

请指定表格左下角位置:〈直接回车不绘表格〉。

在图上适当位置点击,CASS7.0 会在该处绘出一个表格,包含平场面积、最大高程、最小高程、平场标高、填方量、挖方量和图形。如图 12-23 所示。

2. 根据图上高程点计算法

首先要展绘高程点,然后用复合线画出所要计算土方的区域,要求与 DTM 法同。

点击"工程应用\DTM 法土方计算\根据图上高程点计算"命令。命令行提示:

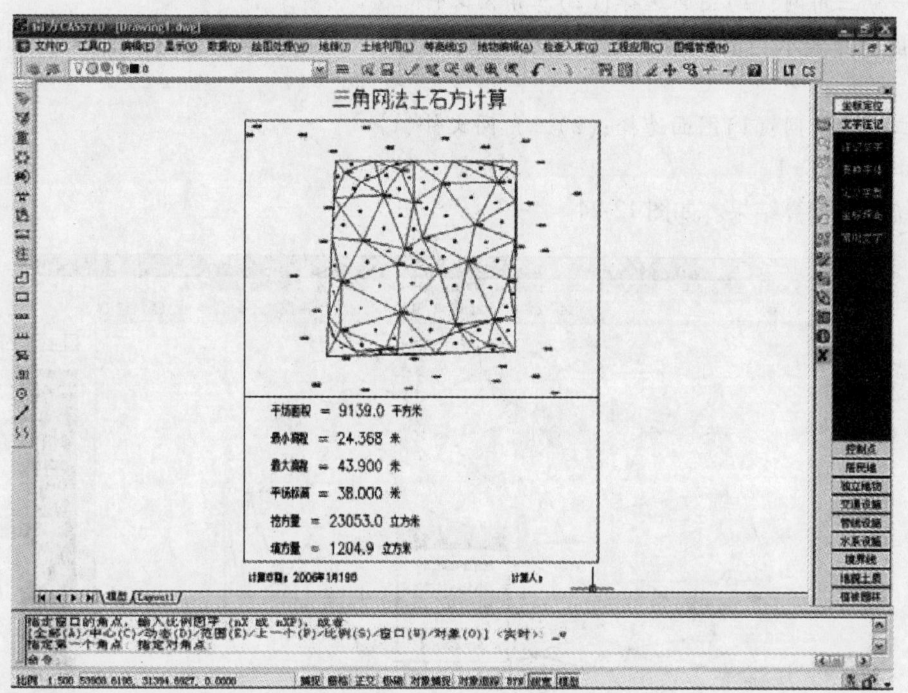

图 12-23　挖填方量计算结果表格

提示:选择边界线〈用鼠标点取所画的闭合复合线〉。

提示:选择高程点或控制点。

此时可逐个选取要参与计算的高程点或控制点,也可拖框选择。如果键入"ALL"回车,将选取图上所有已经绘出的高程点或控制点。弹出土方计算参数设置对话框,以下操作与坐标计算法相同。

3. 根据图上三角网计算法

对已经生成的三角网进行必要的添加和删除,使结果更接近实际地形。

点击"工程应用\DTM 法土方计算\依图上三角网计算"命令。命令行提示:

提示:平场标高(m):输入平整的目标高程。

请在图上选取三角网:〈用鼠标在图上选取三角形,可以逐个选取也可拉框批量选取〉。

回车后屏幕上显示填挖方提示框,同时图上绘出所分析的三角网、填挖方的分界线(白色线条)。

4. 两期土方计算

两期土方计算指的是对同一区域进行了两期测量,利用两次观测得到的高程数据建模后叠加,计算出两期之中的区域内土方的变化情况。适用的情况是两次观测时该区域都是不规则表面。

两期土方计算之前,要先对该区域分别进行建模,即生成 DTM 模型,并将生成的 DTM 模型保存起来。然后点击"工程应用\DTM 法土方计算\计算两期土方量",命令行提示:

第一期三角网:(1)图面选择;(2)三角网文件〈2〉

图面选择表示当前平幕上已经显示的 DTM 模型,三角网文件指保存到文件中的 DTM 模型。

第二期三角网:(1)图面选择;(2)三角网文件〈1〉

同上,默认选 1。

系统弹出计算结果。如图 12-24。

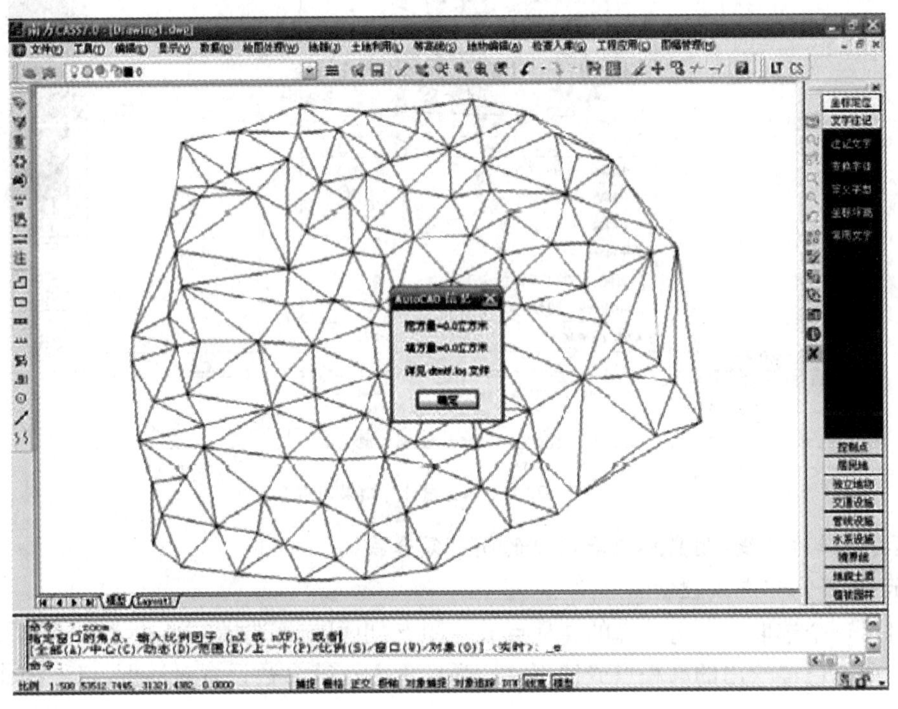

图 12-24　两期土方计算结果

点击“确定”后,屏幕出现两期三角网叠加的效果,蓝色部分表示此处的高程已经发生变化,红色部分表示没有变化。

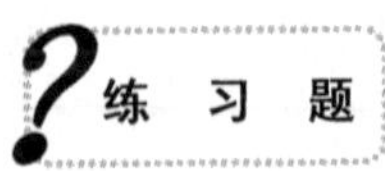

练　习　题

1. 数字测量涉及________。

   A. 测量结果的数字化、地面点特征数字化、测绘机能数字化及其数据库

   B. 测量结果、地面点特征、测绘机能的数字化及其数据库

   C. 图 12-1 整个系统的数字化过程

2. 地形图数字测量的基本系统有________。

   A. 数据采集,数字地理模型的建立,地形图的输出

   B. 现场测量数据,测绘软件,地形图的绘制

   C. 计算机,测绘软件,地形图的绘制

3. 内外业一体化数字测图方法与传统白纸测图方法比较,有何特点?

4. 模拟地图的数字化有下列哪些方法________。

A. 电子平板法　B. 扫描数字化　C. 草图法　D. 手扶跟踪数字化

5. 地面数字测图方法有________。

A. 电子平板法　B. 扫描数字化　C. 草图法　D. 手扶跟踪数字化

6. 下列数字化测图软件________是采用 AutoCAD 为平台开发的。

A. SV300　B. SCS GIS2000　C. EPSW2000

D. RDMS　E. CASS7.0

7. 草图法数字测图一般需要 4 个人，他们分别做什么？

8. 电子平板法数字测图一般需要 3 个人，他们分别做什么？

9. 使用 CASS7.0 的电子平板法进行野外数字测图，在正式开始碎部测量之前，在全站仪和笔记本电脑上需要进行的基本设置有哪些？

10. 使用 CASS7.0 对现有地形图扫描矢量化，在正式开始扫描之前，需要进行的基本设置有哪些？

11. 试写出在 CASS7.0 上进行地形图的下列应用时所使用的命令：

①测量图上点的坐标________；

②测量图上两点之间的实地距离________；

③绘制断面图________；

④测量图上某边线内的面积________。

12. 使用 CASS7.0 进行挖填土方量计算时，对计算边界有什么要求？

13. 使用 CASS7.0 绘制断面图时，一般水平轴的“距离比例”设置成 1∶____，垂直轴的“标高比例”设置成 1∶____比较合适。

第十三章　施工测量原理与方法

[**学习目标**]　明确施工测量的目的及相应的基本要求，掌握施工测量的直接定位元素测设的工作原理，掌握地面点的测设技术，明确激光在施工测量的定向原理和应用方法。

第一节　概　　述

一、施工测量的概念

1. 施工测量目的

设计图纸主要以点位及其相互关系表示交通土木建筑工程建筑物、构造物的形状和大小。建筑物、构造物的设计之后就要按设计图纸及相应的技术说明进行施工。施工测量的目的，是以控制点为基础，把设计图纸上的点位测定到实地并表示出来。实现这一目的的测量技术过程称为工程测设，简称“工程放样”，或称“放样”。经过施工测量表示在实地的点位称为施工点，或称放样点。

2. 放样的基本思想

和测绘的基本技术过程一样，放样地面点的直接定位元素是角度、距离、高差，间接定位元素是点位坐标和高程。角度放样、距离放样、高差放样是直接定位元素的基本测设技术工作。

从地面点定位的基本工作要求出发，放样的基本思想：

(1)在放样之前，检验设计图上有关的定位元素；

(2)必要时对定位元素进行必要的处理；

(3)在实地把拟定的地面点测设出来并在地面上设立点标志；

(4)检查放样点位的准确性、可靠性。

由于交通土木建筑工程的多样性，或地理环境的复杂性，在实施放样的过程中必须因地制宜，采取灵活可靠的技术措施。

二、施工测量的精度

施工测量的精度主要取决于建筑物、构造物的本身要求。建筑物、构造物的本身要求不同，施工测量的精度必有差异。

一般地，钢结构工程的施工精度高于混凝土结构工程的施工精度；装配式工程的施工精度高于现场浇灌式工程的施工精度。

在道路桥梁工程中,高速公路的施工精度高于普通公路的施工精度;特大桥梁的施工精度高于普通桥梁的施工精度;长隧道工程的施工精度高于短隧道工程的施工精度,等等。

施工测量的精度最终体现在施工点的精度。施工测量应从工程的设计与施工的精度需要出发,确定与之相匹配的测量技术相应精度等级,确定满足精度要求的测量装备和施工测量方案,使实地放样点的精度满足施工的需要。

三、施工控制测量

与测量定位技术过程中的工作相仿,施工测量仍然遵循"等级、整体、控制、检验"的4项工作原则。施工测量的整体原则兼顾有工程的全局性和技术要求的完整性。施工控制测量作为施工测量的工作基础,必须从整体原则出发,尽量实现多用性和有效性。

多用性:即施工控制测量的建立应满足工程设计及其施工测量所确定的要求,尽量避免重复控制测量。

有效性:即施工控制测量所建立的控制点点位无损可靠,便于应用,点位参数准确,符合应用需要。

现代化建设的不断发展,要求土木工程的高速度、高精度、高质量,做好施工控制测量这一土木工程的前期工作,是高速度、高精度、高质量的重要保证之一。

四、施工测量的工作要求

1. 紧密结合施工的连续进程

施工要进行,测量是先导。紧密结合施工的需要,测量技术人员必须做到以下几点:①熟悉设计图纸,懂得有关的设计思路;②检查图纸,核实图纸的有关数据,做好施工测量的数据准备;③了解施工工作计划和安排,协调测量与施工的关系,落实施工测量工艺。

2. 熟悉现场实际

施工测量人员熟悉现场实际是搞好施工测量的基本条件。要做到这一点必须:①核查或检测有关的控制点,确认点位准确可靠;②查清工地范围的地形地物状态;③熟悉施工的进展状况;④熟悉施工环境,避免施工对测量的可能影响,及时准确完成施工测量工作。

3. 加强测量标志的管理、保护,注意受损测量标志的恢复

测量标志,包括控制点和放样点。其中控制点是施工测量的基础,放样点是施工的依据。由于施工的复杂性和多样性,往往有可能造成测量标志受损或丢失。因此,测量过程中加强测量标志的管理、保护,及时恢复受损的测量标志是做好施工测量的必要工作要求。

第二节　直接定位元素的放样

直接定位元素角度、距离、高差的放样,即角度放样、距离放样、高差放样。

一、角度放样

图13-1是点位构成角度关系的设计图。图中A、B为已知点,AB是已知方向,AP方向是

设计的方向线，∠BAP 设计已知值为 β。在实地存在相应的已知点 A、B、AB 是已知方向。实地没有 AP 方向。角度放样是以测量技术手段把设计的 AP 方向按设计的∠BAP 已知值测设到实地中。

1. 一般方法

根据图 13-1，角度放样的一般方法如下。

(1)如图 13-2，在实地已知点 A 安置全站仪(或经纬仪)，选定已知方向 AB，以盘左瞄准 B 点目标，同时从全站仪显示窗经纬仪读数窗读取方向值 β_o。一般地，β_o 配置在 0°附近，或者配置为 0°。

(2)拨角定向。拨角即转动全站仪照准部，使显示窗显示的水平方向(或经纬仪读数窗度盘读数)为 $\beta_o+\beta$。此时，望远镜的视准轴指向 AP 的既定方向。

(3)测设指挥者按望远镜视准轴指定的方向的地面上设立标志。如图 13-2，从望远镜视场内可见定点人员的落点动作，此时指挥落点位置应在望远镜十字丝纵丝上(落点的确定动作由指挥者与定点人员约定)。通常在地面落点位置上钉上木桩(木桩移到望远镜十字丝纵丝方向上)，在木桩的顶面标出 AP 的精确方向。

2. 方向法角度放样

(1)按一般角度放样基本步骤完成待定方向 AP 标志 P 的设置，此时 P 用 P'表示，如图 13-3。

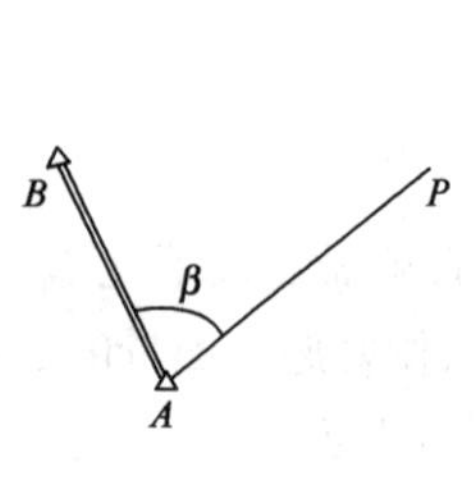

图 13-1 点位角度关系设计图

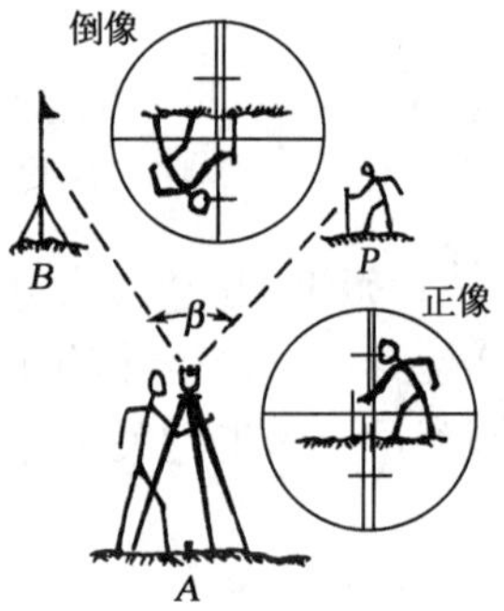

图 13-2 拨角定向

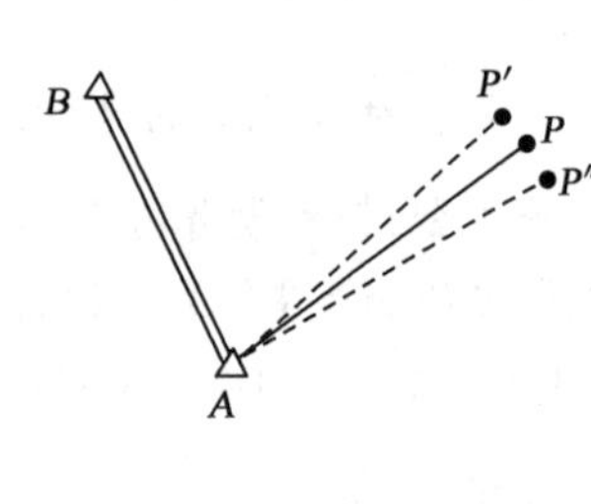

图 13-3 方向法角度放样

(2)全站仪以盘右位置瞄准 B 点目标，获得盘右观测值 $\beta_o+180°$。

(3)按一般角度放样基本步骤(2)使望远镜视准轴以 $\beta_o+180°+\beta$ 指向 AP 方向，同时按指定的方向在实地标出 AP 方向的标志 P''。

(4)取 P'、P''平均位置，即 P 为 AP 方向的准确标志，如图 13-3。

通常工程上以全站仪(或经纬仪)进行角度放样，采用方向法角度放样可以抵消仪器水平度盘偏心差的影响，提高了角度放样的精确度。

3. 改化法角度放样

(1)上述两种方法角度放样指定 AP 方向之后，再利用经纬仪对∠BAP 进行多测回观测，获得多测回平均值 β'。

(2)计算 $\Delta\beta$，即

$$\Delta\beta=\beta'-\beta \tag{13-1}$$

式中，β'为多测回角度观测平均值；β为设计拟定的角度值。

(3)概量AP的长度d，求指定方向P的改正距e(如图13-4)，即

$$e = \frac{\Delta\beta}{\rho} \times d \tag{13-2}$$

式中，$\rho = 206\,265''$。

(4)按改正距e移动P到P_o点，确定AP的精确方向为AP_o。

4. 按已知方向精确定向

如图13-5，把C点定在AB方向上，方法：

(1)目估法定线C'点。概量$AC' = s_1$，$BC' = s_2$。

(2)测量$\angle AC'B = \beta$。

(3)计算ΔC，根据图13-5可推证得：

$$\Delta C = \frac{s_1 s_2}{\sqrt{s_1^2 + s_2^2 - 2s_1 s_2 \cos\beta}} \sin\beta \tag{13-3}$$

利用式(13-3)可计算C'至C的调整长度ΔC。

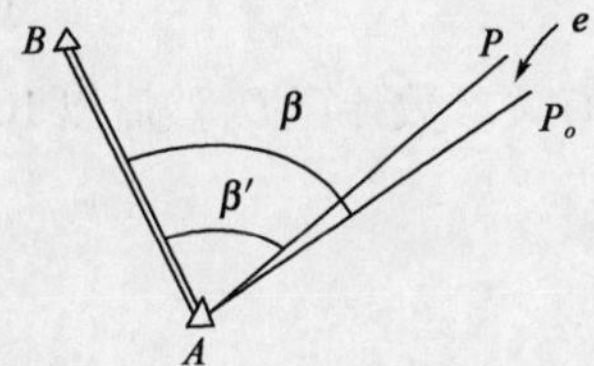

图13-4　改化法角度放样

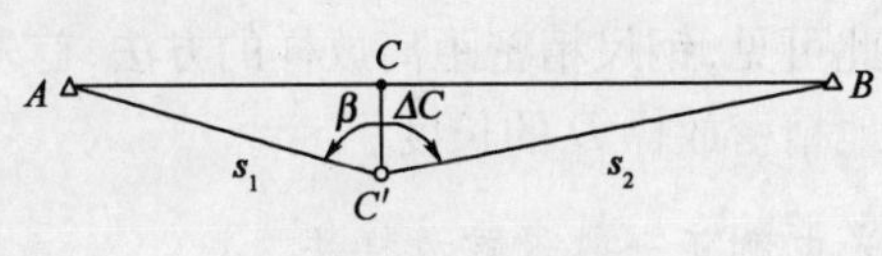

图13-5　按已知方向精确定向

(4)按ΔC把C'移至C点，则C点就在AB方向上。

如果$s_1 = s_2 = s$，$\cos\beta \approx \cos180° = -1$，则式(13-3)为：

$$\Delta C = \frac{s}{2} \times \sin\beta \tag{13-4}$$

二、距离放样

从一个已知点开始沿已定的方向，按拟定的直线长度确定待定点的位置，称为距离放样。

1. 一般水平距离放样

如图13-6，A是已知点，P是AB方向上的待定点，设计拟定平距$AP = D$。实地P点未知。

(1)在实地以钢尺长度D沿AB方向定P点。即以钢尺的零点对准A点，拉紧钢尺(100N左右)，在长度D处的地面上定P点位置。

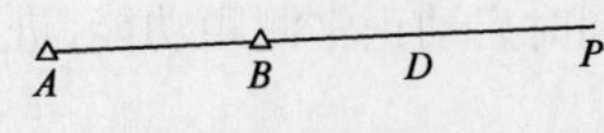

图13-6　距离放样

(2)检验丈量，即用钢尺再丈量AP的长度，检验放样点位的正确性。如果丈量结果不符合拟定的D值，则应调整P点。

2. 倾斜地面的距离放样

图 13-7 中，s 是设计平距，但实际地面 A 至 B 之间存在高差 h。使 AB 的放样平距等于 s，则实地测设长度为 l_p，即

$$l_p = \sqrt{s^2 + h^2} \tag{13-5}$$

倾斜地面的距离放样：①按式(13-5)求 l_p；②按 l_p 沿 AB 方向丈量 P 点。此时得到的 P 点就是 B 点，其 AB 的平距长度等于 s。

3. 钢尺精密距离放样

钢尺精密距离放样是根据钢尺精密量距原理。已知设计上的平距 s，按钢尺精密量距原理，s 满足式(13-6)：

$$s = \sqrt{(D + \Delta l + \Delta l_\alpha)^2 - h^2} \tag{13-6}$$

式中，D 为钢尺丈量的长度；Δl 为尺长改正数；Δl_α 为钢尺温度改正数；h 为地面高差。

根据式(13-6)，要使放样的最终结果满足 s 的要求，则精密丈量的实际长度 D 为：

$$D = \sqrt{s^2 + h^2} - \Delta l - \Delta l_\alpha \tag{13-7}$$

由此可见，钢尺精密距离放样的方法，首先按式(13-7)的有关参数计算 D，然后以 100N 拉力在实地精密放样 D 的长度。

4. 光电测距一般跟踪放样法

(1)准备

在 A 点安置测距仪(或全站仪)，丈量仪器高 i，反射器安置与测距仪同高，如图 13-8。反射器立在 AB 方向 P 点概略位置上(如图 13-8P'处)，反射面对准测距仪。

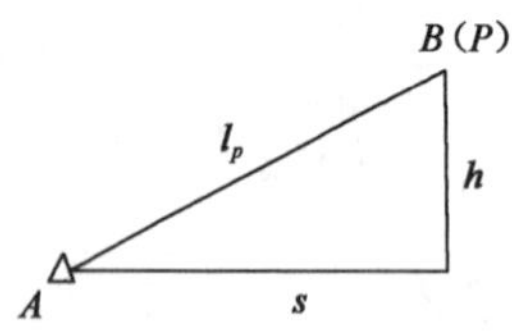

图 13-7 倾斜地面距离放样

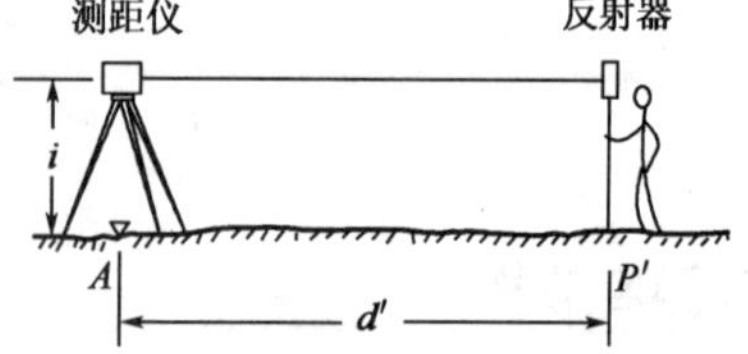

图 13-8 光电测距一般跟踪放样法

(2)跟踪测距

测距仪瞄准反射器，启动跟踪测距功能，观察距离显示值 d'，比较 d' 与设计拟定值 d 的差别，指挥反射器沿 AB 方向前后移动。当 $d' < d$ 时，反射器向后移动，反之向前移动。

(3)精确测距

当 d' 比较接近 d 值时停止反射器的移动，终止跟踪测距功能，同时启动正常测距功能，进行精密光电测距，记下测距的精确值 d''。

(4)调整反射器所在的点位

因上述精确值 d'' 与设计值 d 有微小差值 $\Delta d(=d''-d)$，故必须调整反射器所在的点位消除微小差值。可用小钢尺丈量 Δd，使反射器所在的点位沿 AB 方向移动丈量的 Δd 值，确定精确的点位（必要时应在最后点位上安置反射器重新精确测距，检核所定点位的准确性）。

5. 光电测距精密跟踪放样

根据光电测距成果处理原理，光电测距的平距公式为：

$$s=(D+K+R\times D_{\text{km}})\cos(\alpha+14.1''D_{\text{km}}) \tag{13-8}$$

式中：D——光电测距值；

K——测距仪加常数；

R——测距仪乘常数；

α——放样点与已知点之间的垂直角。

现把光电测距平距 s 当作设计拟定的距离，根据式(13-8)，测距仪放样长度为 D。为了保证设计平距 s 的测设，则测距仪放样长度 D 必须按式(13-9)计算：

$$D=\frac{s}{\cos(\alpha+14.1''D_{\text{km}})}-(K+R\times D_{\text{km}}) \tag{13-9}$$

从式(13-9)可见，光电测距精密跟踪放样方法同一般跟踪测距放样，但距离放样 D 是斜距（如图 13-9），因此放样工作中结合测距仪器的各种功能，实际方法可以是：

(1)安置测距仪器（半站仪、全站仪）、反射器。反射器安置同一般跟踪放样。

(2)根据测距仪器的功能输入加常数 K、乘常数 R。

(3)选择仪器平距显示方式。如选择“平高显示”方式。

(4)启动跟踪测距功能，观察平距显示值，检核与设计值 s 的差值。

(5)指挥前后移动反射器，直至平距显示值等于设计值 s 为止。

三、高差放样

以测量技术手段把拟定的点位测设在设计高差为 h 的位置上的工作过程，称为高差放样。如图 13-10，A 是已知点，高程为 H_A，B 是待定点位，设计上 A、B 两点的高差为 h。高差放样可以把 B 点测设到与 A 点高差为 h 的位置上。

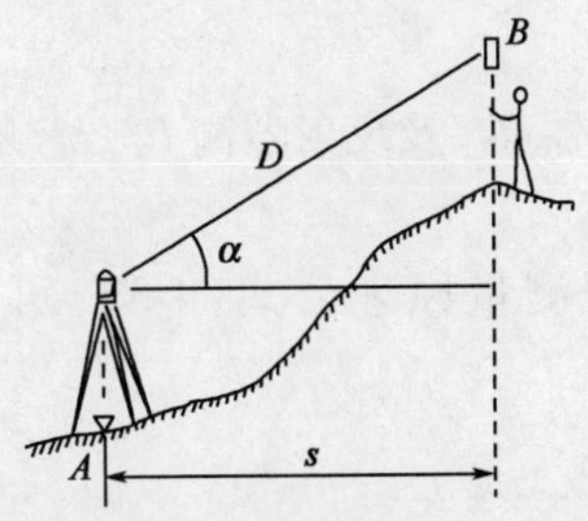

图 13-9　倾斜地面测距跟踪放样

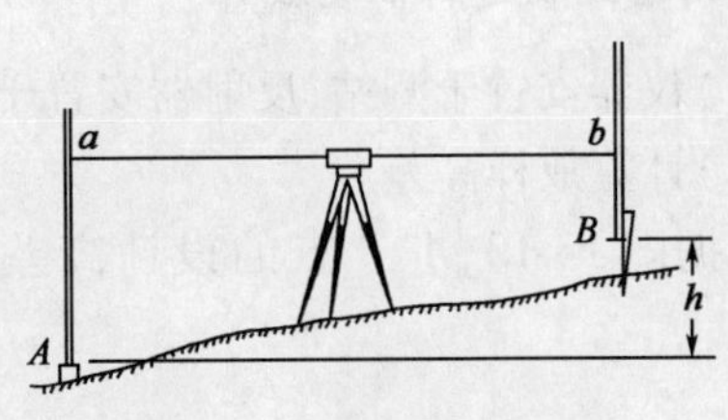

图 13-10　水准测量法高差放样

1. 水准测量法高差放样

如图 13-10 所示，在 A、B 两点之间的水准测量的观测高差 h 为 $h=a-b$。a 是摆站后得到的后视读数，使 B 点与已知点 A 的高差满足已知值 h，则前视读数 b 必须满足：

$$b = a - h \tag{13-10}$$

因此，水准测量法高差放样的步骤如下：

(1)按图 13-10 安置水准仪，观测 A 点的标尺获得后视读数 a；

(2)按式(13-10)计算前视读数 b；

(3)水准仪观测前视尺，指挥调整标尺的高度，使标尺上的前视读数等于上述计算值 b；

(4)沿前视尺底面标画横线，称为标高线，或称高程线。沿标高线向下画一个三角形，如图 13-11。标高线表示 B 点的位置，并且 B 点与 A 点的高差等于 h。

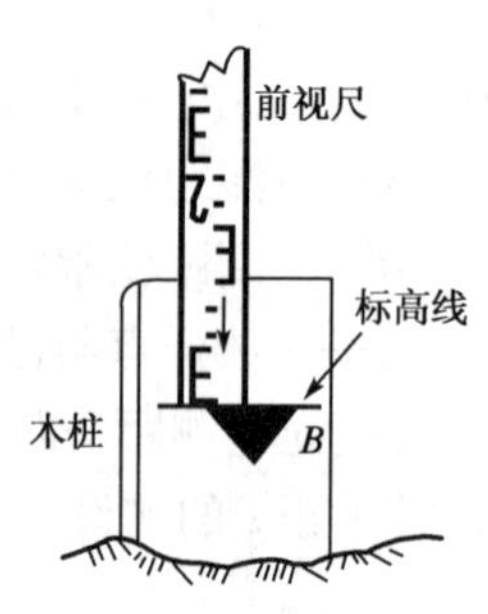

图 13-11　标高线的确定

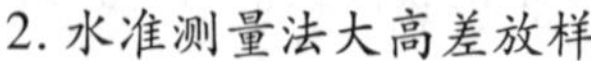

2. 水准测量法大高差放样

图 13-12 是已知点 A 与待测点 B 存在大高差 h 的情况，图中以两个测站(或两台水准仪)加悬挂钢尺的方法进行大高差放样。

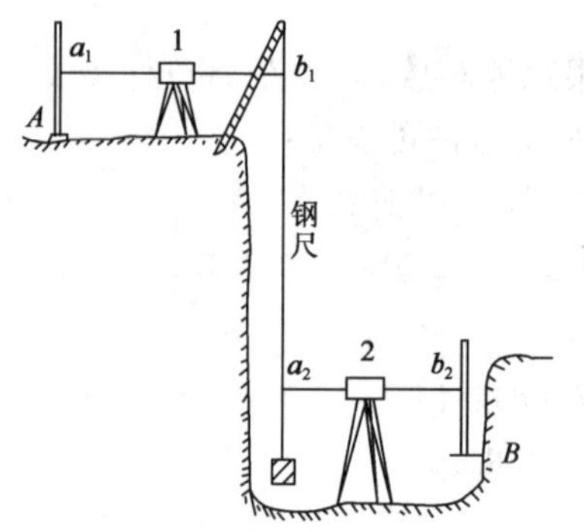

图 13-12　水准测量法大高差放样

(1)水准仪在 1 处观测后视读数 a_1 及前视读数 b_1。

(2)水准仪在 2 处观测后视读数 a_2。

(3)计算前视读数 b_2。图 13-12 中，若把悬挂的钢尺当作标尺，则 A、B 两点高差 h 为：

$$h = a_1 - b_1 + a_2 - b_2 \tag{13-11}$$

式中，h 是设计的大高差，为已知。

故前视读数 b_2 为：

$$b_2 = a_1 - b_1 + a_2 - h \tag{13-12}$$

(4)水准仪在 2 处观测前视尺，指挥调整标尺高度，使标尺前视读数等于式(13-12)的计算值。

(5)沿前视尺的底面标出 B 的位置。此时，B 点与 A 点的大高差必然等于 h。

3. 用全站仪进行高差放样

(1)仪器安置于测站，反射器安置于 B 处附近；量取仪器高 i 及反射器高 l。

(2)计算放样高差。

根据图 13-13，A、B 点的设计高差为 h，由三角高程测量原理公式(4-32)可知，高差 h 为：

$$h = D_{AB} \times \tan(\alpha + 14.1''D_{\text{km}}) + i - l \tag{13-13}$$

根据图 13-13、式(13-13)，距离 D 已知，高差 h 根据实际情况中的仪器高 i、反射器高 l 和

垂直角 α 来计算。

(3)放样准备:

①根据全站仪的功能,把仪器高 i 及反射器高 l 存入仪器的存储器;

②选择仪器的显示方式,显示高差和镜站高程。

(4)高差放样:

①开机并启动测距按钮,观察显示高差和镜站高程;

②启动跟踪测量,观察显示高差和镜站高程;

③指挥升降反射器的高度 l,使显示高差和镜站高程满足设计要求,高差放样结束。

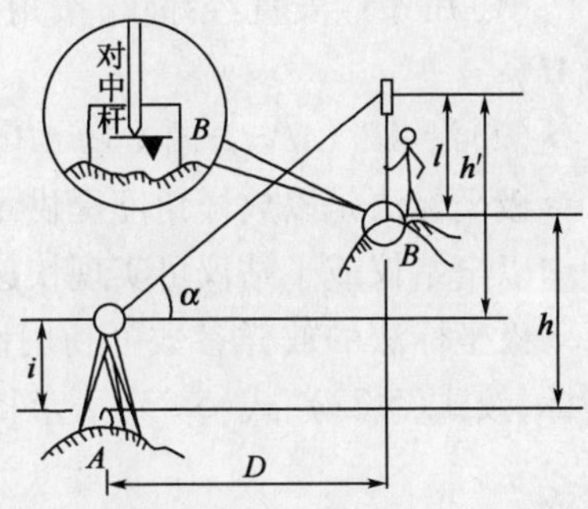

图 13-13　全站仪高差放样

第三节　地面点平面位置的放样方法

一、直角坐标法

这是利用点位之间的坐标增量及其直角关系进行点位放样的方法。如图 13-14,A、B 是已知点,P 是设计的待定点。

1. 实地直角坐标系的建立

设 A 为坐标系原点,AB 为 y 轴,x 轴便是过 A 点与 AB 垂直的直线。

2. 根据设计点位确定点在坐标系中的坐标

如图 13-14,待定点 P 与 A 点的坐标增量 Δx、Δy 在坐标系中便是 x_p、y_p。

3. 放样 P 点

(1)沿 AB 丈量 Δy 得 P_y;

(2)在 P_y 安置经纬仪,瞄准 A 点并拨角 90°;

(3)沿视准轴方向丈量 Δx 得 P 点的位置;

(4)实地定点 P。

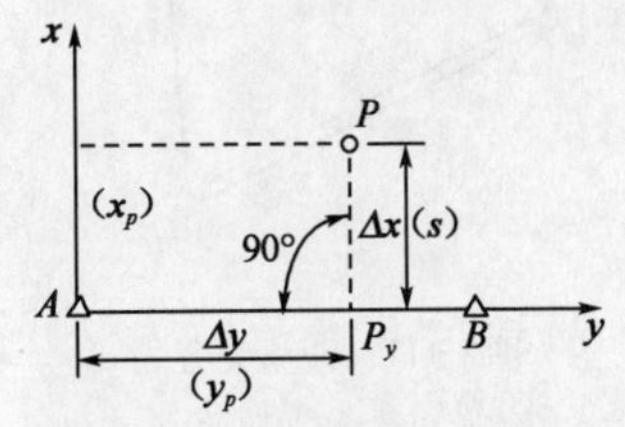

图 13-14　直角坐标法

由图 13-14 可见,利用 P 点与线路段 AB 的垂直距离 s 可以实现 P 点的放样,即在 P_y 处按垂直距离 s 丈量得 P 点的位置。因此,称 P 点为支距点,直角坐标法又称为支距法。如果在 P_yP 点的延长方向还有其他待测设点位,可按丈量得 P 点位的方法继续完成其他点位的测设。

二、极坐标法

这是利用点位之间的边长和角度关系进行放样的方法。如图 13-15,A、B 是已知点,P 是设计的待定点。设计上已知 AP 的水平距离 s 和角度 $\angle BAP=\beta$。极坐标法的点位放样方法是:

(1)在 A 点安置经纬仪,按角度放样在实地标定 AP 方向线的骑马桩 P_1、P_2,其中 $AP_1 < s < AP_2$;

(2)沿 AP_1、AP_2 方向丈量 $AP = s$,实地定 P 点的位置。

极坐标法是以放样角度提供量距方向的定点方法,习惯上又称为偏角法。在极坐标法放样中以全站仪或半站仪可实现快速定位。

极坐标法的放样参数可利用设计上的点位坐标换算得到。如图 13-15,以 A、B、P 的点位坐标,按式(5-22)、式(5-23)可求得方位角 α_{AP}、α_{BA} 和边长 s_{AP},同时可求得夹角 β。

$$\beta = \alpha_{AP} - \alpha_{AB}$$

如果 $\alpha_{AP} < \alpha_{AB}$,则上式应加上 360°。

三、角度交会法

这是利用点位之间的角度关系进行点位放样的方法。如图 13-16,A、B 是已知点,P 是待定点。图中的 α、β 是设计上可以得到的已知角度。角度交会放样法:

(1)在 A 点安置经纬仪,以 AB 为起始方向,以 $360° - \alpha$ 拨角放样 AP 方向,定骑马桩 A_1、A_2;

(2)在 B 点安置经纬仪,以 BA 为起始方向,以 β 拨角放样 BP 方向,定骑马桩 B_1、B_2;

(3)利用 A_1A_2、B_1B_2 相交于 P 点,实地设 P 点标志。

四、距离交会法

这是利用点位之间的距离关系进行点位放样的方法。如图 13-17,A,B 是已知点,P 是待定点。图中的 s_1、s_2 是设计上可以得到的已知水平距离。距离交会放样法:

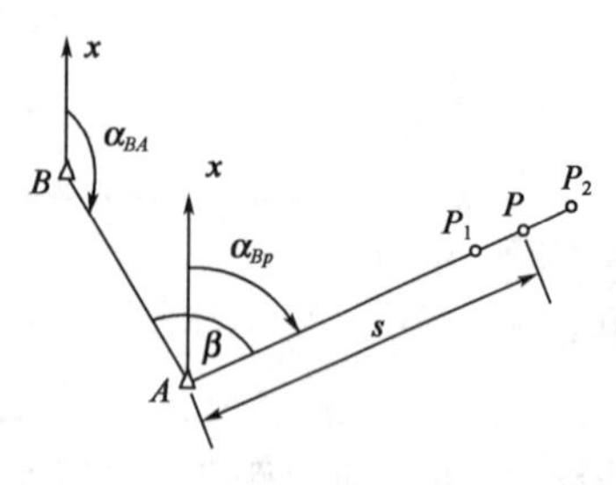

图 13-15 极坐标法

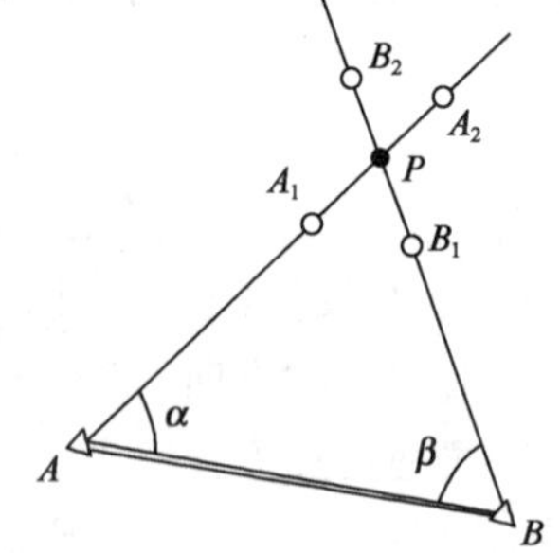

图 13-16 角度交会法

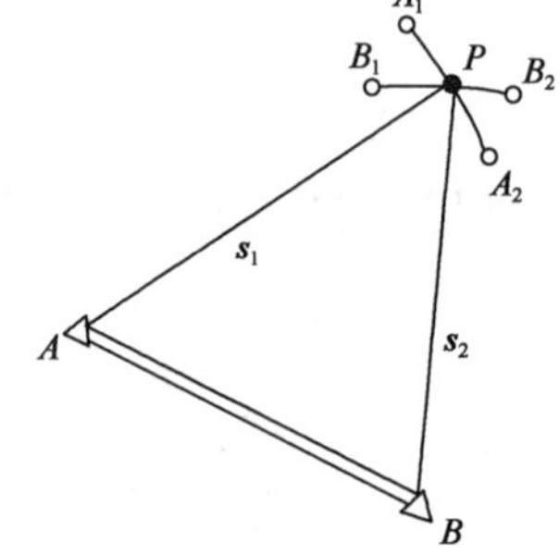

图 13-17 距离交会法

(1)以 A 点为圆心,以 s_1 为半径画弧线 A_1A_2;

(2)以 B 点为圆心,以 s_2 为半径画弧线 B_1B_2;

(3)利用弧线 A_1A_2、B_1B_2 相交于 P 点,实地设 P 点标志。

五、角边交会法

这是利用点位之间的角度、距离关系进行点位放样的方法。如图 13-18,A、B 是已知点,P 是待定点。图中的 β,s 是设计上可以得到的已知角度和水平距离。角边交会放样方法:

(1)在 A 点,以角度放样方法在实地标出 AP 的方向线 A_1A_2;

(2)在 B 点,以 B 为圆心,以 s 为半径画弧线 B_1B_2;

(3)利用直线 A_1A_2 与弧线 B_1B_2 相交于 P 点,实地设 P 点标志。

六、全站坐标法

这是利用点位设计坐标以全站测量技术进行点位放样的方法。全站坐标法的放样技术要点,即利用全站测量技术,测量初估点位,把直接得到点位的坐标与设计点位坐标比较,二者相等则定初估点位为测设的点位。一般全站仪或 GPS 接收机有全站坐标法测设功能。

以全站仪进行地面点的全站坐标测设技术方法有直角坐标增量测设技术、极坐标增量测设技术和偏距测设技术等。

1. 直角坐标增量测设技术

图 13-19 是原理图,测站 A 设全站仪,B 是起始方向,P 是待测的设计点位(实地未知)。

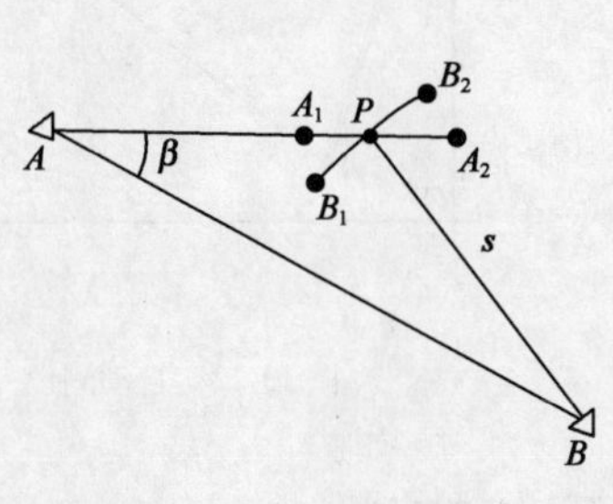

图 13-18　角边交会法

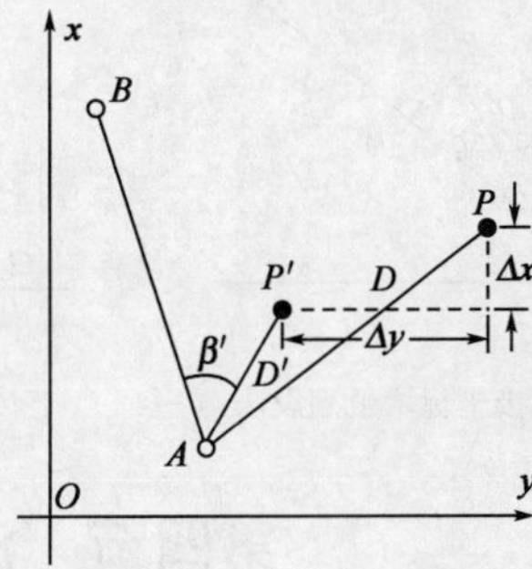

图 13-19　直角坐标增量测设法

(1)测设前,已将 A、B、P 的坐标等参数输入全站仪。测设开始,反射器初立 P' 点位上。

(2)测设时,全站仪瞄准反射器测量,并根据测量的水平角 β' 和平距 D' 计算 P' 点的坐标 x'_p、y'_p。同时与 P 点的设计坐标 x_p、y_p 比较,显示坐标增量 Δx、Δy。

(3)全站仪根据 Δx、Δy 指挥移动反射器,并连续跟踪测量,直至 $\Delta x=0$,$\Delta y=0$。此时,反射器所在点位就是设计的实际点位 P。

(4)最后在地面上标出点位 P 的标志。

2. 极坐标增量测设技术

在测设原理上,极坐标增量测设技术只是把上述的坐标增量 Δx、Δy 转化为极坐标增量 $\Delta\beta$、Δs(图 13-20),其中:

$$\Delta\beta = \beta' - \beta, \quad \Delta s = D' - D$$

测设的过程使增量 $\Delta\beta=0$,$\Delta s=0$,最后在地面上标出点位 P 的标志。

3. 偏距测设技术

在测设原理上,偏距测设技术只是把上述的 $\Delta\beta$、Δs 转化为偏距 Δl、ΔD(图 13-21),

其中：

$$\Delta l = D'\tan\Delta\beta, \quad \Delta D = \frac{D'}{\cos\Delta\beta} - D$$

测设的过程使增量 $\Delta l = 0, \Delta D = 0$，最后在地面上标出点位 P 的标志。

七、全站自由设站自动测设

如图 13-22，根据边角后方交会原理，自动全站仪可自由设站 P 点，并获得 P 点坐标，由此可测设 C 点。如果 C、C' 点是安置在施工设备 $TUWV$ 的反射器，则自动全站仪在获得 P 点坐标后可测量 C、C' 点坐标，立即按预先设计的程序确定 CC' 方向及相应位置，同时确认实际方向（箭头）及相应位置的正确性，以便及时调整，整个过程自动全站仪可以实现快速自动。

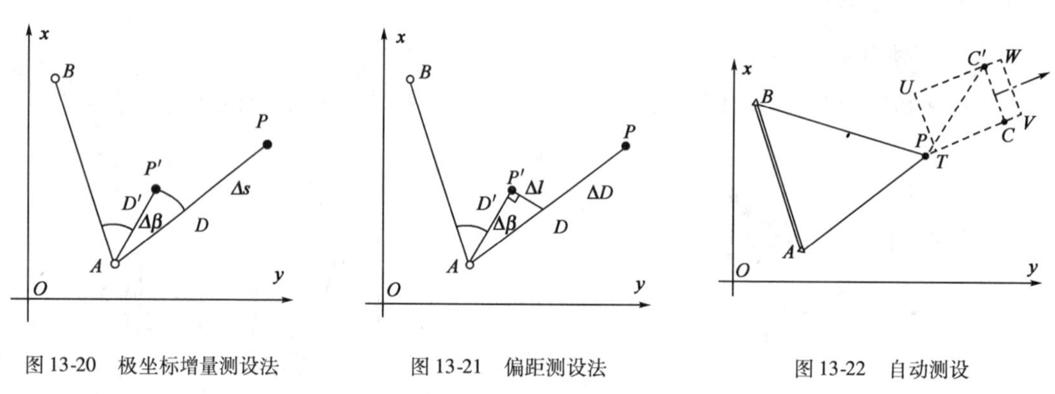

图 13-20　极坐标增量测设法　　图 13-21　偏距测设法　　图 13-22　自动测设

第四节　激光定向定位原理与方法

一、激光定向定位原理

激光是一种具有高亮度、高单色、高方向性的光源，发射的光束是一条很精细的光线。应用于定向定位的光源器件有气体激光器、半导体发光管等。图 13-23 是一台 He-Ne 气体激光器原理图，这是一个两侧设有谐振反射镜的玻璃管器件，内装 He-Ne 气体。因激光电源的激励，氦、氖气体经历吸收能量、电离、自发激励、振荡受激发射的过程，最终射出一束波长为 632.8nm 的精细红色激光束。

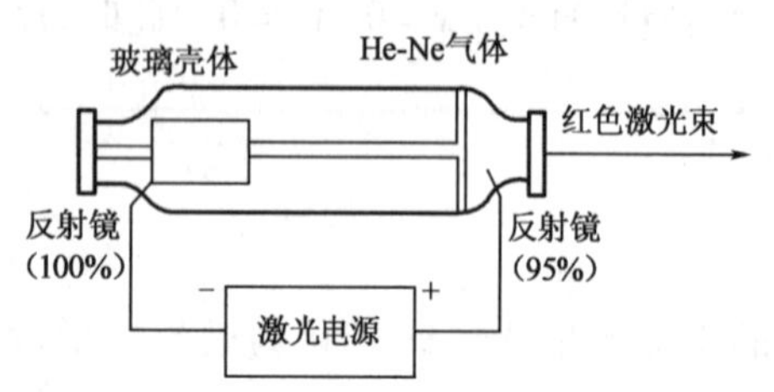

图 13-23　He-Ne 气体激光器原理

激光定向定位的原理实质：把红色激光束引入望远镜，使之在十字丝交点处沿着视准轴的方向射出，精细红色的可见激光线成为视准轴的标志，实现视准轴定向定位的直接可见性。

图 13-24 是 He-Ne 气体激光器的激光电源供电原理图。He-Ne 气体激光器需要很高的激发电压（4 000V 以上），发射的激光束射程一般可达数千米。图 13-25a）是激光器与望远镜的结合形式。半导体激光器是一种以一般干电池供电激励发射红色激光的光源。图 13-25b）是激光目镜（红外激光）与望远镜的结合形式。

根据激光器与测量仪器的结合形式便有激光经纬仪、激光全站仪、激光水准仪、激光铅直仪(应用于垂直指向)、激光对中器等器具的名称。

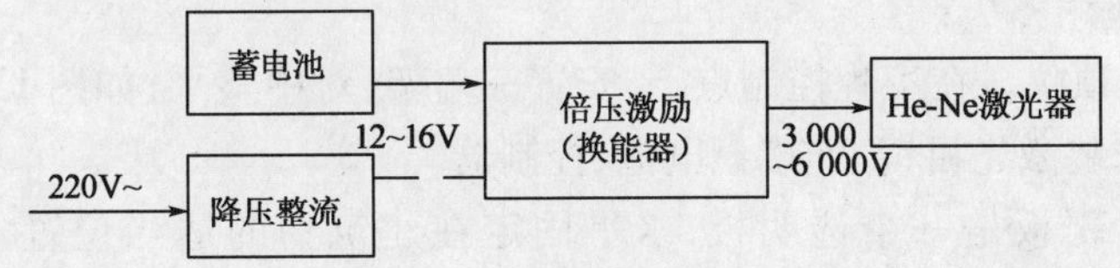

图 13-24　激光电源供电原理

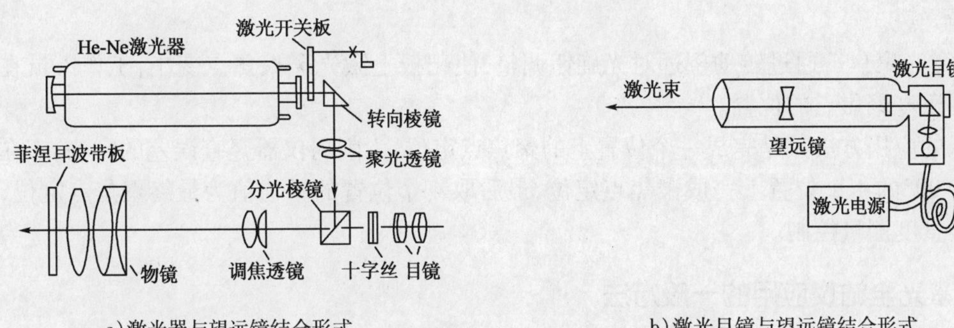

a)激光器与望远镜结合形式　　b)激光目镜与望远镜结合形式

图　13-25

二、激光垂直仪的应用方法

图 13-26 是一台附有激光方向线的仪器,名为激光垂直仪(天顶仪),仪器由投点部、基座、控制器、蓄电池组成。

在投点部,一般的光学构件有目镜、内调焦镜、五角棱镜、物镜等。如果目镜换上激光目镜,则激光被引入,视准轴将是一条可见的激光光线。

图 13-27 是激光天顶仪投点部的激光出射光路图。天顶仪的激光目镜是点光源,发出红色激光束经五角棱镜转角 90°后竖直向上。

图 13-26　激光垂直仪

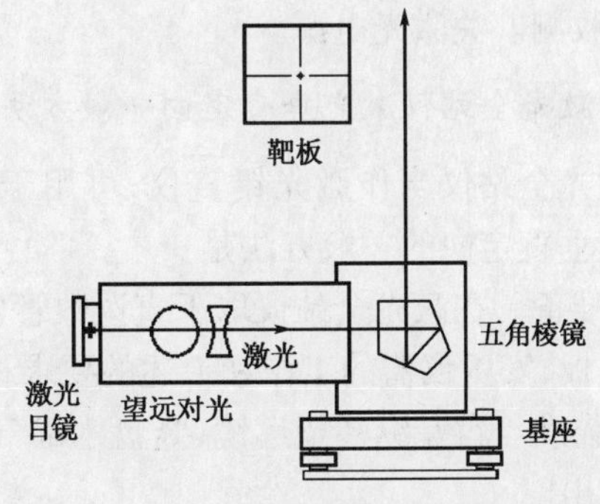

图 13-27　激光出射光路图

激光天顶仪的投点部的望远对光旋钮可用于调整看清楚目标,也可用于调整激光聚焦落点精细。靶板设在适当的位置,激光束按仪器给定的竖直方向射出并在预设的靶板上落点显示激光点位,从而获得施工的标准位置。为了保证激光束竖直度可靠性,应通过水平转动投点部,在对径位置标定激光点位的平均位置。

激光天顶仪的应用方法:

(1)安置激光天顶仪。在工程控制点上,安置三角架,对中整平,如图13-27。安置激光天顶仪后按图13-27安装激光目镜,连接蓄电池、控制器。

(2)安置靶板。靶板是一个透明板,水平固定在建筑物的适当位置,板面对着激光天顶仪。

(3)开控制器的电源,开激光,必要时应转动电位调节,使激光发射稳定。此时在靶板上有红色激光斑。

(4)激光聚焦。通过转动望远对光旋钮调整,使靶板上激光斑聚焦点变小,工作人员在靶板上标明激光聚焦点的位置。

以上的应用方法只是完成一个位置上的聚焦点定位,为削弱仪器竖直误差的影响,应在水平面互为90°的4个位置上完成聚焦点定位,最后取4个位置的平均值为最终聚焦点定位,完成一次竖直度测量控制。

三、激光全站仪应用的一般方法

图13-28是一台NTS-340R型激光全站仪,与同类光学经纬仪相比,光学测角方法是相同的,不同的是激光定向定位的应用。

1. 以激光定向定位的一般方法

(1)准备。安置仪器,电源供电正常;激光于关位置(防止激光射眼)。

(2)瞄准。望远镜瞄准目标;启动全站仪,激光发射;激光从望远镜射出。

(3)落点。转动望远调焦螺旋,使激光落点聚焦;按激光落点定点。

(4)收测。关激光电源。

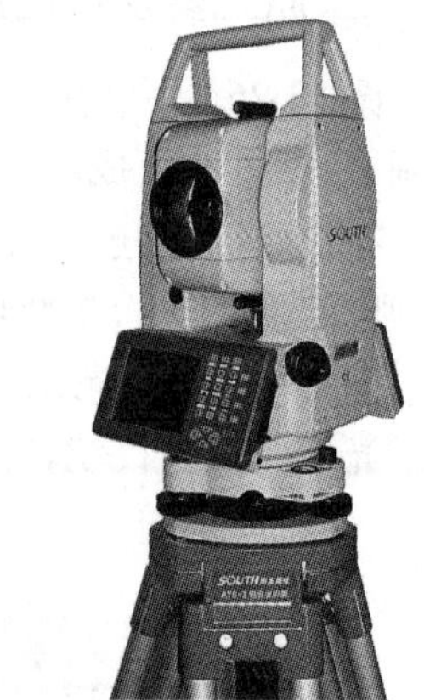

图13-28 激光全站仪

2. 以激光全站仪激光垂直定向一般方法

把激光全站仪当作激光铅直仪,可用于铅直指向,即垂直定向。激光垂直定向的一般方法是:

(1)准备。在激光全站仪取下直读数管(原读数窗前的读数管),装上弯读数管;垂直方向上安置靶板,安置仪器的工作和上述的要求相同。

(2)瞄准。盘左纵转望远镜,竖盘水准气泡居中,显示窗得竖直度盘90°;开激光,激光从望远镜射出。

(3)落点。转动望远调焦螺旋,使激光落点聚焦;按激光在靶面的落点定点。

(4)转向落点。转动激光全站仪照准部90°,按激光在靶面的落点定点。按此法再连续两次转向落点。

(5)取以上4点的平均位置为最后垂直定向的位置。

如果激光全站仪的竖盘指标线没有自动归零装置,上述每次落点定点前应注意竖盘水准气泡居中。

3. 注意事项

应用时应防止激光射眼睛;防止激光电源(尤其高压电源)短路和触电;长时间不用时,应定期给蓄电池充电和激光试射;注意防震、防潮、防尘、防暴晒。

有关其他激光仪器的应用不一一说明,应用时可参考有关的说明书。

练 习 题

1. 试述用全站仪(或经纬仪)按一般方法进行角度放样的基本步骤。
2. 试述用全站仪(或经纬仪)按方向法进行角度放样的基本步骤。
3. 说明一般光电测距跟踪距离放样的步骤。
4. 试述以全站仪高差放样的方法。
5. 下述说明正确的是________。
   A. 施工测量基本思想是:明确定位元素,处理定位元素,测定点位标志
   B. 施工测量基本思想是:检查定位元素,对定位元素进行处理,把拟定点位测定到实地
   C. 施工测量基本思想是:注意环境结合实际,技术措施灵活可靠
6. 施工测量的精度最终体现在________(1),因此应根据________(2)进行施工测量。
   (1) A. 测量仪器的精确度　　(2) A. 工程设计和施工的精度要求
   B. 施工点位的精度　　B. 控制点的精度
   C. 测量规范的精度要求　　C. 地形和环境
7. 一般法角度放样在操作上首先________。
   A. 应安置经纬仪,瞄准已知方向,水平度盘配置为0°
   B. 应计算度盘读数$\beta_o+\beta$,观察在显示窗能否得到$\beta_o+\beta$
   C. 准备木桩,在木桩的顶面标出方向线
8. 方向法角度放样可以消除________。
   A. 经纬仪安置对中误差的影响
   B. 水平度盘刻划误差的影响
   C. 水平度盘偏心差的影响
9. 按已知方向精确定向,如图13-29,$s=30\text{m}$,$\beta=180°20'36''$。按式(13-3)计算定向改正ΔC,并说明改正点位的方法。

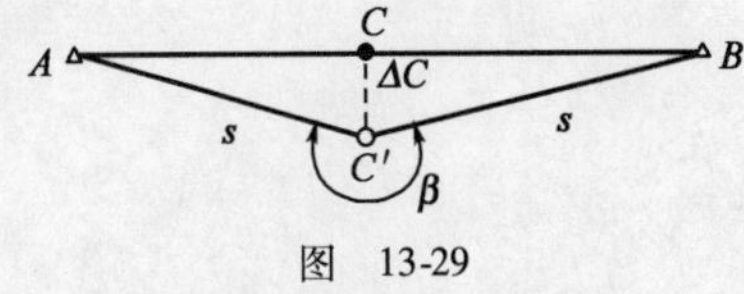

图 13-29

10. 根据式(13-8),已知$s=100\text{m}$,测距仪器的加常数$K=3\text{cm}$,乘常数$R=160\text{mm/km}$。按光电测距精密跟踪放样的实际方法,在放样结束时,仪器平距显示的平距应是________才说明放样符合要求。
    A. 99.954m　　B. 100m　　C. 100.046m

11. 水准测量法高差放样的设计高差 $h=-1.500\text{m}$，设站观测后视尺 $a=0.657\text{m}$，高差放样的 b 计算值为 2.157m。画出高差测设的图形。

12. 图 13-30 中，B 点的设计高差 $h=13.6\text{m}$（相对于 A 点），如图所示，按两个测站大高差放样，中间悬挂一把钢尺，$a_1=1.530\text{m}$，$b_1=0.380\text{m}$，$a_2=13.480\text{m}$。试计算 b_2。

13. 图 13-31，已知点 A、B 和待测设点 P 坐标是：

A：$x_A=2\,250.346\text{m}$，$y_A=4\,520.671\text{m}$；

B：$x_B=2\,786.386\text{m}$，$y_B=4\,472.145\text{m}$；

P：$x_p=2\,285.834\text{m}$，$y_p=4\,780.617\text{m}$。

按极坐标法计算放样的 β、s_{AP}。

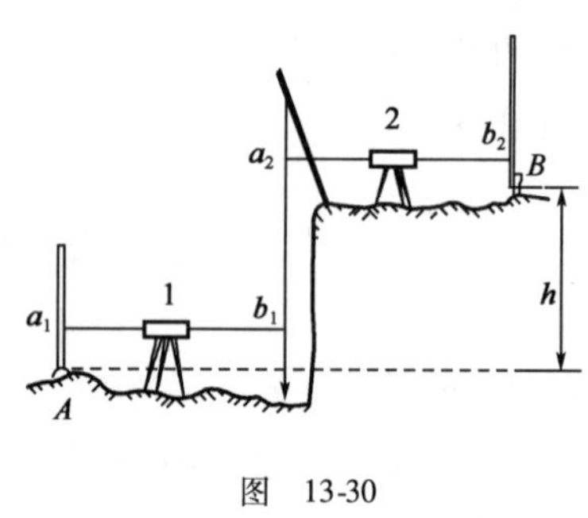

图 13-30

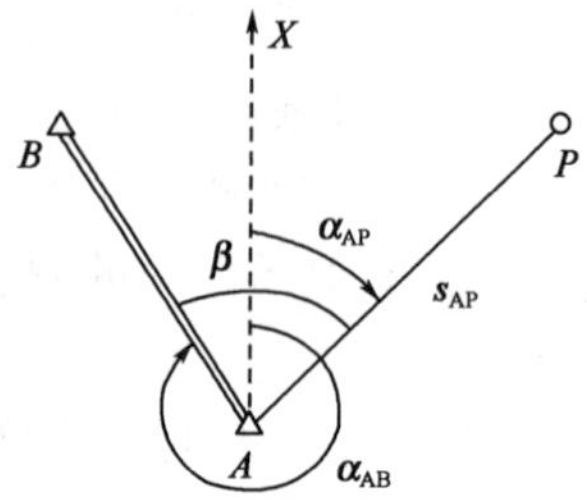

图 13-31

14. 激光定向定位的原理实质是________。

A. 把激光线引入望远镜，沿着视准轴方向射出，实现视准轴直接可见性

B. 红色激光束射出望远镜，实现视准轴可见性

C. 红色激光束射入望远镜，沿着目标方向射出，实现视准轴直接可见性

15. 全站仪激光定向定位的一般方法有__(1)__，__(2)__，__(3)__。

(1) 准备：A. 安置仪器，检查仪器状态　B. 安置仪器，启动仪器　C. 开激光

(2) 瞄准：A. 瞄准目标，启动仪器　B. 瞄准目标，激光射出　C. 瞄准目标，启动仪器，激光射出

(3) 落点：A. 激光落点定点　B. 转望远调焦螺旋，激光聚焦落点定点　C. 按激光定点

16. 如图 13-31，极坐标法放样的 β、s_{AP} 的步骤是________。

A. A 点安置经纬仪，视准轴平行 x 轴，转照准部 β，丈量 s_{AP} 定 P 点

B. A 点安置经纬仪，瞄准 B 点，转照准部 β，丈量 s_{AP} 定 P 点

C. B 点安置经纬仪，瞄准 A 点，转照准部 β，丈量 s_{AP} 定 P 点

第十四章　路线中线测量

［学习目标］　掌握路线中线测量定位的基本技术方法，明确中线直线、圆曲线、缓和曲线、缓和复曲线的基本数学模型和定位参数计算方法，掌握切线支距法、偏角法等路线测量技术和路线测量特殊定位问题的处理方法。

第一节　路线测量与路线工程建设

一、路线测量概述

在线形工程建设中，如铁路、公路、输电线、供水、供气、输油等工程建设中所进行的测量，称为线路工程测量，简称线路测量。线路测量的基本技术内容如下。

(1)根据规划设计要求，在选用中小比例尺地形图上确定规划线路的走向及相应大概点位。

(2)根据图上的设计在实地标出线形工程的基本走向，沿着基本走向进行必要的控制测量。

(3)结合线形工程的需要，沿着线形工程的基本走向进行带状图或平面图的测绘。比例尺根据不同线形工程实际按表 14-1 的要求选定。

线形工程测图比例尺　　表 14-1

<table>
<tr><th rowspan="2">路线工程类型</th><th rowspan="2">带状地形图</th><th rowspan="2">工点地形图</th><th colspan="2">纵断面图</th><th colspan="2">横断面图</th></tr>
<tr><th>水平</th><th>垂直</th><th>水平</th><th>垂直</th></tr>
<tr><td rowspan="3">铁路</td><td>1:1 000</td><td>1:200</td><td>1:1 000</td><td>1:100</td><td rowspan="3">1:100
1:200</td><td rowspan="3">1:100
1:200</td></tr>
<tr><td>1:2 000</td><td>1:200</td><td>1:2 000</td><td>1:200</td></tr>
<tr><td>1:5 000</td><td>1:500</td><td>1:10 000</td><td>1:1 000</td></tr>
<tr><td rowspan="2">公路</td><td>1:2 000</td><td>1:200</td><td>1:2 000</td><td>1:200</td><td>1:100</td><td>1:100</td></tr>
<tr><td>1:5 000</td><td>1:1 000</td><td>1:5 000</td><td>1:500</td><td>1:200</td><td>1:200</td></tr>
<tr><td rowspan="2">架空索道</td><td>1:2 000</td><td>1:200</td><td>1:2 000</td><td>1:200</td><td rowspan="2"></td><td rowspan="2"></td></tr>
<tr><td>1:5 000</td><td>1:500</td><td>1:5 000</td><td>1:500</td></tr>
<tr><td rowspan="2">自流管线</td><td>1:1 000</td><td></td><td>1:1 000</td><td>1:100</td><td rowspan="2"></td><td rowspan="2"></td></tr>
<tr><td>1:2 000</td><td>1:500</td><td>1:2 000</td><td>1:200</td></tr>
<tr><td rowspan="2">压力管线</td><td>1:2 000</td><td></td><td>1:2 000</td><td>1:200</td><td rowspan="2"></td><td rowspan="2"></td></tr>
<tr><td>1:5 000</td><td>1:500</td><td>1:5 000</td><td>1:500</td></tr>
<tr><td rowspan="2">架空送电线路</td><td rowspan="2"></td><td>1:200</td><td>1:2 000</td><td>1:200</td><td rowspan="2"></td><td rowspan="2"></td></tr>
<tr><td>1:500</td><td>1:5 000</td><td>1:500</td></tr>
</table>

(4)根据规划设计的线路,把路线中线的点位测定到实地中。

(5)测量线形工程的基本走向的地面点位高程,绘制线路基本走向的纵断面图。根据线形工程的需要测绘横断面图。比例尺按表14-1的要求选定。

(6)按线形工程的详细设计进行施工测量。公路、铁路是社会经济发展的重要线路,大型供水工程是社会经济发展重要渠道。为了区别于一般的线路测量技术,这里把公路、铁路、大型供水渠道的工程测量技术称为路线测量。路线测量贯穿于路线工程从规划、勘测设计、施工到营运管理的各阶段,是与工程建设紧密结合的专业测量技术。本章以交通路线工程为基础,重点叙述路线测量的技术原理和方法,同时适当兼顾其他线形工程测量方法。

二、路线测量的基本过程

1.规划选线

这是交通路线建设的初始设计工作,一般的工作内容如下。

(1)图上选线

根据有关主管部门提出的某一交通路线(或某一交通网络)建设基本思想,利用中比例尺(1:5 000 ~ 1:50 000)的地形图,在图上选取路线方案。

一张现势性较好的地形图作为交通规划选线、路线初始设计反映出公路线走向的地形状态,提供有比较多的地质、水文、植被、居民点、原有交通网络、原有管线网络以及经济建设等现状。图上选线,可以在这些现有资料基础上初步确定多种交通路线的走向,估计路线的距离、桥梁涵洞交叉的座数、隧道长度、车站位置等项目,测算各种图上选线方案的建设投资费用等。

(2)实地考察

根据图上选线的多种方案,进行野外实地视察、踏勘、调查,收集路线沿途实际情况,进一步掌握公路沿线实际资料。其中注意搜集:①有关控制点;②了解沿途的工程地质情况;③查清规划路线所经过的新建筑物、交通交叉、管线位置;④了解有关土石建筑材料情况。

地形图现势性往往跟不上经济建设的速度,实际地形与地形图有可能存在差异。因此,实地考察获得的实际资料是初始图上选线设计的重要补充资料。

(3)方案论证比较

即根据图上选线和实地考察的全部资料,结合主管部门的意见进行方案论证,确定规划路线的基本方案。

2.勘测设计

勘测设计是在规划路线上进行路线勘测与设计的整个技术过程,有二阶段和一阶段两种形式。二阶段勘测设计的形式包括初测与定测两个基本内容。

(1)初测

即在所定的规划路线上进行勘测工作,主要内容有:控制测量和带状地形图的测量,目的是为交通路线工程提供完整的控制基准及详细的地形资料。

①控制测量:即平面控制测量和高程控制测量。在中比例尺地形图上已经有了交通规划路线,在实地也有了规划路线的基本走向。平面控制测量和高程控制测量在实地相应的规划

路线上进行。

平面控制测量:可以是导线测量,也可以是三角测量或 GPS 技术。导线测量中应注意:沿规划路线布设控制点之间的距离一般应在 50 ~ 500m 之间;布设的导线二端(二端间隔 < 30km)应与国家控制点联测;未能与国家控制点联测的导线测量,应在导线二端测量真方位角;导线角度测量按二半测回观测。

导线测量的技术要求决定于导线总长所确定的技术等级,又应满足表 14-2 的规定。

路线导线测量的技术要求　　表 14-2

导线类型	方位角闭合差			相对闭合差	二半测回差	
	附　合	两端测真北	一端测真北		DJ_2	DJ_6
初测导线	$30''\sqrt{n}$	$30''$	$30''$	1:2 000	$20''$	$30''$
定测导线	$30''\sqrt{n}$			1:2 000	$20''$	$30''$

高程控制测量:在规划路线沿线及桥梁、隧道工程规划地段进行高程控制测量,为交通路线勘测设计建立满足要求的高程控制点,提供准确可靠的高程值。

②带状地形测量:在已经建立的平面控制和高程控制基础上沿规划中线进行地形测量,按一般地形图测绘的技术要求测绘大比例尺带状地形图,带状宽度 100 ~ 300m。此外,应注意测绘各种管线和原有的路桥与规划路线的关系,加测穿越规划路线的管线悬空高或负高。规划公路沿线的桥梁隧道应测绘大比例尺工点地形图。

大比例尺带状地形图是路线中线设计最重要的基础图件。利用大比例尺带状地形图路线中线设计,工程专业称为纸上定线设计,或称为路线平面设计,简称纸上设计。纸上设计主要内容是:在带状地形图上确定路线中线直线段及交点位置,标明路线中线直线段连接曲线段的图形和有关参数。

图 14-1 带状地形图上连贯首尾的粗实线是定线设计的公路中线。图中 K_1、K_2 等是导线点,BM_1、BM_2 是水准点,JD_1、JD_2 等是定线设计公路的直线段交点。图中方格线的注有参数是方格的平面直角坐标。例如,N2876200、E38638600,前者表示 X 坐标,后者表示 Y 坐标。

(2)定测

主要内容:①将纸上定线设计的公路中线(直线段及曲线段)测定到实地;②路线的纵、横断面测量。定测为路线竖向设计、路基路面设计提供详细的高程资料。

纸上定线设计和竖向设计、路基路面设计是伴随着初测和定测的二阶段技术过程中实现的,故称为二阶段设计。一般的公路、铁路及大桥、隧道采用二阶段设计;修建任务紧急,方案明确,工程简易的低等级公路可采用一阶段设计的技术过程。一阶段设计,一般是一次性提供公路施工的整套设计方案。作为与之相配合的勘测工作是一次性定测,亦即上述的初测、定测的连续性测量过程。

3. 路线工程的施工放样

根据设计的图纸及有关数据放样公路的边桩、边坡、路面及其他的有关点位,保证交通路线工程建设的顺利进行。

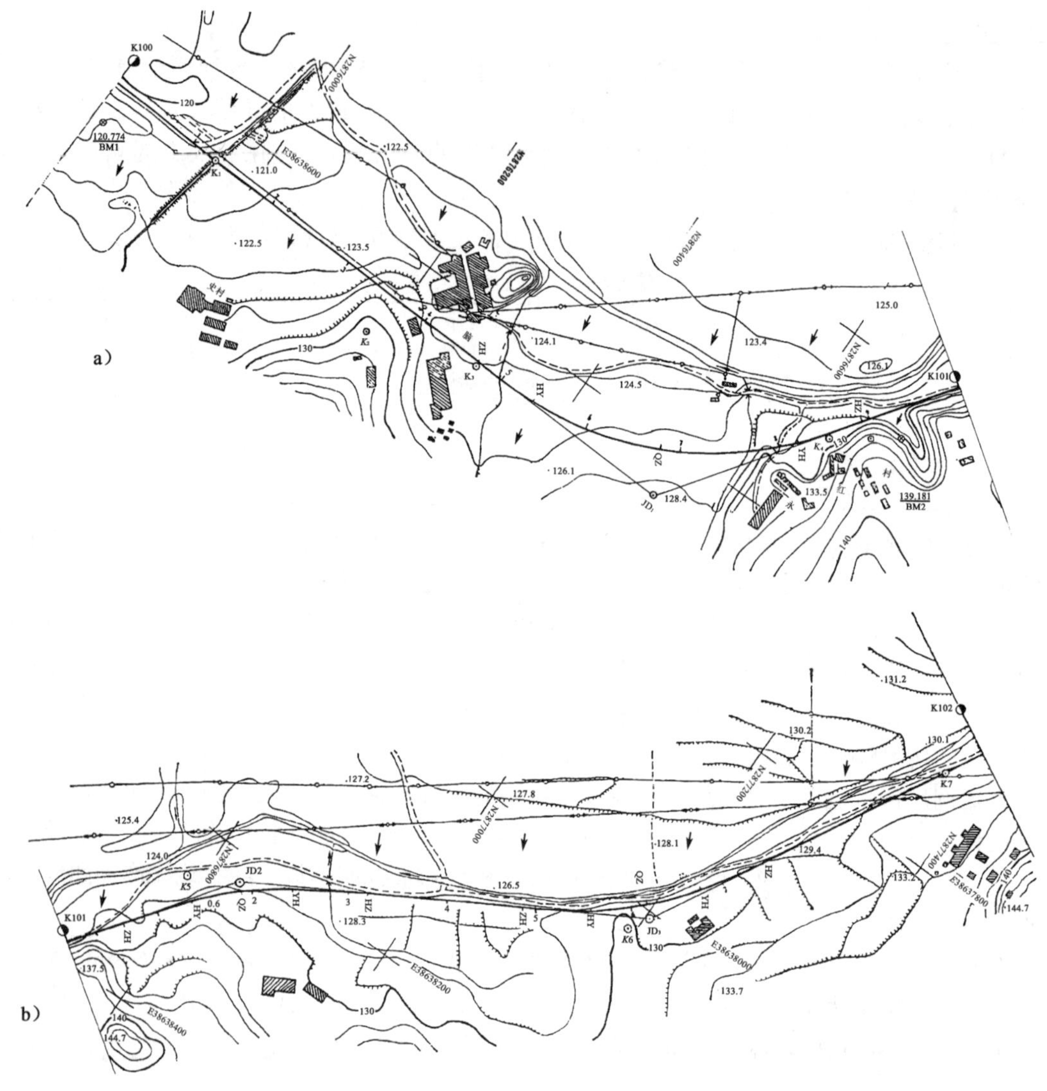

图 14-1　带状地形图与路线设计

三、路线测量的基本特点

1. 全线性

路线测量技术工作贯穿于整个交通路线工程的性质，称为全线性。以公路工程测量为例，从规划到施工，公路工程测量贯穿于整个公路建设始终，深入于公路路面施工具体点位，公路工程建设过程时时处处离不开测量技术工作。

2. 阶段性

阶段性既是测量技术本身特点，也是路线设计过程需要。图 14-2 表示公路设计与公路测量的先后关系，体现公路测量的阶段性，反映实地考察、平面设计、路面设计与初测、定测、放样各阶段的呼应关系。这种阶段性包含有测绘与放样的反复程序，反映了公路建设与测量技术的密切关系。

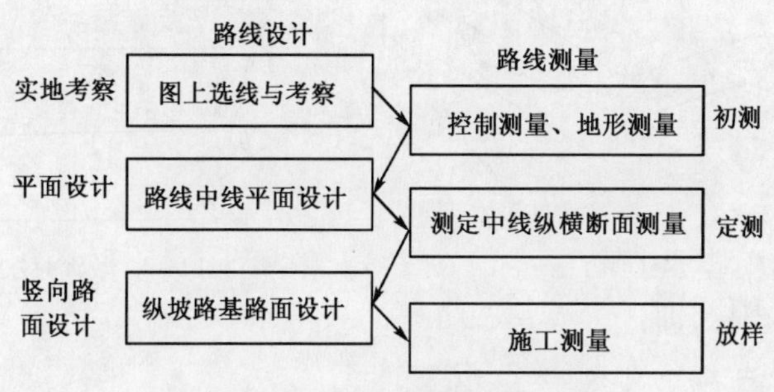

图 14-2　公路设计与公路测量的关系

3. 渐近性

不论是一阶段设计还是二阶段设计，交通路线建设从规划设计到兴建完工经历一个从粗到精的过程。图 14-2 表示公路建设与公路测量的关系流程，从图 14-2 中可见，公路的完美设计是在“从实践中来到实践中去”的过程中逐步实现的。公路的完美设计需要公路勘测与设计的完美结合，设计技术人员懂测量、会测量；公路测量技术人员懂设计、明了公路的设计思路。完美结合的结果便是公路测量使公路工程建设在越测越像的过程中实现。

第二节　路线中线的直线测量

图 14-3 中是一公路设计简图，图中点虚线表示带状地形图范围；图中 A、B、K_1、K_2、…、K_8、C、D 各导线点连接成一条附合导线；中间 M、JD_1、JD_2、JD_3、N 各点连成的折线是带状图上定线设计的公路中线，其中 M、N 是公路起、终点，JD_1、JD_2、…是公路中线直线段的交点。路线中线直线测量的任务，把图上定线设计的路线中线直线方向、交点以及按一定间距的直线段放样到实地中。

一、中线直线段的一般放样

1. 一般的放样方法

放样，先有点位参数，再是点位放样。获取点位参数有图解法和解析法。

(1)解析法获取测设参数与放样

解析法是利用点位坐标计算获取测设参数的方法。如图 14-4(图 14-3 的局部)，M、JD_1 是平坦地段直线段的两点，只要把 M、JD_1 放样到实地中去，便可得到 M 到 JD_1 的直线段。方法：

①根据设计的点位 M、JD_1 的坐标求得距离、角度参数，即 s_1、β_1 及 s_2、β_2。

②分别在 B、K_2 点安置仪器，按极坐标法放样 M、JD_1 点。

③根据放样的点位在实地设立 M、JD_1 的点位标志。

(2)极坐标法连续点的参数与放样

极坐标法可利用控制点视野开阔的有利地形条件进行中线点位的放样。如图 14-5，A、B 是导线点，M 至 JD_1 是公路的中线，i 是待放样的中线点位，极坐标法放样的方法如下。

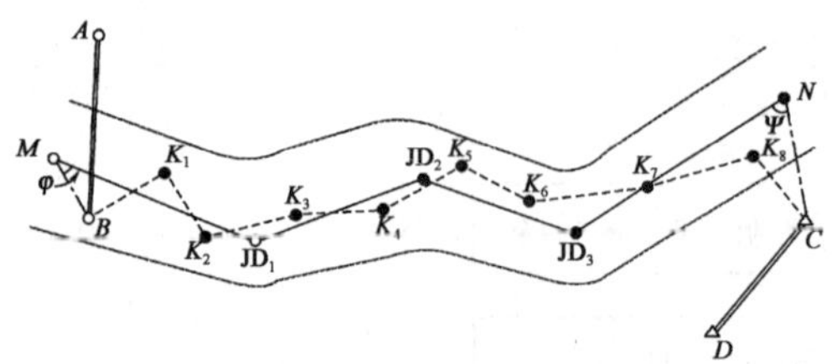

图 14-3　公路图上设计简图

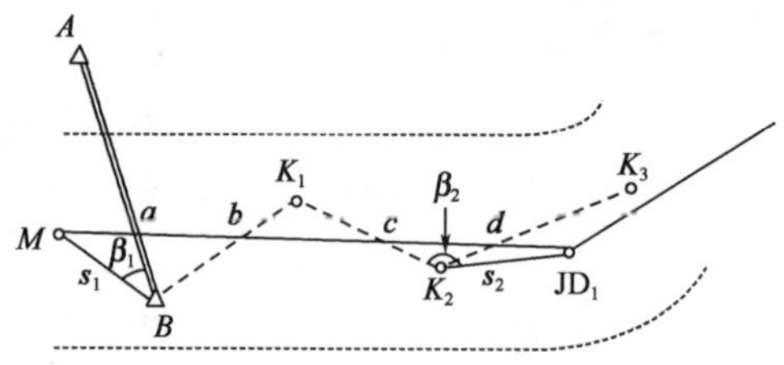

图 14-4　放大的公路图上设计简图

①计算第 i 点的坐标，即：

$$x_i = x_M + l_o \times i \times \cos\alpha_o$$
$$y_i = y_M + l_o \times i \times \sin\alpha_o \tag{14-1}$$

式中，x_M、y_M 为公路起点 M 的坐标；l_o 为中线点之间的整桩间距；α_o 为中线的方位角；$i=1,2,\cdots,n$。

②设定测站 A 点的起始方向 AM，利用 A、M、i 点坐标进行坐标反算的办法求 A 点至第 i 点的距离 s_i 及 β_i。

③按极坐标法放样第 i 点中线点位。

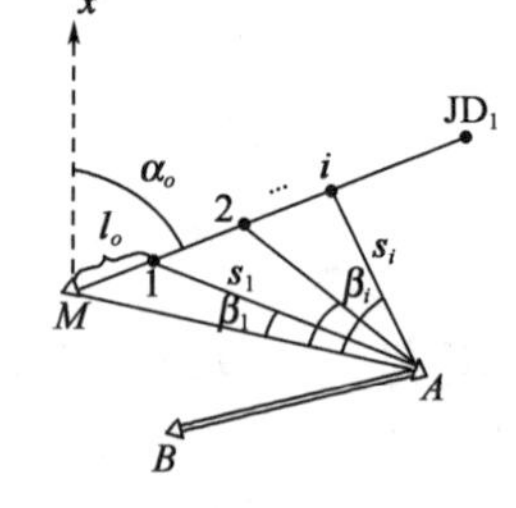

图 14-5　极坐标法确定中线点

如果规划路线中有的中线点（包括起点、终点、交点等）已在野外踏勘中确定，则应在控制测量时准确测量这些中线点的坐标和高程，并在带状地形图中可以按中线控制点表示出来。

（3）图解法获取测设参数与放样

图解法是从图上量取测设参数的方法，具体方法：

①在带状地形图上量取公路设计的中线点测设参数；

②按极坐标法放样并实地确定中线点位。如图 14-5 中第 i 点的 s_i 及 β_i 测设参数从图中量取，然后按极坐标法测设第 i 点。

2. 测设检查

由于放样误差等因素的影响，中线直线段放样的中线点位存在一定的误差，可采取穿线与比较的方法检查校正。

穿线检查是一种传统方法。因图解误差等因素的影响，造成测设点位不在同一直线上，如图 14-6。解决办法如下：

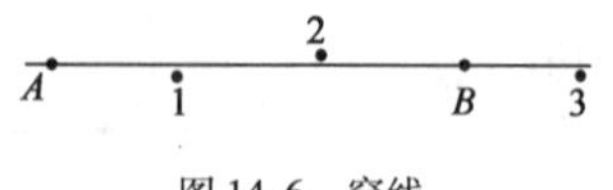

图 14-6　穿线

（1）穿线，即在适中点位 A 安置经纬仪，瞄准另一中线点位目标 B，各中线点位 1、2、…与经纬仪视准轴的位置关系如图 14-6 情形；

（2）检查，即检查各中线点位离开视准轴线的距离；

（3）调整，首先调整经纬仪视准轴线，使各中线点位离开视准轴线的距离大致相当；其次调整实地的中线点位，使之落在经纬仪视准轴线上。

以比较方法检查校正。在测设过程中对测设在实地的点位进行测量，比较测量点位参数与设计点位参数的差异，差异不得超出表 14-3 的要求。

3. 交点定位

根据上述方法，可在实地得到公路中线的直线段。在交点未定时，以延长直线段得到实地的交点位置。如图 14-7 中交点 JD_1 的定位，具体方法：

(1)设图 14-7 中 A、B 是直线段调整后的二中线点，延长 AB 在另一直线段的方向附近设骑马桩 B_1、B_2；

(2)设图 14-7 中 C、D 是另一直线段调整后的二中线点，延长 CD 在 AB 直线段方向附近设骑马桩 C_1、C_2；

(3)利用 B_1B_2 与 C_1C_2 连线交会定交点 JD_1；

(4)在实地设立交点 JD_1 的桩位。

二、方向转点的确定

方向转点，即中线直线段太长或直线段通视受阻时用于传递直线方向的中线点。

1. 长直线段方向转点的确定

(1)导线交叉法

如图 14-4 可利用导线边与中线直线的交叉点 a、b、c、d 确定直线的方向，交叉点就是方向转点。交叉点的确定方法：

①利用二直线相交原理求交叉点的坐标，计算相应的导线点到交叉点的距离；

②沿导线边放样导线点至交叉点的距离得实地的中线点；

③计算交叉点(路线中线点)的里程；

④根据放样的点位，在实地设立中线点的桩位。

图 14-8 表示二直线相交求交叉点坐标的原理。设：

$$AZ + L = 0 \tag{14-2}$$

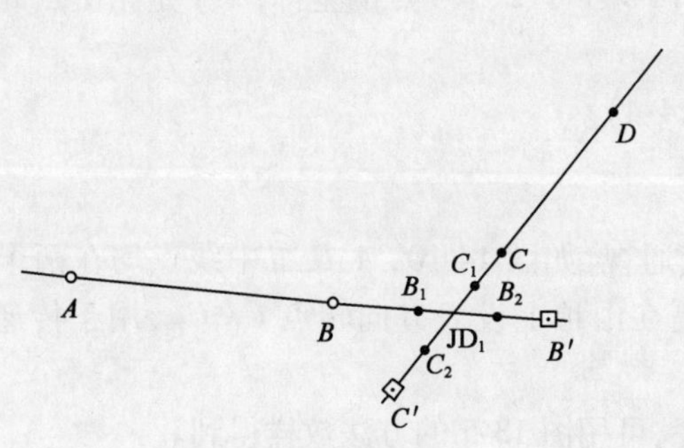

图 14-7　交点定位

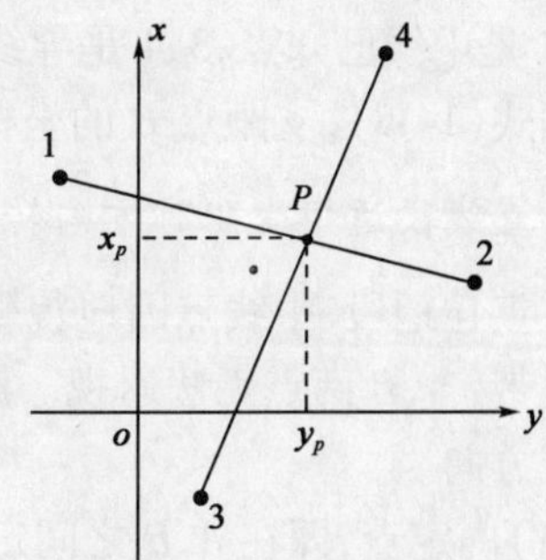

图 14-8　导线交叉法

根据二直线相交的原理推证，式(14-2)中：

$$A = \begin{pmatrix} -\dfrac{y_2 - y_1}{x_2 - x_1} & 1 \\ \\ -\dfrac{y_4 - y_3}{x_4 - x_3} & 1 \end{pmatrix}, Z = \begin{pmatrix} x \\ \\ y \end{pmatrix}, L = \begin{pmatrix} -\dfrac{y_1x_2 - y_2x_1}{x_2 - x_1} \\ \\ -\dfrac{y_3x_4 - y_4x_3}{x_4 - x_3} \end{pmatrix} \tag{14-3}$$

式中，x_1、y_1、x_2、y_2、x_3、y_3、x_4、y_4 分别是图 14-8 中的 1、2、3、4 的坐标，x、y 是交叉点 P 的坐标。其中 1、2 是中线上的已知点，3、4 是导线点。

根据式(14-2),交叉点 P 的坐标为:

$$Z = -A^{-1}L \tag{14-4}$$

按式(14-2)、式(14-4)可分别求出图14-4交叉点 a、b、c、d 的坐标。

(2)导线支距法

图14-9表示直线1、2与导线3、4的垂线3,P 正交的图形,支距点 P 的求解与放样方法:

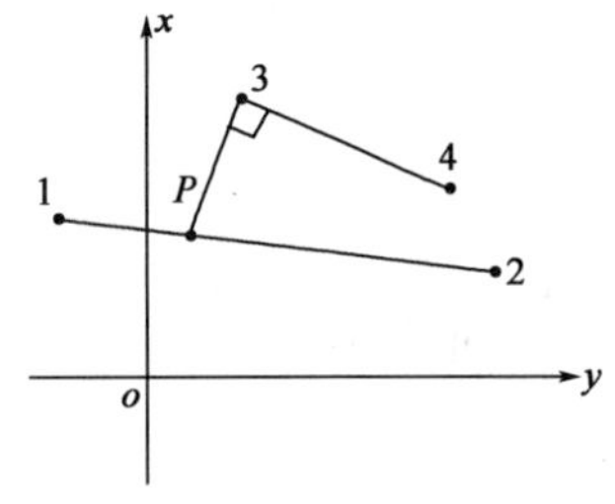

图14-9 导线支距法

①利用导线点的导线垂直线与中线相交原理求支距点 P 的坐标,计算垂直线至相交点的距离;

②沿导线点的导线垂直线放样导线点至支距点的距离得实地的中线的中线点;

③计算支距点(路线中线点)的里程;

④根据放样的点位,在实地设立中线点的桩位。

导线垂直线与中线支距点的坐标求解原理:

设

$$AZ + L = 0 \tag{14-5}$$

根据直线的垂直线与另一直线相交的原理推证,式中:

$$A = \begin{pmatrix} -\dfrac{y_2 - y_1}{x_2 - x_1} & 1 \\ \\ -\dfrac{y_4 - y_3}{x_4 - x_3} & 1 \end{pmatrix}, Z = \begin{pmatrix} x \\ y \end{pmatrix}, L = \begin{pmatrix} -\dfrac{y_1x_2 - y_2x_1}{x_2 - x_1} \\ \\ -\dfrac{(y_4 - y_3)x_4 - (x_4 - x_3)x_3}{y_4 - y_3} \end{pmatrix} \tag{14-6}$$

式中,x_1、y_1、x_2、y_2、x_3、y_3、x_4、y_4 分别是图14-9中1、2、3、4点的坐标,x、y 是相交点 P 的坐标,1、2是中线已知点,3、4是导线点。

据式(14-5),支距点 P 的坐标仍然是式(14-4)。

2. 直线段通视受阻时方向转点的确定

在重丘地段,中线点因地貌影响不能直接通视,如图14-10,A、B 二中线点均在两个山的低洼地带,A、B 两点无法通视。解决的办法是在山顶上设立方向转点 C_1、C_2,用于传递 A、B 的直线方向。

(1)内定点,即在 A、B 之间定方向转点 C_1,可用图13-5的方法放样得到。

(2)外定点,即在 A、B 的延长线上定方向转点 C_2,如图14-11。方法如下:

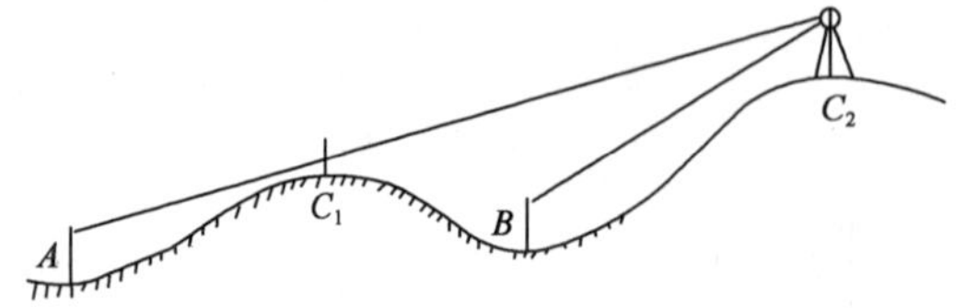

图14-10 直线通视受阻确定方向转点

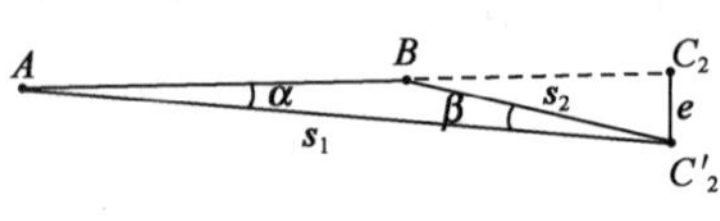

图14-11 延长线定方向转点 C_2

①目估设 C'_2,观测边长 s_1、s_2 及角度 β;

②按图中的几何关系推证的公式计算图中偏距 e,即:

$$e = \frac{s_1 s_2 \sin\beta}{\sqrt{s_1^2 + s_2^2 - 2s_1 s_2 \cos\beta}} \tag{14-7}$$

③将 C'_2 按 e 移至 C_2。C_2 至 A 的距离 s 为：

$$s = s_1 \cos\left\{\sin^{-1}\left(\frac{s_2 \sin\beta}{\sqrt{s_1^2 + s_2^2 - 2s_1 s_2 \cos\beta}}\right)\right\} \tag{14-8}$$

另外，根据图 14-10 利用经纬仪分中法可在方向转点 C_1 上确定另一方向转点 C_2。方向转点设置的极限误差（或称容许误差）要求：距离 $s = 100\text{m}$ 时，$\Delta e < \pm 5\text{mm}$；距离 $s = 400\text{m}$ 时，$\Delta e < \pm 20\text{mm}$。

三、转角的测量

转角，即在路线的直线交点处由中线的原方向转向另一方向，转后的直线方向与原方向的夹角，称为转角。图 14-12 中 α_1 是直线 AB 方向在交点处（JD_1）转为直线 BC 方向的转角，α_2 是直线 BC 方向在交点处（JD_2）转为直线 CD 方向的转角。

转角分为左转角和右转角。若 α 在原方向的右侧，则称 α 为右转角；若 α 在原方向的左侧，则称 α 为左转角。如果把图 14-12 的中线连同交点构成一条导线，则测量该导线的右角 β_i 可间接获得转角 α_i。当 $\beta_i < 180°$ 时，$\alpha_i = 180° - \beta_i$，为右转角；当 $\beta_i > 180°$ 时，$\alpha_i = \beta_i - 180°$，为左转角。

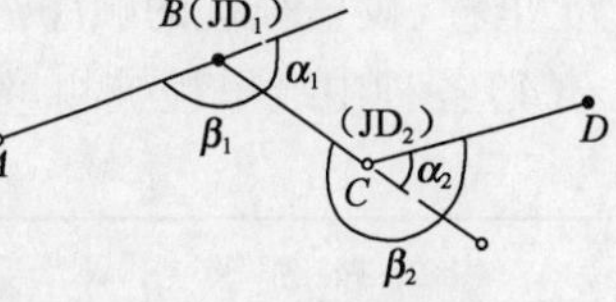

图 14-12　转角的测量

在图 14-3 中，测量 $\angle MBA$、$\angle DCN$、φ、ψ 以及在各交点测得 β，则由点 A、B、M、JD_1、JD_2、JD_3、N、C、D 构成一个新的附合导线，称为定测导线。定测导线的技术要求如表 14-2。

四、中线桩的设置

1. 里程、里程桩、中线桩

里程，即表示路线中线上点位沿交通路线到起点的水平距离。里程桩，即埋设在路线中线点上注有里程的桩位标志。里程桩设在路线中线上，又称为中线桩。

图 14-13 是里程桩的基本形式。里程桩上所注的里程又称为桩号，以千米数和千米以下的米数相加表示。如图 14-13c)，K100 + 560. 56，表示里程为 100 560. 56m；K100，即 100km。上述以图解法、解析法测设的中线点位都必须设立标明里程（桩号）的中线桩。

2. 设立中线桩的基本要求

(1)决定路线中线直线方向的点位，如起点、终点、交点、方向转点、直线段中线点必须设立相应的中线桩。

(2)按规定在路线中线设立间距为 l_o（称为整桩间距）的中线整桩。中线整桩间距 l_o 有整千米、整百米、整十米的形式。整十米间距分为整 10m、整 20m、整 40m 等几种间距，在平坦地段的间距可按整 40m、整 50m 设置，在起伏地带间距可按整 10m、整 20m 设置。整桩的里程注计到米位，如图 14-13b)。中线整桩应根据已定的整桩间距定里程、放样定点、设里程桩。

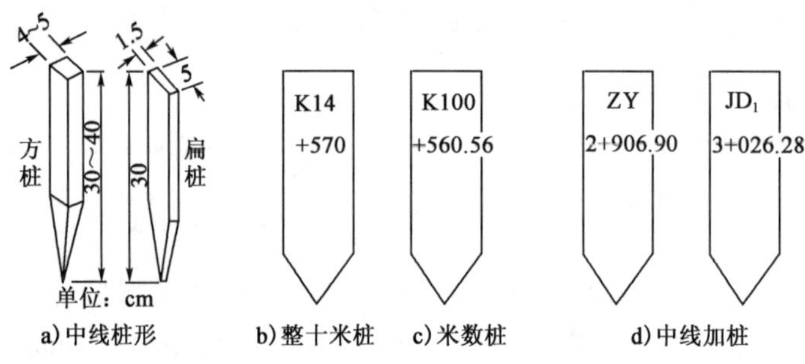

图 14-13　里程桩基本形式

(3) 根据路线中线地形特征点位和路线中线特殊点设立附加的里程桩，即设立中线加桩。加桩里程应精确注计到厘米位，如图 14-13c)、d)。

根据地形特征点设置的中线加桩称为地形加桩，如中线上坡度变换点、河岸、陡坎以及建筑物外围边界处设立的中线加桩。中线加桩可以在中线整桩测设基础上根据地形按定点、测量、定里程、设里程桩的顺序进行。

(4) 各种中线里程桩测量设置应符合要求，表 14-3 是公路中线桩测量的限差要求。

中桩桩位测量的限差要求　　表 14-3

公 路 等 级	纵 向 误 差	横 向 误 差
高等级公路	$s/2\,000 + 0.1$m	10cm
一般公路	$s/1\,000 + 0.1$m	10cm

注：s 是中线桩位测量的长度，以 m 为单位。

(5) 重要桩位应加固防损，注意加设控制桩。如千米桩、百米桩、方向转点桩、交点桩等重要中线桩应加固防损(防腐、防丢失)，必要时应对有关桩位设立指示桩、控制桩。如图 14-7，在交点桩至骑马桩 B_2、C_2 的方向上设立控制桩 B'、C'。桩位加固，即在桩柱周围用水泥加固。

此外，平行线法和延长线法可用于控制桩的设立。平行线法，即在平行中线并超出路线设计宽度的位置上设立桩位；延长线法，即在交点附近中线延长线上设立桩位，如图 14-7 中的 B'、C'。在交通路线施工的过程中(如填挖工程)，可能使中线桩丢失(或不易寻找)，有指示桩、控制桩便可以利用放样的方法随时恢复丢失的中线桩位。路线沿线的控制点也可以用于中线桩的恢复。

五、管线工程的中线测量

给排水、供气、输油、输电线等管线工程不涉及类似车辆高速行驶速度，线形的用地比较狭窄，工程线状多以直线、折线的形式。这类工程一般对控制测量的要求不高，带状图多以平面测量的形式视工程的需要在中线测量时直接测绘。管线工程的中线测量主要是直线段的中线桩的测定。

1. 管道中线桩的测定

(1) 管道主点的测设

管道主点类似于交通路线起点、终点、交点，亦即管道线的起点、终点、转折点。测设的方法一般是图解法和解析法。

①图解法：如图 14-14 所示，a、b、c、d、e 是供水管道中线点的设计点位，线路测量的目的是把这些点位测定到实地。图解法的步骤是，首先在图上量取设计点位 a、b、c、d、e 与相应的建筑物点位 1、2、3、4、5 的关系参数，如点位之间的距离等，其次在实地以建筑物的点位 1、2、3、4、5 分别测设设计点位 a、b、c、d、e。

②解析法：如图 14-14，a、b、c、d、e 是供水管道中线点的设计点位，Ⅱ、Ⅲ是控制点。解析法步骤是，首先根据设计点位 a、b、c、d、e 的图上坐标和控制点Ⅱ、Ⅲ的坐标求取测设参数 s_i、α_i，其次在实地以控制点按相应的测设参数测设设计点位 a、b、c、d、e。

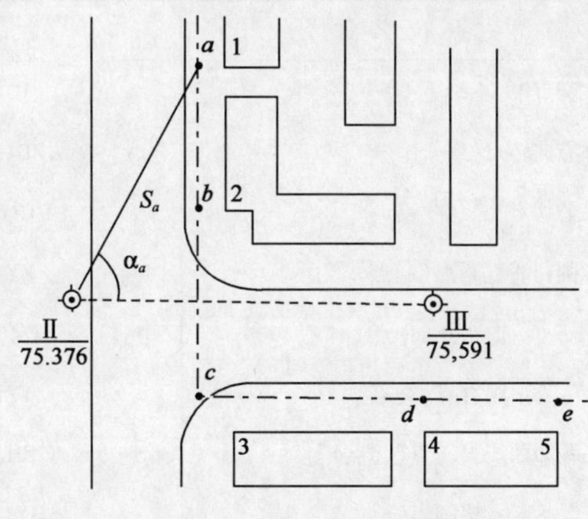

图 14-14　管道中线桩的测定

(2)管道中线里程桩的测设

和测定公路中线桩一样，管道中线应按一定的间距测定中线里程桩，其中整桩间距为 10m、20m、50m 等规格，加桩视地物地貌情况而定。中线桩之间的距离可以用视距法测量。

2. 输电线中线桩的测定

输电线的线路测量包括选择路径方案测量和现场定位测量两个阶段。

(1)选择路径方案测量

主要利用中小比例尺地形图选择路径方案，经过比较和现场踏勘，选定输电线路径走向和定点，根据输电工程的需要确定测绘大比例尺带状地形图及相应的工点地形图。

一般说来，300 ~ 500kV 的输电线路径左右 50m 应测量平面图，左右 30m 内的地物应测量准确的平面位置和高程。强、弱输电线相近或交叉地段应测量交叉角度及相应的位置图。输电线大跨度地段应测绘平面图和塔位地形图。输电线经过的电厂、变电站以及拥挤地段应测绘大比例尺地形图。

(2)现场定位测量

根据选定的输电线路径方案，测定输电线起点、终点、转折点位置，在选定的输电线路径上测定直线桩、转角桩、杆塔位桩。直线桩之间的距离一般在 400m 以内，桩位埋设永久性的标桩，并分别按顺序编号。现场桩位距离测量相对误差在 1∶2 000 以内即可，直线段的点位直线度小于 1′。

第三节　圆曲线参数及其测设

一、圆曲线主点与测设

圆曲线是路线中线从一个直线方向转向另一个直线方向的基本曲线。如图 14-15，公路从直线方向 ZD_1 ~ JD 转向直线方向 JD ~ ZD_2，中间必须经过一段半径为 R 的圆曲线。这段圆曲线的起点 ZY(直圆点)、中点 QZ(曲中点)、终点 YZ(圆直点),称为圆曲线主点。各点位的专业名称见表 14-4。

曲线点位专业名称　　表 14-4

点位名称	汉语拼音缩写	英语简写
交点	JD(JiaoDian)	IP(intersect point)
方向转点	ZD(ZhuanDian)	TP(trans point)
公切点	GQ(GongQie)	CP(common point)
圆曲线直圆点(起点)	ZY(ZhiYuan)	BC(beginning of cycle)
曲中点(中点)	QZ(QuiZhong)	MC(middle point of curve)
圆直点(终点)	YZ(YuanZhi)	EC(end of cycle)
缓和曲线直缓点(起点)	ZH(ZhiHuan)	TS(trans point of spiral)
缓圆点	HY(HuanYuan)	SC(spiral cycle)
曲中点(中点)	QZ(QuiZhong)	MC(middle point of curve)
圆缓点	YH(YuanHuan)	CS(cycle spiral)
缓直点(终点)	HZ(HuanZhi)	ST(spiral trans)

1. 圆曲线主点参数

圆曲线主点参数主要有已知参数、定位参数和里程参数。

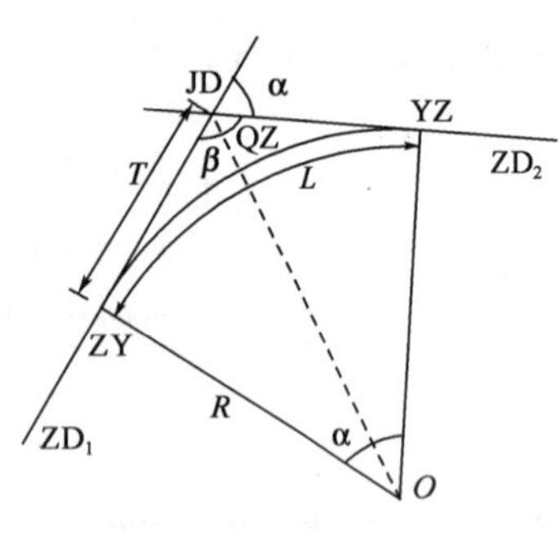

图 14-15　圆曲线与主点

(1)已知参数

转角 α 及圆曲线的设计半径 R;此外,还有曲线整桩间距 l_o 及交点 $JD_{里程}$。其中,R 是根据地形状况及车辆运行要求设计的参数。

(2)主点定位参数

①切线长:圆曲线起点(ZY)或终点(YZ)至交点 JD 的长度,就是圆曲线的切线长,用 T 表示。从图 14-15 可见,圆曲线对应的圆心角就是路线中线的转角 α,因此,切线长 T 可表示为:

$$T = R \times \tan\left(\frac{\alpha}{2}\right) \tag{14-9}$$

②曲线长:圆曲线起点(ZY)至终点(YZ)的弧长,就是圆曲线的曲线长,用 L 表示,即:

$$L = R \times \alpha \times \frac{\pi}{180} \tag{14-10}$$

③外矢距:交点至圆曲线中点的距离,称为外矢距,用 E 表示:

$$E = \frac{R}{\cos(\alpha/2)} - R \tag{14-11}$$

④切曲差:切线长与曲线长的长度之差,称为切曲差,用 D 表示:

$$D = 2T - L \tag{14-12}$$

(3)主点里程参数

①直圆点(ZY)里程:

$$ZY_{里程} = JD_{里程} - T \tag{14-13}$$

②圆直点(YZ)里程:

$$YZ_{里程} = ZY_{里程} + L \tag{14-14}$$

③曲中点(QZ)里程:

$$QZ_{里程} = YZ_{里程} - L/2 \tag{14-15}$$

④检核计算:

$$JD_{里程} = QZ_{里程} + D/2 \tag{14-16}$$

2. 主点的测设方法

(1)在交点 JD 设全站仪(或经纬仪)瞄准中线点 ZD_2,沿视准轴方向测量切线长 T,在实地定 YZ 点。

(2)全站仪拨角 $\beta/2$,沿视准轴测量外矢距 E,在实地定 QZ 点。

(3)全站仪再拨角 $\beta/2$,沿视准轴测量切线长 T,在实地定 ZY 点。

(4)以上各点位均设置相应的里程桩。

二、圆曲线的详细参数与测设

圆曲线详细参数,即圆曲线点位坐标,有两种表示方法——直角坐标表示法和极坐标表示法。

1. 直角坐标表示法

工程上常称为切线支距法,圆曲线的详细参数的计算步骤如下。

(1)曲线直角坐标系的建立

根据直角坐标法原理,按图 14-16 建立直角坐标系,其中圆曲线切点 ZY 是坐标系原点,ZY 至 JD 切线为 X 轴,过 ZY 点至圆心的垂直方向为 Y 轴。

(2)求圆曲线任一点 i 的坐标

图 14-16 中圆曲线任一点 i 的坐标为:

$$x_i = R\sin\varphi_i$$
$$y_i = R - R\cos\varphi_i \tag{14-17}$$

其中　$i = 1,2,\cdots,n$

$$\varphi_i = \frac{l_i \times 180°}{R\pi} \tag{14-18}$$

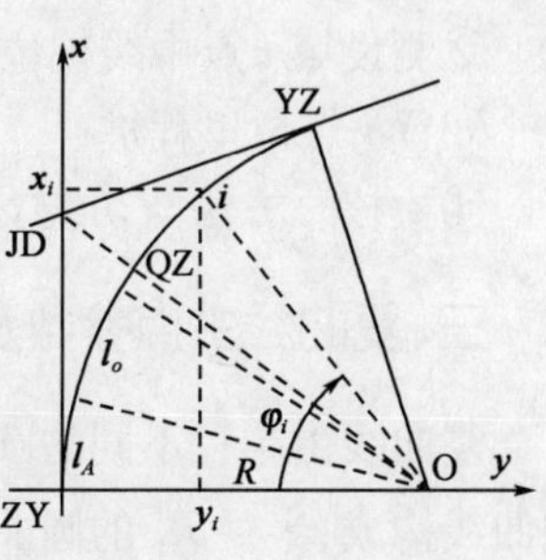

图 14-16　圆曲线直角坐标表示法

式中:l_i ——圆曲线第 i 个中线点离开 ZY 点的弧长;

φ_i —— l_i 的圆心角。

(3)圆曲线第 i 个中线点的里程

$$l_{i里程} = ZY_{里程} + l_i \tag{14-19}$$

$$l_i = l_A + l_o \times (i - 1) \tag{14-20}$$

式中，l_o 是曲线中线整桩间距；l_A 是离开 ZY 点的第一个中线整桩点位的弧长，即：

$$l_A = l_o[\text{int}(ZY_{\text{里程}}/l_o) + 1] - ZY_{\text{里程}} \tag{14-21}$$

式中，int 是计算机的取整函数，曲线中线整桩间距 l_o 的取值应根据圆曲线半径的大小确定。一般 l_o 取 20m；当 30m < R < 60m 时，l_o 取 10m；当 R < 30m 时，l_o 取 5m；当 R > 800m 时，可以设 l_o 为 40m。

2. 极坐标表示法

极坐标表示法或称为偏角法，如图 14-17 圆曲线任一点 i 的点位参数可以表示为：

$$\theta_i = \frac{\varphi_i}{2}, C_i = 2R\sin\theta_i \tag{14-22}$$

式中，θ_i 称为偏角，或称方位角；φ_i、l_i 满足式(14-18)。

3. 测设的方法

根据圆曲线点位坐标表示方法，圆曲线点位测设方法有直角坐标法和极坐标法。

(1)直角坐标法，或称切线支距法。

①沿 X 轴按 x_i 测量定各 x_i 的点位；

②在各 x_i 处沿 X 轴的垂直方向测量 y_i 定 i 点的位置；

③设置 i 点位里程桩；

④检核。一般方法上，圆曲线分别从 ZY 点、YZ 点向 QZ 点进行详细测设，检核是对接近 QZ 点的测设桩位至 QZ 点的实际距离与计算距离比较，比较结果符合表 14-3 要求。

算例：转角 $\alpha = 10°49'$，圆曲线半径 $R = 1\,200$m，$JD_{\text{里程}}$ = K4 + 522.31，l_o = 20m。计算结果见表 14-5。表中列出了圆曲线主点参数和详细测设的点位参数，其中详细测设的点位参数按图 14-16 从 ZY 点沿圆曲线向 QZ 点计算的。

(2)极坐标法，或称为偏角法。该法以 ZY 点(或 YZ 点)为测站，以切线方向为起始方向。该法的测设参数是根据圆弧上点位至 ZY 点(或 YZ 点)的弦长 C_i 及弦长方向与起始方向的夹角 θ_i。见图 14-17。

①按式(14-22)计算圆曲线上一点的偏角测设参数 θ_i、C_i；

②测设第 i 点中线桩位的方法同极坐标法；

③置 i 点位里程桩；

④检核。方法与切线支距法相同。

三、复曲线主点参数及其测设

复曲线由半径不同的圆曲线构成。如图 14-18，复曲线由两个半径为 R_1、R_2（$R_1 > R_2$）的圆曲线构成，半径 R_1 的圆曲线称为主曲线，半径 R_2 的圆曲线称为副曲线。主点是 ZY_1、QZ_1、Y_1Y_2、QZ_2、YZ_2。

(1)沿公路中线直线段定 A、B 点，测量 AB 的长度，测量转角 α_1、α_2。

(2)以 α_1、R_1 计算主曲线的特征参数 T_1、L_1、E_1、D_1 [参照式(14-10)、式(14-11)、式(14-12)、式(14-13)]及副曲线的特征参数 T_2，其中：

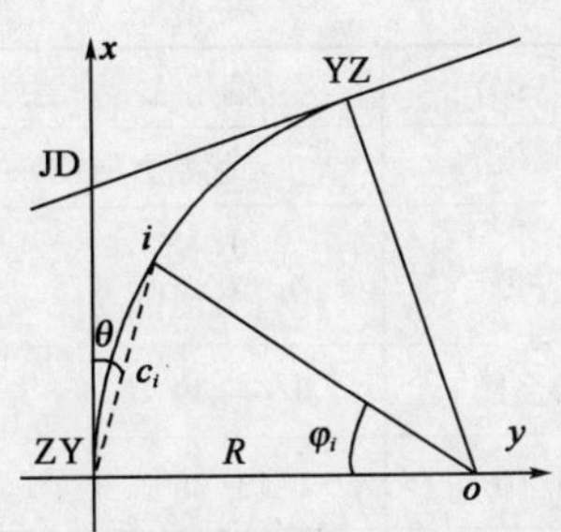

图 14-17　圆曲线极坐标表示法

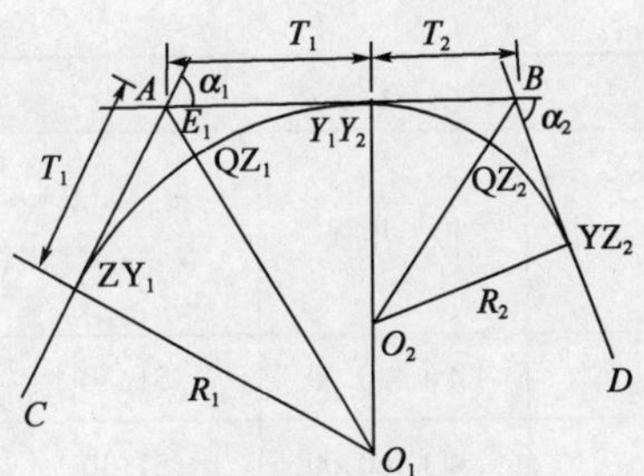

图 14-18　复曲线

$$T_1 = R_1 \tan\left(\frac{\alpha_1}{2}\right) \tag{14-23a}$$

$$T_2 = AB - T_1 \tag{14-23b}$$

(3)测设主曲线的主点 ZY_1、QZ_1、Y_1Y_2。

(4)以 α_2、T_2 反求 R_2，即：

$$R_2 = \frac{T_2}{\tan\left(\frac{\alpha_2}{2}\right)} \tag{14-24}$$

(5)以 α_2、R_2 计算副曲线的特征参数 L_2、E_2、D_2［参照式(14-10)、式(14-11)、式(14-12)］。

(6)测设副曲线的主点 QZ_2、YZ_2。

有关复曲线主点的里程计算、详细参数计算等内容可参考圆曲线，这里略。

四、算例：圆曲线的详细参数

转角 $\alpha = 10°49'$，圆曲线半径 $R = 1\ 200\text{m}$，$\text{JD}_{里程} = \text{K4} + 522.31$，$l_o = 20\text{m}$。计算结果见表 14-5。

圆曲线主点参数和详细测设参数计算表　　表 14-5

已知参数	转角：$\alpha = 10°49'$			设计半径：$R = 1\ 200\text{m}$		
	交点里程：$\text{JD}_{里程} = \text{K4} + 522.31$			整桩间距：$l_o = 20\text{m}$		
定位参数	切线长：$T = 113.61\text{m}$			弧长：$L = 226.54\text{m}$		
	外矢距：$E = 5.37\text{m}$			切曲差：$D = 0.68\text{m}$		
主点里程	ZY 点里程：K4 + 408.70			YZ 点里程：K4 + 635.24		
	QZ 点里程：K4 + 521.97			JD 点里程：K4 + 522.31(验算)		
详细测设参数			切线支距法　原点：ZY		偏角法　测站：ZY	
			x 轴：ZY ~ JD		起始方向：ZY ~ JD	
点名	桩号里程	累计弧长(m)	x(m)	y(m)	θ (°)(′)(″)	C(m)
ZY	K4 + 408.70	0	0	0	0	0
1	K4 + 420.00	11.30	11.30	0.05	0 16 11	11.29

续上表

详细测设参数			切线支距法　　原点:ZY		偏角法　　测站:ZY	
点名	桩号里程	累计弧长(m)	x轴:ZY ~ JD		起始方向:ZY ~ JD	
			x(m)	y(m)	θ (°)(′)(″)	C(m)
2	K4 +440.00	31.30	31.30	0.41	0 44 49	31.29
3	K4 +460.00	51.30	51.28	1.10	1 13 28	51.29
4	K4 +480.00	71.30	71.26	2.18	1 42 07	71.28
5	K4 +500.00	91.30	91.21	3.47	2 10 46	91.27
6	K4 +520.00	111.30	111.14	5.16	2 39 25	111.25
QZ	K4 +521.97	113.27	113.10	5.34	2 42 15	113.22
7	K4 +540.00	131.30	131.04	7.18	3 08 04	131.23
8	K4 +560.00	151.30	150.90	9.53	3 36 43	151.19
9	K4 +580.00	171.30	170.72	12.21	4 05 22	171.15
10	K4 +600.00	191.30	190.49	15.22	4 34 00	191.09
11	K4 +620.00	211.30	210.21	18.56	5 02 39	211.02
YZ	K4 +635.24	226.54	225.20	21.32	5 24 30	226.20

第四节　缓和曲线定位参数

一、概念

曲率半径从某一个值连续匀变为另一个值的曲线称为缓和曲线。具有曲率半径匀变几何特征的缓和曲线是适合以一定运行速度的车辆前轮逐渐转向的行驶轨迹，是路线中线设计的基本线型之一。缓和曲线与圆曲线相组合构成路线中线直线段转向的常规型缓圆曲线，如图14-19。图中 HY_1 ~ YH_1 是半径为 R_1 的圆曲线，ZD_1 ~ ZH_1 和 HZ_1 ~ ZH_2 是直线段。在直线段与圆曲线段之间插入的 ZH_1 ~ HY_1 和 YH_1 ~ HZ_1 线段是缓和曲线。其中 ZH_1 ~ HY_1 缓和曲线曲率半径由∞向 R_1 匀变，YH_1 ~ HZ_1 缓和曲线曲率半径由 R_1 向∞匀变。

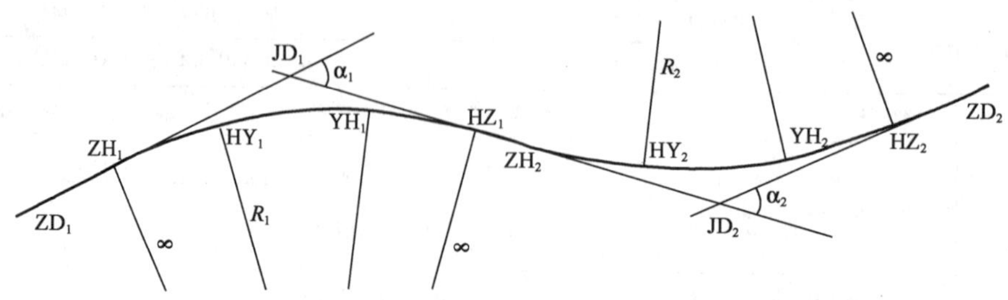

图14-19　路线直线段转向的标准曲线型

二、缓和曲线的已知参数和特征参数

1. 已知参数

路线中线常规型缓圆曲线，其组合形式如图 14-20，即由直线段 ZD_1A ~ 缓和曲线段 AC ~ 圆曲线段 CD ~ 缓和曲线段 DB ~ 直线段 BZD_2 构成，其已知参数有：

(1) 转角 α，以测量的技术手段得到；

(2) 圆曲线半径 R，根据地形及车辆运行技术要求设计的参数；

(3) 缓和曲线长度 l_s，按设计要求确定的参数（公路缓和曲线长度见表 14-6）。

此外，还有曲线整桩间距 l_o 及交点 JD 的里程 $JD_{里程}$。

公路缓和曲线长度　表 14-6

	公路等级	一		二		三		四	
一般公路	地形状况	平地	重丘	平地	重丘	平地	重丘	平地	重丘
	l_s (m)	85	50	70	35	50	25	35	20
高速公路	速度(km/h)	120		100		80		60	
	l_s (m)	100		85		70		50	

2. 特征参数与表达式

为便于说明特征参数，预先建立直角坐标系，ZH 点是坐标系原点，ZH 至 JD 点为 x 轴，过 ZH 点作 x 轴的垂直方向为 y 轴，形成一个直角坐标系，如图 14-20。

(1) 缓和曲线参数

取图 14-20 一部分的缓和曲线段 ZH ~ HY，如图 14-21。回旋曲线是我国应用缓和曲线的常用线型，根据一般曲线曲率半径的表达特征，回旋曲线曲率半径表达式为：

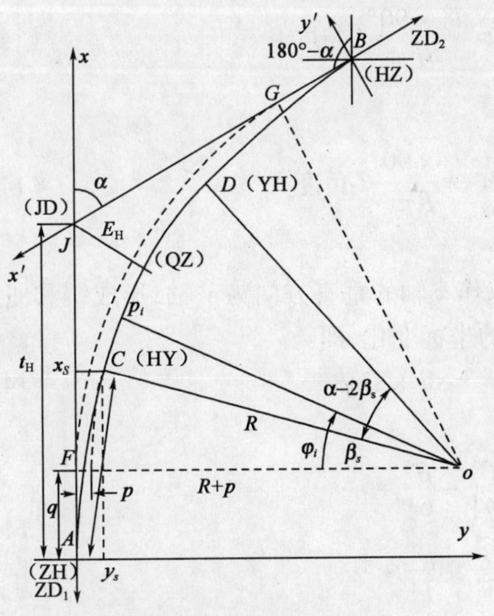

图 14-20　常规型缓圆曲线

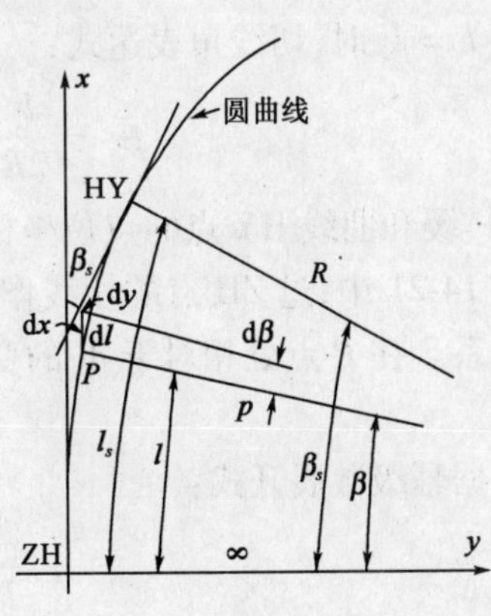

图 14-21　缓和曲线及其特征参数

$$\rho = \frac{c}{l} \tag{14-25}$$

式中：l——自 ZH 点至 P 点的缓和曲线长度；

ρ——P 点处的缓和曲线半径；

c——缓和曲线参数。

$$c = \rho l \tag{14-26}$$

根据缓和曲线与圆曲线的连续关系，当 $l = l_s$ 时，缓和曲线曲率半径 $\rho = R$，即在 HY 处存在：

$$R = \frac{c}{l_s} \tag{14-27}$$

根据式(14-27)可得缓和曲线参数：

$$c = Rl_s \tag{14-28}$$

(2)切线角

过缓和曲线上 P 点的切线与缓和曲线 ZH 点切线的夹角，称为切线角，用 β 表示。设 P 点附近存在 $\mathrm{d}l$ 对应的 $\mathrm{d}\beta$ 为：

$$\mathrm{d}\beta = \frac{\mathrm{d}l}{\rho} \tag{14-29}$$

把式(14-28)代入式(14-25)，然后将式(14-25)代入式(14-29)，整理得：

$$\mathrm{d}\beta = \frac{l\mathrm{d}l}{Rl_s} \tag{14-30}$$

积分得切线角表达式：

$$\beta = \frac{l^2}{2Rl_s}(\text{弧度})\text{ 或 }\beta = \frac{l^2 \times 90^\circ}{Rl_s\pi}(\text{角度}) \tag{14-31}$$

当 $l = l_s$ 时，切线角表达式：

$$\beta_s = \frac{l_s}{2R}(\text{弧度})\text{ 或 }\beta_s = \frac{l_s \times 90^\circ}{R\pi}(\text{角度}) \tag{14-32}$$

(3)缓和曲线 HY 点的点位坐标

图 14-21 中，过 ZH 点的切线作 x 轴，过 ZH 点作 x 轴的垂直方向为 y 轴，形成缓和曲线直角坐标系。在 P 点处相对于 $\mathrm{d}l$ 的变化引起 P 点的坐标变化，即：

$$\mathrm{d}x = \mathrm{d}l \times \cos\beta, \mathrm{d}y = \mathrm{d}l \times \sin\beta \tag{14-33}$$

根据幂级数展开式：

$$\begin{aligned} \cos\beta &= 1 - \frac{\beta^2}{2} + \frac{\beta^4}{4!} - \frac{\beta^6}{6!} + \cdots \\ \sin\beta &= \beta - \frac{\beta^3}{3!} + \frac{\beta^5}{5!} - \frac{\beta^7}{7!} + \cdots \end{aligned} \tag{14-34}$$

把式(14-31)弧度式代入式(14-34)得：

$$\cos\beta = 1 - \frac{l^4}{8R^2 l_s^2} + \frac{l^8}{384R^4 l_s^4} - \frac{l^{12}}{46\ 080R^6 l_s^6} + \frac{l^{16}}{10\ 321\ 920R^8 l_s^8} - \frac{l^{20}}{3\ 715\ 891\ 200R^{10} l_s^{10}} + \cdots$$

$$\sin\beta = \frac{l^2}{2Rl_s} - \frac{l^6}{48R^3 l_s^3} + \frac{l^{10}}{3\ 840R^5 l_s^5} - \frac{l^{14}}{645\ 129R^7 l_s^7} + \frac{l^{18}}{185\ 794\ 560R^9 l_s^9} - \cdots$$

把上两式代入式(14-33),得:

$$\mathrm{d}x = \left(1 - \frac{l^4}{8R^2 l_s^2} + \frac{l^8}{3\ 84R^4 l_s^4} - \frac{l^{12}}{46\ 080R^6 l_s^6} + \frac{l^{16}}{10\ 321\ 920R^8 l_s^8} - \frac{l^{20}}{3\ 715\ 891\ 200R^{10} l_s^{10}} + \cdots\right)\mathrm{d}l$$

$$\mathrm{d}y = \left(\frac{l^2}{2Rl_s} - \frac{l^6}{48R^3 l_s^3} + \frac{l^{10}}{3\ 840R^5 l_s^5} - \frac{l^{14}}{645\ 129R^7 l_s^7} + \frac{l^{18}}{185\ 794\ 560R^9 l_s^9} - \cdots\right)\mathrm{d}l$$

对上两式积分,舍高次项得缓和曲线上任一点坐标:

$$x = l - \frac{l^5}{40R^2 l_s^2} + \frac{l^9}{3\ 456R^4 l_s^4} - \frac{l^{13}}{599\ 040R^6 l_s^6} + \frac{l^{17}}{175\ 472\ 640R^8 l_s^8} - \frac{l^{21}}{78\ 033\ 715\ 200R^{10} l_s^{10}}$$

$$y = \frac{l^3}{6Rl_s} - \frac{l^7}{336R^3 l_s^3} + \frac{l^{11}}{42\ 240R^5 l_s^5} - \frac{l^{15}}{9\ 676\ 800R^7 l_s^7} + \frac{l^{19}}{3\ 530\ 096\ 640R^9 l_s^9} - \frac{l^{23}}{1\ 880\ 240\ 947\ 200R^{11} l_s^{11}}$$

舍去第4项以后各项得:

$$x = l - \frac{l^5}{40R^2 l_s^2} + \frac{l^9}{3\ 456R^4 l_s^4}, y = \frac{l^3}{6Rl_s} - \frac{l^7}{336R^3 l_s^3} + \frac{l^{11}}{42\ 240R^5 l_s^5} \tag{14-35}$$

当 $l = l_s$ 时,缓和曲线 HY 点的坐标为:

$$x_s = l_s - \frac{l_s^3}{40R^2} + \frac{l_s^5}{3\ 456R^4} - \frac{l_s^7}{599\ 040R^6} + \frac{l_s^9}{175\ 472\ 640R^8} - \frac{l_s^{11}}{78\ 033\ 715\ 200R^{10}}$$

$$y_s = \frac{l_s^2}{6R} - \frac{l_s^4}{336R^3} + \frac{l_s^6}{42\ 240R^5} - \frac{l_s^8}{9\ 676\ 800R^7} + \frac{l_s^{10}}{3\ 530\ 096\ 640R^9} - \frac{l_s^{12}}{1\ 880\ 240\ 947\ 200R^{11}}$$

舍去第4项以后各项得:

$$x_s = l_s - \frac{l_s^3}{40R^2} + \frac{l_s^5}{3\ 456R^4}, y_s = \frac{l_s^2}{6R} - \frac{l_s^4}{336R^3} + \frac{l_s^6}{42\ 240R^5} \tag{14-36}$$

(4)圆曲线内移参数 p 与切线增值参数 q

图 14-20 中,在路线中线转弯处如果只设计圆曲线,则路线中线的 F、G 点分别是圆曲线(虚线)的 ZY、YZ 点。在这种情况下,车辆沿 AF 直线段运行后在 F 处转入圆曲线(虚线)。显然,如果车辆在未进入圆曲线之前,再经过一段缓和曲线才转入圆曲线,这时的线形必须有相应的变化。这种变化可在不改变原有交点 JD 和直线方向的情况下,使圆曲线向圆心 o 的方向内移,即形成图中实线的线形。变化后的圆曲线内移的距离值,就是内移参数 p;变化后的圆曲线原有的切线长 FJ 增长为 AJ,增值参数为 q。上述的变化结果是,实现缓和曲线段 AC,DB 的插入和圆曲线的缩短(即原 FG 弧长缩短为 HY ~ YH 的弧长)。

图 14-20 中,设圆曲线内移后仍取 R 为半径,β_s 是 HY 处的切线角,内移参数 p 为:

$$p = y_s + R\cos\beta_s - R \tag{14-37}$$

按式(14-31)弧度式将式(14-37)$\cos\beta_s$ 化为 β_s 展开式,内移参数 p 与缓和曲线弧长 l_s 的精密关系为:

$$p = \frac{l_s^2}{24R} - \frac{l_s^4}{2\,688R^3} + \frac{l_s^6}{506\,880R^5} - \frac{l_s^8}{154\,828\,800R^7} + \frac{l_s^{10}}{70\,601\,932\,800R^9} \tag{14-38}$$

并略去高次项得:

$$p = \frac{l_s^2}{24R} - \frac{l_s^4}{2\,688R^3} \tag{14-39}$$

增值参数 q 为:

$$q = x_s - R\sin\beta_s \tag{14-40}$$

仿式(14-38)的推导可得增值参数 q 与缓和曲线弧长 l 的精密关系式为:

$$q = \frac{l_s}{2} - \frac{l_s^3}{240R^2} + \frac{l_s^5}{34\,560R^4} - \frac{l_s^7}{8\,386\,560R^6} + \frac{l_s^9}{3\,158\,507\,520R^8} \tag{14-41}$$

并略去高次项得:

$$q = \frac{l_s}{2} - \frac{l_s^3}{240R^2} \tag{14-42}$$

若式(14-42)右边第二项很小,故增值参数 q 相当于缓和曲线段 $A \sim C$ 长度 l_s 的一半。

三、常规型缓圆曲线主点参数与测设

根据图 14-20,路线转弯的常规型缓圆曲线包括二段缓和曲线和一段圆曲线,曲线的主点有 ZH、HY、QZ、YH、HZ 五个点。

1. 主点特征参数

根据图 14-20,主点特征参数包括有切线长、曲线长、外矢距和切曲差。

(1)切线长:

$$T_H = (R + p)\tan\left(\frac{\alpha}{2}\right) + q \tag{14-43}$$

(2)曲线长:

$$L_H = R(\alpha - 2\beta_s)\frac{\pi}{180°} + 2l_s \tag{14-44}$$

(3)外矢距:

$$E_H = \frac{(R + p)}{\cos\left(\frac{\alpha}{2}\right)} - R \tag{14-45}$$

(4)切曲差:

$$D_H = 2T_H - L_H \tag{14-46}$$

2. 主点里程参数的计算

(1)ZH 点里程:

$$\mathrm{ZH}_{里程} = \mathrm{JD}_{里程} - T_H \tag{14-47}$$

(2)HY 点里程:

$$\mathrm{HY}_{里程} = \mathrm{ZH}_{里程} - l_s \tag{14-48}$$

(3)YH 点里程:

$$\mathrm{YH}_{里程} = \mathrm{HY}_{里程} + L_H - 2l_s \tag{14-49}$$

(4)HZ 点里程：$HZ_{里程} = YH_{里程} + l_s$ (14-50)

(5)QZ 点里程：$QZ_{里程} = HZ_{里程} - L_H/2$ (14-51)

(6)检核计算：$JD_{里程} = QZ_{里程} + D_H/2$ (14-52)

3. 主点的测设

(1)ZH、HZ、QZ 点测设

①根据图 14-20，全站仪在 JD 点设测站，瞄准 ZD_2，以 JD 点沿视准轴方向丈量 T_H，定点 HZ；

②全站仪拨角$(180° - \alpha)/2$，沿视准轴方向丈量 E_H，定点 QZ；

③全站仪再拨角$(180° - \alpha)/2$，沿视准轴方向丈量 T_H，定点 ZH。

(2)HY、YH 点测设

已知式(14-36)表示 HY 点的坐标，故 HY 点可采用切线支距法进行放样，即以 ZH 点为切点，以 ZH ~ JD 为切线所建立的直角坐标放样 HY 点。同理，YH 点以 HZ 点为切点，以 HZ ~ JD 为切线所建立的直角坐标进行放样。一般地，HY，YH 点的测设可留在详细测设中完成。

上述主点放样后，分别设立相应的里程桩。

四、常规型缓圆曲线的详细参数与测设

按图 14-20，与圆曲线详细参数类似，常规型缓圆曲线详细参数采用直角坐标表示法和极坐标表示法。

1. 直角坐标表示法

详细参数的直角坐标系如图 14-20，这里列出曲线各段点位参数计算公式。

(1)ZH 点的坐标：按图 14-20，ZH 点是原点，$x_{ZH} = 0$，$y_{ZH} = 0$。

(2)在 ZH ~ HY 段缓和曲线上的点位坐标：缓和曲线上第 i 点的坐标按式(14-36)表示，即：

$$x_i = l_i - \frac{l_i^5}{40R^2 l_s^2} + \frac{l_i^9}{3\,456R^4 l_s^4}, y_i = \frac{l_i^3}{6Rl_s} - \frac{l_i^7}{336R^3 l_s^3} + \frac{l_i^{11}}{42\,240R^5 l_s^5} \quad (14\text{-}53)$$

其中 $$l_i = l_A + l_o(i-1) \quad (14\text{-}54)$$

式中，$i = 1,2,\cdots,n$；l_o 为曲线整桩间距；l_A 为过 ZH 点后第一整桩至 ZH 点的弧长，即：

$$l_A = l_o[\mathrm{int}(ZH_{里程}/l_o) + 1] - ZH_{里程}, l_{i里程} = ZH_{里程} + l_i \quad (14\text{-}55)$$

(3)HY 点的坐标：按式(14-36)表示，即：

$$x_{HY} = l_s - \frac{l_s^3}{40R^2} + \frac{l_s^5}{3\,456R^4}, y_{HY} = \frac{l_s^2}{6R} - \frac{l_s^4}{336R^3} + \frac{l_s^6}{42\,240R^5} \quad (14\text{-}56)$$

(4)HY ~ YH 段圆曲线上的点位坐标：

$$x_i = q + R\sin\varphi_i, y_i = p + R - R\cos\varphi_i \quad (14\text{-}57)$$

其中 $$\varphi_i = \left[\frac{l_s}{2} + l_{YA} + l_o(i-1)\right]\frac{180°}{R\pi} \quad (14\text{-}58)$$

式中，$i = 1,2,\cdots,n$；β_s 的意义同式(14-32)；l_{YA}是过 HY 点后圆曲线上第一整桩至 HY 点的弧长。

$$l_{YA} = l_o[\text{int}(\text{HY}_{里程}/l_o) + 1] - \text{HY}_{里程}, l_{i里程} = \text{HY}_{里程} + l_{YA} + l_o(i-1) \quad (14\text{-}59)$$

(5)圆曲线上的 QZ 点坐标表达式为:

$$x_{QZ} = q + R\sin\left(\frac{\alpha}{2}\right), y_{QZ} = p + R - R\cos\left(\frac{\alpha}{2}\right) \quad (14\text{-}60)$$

(6)YH 点的坐标表达式为:

$$x_{YH} = q + R\sin(\alpha - \beta_s), y_{YH} = p + R - R\cos(\alpha - \beta_s) \quad (14\text{-}61)$$

(7)YH ~ HZ 段缓和曲线上的点位坐标:

考虑到应用式(14-31)β 的推导方向,YH ~ HZ 段缓和曲线上的点位坐标可采用 HZ 点为起点的推算方式。图 14-20 中,以 HZ 点为原点建立 $x'By'$ 直角坐标系推算缓和曲线上的点位坐标,然后再变换为 xAy 直角坐标系的坐标,应经历坐标平移和旋转(180° − α)的过程。根据这一思路推证得 YH ~ HZ 段缓和曲线上点位坐标的表达式为:

$$\begin{pmatrix} x_i \\ y_i \end{pmatrix} = \begin{pmatrix} x_{HZ} \\ y_{HZ} \end{pmatrix} - \begin{pmatrix} \cos\alpha & -\sin\alpha \\ \sin\alpha & \cos\alpha \end{pmatrix} \begin{pmatrix} x'_i \\ y'_i \end{pmatrix} \quad (14\text{-}62)$$

其中

$$x'_i = l_i - \frac{l_i^5}{40R^2 l_s^2} + \frac{l_i^9}{3\,456R^4 l_s^4}, y'_i = -\left(\frac{l_i^3}{6Rl_s} - \frac{l_i^7}{336R^3 l_s^3} + \frac{l_i^{11}}{42\,240R^5 l_s^5}\right) \quad (14\text{-}63)$$

式中,l_i 是曲线上一点到 HZ 点的弧长,即:

$$l_i = l_B + l_o(i-1) \quad (14\text{-}64)$$

式中,l_B 是 HZ 点前的第一整桩弧长,即:

$$l_B = \text{HZ}_{里程} - l_o[\text{int}(\text{HZ}_{里程}/l_o)], l_{i里程} = \text{YH}_{里程} + l_s - l_i \quad (14\text{-}65)$$

(8)HZ 点的坐标:

$$x_{HZ} = T_H\cos\alpha + T_H, y_{HZ} = T_H\sin\alpha \quad (14\text{-}66)$$

2. 极坐标表示法

极坐标表示法也称偏角法。所需的参数有曲线的弦长 c 和偏角 δ,完全可以利用切线支距法的参数换算得到。如图 14-22,设 p_i 点是曲线上的一点,坐标为 x_i、y_i,现以 ZH 点为测站,以 JD 点为基准方向放样曲线上的点位 p,则所需的点位参数为:

$$C_P = \sqrt{x_i^2 + y_i^2}, \delta_p = \tan^{-1}\left(\frac{y_i}{x_i}\right) \quad (14\text{-}67)$$

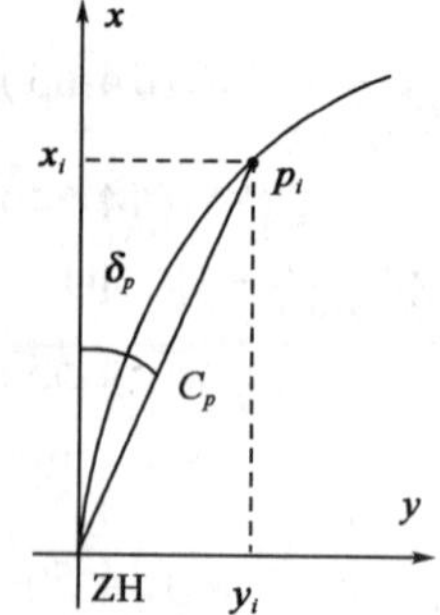

图 14-22 极坐标表示法

由式(14-67)可见,偏角法常规型缓圆曲线点位的测设参数的计算:按切线支距法的相应公式计算曲线上的点位坐标及点位里程;按式(14-67)计算点位参数 C_P 和 δ_P。

3. 测设方法

缓和曲线的详细测设,在一般方法上如同圆曲线测设一样,分别从 ZH 点、HZ 点向 QZ 点详细测设。因此,测设之前,将按 ZH、HZ 两原点的不同坐标系统计算二套测设参数。检核,则是对接近 QZ 点的测设桩位至 QZ 点的实际距离值与计算值比较，比较结果应符合表 14-3 的要求。

五、算例：缓和曲线的主点参数和详细测设参数计算

缓和曲线的主点参数和详细测设参数计算见表 14-7（图 14-20）。

缓和曲线的主点参数和详细测设参数计算表　　表 14-7

已知参数	圆半径 1 200m	转角 10°49′	缓和曲线长 100m	交点里程 4 522.31m	整桩间距 20m	
特征参数	切线角 β　2°23′14″		内移值 p　0.347m		增值 q　49.998m	
	切线长 163.640		曲线长 326.543	外矢距　5.714	切曲差　0.738	
主点里程	ZH 4 358.669	HY 4 458.669	QZ 4 521.940	YH 4 585.212	HZ 4 685.212	JD 4 522.310

详细测设参数			切线支距法 原点：ZH　x 轴：ZH ~ JD		偏角法 测站：ZH　起始方向：ZH ~ JD	
点名	里程 （km　m）	弧长 （m）	x	y	δ	C
ZH 1	K4 + 358.669	0	0	0	0	0
2	K4 + 360.000	1.330	1.330	0.000	0 00 00	1.330
3	K4 + 380.000	21.330	21.330	0.013	0 02 10	21.330
4	K4 + 400.000	41.330	41.330	0.098	0 08 09	41.330
5	K4 + 420.000	61.330	61.329	0.320	0 17 57	61.330
6	K4 + 440.000	81.330	81.324	0.747	0 31 34	81.330
HY 7	K4 + 458.669	100.000	99.982	1.388	0 47 44	99.992
8	K4 + 460.000	101.330	101.313	1.444	0 49 01	101.324
9	K4 + 480.000	121.330	121.287	2.466	1 09 54	121.312
10	K4 + 500.000	141.330	141.241	3.821	1 32 58	141.293
11	K4 + 520.000	161.330	161.169	5.507	1 57 26	161.263
QZ 12	K4 + 521.940	163.271	163.102	5.689	1 59 51	163.201
13	K4 + 540.000	181.330	181.067	7.526	2 22 49	181.223
14	K4 + 560.000	201.330	200.928	9.876	2 48 50	201.171
15	K4 + 580.000	221.330	220.747	12.557	3 15 20	221.104
YH 16	K4 + 585.212	226.543	225.906	13.310	3 22 19	226.297
17	K4 + 600.000	241.330	240.521	15.563	3 42 08	241.024
18	K4 + 620.000	261.330	260.249	18.850	4 08 34	260.931
19	K4 + 640.000	281.330	279.941	22.351	4 33 53	281.330
20	K4 + 660.000	301.330	299.605	26.000	4 57 35	301.330
21	K4 + 680.000	321.330	319.254	29.731	5 19 14	320.635
HZ 22	K4 + 685.212	326.543	324.374	30.710	5 24 30	325.824

第五节　缓和曲线弧长与缓圆组合

本章第四节介绍的常规型缓圆曲线定位的主要特点是:两条缓和曲线弧长 l 已知,定位参数计算及其应用比较规范标准化。现代交通路线大多是非常规型缓圆曲线,尤其在立交互通道路工程中,曲线的线形结构多样,其中曲线的组合形状复杂多变,缓和曲线的长短依实际地形和路线等级各不相同,缓和曲线弧长长度未知。如何获取以往比较麻烦的未知缓和曲线弧长?本节将叙述简捷求解与定位的原理和方法。

一、缓和曲线弧长方程与弧长求解

1.缓和曲线弧长方程

对式(14-38)适当处理可得缓和曲线弧长方程,即:

$$\frac{l^2}{24R}-\frac{l^4}{2\,688R^3}+\frac{l^6}{506\,880R^5}-\frac{l^8}{154\,828\,800R^7}+\frac{l^{10}}{70\,601\,932\,800R^9}-p=0 \quad (14\text{-}68)$$

设 $l_o=l^2$ 代入弧长方程式(14-68),此时变为:

$$Al_o+Bl_o^2+Cl_o^3+Dl_o^4+El_o^5-p=0 \quad (14\text{-}69)$$

式中,$A=\frac{1}{24R}$,$B=\frac{-1}{2\,688R^3}$,$C=\frac{1}{506\,880R^5}$,$D=\frac{-1}{154\,828\,800R^7}$,$E=\frac{1}{70\,601\,932\,800R^9}$

2.缓和曲线弧长求解

式(14-69)是一个高次方程。在这里,p 是圆曲线距直线(或是 x 轴)最近点 d(见图14-23)到直线的距离,称为圆弧距。一般说来,在圆弧距 p、圆曲线半径 R 已知时,参考附录二 γ 计算求 B_1 的迭代法求解步骤,具体方法:

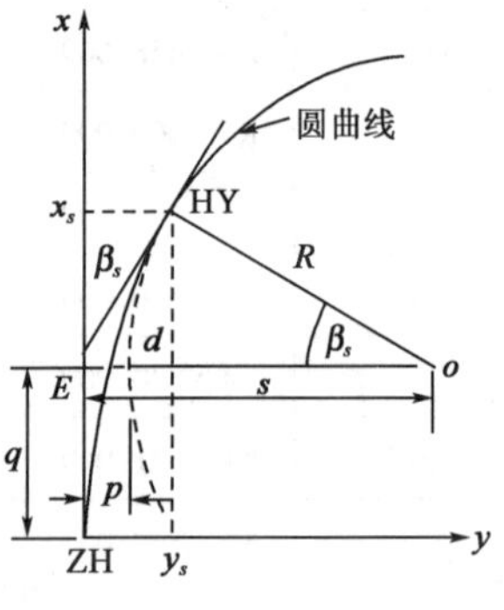

(1)求 l_o 初始值,即:

$$l_o=\frac{p}{A} \quad (14\text{-}70)$$

图 14-23　缓和曲线弧长与圆弧距

(2)求 $\mathrm{d}p$。将 l_o、p 及 A、B、C、D、E 代入式(14-69),得:

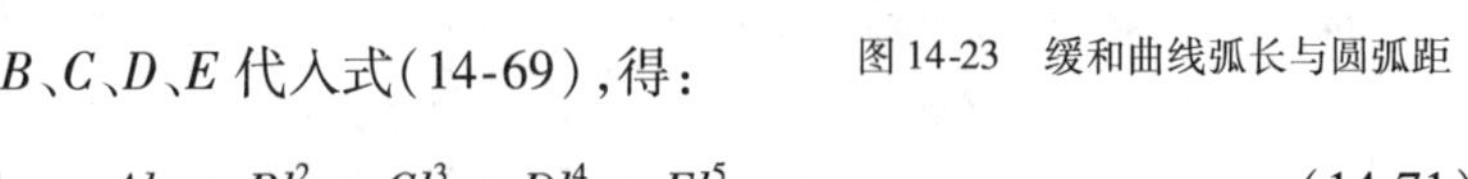

$$\mathrm{d}p=Al_o+Bl_o^2+Cl_o^3+Dl_o^4+El_o^5-p \quad (14\text{-}71)$$

(3)设定限制误差 Q(如设 $Q=0.000\,000\,005$),若 $\mathrm{d}p\geqslant Q$ 时,再计算 l_o,即:

$$l_o(i+1)=l_o(i)-\frac{\mathrm{d}p}{A} \quad (14\text{-}72)$$

(4)按式(14-71)计算 $\mathrm{d}p$,按式(14-72)重复计算 l_o(i 重复次数),再按式(14-71)计算 $\mathrm{d}p$,直至 $\mathrm{d}p\leqslant Q$。

(5)计算 $\sqrt{l_o}$ 得缓和曲线弧长 l。

图 14-20 的 p 与图 14-23 的 p，位置相同，意义有别。图 14-20 的 p 是缓和曲线长度 l 存在引起圆曲线的偏移值，是待求参数。图 14-23 与式(14-69)的 p 是圆曲线与直线客观存在的距离，是可得的已知参数，是发生缓和曲线的原因，故称为圆弧距。根据图 14-23，圆弧距，即圆半径径向的圆弧点 d 到在 x 轴的垂足 E 的距离。因此，只要设计圆半径 R 已知，圆心 o 的位置可知，并找到圆心 o 至直线 ZHx 的距离 s，圆弧距 $p = s - R$，随即可按式(14-69)计算缓和曲线弧长长度 l。

缓和曲线弧长方程的确立和圆弧距概念的提出，颠倒了传统缓和曲线长度 l 与 p 的关系。把非常规型缓圆曲线中的圆弧距 p 变成随处可得的已知参数，圆弧距对应缓和曲线弧长，缓和曲线弧长具有唯一解。

3. CASIO58 缓和曲线弧长精确解

编程计算器具有多种计算用途，就 CASIO 编程计算器而言，读者认真读懂 fx - 4850P、fx - 5800P 说明书，掌握编程基本语句符与命令符，掌握一般编程解题方法，可以达到应用的目的。此处仅从路线测量缓和曲线弧长应用出发提供一般的编程求解方法。

图 14-24　CASIO5800P

图 14-24 所示 CASIO5800P 是一种手掌计算机，该机以简单程序可精确解算缓和曲线弧长。

(1)程序

程序名设为“H. H—F. CJIE”。

```
Cls:“R”? →R:“P”? →P ◢
1 ÷24 ÷R→A: -1 ÷2 688 ÷R∧(3)→B:1 ÷506 880 ÷R∧(5)→C: -1 ÷154 828 800 ÷R∧(7)→D:1 ÷70 601 932 800 ÷R∧(9)→E ↵
P ÷A→L ↵
Lbl 1:L×A+L²×B+L∧(3)×C+L∧(4)×D+L∧(5)×E-P→F ↵
L-F÷A→L ↵
If T>0.000 000 000 5:Then goto 1:IfEnd:“HUAN-HE”:√(L)→M ◢
```

(2)CASIO58 精确解程序应用方法

①键入程序。在文件名“H. H—F. CJIE”下键入程序(可连机传送)。

②启动程序“RUN”，输入圆半径“R”和圆弧距“P”。

③按 EXE 数秒后显示缓和曲线弧长“HUAN-HE”。

(3)CASIO58 精确解程序应用键入提示的说明。

键入提示，要求输入数据的显示。

圆弧距 P 是求解缓和曲线弧长的参数。程序运行中在圆曲线半径提示“R?”后键入半径实际值。此后有圆弧距“P”的键入提示“P?”，此时才键入圆弧距的实际值。

二、非对称缓圆曲线定位

交通路线设计的非常规型缓圆曲线有非对称缓圆曲线、C 形曲线、S 形曲线、凸形曲线等缓圆组合曲线。

非对称缓圆曲线、C形曲线、S形曲线、凸形曲线等缓圆曲线应用缓和曲线弧长方程定位的方法，是以缓和曲线弧长方程(14-68)为基础，“先有圆弧距 p，后有缓和曲线弧长 l”的缓圆组合定位方法。基本思路：首先根据设计半径 R，按圆弧距 p_i 实际参数求解缓和曲线弧长 l_i；其次，根据缓圆组合曲线类型实际确定主点；第三，详细曲线定位参数计算。

1. 非对称缓圆曲线的定位步骤

图14-20是缓和曲线与圆曲线、直线组合的对称缓圆曲线，图中的QZ点在 $\angle GJF$ 的平分线上，圆曲线两侧的缓和曲线弧长相等。与之相比，图14-25是缓和曲线与圆曲线、直线组合的非对称缓圆曲线，无需角平分线，两侧的缓和曲线弧长不相等。非对称缓圆曲线的定位步骤如下。

(1)从已知条件中寻找圆弧距 p。图14-25中一般的已知条件：直线 MJD、JDN 各有一个点坐标和坐标方位角，圆曲线有半径 R 及 o 点坐标，故可以：

①以 o 点分别到直线 MJD、JDN 的垂直关系，求取 o 点到直线 MJD、JDN 的距离 s_1、s_2；

②以 o 点分别和直线 MJD、JDN 的垂直关系，求取 E、F 点坐标，并为 E、F 点定位；

③获取圆弧距 p_1、p_2，即 $p_1 = s_1 - R, p_2 = s_2 - R$。

(2)按弧长基础方程(14-68)求解缓和曲线弧长精确值 l_1、l_2。

(3) A、B、C、D 主点定位。

①按式(14-42)求偏移值 q_1、q_2，以 E、F 点为基准，用偏移值 q_1、q_2 为 A、B 点定位。

②按式(14-36)求 C 坐标，为 C 点定位。

③求 CD 弧长 l_{CD}。

$$l_{CD} = \frac{\alpha}{180°}\pi R - 0.5(l_1 + l_2) \tag{14-73}$$

式中，$\alpha = \alpha_{\mathrm{MJD}} - \alpha_{\mathrm{JDN}}$，$\alpha_{\mathrm{MJD}}$ 和 α_{JDN} 是直线 MJD、JDN 的坐标方位角。

④求 D 点坐标(略)，并为 D 点定位。

⑤整条非对称圆缓曲线的详细点位坐标计算。见算例。

2. 算例

以图14-26为例，计算见表14-8、表14-9。

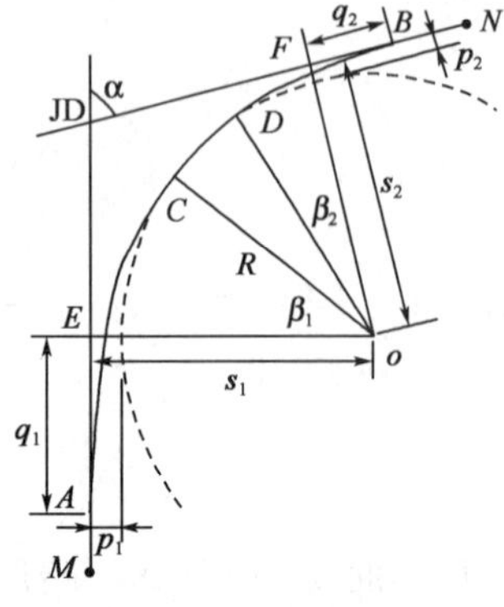

图14-25 非对称缓圆曲线

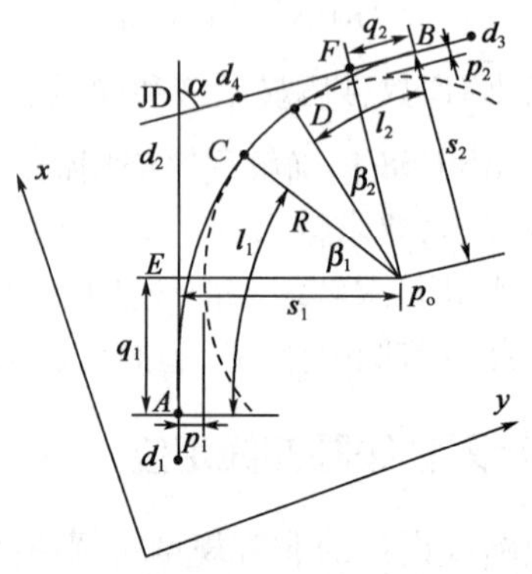

图14-26 非对称缓圆曲线算例

非对称缓圆曲线组合基本结构参数(单位:m) 表 14-8

点坐标	点名	x	y	里程
点坐标	已知 d_1	100	385	1 000
	已知 d_2	1 020	1 550	
	已知 p_o	377	1 065	
垂足	E	537.132 8	938.543 2	1 705.333 4
起点	A	494.042 1	883.977 2	1 635.804 5

缓和曲线弧长 l_1	设计半径 R	圆弧距 p_1	点距 s	q_1	圆曲线弧长
139.621 8	200	4.043 73	204.043 7	69.528 8	279.616 0

点坐标	点名	已知 d_3	已知 d_4	已知 p_o	垂足 F	起点 B
点坐标	x	−300	410	377	425.362 5	376.834 1
	y	1 440	1 265	1 065	1 261.213 5	1 273.174 7

缓和曲线弧长 l_2	设计半径 R	圆弧距 p_2	点距 s	q_2
100.171 3	200	2.085 765	202.085 8	49.980 7

非对称缓圆曲线组合详细点位坐标(单位:m) 表 14-9

点号	x	y	里 程	点号	x	y	里 程
1 A	494.042 1	883.977 2	1 635.804 5	29	467.859 8	1 124.770 8	1 900
2	469.641 9	887.270 1	1 640	30	564.633 9	1 134.235 2	1 910
3	502.826 4	895.128 3	1 650	31	560.939 1	1 143.526 4	1 920
4	508.970 8	903.017 9	1 660	32	556.784 6	1 152.621 4	1 930
5	515.046 6	910.960 4	1 670	33	552.180 6	1 161.497 4	1 940
6	531.024 7	918.976 7	1 680	34	547.138 8	1 170.132 2	1 950
7	526.875 2	927.086 5	1 690	35	541.671 8	1 178.504 2	1 960
8	532.567 1	935.308 0	1 700	36	535.793 2	1 186.592 5	1 970
9	538.068 5	934.658 8	1 710	37	529.517 6	1 194.376 7	1 980
10	543.346 1	952.152 3	1 720	38	522.860 9	1 201.837 9	1 990
11	548.365 2	960.801 1	1 730	39	515.839 5	1 208.956 9	2 000
12	553.089 6	969.614 0	1 740	40	508.471 2	1 215.716 1	2 010
13	557.482 0	978.597 0	1 750	41	500.774 2	1 222.098 5	2 020
14	561.503 4	987.752 0	1 760	42	492.767 9	1 228.088 3	2 030
15	565.113 8	997.076 5	1 770	43	484.472 2	1 233.670 5	2 040
16 C	566.886 6	1 002.206 0	1 775.427 3	44	475.907 8	1 238.831 1	2 050
17	568.272 5	1 006.563 5	1 780	45 D	471.493 4	1 241.269 7	2 055.043 3
18	570.954 1	1 016.196 2	1 790	46	467.096 8	1 243.558 1	2 060
19	573.150 9	1 025.950 8	1 800	47	458.071 4	1 247.862 2	2 070
20	574.857 4	1 035.803 1	1 810	48	448.870 9	1 251.778 6	2 080
21	576.069 3	1 045.728 3	1 820	49	439.529 9	1 255.347 1	2 090
22	576.783 7	1 055.701 7	1 830	50	430.077 5	1 258.609 7	2 000
23	576.998 8	1 065.698 4	1 840	51	420.538 6	1 261.610 6	2 110
24	576.713 9	1 075.693 3	1 850	52	410.934 4	1 264.395 9	2 120
25	575.929 9	1 085.661 4	1 860	53	401.282 7	1 267.011 3	2 130
26	574.648 6	1 095.578 0	1 870	54	391.598 7	1 269.505 4	2 140
27	572.873 4	1 105.418 1	1 880	55	381.896 1	1 271.925 8	2 150
28	570.608 5	1 115.157 1	1 890	56 B	376.834 1	1 273.174 7	2 155.213 8

三、C 形曲线的定位

C 形缓圆曲线如图 14-27。图中直线 mn 是一条隐形直线，直线上方是两个半径不同的圆曲线。图中 C 形缓圆曲线有 GA 圆曲线、AC 缓和曲线、CB 缓和曲线、BH 圆曲线。C 形缓圆曲线是以 A、C、B 点为连续点，在两个圆曲线中插入弧长为 $l_1(AC)$、$l_2(CB)$ 的同向的缓和曲线。C 点处的曲率半径为 ∞ 。

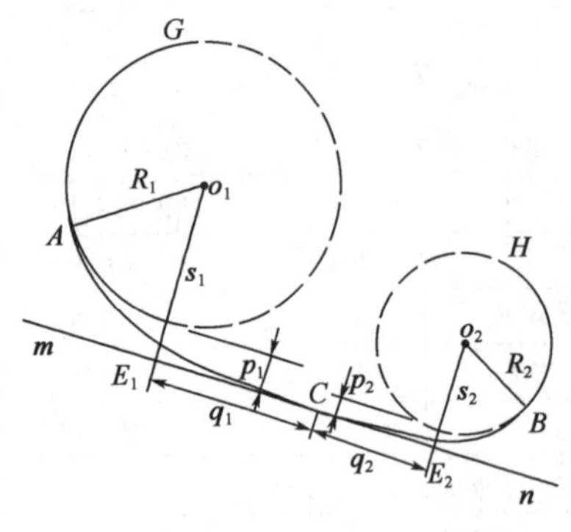

图 14-27　C 形缓圆曲线

C 形缓圆曲线定位基本要求，计算得到缓和曲线弧长在定位后与两个圆曲线圆心 o_1 、o_2 的实际位置一致。然而，开始的圆曲线圆心 o_1、o_2 不一定符合实际要求，故 C 形缓圆曲线定位的基本方法应结合计算结果对圆心 o_1、o_2 进行适当的调整。

C 形缓圆曲线计算、调整、定位的步骤如下：

(1)根据圆心至隐形直线 mn 的距离 s_1、s_2 获得圆弧距 p_1、p_2 。

(2)按缓和曲线弧长方程(14-69)及其迭代法直接计算缓和曲线弧长 $l_1(AC)$、$l_2(CB)$。

(3)以圆心 o_1 坐标及至直线 mn 的垂直关系，求 E_1 点坐标，获得 E_1 点在直线 mn 中的位置。

(4)以圆心 o_2 坐标及至直线 mn 的垂直关系，求 E_2 点坐标，获得 E_2 点在直线 mn 中的位置。

(5)按式(14-42)求偏移值 q_1、q_2 ，以 E_1 点按 q_1 定主点 C 的位置，接着按 q_2 定主点 E_2' 的位置。比较上述第一次定主点 E_2 的位置差别，以第二次 E'_2 的位置为主。

(6)以 C 为原点，以直线 mn 的 m 方向为 x 轴建立独立平面直角坐标系，按式(14-37)求 A 的坐标，定主点 A 的位置。按式(14-37)求 B 点的坐标(B 点的 x 坐标应反号)，定主点 B 的位置。

(7)C 形缓圆曲线的详细计算，这里略。S 形曲线(图 14-28)、凸形曲线(图 14-29)的定位可参考 C 形曲线、非对称缓圆曲线的定位，这里略。

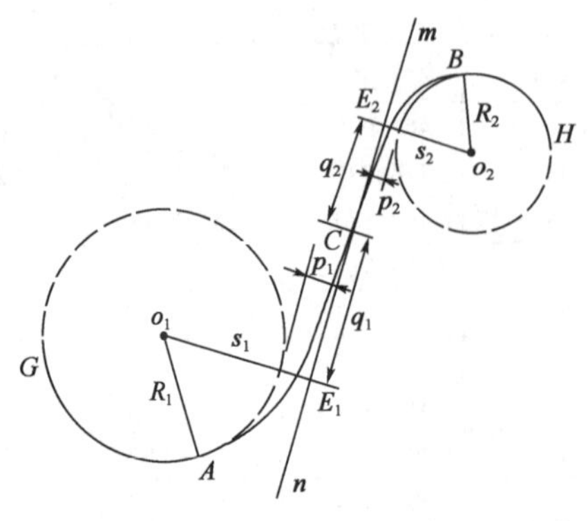

图 14-28　S 形曲线

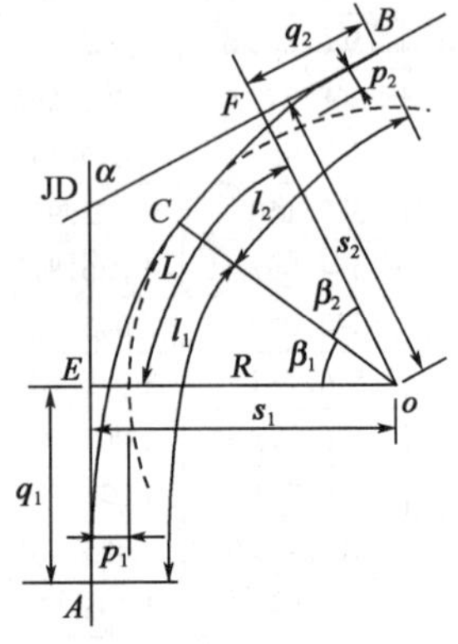

图 14-29　凸形曲线

第六节　缓和复曲线的定位模式

一、概念

缓和复曲线，俗称“卵形曲线”，是复曲线中插入缓和曲线后的一种含有多种曲率半径的圆曲线和缓和曲线的组合线形，是缓圆曲线中的重要曲线。缓和复曲线有多种线型结构。图14-30是一条标准型双旁插缓和复曲线，含左旁插缓和曲线（l_{s1}）、圆曲线（R_1, l_{y1}）、中插缓和曲线（l_{s3}）、圆曲线（R_2, l_{y2}）、右旁插缓和曲线（l_{s2}）。

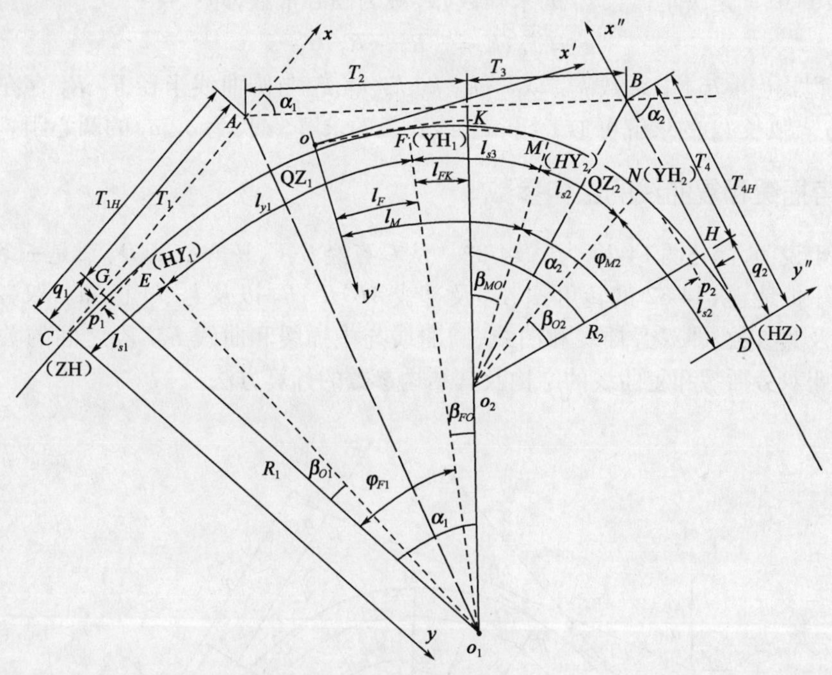

图14-30　缓和复曲线

为便于说明问题，图14-30中建立三个坐标系：以 C 点为原点的 xCy 坐标系称绝对坐标系，以 o 点（中插缓和曲线的起点）为原点的 $x'oy'$ 坐标系和以 D 点为原点的 $x''Dy''$ 坐标系。$x'oy'$ 坐标系和 $x''Dy''$ 坐标系称为相对坐标系。图14-31是在图14-30 $x'oy'$ 坐标系得到的中插缓和曲线（l_{s3}）。

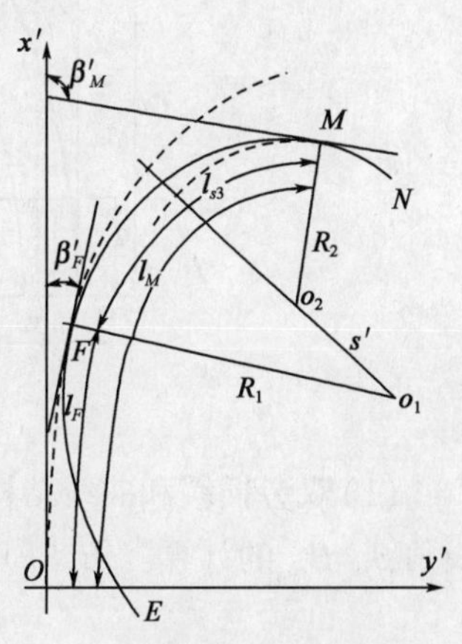

图14-31　中插缓和曲线

二、中插缓和曲线弧长

图14-30，中插缓和曲线弧长有 l_{s3}、l_F、l_M，是缓和复曲线的关键参数，在路线曲线工程的设计、测量与检验中具有特别重要的意义。中间缓和曲线长 l_{s3}、l_F、l_M 的关系为：

$$l_{s3} = l_M - l_F \tag{14-74}$$

式中，l_F 是缓和曲线从曲率半径 $\rho=\infty$ 处 o 点至曲率半径 $\rho=R_1$ 处 F 点的曲线长；l_M 是缓和曲线从 $\rho=\infty$ 处 o 点至 $\rho=R_2$ 处 M 点的曲线长。根据式(14-28)有：

$$R_1 l_F = R_2 l_M, l_F = \frac{R_2 l_M}{R_1} \tag{14-75}$$

从式(14-74)、式(14-75)可见，若曲率半径 R_1、R_2 已知，就可以利用 l_M 求取 l_F、l_{s3}，故求解弧长 l_M 是各中插缓和曲线弧长求解的关键。

据本书作者研究，中插缓和曲线 l_M 的弧长方程可表示为：

$$k_1 w + k_2 w^2 + k_3 w^3 + k_4 w^4 + k_5 w^5 + k_6 w^6 + k_7 w^7 + k_8 w^8 + K = 0 \tag{14-76}$$

式(14-76)中 w 是决定弧长 l_M 的未知数，K 称为圆心常数，即：

$$w = l_M^2, K = (R_1 - R_2)^2 - s^2 \tag{14-77}$$

弧长方程式(14-76)中系数 k_1、k_2、k_3、k_4、k_5、k_6、k_7、k_8 与圆曲线半径 R_1、R_2 存在明确的关系，见附录五。弧长 l_M 的求解可参考缓和曲线弧长的求解。s 称为 o_1、o_2 的圆心距。

三、双旁插缓和复曲线的结构参数

为了便于说明，简化图 14-30 为图 14-32。从 C 点经 E、F、M、N 点到 D 点，是一条双旁插缓和复曲线。一般地，图 14-32 的转角 α_1、α_2 及基线 AB、R_1、R_2 以及 l_{s1}、l_{s2} 已知。双旁插缓和复曲线的结构及其参数，即双旁插缓和曲线、圆曲线与中插缓和曲线 FM 段之间的关系比较复杂。以下说明双旁插缓和复曲线的结构及其结构参数的计算方法。

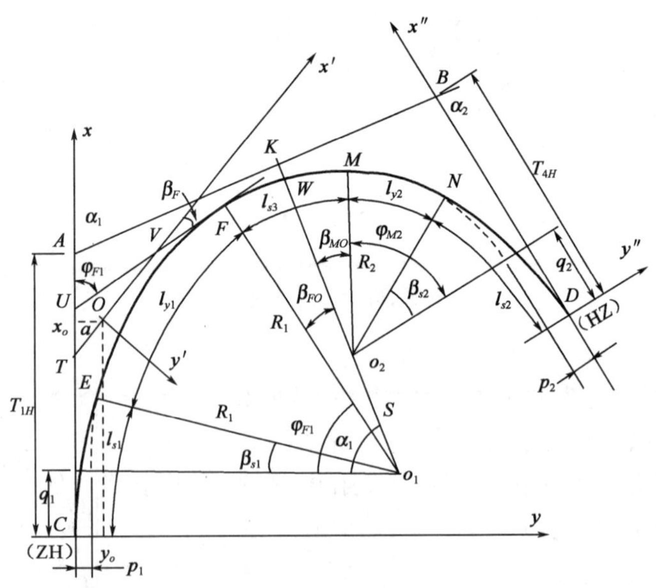

图 14-32　双旁插缓和复曲线的结构

(1)双旁插缓和曲线结构参数的计算。主要是图 14-32 中 E、N 点坐标 x_E、y_E、x''_N、y''_N 和切线角 β_{s1}、β_{s2} 的计算。仿式(14-36)，E 点坐标 x_E、y_E 为：

$$x_E = l_{s1} - \frac{l_{s1}^3}{40R_1^2} + \frac{l_{s1}^5}{3\,456R_1^4} - \frac{l_{s1}^7}{599\,040R_1^6}$$

$$y_E = \frac{l_{s1}^2}{6R_1} - \frac{l_{s1}^4}{336R_1^3} + \frac{l_{s1}^6}{42\,240R_1^5} - \frac{l_{s1}^8}{9\,676\,800R_1^7} \tag{14-78}$$

在 $x''Dy''$ 坐标系，仿式(14-63)，N 点坐标 x''_N、y''_N 为：

$$x''_N = l_{ss} - \frac{l_{s2}^3}{40R_2^2} + \frac{l_{s2}^5}{3\,456R_2^4} - \frac{l_{s2}^7}{599\,040R_2^6} \tag{14-79a}$$

$$y''_N = -\left(\frac{l_{s2}^2}{6R_2} - \frac{l_2^4}{336R_2^3} + \frac{l_{s2}^6}{42\,240R_2^5} - \frac{l_{s2}^8}{9\,676\,800R_2^7}\right) \tag{14-79b}$$

在 E、N 点切线角 β_{s1}、β_{s2} 仿式(14-31)计算，即：

$$\beta_{s1} = \frac{90l_{s1}}{R_1\pi}, \beta_{s2} = \frac{90l_{s2}}{R_2\pi} \tag{14-80}$$

(2)圆曲线偏移值 p_1、q_1、p_2、q_2，分别按式(14-39)、式(14-42)计算，计算应用参数是 R_1、R_2 及 l_{s1}、l_{s2}。

(3)切线长 T_{1H}、T_{4H} 的计算。

$$T_{1H} = (R_1 + p_1)\tan\left(\frac{\alpha_1}{2}\right) + q_1, T_{4H} = (R_2 + p_2)\tan\left(\frac{\alpha_2}{2}\right) + q_2 \tag{14-81}$$

(4)求 o_1、o_2 的坐标和 o_1、o_2 的距离 s。

根据图 14-32 三个坐标系，o_1、o_2 的坐标分别以 E、N 为起点推算。在 xCy 坐标系中，o_1、o_2 的坐标分别为：

$$x_{o1} = x_E + R_1 \times \cos(\beta_{s1} + 90°), y_{o1} = y_E + R_1 \times \sin(\beta_{s1} + 90°) \tag{14-82}$$

$$\begin{pmatrix} x_{o2} \\ y_{o2} \end{pmatrix} = \begin{pmatrix} x_{HZ} \\ y_{HZ} \end{pmatrix} - \begin{pmatrix} \cos(\alpha_1 + \alpha_2) & -\sin(\alpha_1 + \alpha_2) \\ \sin(\alpha_1 + \alpha_2) & \cos(\alpha_1 + \alpha_2) \end{pmatrix} \begin{pmatrix} x''_{o2} \\ y''_{o2} \end{pmatrix} \tag{14-83}$$

其中

$$x''_{o2} = x''_N + R_2 \times \cos(270° - \beta_{s2}), y''_{o2} = y''_N + R_2 \times \sin(270° - \beta_{s2}) \tag{14-84}$$

式(14-83)中的 x_{HZ}、y_{HZ} 是 D 点在 xCy 坐标系的坐标，即：

$$\begin{aligned} x_{HZ} &= T_{1H} + AB \times \cos\alpha_1 + T_{4H} \times \cos(\alpha_1 + \alpha_2) \\ y_{HZ} &= AB \times \sin\alpha_1 + T_{4H} \times \sin(\alpha_1 + \alpha_2) \end{aligned} \tag{14-85}$$

计算 o_1、o_2 的圆心距 s，计算式为：

$$s = \sqrt{(x_{o2} - x_{o1})^2 + (y_{o2} - y_{o1})^2} \tag{14-86}$$

(5)根据缓和复曲线弧长方程，仿缓和曲线弧长方程按迭代法计算弧长 l_M。按式(14-75)、式(14-74)计算弧长 l_F、l_{s3}。

(6)按式(14-36)求 F、M 点在 $x'oy'$ 坐标系的坐标 x'_F、y'_F、x'_M、y'_M。即：

$$\begin{aligned} x'_F &= l_F - \frac{l_F^3}{40R_1^2} + \frac{l_F^5}{3\,456R_1^4} - \frac{l_F^7}{599\,040R_1^6} \\ y'_F &= \frac{l_F^2}{6R_1} - \frac{l_F^4}{336R_1^3} + \frac{l_F^6}{42\,240R_1^5} - \frac{l_F^8}{9\,676\,800R_1^7} \end{aligned} \tag{14-87}$$

$$x'_M = l_M - \frac{l_M^3}{40R_2^2} + \frac{l_M^5}{3\,456R_2^4} - \frac{l_M^7}{599\,040R_2^6}$$

$$y'_M = \frac{l_M^2}{6R_2} - \frac{l_M^4}{336R_2^3} + \frac{l_M^6}{42\,240R_2^5} - \frac{l_M^8}{9\,676\,800R_2^7} \tag{14-88}$$

(7)求 o_1、o_2 点在 $x'oy'$ 坐标系的坐标。根据图14-32,按 o_1、o_2 点分别与 F、M 点的半径及其曲线的密切关系理论,可推证 o_1,o_2 点在 $x'oy'$ 坐标系的坐标,即:

$$x'_1 = \frac{R_2 l_M}{2R_1} - \frac{R_2^3 l_M^3}{240R_1^5} + \frac{R_2^5 l_M^5}{34\,560R_1^9} - \frac{R_2^7 l_M^7}{8\,386\,560R_1^{13}}$$

$$y'_1 = \frac{R_2^2 l_M^2}{24R_1^3} - \frac{R_2^4 l_M^4}{2\,688R_1^7} + \frac{R_2^6 l_M^6}{506\,880R_1^{11}} - \frac{R_2^8 l_M^8}{154\,828\,800R_1^{15}} + R_1 \tag{14-89}$$

$$x'_2 = \frac{l_M}{2} - \frac{l_M^3}{240R_2^2} + \frac{l_M^5}{34\,560R_2^4} - \frac{l_M^7}{8\,386\,560R_2^6}$$

$$y'_2 = \frac{l_M^2}{24R_2} - \frac{l_M^4}{2\,688R_2^3} + \frac{l_M^6}{506\,880R_2^5} - \frac{l_M^8}{154\,828\,800R_2^7} + R_2 \tag{14-90}$$

(8)求 α'_s、α_s、α 。

①按 o_1、o_2 点在 $x'oy'$ 坐标系的坐标[式(14-89)、式(14-90)]计算圆心距 s 方位角 α'_s ;

②按 o_1、o_2 点在 xCy 坐标系的坐标[式(14-82)、式(14-83)]计算圆心距 s 方位角 α_s ;

③求夹角 α,α 是 $x'oy'$ 坐标系与 xCy 坐标系的纵坐标轴夹角,即:

$$\alpha = \alpha_s - \alpha'_s \tag{14-91}$$

(9)求 β_{Fo}、β_{Mo} 。如图14-31:

$$\beta_{Fo} = \alpha'_s - \alpha'_{1F} = \alpha'_s - \beta'_F - 270^\circ$$

$$\beta_{Mo} = \alpha'_{2M} - \alpha'_s = \beta'_M + 270^\circ - \alpha'_s \tag{14-92}$$

式中,β'_F、β'_M 分别是 F,M 点的切线角,即图14-31中 β'_F、β'_M ;α'_{1F} 是圆心 o_1 至 F 点在 $x'oy'$ 坐标系的方位角;α'_{2M} 是圆心 o_2 至 M 点在 $x'oy'$ 坐标系的方位角。

(10)求圆曲线弧长 l_{y1},l_{y2} 。

$$l_{y1} = (\alpha_s - 270^\circ - \beta_{s1} - \beta_{Fo})\frac{R_1\pi}{180^\circ}$$

$$l_{y2} = (\alpha_1 + \alpha_2 - \alpha_s + 270^\circ - \beta_{s2} - \beta_{Mo})\frac{R_2\pi}{180^\circ} \tag{14-93}$$

(11)中插缓和曲线起点 o 的坐标 x_o、y_o 的求解。

根据式(14-87),F 点在 $x'oy'$ 坐标系的坐标 x'_F、y'_F 可求。设中插缓和曲线起点 o 的坐标 x_o、y_o 已知,α 已知,则 F 点在 xCy 坐标系的坐标 x_F、y_F 可按坐标平移旋转原理得到,即:

$$\begin{pmatrix} x_F \\ y_F \end{pmatrix} = \begin{pmatrix} x_o \\ y_o \end{pmatrix} + \begin{pmatrix} \cos\alpha & -\sin\alpha \\ \sin\alpha & \cos\alpha \end{pmatrix}\begin{pmatrix} x'_F \\ y'_F \end{pmatrix} \tag{14-94}$$

实际上 F 点在 xCy 坐标系的坐标 x_F、y_F 可按下列公式得到,即:

$$x_F = q_1 + R_1\sin\varphi_{F1}$$

$$y_F = p_1 + R_1 - R_1\cos\varphi_{F1} \tag{14-95}$$

$$\varphi_{F1} = \alpha_1 - \beta_{Fo}$$

那么，F 点在 $x'oy'$ 坐标系的坐标 x'_F、y'_F 可求，F 点在 xCy 坐标系的坐标 x_F、y_F 可得，α 已知，根据式(14-94)，则中插缓和曲线起点 o 的坐标 x_o、y_o 的计算式为：

$$\begin{pmatrix} x_o \\ y_o \end{pmatrix} = \begin{pmatrix} x_F \\ y_F \end{pmatrix} - \begin{pmatrix} \cos\alpha & -\sin\alpha \\ \sin\alpha & \cos\alpha \end{pmatrix} \begin{pmatrix} x'_F \\ y'_F \end{pmatrix} \tag{14-96}$$

四、中插缓和曲线 FM 段的详细测设坐标

图 14-32 中，从 C 点经 E 到 F 点，从 M 点经 N 到 D 点，详细定位坐标可按一般缓和曲线的计算方法，读者可自行推演有关计算公式。这里仅说明中插缓和曲线 FM 段的定位坐标计算与检验。

(1)在 $x'oy'$ 坐标系的坐标计算。按一般缓和曲线的坐标计算，即：

$$\begin{aligned} x'_i &= l_i - \frac{l_i^5}{40R_2^2 l_M^2} + \frac{l_i^9}{3\,456R_2^4 l_M^4} - \frac{l_i^{13}}{599\,040R_2^6 l_M^6} \\ y'_i &= \frac{l_i^3}{6R_2 l_M} - \frac{l_i^7}{336R_2^3 l_M^3} + \frac{l_i^{11}}{42\,240R_2^5 l_M^5} - \frac{l_i^{15}}{9\,676\,800R_2^7 l_M^7} \end{aligned} \tag{14-97}$$

式中，$l_i = l_F + l_{FA} + l_o(i-1)$；$l_o$ 是路线的整桩间距；l_{FA} 是离开 F 点的第一整桩弧长，即：

$$l_{FA} = l_o[\mathrm{int}(F_{里程}/l_o) + 1] - F_{里程} \tag{14-98}$$

式中，$F_{里程}$ 是 F 点的里程。

(2)在 xCy 坐标系的坐标计算。即纳入以 C 点为原点的 xCy 坐标系的点位坐标计算：

$$\begin{pmatrix} x_i \\ y_i \end{pmatrix} = \begin{pmatrix} x_o \\ y_o \end{pmatrix} + \begin{pmatrix} \cos\alpha & -\sin\alpha \\ \sin\alpha & \cos\alpha \end{pmatrix} \begin{pmatrix} x'_i \\ y'_i \end{pmatrix} \tag{14-99}$$

(3) M 点的检验坐标计算。按式(14-97)、式(14-99)计算的 M 点坐标，应由式(14-100)计算检验。

$$\begin{pmatrix} x_M^o \\ y_M^o \end{pmatrix} = \begin{pmatrix} x_{HZ} \\ y_{HZ} \end{pmatrix} - \begin{pmatrix} \cos(\alpha_1 + \alpha_2) & -\sin(\alpha_1 + \alpha_2) \\ \sin(\alpha_1 + \alpha_2) & \cos(\alpha_1 + \alpha_2) \end{pmatrix} \begin{pmatrix} x''_M \\ y''_M \end{pmatrix} \tag{14-100}$$

式中
$$x''_M = q_2 + R_2\sin\varphi_{M2},\ y''_M = -(p_2 + R_2 - R_2\cos\varphi_{M2}),\ \varphi_{M2} = \alpha_2 - \beta_{MO} \tag{14-101}$$

式(14-100)、式(14-101)坐标计算结果应是 M 点的坐标正确值。根据缓和复曲线的弧长理论，按式(14-97)、式(14-99)计算的 M 点坐标应与式(14-100)、式(14-101)的坐标一致，这就是 M 点的坐标计算检验。

第七节　曲线的特殊定位

因曲线特殊性，或因条件限制，曲线放样定位往往存在特殊情况。这时道路曲线放样定位应因地制宜，采取相应特殊定位措施。曲线特殊定位基本思路：①结合技术条件找出并解决中线点位的数学模式；②根据有关已知参数计算实际点位参数；③按照相应技术方法测设有关点位，完成整个曲线的定位。本节遵循这一基本思路就有关曲线测设特殊问题讨论解决的方法。

一、虚交的圆曲线主点的测设

虚交，路线中线交点在实地无法得到的情形。如交点落入河流中，无法定出交点位置(图

14-33)；如公路在山腰处转弯，路线交点悬在空中(图 14-34)；如路线中线障碍物无法排除，交点无法直接得到(图 14-35)。另外，路线转弯曲线切线长太长，得交点工作量太大，没有意义，也属于虚交。路线中线出现虚交，圆曲线主点的确定是关键，采用的方法有基线法、导线法和弦线法等。

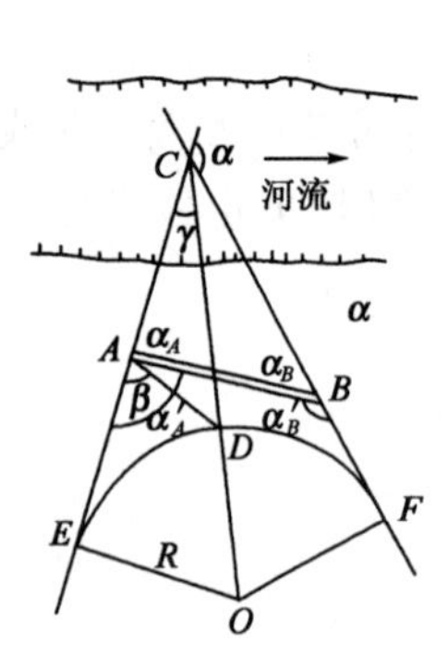

图 14-33　交点在水中的基线法

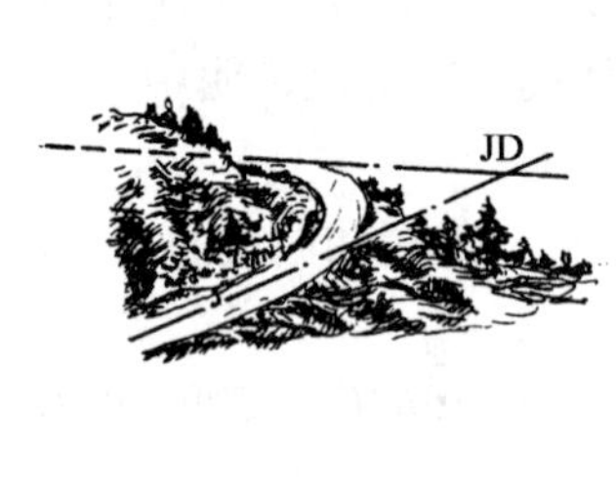

图 14-34　交点悬在空中

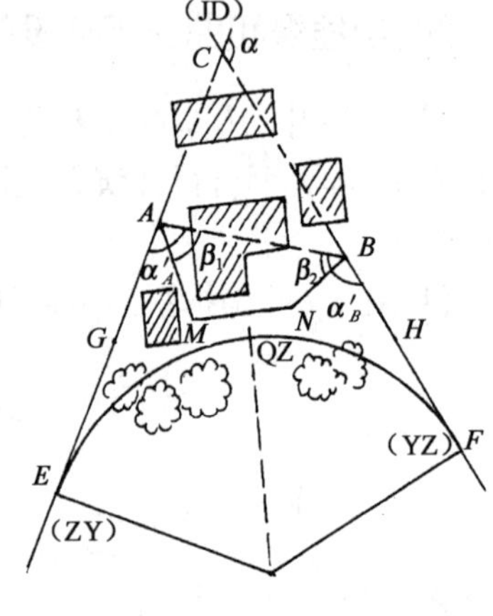

图 14-35　导线法

1. 基线法

(1)定基线，测量基线长度。如图 14-33，在 AE、BF 直线段定 A、B 点，测量基线 AB 的长度 s_{AB}。

$$s_{AC}=s_{AB}\frac{\sin\alpha_B}{\sin\alpha},s_{BC}=s_{AB}\frac{\sin\alpha_A}{\sin\alpha} \tag{14-102}$$

(2)在 A、B 各测量 α'_A 和 α'_B，计算 α_A、α_B($\alpha_A=180°-\alpha'_A,\alpha_B=180°-\alpha'_B$)和转角 α($\alpha=\alpha_A+\alpha_B$)。

(3)在 $\triangle ABC$ 中，根据正弦定理求取 s_{AC}、s_{BC}。

(4)求 AE、BF 的长度，即：

$$s_{AE}=T-s_{AC},s_{BF}=T-s_{BC} \tag{14-103}$$

式中，T 是切线长，根据设计半径 R 及转角 α 按式(14-9)计算。

(5)调整 R 值。若按式(14-103)计算的 s_{AE}、s_{BF} 为负值，说明切线长 $T<s_{AC}$ 或 $T<s_{AB}$，说明 R 值设计不合理，R 值应进行调整。调整可按式(14-9)及式(14-103)推证得到，即：

$$R_{调}=\frac{s_{AE}+s_{AC}}{\tan\left(\frac{\alpha}{2}\right)},R_{调}=\frac{s_{BF}+s_{BC}}{\tan\left(\frac{\alpha}{2}\right)} \tag{14-104}$$

式中，s_{AE}、s_{BF} 是预先根据现场估计的长度。

$R_{调}$计算后应重新计算 T 值等特征参数，再按式(14-103)计算 s_{AE}、s_{BF}。

(6)按 s_{AE}、s_{BF} 确定直圆点 E 及圆直点 F。

(7)在 A 点以 AE 为起始方向按 β 及 s_{AD} 测设 QZ 点。其中：

$$s_{AD} = \sqrt{s_{AC}^2 + s_{CD}^2 - 2s_{AC}s_{CD}\cos\gamma},\gamma = 90^\circ - \frac{\alpha}{2}$$

$$\beta = 180^\circ - \angle CAD = 180^\circ - \sin^{-1}\left(\frac{s_{CD}}{s_{AD}}\sin\gamma\right) \tag{14-105}$$

式中，s_{CD} 是外矢距。

2. 导线法

如图 14-35，交点 C(JD)因障碍物无法直接得到，布设导线 $GAMNBH$，其中 AG 是公路中线的左直线段，BH 是公路中线的右直线段。毫无疑问，导线求解的结果是各点的坐标。因此，利用点位坐标可求得：AB 的实际长度和边 AM、AB、NB 的方位角 α_{AM}、α_{AB}、α_{NB}。接着利用 α_{AM}、α_{AB}、α_{NB} 求 β_1、β_2，进而与观测角 $\angle GAM$、$\angle HBN$ 一起求取 α'_A、α'_B。

上述得到 AB 的长度和角度 α'_A、α'_B，便可利用基线法原理确定圆曲线的主点 ZY、QZ、YZ。

3. 弦线法

所谓弦线，指的是圆曲线的 ZY 点与 YZ 点之间的连线。弦线法，指的是利用弦线和弦切角的关系确定圆曲线主点的方法。弦线法主要是获得弦长和圆曲线的圆心角 α。图 14-36 中，EF 和 GH 是两条中线的直线段，AB 弧是设计中的圆曲线。

(1)在 EF 段中初定 A 点，在 GH 段中初定 B 点。

(2)分别在 A、B 安置经纬仪测量 $\angle EAB$、$\angle ABG$。

(3)调整点位，确定圆曲线的起、终点。

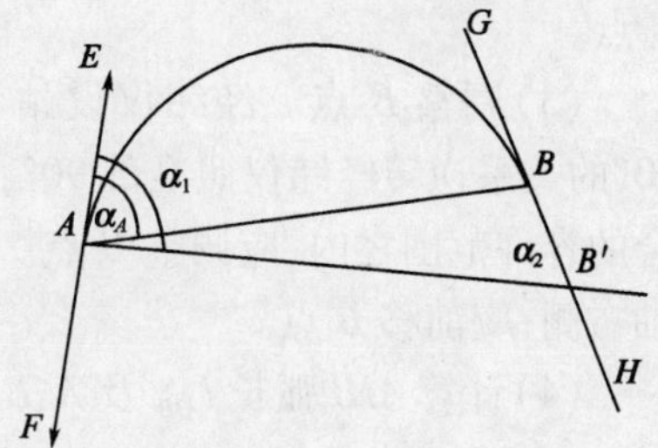

图 14-36　弦线法

由于初定的 A、B 点位置不一定在圆曲线的起、终点上，故 $\angle EAB$ 和 $\angle ABG$ 不相等。设初设的 B 点位置不准确，用 B'表示，这时所测的角 $\angle EAB' > \angle AB'G$。

①求 α 和 α_A，即：

$$\alpha = \angle EAB' + \angle AB'G,\alpha_A = \frac{\alpha}{2} = \frac{\angle EAB' + \angle AB'G}{2} \tag{14-106}$$

②在 A 点安置经纬仪，以 AE 为起始方向，拨角 α_A，这时经纬仪视准轴方向与 GH 直线段交会点就是 B 点的正确位置。调整结果定 A 点为圆曲线起点(ZY 点)，定 B 点为圆曲线的终点(YZ 点)。

(4)测量 AB 长度。

(5)求圆曲线半径 R，即：

$$R = \frac{AB}{2\sin\left(\frac{\alpha}{2}\right)} \tag{14-107}$$

弦线法得到圆半径 R 和圆心角 α，便可以确定圆曲线的主点 QZ 的参数，并进行测设。

二、回头曲线的放样

这是公路中线转角大，半径小的一种圆曲线。以图 14-37 为例，直线 EC 及 FD 交于 JD。

为使汽车在转角大的情况下,从 EC 直线段转向 DF 直线段,特别是小范围内实现汽车爬坡的路段,设立回头曲线 $EGHAIBJKF$ 。

一般地,回头曲线包括有三个圆曲线,如图14-37,即,一个主曲线(AIB 弧)及两个副曲线(CH 弧及 KJ 弧)。其中主曲线半径小,曲线长;副曲线半径大,曲线短。这里主要叙述回头曲线主曲线的测设方法。

1. 主点的测设

如图 14-37,主曲线主点是起点 A 、圆心 O 、终点 B ,一般采用先一点,后两点的测设方法。

先一点,即在三个主点中先选一个主点为固定点;后两点,即以固定点为基础推测确定其他两个主点。例:先定 A 点,后定 O、B 点,测设方法如下。

(1)根据设计先定 A 点标志并在 A 点安置经纬仪,后视 C 点(图 14-37),按 90°的关系逆转经纬仪照准部 90°,按视准轴方向丈量 R 值定 O 点。

(2)根据转角 α 及半径 R 定 B 点。即经纬仪设在 O 点,后视 A 点,拨角 α ,以视准轴方向及 R 值测设 B 点。

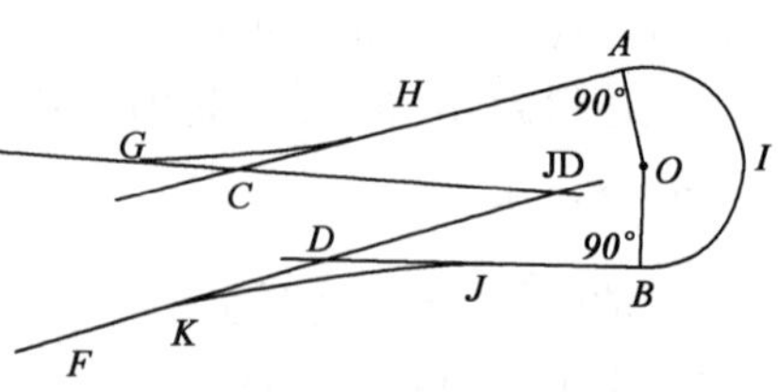

图 14-37　回头曲线

(3)调整 B 点。经纬仪设站 B 点,后视 O 点,按 90°的关系逆转经纬仪照准部 90°,观其视准轴与 D 点是否在重合的容许范围之内。若不在重合的容许范围之内,应调整 B 点。调整的方法: D 点在视准轴左侧,应后移 B 点; D 点在视准轴右侧,应前移 B 点。

(4)计算 AIB 弧长 l_{AIB} 及 A、B 点的里程。

2. 回头曲线的详细测设

一般地,以极坐标法进行主曲线的详细测设。图 14-38 是回头曲线的一段主曲线,采用极坐标法,即以 O 点为测站,以 OA 为起始方向,按圆心角 φ_i 和半径 R 放样,其中:

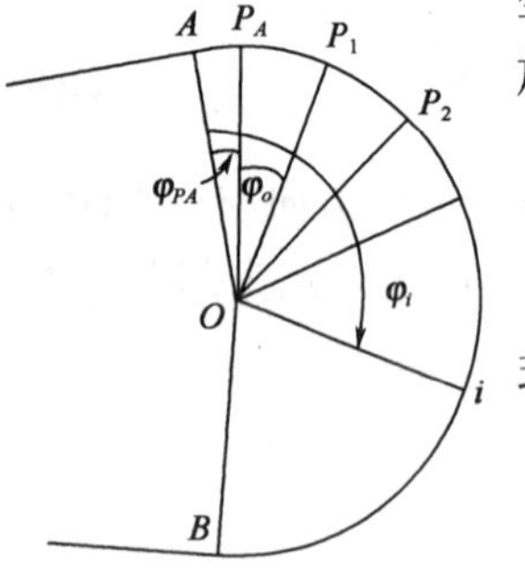

图 14-38　回头曲线的放样

$$\varphi_i = \varphi_{PA} + \varphi_o(i-1) = \frac{l_{PA} \times 180°}{R\pi} + \frac{l_o \times 180°}{R\pi}(i-1) \tag{14-108}$$

式中: $i = 1,2,\cdots,n$;

l_{PA} ——离开 A 点不足整桩间距的弧长;

φ_{PA} ——该弧长对应的圆心角;

P_A ——离开 A 点的第一个整桩;

l_o ——整桩间距;

φ_i ——相应于 P_i 至 A 点弧长所对应的圆心角。

三、任选测站的曲线测设

我们已经知道,切线支距法(直角坐标法)、偏角法(极坐标法)是圆曲线、缓和曲线的主要测设方法,实施这些方法基本条件:以原点 ZY 点(或 ZH 点)为测站,以切线为基准方向。任选测站的曲线测设方法可免除这些条件的限制。

1.任选测站原理

任选测站,即根据实地需要选用测站点进行曲线的测设技术方式,有几何解析法和坐标解析法。

(1)几何解析法

根据曲线点之间角度、边长的几何关系寻找便于曲线测设的其他参数,实现困难条件下的曲线测设。

如图 14-39,圆曲线偏角法测设视线受阻。图中 ZY 点是按偏角法测设的测站点,ZY-JD(x)是测设的起始方向;P_3 是按偏角 δ_3 和弦长 C_3 测设的曲线点;P_4 是待测设点位,δ_4 是测设 P_4 的偏角。图中可见,在 P_4 的方向上存在建筑物 S,故以 ZY 点无法测设 P_4。常规解决方法:选择 P_3 为测站,以 ZY ~ P_3 的延长线 P_3E 为起始方向;以偏角 δ_4 及弦长 C 作为测设 P_4 的参数,放样 P_4 点。

原理:图 14-39 中,$\angle EP_3P_4 = \angle 2 + \angle 3 = \angle 2 + \angle 1 = \delta_4$($\angle 1 = \angle 3$,圆周角等于对应的弦切角),$P_3$ 至 P_4 的弦长 C 满足下式,即:

$$C = \sqrt{C_3^2 + C_4^2 - 2C_3C_4\cos(\delta_4 - \delta_3)} \tag{14-109}$$

(2)坐标解析法

根据曲线点坐标及坐标变换原理,寻找便于曲线测设的曲线点新坐标参数,实现困难条件下的曲线测设。以全站测量技术曲线测设很有优势,其中坐标解析法应用广泛,任选测站技术方式主要按下述坐标解析法原理导出。

坐标系转换的坐标公式。

如图 14-40,在 xoy 坐标系中,设 Q、A 是曲线附近的任意点,坐标 x_Q、y_Q、x_A、y_A 可测量(如全站仪自由设站法),曲线点位 i 坐标 x_i、y_i 转换为 $x^Q - y^Q$ 坐标系(QA 为 x^Q 轴)的坐标 x_i^Q、y_i^Q,公式为:

$$\begin{pmatrix} x_i^Q \\ y_i^Q \end{pmatrix} = \begin{pmatrix} -\cos\alpha_{AQ} & -\sin\alpha_{AQ} \\ \sin\alpha_{AQ} & -\cos\alpha_{AQ} \end{pmatrix} \begin{pmatrix} x_i - x_Q \\ y_i - y_Q \end{pmatrix} \tag{14-110}$$

式中,α_{AQ} 是 AQ 在 xoy 坐标系的方位角。

(2)极坐标法测设参数的获得。如图 14-41,利用式(14-110)点位 i 坐标 x_i^Q、y_i^Q 计算极坐标法测设参数 β_i^Q、s_i^Q,即:

$$\beta_i^Q = \cos^{-1}\left(\frac{x_i^Q}{s_i^Q}\right), s_i^Q = \sqrt{(x_i^Q)^2 + (y_i^Q)^2} \tag{14-111}$$

当 $y_i^Q < 0$,则:

$$\beta_i^Q = 360° - \cos\left(\frac{x_i^Q}{s_i^Q}\right) \tag{14-112}$$

式(14-110)、式(14-111)、式(14-112)是任选测站技术的应用通式。其中,测站坐标 x_Q、y_Q 和方位角 α_{AQ} 统称为测站参数。测点坐标 x_i^Q、y_i^Q 和极坐标参数 β_i^Q、s_i^Q,称为测设参数。

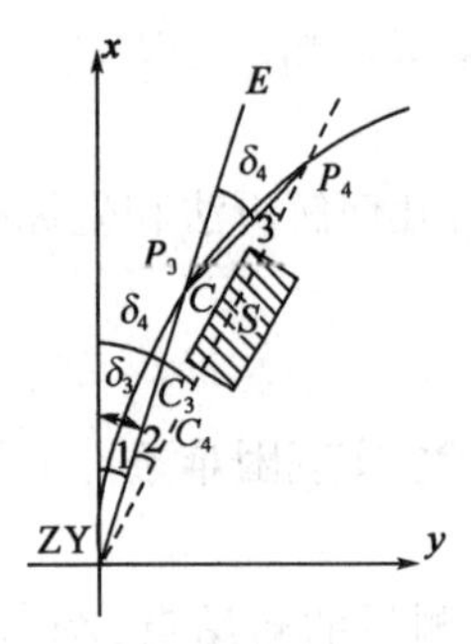

图 14-39　几何解析法

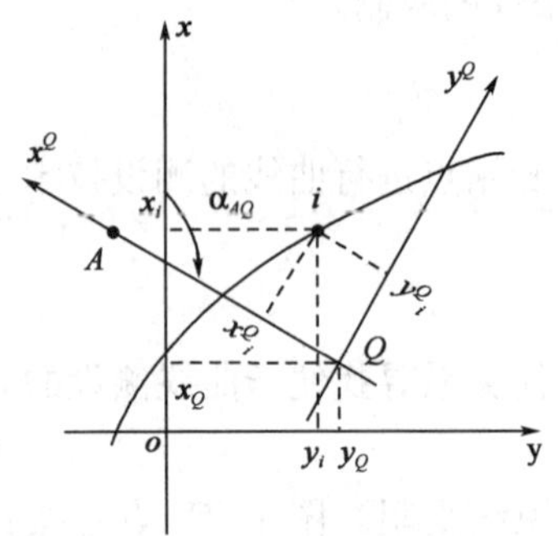

图 14-40　坐标解析法坐标转换

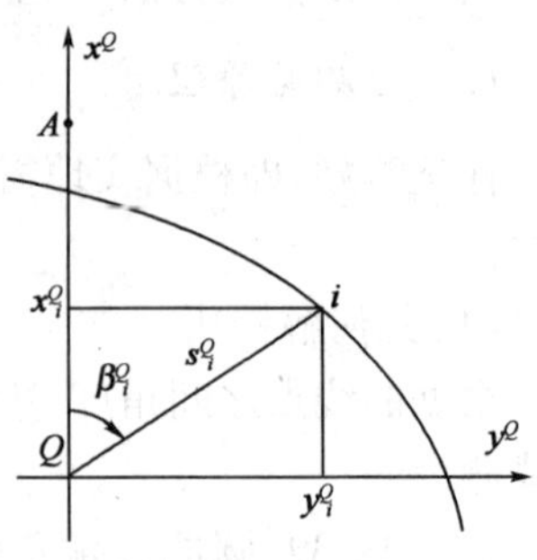

图 14-41　极坐标法测设参数

测设的测站在 Q 点，以 QA 为起始方向，逐点测设曲线 i 点位。

四、GPS-RTK 在路线中线测量中的应用

将 GPS-RTK 应用于路线中线测量，首先将基准站设置在测区内地势较高的已知控制点上，并对基准站和流动站进行设置。由于 GPS 采用的坐标系统为 WGS84，与路线采用的坐标系不同，故应求取二者之间的转换参数，进行坐标转换，转换参数至少应利用 2 个已知点求取。GPS-RTK 的放样功能有点放样、直线放样、曲线放样及道路放样，开始作业前将各放样点坐标以文件形式输入 RTK 电子手簿（也可输入路线设计要素由电子手簿自行计算形成坐标文件），然后移动流动站进行放样。流动站移动过程中屏幕会显示当前所在点位与欲测设点位间的位置关系（见图 14-42），指导快速将流动站立到欲测设点位上。由于 GPS-RTK 同时测量三维坐标，因此在完成路线中线测量的同时也完成了路线纵断面测量（见第十五章）。

图 14-42　道路放样界面

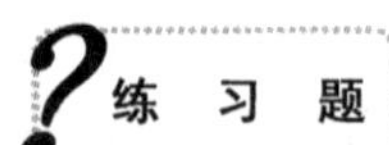

1. 路线勘测设计的“初测”主要技术内容有______(1)，目的是______(2)。

(1) A. 初步中线放样

B. 控制测量和带状地形图测量

C. 初步路线施工测量

(2) A. 为路线工程提供完整控制基准及详细地形资料

B. 把公路中线放样于实地

C. 提供详细高程资料

2. 路线勘测设计的“定测”主要技术内容有______。

A. 方案论证，确定规划路线的基本方案

B. 在带状地形图上确定路线中线直线段及交点位置

C. 路线中线测量（直线段及曲线放样）；路线的纵、横断面测量

3. 路线工程测量有哪些特点？

4. 中线直线测量的基本任务有______。

A. 把设计的导线点、水准点设置在实地

B. 测量公路附合导线的起点、终点、转折点

C. 把设计的公路中线起点、终点、直线中线点、交点放样到实地中

5. 图 14-43，中线直线测量得到的地面线形，测量得 $\beta_1 = 136°$，$\beta_2 = 115°$，$\beta_3 = 252°$。求转角 α_1、α_2、α_3。

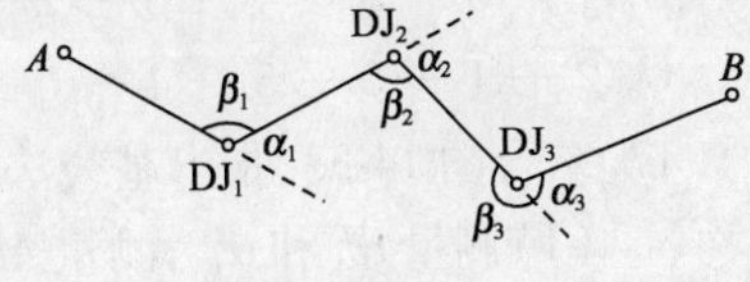

图　14-43

6. 中线直线段的一般放样在方法上可理解为。

A. 放样中线点位，交点定位，转角的测量，中线桩的设置

B. 计算中线点坐标，极坐标法放样中线点位，设置中线桩

C. 获取测设参数，测设中线点，穿线调整，交点定位

7. 写出下列里程桩桩号所代表的里程：①K15 +40；②K45 +110；③K12 +115.34。

8. 圆曲线主点是______。

A. 圆心、交点、直线方向

B. ZY 点、QZ 点、YZ 点

C. T, L, E, D

9. 已知圆曲线半径 $R = 30\text{m}$，转角 $\alpha = 60°$，整桩间距 $l_o = 10\text{m}$，$\text{JD}_{\text{里程}} = \text{K1} + 142.50$，试列表计算主点定位参数、主点里程参数及切线支距法、偏角法详细测设的点位参数。

10. 计算圆曲线的主点需要哪些已知参数？决定圆曲线主点的定位参数是什么？

11. 计算 T、L、E、D 是为了______。

A. 计算圆曲线的详细测设参数

B. 点位极坐标参数

C. 主点定位参数

12. 什么是缓和曲线？在圆曲线与直线之间插入缓和曲线应涉及哪些缓和曲线特征参数？

13. 含有缓和曲线的标准曲线型是一种______的曲线。

A. 由直线 + 圆曲线 + 缓和曲线

B. 由缓和曲线 + 圆曲线

C. 由缓和曲线 + 圆曲线 + 缓和曲线

14. 缓和曲线标准曲线型的主点定位参数有______。

A. 切线长、曲线长、外矢距和切曲差

B. 缓和曲线长 l_s、切线长、曲线长、外矢距和切曲差

C. 切线角 β_s、切线长、曲线长、外矢距和切曲差

15. 缓和曲线主点测设基本流程是______。

A. 在圆心设经纬仪,按 HZ 点、QZ 点、ZH 点的顺序测设点位

B. 在 JD 点设经纬仪,按 HZ 点、QZ 点、ZH 点的顺序测设点位

C. 在 JD 点设经纬仪,按 ZH 点、QZ 点、HZ 点的顺序测设点位

16. 缓和曲线所在标准曲线型的主点参数和详细测设参数计算过程是______。

①确定已知参数　②计算曲线点位坐标参数

③计算特征参数　④计算主点里程参数

⑤计算主点定位参数　⑥计算曲线点位里程、弧长参数

⑦计算曲线点位极坐标参数

A. ①—②—③—④—⑤—⑥—⑦

B. ①—③—⑤—④—⑥—②—⑦

C. ②—①—③—⑤—④—⑥—⑦

17. 结合图 14-33,指出基线法定圆曲线主点的测量与计算顺序正确者用“√”填入括号。

(1)测量 α_A' 和 α_B',测量 AB 长。计算 S_{AD} 和 β,测定 D 点。计算 S_{AE} 和 S_{AF},测定 E 和 F 点。(　　)

(2)测量 AB 长,测量 α_A' 和 α_B'。计算 S_{AE} 和 S_{AF},测定 E 和 F 点。计算 S_{AD} 和 β,测定 D 点。(　　)

(3)计算 S_{AE} 和 S_{AF},测定 E 和 F 点。测量 α_A' 和 α_B',测量 AB 长。计算 S_{AD} 和 β,测定 D 点。(　　)

18. 概况起来,弦线法定圆曲线主点的方法采取______。参考图 14-36

A. 先定点(A),后测角(α_1、α_A),再调整 A 点的过程

B. 先定点(A),后测角(α_1、α_A),再调整 B' 点的过程

C. 先定点(B'),后测角(α_1、α_A),再调整 B' 点的过程

19. 参考图 14-20,试推证式(14-62)。

20. 已知半径 $R=1\ 100\text{m}$,转角 $\alpha=11°35'$,$l_s=80\text{m}$,整桩间距 $l_o=20\text{m}$,$\text{JD}_{里程}=\text{K}56+510.57$,试列表计算带缓和曲线后的主点定位参数、主点里程参数及切线支距法、偏角法详细测设的点位参数。

21. 根据图 14-37,回头曲线主点确定方法可概括为______(1),______(2),______(3)。

(1)先一点,即:A. 先定圆心 O 点　B. 先定 B 点　C. 先定 A 点

(2)后两点,即:A. 定 O、B 点　B. 定 A,B 点　C. 定 A,O 点

(3)最后调整,即 A. 调整 O 点　B. 调整 A 点　C. 调整 B 点

22. 任意测站的点位参数计算工作有:

①选定并测量 A,Q 点坐标 x_A、y_A、x_Q、y_Q;

②按一般方法计算曲线详细测设坐标 x_i、y_i;

③计算测站 X^QQY^Q 坐标系的详细测设参数 x_i^Q、y_i^Q;

④计算极坐标详细测设参数 β_i^Q、s_i^Q;

⑤计算 α_{AQ}、S_{AQ}。

计算工作顺序是______。

A. ②—①—⑤—③—④

B. ①—③—⑤—②—④

C. ①—②—③—④—⑤

23. 图 14-44 是曲线 i 点测设受阻的坐标解析法测设图,采取曲线上设站的措施。在曲线上 Q 点设测站,以 QA(ZY)为 x 轴建立 x^Q-y^Q 坐标系。试说明应用式(14-109)、式(14-110)、式(14-111)按极坐标法测设的方法。

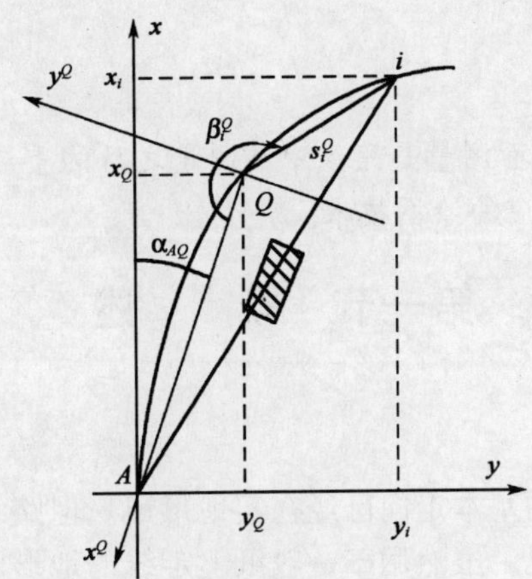

图　14-44

第十五章　路线断面测量

［学习目标］ 明确路线断面测量是路线中线测量之后的重要技术工作，掌握纵断面测量技术和横断面测量技术以及相应的绘图技术。

第一节　概　　述

一、概念

路线中线放样之后，公路的基本走向已经在实地形成。但路线设计还缺乏路线中线沿线详细地表高低、平斜等实际情况。虽然用于一般纸上定线的地形图件可以体现路线中线沿线的地形情况，利用这种图件可以得到某些点位的坐标和高程，进而了解中线沿线的地貌的高低、平斜概况，但用于纸上定线的地形图精度存在某些局限性，在其中得到的点位精度往往不能满足路线设计的要求；其次，由于经济建设发展等人为因素的影响，地貌现状往往也是变化的，一般图件不可能及时反映这种发展的变化；再者，道路建设所需的中线沿线点位参数必须符合公路工程设计的规格要求，现有的一般图纸不可能提供符合路线工程设计规格要求的参数。因此，在中线放样测量之后，必须及时对中线沿线地貌状况进行直接的详细测量，这就是路线断面测量的任务。

路线断面测量包括纵断面测量和横断面测量。

由第十一章、第十二章可知，图上获得某一方向的点位距离和高程，以绘制断面图的方法可以反映该方向上地面起伏的状况。纵断面测量与此相仿，即沿路线中线方向的中线桩位直接测量地面高程。同时，以断面图件的形式表示中线方向断面地形的起伏状况，这就是纵断面图。横断面测量，则是在路线中线的垂直方向上直接测量地面变坡点的距离和高程，同时以断面图件的形式表示中线横向地面地形的起伏状况，这就是横断面图。

路线断面测量是交通路线工程测量的重要技术工作。有关一般线性工程的断面测量技术要求可参考相应行业的技术规程，易于理解和掌握，因此这里不另行叙述。

二、基本高程控制

高程控制测量是路线断面测量基础，基本要求如下：

(1)按“先控制”原则要求进行路线沿线高程控制测量，路线建设的高程控制测量称为基平测量。

(2)明确基平测量的等级要求。一般路线勘测按五等高程控制的技术要求实施，高等级路线勘测按五等以上的技术要求实施。

(3)认真埋设高程控制点(水准点)。按一般要求埋设水准点,还应注意:①水准点应埋设靠近路线中线的位置,同时不受路线施工的影响;②水准点埋设间隔:山区,0.5~1.0km;平坦地区,1.0~2.0km;③必要时水准点可与导线点同点。

(4)基平测量可采用水准测量的方法,也可采用光电三角高程测量的方法。

(5)观测路线应与国家高程控制点联系,并尽量构成附合水准路线(或附合高程导线)。

(6)基本高程控制有统一的高程系统。路线高程系统应尽可能统一于国家高程系统。若水准点处于不同高程系统,应及时按要求换算为同一高程系统的高程参数。

第二节　路线纵断面测量

一、概念

路线纵断面测量的首要任务是路线中线桩地面高程测量,其次是纵断面图的绘制。路线中线桩地面高程测量,亦称为中平测量。中平测量可以用水准测量方法,也可以用三角高程测量等方法。

二、水准测量法中平测量

1.高差起伏不大的平坦地面中平测量技术要点

(1)扇形法。即在前、后视之间插入中视的水准测量法。如图15-1,中间一直线是公路中线,线上分位点注记数字表示里程桩号。图中第1测站,以水准点BM_1为后视点,以高程转点ZD_1为前视点。该测站射向里程桩号的5条虚线是插入的视线,称为中视。图上多条视线形成似扇形,这种测站观测法称为扇形法。同理,在第Ⅱ测站以后的各连续测站均以此法观测。

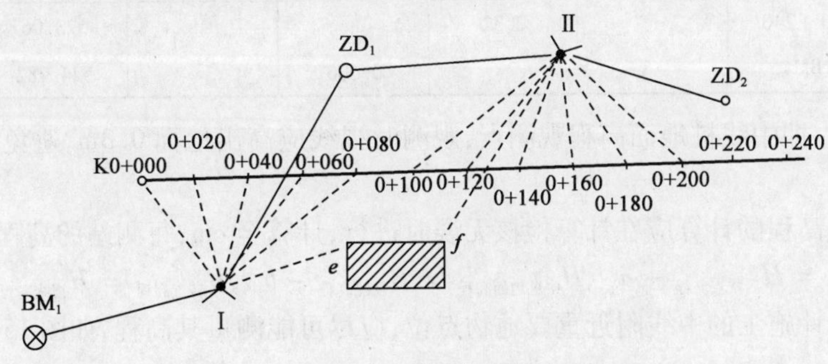

图15-1　扇形法中平测量

扇形法中平测量的观测记录见表15-1。中平测量的一测站前、后视距最长可达150m,中视距可适当放长。在观测中每尺一次读数,前、后视读数到mm,中视读数到cm。

(2)立尺时必须尺面保持垂直。在水准点、导线点立尺,标尺立在点位顶面;在里程桩立尺,标尺立于里程桩边的地面上;在高程转点立尺,标尺立在尺垫球面上,尺垫必须稳定可靠。

(3)中平测量应在两个已知水准点之间进行。

①中平测量所形成的测段构成附合水准路线;

②中平测量测段高差与二水准点高差比较,比较结果符合有关的要求$\Delta h_{容}$。

设中平测量的测段高差为 $h_{测}$，两个水准点高差为 $h_{水}$，比较结果 $\Delta h = h_{测} - h_{水} < 50\sqrt{L}$ (mm)，L 是测段水准路线长，一般取中平测量测段起、终点里程桩号的差值，以千米(km)为单位。如表 15-1 中，$L = 1.24$km，$\Delta h_{容} = \pm 50\sqrt{L}$(mm) $= \pm 56$mm；$h_{测} = 12.468$m，$h_{水} = 12.510$m，$\Delta h = -42$mm $< \Delta h_{容}$。

中平测量的记录与计算 表 15-1

测站	测点	水准尺读数			视线高程(m)	地面高程(m)	备　注
		后视 $a_{后}$	中视 $b_{中}$	前视 $b_{前}$			
I	BM_1	2.191			514.505	512.314	水准点
	K0 +000		1.62			512.88	
	+020		1.90			512.60	
	+040		0.62			513.88	
	+060		2.03			512.48	
	+080		0.90			513.60	
	DZ_1			1.006		513.499	
	e		0.54			513.96	建筑物墙角
II	DZ_1	3.161			516.661	513.499	
	K0 +100		0.50			516.16	
	f		2.76			513.90	建筑物墙角
	+120		0.52			516.14	
	+140		0.82			515.84	
	+160		1.20			515.46	
	+180		1.01			515.65	
	+200		1.42			515.24	
	DZ_2			1.521		515.140	
…	…	…	…	…	…	…	
N	K1 +240		2.32			523.06	H_{BM2} =524.824
	BM_2			0.606		524.782	

(4)中视点，即中线桩地面高程观测点，观测时视线应高出地面 0.3m，避免地面大气折射影响。

(5)中视点高程的计算应在计算检核无误时进行，计算至 cm，每测站的高程计算：

$$H_{视线高程} = H_{后视点高程} + a_{后}, H_{中桩地面高程} = H_{视线高程} - b_{中}, H_{转点高程} = H_{视线高程} - b_{前} \quad (15\text{-}1)$$

(6)路线设计施工的中线附近重要地物点位，应尽可能测量其高程，如图 15-1 中建筑物的 e、f 点。

2. 高差起伏大的地面中平测量技术要点

(1)直接法。即在前、后视及多中视联测的水准测量法。图 15-2 中，从高程转点 ZD_{15} 至 ZD_{17} 是高差起伏大的中线地形剖面。在 I 测站，一个后视点 ZD_{15}，两个前视点 ZD_A、ZD_{16}。在 II 测站，一个后视点 ZD_A 及中线桩号为 K1 +400 的中视点，前视点是 ZD_B 及中线桩号为 K1 + 460 的中视点，……。根据这种设站情形，各有关视点标尺读数可在同一视线上，以便直接观测。

(2)直接法的测站前、后视距应尽量相等。若互差比较大，相邻测站应注意视线长互补，以便抵消可能的误差影响。如图 15-2 中I站的 l_1、l_2 及IV站的 l_3、l_4，采取互补措施使 $l_1 \approx l_4$，$l_2 \approx l_3$。

其他技术要点同上述平坦地面中平测量技术要点的(2)、(3)、(4)、(5)，这里不一一重述。

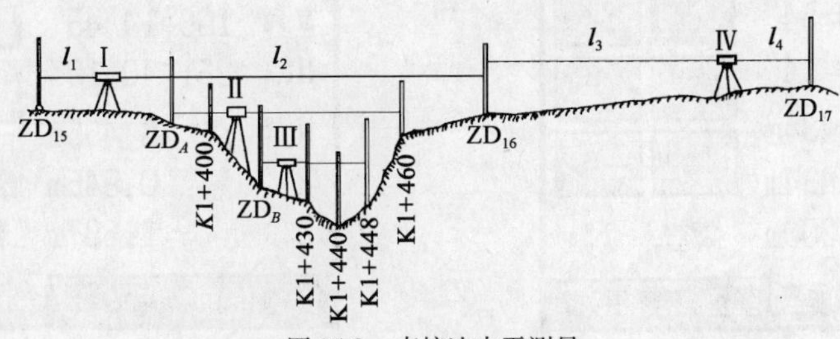

图 15-2　直接法中平测量

三、光电三角高程测量法中平测量

根据式(4-32)，以光电三角高程测量方法可得到地面点 P(图 15-3)的高程 H_P 为：

$$H_P = H_A + h_{AP} = H_A + D\sin(\alpha + 14.1''D_{\mathrm{km}}) + i - l_P \tag{15-2}$$

式中：H_A ——测站的点位高程；

D ——光电测距边长；

α ——全站仪在盘右位置观测的垂直角；

i ——测站的仪器高度；

l_P ——观测垂直角时反射器中心的高度。

如图 15-3 以 NTS-340 全站仪为例，用光电三角高程测量法进行公路中平测量的技术要点如下。

(1)中平测量在基平测量的基础上进行，并遵循"先定中线桩后中平测量"的顺序。

(2)选择公路中线沿线的制高点为测站(一般的导线控制点也在制高位置)，测站高程已知，测站与公路中线桩位基本通视。

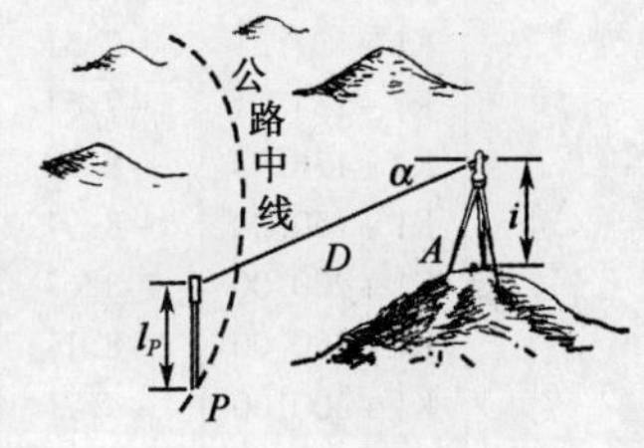

图 15-3　光电三角高程测量法中平测量

(3)测站上安置好全站仪器，测站与镜站应配备无线电通讯。

(4)测站应做好测量的准备工作：

①丈量仪器高，确定反射器的高度；

②观测气象元素，预置全站仪的测量改正数(即 $k + RD_{\mathrm{km}}$ 值)及高程计算的已知参数(即测站高程 H_A、仪器高 i 及反射器高 l_P)。

③选好 NTS－340 全站仪，距离测量界面"高差"(VD)的格式显示方式如图 15-4。

④反射器立于中线桩附近地面上，将中桩里程通告测站，如发现通视有困难，可考虑提升反射器高度，同时把提升高度通知测站。

(5)以盘左的位置瞄准反射器中心，进行距离、角度的一次测量。

依次触摸 测量 ，经几秒钟完成角度、距离测量，并自动显示、记录观测的数据。显示"高差"(VD)，如图 15-4。触摸显示窗底行"坐标"，显示"高程"(Z)，如图 15-5。

(6)中平测量仍在两个高程控制点(水准点)之间进行。为保证观测质量，减少误差影响，中平测量的光电边长宜限制在 1km 以内。

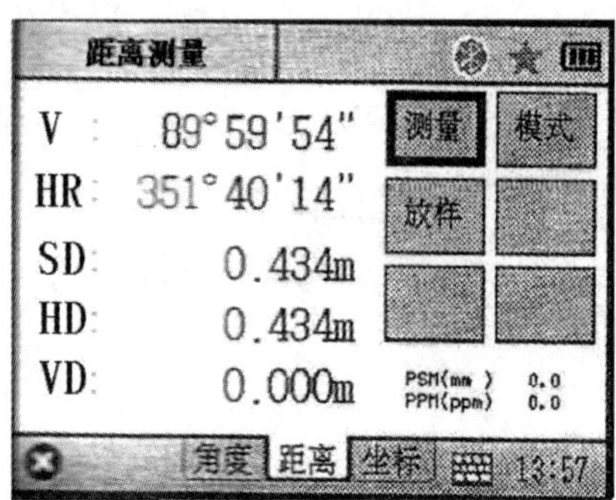

图 15-4　距离测量界面

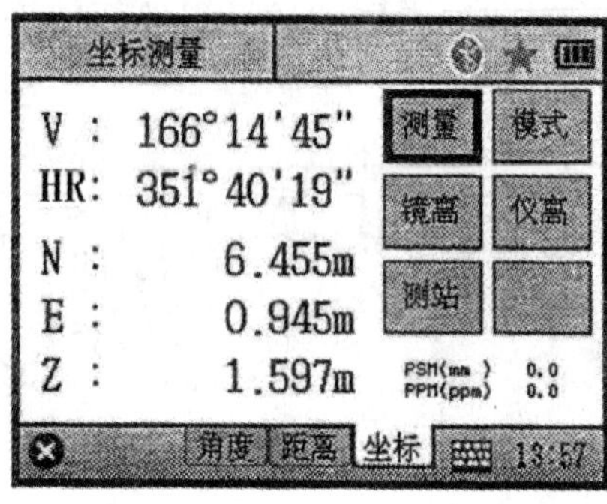

图 15-5　坐标测量界面

光电三角高程测量法进行中平测量的记录见表 15-2。

光电三角高程测量法中平测量记录　　　表 15-2

测站	测点名称或里程桩号	高差	测点高程	备注	测点名称或里程桩号	高差	测点高程	备注
K_2(导线点)	BM_1	-9.735	120.774	水准点高程	K1 +550.00	-6.02	124.49	
仪器高:	K1 +000.00	-9.68	120.83	120.774m	K1 +560.00	-5.99	124.56	
1.483m	K1 +050	-9.31	121.20	从 BM_1 至 K_2	K1 +580.00	-5.72	124.79	
点位高程	K1 +100	-8.65	121.86	反射器高度	K1 +600.00	-5.51	125.00	
130.526m	K1 +108.33	-9.18	121.33	1.500m	K1 +620.00	-5.49	125.02	
	K1 +124.83	-9.24	121.27	各测点均观	K1 +640.00	-5.25	125.26	
	K1 +127.21	-7.51	123.00	测 2 次,互差在	K1 +660.00	-5.12	125.39	
	K1 +134.01	-7.51	123.00	±30mm 以内	K1 +680.00	-4.89	125.62	
	K1 +136.73	-8.98	121.53	$h_{BM1-BM2}$	K1 +680.27	-4.91	125.60	QZ 点
	K1 +150.00	-8.91	121.60	9.385m	K1 +700.00	-4.74	125.77	
	K1 +200.00	-8.68	121.93	$\Delta h_{容}$ =	K1 +720.00	-4.92	125.59	
	K1 +250.00	-8.11	122.40	$=50\sqrt{L}$	K1 +740.00	-4.42	126.09	
	K1 +300.00	-7.71	122.80	= ±50mm	K1 +760.00	-3.52	126.99	
	K1 +302.72	-7.64	122.87	L = 1.00km	K1 +780.00	-2.19	128.32	
	K1 +322.79	-8.31	123.20	Δh = 20mm	K1 +786.88	-0.84	129.67	
	K1 +327.21	-5.95	124.53	BM_2 反射器	K1 +800.00	-1.34	129.17	
	K1 +337.41	-4.24	126.27	高度 2.5m	K1 +818.74	-1.74	128.77	
	K1 +350.00	-3.85	126.66	水准点 BM_2	K1 +820.00	-1.76	128.75	
A	K1 +358.50	-3.41	127.10	高程	K1 +822.59	-1.72	128.79	YH 点
	K1 +387.76	-6.44	124.07	130.161m	K1 +840.00	-1.52	128.99	
	K1 +395.59	-5.51	125.00		K1 +860.00	-1.33	129.18	
	K1 +400.00	-5.58	124.93		K1 +880.00	-1.09	129.42	
	K1 +406.78	-6.78	123.73		K1 +892.59	-1.03	129.48	
	K1 +446.10	-7.05	123.46		K1 +893.70	-0.94	129.57	HZ 点
	K1 +450.00	-7.35	123.16	ZH 点	K1 +900.00	-1.51	129.00	
	K1 +466.10	-7.74	122.77		K1 +926.58	-4.11	126.40	
	K1 +467.95	-7.74	122.77		K1 +950.00	-4.19	126.32	
	K1 +480.00	-7.65	122.86		K2 +000.00	-3.18	127.33	
	K1 +500.00	-7.28	123.23	HY 点	BM_2	0.676	130.151	
	K1 +520.00	-6.65	123.86					
	K1 +537.95	-6.19	124.32					
	K1 +539.18	-6.11	124.40					
	K1 +540.00	-6.10	124.41					

(7)中平测量和中线测量可联合在全站测量的过程中进行。

四、纵断面图的绘制

纵断面图的绘制是纵断面测量的重要工作,是路线勘测的重要成果,是路线设计中极其重要的基础图件。纵断面图的绘制的基本方法如下。

1. 窗口的设立

纵断面图包含图和注析两个窗口,见图 15-6。

(1)图窗口。这是纵断面图基本窗口。该窗口占用整幅图纸约 3/5,图窗内主要绘有路线中线的纵向实际地面线(实地纵断面图)和路线路面设计纵断面图。

(2)注析窗口。用于列出勘测与设计有关数据、图形资料的说明。该窗口约占整幅图纸的 2/5,一般设立的说明栏有里程桩栏、地面高程栏、坡度与平距栏、路面设计高程栏、土壤地质栏、填挖高度栏、直线与平曲线栏等。

2. 纵断面图的绘制

(1)定比例

定比例,即确定地面点高程和平距在图上的绘制比例。根据表 14-1,路线中线桩地面点之间平距绘制比例有 1:5 000、1:2 000、1:1 000,相应的中线桩地面点高程的绘制比例比平距放大 10 倍,即为 1:500、1:200、1:100。

图 15-6 是一张公路中线纵断面图,纵断面图窗口的纵轴为高程轴,比例为 1:200;纵断面图窗口的横轴是中线里程轴,比例为 1:2 000。

(2)内容注析

一般地,路线测量与设计的参数有相应的表格详细记载(如表 15-3),为了直观反映这些参数,在注析窗口各说明栏中列出有关参数和略图,注析项目有:

①里程桩与里程。绘纵断面图,首先把中线桩的位置按里程及其比例确定在图窗口的横轴上,在里程桩与里程说明栏的相应位置注明桩号。考虑到图的局限性和图示的清晰美观要求,注析栏仅按相应比例所定的位置标出 km 和百米桩的里程桩号,如图 15-6,K1 表示一千米的桩号,续后的数字大部分表示百米桩号和十米桩号。

②地面高程。中平测量得到的中线桩地面高程是与里程桩号成对的参数,按要求填写在与里程桩号相应的位置上。对于明显高低地面点应按实际距离、高程以相应比例展绘和注析。

③坡度与平距。坡度 i 是路线路面的坡度,是路线设计的基本设计参数。这是根据中平测量的结果及设计车速提出的路线设计参数。本栏按路段平距长度成比例画一斜线,斜线上方注明坡度,下方注明平距(或称坡长)。

④设计高程。这是根据路段设计坡度及竖曲线等计算得到的高程参数。

$$H_{设} = H_o + Di \tag{15-3}$$

式中:$H_{设}$——所在里程桩的路面设计高程;

H_o——中线初定的点位地面设计高程;

D——里程桩离初设定点的平距;

i——路面设计坡度。

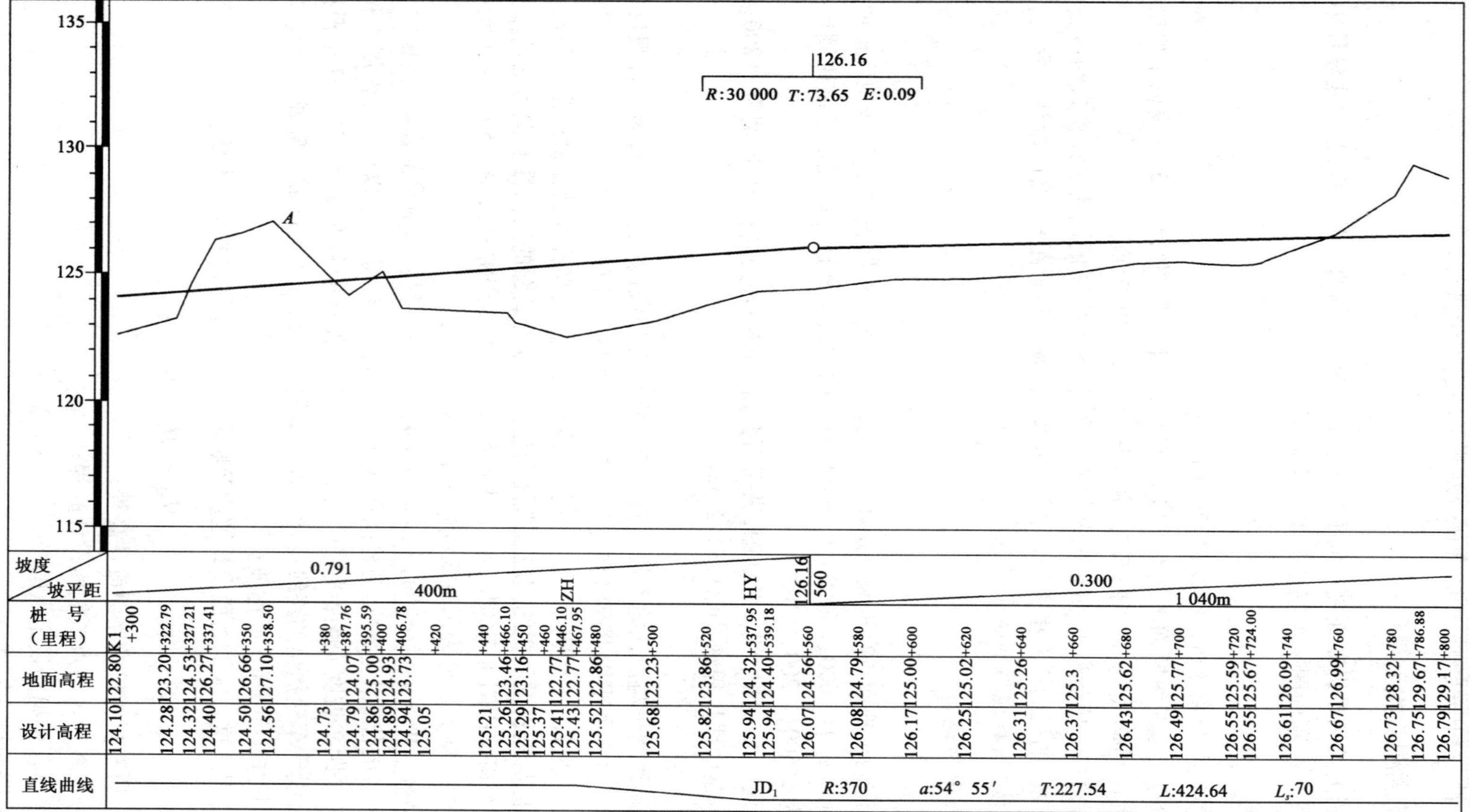

图15-6 纵断面图的绘制

⑤直线与平曲线。这是以示意图的形式表示路线直线、曲线和交叉的情况。其中直线段表示路线的直线状况；凸凹线状表示路线曲线的转向，凸向上方表示曲线右转，凹向下方表示路线曲线左转。在凸凹线状附近注有交点名称、曲线的半径 R、切线长 T、外矢距 E 及缓和曲线长 l_s 等。

⑥其他。如填挖高度、地质土壤等。

纵断面详细设计参数　　表 15-3

序号	里程桩号	平曲线	坡度 坡平距	初设计高程	竖曲线		改后设计标高	测量地面高程	填、挖高度
					参数	改正			
1	2	3	4	5	6	7	9	10	
	K1 +								
1	+406.78			124.94			124.94	123.73	-1.21
2	+420			125.05			125.05		
3	+440			125.21			125.21		
4	+446.10			125.26			125.26	123.46	-1.8
5	+450			125.29			125.29	123.16	-2.23
6	+460			125.37			125.37		
7	+466.10			125.41			125.41	122.77	-2.64
8	+467.95	ZH 点	0.791%	125.43			125.43	122.77	-2.66
9	+480		440m	125.52			125.52	122.86	-2.68
10	+500			125.68			125.68	123.23	-2.45
11	+520			125.84	R:	-0.02	125.82	123.86	-1.96
12	+537.95	HY 点		125.98	30 000	-0.04	125.94	124.32	-1.62
13	+539.18	α:		125.99	T:	-0.05	125.94	124.40	-1.54
14	+560	54°55′		126.16	73.65	-0.09	126.07	124.56	-1.51
15	+580	R=370m	0.300%	126.22	E:	-0.05	126.17	124.79	-1.38
16	+600	T:	1 040m	126.28	0.09	-0.02	126.26	125.00	-1.26
17	+620	227.54		126.34			126.34	125.02	-1.32
18	+640	L:		126.40			126.40	125.26	-1.04
19	+660	L_s:70.0		126.46			126.40	125.39	-1.01

上述的里程桩及里程、地面高程的项目是中平测量的重要成果，其余各项目是涉及路线设计技术的说明。

(3)纵断面图绘制

①展点。即根据地面点的里程及地面高程，按比例在图窗口内确定地面点的位置。如图 15-6 中的点 A，里程是 K1 +358.50，图上按 1∶2 000 的比例把 358.5m 缩小；高程 127.10m，图上把 127.10m 减去 115m 按 1∶200 比例缩小。里程与高程二者按图纸的横轴和纵轴的相应位置在毫米格中确定 A 点。其余地面点位置按此法确定。

②纵断面图的展绘。依里程的顺序连接图窗口所展的点位，形成折线形的地面线（图15-7中的细折线），便是路线中线的纵断面图形。

③设计的路面纵断面图的展绘。展绘方法和上述中线纵断面图的展绘方法一致，展绘的设计路面纵断面图，即设计路面地面线，是一条平滑的粗线。

④竖曲线与参数的备注。竖曲线是路线在沿中线竖直方向上表示车辆从一个路面坡度向另一个路面坡度变化时的运行曲线。竖曲线和平面圆曲线一样，有曲率半径 R、切线长 T 和外矢距 E 等参数。图 15-6 中 R = 30 000m 是向下（凸向）弯曲的竖曲线。

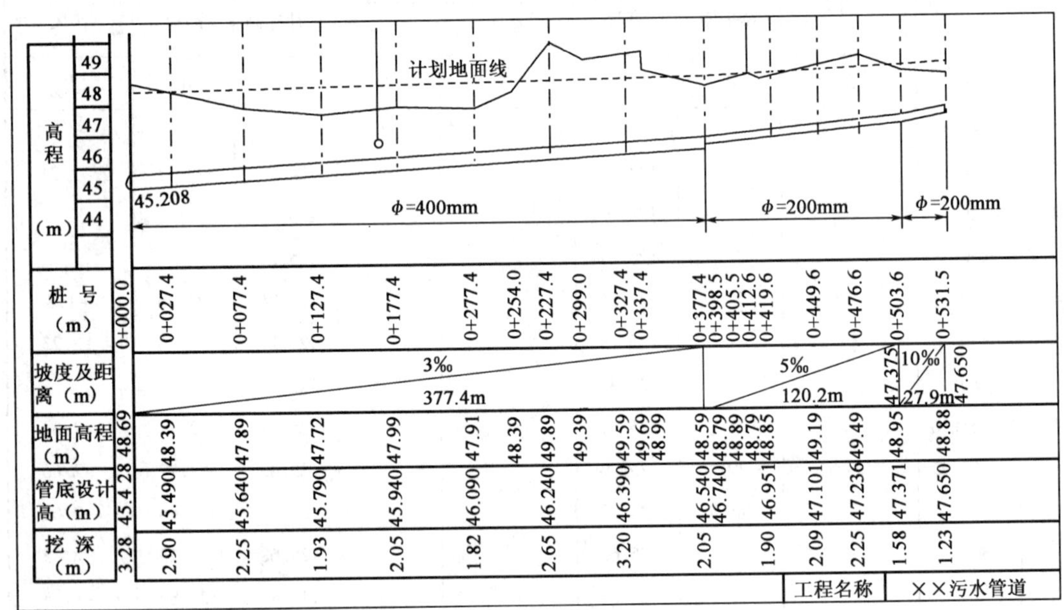

图 15-7　管道工程的纵断面图❶

上述的绘制工作中，路线中线地面纵断面图的绘制是首要的工作，其他绘制与说明事项是第二工作。整个绘制工作可用人工的方法，也可用机助制图的方法。后者则应用计算机、机助绘图仪及其相应的绘图软件按自动化的要求完成。

第三节　路线横断面测量

一、横断面测量的基本工作

（1）在路线中线的每一个中线桩位上确定与中线垂直的方向（即横向）；

（2）沿垂直方向测定中线地面变坡点离开中线桩位的水平距离及相对于中线桩的地面高差；

（3）按所测定的水平距离和高差展绘横断面图形。

❶ 管道工程中线测量之后进行的纵断面测量和绘纵断面图，基本技术方法和上述相同。绘纵断面图中绘制的管道设计与路线工程主要差别是管道埋设在地下，如图 15-7。

二、横向的确定

在中线直线段的横向，即与中线互相垂直的方向，可用方向架或圆盘测定。横断面测量用的方向架，如图 15-8。图中瞄准木杆 $ab \perp cd$，ef 是指标杆，支承十字架的木杆高约 1.2m。

1. 路线直线段横向确定

要把方向架支杆插在中线桩的地面上，瞄准木杆 ab 方向与中线重合，即瞄准木杆 cd 方向所指的便是中线的横向了。如图 15-9。

2. 在圆曲线段确定横向

这种中线横向是中线上指向圆曲线圆心的方向。确定的方法如下。

(1)在 ZY 点立方向架，瞄准木杆 ab 指向交点 JD，这时瞄准木杆 cd 方向指向圆心，是 ZY 点的横向。松开指标杆 ef 制动钮，指向圆曲线 P_1 点，见图 15-10。

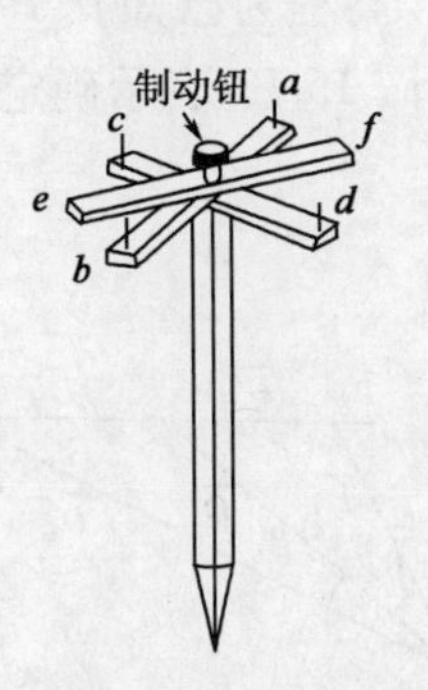

图 15-8　方向架

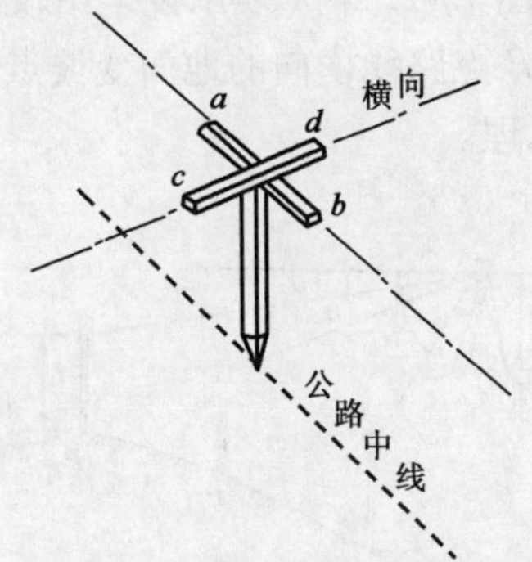

图 15-9　路线直线段定横向

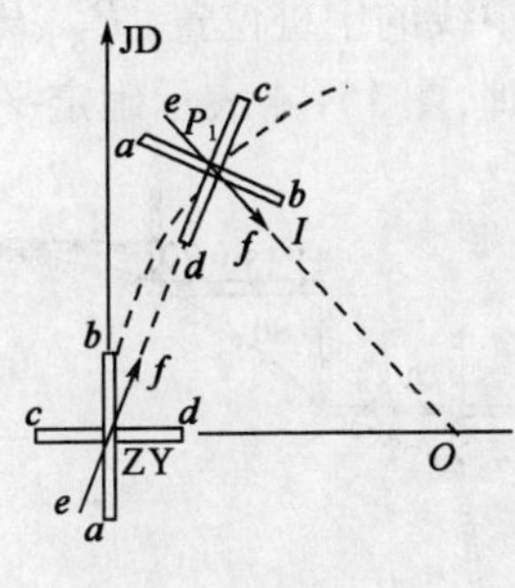

图 15-10　圆曲线段定横向

(2)保持指标杆 ef 与瞄准杆 ab 的角度不变，把方向架安置在 P_1 点，转动整个方向架使瞄准杆 cd 瞄准 ZY 点，这时指标杆 ef 所指方向 P_1I 是圆曲线在 P_1 点上的横向。如图 15-10，实地定 I 为 P_1 点的横向标志。

(3)按上述(1)、(2)步骤在 P_2、P_3、…确定圆曲线的横向。

3. 在缓和曲线段确定横向

根据图 15-11，设 E、F 是缓和曲线上两个点，缓和曲线在 F 处的横向为 FO，确定横向 FO 的方法如下。

(1)计算。按式(14-31)求 F 处的切线角 β_F；利用 E、F 的坐标按式(5-22)求 EF 的方位角 α_{EF}；求 F 处的缓和曲线弦切角 δ，即：

$$\delta = \beta_F - \alpha_{EF} \tag{15-4}$$

(2)测设。在 F 处设站(安置经纬仪或 360°圆盘)瞄准 E 点；拨角($\delta + 270°$)，得 F 处的横向 FI。如图 15-11，实地定 I 为 F 点的横向标志。

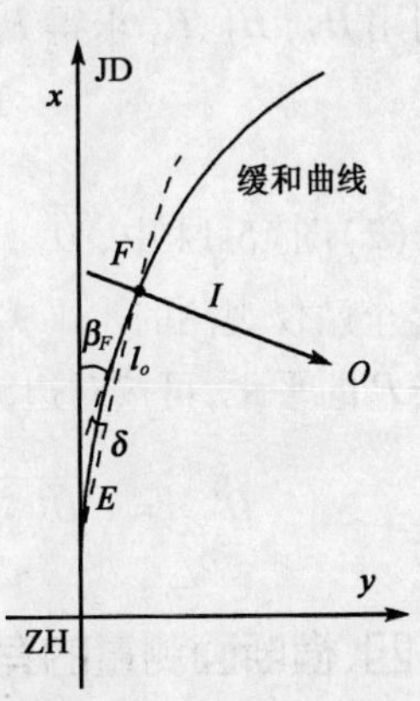

图 15-11　缓和曲线段定横向

三、横断面测量

横断面测量,确定路线中线横向地面变坡点离开中线桩位水平距离与高差的测量工作。方法如下。

1. 一般水准测量、经纬仪的光学速测法

以这些方法测量平距与高差的原理在第四章第三节和第六章第一节有述及,这里不再重述。

2. 简易标杆法

利用标杆上红白相隔刻划配合测定地面变坡点之间的平距和高差,如图 15-12。

3. 光电三角高程测量法中平测量与横断面测量

全站仪具有全站自动化测量的功能,因此利用全站仪以光电三角高程测量法可以实现中平测量与横断面测量的有机结合。图 15-13 中 A 表示设全站仪的测站(高程为已知),P 点是路线中线的中桩位置,$P_{左}$、$P_{右}$是过 P 点路线横向的地面变坡点。其中图 15-13 表示确定高程的原理,图 15-14 表示确定平距的原理。

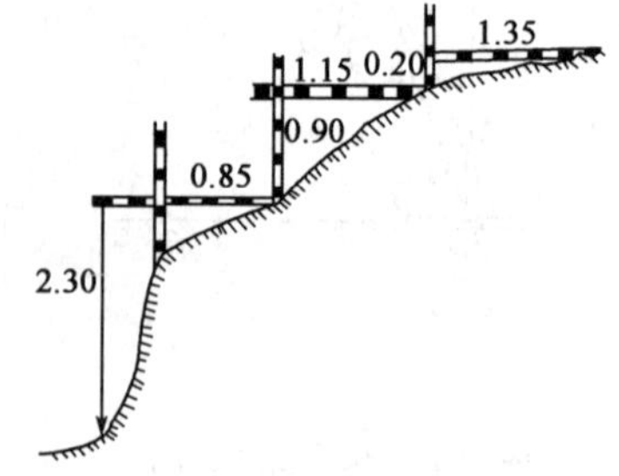

图 15-12 简易标杆法图

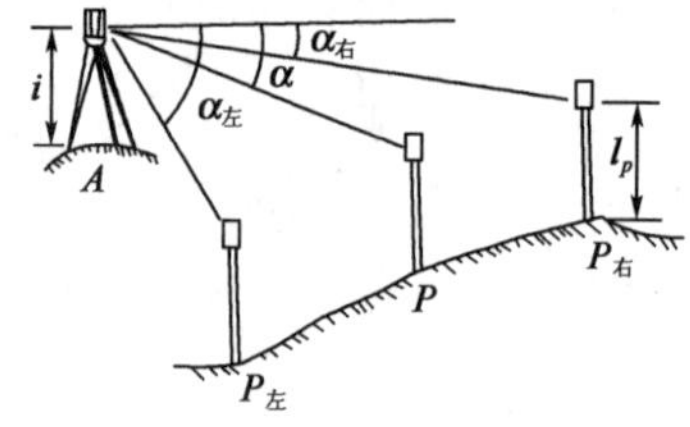

图 15-13 光电三角高程测量法定高程

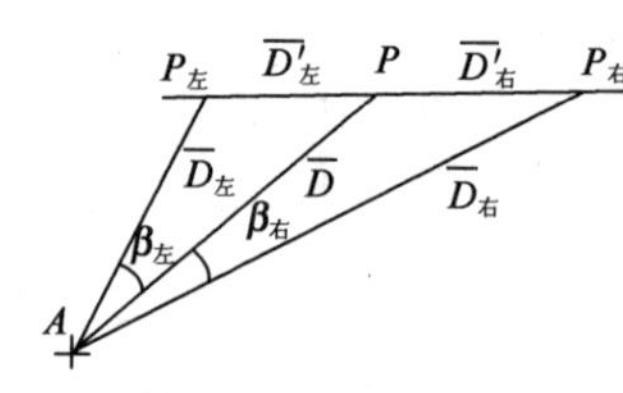

图 15-14 确定平距原理

(1)图 15-13 中,$\alpha_{左}$、α、$\alpha_{右}$是全站仪观测各反射器的垂直角,$D_{左}$、D、$D_{右}$是光电测距的边长,i 是仪高,l_P 是反射器高。根据三角高程测量可得 $P_{左}$、P、$P_{右}$的反射器高程 $H_{左}$、H_P、$H_{右}$,进而利用 $H_{左}$、H_P、$H_{右}$求得 $P_{左}$、$P_{右}$相对于中线点 P 的高差 $h_{左}$、$h_{右}$,即

$$h_{左} = H_{左} - H_P, h_{右} = H_{右} - H_P \tag{15-5}$$

(2)图 15-14 中,$\overline{D}_{左}$、$\overline{D}$、$\overline{D}_{右}$是 A 点至 $P_{左}$、P、$P_{右}$的平距,可按式(3-28)求得。图中的 $\beta_{左}$、$\beta_{右}$是全站仪观测的水平夹角,由全站仪测量的水平方向值求得。$\overline{D'}_{左}$、$\overline{D'}_{右}$表示 $P_{左}$、$P_{右}$离开中线桩 P 的平距,可按对边测量原理式(9-49)求得,即:

$$\overline{D'}_{左} = \sqrt{\overline{D}_{左}^2 + \overline{D}^2 - 2\,\overline{D}_{左}\overline{D}\cos\beta_{左}}, \overline{D'}_{右} = \sqrt{\overline{D}^2 + \overline{D}_{右}^2 - 2\,\overline{D}\,\overline{D}_{右}\cos\beta_{右}} \tag{15-6}$$

四、横断面测量的有关限差要求

一般公路横断面测量限差要求,见表 15-4。

公路横断面测量限差要求　表 15-4

公路的等级	平　距	高　差
高等级公路	$l/100+0.1$	$h/100+l/200+0.1$
一般公路	$l/50+0.1$	$h/50+l/100+0.1$

注：l 是测量点(变坡点)至路线中线桩的水平距离；一般地，l 在 10~30m 之间。

h 是测量点(变坡点)与路线中线桩地面之间的高差。

五、横断面图的绘制

一般的横断面测量成果应列成表，如表 15-5。横断面图的绘制方法如下。

(1)定比例，即定平距、高差的图上比例，一般取 1∶200。

横断面测量成果表　表 15-5

序　号	左侧:高差,平距	里程桩与里程	右侧:高差,平距
	…	…	…
1	-0.83,14.04；+0.23,10.22；+1.12,5.31	K1+327.21	-0.91,4.14；-1.24,10.36；-1.40,15.22
2	-0.01,13.35；-0.44,10.47；+0.25,5.42	K1+337.41	-0.23,2.16；-0.92,5.21；-1.87,8.85；-2.38,16.23
3	+3.01,14.02；+2.08,8.31；+1.02,7.81	K1+350.00	-0.41,4.93；-1.70,6.20；-1.98,10.81
4	+2.57,13.87；+2.22,9.20；+1.05,8.22	K1+358.50	-0.62,6.33；-1.88,11.77；-2.44,12.20；-2.38,15.80
5	+2.35,14.35；+2.05,11.76；+0.81,11.03	K1+387.76	-0.20,2.25；-0.87,8.00；-1.25,13.37；-1.42,14.05
6	+0.60,12.35；+0.44,8.23；-0.67,3.78	K1+395.59	-0.35,5.23；-1.30,9.57；-2.12,15.65
7	+1.22,12.32；+1.12,8.74；-0.25,4.67	K1+400.00	-0.22,7.52；-1.20,10.70；-1.45,15.41
8	+1.63,12.00；+1.25,6.34；+0.42,3.25	K1+406.78	+0.66,5.02；+2.03,7.89；+1.80,13.21；+0.24,16.37
9	+0.57,11.76；+0.41,4.13	K1+446.10	-0.63,3.89；-0.67,13.76
	…	…	…

(2)绘图。即根据平距、高差按比例分别在横向和纵向两个轴向展出地面点的位置，连接所展点位的连线便是横断面图形，如图 15-15 的细线(粗线是设计路面横断面)。

横断面图可随手现场绘制，也可利用测量的数据由机助制图的方法实现。

横断面图的设计粗线表示不同的应用工程。图15-15的设计粗线是设计路面横断面。图15-16的设计粗线是管道工程开挖的设计横断面。

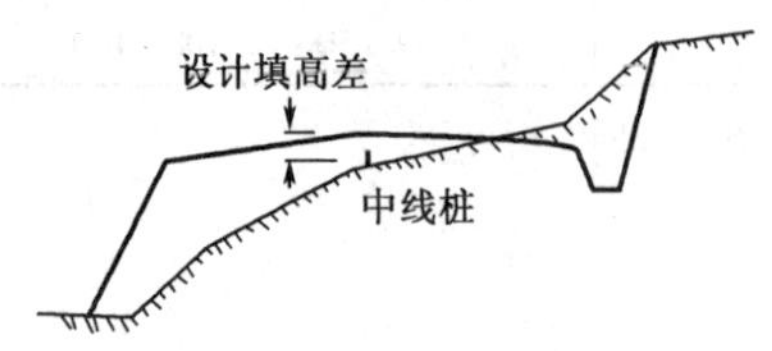

图15-15 横断面图的绘制

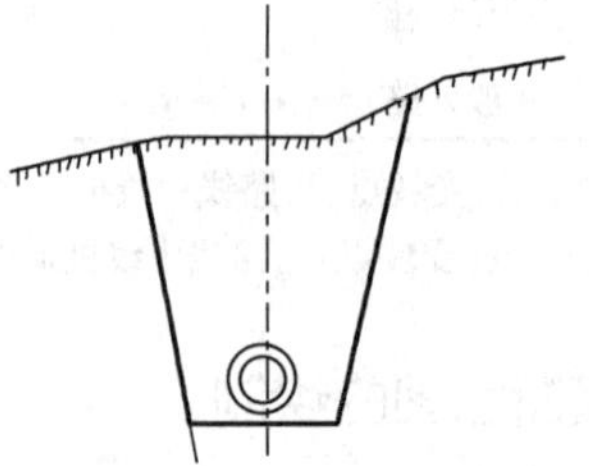

图15-16 管道工程横断面

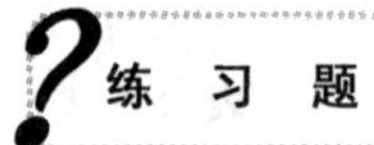

1. 什么是基平测量？什么是中平测量？基平测量有哪些技术要求？

2. 下述说法正确者，在括号内打“√”。

(1)路线断面测量应在路线中线测量之后进行。(　　)

(2)路线断面测量应在路线基平测量中进行。　(　　)

(3)路线断面测量应在路线勘察设计之前完成。(　　)

3. 试述断面测量的基本任务。

4. 路线断面测量包括______。

A. 纵断面测量和绘纵断面图

B. 横断面测量和绘横断面图

C. 纵断面测量和横断面测量

5. 举例说明平坦地段水准法中平测量计算中线点地面高程的方法。

6. 光电三角高程测量法中平测量的步骤为______。

A. 选择测站，测站准备，启动光电三角高程测量，记录中线桩地面高程

B. 选择测站，测站准备，记录中线桩地面高程

C. 选择测站，测站准备，启动光电三角高程测量，记录中线桩里程和地面高程

7. 绘纵断面图中____(1)是中平测量的重要成果，____(2)是设计的技术说明。

(1)A. 里程桩号与里程、平距与坡度、填挖高度

B. 设计高程、地面高程、坡度与平距

C. 里程桩号与里程、地面高程

(2)A. 设计高程、坡度与平距、地面高程

B. 里程桩号与里程、地面高程

C. 设计高程、填挖高度、坡度与平距

8. 试述纵断面图的主要绘制步骤。

9. 参考图15-6，按表15-2绘制K100+000至K100+300的纵断面图。

10. 横断面测量的基本内容可概括为______。

A. 定方向，全站测量，绘断面图

B. 全站测量，绘断面图

C. 定横向，测平距和高差，绘横断面图

11. 试述横断面测量的基本步骤。

12. 缓和曲线段确定横向有两件重要计算工作（图 15-11），即计算______。

A. 弦切角 δ_F 和参考点坐标

B. 参考点方位角 α_{EF} 和切线角 β_F

C. 切线角 β_F 和参考点坐标

13. 说明缓和曲线横向的确定方法。

14. 根据表 15-1 测站Ⅰ水准测量法中平测量的观测计算基本过程是______。

A. 观测水准点 BM_1 标尺读数 $a_{后}$，计算视线高程 $H_{视线高程}$。观测中视读数 $b_{中}$，计算中桩地面高程 $H_{中桩地面高程}$。观测前视尺读数 $b_{前}$，计算转点高程 $H_{转点高程}$

B. 观测中视读数 $b_{中}$，计算中桩地面高程 $H_{中桩地面高程}$。观测水准点 BM_1 标尺读数 $a_{后}$，计算视线高程 $H_{视线高程}$。观测前视尺读数 $b_{前}$，计算转点高程 $H_{转点高程}$

C. 观测水准点 BM_1 标尺读数 $a_{后}$，计算视线高程 $H_{视线高程}$。观测中视读数 $b_{中}$，计算中桩地面高程 $H_{中桩地面高程}$

15. 按表 15-5 序号 1 的数据绘制横断面图。

16. 下述说法正确者，在括号内打“√”。

(1) 光电三角高程测量法中平测量在两个高程控制点之间进行。(　　)

(2) 只有水准法中平测量在两个高程控制点之间进行。(　　)

(3) 中平测量应在两个高程控制点之间进行。(　　)

17. 在纵断面图中______。

A. 设计路面是一条平滑的细线

B. 地面线是一条折线形细线

C. 地面线是一条平滑细线

第十六章　工 程 测 量

［学习目标］　明确工程测量与路面、桥梁、建筑、隧道等工程的基本关系，熟悉这类土木工程的基本特点与要求，掌握这类土木工程的工程测量基本内容和方法。

第一节　公路施工测量

一、路基路面设计的基本参数

路基路面设计在断面测量的基础上进行，其中的设计参数包括有路面宽度 b、排水沟宽度 s、填挖高度 h、边坡率 m、路面超高 Δ 等。这里以公路工程为例介绍边坡率 m、路面超高 Δ 的概念。

1. 边坡率

公路路基路面设计涉及填挖成形的路基边坡坡度，如图 16-1 和图 16-2 所示，AD 是地面，BC 是设计路面，h 是设计的填（挖）高度，AB、CD 是路基边坡。根据坡度的概念，仿式（10-5）坡度 i_{AB} 为：

$$i_{AB} = \frac{h}{l}100(\%) \tag{16-1}$$

式中，l 是边坡 AB 在水平面的投影长度。

取 $i_{AB} = 100/m$，代入式（16-1）得：

$$m = \frac{l}{h} \tag{16-2}$$

或

$$1:m = h:l \tag{16-3}$$

式中，m 为边坡率，或称陡度，常以 $1:m$ 表示。

由式（16-3）可见，取 $h = 1\text{m}$，则 $l = m$，即高差 h 是 1m 时，边坡水平长度 l 在数量上等于边坡率 m。如图 16-2，AB 边坡坡率为 $1:0.5$，$h = 1\text{m}$，则 $l = 0.5\text{m}$。边坡率越小，水平长度越短，边坡越陡。

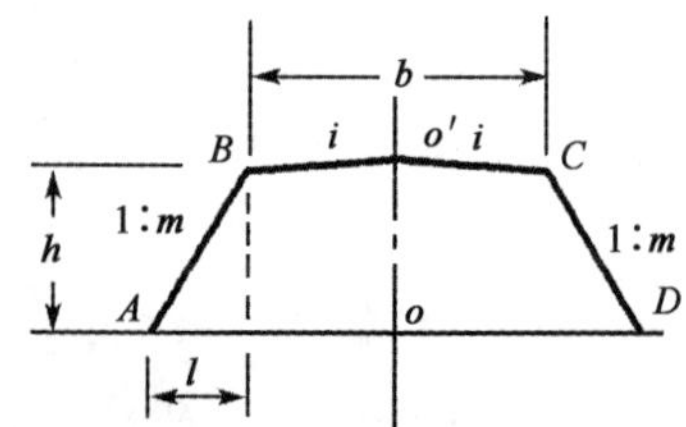

图 16-1　公路路基路面设计

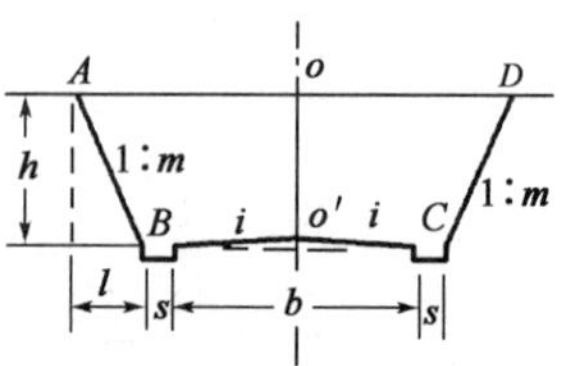

图 16-2　挖路面设计

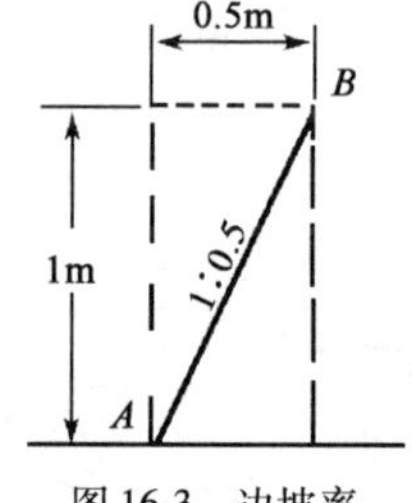

图 16-3　边坡率

2. 超高

如图 16-1，o 点是中线地面位置，o' 是中线设计路面位置，B、C 是公路中线两侧的路面边界点。根据路基路面设计要求，在公路直线段边沿点 B、C 处于同一高度，路面横断面沿 B、C 两侧略有倾斜形成双向横坡面，如图 16-4a）阴影部分。但是汽车在曲线路段行驶，由于曲线运行离心力的存在，汽车在这种路面上运行的稳定性将受影响。为了保证汽车在曲线段运行安全，在公路曲线半径小于表 16-1 规定的情况下，路基路面设计曲线段的路面边沿点 B、C 连线在曲线半径方向上形成倾角为 α 的横坡面，如图 16-4b）中实线图形，这时 B、C 两点间高度差为：

$$2\Delta = b \times \tan\alpha = b \times i \tag{16-4}$$

式中：2Δ——超高；

α——超高角；

i——路面横坡度；

b——路面 BC 的设计宽度。

不设超高的曲线最小半径 表 16-1

公路等级	高速公路				一级		二级		三级		四级	
计算行车速度（km/h）	120	100	80	60	100	60	80	40	60	30	40	20
极限最小半径（m）	650	400	250	125	400	125	250	60	125	30	60	15
一般最小半径（m）	1 000	700	400	200	700	200	400	100	200	65	100	30
不设超高最小半径（m）	5 500	4 000	2 500	1 500	4 000	1 500	2 500	600	1 500	350	600	150

由于存在超高，设计上 B、C 不同高，一般 B 点的超高为 $-\Delta$，则 C 点的超高为 $+\Delta$。圆曲线路面设计超高是常数，路面倾斜形成为单向横坡面，如图 16-4c）。缓和曲线段的路面超高随着在缓和曲线上的长度不同而变化，路面横坡倾斜由双向横坡面向单向横坡面逐步过渡。

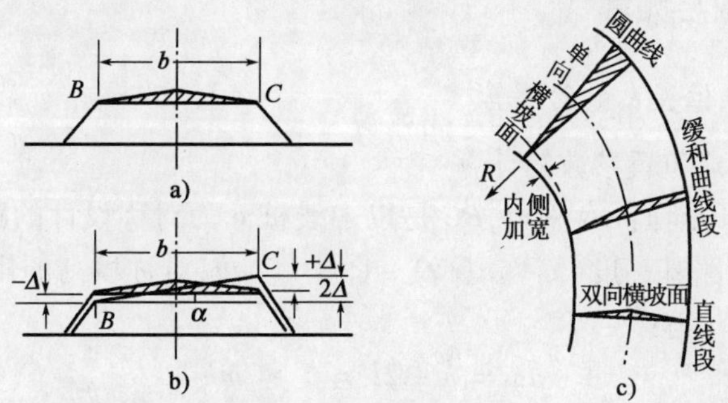

图 16-4 路面超高设计

3. 公路用地面积的构成

图 16-5 是一段经设计修筑而成的公路景观图。图中，公路实际用地面积包括：设计的行车路面面积，填方路基（图 16-5AB 段）扩张面积，公路排水沟面积，挖路堑（图 16-5BC 段）开拓面积以及路线转弯的内侧加宽面积［图 16-4b）］等。图 16-6a）是路基路面设计平面图，公路用地面积包括在平面图中的 1、2′…、8 及 1′、2′、…、8′所围成的区域内，这是根据公路设计确定的基本用地面积。如果在公路建设上顾及景观美化和绿带以及路基保护的需要，还应在基本用地基础上增加绿带等用地面积。

图 16-5　公路景观图

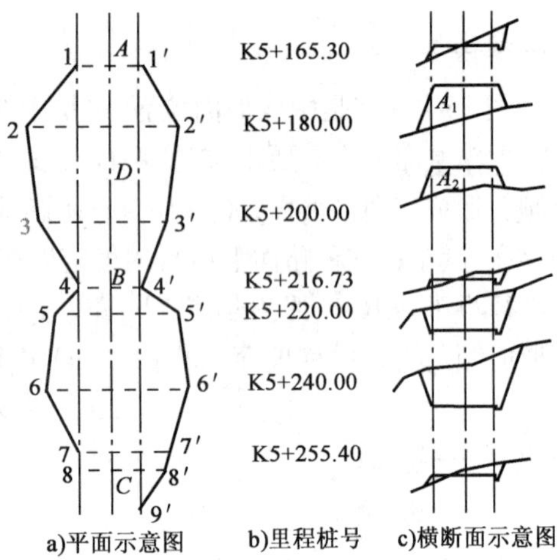

图 16-6　路基路面设计图

城市道路用地范围具有上述公路用地的内容，同时根据城市规划建设的要求，一般包括机动车道、非机动车道、人行道、绿带、中央分隔带等部分的面积，如图 16-7。

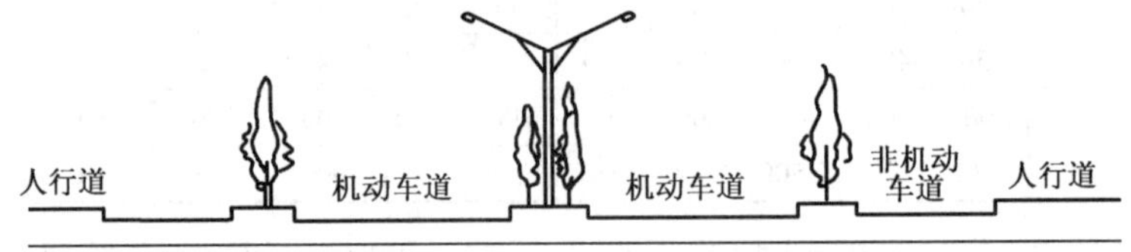

图 16-7　城市道路用地范围

二、公路工程参数与测算

1. 公路施工边界点位置参数的测算

（1）对称填高边界点位置参数的计算

如路面设计图 16-1，地面 AD 平坦，BC 是以中线桩 o 为对称设计的路面，b 是路面设计宽度，m 是边坡率，h 是填路基高度（简称填高）。图中 $l=mh$，对称填高的用地边界点位置参数，即离开中线桩的距离 dd 为：

$$dd = b + 2l = b + 2mh \tag{16-5}$$

（2）对称挖低边界点位置参数的计算

如图 16-2，路面设计地面 AD 平坦，BC 是以中线桩 o 为对称设计的路面，s 是排水沟的宽度，h 是挖路堑深度（简称挖低），其他符号同图 16-1。对称挖低的用地边界点位置参数 dd 为：

$$dd = b + 2s + 2mh \tag{16-6}$$

（3）不规则填挖地段用地边界点位置参数的测算

如图 16-8，中线桩 o 附近是不规则地面，开挖用地边界点相对于中线桩 o 为不对称位置。

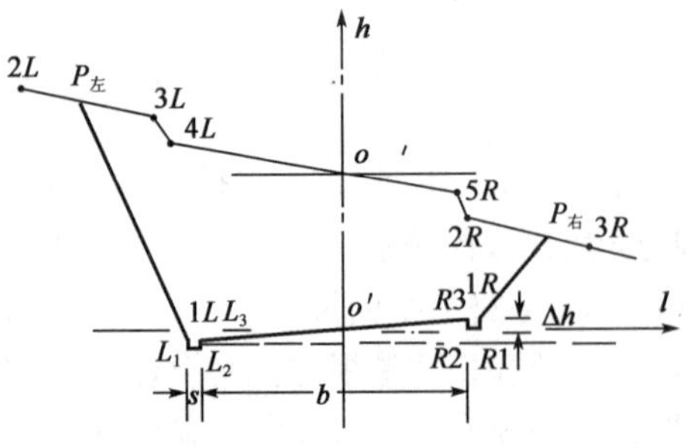

图 16-8　解析法求算边界点位置

①解析法求算边界点位置

a. 设立一个 $h-l$ 坐标系。如图 16-8，h 轴（高差）在公路中线点 o 的垂线上，l 轴（距离）通过设计路面标高处 o'。

b. 设路面边界点 P 的坐标为 (h,l)，并按公式求解。据推证，P 点坐标满足式(16-7)，即：

$$AZ + L = 0 \tag{16-7}$$

其中

$$Z = \begin{pmatrix} h \\ l \end{pmatrix}, A = \begin{pmatrix} l_3 - l_2 & -h_3 + h_2 \\ -m & 1 \end{pmatrix}, L = \begin{pmatrix} -h_2 l_3 + h_3 l_2 \\ -l_1 + mh_1 \end{pmatrix}$$

解式(16-7)得：

$$Z = -A^{-1}L \tag{16-8}$$

上述式中，h_1、l_1 是路面边界点 1 的坐标，可从路面设计中得到；h_2、l_2、h_3、l_3 是地面点 2、3 的坐标，均是横断面测量得到；h、l 是设计的填路基（或挖路堑）边界点 P 的待求坐标，其中 l 的绝对值是填（或挖）边界点至公路中线点的距离。

按上述坐标系计算应注意，计算填路基右边界点坐标，或计算挖路堑左边界点坐标时，边坡率 m 应取负值。

应用实例，如图 16-8，计算见表 16-2。

解析法求算边界点位置　　表 16-2

里程桩号	K1 +350.00	设计挖（或填）高差 h = +4.86		边坡率 m =0.7		
项目	左侧			右侧		
	点号	h(m)	l(m)	点号	h(m)	l(m)
横断面测量	2L	3.01 +4.86	−14.02	5R	−0.41 +4.86	4.93
地面点坐标	3L	2.08 +4.86	−8.31	2R	−1.70 +4.86	6.20
（表 15 −5 序号 3）	4L	1.02 +4.86	−7.81	3R	−1.98 +4.86	10.81
路边点坐标	1L	超高 −0.23	−7.50	1R	超高 0.23	7.50
填（或挖）边界点参数	$P_{左}$	7.71	−13.06	$P_{右}$	2.96	9.41
	距离	（$P_{左}$）	13.06		（$P_{右}$）	9.41

②图解估计边界点位置：如图 16-3，用地边界点 $P_{左}$、$P_{右}$ 的位置可利用作图的方法获得：

a. 以路面设计宽度 b 及边坡率 m 等参数作边坡线，获得边坡线与地面线的交点 P；

b. 量取路中线点至 P 点的图上长度；

c. 按比例尺把图上长度转为实际长度，得到边界点距路中线的实际距离。

2. 用地面积测算

测算公路用地面积（包括城市道路用地面积），可利用设计图纸的设计边界线围成的图形，按几何法或利用求积仪求得。为了准确测算，一般公路面积测算多用梯形法、解析法。

(1)梯形法

按梯形法的面积计算公式计算：如图 16-6a)，2、3、3′、2′ 4 个边界点构成梯形，按梯形面积计算原理可知：

$$A_{梯} = 05\Delta s(dd_2 + dd_3) \tag{16-9}$$

式中：$A_{梯}$——梯形 233′2′的面积；

dd_2、dd_3——分别是 22′、33′边界宽度；

Δs——22′与 33′的里程差。

(2)解析法

按多边形面积计算公式，即式(11-9)计算面积。这时应计算公路左右边界点的坐标，然后按式(11-9)计算面积。

3. 土石方的测算

(1)路基设计横断面面积的计算

图 16-6b)表示各里程桩位路基设计的横断面示意图。从图可见，横断面面积涉及设计路面的填挖高度(h)、路面宽度(b)、排水沟宽度(s)、边坡率(m)、路面超高 Δ 以及地面实际地面线，情况比较复杂。横断面的计算应根据不同情况采取不同的方法。

①对称的填高横断面面积的计算。如图 16-1，填高横断面面积 A 为：

$$A = 0.5[b + (b + 2mh)]h + 0.5^2ib^2 = bh + mh^2 + 0.5^2ib^2 \tag{16-10}$$

②对称的挖低横断面面积的计算。如图 16-2，挖低横断面面积 A 为：

$$\begin{aligned} A &= 0.5[(b + 2s) + (b + 2s + 2mh)]h + 2s\Delta h - 0.5^2ib^2 \\ &= bh + mh^2 + 2s(h + \Delta h) - 0.5^2ib^2 \end{aligned} \tag{16-11}$$

式中：Δh——排水沟的深度；

i——横坡度。

③不规则填挖横断面面积的计算。

根据横断面测量结果和路基路面设计参数(h、m、Δ 等)，绘出不规则填挖横断面图，如图 16-8。显然这种不规则断面图形随着情况不同而异，以该图为例，断面面积仍然可利用图中边界线围成的图形，按几何法或利用求积仪求得，也可利用图上各个连接点的坐标按解析法公式(11-9)计算。如图 16-8，根据测算结果及设计参数得出横断面各点的坐标及面积的计算列于表 16-3 中。

面 积 计 算 表 16-3

左侧			右侧		
点名	h(m)	l(m)	点名	h(m)	l(m)
4L	1.02 +4.87	-7.81	5R	-0.41 +4.86	4.93
3L	2.08 +4.87	-8.31	2R	-1.70 +4.86	6.20
$P_{左}$	7.71	-13.06	$P_{右}$	2.96	9.41
1L	-0.23	-7.50	1R	0.23	7.50
L1	-0.53	-7.50	R1	-0.07	7.50
L2	-0.53	-7.00	R2	-0.07	7.00
L3	-0.203	-7.00	R3	0.23	7.00
面积	117.79m²				

(2)土石方的测算

一般情况,公路土石方的计算采用断面法,即根据路基设计横断面面积及断面之间的距离求取土石方。如图16-6b)中,各个填、挖横断面面积为已知,横断面之间的距离可从里程桩号中求得,则横断面之间的土石方 V 为:

$$V = 0.5D(A_1 + A_2) \tag{16-12}$$

式中:A_1、A_2 ——相邻两个横断面的面积;

D ——相邻两个横断面之间的距离。

比较精确的计算可参照式(11-15)的棱台计算公式,即:

$$V = \frac{1}{3}D(A_1 + A_2 + \sqrt{A_1 A_2}) \tag{16-13}$$

三、公路界桩的测设

公路界桩的测设,有公路路基的填宽边界点和路堑开挖边界点测设,还有小桥涵位置及高程的测设等。测设方法相似,这里主要讲述公路界桩的测设。

1. 公路界桩

公路界桩包括公路红线界桩和公路工程界桩。

公路红线界桩,即公路占用土地分界的用地界桩。公路用地在土地管理中属于公有地籍,界桩的设立将标明公路用地的边界范围,界桩之间连成的线即为红线。在土地管理中将公路用地界桩称为红线界桩,或称为红线界址。公路红线界桩确定了公路用地的范围、归属和用途,具有保护公路用地不受侵犯的法律效力。

公路工程界桩是根据公路设计要求,标明路基路面、涵洞、挡土墙等边界点位实际位置的桩位,如公路的路基界桩、路面界桩、路带界桩、绿带界桩等。公路工程界桩有时可能在公路用地边界上,则这种公路工程界桩兼有红线界桩的性质。

2. 公路界桩的测设

公路界桩的测设主要是界桩的平面位置、高程线以及坡度线的测设。

界桩平面位置往往可表示为在平面上界桩离开公路中线的垂直距离。如图16-1,A、D 点是路基路面设计的点位,按式(16-5)可知,A、D 点分别离开中线桩 o 的垂直距离为 $dd/2$。另外,在设计图上量距再按比例尺放大可得 A、D 点分别离开中线桩 o 的垂直距离。以直接丈量法可直接在实地放样界桩,即沿中线的垂直方向丈量得界桩 A、D 的位置。直接丈量法比较适用于平坦地带,在其他地形条件下,极坐标法仍然是界桩平面位置的有效放样方法。

界桩高程线的测设,即路基路面施工高度的测设,以水准测量等方法把施工高度测设在界桩侧面,绘出高程线标明路基路面的填(挖)高度。高程线可以用界桩顶面表示,如图16-12。

坡度线的测设是利用坡度板或坡度架实现的。由图16-2可见,根据边坡率 m 可在 A 点设立坡度板,如图16-9。坡度板的设立标明挖方的坡度线。由图16-1可见,根据边坡率 m、填高 h、路面设计宽度 b 可设立填方的坡度架,即利用杆、绳架设起坡度线,如图16-10。坡度架的设立标明填方的坡度线。另外,在路基比较高的情况下,可以采用多层坡度架,随着施工层次的变化逐层设立坡度架,如图16-11。

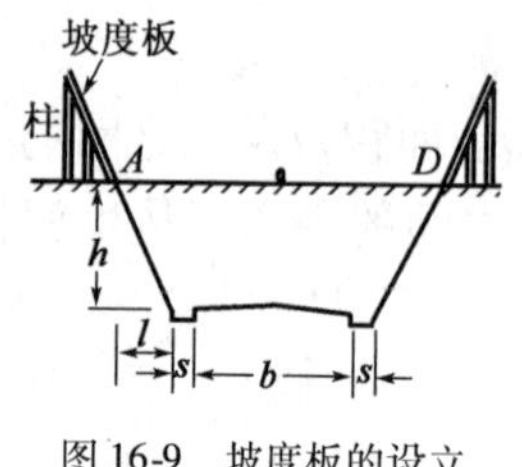

图 16-9　坡度板的设立

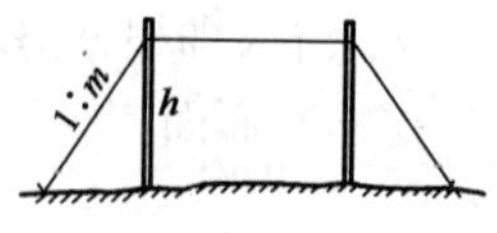

图 16-10　设起坡度线

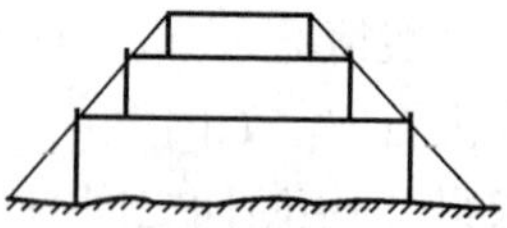

图 16-11　逐层设立坡度架

3. 公路界桩测设的基本要求

(1)一般先测设红线界桩,后测设公路工程界桩。在公路规划勘测以及初测定测的过程中,公路主管部门应与被征地有关部门协商确认公路红线界址及红线走向所确定的公路用地范围,办理土地征用手续。测设红线界桩确认土地征用范围,此后按公路设计测设公路工程界桩。

(2)根据界桩的性质和用途设立标志。红线界桩属于混凝土柱型永久性界桩,如图16-13,要求埋设稳固,长期保存。公路工程界桩,若没有兼用红线界桩的用途,则属于实用性界桩,用于指示公路修筑位置。

(3)伴随公路施工过程及时准确测设界桩。

公路路面等级不同,公路路面结构层次的等级类型各不相同,公路界桩的测设往往不是一次完成,而是通过多次测设实现的。在较高等级的公路,一般有填挖土方阶段的界桩测设;在铺设路基路面阶段有各结构层的界桩测设,如图 16-14;有路面各路带、绿带的界桩测设等。这些界桩的测设为不同等级公路施工提供准确的平面位置和高程位置,伴随公路施工不断地深入而完成。

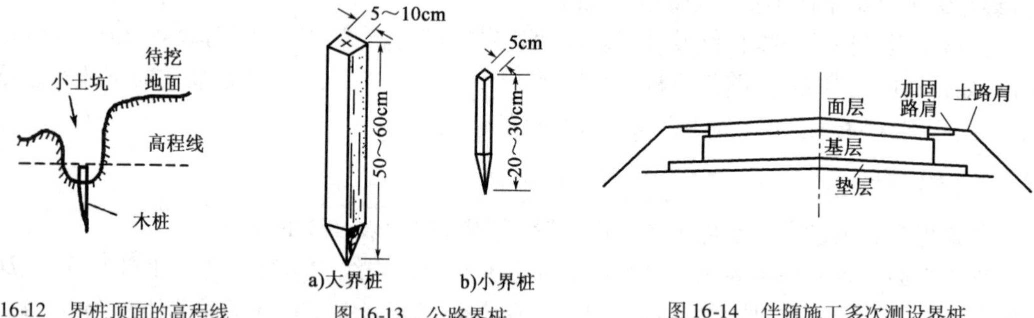

图 16-12　界桩顶面的高程线

图 16-13　公路界桩

图 16-14　伴随施工多次测设界桩

(4)注意控制点、控制桩的核查、保护,做好中线桩的恢复工作。在公路施工中经常会毁掉原先测设的公路中线桩及有关的点位。因此,注意控制点、控制桩的核查、保护,利用控制桩及时恢复中线桩是公路施工测量的经常性工作,是实现公路界桩测设的基本要求之一。

第二节　桥址工程测量

一、概述

公路建设中常常有各种桥。常见的有跨越河川峡谷的桥,有穿越城市街道的高架桥,有横直交错的立交桥。桥梁的建造包括从桥梁选址、桥梁设计到桥梁施工的全过程。测量在全过程的技术工作内容有:控制测量、地形测量、断面测量、施工测量及变形监测等。控制测量、地形测量、断面测量是桥址工程测量的基本内容。

桥梁是重要的交通基础设施,在现代化建设中,大桥、特大桥成为城市交通建设的时代象征。桥梁有长短、大小之分(见表16-4),桥梁工程建设难易程度也因桥梁的不同类型而异,如特大桥梁往往投资大,桥址设计方案多,工程周期长。桥址工程测量是桥梁工程首当其冲的基础性工作,目的是为桥梁工程选址研究及设计提供准确可靠的基准数据和图件。

桥梁工程往往地处交通繁杂地带,特别是在河流两岸大气密度变化无常,测量工作将在环境比较恶劣的情况下进行。测量工作必须因地制宜,采取适当的措施,解决困难环境中的测量技术问题。

桥梁类型 表16-4

桥梁类型		小桥	中桥	大桥	特大桥
桥长	单孔多孔	5~20m	20~40m	>40m	>100m
		8~30m	30~100m	>100m	>500m

二、桥梁控制测量

1.目的要求与等级规定

控制测量是桥梁工程建设的重要工作,目的是为桥梁选址、设计及施工各阶段提供统一的基准点位和准确参数,为桥梁工程提供重要基准设施。桥梁控制测量包括平面控制测量和高程控制测量,一般可以采用GPS技术或三角形网技术。本节主要叙述三角形网测量法。

平面控制测量主要采用三角形网测量法,技术上的等级规定如表16-5。从表中可见,平面控制测量的等级与桥梁轴线长有很大的关系,桥梁中心轴线越长,控制测量的等级越高。但是,对于结构特殊,施工工艺复杂的大桥、特大桥,平面控制测量等级将根据需要采用高出桥梁轴线长所对应的等级。高程控制测量采用的等级应遵循平面控制测的等级规定。

桥梁控制测量的等级 表16-5

等级	桥梁轴线长	测角中误差(″)	轴线长相对中误差	基线起始边相对中误差	三角形闭合差
二	>5 000m	±1.0	1:130 000	1:260 000	±3.5
三	2 000~5 000m	±1.8	1:70 000	1:140 000	±7.0
四	1 000~2 000m	±2.5	1:40 000	1:80 000	±9.0
五	500~1 000m	±5.0	1:20 000	1:40 000	±15.0
六	200~500m	±10.0	1:10 000	1:20 000	±30.0
七	<200m	±20.0	1:5 000	1:10 000	±60.0

2.平面控制网形结构

桥梁平面控制基本网形属于简单的三角形结构,如图16-15a)单三角形,图16-15b)单大地四边形,图16-15c)混合五边形,图16-15d)双大地四边形。图中的*A*、*B*表示河岸桥址轴线控制点。

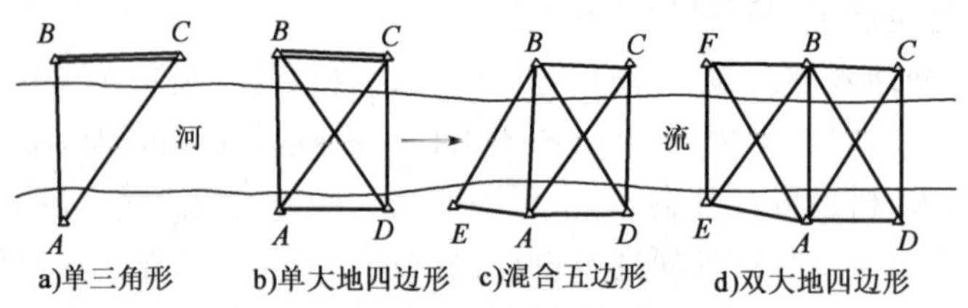

图 16-15　桥梁平面控制基本网形

如果桥梁包括主桥和引桥,控制网在基本网形的基础上应增加控制点位,如图 16-16。为了满足桥梁施工的需要,在控制网的基本网形中可增设插入点。如图 16-17,其中的 1、2、3、4 等是交会插入点。必要时,插入点可当作基本网形的控制点纳入整个控制网中。

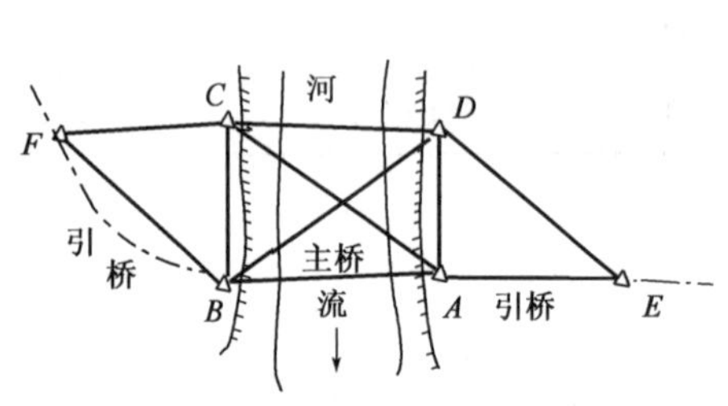

图 16-16　主桥和引桥控制网

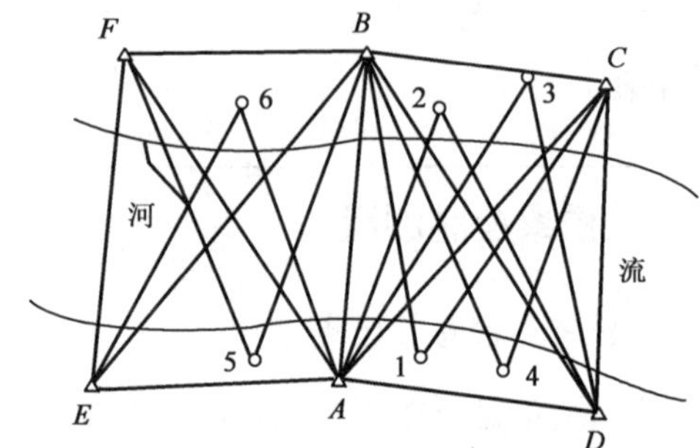

图 16-17　基本网形中增设插入点

控制网形中若以丈量基线的传统方法获得边长,则控制网中至少必须在河岸附近高精度丈量一条基线起始边。图 16-15a)、b)中的 BC 边是基线起始边。控制网图形的轴线长度与基线长度的比值,一般以 $s_{AB}:s_{BC}=1.5:1$ 为宜。

由于地理条件等客观因素的限制,桥梁控制网的网形往往不可能满足理想的要求,特别是大桥、特大桥工程控制网的控制点往往成为整个桥梁区域的基准点,网状有时会有类似直伸型的网形(图 16-18)或三角网形(图 16-19)。

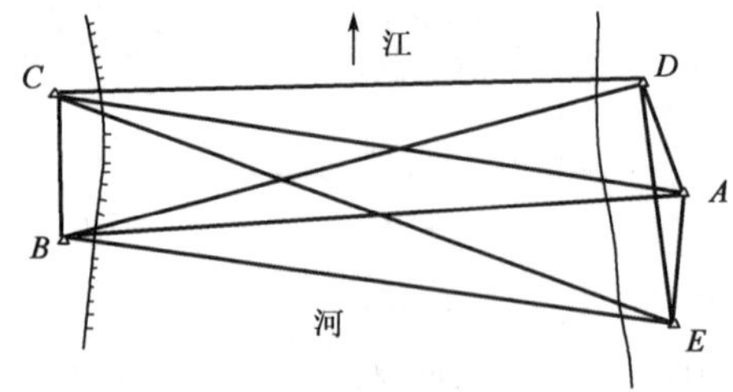

图 16-18　直伸型的控制网形

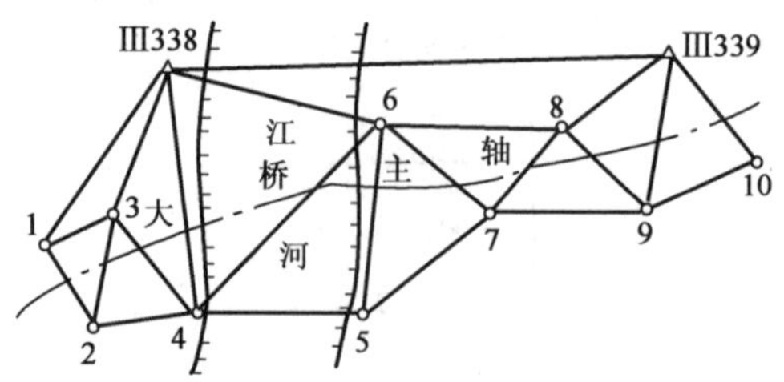

图 16-19　三角控制网

以 GPS 技术建立桥梁工程控制网,网形结构以三角网形为宜。由此形成的网状如连续三角锁(图 16-19),各点位必须科学选择确定。点位靠近桥梁工程,便于收到足够的卫星信号,点位之间通视。

控制网点位是桥梁工程的基准标志,点位选定应顾及控制网形结构,靠近施工场所;不影响工程和交通,占用场地小。点位埋设着眼于桥梁工程的需要,要求:基本点位要埋设稳固

(必要时应埋设在基岩上),应用方便,加强保护;重要点位,如有长期用途的点位,应有重点长期保存措施。

3. 观测与计算

(1)观测技术。三角形网野外观测可获得控制网观测值。根据现有技术条件,野外观测技术有:①传统上的测角、量边,如图 16-15a)、b)基本网形的观测,丈量基线边,观测三角形内角;②采用光电技术的边、角测量,如图 16-15c)、d)基本网形的边和角测量。

(2)光电测距技术。光电测量技术的边、角测量应是桥梁控制测量的主要方法,尤其是全站仪的应用,可以快速完成野外观测。边、角观测的结果是:观测量多,有利于边角观测量的互检,有利于增强观测成果的可靠性,有利于提高控制网的精度。

(3)因地制宜的测量。注意桥梁控制网跨越的河面水蒸气变化对大气密度产生的较大影响;注意控制网的边长不等长,有时甚至要对各边长相差悬殊(如图 16-18)的目标进行瞄准;注意尽量提高观测视线的高度;选择有利的观测时间测量,如日出后 1 ~2h 或日落前 1 ~2h,或在阴天观测;角度观测宜采用对光方向法,避免瞄准误差的影响;全站仪边、角分开高精度观测。

(4)平差计算。一般地,桥梁平面控制网采用独立的坐标系统,按严密方法平差计算,求出各控制点的坐标及相应的点位精度,求出桥轴线长度及精度。轴线长度特长的特大桥,在平差前应对观测成果进行预处理,化算为高斯平面的参数再进行严密平差。

三、跨河高程测量

桥址高程控制测量可按水准测量网和三角高程测量网的严密方法,这里主要说明跨河高程测量。跨河高程测量是桥址控制测量的重要工作,可用水准测量方法,也可用光电三角高程测量方法。

1. 跨河水准测量

这是水准测量的测站观测视线跨越河流上空进行高差观测的过河水准测量。

(1)设立测站

测站可按图 16-20 的形式,也可按图 16-21 形式。

如图 16-20,测站按“Z”形布设,其中,I_1、I_2 是仪器、远标尺轮换安置点,b_1、b_2 是近标尺的立尺点。$I_1b_1 = I_2b_2$,且约为 10 ~20m。图中各点牢固设立木桩,木桩顶钉有铁帽钉。

(2)直接法跨河水准测量

①按常规水准测量测站观测方法在 I_1、b_1 之间测量高差,得高差为 h_1。

②在 I_1 设水准仪,按望远镜中横丝观测 b_1 近标尺的读数。

③瞄准(并调焦)I_2 远标尺,用胶布固定调焦旋钮,按望远镜中横丝观测 I_2 标尺的读数;得 b_1、I_2 高差为 h_2。

④确保调焦旋钮不变动,并搬设测站于 I_2、b_1 点的标尺立于 I_1,水准仪瞄准 I_1 远标尺,按步骤③读数,并观测 b_2 标尺读数,得 I_1、b_2 高差为 h_3。

⑤水准仪在 I_2、b_2 之间设站,按步骤①测得高差为 h_4。

以上①、②、③为上半测回观测,④、⑤为下半测回观测。

⑥高差计算:

上半测回计算 b_1、b_2 高差是：$h_{上} = h_1 + h_3$。下半测回计算 b_1，b_2 高差是：$h_{下} = h_2 + h_4$。检核计算是：$\Delta h = h_{上} + h_{下}$，$h = \frac{(h_{上} - h_{下})}{2}$。

(3)微动觇板法跨河水准测量

该法以一个微动觇板(图16-22)作为标尺的放大目标。测站设立如图16-20，装有微动觇板的水准标尺作为远标尺，有关观测方法和直接法相同。不同的是远标尺的读数。观测时，观测员以约定的信号指挥对岸扶尺员微动标尺觇板，直到觇板标志线中央与水准仪十字丝横丝切合时，由扶尺员记录指标线在水准尺上的读数。

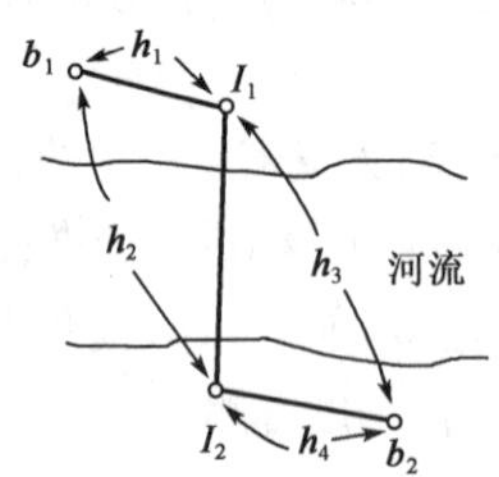

图16-20 过河水准"Z"形式

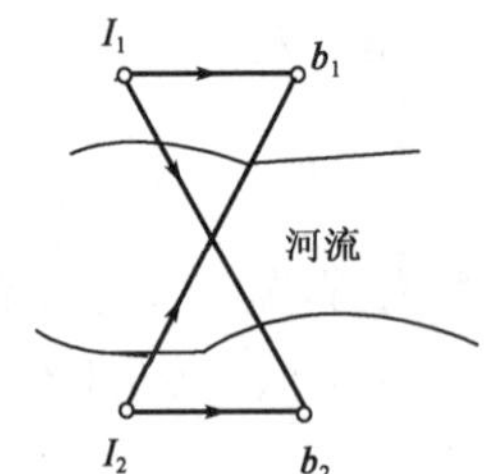

图16-21 过河水准"×"形式"

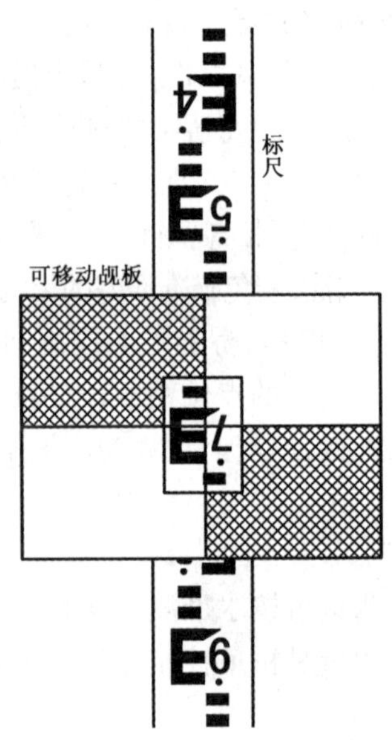

图16-22 微动觇板

2.跨河三角高程测量

跨河三角高程测量，一般采用高精度边、角测量的光电三角高程测量。该法可以利用平面控制网所有点位，在光电测距基础上的竖直角观测可按三丝法。

光电三角高程测量应用于跨河高程测量，便于定点和调整测线长度，或构成三角形网，图16-23表示两个光电三角高程测量网形；便于提高视线高度，避免跨河视线水面水蒸气折射影响；可直接测量距离、角度等参数，有利于实现跨河高程测量高精度；跨河光电三角高程测量，快捷方便。

四、河床地形测量与桥址轴线纵断面测量

桥梁工程的地形测量有桥址地形图的测量，河床地形测量，桥轴线纵断面图的测量。

桥址地形图的测量为桥梁设计提供1:2 000～1:500的工点地形图。河床地形测量为桥梁设计提供河道水下地形图。

河床地形测量，又称为水下地形测量，在水利、水运系统以及桥梁设计中都有着重要的应用。在原理上，水下地形测量是测定水下地貌点位的平面坐标和高程。如图16-24，按船行轨

迹测得河道中 1、2、…、n 各河床点平面位置及高程，然后绘出河床的地形图，如图 16-25。

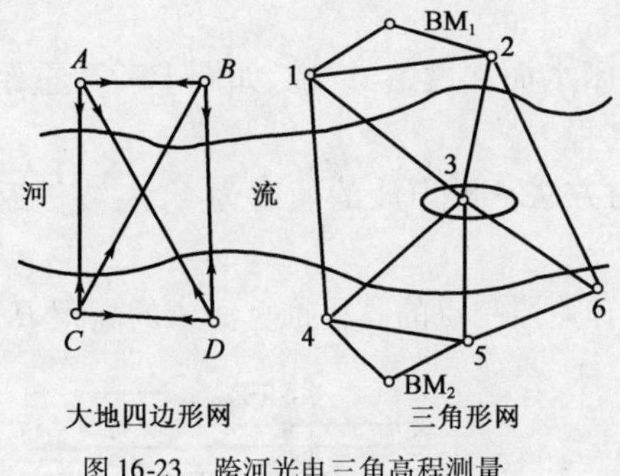

图 16-23 跨河光电三角高程测量

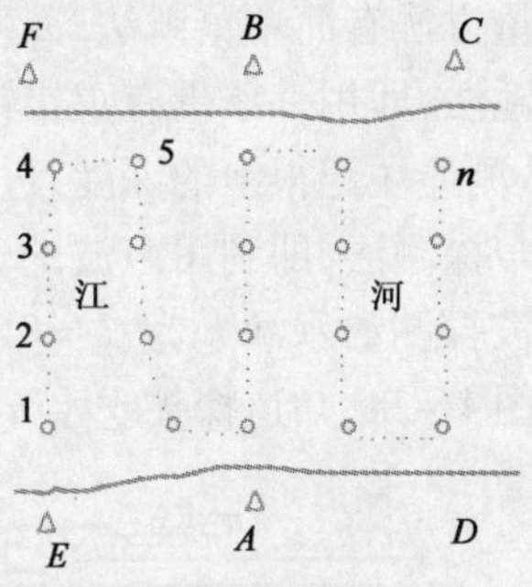

图 16-24 船行轨迹

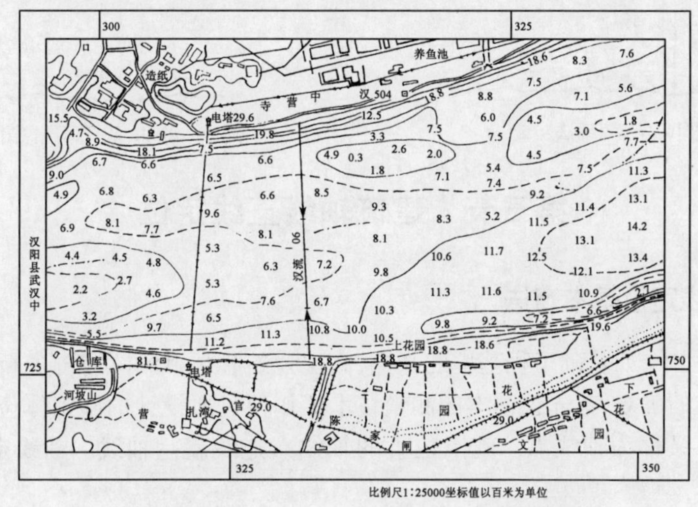

图 16-25 河床地形图

桥址轴线纵断面测量，在原理上与河床地形测量相同，不同的是沿桥址轴线方向测量河床点的平面距离及高程，最后沿桥址轴线方向绘出桥址轴线纵断面图，如图 16-26。图中的高水位线和正常水位线，可按实际测量的结果绘制，也可向有关水文站等部门调查获得。

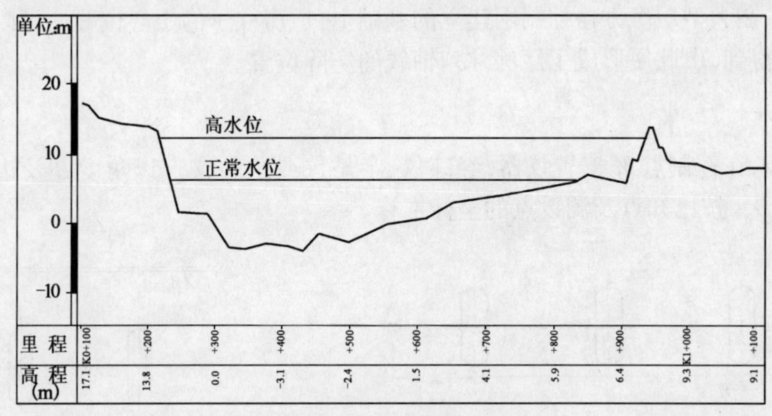

图 16-26 桥址轴线纵断面图

河床地形测量的河道点位平面位置测量用经纬仪交会法、极坐标法和 GPS 技术等，河床深度测量方法有简单铅锤法、回声探测法等。

铅锤法，即用一条带有重铅锤的测绳测量河床水面深度的方法。如图 16-27，重铅锤沉入河底，从测绳注记得河的深度，进而推算河床的高程 H。

回声探测法，即利用声波的速度探测水深的方法。设声波的速度为 V，声波往返时间为 T，则声波探测的水深 h 为：$h=0.5VT$。

如图 16-28，知道探头吃水 h' 和 h，便可利用有关控制点的高程推算河床的高程 H。

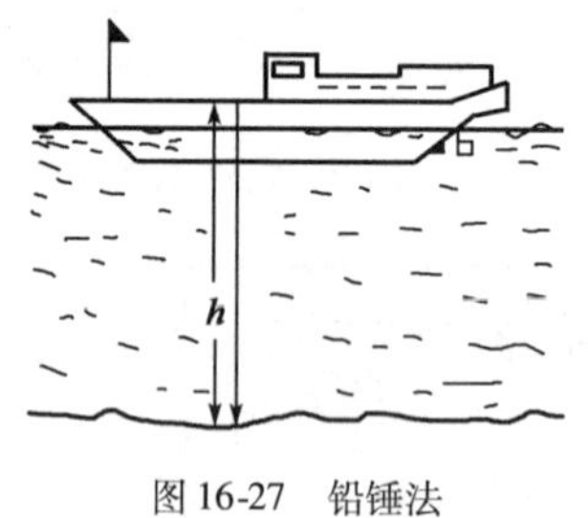

图 16-27　铅锤法

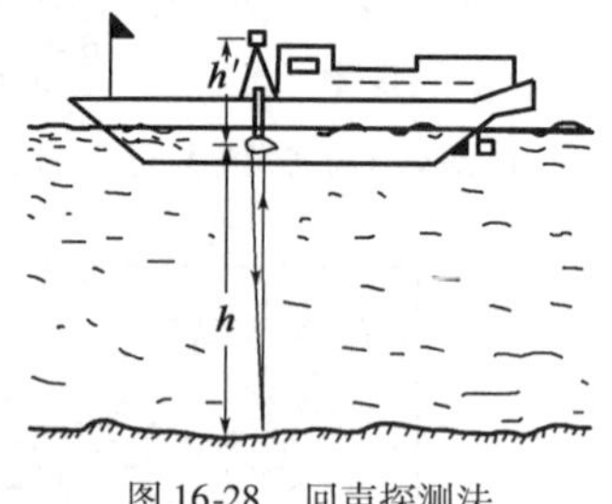

图 16-28　回声探测法

第三节　建筑轴线直线定位

一、建筑轴线定位基本方法

交通土木工程中，如基础工程基坑的开挖，高层建筑柱体、墙体的升高，桥梁墩台的建造，桥梁的架接，塔体的确立，首先最基本的测量技术工作便是所设计的施工体位置中心的测定。施工体位置中心，又称为轴线点。施工位置的轴线点连线就是轴线。轴线定位的基本方法如下。

1. 直接测量法

即以测量仪器工具直接测设建筑物柱体、墙体的中心位置。如图 16-29，A、B、C 是桥轴线 MN 上的 3 个桥墩的设计中心，s_1、s_2、s_3、s_4 是中心之间的水平距离。这类直线上的点位，只要用钢尺或光电测距仪直接测设就可完成桥梁墩台中心的实地定点。

如图 9-38，在大型厂房方格控制网建立的基础上，厂房柱子的中心位置便可以利用距离控制点直接丈量得到，由此便形成了厂房柱列轴线的实际位置。

2. 极坐标法

如图 16-30，在控制点 M 安置仪器（经纬仪、半站仪或全站仪），以角度 β 及边长 s 测设桥墩中心。其中 β、s 按已知点及测设点的坐标推算。

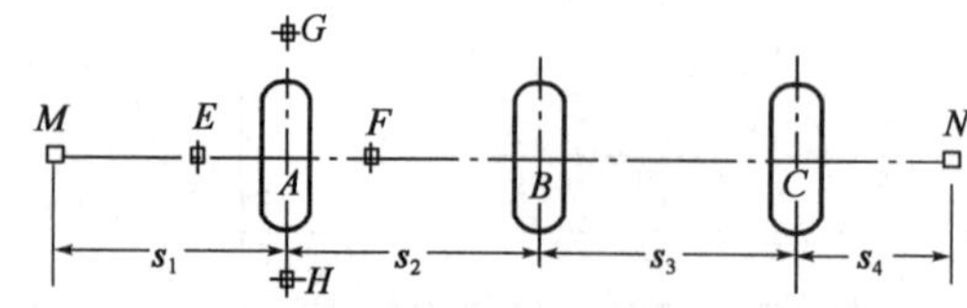

图 16-29　直接测量法

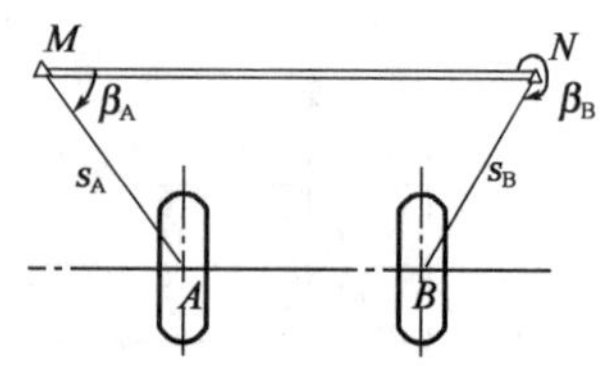

图 16-30　极坐标法

全站仪应用轴线定位的极坐标法，或称为全站三维坐标法。如图16-31，o 是测站点，oP_1 是后视方向，P 是待建塔柱的中心点。全站仪设在测站 o 点上，利用 o 点与 P 点的坐标增量 Δx、Δy 及高程差 Δh，或者利用 o 点与 P 点的斜距 D、天顶距 z 及水平角 β，可以根据全站仪的功能测设 P 点的准确方向与位置。

3. 交会法

常用是角度交会法。如图16-32，A、B、E、F 是控制点，AB 是桥轴线，P 点是设计的桥墩中心，图中 α_1、α_2、C_1、C_2 是放样桥墩中心 P 点的交会角，利用 A、B、E、F 控制点及 P 点的坐标，通过其中的几何关系计算得到。有关的计算方法读者可自行推证。

交会法常用于建筑物墙体轴线测设及柱体中心的校正。如图16-33，两台经纬仪设在 $AA' \perp BB'$ 的点位 A、B（控制桩）上，分别瞄准地面点 A'、B'，然后以测设骑马桩的方法交会得到墙体升高的中心点位 o 。如图16-34，两台经纬仪设在 $AA' \perp BB'$ 的点位 A、B 上，各自瞄准地面点 A'、B' 后抬高望远镜的视准轴，指挥调整柱子中心线落在经纬仪的视准轴位置上，则柱子便垂直竖立起来。

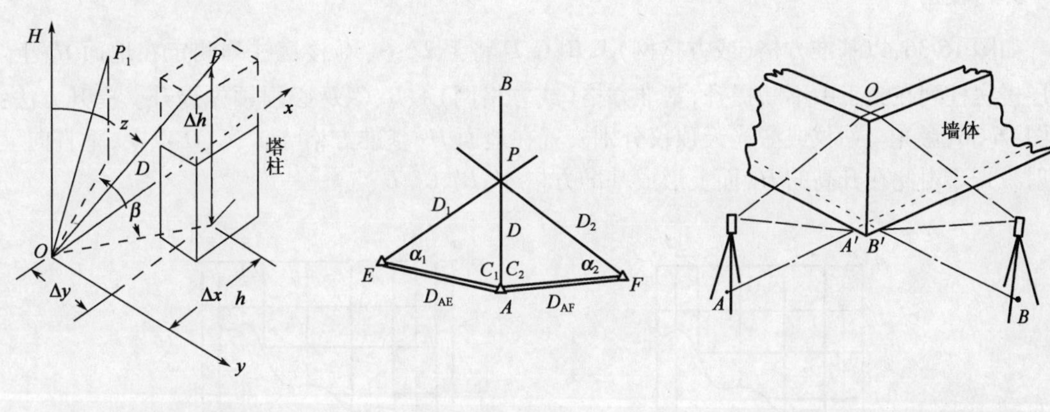

图16-31　全站三维坐标法　　图16-32　交会法　　图16-33　交会法测设墙体轴线

4. 铅直法

不论是建筑物的超高层，还是大桥塔柱的大高度（特别是斜拉桥、悬索桥），对垂直度要求比较高。垂直度，即升高后轴线偏离中心的程度，以 $e:H$ 为表示（e 为轴线偏离中心距离；H 为建筑物高度），一般 $e:H < 1:3\,000$。采用激光铅直法提供高层建筑物或塔柱垂直施工的方向线，保证符合垂直度的要求。如图16-35是一台附有激光方向线的仪器，仪器设在适当的位置，激光束按仪器给定的方向射出并在预设的靶板上显示激光点位，从而获得施工的标准位置。为了保证激光束垂直度可靠性，应在对径位置标定激光点位的平均位置。

垂线法也是铅直法，如图1-1，只要垂球对准底点中心（或者垂球线上端对准顶点中心），悬垂的垂球线就可以向上（或向下）传递中心点。

铅直法用于建筑格网的提升。在高层楼房、斜拉桥建筑中，柱体高100m以上，而建筑场地狭窄，可采用内控、外控的铅直法准确提升定位这类建筑柱体的轴线点。

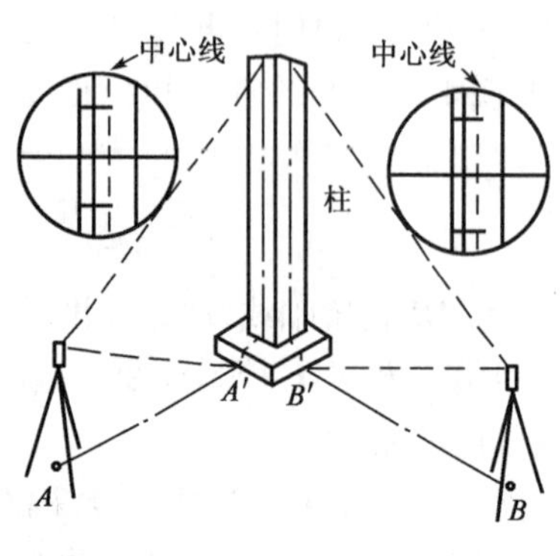

图 16-34　交会法柱体中心校正

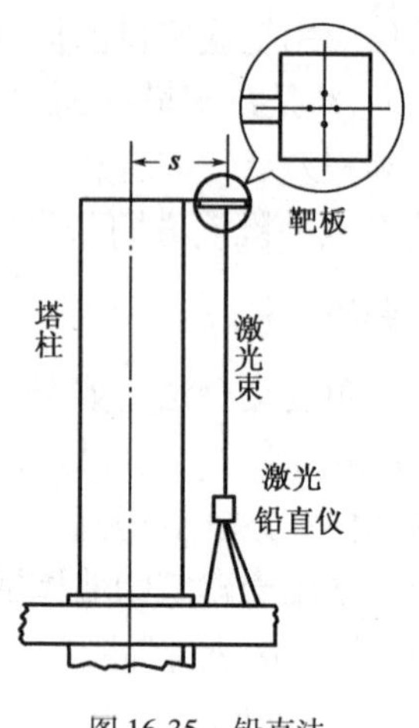

图 16-35　铅直法

5. 内控法

如图 16-36，以基准方格（或方格网）A、B、C、D 将 1、2、…、36 楼房柱列测定在地面 H_o 上。高层楼房柱列在施工中不断提升，基准方格（或方格网）A、B、C、D 必须领先提升。提升方法：如图 16-36，激光全站仪或激光天顶仪分别安置在地面 H_o 基准方格 A、B、C、D 点上，垂直向上发射激光。由此在升高的 H_1 面上形成基准方格 A'、B'、C'、D'点。

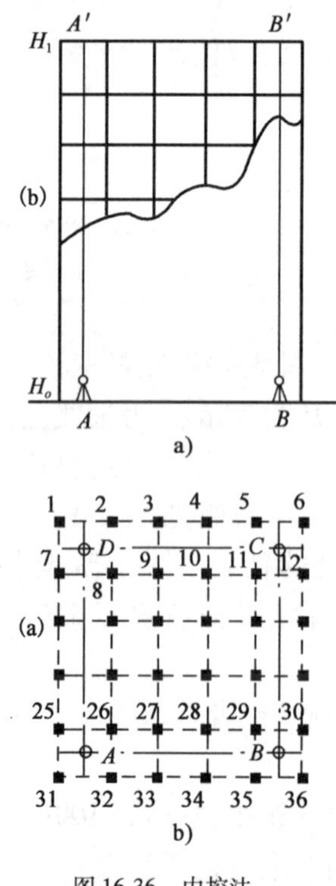

图 16-36　内控法

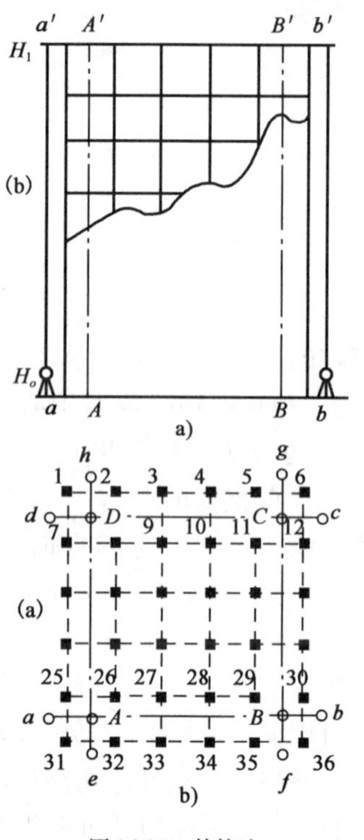

图 16-37　外控法

6. 外控法

如图16-37,在1、2、3…、36楼房柱列外建方格基准控制点a、b、c、d、e、f、g、h,由此交会得基准方格A、B、C、D点。A、B、C、D的提升方法:激光经纬仪或激光天顶仪分别安置在地面H_o基准控制点a、b、c、d、e、f、g、h点上,垂直向上发射激光。由此在升高的H_1面上交会基准方格A'、B'、C'、D'点。

二、基本要求

1. 轴线点定位过程必须加强与设计、施工的合作

轴线点的精确定位是建筑工程整体定位的关键,是建筑工程体实现设计要求成功建造的基础,是实现工程测量定位保障的具体体现。测量定位过程必须明确轴线点定位重要性,加强与设计、施工的合作,了解并熟悉设计、施工的意图、计划和要求,保证精确定位准时、可靠,保证建筑工程体的正常施工。

2. 增设控制桩,加强控制桩、点的保护

在建筑工程或在陆地桥梁工程(或干涸河床的桥梁工程)中,为避免墩位基坑开挖毁坏中心标志,在测设中心四周轴线方向上必须埋设控制桩、点,如图16-29中的E、F、G、H,以便基础开挖后利用控制桩恢复桥墩中心位置,保证施工需要。在建筑工程中增设控制桩有利于保存、恢复墙体、柱体的轴线位置。

龙门板设置属于增设控制桩的一种方式。如图16-38,安装于待建房屋地面轴线$abcd$四周的木架称为龙门板,距离地面轴线约1~2m。龙门板横板上沿是地坪(建筑物首层地面)高度,称±0线。±0线按设计要求以高差测设方法确定。横板上沿的轴线钉,即图16-38b)b_1,b_2是地面轴线位置。

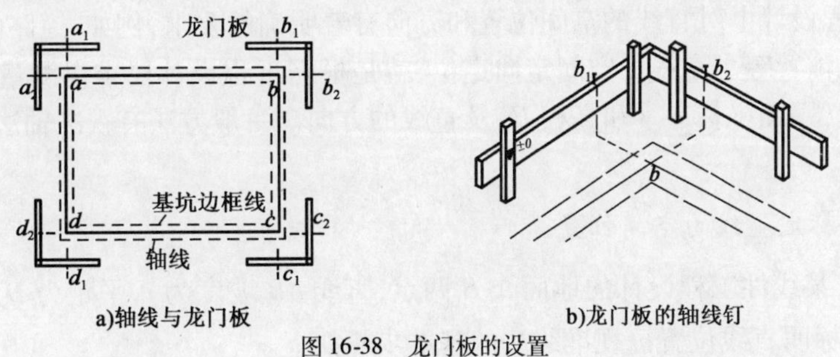

图16-38 龙门板的设置

3. 轴线测设是连续性很强的测量工作

轴线测设开始于基础施工,领先于墙体、柱体的建筑加高,随着建筑施工的过程不断进行。以基础施工为例,图16-39显示施工与测设的连续性关系。其后的各种方法引测轴线位置便是随着墙体、柱体加高而不断进行。

4. 加强检测,注意测设参数的验算

如桥梁各墩台的测设,桥梁架接和安装点位的测设随着施工过程而不断进行。在一系列连续测设工作中,应加强测设点位的方向、距离和高程的准确性验算与检测,保证有关塔柱、墩

台、墙体中心点位以及相应的控制点位符合要求。

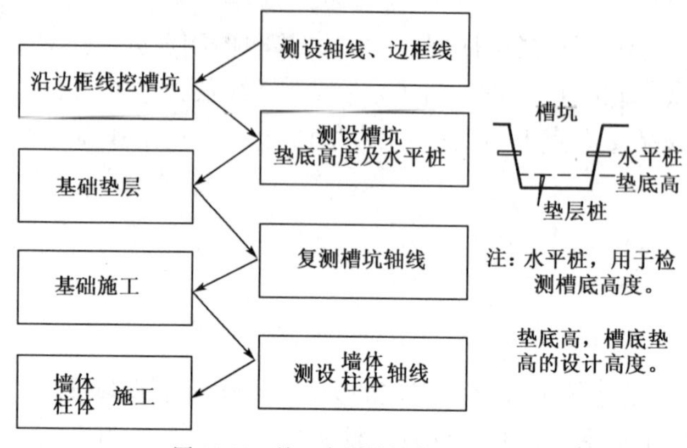

图 16-39　施工屯测设的连续性关系

5. 做好测设调整

测设结果即使在容许范围之内，也应尽可能对测设点位进行必要调整。如大桥各个桥墩中心的独立测设，由于测设存在误差，如图 16-32 交会测设结果可能存在如图 16-40 的情况，3 条交会线不相交于一点，而是形成一个误差三角形，即△123。若三角形的边长小于某一限值，则取 2 点处在轴线 AB 的垂足为 P 点的放样点位。在测设中，测站与放样点人员互相配合，调整并准确放样点位。

河中水上桥墩定位难度比较大，开始定位的准确性比较差，应在定位点场地稳定或水上筑岛之后重新准确定位，标明桥墩中心位置和轴线方向。

三、直线的空间定向定位

一般地，工程设计上对直线的空间位置和方向有着明确的要求，例如，道路的中线坡度线，管道中线的直线位置等。直线的空间定向定位，就是根据工程设计要求以测量技术手段确定直线端点的位置（平面坐标 x、y 和高程 H）及直线的方向。一般方法有视准轴法、水准测量法、角度法等。

1. 视准轴法标定直线的空间位置

如图 16-41，某线性工程设计的地面 A、B 两点，直线 AB 坡度为 i，平距为 D_{AB}，要求按一定的间隔 s 在实地标明直线位置。视准线法的基本步骤如下。

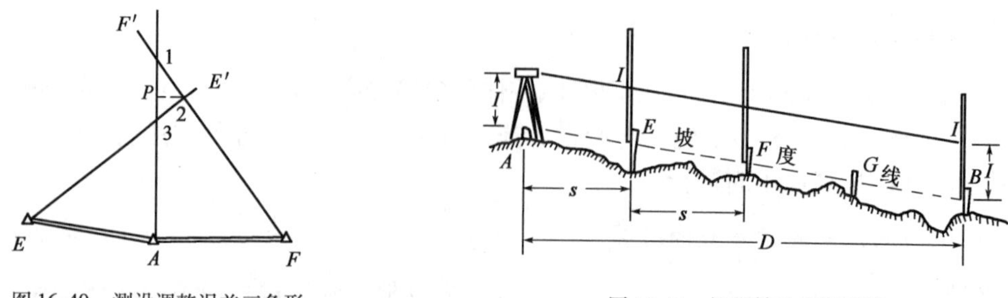

图 16-40　测设调整误差三角形

图 16-41　视准轴法标定直线

(1)根据设计要求,以高级控制点测设 A 点的位置,在 A 点设立桩位。

(2)计算 A、B 点的高差 h_{AB}。根据式(16-1),A、B 两点的高差为:

$$h_{AB} = \frac{i \times D_{AB}}{100\%} \tag{16-14}$$

(3)高差放样,在实地测设 B 点位置,此时 B 点的高程是 $H_B = H_A + h_{AB}$。如图 16-41,在 B 处设立的木桩标高线表示 B 点高程位置,A、B 两点连线是坡度为 i 的直线。

(4)在 A 点安置测量仪器(经纬仪、全站仪或水准仪)。安置仪器应对中整平,量仪器高 I。

(5)在 B 点木桩顶竖立标尺,在标尺面的刻画上设高度为 I 的标志。

(6)在 A 点测量仪器瞄准标尺 I 标志(水准仪以转动微倾旋钮瞄准)。此时测量仪器望远镜视准轴与 A、B 两点连线平行,故视准轴指向是一条坡度为 i 的直线方向线。

(7)根据视准轴方向线实地标定直线位置。例如,在离 A 点距离为 s 的地面点 E 上设立木桩,标尺立在木桩附近,并根据 A 点观测员指挥升降标尺,在 I 标志移至与望远镜十字丝横丝相切时,在靠标尺底面的木桩上画一标高线,则该标高线表示 AB 直线通过 E 点的位置。

同样可以在 F、G 等木桩上得到 AB 直线通过的位置,这就是 AB 直线在实地的位置表示。

2. 水准测量法标定直线的空间位置

如图 16-42,以水准测量法按坡度 i 及距离间隔 s 测定直线 AB 的位置。步骤如下。

(1)测设 A 点的位置,在 A 点设立桩位。

(2)计算距离间隔 s 的高差 h_s 及测站的前视点标尺读数 b_k,即:

$$h_s = \frac{i \times s}{100\%}, b_k = a - k \times h_s \tag{16-15}$$

式中,a 是水准测站的后视读数;$k = 1,2,\cdots,n$。

(3)按水准测量高差测设方法读取立尺点 k 的标尺读数为 b_k,在标尺零端木桩侧面标定直线 AB 的位置。

水准测量法标定直线空间位置可以平移。工程上为了便于应用,常把直线的空间位置标定在另一位置上,称为直线的空间位置的平移。如图 16-43,把图 16-42 的直线平移提高 q 高度,这时,测设时按下式计算前视点的标尺读数 b_k,即:

$$b_k = a - k \times h_s - q \tag{16-16}$$

一般地,$q = \pm(1.0 \sim 1.3)$m。标定的直线称为腰线。

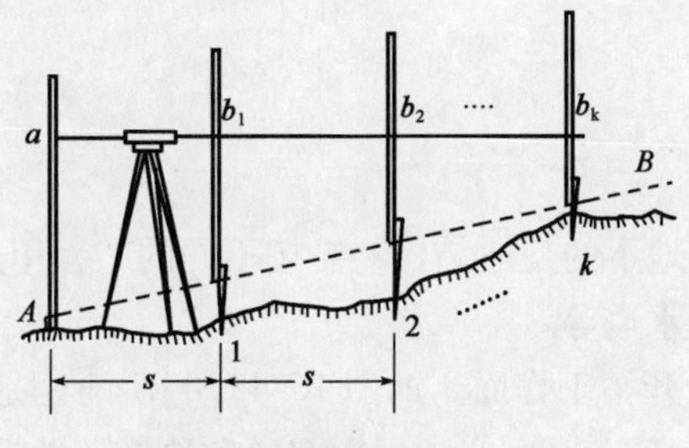

图 16-42 水准测量法标定直线

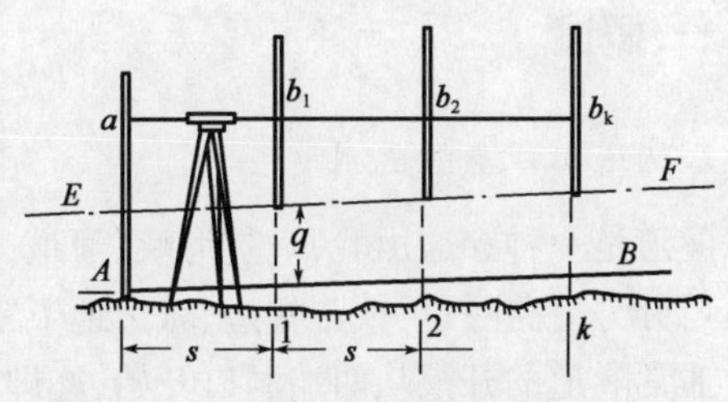

图 16-43 腰线的标定

3. 直线空间位置的参照标定

有的线形工程，如下埋的管道中心线不易直接标定，只能借助某些参照物标定。如图 16-44a)，AB 是管道底部的直线，设计坡度是 i，图中的 1、2、…、k 是地面里程桩位置。根据起算点已知高程、设计坡度及中线里程可以推算里程桩位置的管底直线位置的高程 h'_k。为了保证管道底位置的准确性，必须在里程桩处设立管底位置高程参照物，这就是管道坡度板，如图 16-44b)。

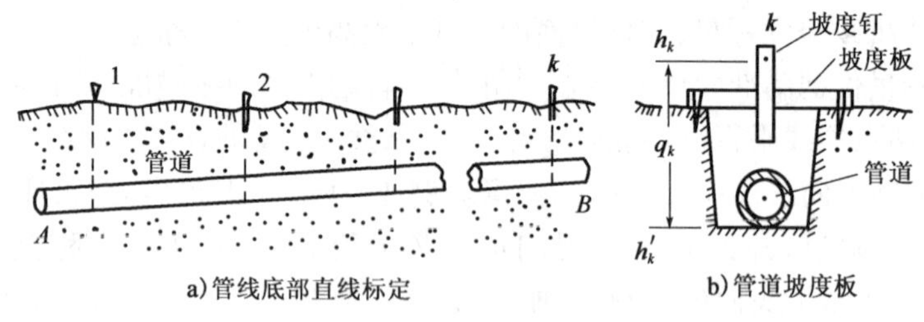

a)管线底部直线标定　　b)管道坡度板

图 16-44

坡度板设有坡度钉，高程 h_k 已知（从附近水准点引测得到），故坡度钉到管底的高差 q_k 为：

$$q_k = h_k - h'_k \tag{16-17}$$

式中，q_k 称为下返数；$k=1,2,\cdots,n$，是地面里程桩位置。

根据下返数 q_k 可以得到管底的直线位置，同时可检查管底开挖深度的质量。

图 15-6 注析窗口中的地面高程与路面设计高程注在一个里程桩上，里程桩成了路面坡度线的参照点，这就是直线空间位置参照标定方法在道路建设上的应用。

4. 角度法确定直线的空间位置

这种方法的基本思想如下：

（1）首先利用直线端点的设计坐标（x,y）、高程（H）化算为方位角（或水平角）、垂直角。

（2）在直线端点的测量仪器（经纬仪或全站仪）按方位角（或水平角）及垂直角提供直线（视准轴）的方向和位置。

第四节　隧 道 测 量

一、概述

1. 隧道工程与隧道测量

隧道是一种穿通山岭，横贯海峡、河道，盘绕城市地下的交通结构物。按不同的工程用途，隧道可分为公路隧道、铁路隧道、城市地下铁道、地下水道等。

通常隧道的开挖从两端洞口开始，亦即只有两个开拓工作面。如图 16-45，A、B 两处是相对开拓的隧道正洞。如果隧道工程量大，为加快隧道开拓速度，必须根据需要和地形条件设立辅助坑道，增加新的开挖工作面。如图 16-45 中的横洞、平行导坑、竖井、斜井等都属于辅助坑

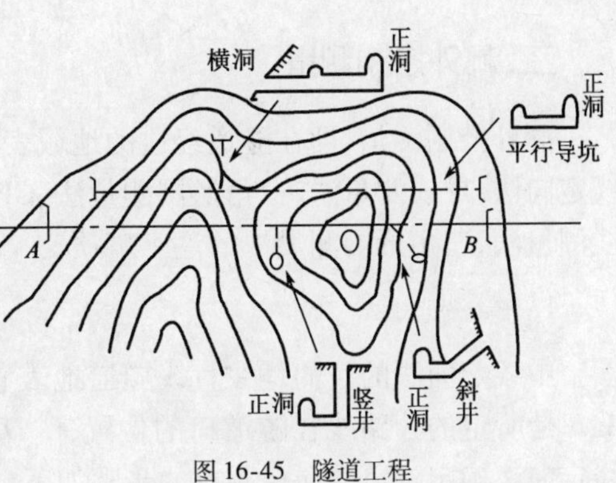

图 16-45 隧道工程

道的新工作面。隧道正洞和辅助坑道都是隧道工程的组成部分。

隧道测量技术工作的主要内容如下。

(1)在所选定隧道工程范围内布设控制网,进行控制测量,建立精确的基准点、基准方向。

(2)提供隧道工程设计所需的带状地形图、隧道洞口工点地形图、纵横断面图。

(3)根据隧道工程设计所提供的图纸及参数,在实地以测设的方法确定隧道开拓与修筑的标志,保证隧道工程的正常作业和精确贯通。隧道贯通误差限制如表 16-6。

隧道贯通误差限制 表 16-6

测量部位	横向中误差(mm)两开挖洞口的长度(m)		高程中误差(mm)
	<3 000m	3 000 ~ 6 000m	
洞外	45	55	25
洞内	60	80	25
全部隧道	75	100	35

(4)根据隧道开拓的进展情况,不断在隧道的开拓巷道中建立洞内控制点,进行洞内控制测量,提高测设的可靠性,检测隧道开拓质量和安全状况。

2. 隧道类型与设计阶段

以公路工程为例,隧道类型按隧道长短可分 4 种,如表 16-7。

公路隧道类型 表 16-7

公路隧道分级	特长隧道	长隧道	中隧道	短隧道
直线型隧道长度	$L>3\,000$m	1 000m $<L<$ 3 000m	500m $<L<$ 1 000m	$L<500$m
曲线型隧道长度	$L>1\,500$m	500m $<L<$ 1 500m	250m $<L<$ 500m	$L<250$m

一般情况下,特长隧道,对路线有控制作用的长隧道,以及地形、地质情况比较复杂的隧道,在勘测设计上采用二阶段设计,隧道测量工作也包括初测和定测二阶段过程。

初测主要任务:根据隧道选线初步结果,在选定的隧道地域进行控制测量、地形测量、纵断面测量,为地质填图、隧道的深入研究和设计提供点位参数、地形图件及技术说明书。

隧道控制测量必须与路线控制测量衔接,按所需的技术等级进行控制测量,为路线与隧道形成系统一致的整体提供基准保证。带状地形图测量按隧道选定方案进行,带宽 200 ~ 400m(视需要可加宽)。纵断面图按隧道中线地面走向测量。用于测量纵断面图的里程桩(包括地形加桩)应预先测设在隧道中线上(偏差小于 ±50mm)。

定测的主要任务:根据批准的初步设计文件确定隧道洞口位置,测定隧道洞口顶的隧道路线,进行洞外控制测量。

二、洞外控制测量

洞外控制测量，即在隧道经过的地域表面进行平面控制测量。洞外控制测量的方法有：中线定向法、导线测量法、三角形网测量法、CPS 法等。限于篇幅，这里简述中线定向法和应用导线测量法、三角形网测量法的注意事项。

1. 中线定向法

中线定向法的目的是在直线隧道地表直线方向上确定隧道中线的控制点。如图 16-46，A、B 是所定的公路线在隧道口的位置，C、D、E 是 AB 直线方向上的待定隧道方向控制点。中线定向法确定隧道方向控制点的步骤如下：

(1)在隧道洞口 A 点估计并初定 AB 线上 C 点的位置 C' 点，测量 AC' 的长度 s_1；

(2)在 C' 点按经纬仪分中法定 D' 的位置，测量 $C'D'$ 的长度 s_2；

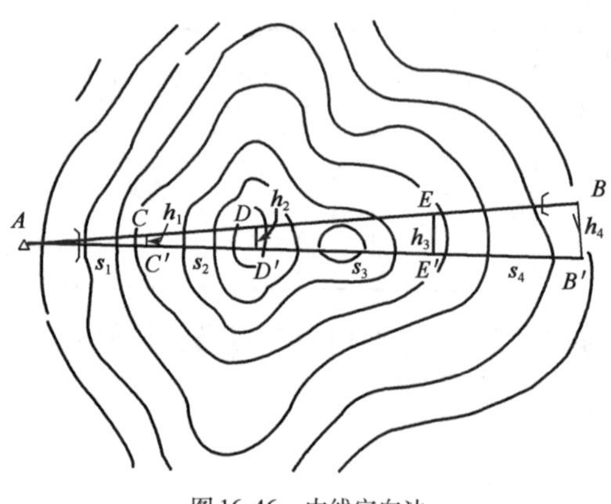

图 16-46　中线定向法

(3)按(2)步骤逐一定出 E'、B'，得 s_3、s_4；

(4)丈量 BB' 长度 h_4；

(5)求 EE'、DD'、CC' 的长度 h_3、h_2、h_1；

(6)按 h_3，h_2、h_1 在实地定点 E、D、C。其中：

$$h_i = \frac{h_4}{s_1 + s_2 + s_3 + s_4} \sum_1^i s_i \qquad (16\text{-}18)$$

式中，$i = 1,2,3$。

由图 16-46 可见，以实地确定的 AC 或 BE 方向可以指示隧道沿 AB 中线开拓。

确定洞外控制点时必须清除地面障碍物，定向时同时测设隧道地面中线里程桩（包括地形加桩），测量隧道中线的纵断面图。中线定向法比较简单快捷，定点精度不高，可用于短隧道的洞外控制测量。应用中注意防止隧道开拓爆破作业对地面中线控制点稳定性的影响。

2. 导线测量法与三角形网测量法

导线测量法与三角形网测量法是隧道工程控制测量的常用方法，原理如本书第九章所述。导线测量法与三角形网测量法进行洞外控制测量，应考虑到相应工程的特殊要求。

(1)洞外控制测量之前应做好隧道洞顶中线的定测，隧道中线的定测与公路中线的定测必须衔接，使之形成完整的线形关系。

(2)埋设稳固可靠洞口控制点。隧道洞口控制点，称洞口转点、近井点，是决定隧道走向，并与路线衔接的关键控制点。一般近井点设在洞口的中线上。洞口开挖前，近井点设在洞口中线的填挖分界线处；开挖完毕，在洞口的进口处引测埋设近井点。除设立近井点外，还应在距洞口 200m 处设立中线控制点。隧道群（即连续穿通多条山岭的隧道）各洞口进出口中线处应设立近井点。

洞口控制点应埋设有金属柱芯的混凝土柱石，或在中线的基岩隐埋金属柱芯。

(3)洞口控制点应直接与控制网连接，或应与原控制网多方向交会，与控制网连接起来。

(4)洞外控制网形初定后应进行必要优化，保证网形满足隧道贯通的精度要求。

导线点布设应靠近隧道贯通中线，导线网形应布成多环导线网（如图16-47），环数取3～4为宜。三角测量控制点布成连续三角锁网形，锁中三角形个数以6～7为宜，见图16-48。

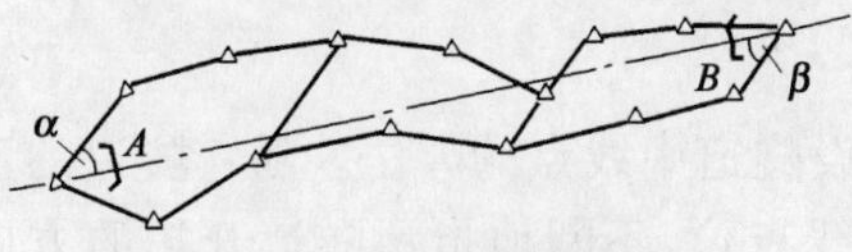

图16-47　导线测量控制

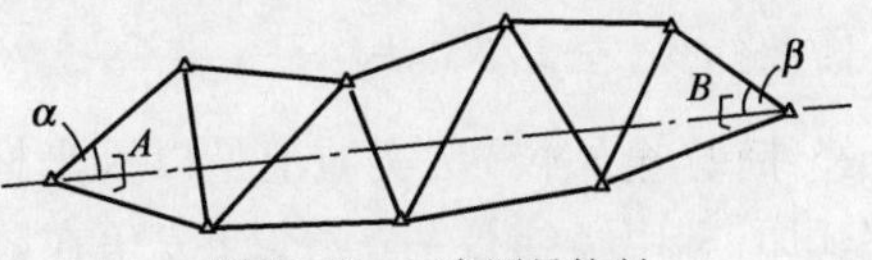

图16-48　三角测量控制

（5）洞外控制测量中应尽量采用精密可靠的测量技术手段，提高观测成果的精密性、可靠性，采用严密平差方法计算点位坐标及点位精度（包括横向精度），减少计算误差的影响。

三、隧道定向定位的测量检核

为隧道洞口开挖、巷道开拓提供准确方向及掘进长度，就是隧道施工放样中的进洞定向定位测量工作。如图16-46，利用AC方向可以在A点确定洞口开挖位置。又如图16-47、图16-48，利用测量计算得到的α、β角，按方向放样方法确定洞口及巷道的开拓方向。

隧道定向定位测量是决定隧道按设计施工，准确贯通的重要技术工作。为了保证隧道定向定位测设的准确性和可靠性，必须强调"检核"的原则，为此应坚持以下3方面的措施。

（1）定向定位测量前必须详细阅读设计图纸，检查验算各种与定向定位有密切关系的数据。

（2）熟悉并深入施工现场，检查定向定位的点和线的可靠性，复查测设数据与点位对应关系的准确性。如图16-49，在近井点A摆设全站仪，AM、AN、AO三方向都可作为洞口B定向定位起始方向。起始方向不同，确定AB方向的角度也不相同。定向不能混淆起始方向与角度的一一对应关系，否则必然导致定向错误。又如图16-50，横洞是增加隧道AB开拓工作面的辅助坑道，为获得横洞中隧道开挖点F，从近井点C及洞内点E，分别按角度α、β和边长s_1、s_2确定AB线上的F点位。

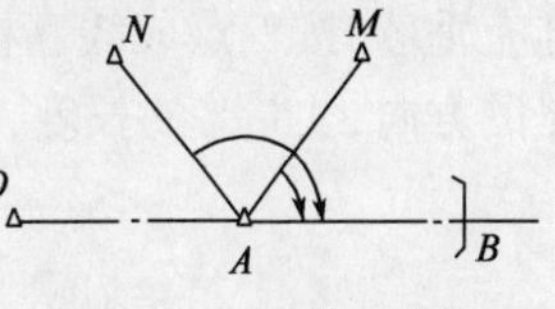

图16-49　检查定向定位

（3）精心测设，严密把关。隧道定向定位正确与否对隧道开拓效率与安全的关系极大，万一数据有误，出现测设过失，轻者影响隧道开拓质量，重者将带来严重后果。如图16-51a）所示，A、B两个工作面的开拓结果造成隧道中线不一致。如图16-51b），A、B两个工作面不贯通，即所谓的"穿袖子"。如图16-51c），位置估计错误，把贯通点位当作一般位置进行爆破作业，造成A端工作面的安全事故。

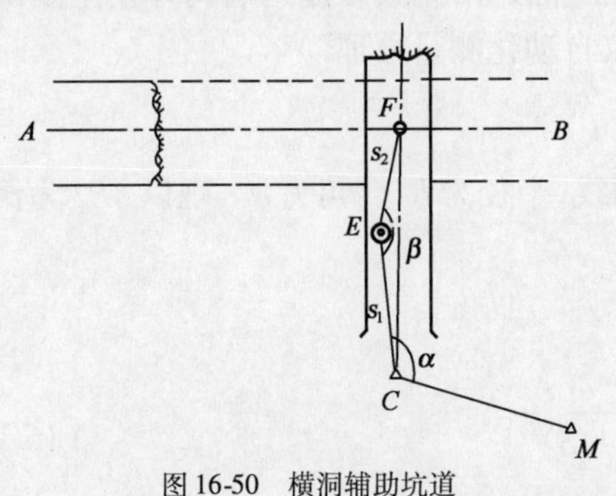

图16-50　横洞辅助坑道

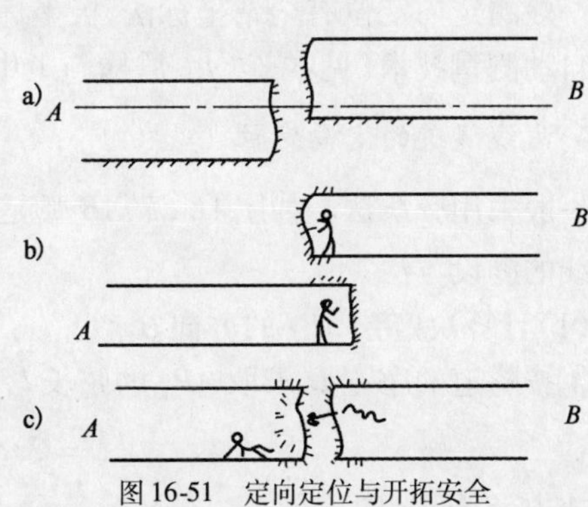

图16-51　定向定位与开拓安全

四、隧道开拓的定向定位基本方法

1. 经纬仪(全站仪)法

经纬仪(全站仪)法实质上是以极坐标法原理测设隧道中线点的方法。随着隧道的不断开拓延伸,利用经纬仪(全站仪)拨角在隧道测设中线点位,不断地指示隧道开拓的方向和位置。

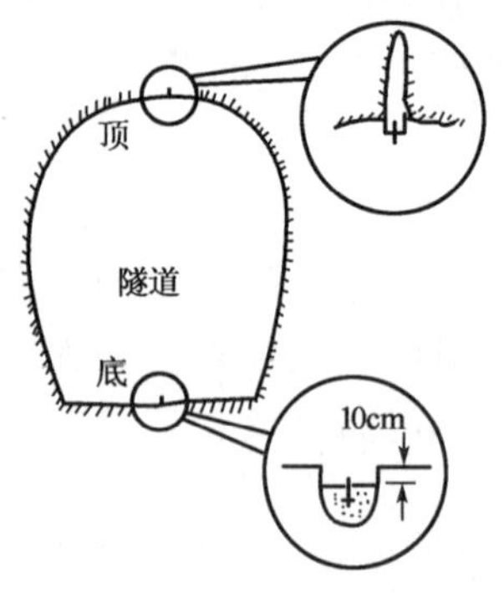

图 16-52　顶板、地面中线点

隧道中线点有顶板中线点和地面中线点。顶板中线点的设立(如图 16-52):将木桩打入预先在顶板测设并钻好的洞内,顶板中线点就用小铁钉钉设在木桩上,钉上挂有垂球线。隧道地面中线点应埋设在地面 10cm 以下。一般在隧道内 5m 左右设立一组中线点。

为了避免对隧道掘进工作及交通运输的影响,中线点的设立可设在隧道中线的一侧形成边线(如图 16-53)。边线平行于隧道中线,用以代替中线指示隧道的开拓方向。

2. 目测法

如图 16-54,A、B、C 是测量人员根据经纬仪法在隧道顶板设立的一组中线点,垂球线分别挂有垂球,按三点成线互检的原理,工作人员站在巷道的 M 处目测三垂线可确定灯所在的 P 点的方向,丈量 s 的长度,确定 P 点处的开拓位置和进尺长度。

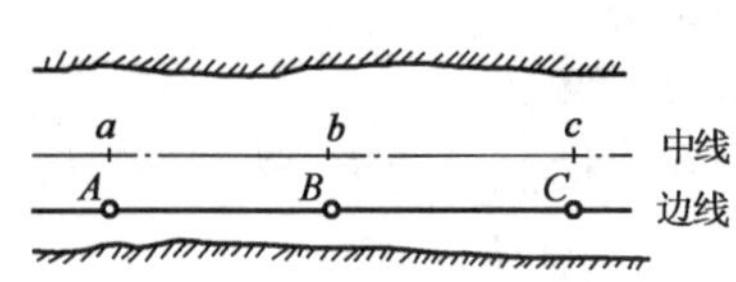

图 16-53　平行于隧道中线的边线

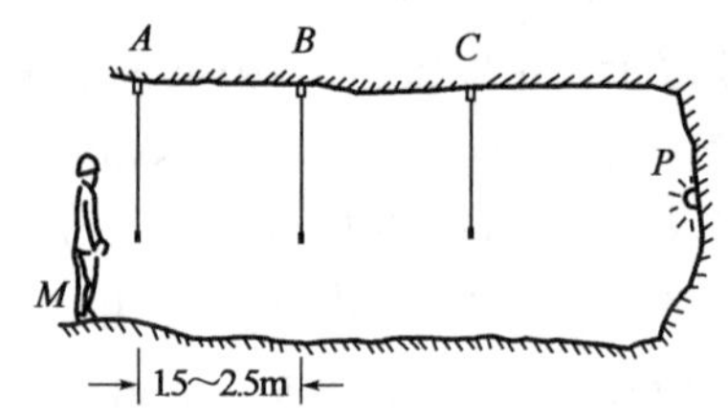

图 16-54　目测法

3. 全站测量法

一般的定向定位有全站坐标法、极坐标法、激光准直法等,尤其在隧道盾构开拓中多采用全站自动测量技术(见本节“九、盾构施工中的全站仪自动化测量原理”)。

4. 曲线隧道的定向定位

一般采用弦线法。如图 16-55,AB 弧是一段圆曲线,半径为 R,转角为 α。现以 AP_1 为例说明曲线的测设方法。

(1)计算决定弦 AP_1 的方向 β_A。

①按隧道的净宽 D 求取 AP_1 的弦长 l,即:

$$l = 2\sqrt{R^2 - (R - S)^2} \tag{16-19}$$

式中,S 是弓弦高。

图 16-56 中可见，为了使弦线 l 不受隧道内侧的影响，必须使 $S < D/2$。

②求 $\alpha'/2$、β_A，即：

$$\frac{\alpha'}{2} = \sin^{-1}\left(\frac{l}{2R}\right), \beta_A = 180° + \frac{\alpha'}{2} \tag{16-20}$$

式中，α'为弦 l 所对应的圆心角。

(2)测设。在 A 点安置经纬仪瞄准 A'，拨角 β_A 给出隧道开拓方向线 AP_1，随时丈量开拓隧道长度，直至开拓长度为 l 时，在隧道设立中线点 P_1。

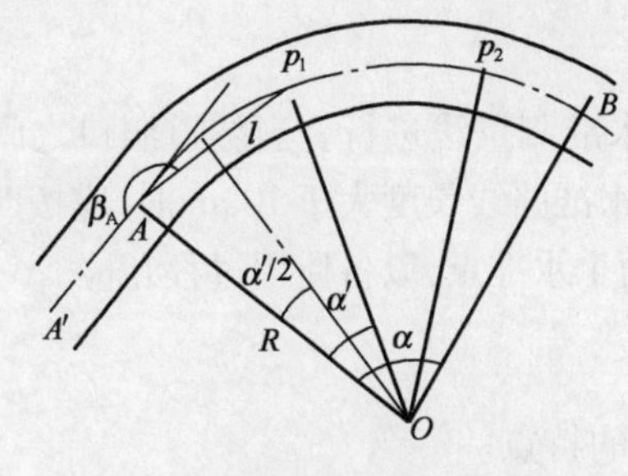

图 15-55　弦线法

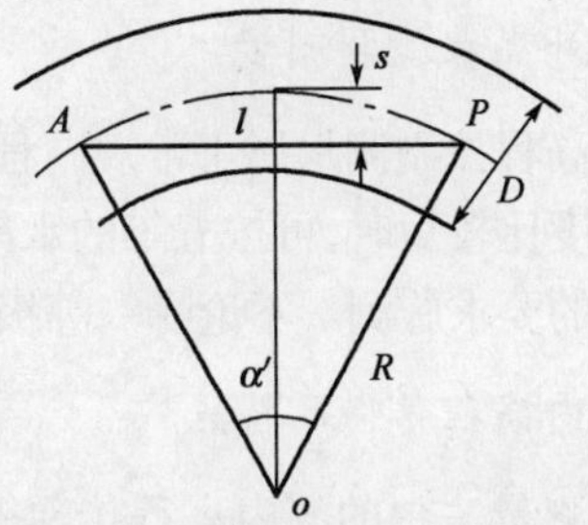

图 15-56　弦线不受隧道内侧影响

(3)按 P_1 点位测设方法，依次测设 P_1P_2、P_2P_3、…逐步为隧道开拓定向定位，指示开拓过程。

曲线隧道开拓定向方法有多种弦线法，读者可参考其他隧道测量书籍。

五、洞内导线测量

隧道在不断开拓，中线在继续延伸。毫无疑问，没有控制的中线延伸必然使角度和边长带有误差积累。为限制误差积累，防止定向定位偏差，避免开拓偏离设计的中线方向，必须进行洞内导线控制测量。洞内导线控制测量一般按图 16-57 的形式进行。

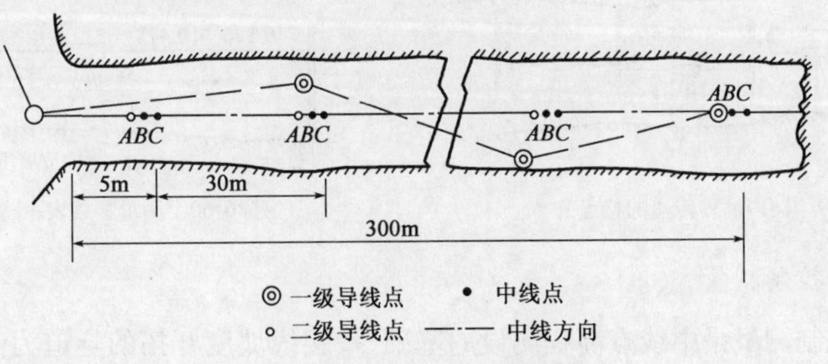

图 16-57　洞内导线控制测量

隧道开拓超过 30m 应设二级导线点，进行二级导线测量(图中小圆点是中线点，又是二级导线点)；以二级导线测量成果检查原有中线点，指示隧道开拓正确方向，新设中线点，同时进行隧道开拓面的碎部测量，绘制草图；隧道内二级导线推进超过 300m，应设立一级导线点，进行一级导线测量，检查二级导线点，为隧道开拓建立高级平面控制(图中的双圆点是一级导线点)。一、二级导线点与一般中线点可以共点。若点位是一级导线点，必须加固且便于保存。

上述测量过程是定向与控制交替结合过程，控制为定向提供可靠基础，定向开拓为控制的

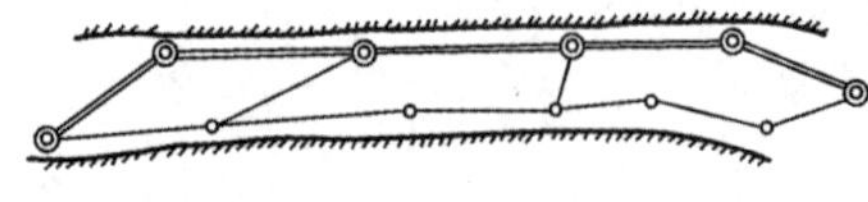

图 16-58　主、副导线的布设形式

建立提供场地条件。为了加强洞内导线测量可靠性，导线布设可采取主、副导线的布设形式。如图 16-58，图中的双圆圈是主导线点，双线是主导线边。单圆圈是副导线点，单线是副导线边。主导线测角、测边。副导线测角，不一定测边。

六、隧道高程测量

1. 洞外高程控制测量

洞外高程控制测量属于常规高程控制测量，一般以水准测量法进行。当隧道洞口之间的水准路线长度比较短时，可按五等的水准测量要求施测；当水准路线长度大于 10km 时，应按四等或四等以上的要求施测。不论哪一等级，隧道洞口应埋设两个水准点，以备使用过程互检。

2. 洞内高程传递的特点

水准测量法中的洞内高程传递，有一般方法所没有的特点。

(1)隧道中线点位有顶板中线点和地面中线点之分，立尺的形式则有正立和倒立的不同。如图 16-59，第一测站的后视尺倒立在后中线点，前视尺正立在前中线点。

(2)立尺的形式不同，便有 4 种高差的计算公式，即图 16-59 依次 4 测站高差计算公式：

$$h_1 = -(a_1 + b_1), h_2 = a_2 - b_2, h_3 = a_3 + b_3, h_4 = -(a_3 - b_3) \qquad (16\text{-}21)$$

式(16-21)表明：正立标尺，标尺读数取正数；倒立标尺，标尺读数取负数。

(3)测量腰线表示隧道的坡度。在隧道开拓中，洞内中线点的高程测设，一方面测设中线点的高程位置，一方面按 5 ~ 10m 的间隔在隧道壁上测设用于表示坡度的高程点。如图 16-60，这些高程点设在离隧道地面 1.3m 左右隧道壁上，这些高程点连线则表示隧道坡度的腰线。

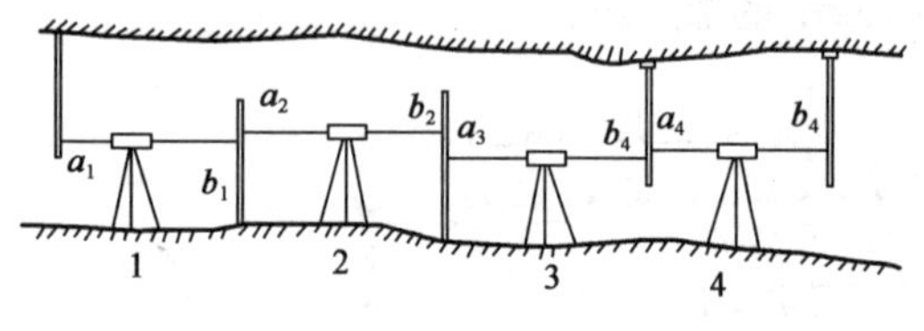

图 16-59　洞内高程传递的特点

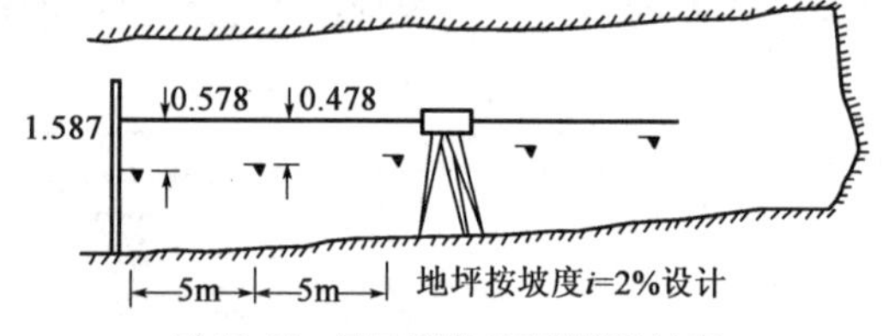

图 16-60　测量腰线表示隧道的坡度

3. 洞内高程控制测量

洞内高程控制测量是中线点高程测设的基础，按腰线坡度开拓的隧道为高程控制的建立提供了条件。洞内高程控制测量可按一、二级水准测量的要求进行。在隧道开拓 30 ~ 80m 时，应设立二级水准点，进行二级水准测量，检测中线点的高程，精确测定水准点的高程。在隧道开拓超过 300m 时应设立一级水准点，进行一级水准测量，检测中线点及二级水准点的高程，精确测定一级水准点高程，为续后二级水准测量及隧道开拓提供起算高程。

七、竖井工程的特殊测量工作

竖井工程的特殊测量工作主要是井下的高程传递和开拓方向的确定。

1. 高程传递

图 16-61 表示从地面已知高程点 A 通过竖井向隧道平巷未知高程点 B 传递高程的测量过程。这种测量过程与图 13-12 的测高原理相仿，只要测量 a_1、b_1、a_2、b_2，就可以按式(13-11)求得高差 h_{AB}，实现竖井的高程传递。

由于隧道工程测量的要求精度较高，一般采用钢丝法、钢尺法。钢丝法测定 b_1 至 a_2 的长度，以特殊的方法测定。图 16-61 是钢丝法的场地布置形式，钢丝通过绞车、比长台、转轮悬挂在竖井中，下端挂有垂球(15kg)。比长台上按一定拉力摆有长度为 l_o 的钢尺。钢丝法测定 b_1 至 a_2 的长度的基本步骤如下：

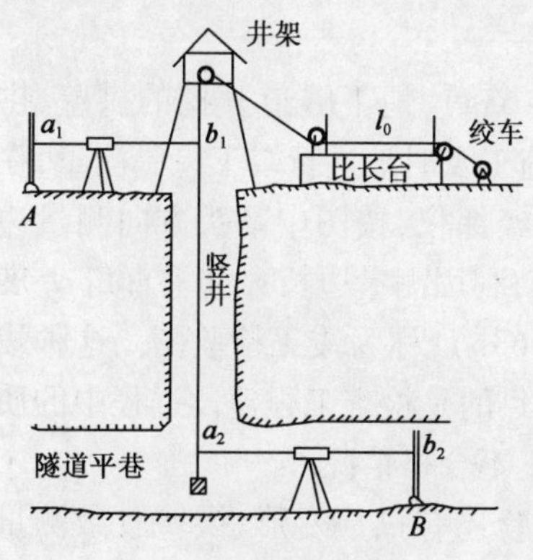

图 16-61 高程的传递

(1)水准仪分别在地面上、竖井下的标尺读数 b_1、a_2，读数时在 b_1、a_2 处注上标志，称 b_1a_2 是标志段。

(2)测定标志段长度。绞车拉上钢丝，使钢丝上的 b_1、a_2 标志通过比长台，由比长台钢尺测定 b_1a_2 标志段长度。b_1a_2 标志段长度 l 按 $l = nl_o + q$ 计算，其中 l_o 为一整钢尺长度，q 为不足整钢尺的长度。

(3)钢丝 b_1a_2 标志段的长度 l 应进行钢尺的尺长改正、温度改正和钢丝的温度改正。其中钢丝的温度改正可应用钢尺精密丈量温度改正的方法。温度是竖井上、下方测得的温度的平均温度。

钢尺法即用钢尺代替图 16-61 的钢丝，测定 b_1a_2 标志段长度的方法与图 13-12 原理相同，但应考虑钢尺尺长、温度改正。

2. 方向传递

方向传递，即所谓的竖井平面联系测量，为竖井的隧道中线提供准确方向。

(1)用垂球线联系测量

如图 16-62，A、B 是两条挂在竖井的悬垂钢丝，下端挂有重锤。地面上有 M、N 点，在 N 点设经纬仪可观测 M、A、B 方向，得角度 φ。图 16-62b)是上述观测点及垂线在平面的投影，图中 α_{MN}是已知方位角。方向传递的方法如下：

①在竖井的地面丈量 $\triangle ABN$ 的边长 a、b、c，并解三角形求得 γ、α、β。

②按 α_{MN}、角度 φ 及 γ、α、β 推算 α_{AB}，即：

$$\alpha_{AB} = \alpha_{MN} + 360^\circ + \varphi + \beta + \gamma \qquad (16\text{-}22)$$

③在竖井下方设 P 点，丈量 $\triangle ABP$ 边长 a'、b'、c'，并解三角形求得 γ'、α'、β'。

④确定 PQ 的开挖方向角 φ'。开挖方向 PQ 的设计方位角为 α_{PQ}，α_{AB}、γ'、α'、β'已推算得到，根据方位角计算方法：

$$\alpha_{PQ} = \alpha_{AB} + 180^\circ + \beta' + \gamma' + \varphi' \qquad (16\text{-}23)$$

故 PQ 的开挖方向角 φ'可表示为：

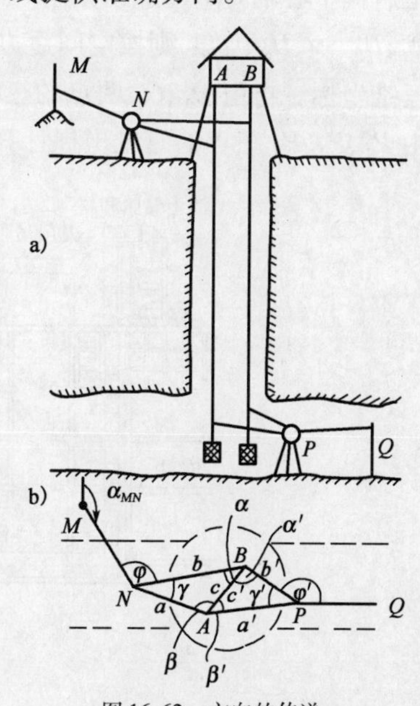

图 16-62 方向的传递

$$\varphi' = \alpha_{PQ} - \alpha_{AB} - \beta' - 180° - \gamma' \tag{16-24}$$

⑤在竖井下方 P 点设经纬仪，以 PB 为起始方向，测设角度 φ'，得 PQ 的开挖方向。

以上的测量与计算过程可以把竖井隧道的开挖方位角及点位坐标与地面点联系起来，为竖井开拓定向定位提供可靠数据。

(2)陀螺全站仪(经纬仪)竖井定向

第五章已经说明，利用陀螺全站仪可以直接测定某一方向的真方位角 A，同时根据该点坐标可以计算子午线收敛角 γ，按式(5-20)可计算该方向的坐标方位角 α。如图 16-62，在 P 点安置陀螺全站仪可测定 PQ 坐标方位角 α_{PQ}，方便精确为隧道中线定向。

八、隧道开拓过程的检验测量

隧道开挖中必须有很多检验测量技术工作。例如图 16-63a)，地下隧道开挖的拱壁、拱顶、底板混凝土施工及时地进行竣工检验测量，在洞内地面点安置经纬仪，按图中箭头方向测量边长 s_i 和垂直角 α_i，利用测量边长 s_i 和垂直角 α_i 展绘成图，如图 16-63b)，称为竣工检验图。这种竣工检验图的主要目的是检查工程建设过程中的质量，以便及时纠正不合格情况。

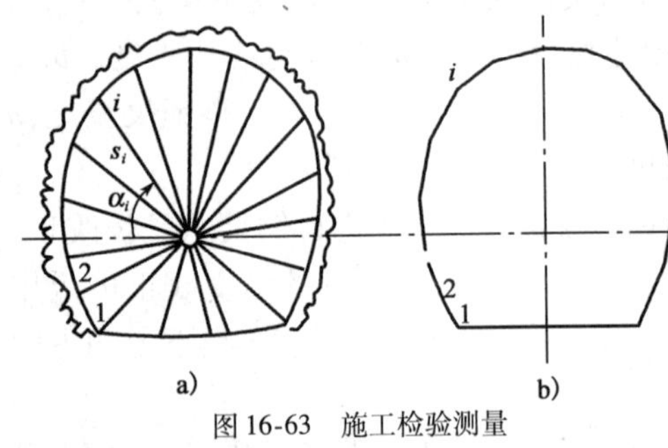

图 16-63　施工检验测量

隧道开挖检验还有拱顶变形、拱壁收敛测量等，可参考其他书籍。

九、盾构施工中的全站仪自动化测量原理

地铁盾构施工如图 16-64，其中开拓方向的确定是地铁盾构自动化施工的关键。图 16-65 是盾构中心轴 O_1O_2(开拓方向)测量原理图。图中，设盾构上 P_1、P_2、P_3 点的三维坐标可测知，D_1、D_2、…、D_6 已知，则按空间后方交会原理便可推算出盾尾和切盘中心点 O_1、O_2(中心轴)的三维坐标。再由 O_1、O_2 两点的三维坐标计算出盾构机切盘中心的水平偏航、垂直偏航。因此由 P_1、P_2、P_3 三点的三维坐标计算出盾构机的扭转角度，从而达到检测盾构机姿态的目的。

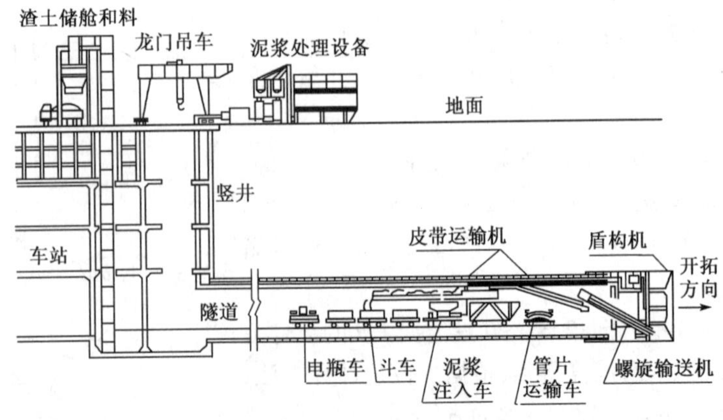

图 16-64　地铁盾构施工

图 16-66 为盾构施工中的全站仪自动化测量原理图。高精度自动全站仪安置在隧道控制点 N，自动连续测量 P_1、P_2、P_3 三点的三维坐标，进而为 O_1、O_2 的三维坐标的解算提供盾构机姿态数据，保证盾构机按姿态数据调整正确方向开拓。

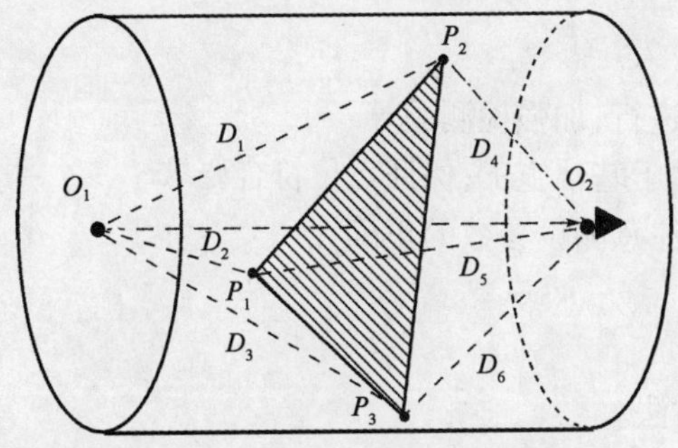

图 16-65　盾构中心轴 Q_1Q_2 测量原理图

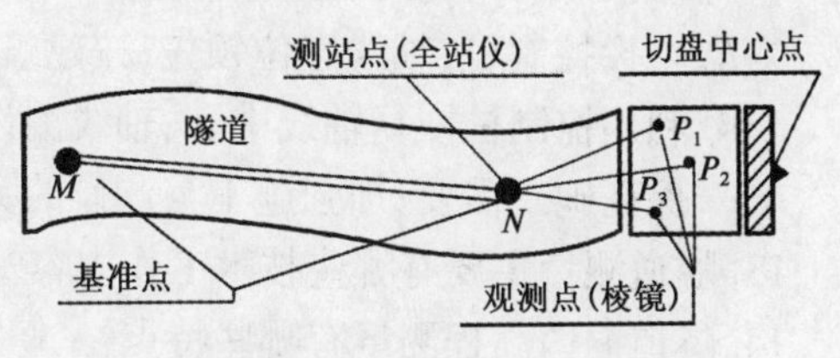

图 16-66　盾构全站仪自动化测量原理图

练 习 题

1. 什么是边坡率？什么是超高？
2. 路线边界点坐标参数及路基设计横断面面积测算类型应该有________。
   A. 对称和不对称两种测算类型
   B. 对称填挖测算类型和不对称填挖测算类型两种
   C. 对称填类型、对称挖类型、不对称填类型、不对称挖类型、不对称填挖类型 5 种
3. 图 16-6 中，$A_1 = 57.3\text{m}^2$，$A_2 = 35.3\text{m}^2$，$D = 10\text{m}$。按式(16-12)和式(16-13)计算土石方。
4. 公路界桩测设的基本要求可概括为________。
   A. 先红线界桩，后工程界桩；按用途设立标志；伴随公路施工过程；注意桩的保护恢复
   B. 先办征地手续，后测设界桩；埋设稳固长期保存；一桩多次测设；注意桩的核查恢复
   C. 办征地手续；按用途设立标志；伴随公路施工过程；注意桩的保护恢复
5. 桥梁工程测量有哪些技术工作内容？
6. 桥梁控制网有哪些基本图形？在观测中应注意哪些技术问题？
7. 参考公路纵断面图的绘制，试述桥梁轴线纵断面图的绘制方法。
8. 桥址工程测量的基本内容是________。
   A. 控制测量、地形测量、断面测量
   B. 控制测量、地形测量、断面测量、施工测量及变形测量
   C. 控制测量、地形测量、断面测量、施工测量
9. 河床地形测量方法中，河床深度测量采用________得到。
   A. 回声探测法　　B. 三角高程测量技术　　C. 水准测量法
10. 龙门板的设置是为了恢复____(1)，龙门板横板上沿高程应与____(2)一致。
   (1) A. 建筑物控制桩的位置　　(2) A. 建筑物基坑高度
   B. 建筑物轴线位置　　B. 建筑物所在地面高程
   C. 建筑物墙体基槽宽度　　C. 建筑物 ±0 线

11. 视准轴法标定空间直线位置的前提是________。

A. 仪器视准轴的倾角与空间直线的坡度一致

B. 在地面确定空间直线端点的位置

C. 测定空间直线位置的标志与仪器同高

12. 轴线定位基本要求是________。

A. 增设控制桩;轴线定位领先,按建筑要求进行;加强检测验算

B. 利用控制桩恢复轴线中心;轴线测设开始于基础施工;保证点位符合要求

C. 保证施工需要;加强施工与测设的关系;注意测设参数的正确性

13. 隧道测量主要有哪些技术工作内容?

14. 隧道洞内高程测量有哪些特点?

15. 试述竖井测量中以钢尺进行高程传递的方法。

16. 陀螺经纬仪竖井定向,如图16-62,在 P 点陀螺经纬仪测定真方位角 $A_{PQ}=72°38'25''$;P 点的坐标计算子午线收敛角 $\gamma=1°30'31''$;计算 PQ 方向的坐标方位角 α_{PQ}。

17. 隧道定向定位的测量检核应坚持________。

A. 必须详细阅读设计图纸,检查验算各种与定向定位有密切关系的数据

B. 深入熟悉现场,检查定向定位点线可靠性,复查数据及数据与点位的关系准确性

C. 精心测设,严密把关,严防过失

18. 水准测量法测量隧道坡度线,已知隧道坡度 $i=0.005$,一测站视距长度 $s=30\text{m}$,后视读数 $a=1.738\text{m}$。设直线平移提高 $q=1.2\text{m}$,隧道一测站腰线标示的前视读数 b_k 为________。

A. 0.388　　　　B. 1.588　　　　C. 0.788

19. 若上题后视 $a'=-1.738$,后视点隧道高度 $h'=4.2\text{m}$。隧道一测站腰线标示的前视读数 b_k 为________。

A. 2.312　　　　B. 1.112　　　　C. 0.962

20. 隧道洞口应埋设________水准点,以备使用中互相检核。

A. 3 个　　　　B. 1 个　　　　C. 2 个

第十七章　变形监测与仪器检验

［学习目标］　明确工程变形监测在交通土木工程的地位和基本方法，熟悉工程测量仪器检验基本要求和方法。

第一节　工程变形监测

一、概述

1. 变形的概念

变形指的是建造的建筑物或构筑物没有维持原有设计的形状、位置或大小，或是土木工程动力、振动结果引起区域周围地表及其附属物发生变化的现象。如房屋建筑物、桥墩的下沉、倾斜，墙体开裂，桥梁下陷，路堤路堑边坡下滑，深基坑边坡不稳，地表下沉以及振动变形等。建筑物或构筑物能得到有效控制的变形现象，属于安全变形。如果变形现象超出容许限度且得不到有效控制，属于不安全变形。不安全变形继续发展，轻者影响工程质量，严重者将造成事故，如山体滑坡、房屋倒塌、桥梁断裂等。由此引起的相应的连续性事故，将给人民的生命财产造成损失。

2. 引起建筑变形的可能因素

建筑变形，主要是指建筑物或构筑物的整体结构体系及其关系发生变化以及由此引起建筑轴线关系、线性关系得不到完善控制的现象。影响变形的因素往往是多方面的，根据以往建筑物或构筑物等土木工程变形的情况，引起变形的主要可能因素有以下几种：

(1)地质条件探查不清或发生变化。任何建筑物平地而起，地基及其深层能否承受建筑物的巨大压力，与其地质条件有着密切的关系。因此，勘探查明待建区域的地基及其深层的地质条件及其变化，是建筑物可靠性建造的重要基础条件。基础不牢，地动山摇。地质条件探查不清，或者探查检验数据有误，建筑物基础设计与施工不牢，是引发建筑变形的重要因素。

(2)设计有误。根据建筑物高度静力结构体系，设计师所追求的建筑物整体结构形体的完美设计既是具有现代建筑美学的特征表现，又是建筑物适应现代社会应用所必需的内部力学结构平衡的最佳成果。偏离建筑物内部力学结构平衡的整体结构设计的基本要求，必然是不安全变形的重要因素。那些不注意实际情况，套用图纸，荷载估计错误等现象都有可能成为建筑不安全变形的先兆。

(3)施工不合理或施工质量不符合要求。如地基基础处理不合理，技术老化，投放的构件、材料质量不符合要求,施工工艺粗糙,工程动力、振动影响,测设定位有误等。所谓的“施工不当”或“偷工减料”,轻者造成建筑变形开裂,重者造成建筑事故。

(4)营运过程超出设计的规定或环境发生变化等。建筑物或构筑物在投入应用中,没有顾及原有的应用要求,或盲目应用超动荷载体,或超荷动力的违规振动、冲击,建筑环境保护失调引起建筑物内部力学结构平衡发生变化等,都可能成为不安全变形的因素。

3. 工程变形监测的概念

在工程建筑中,不论是地基地质条件探查,工程设计,还是施工承包人以及建筑物业管理等部门,都不希望自己经营的工程项目出现问题,都会努力宣传自己经营的工程项目的可行能力。但是,实际情况又往往不依人的主观愿望而转移,工程项目的质量及变形情况,将接受现实的考验。

一般地,建筑物或构筑物在建造过程或营运过程的变形现象常是多种因素的综合结果,建筑变形现象常是建筑物、构筑物的实际综合质量的反映。特别由于工程不安全变形的发展造成损失已屡见不鲜,由此迫使人们寻求监察建筑物、构筑物的实际综合质量和避免损失的技术手段和措施。

为了及时评定建筑物、构筑物的实际综合质量,需要及时发现变形现象及其变形发展趋势,测量技术便是观察建筑变形,评价实际综合质量的有力手段,是监察建筑安全的重要措施。采取变形监测(或称变形测量)的技术手段和措施,主要以测量技术对建筑物、构筑物的有关固定点位进行定期的重复性观测,从中找出各重复性观测中点位参数(x、y、H)的差异(Δx、Δy、ΔH)。利用点位参数的差异(Δx、Δy、ΔH)可以分析判断建筑工程的质量、变形的程度以及变形的趋势。建筑物、构筑物变形超出容许范围,必须报警,以便及时采取救护措施,防止不安全变形的发展,纠正变形现象,避免事故的发生。

现代测量技术的实时性、真实性、严密性、准确性为变形监测提供了有力保障,是评估建筑物、构筑物的实际综合质量结果,监测建筑物、构筑物安全隐患的重要技术手段。在监测建筑环境安全中,变形监测对促进社会可持续发展具有重要意义。

4. 工程变形测量的基本要求

工程变形测量是一种精密工程测量技术。首先,工程变形测量必须有精密仪器设备,如精密水准仪、精密经纬仪或精密的全站仪等。其次,变形测量必须有精密控制测量以及稳定可靠的控制网点。第三,工程变形测量的过程必须根据工作环境采取正确措施避免各种因素影响,保证测量成果的精密性、可靠性。第四,变形测量将伴随建筑物、构筑物的建设过程或营运过程,测量的方法多种多样。综合确定变形测量方法,应根据工程变形的实际情况。第五,工程变形测量,尤其对重要建筑物以及重要交通设施的变形测量,关乎社会安全的重要措施,必须专门组织实施。

二、变形测量的一般工作类型

根据建筑物、构筑物变形性质,变形测量的工作类型有:沉陷观测、倾斜观测、挠度观测、裂缝观测、位移观测等。

1. 沉陷观测及其技术要点

(1)埋设观测标志。观测标志的埋设应根据桥梁、房屋建筑的实际要求确定。如对桥墩进行沉陷观测,在桥墩台基础施工基本完成时,应在桥墩台四周埋设2~4个高程观测标志,如图17-1。点位埋设方式如图4-13c)。工业厂房、高层建筑物的沉陷观测标志应在基础周围,每隔10~20m设立一个。隧道的沉陷观测标志应设在隧道洞内壁、顶及洞外的隧道中线附近地面上,一般按断面10~50m间隔设点。

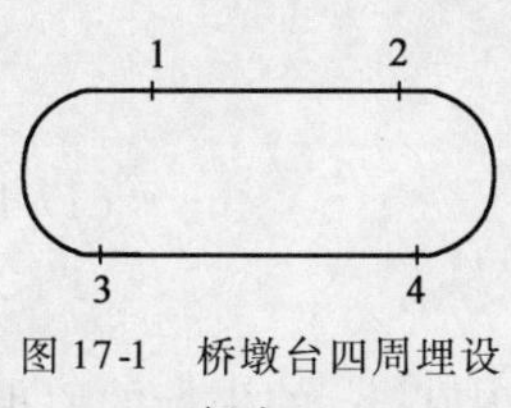

图17-1　桥墩台四周埋设标志

(2)观测点位的高程。在埋设点位稳定之后,便可进行第一次观测,以后各次的观测视工程量大小选择。一般地,大桥桥墩升高3~5m就可观测一次。完成施工期的沉陷观测,随即进行运营期的沉陷观测。这时开始的沉陷观测每月一次,以后每年一次,持续1~3年,重要的特大桥的观测年限还要延长。对于重要建筑物、构筑物或有一定的年段变形检测。

(3)整理成果表(表17-1)和展绘变形过程图(图17-2)。图17-2上半部是表示时间与加荷的关系曲线,下半部是表示时间与变形的关系曲线,表明变形与桥墩升高加荷的关系,同时表明不同时期的变形情况。

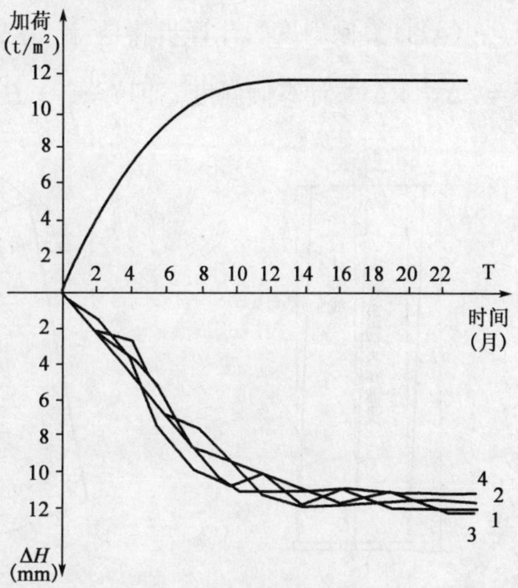

图17-2　展绘变形过程图

整理成果表　　表17-1

次序	日期	1号点高程(m)	下沉量(mm)	2号点高程(m)	下沉量(mm)	3号点高程(m)	下沉量(mm)	4号点高程(m)	下沉量(mm)
1	…	35.128	0	35.116	0	35.124	0	35.129	0
2		35.126	−2	35.115	−1	35.122	−2	35.127	−2
3		35.123	−3	35.113	−2	35.119	−3	35.125	−2
4		35.121	−2	35.110	−3	35.117	−2	35.122	−3
5									
…		…	…	…	…	…	…	…	…

(4)沉陷观测的终止。一般地,若从成果表和变形过程图中观察到变形量小于规定的量值,可以认为构筑物比较稳定,则可以终止沉陷观测。

2. 倾斜观测及其技术要点

倾斜观测是检查构筑物倾斜变形的测量工作。如图17-3、图17-4柱体上下两个中心o_2、

o_1 不在同一个垂线上,则柱体中心存在偏心距 e,出现倾斜状态。

(1)观测底点标志,求底中心 o_1 的坐标。图 17-5 中,设 A、B 为已知点,柱底四个角点 1、2、3、4 为观测点,分别在控制点 A、B 设站观测得 α_1、α_2、β_3、β_4。

根据柱体的对称特征可知,在 A、B 点观测 o_1 的角度分别为:

$$\alpha = \frac{\alpha_1 + \alpha_2}{2}, \beta = \frac{\beta_3 + \beta_4}{2} \tag{17-1}$$

以 α、β 按式(9-40)计算 o_1 的坐标 x_1、y_1。

(2)观测顶点标志,求顶中心 o_2 的坐标。根据观测底点标志求底中心 o_1 的坐标的原理,同样可求得顶中心 o_2 的坐标 x_2、y_2。

(3)计算倾斜度。计算步骤是:计算 Δx、Δy,即 $\Delta x = x_1 - x_2$,$\Delta y = y_1 - y_2$;计算偏心距 e,即 $e = \sqrt{\Delta x^2 + \Delta y^2}$;计算倾斜度 i,即 $i = \frac{e}{H}$。H 是柱体的高度。

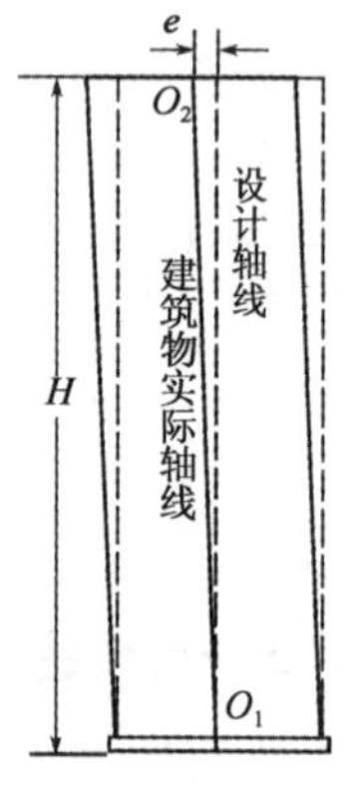

图 17-3 倾斜观测

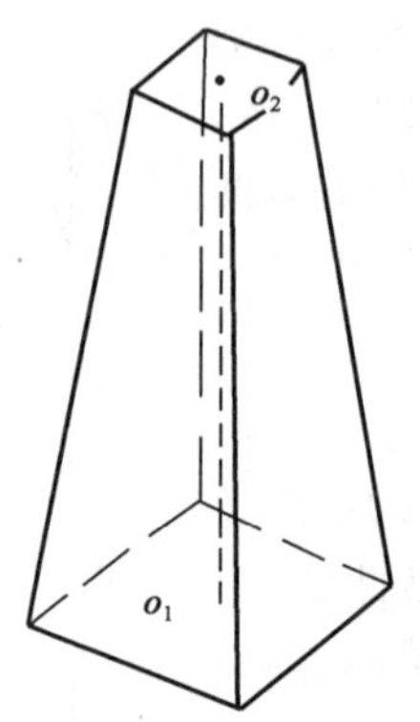

图 17-4 柱体上下两个中心

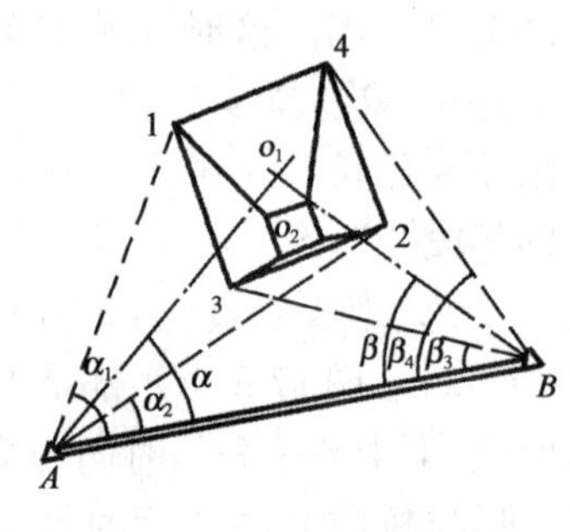

图 17-5 观测底点标志

3. 挠度观测及其技术要点

挠度指的是桥梁在梁的方向所在竖直面内各不同梁位离开高程线的垂距。如图 17-6,挠度观测技术要点如下。

(1)沿桥梁 AB 分段,在分段点 A、1、2、…、B 设立高程观测点。

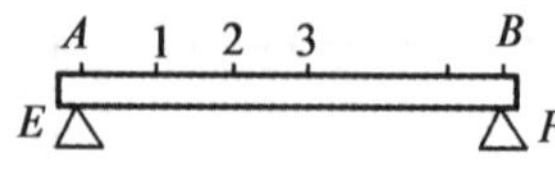

图 17-6 挠度观测

(2)测定桥梁端点 A、B 的高程 H_A、H_B,计算高差 $h = H_B - H_A$。

(3)计算分段点 1、2、…、n 在 AB 高程线上的高程 H'_i,即:

$$H'_i = H_A + \frac{s_i}{s}h \tag{17-2}$$

式中:s——AB 的长度;

s_i——分段点 i 到 A 点的长度。

(4)测定分段点 1、2……n 的高程 H_i,计算各分段点垂距 Δh_i,即:

$$\Delta h_i = H'_i - H_i \tag{17-3}$$

(5)展绘挠度观测图,如图 17-7。

4. 裂缝观测及其技术要点

（1）在发生裂缝的两侧设立观测标志，如图 17-8。

（2）按时观测标志之间的间隔 s 变化情况。

（3）分析裂缝的宽度变化及变化速度。

5. 位移观测及其技术要点

以测量变形点坐标的变化情况监视变形点的位移。

三、变形测量的自动化

测绘科技进步的推动，变形测量自动化正在成为人们关注的方向，主要技术形式有 GPS 和 TPS 两大现代测绘技术的扩展性应用。

1. GPS 变形测量

从 GPS 原理可知，利用双频、差分、RTK、网络 RTK 等技术，可大大提高 GPS 测量点位坐标精度。随着 GPS 技术的不断发展和科技研究的深入，GPS 测量点位坐标精度已经达到亚毫米级（即小于 1mm）。变形测量自动化的基本思路如下。

（1）在建筑物、构筑物预定变形点。如图17-9，水库大坝设立变形点（图中△）有 1、2、…、n。

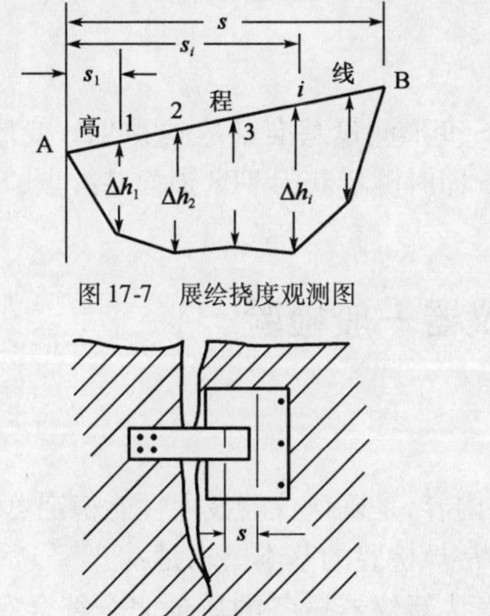

图 17-7　展绘挠度观测图

图 17-8　裂缝观测

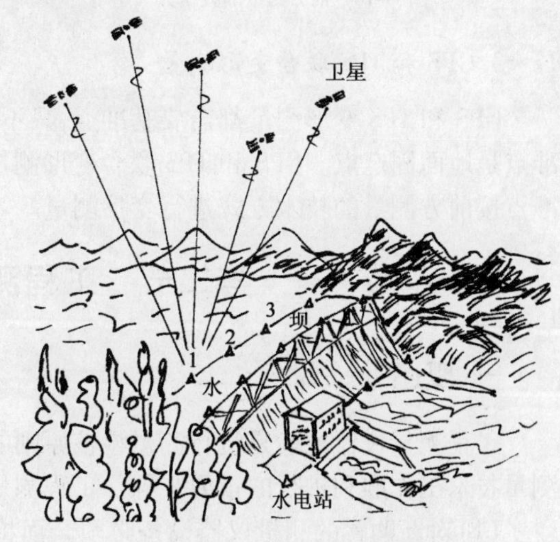

图 17-9　水库大坝设立变形点

（2）在变形点安置 GPS 接收机，条件好的可在各变形点上同时安置 GPS 接收机。启动 GPS 接收机接收卫星信号，获取变形点的点位坐标参数。

（3）按 GPS 后处理软件对获取点位坐标参数进行处理，取变形点的最后点位坐标参数。

GPS 变形测量，已经在大江防范洪水灾害和特大桥变形监测等方面发挥了重要作用。

2. TPS（Total Positioning System）变形测量

TPS 变形测量的仪器设备是全站仪及反射器。TPS 变形测量的主要优点是：可单机多测点变形测量；三维参数、实时性强；功能多、劳动强度低。尤其是带有自动瞄准与跟踪的全站仪，变形测量可以实现无人值守和远程控制。

图 17-10 是自动全站仪变形测量自动化的工作原理图。图中自动全站仪通过接口与计算机连接，进而与整个网络连接。全站仪变形测量的智能化、网络化由此形成。变形测量自动化的工作原理已经在现代化土木工程动、静态变形测量中得到成功的应用。

全站仪变形测量自动化是以可控连续测量特征为基础，可以采用类似于前、后方测量的技术方式进行。图 17-10 称为前方测量的技术方式，即全站仪在基准点上测量变形点 1、2、…、n，得出变形点的位置。图 17-11 称为后方测量的技术方式，即全站仪在变形点 o 上测量基准点 A、B、C，测量并得出变形点 o 及 1、2、…、n 的位置。

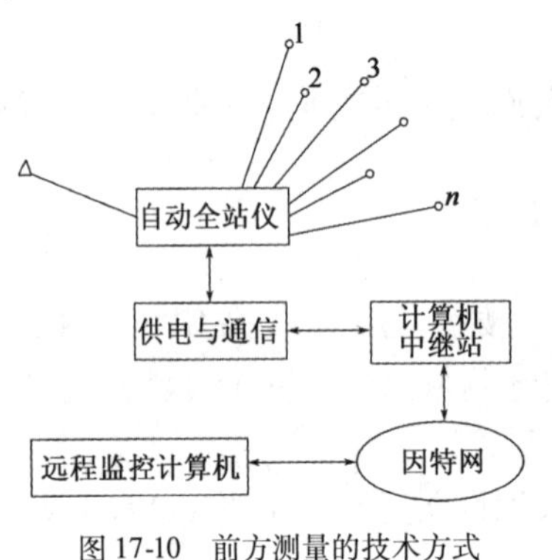

图 17-10　前方测量的技术方式

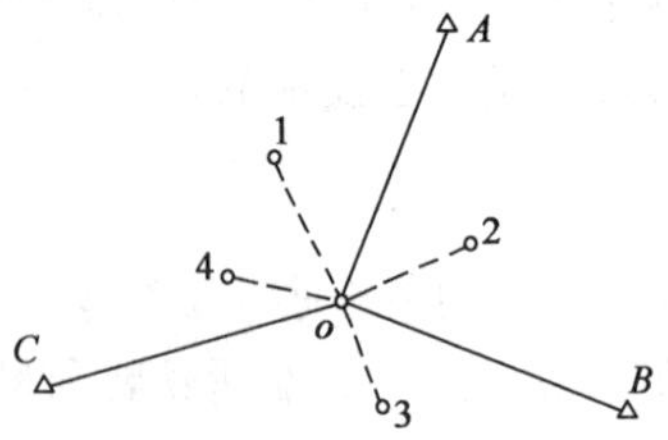

图 17-11　后方测量的技术方式

3. GPS 和 TPS 联合变形测量

GPS 和 TPS 变形测量都需要基准点，只不过 GPS 变形测量基准点是卫星，TPS 变形测量基准点是地面固定点。GPS 和 TPS 联合变形测量，GPS 即时测量获得 TPS 地面基准点，TPS 在基准点按前方测量的技术方式进行变形测量。

第二节　工程测量仪器一般检验

一、概述

工程测量仪器检验是实行测量检核原则的重要内容，是确认仪器技术性能稳定可靠，保证测量技术工作顺利进行的重要步骤。工程测量仪器常规检验的基本要求是：

(1) 对新购置的测量仪器设备必须全面检验，确认新仪器设备的质量完全符合有关标准所规定的技术指标。

(2) 应用中的测量仪器设备应按一定的时间要求，或按重要工程的要求进行检验，确认仪器设备的技术性能稳定，符合仪器原有的技术质量指标。

(3) 经过维修或可能受损的测量仪器应及时进行检验，确认维修后或受损后的技术性能。

检验发现测量仪器的技术性能不符合要求，应送有关部门校正处理，不得投入使用。

测量仪器检验工作包括外观检视与技术性能检验。外观检视主要是操作手感方便，旋钮转动灵活，仪器主配件完整合格等。仪器的技术性能检验视仪器的结构而异。测量仪器检验有他检和自检二种方式，有条件的可采用自检的方式，否则应以他检的方式，即由检验机关或有关单位进行检验。本节主要介绍一般性的检验方法。

二、全站仪(含经纬仪)的轴系检验

1. 管水准器安置正确性的检验

管水准器安置正确,则管水准轴与全站仪的竖轴互相垂直。其检验方法如下:

(1)按全站仪安置方法(见第二章第三节)的精确整平步骤使管水准器气泡居中。

(2)转动照准部180,使管水准轴仍与原来两个脚螺旋的中心连线平行,观察管水准器气泡是否严格居中。

如果没有严格居中,设气泡可能偏离中心的距离为 l,如图17-12a),说明管水准器安置不正确。若 l 超限应进行校正。

校正方法:①两手相对转动两个脚螺旋,使管水准气泡向中心移动 $l/2$,如图17-12b)。②用校正针插入管水准器的校正孔,细心扭转校正针,带动校正孔升降管水准器的一端,使管水准气泡向中心移动 $l/2$,实现管水准气泡居中,如图17-12c)。③反复上述检验步骤,确认管水准器安置正确。

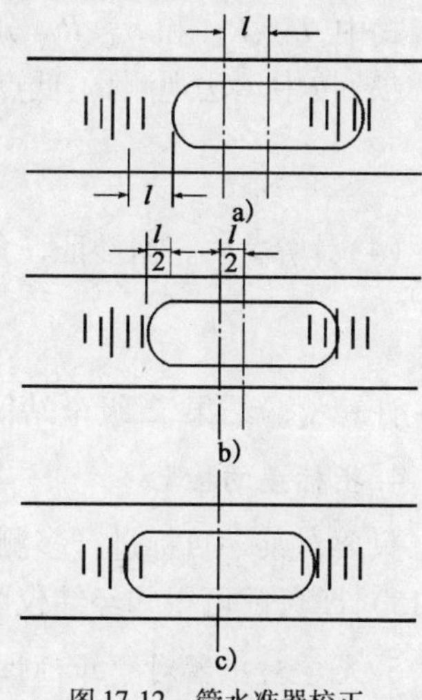

图17-12 管水准器校正

2. 十字丝正确位置的检验

(1)安置全站仪,精确整平,以望远镜十字丝瞄准一目标点(图17-13中 A 点),固定制动旋钮。

(2)垂直微动望远镜,观察十字丝纵丝与目标点的离合程度。若十字丝纵丝与目标点不分离,则十字丝处于正确位置。否则,说明十字丝纵丝与垂线不平行,应进行校正。

3. c 值和 i 值的检验

c 值是式(2-18)中的视准差,i 值是式(2-19)中的横轴误差,二者对水平角的影响可通过盘左盘右观测取平均的方法抵消。在应用上,c 值和 i 值不能太大,并通过检验测定其大小。检验方法是高低点的测定。

(1)安置全站仪,确定墙上的高低点。如图17-14,仪器距墙5~8m即可。高点垂直角与低点垂直角绝对值互差少于30"。高、低点构成的水平角为 β。

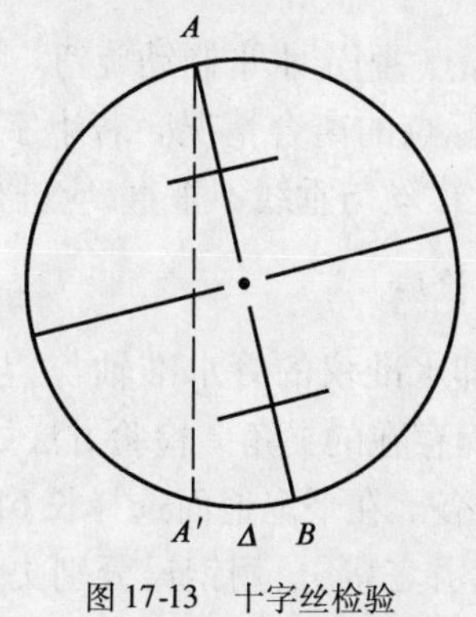

图17-13 十字丝检验

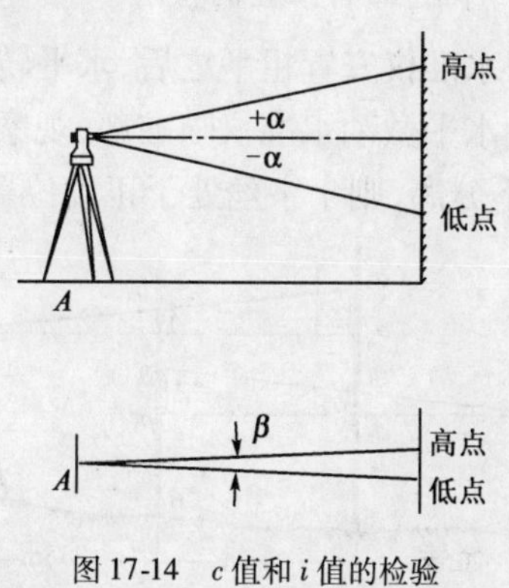

图17-14 c 值和 i 值的检验

(2)按测回法观测β角n测回,计算高、低点方向的c值,即:

$$c_{高} = \frac{1}{2n}\sum_{1}^{n}(L_{高} - R_{高} \pm 180°)$$

$$c_{低} = \frac{1}{2n}\sum_{1}^{n}(L_{低} - R_{低} \pm 180°)$$

式中,$L_{高}$、$R_{高}$和$L_{低}$、$R_{低}$分别是观测高点、低点的盘左、盘右观测值。

(3)按中丝法观测高、低点的垂直角3个测回,计算高、低点垂直角平均值,即:

$$\alpha = \frac{1}{2}(\alpha_{高} + \alpha_{低})$$

(4)计算i角。据推证,i角为:

$$i = \frac{1}{2}(c_{高} - c_{低})\cot\alpha$$

计算检验结果,2″级全站仪$i < 15''$。

4.指标差的检验

只要对某一目标进行多测回的垂直角观测,即利用观测得到的竖直度盘读数L、R,按式(2-15)计算,就可得知经纬仪的指标差。

5.光学对中器对中正确性的检验

(1)按全站仪对中工作步骤精确对中。

(2)转动全站仪照准部180°,在光学对中器的目镜中观察原对中状态是否改变,若不改变,可认为光学对中器对中正确。必要时改变仪器高重新检验一次。检验发现光学对中器对中不正确,应进行校正。

三、水准仪的轴系检验

1.圆水准器安置正确性的检验

(1)按水准测量基本操作方法做好粗略整平工作,使圆水准气泡严格居中。

(2)转动水准仪瞄准部180°,观察圆水准气泡的居中情况。若没有严格居中,应进行校正。校正是通过转动圆水准器校正螺丝实现的,具体方法可参考水准仪说明书。

2.十字丝正确位置的检验

(1)水准仪安置粗平之后,水平转动瞄准部瞄准一目标点,固定水平制动旋钮。

(2)水平微动水准仪瞄准部,观察十字丝的横丝与目标点的离合情况。若十字丝横丝与目标点不分离,则十字丝处于正确位置。否则,说明十字丝横丝与垂线不垂直,应进行校正。

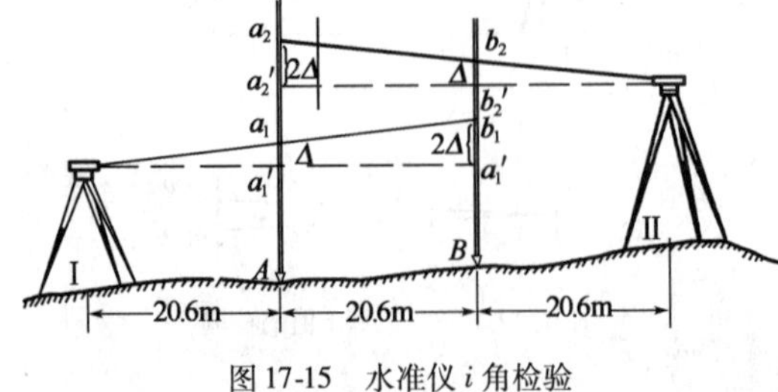

图17-15 水准仪i角检验

3.i角检验

i角,即水准仪的管水准轴与望远镜视准轴不平行而存在的夹角。检验方法如下。

(1)准备。在平坦地面选择长61.8m的直线场地Ⅰ、Ⅱ,并三等分,用钢尺分别丈量长度s = 20.6m,中间用木桩定点为A、B,如图17-15。

（2）观测。水准仪依次在Ⅰ、Ⅱ设站观测 A、B 上的标尺读数。图 17-15 中的 a_1、b_1、a_2、b_2 表示水准仪视准轴存在 i 角的观测值，a'_1、b'_1、a'_2、b'_2 表示视准轴水平，即不存在 i 角的观测值。

（3）i 角的计算。

设 i 角存在引起水准仪在最近标尺读数误差为 Δ，则在Ⅰ处得到的观测值计算高差为：

$$h_1 = a'_1 - b'_1 = a_1 - \Delta - (b_1 - 2\Delta) = a_1 - b_1 + \Delta$$

在Ⅱ处得到的观测值计算高差为：

$$h_2 = a'_2 - b'_2 = a_2 - b_2 - \Delta$$

按上述二式可得：

$$\Delta = \frac{1}{2}[(a_2 - b_2) - (a_1 - b_1)]$$

则 i 角的计算公式为：

$$i = \frac{\Delta}{s}\rho'' = \frac{\Delta}{20\,600}20\,625'' \approx 10''\Delta$$

（4）校正。水准仪在Ⅱ处微转微倾螺旋（微倾水准仪），使视准轴对准 A 点标尺的正确数据 a'_2，即：

$$a'_2 = a_2 - 2\Delta = b_2 + a_1 - b_1$$

接着，用校正针校正符合水准器的校正螺丝，使水准气泡居中。校正后，将望远镜对准 B 点标尺读数 b'_2，b'_2 应与计算值 $b_2 - \Delta$ 一致。i 角一般应少于 $20''$。

四、光电测距仪（含全站仪）的检验

1. 内符合精度的检验

内符合精度是一种相对基准检验，主要检验测距精度的大小。其检验方法如下。

（1）选取场地 AB（距离几十米至几百米），A 点安置全站仪，B 点安置反射器。

（2）按正常测距的方式测量 AB 的长度，获得 n 次观测值 $D_i(i = 1、2、\cdots、n)$。

（3）计算。根据算术平均值原理，检验应计算测距平均值 D、改正数 v_i、中误差 m，即：

$$D = \frac{\sum_1^n D_i}{n}, v_i = D - D_i, m = \pm\sqrt{\frac{[vv]}{n-1}}$$

内符合精度的检验中，m 就是检验光电测距仪测距精度的数据指标。

2. 距离差（差分）加常数检验

加常数检验有相对基准检验和绝对基准检验。绝对基准检验必须有一条已知基线，相对基准检验无需已知基线。

无已知基线的距离差（差分）加常数检验方法如下。

（1）选取平坦场地 ABC，定点 A、B、C。如图 17-16。

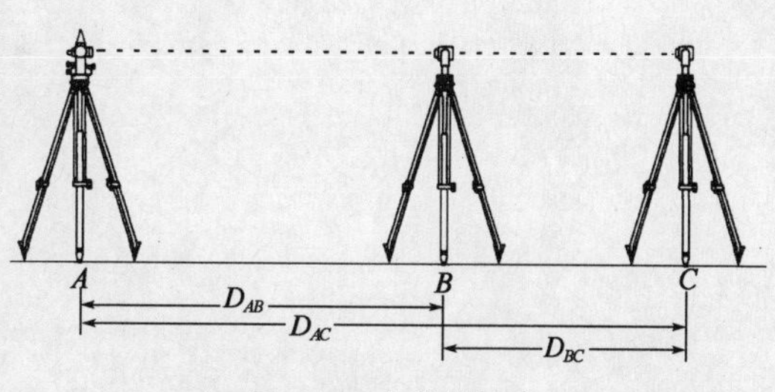

图 17-16　加常数检验

（2）观测。A 设全站仪，B、C 分别设反射器，全站仪、反射器同仪器高。光电测距测量 AB、AC 的长度，气象改正后的距离分别为 D'_{AB}、D'_{AC}。B 设光电测距仪，C 设反射器，光电测距测量 BC 的长度，气象改正后的距离为 D'_{BC}。

(3)计算加常数 k。

设加常数为 k，AB 长度为 $D_{AB}=D'_{AB}+k$，AC 长度为 $D_{AC}=D'_{AC}+k$，BC 长度为 $D_{BC}=D'_{BC}+k$，根据 $D_{BC}=D_{AC}-D_{AB}$，可得距离差(差分)计算加常数公式为：

$$k=D'_{AC}-D'_{AB}-D'_{BC}$$

练习题

1. 什么是建筑变形？什么是变形测量？为什么要进行变形测量？
2. 试述沉陷观测、倾斜观测、挠度观测的技术要点。
3. 试述测量仪器一般检验的基本要求。
4. 试述经纬仪检验的主要项目。
5. 如何检验校正经纬仪的管水准器、光学对中器？
6. 试述水准仪检验的主要项目。
7. 如何检验校正水准仪的 i 角？
8. 如何检验光电测距仪的加常数？

附　录

附录一　测量仪器的安全

一、应用中仪器的维护

1. 防护

(1)取用仪器,安全责任重大。仪器一旦架设起来,测站不得离人。

(2)熟悉仪器操作部件的应用,轻力、均匀旋转仪器上的各旋钮,不得强扭。发现旋钮不动,应查明原因,加以排除。

(3)保持仪器光学器件的光学明亮度,不得随便擦洗、触摸光学器件表面。光学器件表面有脏物时应以毛刷轻拂,或以透镜纸轻擦。

(4)按正确部件连接或拆卸附件,保证电设备极性正确。

(5)不得随意扭动校正旋钮,不得扭动固紧的基座固定旋钮。

(6)防晒、防雨、防振。一般地,测量时应以测伞遮阳光、避雨淋。

2. 清理

注意防潮、防尘。

(1)清除尘土,清除水气。受潮仪器应在室内开箱放置。用毛刷轻拂尘土。可用电风低温吹去尘土、水气。

(2)检查仪器各个部件和附件,仪器箱内的附件不得丢失,发现问题及时报告,及时处理。

(3)仪器箱内的干燥剂应保持有效性,保证防潮作用。

3. 存储

室内明亮、通风、干燥;防止仪器设备受压;定期检查维护;光电测量设备及其配套设施久存不用,应定期通电、充电检查,防止仪器自损。

二、仪器的装箱、开箱和安置

1. 装箱

熟悉仪器装箱的位置关系和仪器装箱的固定步骤,适当固紧仪器的各种制动旋钮。仪器装入仪器箱内,关闭箱体,并加扣上锁。取用仪器,必须确认箱体关闭可靠,背带稳固。

2. 开箱

开箱前应准备好仪器的安放位置。开箱认清仪器的提取部位,一手抓住基座,一手抓住照准部(或瞄准部),牢固安置在预先准备的位置上。

3. 安置

仪器安置在三脚架上,应把仪器放在三角架头上,一手抓住照准部(或瞄准部),一手用中心螺旋扭紧使仪器与三脚架头紧密连接。仪器开箱后,仪器箱应合紧放好。

三、仪器的搬运

1. 单独车运搬运

必须将仪器在内衬软垫的套箱内运送,必要时专人护送,防止碰撞。

2. 随人同车搬运

必须将仪器放在软垫上,防止摆动碰撞。若车行振动大,每台仪器应有专人护抱或背提,防止振动撞击。

3. 观测中的搬站

仪器应装箱搬站,确认箱体关闭可靠,背带稳固。若搬站距离短,仪器小,重量轻,仪器可连在三脚架上一起搬站,如水准仪搬站,一手抱三脚架,一手托着水准仪搬站。

4. 三脚架搬运

车运或随人同车均应包扎结实,防压、防抛摔。

附录二　子午线收敛角 γ 的计算

1. 公式

(1)γ 的公式

$$\gamma_1 = y\rho'' \frac{t_1}{N_1}$$

$$\gamma_2 = y^3\rho'' \frac{t_1}{3N_1^3}(1 + t_1^2 - \eta_1^2 - 2\eta_1^4)$$

$$\gamma_3 = y^5\rho'' \frac{t_1}{15N_1^5}(2 + 5t_1^2 + 3t_1^4)$$

$$\gamma = \gamma_1 - \gamma_2 + \gamma_3 \tag{附 2-1}$$

$$t_1 = \tan B_1$$

$$N_1 = \frac{a}{\sqrt{1 - e^2\sin^2 B_1}}$$

$$\eta_1 = e'\cos B_1 \tag{附 2-2}$$

式中,y 是地面点的横坐标,即式(1-5)的 Y_p。

(2)B_1 的意义

B_1 是相当于地面点纵坐标 x 的子午线弧长 X 所对应的大地纬度，B_1 满足式(附 2-3)：

$$X = \frac{A_0 B_1}{\rho^\circ} - 0.5\sin(2B_1)\{B_0 + \sin^2 B_1[C_0 + \sin^2 B_1(D_0 + E_0\sin^2 B_1)]\} \quad (附 2\text{-}3)$$

(3)有关的参数

①ρ°、ρ''见表 1-1；

②a、e、e^2、A_0、B_0、C_0、D_0、E_0 数据见附表 2-1。

附表 2-1

名　称	克氏(1954)坐标系	IAG-75 坐标系	WGS-80 坐标系	2000 国家坐标系
a	6 378 245m	6 378 140m	6 378 137m	6 378 137m
e	0.081 813 334 013 774	0.081 819 221 456 78	0.081 819 190 835 6	0.081 819 191 042 816
e^2	0.006 693 421 622 449	0.006 694 384 999 79	0.006 694 379 989 0	0.006 694 380 022 9
A_0	6 367 558.496 87	6 367 452.132 78	6 367 449.145 82	6 367 449.145 77
B_0	32 005.779 87	32 009.857 53	32 009.818 53	32 009.818 68
C_0	133.923 80	133.960 15	133.959 88	133.959 89
D_0	0.697 26	0.697 55	0.697 55	0.697 55
E_0	0.003 93	0.003 94	0.003 94	0.003 94

2. 求 γ 的步骤

(1)以点位坐标的 x 当 X 求 B_1 的迭代法步骤

①求 B_1 的近似值，即：

$$B_1 = \frac{X}{A_0}\rho^\circ \quad (附 2\text{-}4)$$

②求 dX，即：

$$\mathrm{d}X = \frac{A_0 B_1}{\rho^\circ} - 0.5\sin(2B_1)\{B_0 + \sin^2 B_1[C_0 + \sin^2 B_1(D_0 + E_0\sin^2 B_1)]\} - X \quad (附 2\text{-}5)$$

式(附 2-4)、式(附 2-5)中的 A_0、B_0、C_0、D_0、E_0 见附表 2-1。$\rho^\circ = 57.295\,779\,51^\circ$。

③求 B_1 的精确值，即：

$$B_1(i+1) = B_1(i) - \frac{\mathrm{d}X}{A_0}\rho^\circ \quad (附 2\text{-}6)$$

④设定控制值 Q，如果 dX 的绝对值大于 Q，则再重复②、③两步(i 重复次数)。

⑤最后得 B_1。

(2)求 t_1、N_1、η_1

把 B_1 代入式(附 2-2)便可求得 t_1、N_1、η_1。

(3)求 γ

将有关的参数 ρ''、t_1、N_1、η_1 代入式(附 2-1)求 γ。

3. 计算机迭代法求 γ 的步骤

(1) 计算机内装有求 γ 的计算程序,计算机处于准备状态。

(2) 启动求 γ 的程序,按计算机显示的提示键入地面点的坐标 x 、y ;

(3) 计算机运行,输出所求 γ 的值(以秒为单位)。

附录三 矩阵加边求逆 N^{n-1}

一、求逆公式

设 $n-1$ 阶矩阵 $\boldsymbol{N}_{n-1}$ 的逆阵为 $\boldsymbol{N}_{n-1}^{-1}$ ($\boldsymbol{N}_{n-1}$, $\boldsymbol{N}_{n-1}^{-1}$ 均为方阵)。在此基础上加上第 n 行向量 $\boldsymbol{V}_n$,加上第 n 列向量 $\boldsymbol{U}_n$ 及元素 a_{nn} ,即为原方阵的加边。加边后的矩阵 $\boldsymbol{N}_n$,即:

$$\boldsymbol{N}_n = \begin{bmatrix} N_{n-1} & \vdots & U_n \\ \cdots & \cdots & \cdots \\ V_n & \vdots & a_{nn} \end{bmatrix}$$

设加边后求得的逆阵为:

$$\boldsymbol{N}_n^{-1} = \begin{bmatrix} Q_{n-1} & Q_u \\ Q_v & Q_a \end{bmatrix}$$

式中的 Q_{n-1} 、Q_u 、Q_v 、Q_a 按下列公式计算,即:

$$a_n = a_{nn} - V_n N_{n-1}^{-1} U_n \quad \text{(附 3-1)}$$

$$Q_a = \frac{1}{a_n} \quad \text{(附 3-2)}$$

$$Q_u = -N_{n-1}^{-1} U_n / a_n \quad \text{(附 3-3)}$$

$$Q_v = -V_n N_{n-1}^{-1} / a_n \quad \text{(附 3-4)}$$

$$Q_{n-1} = N_{n-1}^{-1} + (N_{n-1}^{-1} U_n V_n N_{n-1}^{-1}) / a_n \quad \text{(附 3-5)}$$

二、加边求逆的计算格式

为了便于加边求逆计算公式的应用,可用附表 3-1 的计算格式进行辅助计算及主要计算。

附表 3-1

①N_{n-1}^{-1}	②U_n	⑤ $-N_{n-1}^{-1}U_n$
③V_n	④a_{nm}	
⑥ $-V_nN_{n-1}^{-1}$		⑦a_n

1. 辅助计算

(1) ①、②→⑤(注:以①、②参数计算⑤的参数,以下同);

(2) ①、③→⑥;

(3)②、④、⑥→⑦。

2. 主要计算

(1)⑦→ Q_a ;

(2)⑤、⑦→ Q_u ;

(3)⑥、⑦→ Q_v ;

(4)①、⑤、⑥、⑦→ Q_{n-1} 。

三、算例

对于一个高阶矩阵,可以采用从低阶到高阶逐次加边方法进行逐次求逆的过程,实现高阶矩阵的求逆。例:

$$\boldsymbol{N}_3 = \begin{bmatrix} 2 & 1 & 4 \\ 1 & 3 & -1 \\ 4 & -1 & 5 \end{bmatrix}$$

(1)设 $\boldsymbol{N}_1 = (2)$,则 $\boldsymbol{N}_1^{-1} = \dfrac{1}{2}$,

(2)在 $\boldsymbol{N}_1^{-1}$ 基础上的加边为:

$$\boldsymbol{N}_2 = \begin{bmatrix} N_1 & U_2 \\ V_2 & a_{22} \end{bmatrix} = \begin{bmatrix} 2 & 1 \\ 1 & 3 \end{bmatrix}$$

①按附表 3-1 列计算附表 3-2,按附表 3-1 完成辅助计算⑤: $-\boldsymbol{N}_{n-1}^{-1} \times \boldsymbol{U}_n$;⑥: $-\boldsymbol{V}_n \times \boldsymbol{N}_{n-1}^{-1}$;⑦: a_n,计算结果列入附表 3-2 中。

②按式(附 3-2)、式(附 3-3)、式(附 3-4)、式(附 3-5)完成主要计算得: $Q_a = 2/5$; $Q_u = -1/5$; $Q_v = -1/5$; $Q_{n-1} = 3/5$,即:

$$\boldsymbol{N}_2^{-1} = \begin{bmatrix} \dfrac{3}{5} & \dfrac{-1}{5} \\ \dfrac{-1}{5} & \dfrac{2}{5} \end{bmatrix}。$$

(3)在 $\boldsymbol{N}_2^{-1}$ 基础上的加边为:

$$\boldsymbol{N}_3 = \begin{bmatrix} N_2 & U_3 \\ V_3 & a_{33} \end{bmatrix} = \begin{bmatrix} 2 & 1 & 4 \\ 1 & 3 & -1 \\ 4 & -1 & 5 \end{bmatrix}$$

①按附表 3-1 列计算附表 3-3,按附表 3-1 完成辅助计算⑤: $-\boldsymbol{N}_{n-1}^{-1}\boldsymbol{U}_n$;⑥: $-\boldsymbol{V}_n\boldsymbol{N}_{n-1}^{-1}$;⑦: a_n,计算结果列入附表 3-3 中。

计 算 结 果　　附表 3-2

1/2	1	−1/2
1	3	
−1/2		5/2

计 算 结 果　　附表 3-3

3/5　−1/5 −1/5　2/5	4 −1	−13/5　6/5
4　−1	5	
−13/5　6/5		−33/5

②按式(附3-2)、式(附3-3)、式(附3-4)、式(附3-5)完成主要计算得:

a. $Q_a = -\frac{5}{33}$

b. $Q_u = \begin{bmatrix} \frac{13}{33} \\ \frac{-6}{33} \end{bmatrix}$

c. $Q_v = \begin{bmatrix} \frac{13}{33} & \frac{-6}{33} \end{bmatrix}$

d. $Q_{n-1} = \begin{bmatrix} -\frac{14}{33} & \frac{9}{33} \\ \frac{9}{33} & \frac{6}{33} \end{bmatrix}$

由此得 $\boldsymbol{N}_3$ 的逆阵为:

$$\boldsymbol{N}_3^{-1} = \begin{bmatrix} -\frac{14}{33} & \frac{9}{33} & \frac{13}{33} \\ \frac{9}{33} & \frac{6}{33} & -\frac{6}{33} \\ \frac{13}{33} & -\frac{6}{33} & -\frac{5}{33} \end{bmatrix}$$

附录四　BASIC　程　序

程序一:条件平差的法方程系数组成。按式(8-109)计算,程序中 A(r,n)是条件式系数,P(n)是权,r 条件式个数,n 观测值个数。DATA 语句存放条件式系数和权。

```
10 DIM A(r,n),B(r,r),P(n)
20 FOR I=1 TO r
30 FOR J=1 TO n
40 READ A(I,J)
50 NEXT J
60 NEXT I
70 FOR I=1 TO n
80 READ P(I)
90 NEXT I
100 FOR I=1 TO r
110 FOR J=1 TO r
120 FOR K=1 TO n
130 B(I,J)=B(I,J)+A(I,K)×A(J,K)/P(K)
140 NEXT K
145 PRINT USING"###.####";B(I,J);
150 NEXT J
155 PRINT
160 NEXT I
170 END
180 DATA 条件式系数 A(r,n),权 P(n)
```

程序二:矩阵求逆 BASIC 程序

```
10 INPUT "n=";n
20 DIM A(n,n),B(n,n)
30 FOR I=1 TO n
40 FOR J=1 TO n
190 NEXT J
200 A(K+1,K+1)
      =1/B(K+1,K+1)
210 FOR I=1 TO K
340 FOR I=1 TO K
350 FOR J=1 TO K
360 B(I,J)=A(I,J)+B
      (I,K+1)*B(K+1,J)
```

```
50 READ A(I,J)
60 NEXT J
70 NEXT I
80 A(1,1) = 1/A(1,1)
90 FOR K = 1 TO n - 1
100 FOR J = 1 TO K
110 B(K+1,J) = 0
120 FOR I = 1 TO K
130 B(K+1,J) = B(K+1,J)
    + A(K+1,I) * A(I,J)
140 NEXT I
150 NEXT J
160 B(K+1,K+1)
    = A(K+1,K+1)
170 FOR J = 1 TO K
180 B(K+1,K+1)
    = B(K+1,K+1) -
    B(K+1,J) * A(J,K+1)
220 B(K+1,I) = 0
230 B(I,K+1) = 0
240 FOR J = 1 TO K
250 B(K+1,I)
    = B(K+1,I) -
    A(K+1,J) * A(J,I)
260 B(I,K+1) = B(I,K+1) -
    A(I,J) * A(J,K+1)
270 NEXT J
275 B(K+1,I) = B(K+1,I) *
A(k+1,k+1)
280 B(I,K+1) = B(I,K+1) *
    A(K+1,K+1)
290 NEXT I
300 FOR I = 1 TOK
310 A(K+1,I) = B(K+1,I)
320 A(I,K+1) = B(I,K+1)
330 NEXT I
    /A(K+1,K+1)
370 A(I,J) = B(I,J)
380 NEXT J
390 NEXT I
400 NEXT K
410 FOR I = 1 TO n
420 FOR J = 1 TO n
430 PRINT USING "###.
#####";A(I,J);
440 NEXT J
450 PRINT
460 NEXT I
470 END
480 DATA 法方程系数 A(I,J)
```

程序三:按式(8-111)求联系数 k 的 qbasic 程序

```
10 dim q(r,r),w(r),k(r)
20 for i = 1 to r
30 for j = 1 to r
40 read q(i,j)
50 print using "###.####";q(i,j)
60 next j
70 next i
80 for i = 1 to r
90 read w(i)
100 print w(i);
110 next i
120 for i = 1 to r
130 for j = 1 to r
140 let k(i) = k(i) - q(i,j) * w(j)
150 next j
160 print using "###.####";k(i);
170 next i
180 print
190 end
200 data 逆阵 q(3,3),闭合差 w(3)
```

程序四:按式(8-103)求最或然误差 v 的 qbasic 程序

```
10 dim a(r,n),p(n),k(r),v(n)
20 for i = 1 to r
30 for j = 1 to n
40 read a(i,j)
50 print using "###.####";a(i,j)
60 next j
70 next i
130 for i = 1 to r
140 read k(i)
150 next i
160 for i = 1 to n
170 for j = 1 to r
180 let v(i) = v(i) + a(j,i) * k(j)/p(i)
190 next j
```

```
80 for i = 1 to n
90 read p(i)
100 print using "###. ####";p(i);
110 next i
120 print
200 print using "####. ##";v(i);
210 next i
220 print
230 end
240 data
```

条件系数 a(3,5),权(5),联系数 k(3)

附录五　中插缓和曲线 l_M 的弧长方程

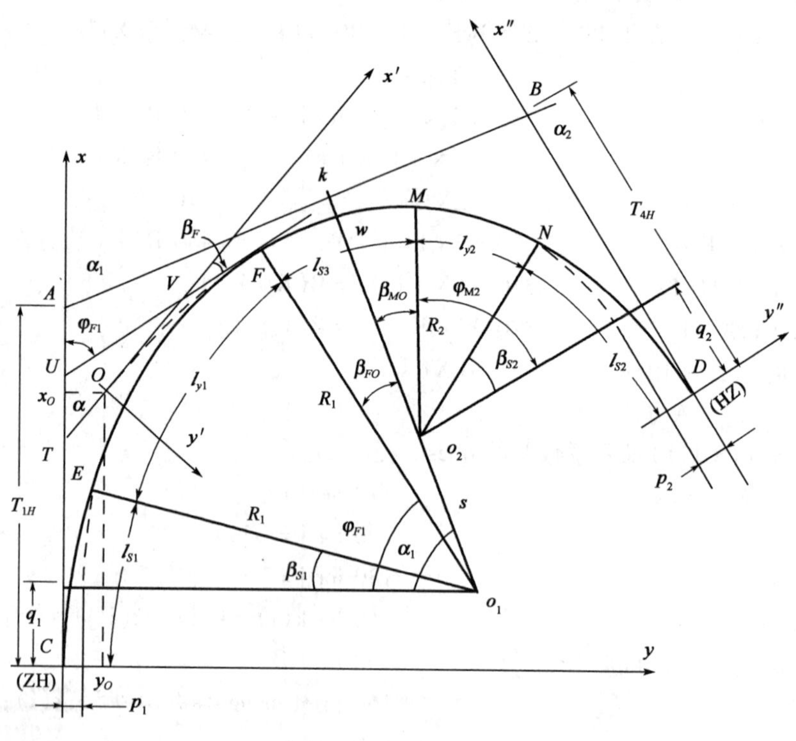

附图 5-1　中插缓和曲线

中插缓和曲线 l_M 的弧长是曲线组合定位长期困惑的问题。我们应用测地线理论及其密切特征,结合缓圆曲线的组合实际研究,中插缓和曲线 l_M 的弧长方程可表示为:

$$k_1 w + k_2 w^2 + k_3 w^3 + k_4 w^4 + k_5 w^5 + k_6 w^6 + k_7 w^7 + k_8 w^8 + K = 0 \qquad (附 5\text{-}1)$$

式(附 5-1)中 w 是决定弧长 l_M 的未知数, K 称为圆心常数,即:

$$w = l_M^2, K = (R_1 - R_2)^2 - s^2 \qquad (附 5\text{-}2)$$

上述弧长方程式中系数 k_1 、k_2 、k_3 、k_4 、k_5 、k_6 、k_7 、k_8 与圆曲线半径 R_1 、R_2 存在明确的关系如下:

$$k_1 = \frac{1}{A^2}\left(1 - \frac{2R_2}{R_1} + \frac{R_2^2}{R_1^2}\right) + \frac{2}{E}\left(1 - \frac{R_1}{R_2} - \frac{R_2^3}{R_1^3} + \frac{R_2^2}{R_1^2}\right)$$

$$k_2 = -\frac{2}{AB}\left(\frac{1}{R_2^2} - \frac{R_2^3}{R_1^5} - \frac{1}{R_1 R_2} + \frac{R_2^5}{R_1^6}\right) + \frac{1}{E^2}\left(\frac{1}{R_2^2} - \frac{2R_2}{R_1^3} + \frac{R_2^4}{R_1^6}\right) - \frac{2}{F}\left(\frac{1}{R_2^2} - \frac{R_1}{R_2^3} - \frac{R_2^5}{R_1^7} + \frac{R_2^4}{R_1^6}\right)$$

$$k_3 = \frac{2}{AC}\left(\frac{1}{R_2^4} - \frac{R_2^5}{R_1^9} - \frac{1}{R_1 R_2^3} + \frac{R_2^6}{R_1^{10}}\right) + \frac{1}{B^2}\left(\frac{1}{R_2^4} - \frac{2R_2}{R_1^5} + \frac{R_2^6}{R_1^{10}}\right) - \frac{2}{EF}\left(\frac{1}{R_2^4} - \frac{R_2^3}{R_1^7} - \frac{1}{R_1^3 R_2} + \frac{R_2^6}{R_1^{10}}\right) +$$
$$\frac{2}{G}\left(\frac{1}{R_2^4} - \frac{R_1}{R_2^5} - \frac{R_2^7}{R_1^{11}} + \frac{R_2^6}{R_1^{10}}\right)$$

$$k_4 = -\frac{2}{AD}\left(\frac{1}{R_2^6} - \frac{R_2^7}{R_1^{13}} - \frac{1}{R_1 R_2^5} + \frac{R_2^8}{R_1^{14}}\right) - \frac{2}{BC}\left(\frac{1}{R_2^6} - \frac{R_2^3}{R_1^9} - \frac{1}{R_1^5 R_2} + \frac{R_2^8}{R_1^{14}}\right) +$$
$$\frac{2}{EG}\left(\frac{1}{R_2^6} - \frac{R_2^5}{R_1^{11}} - \frac{1}{R_1^3 R_2^3} + \frac{R_2^8}{R_1^{14}}\right) + \frac{1}{F^2}\left(\frac{1}{R_2^6} - \frac{2R_2}{R_1^7} + \frac{R_2^8}{R_1^{14}}\right) -$$
$$\frac{2}{H}\left(\frac{1}{R_2^6} - \frac{R_1}{R_2^7} - \frac{R_2^9}{R_1^{15}} + \frac{R_2^8}{R_1^{14}}\right)$$

$$k_5 = \frac{2}{BD}\left(\frac{1}{R_2^8} - \frac{R_2^5}{R_1^{13}} - \frac{1}{R_1^5 R_2^3} + \frac{R_2^{10}}{R_1^{18}}\right) + \frac{1}{C^2}\left(\frac{1}{R_2^8} - \frac{2R_2}{R_1^9} + \frac{R_2^{10}}{R_1^{18}}\right) - \frac{2}{EH}\left(\frac{1}{R_2^8} - \frac{R_2^7}{R_1^{15}} - \frac{1}{R_1^3 R_2^5} + \frac{R_2^{10}}{R_1^{18}}\right) -$$
$$\frac{2}{FG}\left(\frac{1}{R_2^8} - \frac{R_2^3}{R_1^{11}} - \frac{1}{R_1^7 R_2} + \frac{R_2^{10}}{R_1^{18}}\right)$$

$$k_6 = -\frac{2}{CD}\left(\frac{1}{R_2^{10}} - \frac{R_2^3}{R_1^{13}} - \frac{1}{R_1^9 R_2} + \frac{R_2^{12}}{R_1^{22}}\right) + \frac{2}{FH}\left(\frac{1}{R_2^{10}} - \frac{R_2^5}{R_1^{15}} - \frac{1}{R_1^7 R_2^3} + \frac{R_2^{12}}{R_1^{22}}\right) + \frac{1}{G^2}\left(\frac{1}{R_2^{10}} - \frac{2R_2}{R_1^{11}} + \frac{R_2^{12}}{R_1^{22}}\right)$$

$$k_7 = \frac{1}{D^2}\left(\frac{1}{R_2^{12}} - \frac{2R_2}{R_1^{13}} + \frac{R_2^{14}}{R_1^{26}}\right) - \frac{2}{GH}\left(\frac{1}{R_2^{12}} - \frac{R_2^3}{R_1^{15}} - \frac{1}{R_1^{11} R_2} + \frac{R_2^{14}}{R_1^{26}}\right)$$

$$k_8 = \frac{1}{H^2}\left(\frac{1}{R_2^{14}} - \frac{2R_2}{R_1^{15}} + \frac{R_2^{16}}{R_1^{30}}\right)$$

上述 A、B、C、D、E、F、G、H 参数可从弧长方程的推证列立中得到，列于附表5-1。

附表5-1

A	2	B	240	C	34 560	D	8 386 560
E	24	F	2 688	G	506 880	H	154 828 800

参考文献

[1] 宁津生,王侬,翟翊.测绘高等教育教学改革研究[M].北京,测绘出版社,2005.
[2] 张坤宜.交通土木工程测量(修订版)[M].武汉:武汉大学出版社,2003.
[3] 宁津生,吴修功,刘艳芳.测绘教育启思集[M].武汉:武汉测绘科技大学出版社,2000.
[4] 张坤宜.交通土木工程测量(第三版)[M].武汉:华中科技大学出版社,2008.
[5] 武汉测绘科技大学,同济大学测量教研室.控制测量学[M].北京:测绘出版社,1988.
[6] 测绘词典编辑委员会.测绘词典[K].上海:上海辞书出版社,1981.
[7] 王侬,过静君.现代普通测量学[M].北京:清华大学出版社,2001.
[8] 林立介.测绘工程学[M].广州:华南理工大学出版社,2003.
[9] 罗时恒.地形测量学[M].北京:冶金工业出版社,1985.
[10] 朱成嶙,王兆祥.铁道工程测量学[M].北京:人民铁道出版社,1979.
[11] 宁津生,陈俊勇,等.测绘学概论[M].北京:测绘出版社,2004.
[12] 陈龙飞,金其坤.工程测量[M].上海:同济大学出版社,1990.
[13] 苏瑞祥,等.大地测量仪器[M].北京:测绘出版社,1979.
[14] 张坤宜.光电测距[M].长沙:中南工业大学出版社,1991.
[15] 张庭楷,张金水.道路勘测设计[M].上海:同济大学出版社,1998.
[16] 长春地质学院,西安地质学院测量教研室.测量与编图[M].北京:地质出版社,1983.
[17] 孙家驷,等.公路勘测设计[M].重庆:重庆大学出版社,1995.
[18] 赵兴仁,等.土建工程概论[M].北京:测绘出版社,1991.
[19] 方福森.路面工程[M].北京:人民交通出版社,1987.
[20] 崔希璋,陶本藻.矩阵在测量平差中应用[M].北京:测绘出版社,1980.
[21] 郭禄光,等.最小二乘法与测量平差[M].上海:同济大学出版社,1985.
[22] 于宗俦,鲁林成.测量平差基础[M].北京:测绘出版社,1983.
[23] 张廷楷,等.高速公路[M].北京:人民交通出版社,1990.
[24] 周忠谟,易杰军.GPS卫星测量原理与应用[M].北京:测绘出版社,1992.
[25] 孙祖述.地籍测量[M].北京:测绘出版社,1990.
[26] 梁开龙.水下地形测量[M].北京:测绘出版社,1995.
[27] 欧阳立.激光在建筑工程中应用[M].北京:中国建筑工业出版社,1984.
[28] 王侬,廖元焰.地籍测量[M].北京:测绘出版社,1996.
[29] 吴子安,吴栋才.水利工程测量[M].北京:测绘出版社,1993.
[30] 中国有色工业总公司.工程测量规范[M].北京:中国计划出版社,1994.
[31] 人民交通出版社.公路勘测规程汇编[G].北京:人民交通出版社,1992.

[32] 国家标准局. 1:500 1:1 000 1:2 000 地形图图式[M]. 北京:测绘出版社,1988.

[33] Herbert Kahmen, Wolfganng Faig, Surveying, Walter de Gruyter, Berlin, NewYork, 1988.

[34] 南方测绘仪器公司. 南方 NGS-200 型 GPS 测量系统操作手册. 广州,1998.

[35] 张坤宜,同向缓和复曲线数学模型的探讨[J]. 公路,1999,3.

[36] 谭远德,等. 任选测站技术原理及其在高速公路测量中的应用[J]. 中南公路工程,2002,4.

[37] 李晓东,等. 高速公路中线缓和复曲线的点位坐标[J]. 广东交通职业技术学院学报,2002,3.

[38] 张坤宜,等. 缓和复曲线中插缓和曲线弧长的直接精确解[J]. 公路,2004,8.

[39] 张坤宜,等. 公路缓和曲线弧长的计算方法[J]. 中外公路,2006,3.

[40] 南方测绘仪器公司. 数字化地形地籍成图系统 CASS6. 1 参考手册,广州,2005.